Ulrike Meier

Eine Theorie des Zu/Hörens

beiträge zur sozialästhetik

band 15

schriftenreihe der montag stiftung jugend und gesellschaft
herausgegeben von karl-heinz imhäuser

Ulrike Meier

Eine Theorie des Zu/Hörens
Aus konstruktivistischer Perspektive

projektverlag.

Bibliografische Information der Deutschen Nationalbibliothek

Die Deutsche Nationalbibliothek verzeichnet diese Publikation in der Deutschen Nationalbibliografie; detaillierte bibliografische Daten sind im Internet über http://dnb.d-nb.de abrufbar.

Die vorliegende Publikation wurde von der Humanwissenschaftlichen Fakultät der Universität zu Köln im Februar 2017 als Dissertation angenommen.

ISSN 1611-1893
ISBN 978-3-89733-433-5

© projekt verlag, Bochum/Freiburg 2017
www.projektverlag.de

Umschlaggestaltung: labor b designbüro, www.laborb.de

Beiträge zur Sozialästhetik

Mit den Beiträgen zur Sozialästhetik werden aktuelle Arbeiten und Auseinandersetzungen mit gesellschaftlichen Fragestellungen vorgestellt, in denen es um die Vertiefung und Erweiterung der Qualität des menschlichen Lebensalltags in seiner Vielfalt geht.

Die Schriftenreihe veröffentlicht Projekte und Beispiele inspirativer und kreativer Praxis so wie darauf bezogene Beiträge aus Theorie und Forschung, die im Verantwortungsbereich der Stiftung konzipiert und verwirklicht wurden. Die Beiträge kommen aus pädagogischen und sozialen Aufgabenstellungen, aus der Gestaltung von Lern-, Arbeits- und Wohnwelten, aus künstlerischen Bereichen der Musik und der bildenden Kunst.

Montag Stiftung Jugend und Gesellschaft

Die 1998 gegründete Stiftung will aktiv eine positive Gestaltung des gesellschaftlichen Miteinanders anregen, betreiben und fördern. Sie versteht sich als Ort der Vernetzung und des Austausches von Konzepten und Projekten zur Verringerung von Benachteiligung, die gemeinsam mit Partnern aus Wissenschaft, Bildung und Erziehung durchgeführt werden.

Unter dem Leitgedanken „Veränderung durch Handeln" will die Montag Stiftung Jugend und Gesellschaft positiv Einfluss nehmen auf das Zusammenleben unserer Gesellschaft. Die übergreifenden Leitmotive sind Mitverantwortung, Hilfsbereitschaft und soziale Aufmerksamkeit. Das hierbei zugrunde liegende Menschenbild geht von der Begabung eines jeden Menschen aus: Jeder Mensch ist begabt, variiert und gestaltet auf seine eigene und einzigartige Weise das Ganze des Seins und wird so selbst zu einem kreativen Baustein dieser Ganzheit.

Für Jule und Max

„Wir können doch die Augen nicht davor verschließen, daß das friedliche Zusammenleben der Menschen auf diesem Planeten von der Art und Weise abhängt, wie wir miteinander reden"

Hans-Georg Gadamer (2005, 25)

...und einander zuhören.

Inhalt

Vorwort Herausgeber 15
Dank 17
Vorwort 19

0. Einleitung 23
1. Eine kurze Geschichte des Zuhörens 33
1.1. Zuhören – ein kulturelles Konstrukt im gesellschaftlichen Wandel... 33
1.2. Der internalisierte Imperativ des Zuhörens 49
1.3. Zuhören – aktiv und passiv vs. aktiv und reaktiv 57
1.4. Drei Ebenen des Zuhörens 68

2. Auditive Wahrnehmung: Phänomene, Funktionen, Dimensionen 77
2.1. Orientierung durch Hören 80
    2.1.1. Selbstwahrnehmung und Entwicklung 81
    2.1.2. Soziale Orientierung 85
    2.1.3. Orientierung in der nicht-sichtbaren Welt 90
2.2. Flüchtigkeit – Hören im ZeitRaum 99
2.3. Eindringlichkeit und „emotionale Tiefenwirkung" 111
2.4. Hören: „Kino im Kopf" 124
2.5. Responsivität 129
2.6. Die (kulturelle) Formung des Hörbaren 134

3. Zuhören aus interaktionistisch-konstruktivistischer Perspektive 150
3.1. Zuhören im Spannungsfeld wechselnder Beobachtungsperspektiven 151
    3.1.1. Teilnehmer: Über Teilnahmen und Zugehörigkeitssysteme ... 152
    3.1.2. Beobachter: Über die Vielfalt von Hörperspektiven 159
    3.1.3. Akteur: Über das kreative Gestaltungspotenzial des Akteurs .. 164
3.2. Zuhören im Spannungsfeld wechselnder Wahrnehmungsregister ... 168
    3.2.1. Symbolisches: Von der Einheit zur Vielheit 169
    3.2.2. Imaginäres: Im hörästhetischen Zwischenraum der Kommunikation 176
    3.2.3. Reales: Von der Hörirritation zur Grenzerfahrung der Kommunikation 188
3.3. Zuhören im Spannungsfeld kooperativen Handelns 200
    3.3.1. Konstruktion: Das Ohr – interaktive Schnitt- und konstruktive Baustelle der Kommunikation 200

3.3.2. Rekonstruktion: Verstehen, ein dynamisches Konstrukt 208
3.3.3. Dekonstruktion: Hören auf das Un-Erhörte 219

4. Dynamik des Verstehens und (Spiel-)Räume der Kommunikation 225
4.1. *Spaces Speak:* Eine räumliche Konzeption der Kommunikation 225
4.2. *Der Hörraum als Heterotopie* 229
    4.2.1. Hören – Raum formende Kraft akustischer Kommunikation .. 235
    4.2.2. Dimensionen des Hörhandelns 238
        4.2.2.1. Zirkuläres Hörhandeln – Beziehungsraum 238
        4.2.2.2. Performatives Hörhandeln – Aufmerksamkeitsraum 240
        4.2.2.3. Aktives Hörhandeln – Bewegungsraum 244
4.3. *Im Resonanzraum des Zuhörens* 249
    4.3.1. Reflexionsräume und Indikatoren: Zugang zum „Ungehörten" 255
        4.3.1.1. „Zuhörbereitschaft" – Gradmesser sozialer Balancen: Reflexionsraum HörPerspektive 256
        4.3.1.2. „Hörirritation" – Schwellen der Wahrnehmung: Reflexionsraum HörModus 262
        4.3.1.3. „Hörerwartung" – Grenzen des (Hör-)Horizonts: Reflexionsraum HörHandeln 267
    4.3.2. Intersubjektive Resonanz: Schlüssel zur „Verständigung" 271
4.4. *Im Kulturraum der Kommunikation* 273
    4.4.1. Kategorien, Leitbilder und Metastrategien – drei Vorschläge .. 276
        4.4.1.1. Hörverantwortung übernehmen: Hören „kommunizieren" 276
        4.4.1.2. Konstruktive Resonanz ermöglichen: Hören „rahmen" 288
        4.4.1.3. Zauber der Differenz entdecken: Hören „erkunden" 296
    4.4.2. Zwischenfazit und Exkurs 1: Zuhören – ein Risiko? 300
    4.4.3. Zwischenfazit und Exkurs 2: Zuhören – eine Kunst? 309

5. Bausteine für eine konstruktivistische Pädagogik des Zuhörens 319
5.1. *"Internetgeneration kann nicht mehr zuhören"* 319
5.2. Pädagogischer Stellenwert des Zuhörens 327
    5.2.1. Audible Aspekte der Sprache 338
    5.2.2. Audible Aspekte von Kommunikation und Interaktion 347
    5.2.3. Audible Aspekte des Wissenserwerbs 357
    5.2.4. Bildungsrisiko Lärm 360

5.2.5. Von der Lärmvermeidung zur auditiven Gestaltung von Bildungsprozessen: Plädoyer für eine auditive Kultur (... auch in der Schule) 364
5.2.6. Akustische Kommunikation: Ein „Kontinuum" 371
5.2.7. Auditive Ästhetik – verbindende Größe akustischer Kommunikation 376
5.2.8. Der Hörraum – Umgang mit einer begrenzten Ressource 384
5.3. *Zwischenfazit: Zuhören bildet* 390
    5.3.1. Auditive Ordnungen 392
    5.3.2. Hören kommunizieren und „lesen" lernen 395
5.4. *Zuhörkompetenz aus konstruktivistischer Perspektive* 397
    5.4.1. Von der Reflexion zur Handlung. Leitprinzipien kompetenten Zuhörens – vier Vorschläge 397
        5.4.1.1. Inter-aktiv zuhören 398
        5.4.1.2. Responsiv zuhören 402
        5.4.1.3. Konstruktiv zuhören 405
        5.4.1.4. Hören und Fragen: Die Frage – Sprachrohr des Zuhörens 407
    5.4.2. Vom Hören zum Zuhören: Kompetenzen, Qualitäten, Potenziale 411
        5.4.2.1. Das „Sender-Sender Modell": Resonanzmodell der Kommunikation 415
        5.4.2.2. Zusammenfassung der Ergebnisse 419
        5.4.2.3. Fazit 424

6. Abbildungsverzeichnis 427

7. Literatur- und Quellenverzeichnis 428

Vorwort Herausgeber

„Eine Theorie des Zu/Hörens – aus konstruktivistischer Perspektive" müsste das erste Buch in der Reihe der Beiträge zur Sozialästhetik sein, das als Zu/Hörbuch angeboten wird. Denn was Ulrike Meier hier zu diesem Thema zusammengetragen hat, das kann sich hören lassen.

Ulrike Meier eröffnet uns den ganzen Kosmos des Begriffs Zu/Hören, lotet ihn aus. Sie horcht tief hinein in die Bedeutungshöfe des Wahrnehmungsorgans Ohr, seine Wahrnehmungsfähigkeit zur Welterschließung und damit gleichzeitig auch zur konstruktiven Welterzeugung über das ganze Spektrum zirkulärer, performativer, intra- und interaktiver, dialogischer, reflexiver und konstruktiver, rezeptiver und filterdurchsetzter Zuhörkompetenz. Es ist ein Kompendium der Kultur und Kulturgeschichte des Zu/Hörens, in dem Schicht um Schicht zum Tönen gebracht wird. Jede Schicht erzeugt kapitelweise voranschreitend ihre eigene Klangreferenz, ihre eigene Resonanz in Bezug auf das in Ohrenschein genommene Phänomen des Zu/Hörens. So ist eine fundamentale Grundlagenuntersuchung entstanden, die neben den theoretischen Erkundungen durchdrungen ist von Hinweisen für eine Praxis der Nutzung und Entfaltung einer Zu/Hörkompetenz: ein ganz besonderes Stück Wissenschaft für die Erkennung und Durchdringung des Getöses der Gegenwart.

Die konkrete praktische Umsetzung dieses Ansatzes hat Ulrike Meier den Teilnehmenden der Seminarreihe „einszueins" in der Montag Stiftung Jugend und Gesellschaft vermittelt. Zu dieser Seminarreihe stieß Ulrike Meier als Dozentin bereits, als sie anfing, in die Thematik ihrer nun vorliegenden Promotionsschrift einzutauchen. Seither hat sie mit Angeboten wie „Hör-Bar" oder „Soundscapes" unüberhörbar mit dazu beigetragen, die sozialästhetische Idee der Seminarreihe auf ihre Weise zu interpretieren und für viele Menschen praktisch erlebbar zu machen.

Das Buch ist eine Einladung zu einer Expedition durch die Begriffswelt des Zu/Hörens aus konstruktivistischer Perspektive. Die Karte, die Ulrike Meier in diesem Buch als Navigation zur Verfügung stellt, ist hervorragend und bis in kleinste maßstäbliche Details hinein ausgearbeitet. Auf dem Weg über Gipfel und Täler, Schluchten und weitläufige Talsohlen dieser imponierenden Zu/Hörwelt erleben wir Sichten und Einsichten für unser eigenes Denken und Handeln zur Gestaltung einer Zu/Hörpraxis in unserem Lebensumfeld. Lauschen Sie beim Lesen hinein in diese Landschaft und lassen Sie sich überraschen, was Sie zu hören bekommen!

Karl-Heinz Imhäuser, Montag Stiftung Jugend und Gesellschaft

Dank

Es ist mir eine große Freude, mich bei allen bedanken zu dürfen, die dazu beigetragen haben, dass diese Arbeit nicht nur entstehen, sondern auch vollendet werden konnte.

Zuallererst danke ich Prof. Dr. Kersten Reich, der dieses Promotionsvorhaben betreut hat. In zahlreichen Gesprächen hat er meine Arbeit gleichermaßen kritisch wie konstruktiv begleitet. Seine wissenschaftstheoretischen Perspektiven und kritischen Gedanken haben meine Sicht auf den Forschungsgegenstand nicht nur maßgeblich erweitert, sondern immer wieder fruchtbar erneuert. Die vielen anregenden Gespräche sind mir aber nicht nur als fachlich, sondern auch als persönlich bereichernder und inspirierender Austausch in ganz besonderer Erinnerung. Seine stets verbindliche Antwortbereitschaft war über die gesamte Zeit der Promotion ein entscheidender Gelingensfaktor dieser Arbeit. Ihm gebührt mein großer Dank.

Prof. Dr. Stefan Neubert stand als Zweitgutachter meinem Forschungsvorhaben jederzeit gesprächsbereit gegenüber. Ich danke ihm vor allem für die richtungsweisenden Impulse, mit denen er wichtige Entwicklungsschritte der Arbeit unterstützt hat. Ihm verdanke ich die Bahnung auch internationaler Kontakte im Zuhördiskurs. Dies ermöglichte wertvolle Gespräche mit zahleichen AkteurInnen zum Thema, so auch mit Prof. Jim Garrison.

Auch der Montag Stiftung Jugend und Gesellschaft möchte ich danken. Über viele Jahre hinweg hat die Stiftung mit ihren AkteurInnen kreativen Raum für Erfahrungen und Experimente rund um den Forschungsgegenstand bereitgestellt und mir wichtige Entwicklungsschritte ermöglicht, die nun in die Veröffentlichung dieser Arbeit münden. Insbesondere danke ich Dr. Theo Eckmann, Mitbegründer dieser Veröffentlichungsreihe, dafür, dass er mir eine erste Tür zu diesem Erfahrungsraum geöffnet hat. Dies hat entscheidende, weiterführende Kontakte gebahnt. Dr. Karl-Heinz Imhäuser hat mich mit seinem Vertrauen in meine Arbeit reich beschenkt. Sein stets ebenso wertschätzender wie interessierter Blick auf meine Arbeit hat mich angespornt, den eingeschlagenen Weg konsequent weiterzugehen. Dafür danke ich ganz herzlich.

Die interdisziplinäre Ausrichtung dieser Arbeit wäre nicht möglich gewesen ohne die Bereitschaft vieler ExpertInnen, mit mir in den Austausch ganz unterschiedlicher fachwissenschaftlicher Diskurse zu gehen. Für wertvolle Impulse und Gedanken danke ich besonders Prof. Dr. Jörg Fengler, Prof. Dr. Torsten Meyer, Prof. Dr. Walter Piel und Prof. Dr. Reinhard Schneider. Ihre Bereitschaft zum interdisziplinären Dialog war jedes Mal ein großer Gewinn.

Dank gebührt auch meinen MitdoktorandInnen und KollegInnen. Ihre Einsichtnahmen in und ganz unterschiedlichen Perspektiven auf meine Arbeit haben eine Vielzahl lebhafter Diskussionen und kreativer Momente geschaffen, die ich nicht missen möchte. Besonderer Dank gebührt Prof'in Dr. Nana Eger, Dr. Meike Kricke, Dr. Lucia Sehnbruch und Prof. Dr. Ralf Westhofen für hilfreichen Rat und Tat in der Abschlussphase.

Meinen Freundinnen und Freunden danke ich für ihr stets offenes Ohr und dafür, dass sie es immer wieder verstanden haben, meine Aufmerksamkeit auf relevante Bereiche der Lebenswelt jenseits dieser Arbeit umzulenken… Das war von unschätzbarem Wert.

Mein großer Dank gilt meiner Familie und vor allem meinem Lebenspartner und meiner Tochter: Ihr ward Herausforderer, Kritiker, Zuhörer, sowie langmütige „Tester" meiner Ideen und Theorien. Aber vor allem ward ihr in dieser Zeit zuverlässig stets eins: ebenso bedingungslose wie liebevolle Unterstützer. Euch widme ich diese Arbeit.

    Ulrike Meier

Vorwort

Sprechen und Hören sind eng miteinander verbunden, aber das Hören scheint im Verlaufe der medialen Geschichte aus einer Dominanz immer stärker in eine untergeordnete Rolle geraten zu sein. Waren die Vorlesungen von der Kanzel oder im Frontalunterricht lange Zeit ebenso unantastbar wie das erwartete rezeptive Zuhören, so ist in einer multimedialen Gesellschaft insbesondere das Zuhören gehörig unter Druck geraten. Es ist nicht nur die Beschleunigung in der Kommunikation, die festzustellen ist, sondern vor allem das Sender- und Empfängermodell, das multimodal unterschiedliche Eingangs- und Ausgangskanäle beansprucht, wobei das Hören nicht mehr am wichtigsten erscheint. Gibt es den „allgemeinen Hörsturz" nach Kamper, den die Autorin erwähnt, oder wird Zuhörfähigkeit gar zu einer zunehmenden Mangelware, wie es die Forschungsliteratur beklagt? Im Hintergrund solcher Überlegungen stehen auch Verschiebungen in den Wissenschaften in den Übergängen von der festen in die flüssige Moderne, was die Beurteilung von Wahrnehmungsbereichen und die Einschätzung ihrer Bedeutsamkeit betrifft. Ging man in früheren Zeiten meist ohne nähere Begründung vom Zuhören auch als wesentlichem Muster der Wissensweitergabe aus, so erweitert sich dies in der Verflüssigung der Moderne nicht nur immer stärker hin zum Visuellen, sondern auch zu einer Vernachlässigung des Hörens und Zuhörens, wie es zumindest in oberflächlicher Perspektive erscheint. Die hier vorgelegte Arbeit macht klar: Sowohl das Hören als auch das Zuhören haben ihren Wert erhalten, auch wenn er nicht immer offensichtlich sein mag. Und eine Theorie des Hörens muss nicht notwendig auch eine des Zuhörens und umgekehrt sein. Dabei sind Mutmaßungen und Ängste von den überwiegend kommunikativen Wirkungen deutlich von theoretischen Konzeptionen und empirischen Studien im Feld Zuhören und Zuhörkompetenzen zu unterscheiden. Solche Studien zusammenzufassen und in eine konzeptionelle Beurteilung zu bringen, dass ist das Ziel dieser Arbeit.

Die Autorin stellt sich dem Thema dabei in breiter Weise aus einer überwiegend kommunikationstheoretischen Perspektive, wobei sie auch Aspekte aus der Sprachwissenschaft, Musikwissenschaft, Pädagogik und anderen Bereichen einfließen lässt. Ihre grundlagentheoretischen Überlegungen schließen auf der Metaebene an den interaktionistischen Konstruktivismus an, sind aber auch in den Feldern des Zu/Hörens selbst hinreichend situiert.

Vor diesem Hintergrund wird die Arbeit in folgenden fünf Schritten aufgebaut:

Kapitel 1 beschreibt in einer kurzen Geschichte des Zuhörens die enge kulturelle Verbundenheit von Hören, Zuhören und Gehorchen. Hierbei richtet die Autorin insbesondere den Blick auf die Spannungsverhältnisse von Passivität und Aktivität, die im kulturellen Wandel besonders eindringlich als Formen kommunikativer Zuschreibungen und Wirksamkeiten erscheinen. Im Diskursfeld ist die biologische Seite des Hörens und der Hörfähigkeit, die ebenfalls in diesem Kapitel rekonstruiert wird, zwar eine wesentliche Voraussetzung des Zuhörens, aber die kulturelle Seite zeigt die sehr unterschiedliche inhaltliche und ästhetische Füllung dieser Fähigkeit. Das Kapitel schließt mit einer diskursiven Übersicht, in der die Ebenen der Interaktion, Aufmerksamkeit und des Kontextes als notwendig für die Beschreibung von Zuhörkompetenzen in allgemeiner Hinsicht herausgearbeitet werden.

Kapitel 2 widmet sich dann – nach dem eher einleitenden Kapitel 1 – den Phänomenen der auditiven Wahrnehmung, deren Phänomene, Funktionen und Dimensionen näher herausgearbeitet werden. Hier wird jetzt die biologische Seite der auditiven Wahrnehmung sehr umfassend dargestellt, aber nicht isoliert von den Wechselwirkungen mit der Kultur betrachtet. Entscheidend ist für die Autorin, zu zeigen, dass auch die eher naturwissenschaftlichen Erkenntnisse des auditiven Systems im Kontext bestimmter kultureller Entwicklungen entdeckt und interpretiert wurden und werden. Orientierung, Flüchtigkeit, Eindringlichkeit und Tiefenwirkung werden im Blick auf das Auditive systematisch dargestellt. Die Synthese der Wahrnehmungen im Kopf zeigt, dass das Hören keineswegs ein Abbildungs- oder Reproduktionsprozess ist, sondern immer auch eine aktive, konstruierende Seite enthält. Insbesondere der Bezug auf die Phänomenologie nach Waldenfels hilft der Autorin neben der konstruktivistischen Methodologie, hier zu vertiefenden Antworten auf in der Forschungsliteratur aufgeworfene Fragen zum Zu/Hören zu kommen. Die kulturelle Formung des Hörens und Zuhörens ist selbst der Hintergrund des Konstruktes von Phänomenen wie imaginativ, responsiv und eindringlich, von Funktionen wie Verständigung, Entwicklung und Orientierung, von Dimensionen wie Verstehen, Erleben und Teilhaben, die die Autorin systematisch in diesem Kapitel herausarbeitet.

Kapitel 3 nimmt in systematischer Weise diskursive Modelle des interaktionistischen Konstruktivismus auf und nutzt diese, um das Feld Zu/Hören zu differenzieren. Besonders ergiebig erscheint hierbei die Unterscheidung zwischen Beobachter, Teilnehmer und Akteur, weil sie eine Metatheorie notwendiger Aspekte ermöglicht, die beim Zu/Hören und einer Kompetenzbestimmung des Zuhörens immer anfallen können. Ohne hier auf die Forschungsergebnisse im

Detail einzugehen, so gehört es zu den neuartigen Erkenntnissen dieser Arbeit, einen Interpretationsrahmen bereitzustellen, der Zu/Hörereignisse nicht nur wiedergebend darstellt, sondern in unterschiedlichen Bedeutungskontexten systematisch „sichtbar" und „hörbar" werden lässt. Dies gilt gleichermaßen für andere systematisch erörterte Modelle in diesem Kapitel.

Kapitel 4 wendet sich der kommunikativen Verortung des Zu/Hörens zu. Der Hörraum als Heterotopie, als Resonanzraum des Zuhörens, als kultureller Raum in je spezifischer Kommunikation werden umfassend rekonstruiert und eingeführt. In diesem Kapitel wird ein hermeneutisches Modell des Verstehens übergreifend beschrieben und in seinen Wirkungen der Verständigung kritisch reflektiert. Das Hören als eine spezifisch Raum formende Kraft zeigt eindringlich eine konstruktive Seite in der menschlichen Wahrnehmung, wobei philosophische, kulturwissenschaftliche, musikwissenschaftliche und psychoakustische Theorien diesen Argumentationsteil im Wesentlichen stützen.

Kapitel 5 führt die bis dahin aufgeworfenen und systematisierenden Gedanken in ihrer Bedeutung für die pädagogische Relevanz des Themas zusammen. Es entstehen hierbei Bausteine einer konstruktivistischen Pädagogik des Zuhörens, die in dieser Form neuartig sind. Auch wenn die Einleitung nochmals Aspekte bisheriger Kapitel aufnimmt, so führt sie andererseits auf das Feld pädagogischer Wirkungsweisen, das in diesem Kapitel systematisch reflektiert wird. Hierbei ist festzustellen, dass die Autorin ein hohes Niveau theoretischer Diskussion entwickelt. Die Schlussfolgerungen zu den audiblen Aspekten der Sprache, der Kommunikation und Interaktion, des Wissenserwerbs, des Lärms beim Lernen, der aktiven Gestaltung eines Bildungshörraums und der auditiven Ästhetik im Blick auf pädagogische Prozesse fassen zuvor ermittelte Ergebnisse der Arbeit zusammen. Sie ergeben auch durch die Einarbeitung nochmals in diesem Teil relevanter weiterer Forschungsliteratur insbesondere aus pädagogischer Sicht ein umfassendes theoretisches Konzept, das für weitere Forschungen als Ausgangspunkt oder Bezugsrahmen nutzbar ist. Dies gilt sowohl für die pädagogische Seite im Umgang mit dem Zu/Hören als auch für die konstruktivistische Theoriebildung selbst, die die Autorin vor allem für die Frage der Zuhörkompetenz entwickelt.

Die hier vorgelegte „konstruktivistische Theorie des Zuhörens" ist ein sehr gutes Beispiel für eine gelungene Grundlagenarbeit, in der umfangreiche Forschungsliteratur zum Thema gesichtet und verarbeitet wird. Sie war als Grundlagenarbeit notwendig, da das Thema Zu/Hören bislang wenig erforscht und in seinen pädagogischen Implikationen grundsätzlich in der Forschung vernachlässigt wurde. Eine systematische Ausarbeit wie die vorgelegte liegt bisher nicht vor. Die Arbeit hilft durch ihren systematisierenden Zugang eine Vielzahl von Einzelstudien zusammenzuführen und den Forschungsstand so zu klären, dass die theoretische Grundlegung nunmehr Ausgangspunkt für weitere Studien vor diesem Hintergrund werden kann.

Kersten Reich

0. Einleitung

Wenn vom Zu/Hören[1] die Rede ist, ist zumeist die, wie Spinner (1988, 16 f.) formuliert, „kommunikative Tugend des Zuhörens" gemeint. Hier sind Praktiken vokal gegründeten Zuhörens angesprochen, die implizit immer auch Fragen gelingender Kommunikation thematisieren. Neben diesem dem vokalen Bereich der Kommunikation entlehnten Zuhören existiert der weite Bereich nonvokalen Zuhörens. Es meint ein Zuhören auf Musik, Klang und Geräusch und damit auf Schallquellen nichtsprachlicher Natur. Nonvokal gerichtetes Zuhören ist bedeutungstragendes „Subjekt" insbesondere künstlerischer Disziplinen. In solchen Kontexten wird das Zuhören besonders in seinen ästhetischen Implikationen thematisiert. Doch Zuhören kann auch als „Messvariable" genutzt und insbesondere in seiner Wahrnehmungsschärfe gefordert werden. In diesem Fall ist zuvorderst die Differenzierungsfähigkeit auditiver Wahrnehmung angesprochen, etwa, wenn Musiker[2] sich in dem Fach „Gehörbildung" schulen oder wenn Mediziner bei der Herzauskultation konzentriert auf das Schlagen des Herzens hören.

Wissenschaftsdisziplinen, in denen das Zuhören (in wechselnden Funktionen, Momenten und Qualitäten) eine bedeutende Rolle spielt, sind ebenso zahlreich wie verschieden. Hierzu zählen Kommunikationswissenschaft, Sprachwissenschaft, Musikwissenschaft, Psychologie, Pädagogik oder Medizin. Die Bandbreite dieser Disziplinen korrespondiert mit der bunten Vielfalt möglicher Qualitäten, die im Zuhörprozess subjektiv erlebt werden. Zuhören kann als *assoziativ, emotional, selektiv, kreativ, imaginativ etc.* erlebt werden, um nur einige Beispiele zu nennen, die dem breiten Spektrum ganz unterschiedlicher Hörkontexte und Erlebniswelten entstammen. Entsprechend groß, so könnte gefolgert werden, ist das Potenzial, das sich in der menschlichen Zu/Hörfähigkeit verbirgt. Wird dieses Potenzial thematisiert, kommt es zu-

---

[1] Im bestehenden Zuhördiskurs gibt es keine einheitliche Unterscheidung des Hörens vom Zuhören. Oftmals werden diese Begriffe auch synonym gebraucht. An dieser Stelle steht diese Schreibweise stellvertretend für beide Begriffe. Im Folgenden soll diese Unschärfe mitbedacht werden, auch wenn diese Schreibweise im Verlauf der Arbeit aus Gründen der Lesbarkeit nicht durchgängig verwendet wird.

[2] Aus Gründen der besseren Lesbarkeit wird bei allen Personenbezeichnungen das generische Maskulinum verwendet. Es wird an dieser Stelle darauf hingewiesen, dass die ausschließliche Verwendung der männlichen Form geschlechtsunabhängig verstanden werden soll, es sind stets Personen männlichen und weiblichen Geschlechts gleichermaßen gemeint.

meist entweder in seiner Möglichkeit oder – implizit – auch in seiner Abwesenheit zur Sprache. Auffallend häufig wird seine Abwesenheit im pädagogischen Kontext beklagt. Dass die Zuhörfähigkeit insbesondere im kommunikativen Kontext als bedeutungstragende Kompetenz gilt, darüber scheint weitgehend Einigkeit zu bestehen. Gerade hier wird aber auch eine große „Leerstelle" konstatiert. Kahlert spricht von der „Dauerklage" der Lehrer, Schülern fehle es an der nötigen Höraufmerksamkeit (Kahlert 2006, 325). Doch auch Erwachsene kommunizierten nur mehr unzureichend. Gründe dafür seien etwa veränderte Perzeptionsgewohnheiten (Bergmann 2000, 11; Schröder/Schwanebeck 2001, 11), der Zeitnotstand einer durchgetakteten Gesellschaft (vgl. Geißler 2002, 39), aber auch Reizüberflutung (vgl. Gross 1994, 26). Wimmer spricht vom „Lärm der Welt", der Wesentliches übertöne (Wimmer 1993, 73). Während Wägenbaur (2005) ein „kognitives Hörversagen" konstatiert, das mittlerweile große Teile der Gesellschaft erfasst habe, spricht Kamper gar von einem „allgemeinen Hörsturz" (ebd., 1984, 112). Der Verlust der menschlichen Zuhörfähigkeit wird hier als generationsübergreifendes, gesellschaftliches Zeitphänomen im Kontext postmoderner Entwicklungen gezeichnet. Zuhörfähigkeit erscheint so als „gesellschaftliche Mangelware", was bedeuten kann, bei Bedarf ein geneigtes Ohr nicht mehr einfach so „geschenkt" zu bekommen, sondern dieses zur Not „kaufen" zu müssen.[3] Damit zeichnet das Zuhören ein Spannungsfeld, das dieses gleichermaßen zum *Desiderat* pädagogisch-didaktischen Handelns (vgl. Wermke 1996), zur *Schlüsselkompetenz* des Lehrens und Lernens, ja gar zur *Kulturtechnik* (vgl. Welsch 1996) erklärt. Entsprechend platziert sich der Gegenstand dieser Arbeit inmitten eines schillernden Begriffsfeldes, das eine Vielzahl von Zuschreibungen auf sich vereint. Zuhören wird gleichermaßen als *vernachlässigte Kunst* (vgl. Blomann/Sielecki 1997), als *Phänomen* (vgl. Vogel et al. 1998), als *pädagogische Herausforderung* (Wessels 2008), als *Erfolgsfaktor* (vgl. Akademie für politische Bildung Tutzing 2005), als *Wirtschaftsfaktor* (vgl. Stiftung Zuhören 2003), als *Kulturtechnik* (vgl. Welsch 1996 u. Wenzel 1995), als *Haltung* (vgl. Barthes 2006), als *vernachlässigte Sinneskompetenz* (vgl. Karst 1998; 2008), als *Dienstfunktion* (Welsch 1996), *als Gesundheitsfaktor* (Lendenmann 2001) und vieles mehr beschrieben.

---

[3] Thürmer-Rohr (2006) macht darauf aufmerksam, dass das Zuhören heute zunehmend als Dienstleistung feilgeboten und so auch als „Ware" verdinglicht wird. Damit wird es „delegiert an professionelle Stände, an bezahlte ZuhörerInnen vom Dienst. Und mit dem Schrumpfen des Seelsorgerstandes und der Verwandlung von Ärzten in Technologen bleiben noch in erster Linie die TherapeutInnen, die das Zuhören als Methoden feilbieten" (ebd. 271).

Diese Vielfalt zeigt, dass die Relevanz dieser „kommunikativen Tugend" über pädagogische Kontexte weit hinausreicht. Es kommt immer wieder vor, dass Personen des öffentlichen Lebens sich mit dieser „Tugend" medienwirksam zu schmücken versuchen. So betonte etwa Barack Obama, Präsident der Vereinigten Staaten von Amerika (2009-2016) die Wichtigkeit des Zuhörens gleich zu Beginn seiner Amtszeit auffallend häufig. Im Vorfeld des G20-Gipfels in London (2009) sagte er, dieses Treffen müsse vor allem dazu dienen, „zuzuhören und nicht zu belehren" (diepresse, 1.4.2009). Er komme nach London, um „zuzuhören und zu führen" (merkur.de, 30.3.2009). Auch Johannes Rau, Bundespräsident der Bundesrepublik Deutschland (1999-2004) galt nicht nur als gewandter Redner, sondern machte auch in seinem Bemühen von sich reden, ein ebenso guter Zuhörer sein zu wollen (Deutschlandfunk, 30.6.2004).[4] Jeff Bezos, der Gründer von Amazon und Käufer der „Washington Post" (2013), äußert bei seinem Antrittsbesuch dort: „Ich lerne, ich höre zu, ich finde, dass ich ein guter Zuhörer bin" (Friedmann 2013).

Solche medialen „Kundgaben" mögen ebenso verwundern wie erfreuen. Auf der „Metaebene" sind sie sehr „beredt". Implizit thematisieren sie das große Bedürfnis des Menschen, angehört werden zu wollen und sagen damit etwas aus über die „gefühlte" Relevanz der Zuhörfähigkeit für gelingendes gesellschaftliches Miteinander. Gerade die Aus- und Nachdrücklichkeit solcher Äußerungen scheint ein Defizit zu offenbaren, das darauf verweist, dass „gutes Zuhören" eher als Ausnahmeerscheinung denn als Selbstverständlichkeit der Alltagskommunikation gelten kann.

Forschungsinteresse und Forschungsfragen

Die Bedeutung des Zuhörens für den Menschen ist recht offensichtlich. Zuhörfähigkeit ist eine zentrale Größe der Kommunikation, die jedoch keinesfalls für sich allein, sondern in enger Wechselwirkung mit vielen anderen Variablen der Kommunikation steht. Erst in diesem Wechselspiel geschieht Verständigung, nur so ist gegenseitiges Verstehen, ist kooperatives Handeln möglich. Die Fähigkeit, sich zu verständigen und zu verstehen, kann sicher als Grundkategorie menschlichen Seins bezeichnet werden und spielt somit auch im Bildungsprozess eine entscheidende Rolle. Im schulischen Kontext wird diese Größe auch

---

[4] Selbst äußerte sich Rau u. a. folgendermaßen: „Ich werde mehr zuhören, als dies Menschen des öffentlichen Lebens tun, die neigen dazu, Reden zu halten, bevor sie zuhören" (Johannes Rau, zitiert nach Lay 2007, 249).

mit dem Begriff des *Hörverstehens* transportiert. Diese höchst komplexe Kategorie, die von Imhof (2010) als Fähigkeit gefasst wird, „gesprochene Sprache inhaltlich (Was wird gesagt?) und formal (Wie wird etwas gesagt und mit welcher Absicht?) zu verstehen", soll so operationalisierbar gemacht werden. Doch sagt dies eher wenig darüber aus, wie sich Verstehen und Verständnis konkret vermitteln. Ist es etwa die möglichst detailgenaue Wiedergabe des Gehörten, ist es eher die „richtige" Interpretation, sind es die „richtigen" Worte? Schnell gesellt sich auch die Frage nach der Deutungshoheit hinzu: Wer entscheidet über richtig oder falsch? Ist es der „Sender" selbst, ist es der Zuhörer oder eine ganz andere Instanz?

Die Komplexität wird erhöht, wenn der Begriff der „Zuhörkompetenz" ins Spiel kommt. Dieser Begriff impliziert die Messbarkeit eines multifaktoriellen Geschehens und damit das Vorhandensein objektiver Maßstäbe, welche vorgeben, Güte und Qualität des Zuhörgeschehens „absolut" bemessen zu können. Doch welche Messeinheit wird hier bedient? Welche Maßstäbe sind es, die erfassen können, wann und wodurch aus dem bloßen Zuhören ein „kompetentes" Zuhören wird? Schnell wird deutlich: Fehlt ein solcher Maßstab, bleibt die Zuordnung willkürlich. Einen weiterführenden kategorialen Zugang bietet auch hier wieder eine Definition Imhofs. Sie definiert Zuhören als „intentionale Selektion, Organisation und Integration (S-O-I-Modell) verbaler und nonverbaler Aspekte akustisch vermittelter Information" (ebd., 18). Damit zeichnet Imhof das Ideal des „selbstregulierten Zuhörers" (ebd., 19), der über „grundlegende sprachliche, inhaltliche und prozedurale Grundfähigkeiten" verfügt (ebd., 18). Als zentrales Regulativ des komplexen Geschehens erscheint mit der Kategorie der intentionalen Selektion allerdings eine Kategorie von weitreichender Konsequenz. Denn indem dem „selbstregulierten Zuhörer" immer auch eine prinzipielle Sinnhaftigkeit auch der Intention seines Handelns unterstellt werden muss, schließt kompetentes Zuhören auch den bewussten Ausschluss von Reizen und damit das gezielte Weg-, Über- oder Nicht-Zuhören mit ein. Damit thematisieren Fragen kompetenten Zuhörens unweigerlich Fragen der Wahlfreiheit und mit diesen auch Fragen emanzipativ-kritischen Zuhörens. Dies mag nun ein gänzlich anderes Licht auf scheinbare gesellschaftliche Defizite und damit auf die Klage, Kinder, Jugendliche (aber auch Erwachsene) könnten nicht mehr zuhören, in einen völlig neuen Kontext stellen – Behauptungen, die hier genauer untersucht werden sollen.

Der Zuhörprozess wird häufig mit vollkommener Rezeptivität und damit vor allem mit Schweigen assoziiert. Tatsächlich umfasst, ja fordert diese kommunikative Praktik durchaus auch konkrete Sprechakte (beispielsweise die Paraphrase). Dass dies so ist, gilt spätestens seit der Entwicklung des Konzepts des „Aktiven Zuhörens" (Tausch/Tausch 1990; Gordon 2012; 2013; 2014) auch als fachwissenschaftlicher Konsens. Binden wir das Sprechen konstitutiv in den Hörakt mit ein, stellt sich jedoch die Frage, wodurch Hör- und Sprechakt voneinander unterscheid- und erkennbar werden. Wo genau hört das Zuhören auf und wo beginnt das Sprechen? Ähnlich unscharf ist nach wie vor die Unterscheidung des Hörens vom Zuhören, beide Begriffe werden überwiegend synonym gebraucht. Imhof äußert, das Zuhören gehe über das Hören „substanziell hinaus", indem Zuhören dem Zuhörer unter anderem „Wissen, Motivation, Aufmerksamkeit und Konzentration" abfordere. Weiteres ergebe sich „aus den Besonderheiten der Situation, den spezifischen Merkmalen des Mediums gesprochener Sprache" (Imhof 2004, 8). Ohne sich auf ein theoretisches Fundament beziehen zu können, da es keine „konsistente Theorie des Hörens und Zuhörens" gebe (Hagen 2003, 10), äußert sich Hagen dahingehend, Hören und Zuhören unterschieden sich bloß „graduell" (2003, 37). Andererseits wissen wir, dass wir, in Anlehnung an das erste Watzlawicksche Kommunikationsaxiom (Watzlawick 1981, 50 ff.) zwar *nicht nicht hören*, wohl aber *nicht zuhören* können. Dies verweist auf bestehende Kriterien, die den Modus des Hörens und den des Zuhörens deutlich voneinander unterscheidbar machen und die in dieser Arbeit geschärft werden sollen.

Dass das Zuhören in unterschiedlichen ästhetischen Qualitäten erlebt wird und jeder Zuhörprozess von wechselnden Gestimmtheiten begleitet wird, zeigt schon die Alltagserfahrung. Solche Qualität des Hörerlebens kann gleichermaßen vokal als auch nonvokal gegründet sein. Zumeist sind diese Bereiche sogar eng ineinander verzahnt. Dies thematisiert die Frage, wie sinnvoll eine getrennte Untersuchung des Zuhörens in Abhängigkeit der Quelle, d. h. getrennt nach vokalem und nonvokalem Kontext sein kann. Bedenken wir außerdem, dass sich die Verarbeitung akustischer Informationen unabhängig von ihrer Quelle synchron in *einem* Funktionssystem, dem auditorischen System, vollzieht, stellt dies die Sinnhaftigkeit einer getrennten Untersuchung vokalen und nonvokalen Zuhörens zusätzlich in Frage. In den Vordergrund rückt vielmehr die Bedeutung auditiver Ästhetik, die in allen Feldern akustischer Kommunikation eine große Rolle spielt und die in dieser Arbeit daher ausdrücklich mitbedacht werden soll. Der Begriff der Ästhetik ist hier jedoch nicht gemeint als Verengung auf bestimmte ästhetische Felder, sondern im Sinne einer „Aisthesis", dem sinnlichen Erleben solcher Qualitäten, die dem Wahrnehmungsgeschehen genuin innewohnen. Auch wenn wir ihrer nicht jederzeit gewahr sind (und auch nicht sein können), erscheinen sie deutlich, wenn der Strom der Alltagswahrnehmung unterbrochen wird und das sinnliche Erleben selbst mit seiner spezifischen Qualität und all seinen emotionalen oder körperlichen Implikationen in den Vordergrund tritt.

Ein weiteres Spannungsfeld öffnet sich mit der Nähe, die dem *Hören* und *Gehorchen* nachgesagt wird: „Hören steht in dem Verdacht zur Hörigkeit zu führen, zur Abhängigkeit, zur Verführung", schreibt Pazzini (1993, 20) Die sprachgeschichtliche Verbindung zwischen *Hören*, *Hörigkeit* und *Gehorsam* ist auffällig und wird immer wieder thematisiert (Ackermann 2003, 97, Steffensky 2002). So veranstaltete im Jahr 2011 die „Hörstadt Linz", die sich seit ihrer Ernennung zur Kulturhauptstadt Europas (2009) intensiv mit dem Thema Hören im städtischen Raum auseinandergesetzt hat, ein internationales Symposium zum Thema „Hören und Gehorchen". Doch zeigt sich, dass diese Nähe weniger über die Sinneswahrnehmung selbst aussagt. Vielmehr werden hier Dynamiken kommunikativen Handelns thematisiert, die auf zentrale Praktiken ihrer kulturellen Kontexte verweisen und mit diesen immer auch sprachgeschichtlich „Spuren" hinterlassen. Solche kulturell gegründeten Praktiken können dann zu „Regulativen" werden, die den Modus des Zuhörens in den des Gehorsams umzuwandeln vermögen und so die Erfahrungsqualität dieser Sinneswahrnehmung entscheidend verändern. Dies erscheint für den Umgang mit der kommunikativen Praktik des Zuhörens gerade auch heute zentral und fragt danach, inwieweit die Idee kompetenten Zuhörens mit der Idee emanzipativ-kritischen Zuhörens verbunden werden sollte. Auch soll es in dieser Arbeit darum gehen, solche Regulative zu erkennen, um bewusst mit ihnen umgehen zu können.

Der Umgang mit der Sinneswahrnehmung Hören hat eine lange Geschichte mit einer wechselnden Zuschreibung seiner Bedeutung, die mal unter- und in Reaktion darauf auch wieder überschätzt wurde. Die Rede vom „Visualprimat" (Welsch 1996, 234) eines „optischen Zeitalters" (Kamper 1984, 112) kann als Ausdruck solcher Verschiebungen interpretiert werden, im Zuge derer es zu einer Kompensation, ja vielleicht auch zu einer Mystifizierung des Vernachlässigten kommt, wie sie sich etwa in den umfangreichen, zum Teil recht spirituell geprägten Publikationen Joachim-Ernst Berendts (1983; 1985a; 1985b) andeutet. Doch jenseits von Fragen einer Hierarchisierung und Bewertung der Sinne kann sicherlich behauptet werden, dass das Hören ein wichtiges Feld in der Gegenwartskultur darstellt. Ohne Zweifel zeigt sich nicht nur die visuelle, sondern auch die akustische Dimension als höchst präsent und gegenwärtig. Die große Omnipräsenz der akustischen Sphäre, die in einer akzelerierenden Dichte des Hörbaren gerade die heutige Lebenswelt engmaschig belegt, steht immer auch in enger Korrespondenz mit den kulturellen Setzungen einer Zeit oder einer Epoche und gestaltet so ganz spezifisch menschliche Hörpraktiken (und umgekehrt).

In Fragen bezüglich der spezifischen Bedeutung für die Entwicklung des Menschen in der Kultur unserer Zeit, soll sich dem „Phänomen Zu/Hören" in Form einer Grundlagenuntersuchung hier angenähert werden. So deutet sich schon in diesem einleitenden Überblick an, dass die Sinneswahrnehmung Hören mit vielen Bereichen menschlichen Seins eng verknüpft ist. Eine solche Annäherung kann daher nur gelingen, wenn sie aus verschiedenen Perspektiven erfolgt, welche die zahlreichen Felder und die verschiedenen Kontexte, in die das Hören hineinreicht, berücksichtigt und interdisziplinär verknüpft. Ein solches Vorgehen kann, das wird schnell deutlich, jedoch keinen Anspruch auf Vollständigkeit erheben, sondern muss sich auf ausgewählte Aspekte beschränken und Schwerpunkte bilden. Die Annäherung und Auswahl der Schwerpunkte geschieht mit dem Ziel, eine „konsistente Theorie des Zuhörens" entwerfen zu wollen, die sowohl Antworten auf die hier gestellten Fragen zu geben vermag, als auch Strategien aufzeigt, die es ermöglichen, auf das komplexe, hochdynamische und multifaktorielle Geschehen der Kommunikation aus *der Perspektive des Zuhörens* bewusst gestaltend und gezielt verändernd einwirken zu können.

Methodologischer Zugang und Aufbau der Arbeit

Methodisch ist dieser Arbeit das wissenschaftstheoretische Modell des Interaktionistischen Konstruktivismus nach Kersten Reich (2009a; 2009b) zugrunde gelegt. Es bildet somit das methodologische Gerüst dieser Arbeit. Ausgangspunkt ist die „Konstruktionshypothese von Wirklichkeit" (Reich 2009a, 4), die das „Subjekt, [...] in seiner Bedeutung und Rolle als Wahrheiten herstellendes Wesen" (Reich 2012, 76) anerkennt. Diese Sichtweise impliziert, dass menschliche Interaktivität für den Prozess der Erkenntnisgewinnung eine zentrale Bedeutung hat. Grundlegende Annahme dieser Arbeit ist daher, dass sowohl die Kategorien der *Konstruktivität*, als auch die der *Interaktivität* für den Prozess des Zuhörens konstitutiv sind. Hinzu kommt, dass sich der Interaktionistische Konstruktivismus von den stark subjektivistisch orientierten Konstruktivismen (vgl. z. B. von Glaserfeld 1996) abgrenzt, da er die menschliche Konstruktionstätigkeit aus einer kulturbezogenen Perspektive untersucht, welche „die kulturelle Verankerung [...] der konstruktivistischen Theoriebildung selbst" (Reich 2012, 87) voraussetzt. So entwickelt er ein Verständnis auch für systemische Prozesse, für Zirkularität, Rekursivität, Selbstorganisation, Selbstreferenz und vernetzte Systeme und knüpft damit an zentrale

Kategorien auch systemischen Denkens an (vgl. Reich 2009a, 4 ff.). Mit dem Ausgangspunkt, Zuhören als genuin interaktives und konstruktives Geschehen anzunehmen, öffnet der Interaktionistische Konstruktivismus nach Reich eine Perspektive auf die Kommunikation, welche „die konstruktive Seite menschlicher Tätigkeit immer mit den kulturellen und natürlichen Kontexten" (Reich 2012, 80) zusammenführt und das Zuhören mit diesen Kontexten vielschichtig und multiperspektivisch miteinander zu verknüpfen verspricht. Damit fokussiert diese Untersuchung nicht nur auf das Zu/Hören als „reine" (Sinnes-)Wahrnehmung, sondern nimmt dieses als interaktiv-konstruktives und zutiefst kulturell geprägtes Geschehen wahr. Dies verspricht das Verständnis über die Bedeutung des Zuhörens für die Entwicklung des Menschen um maßgebliche Aspekte zu ergänzen und zu erweitern.

In Kapitel 1 wird das Hören daher zunächst in einem kleinen Ausschnitt seiner *kulturellen Genese* betrachtet, um so die wechselnden Zuschreibungen rund um den Bedeutungskomplex *Hören – Zuhören – Gehorchen* nachvollziehen und *Regulative dieser Dynamiken* erforschen zu können. Unter der Annahme, dass sich die gesellschaftlichen Veränderungen in einer Epoche großer Umbrüche immer auch auf kommunikativ-interaktive Praktiken ausgewirkt haben, richtet sich der Blick hier auf die kommunikativen Praktiken der Menschen im Prozess der Zivilisierung in der Moderne, die sicher als eine Zeit großer gesellschaftlicher Umbrüche bezeichnet werden kann (vgl. Reich 2009a, 49 ff.). Im Zuge sich verändernder Disziplinarmächte und -kräfte verändert sich in dieser Zeit die „Ordnung der Diskurse" (vgl. ebd., 43) entscheidend. Der Untersuchungsfokus dieser Arbeit richtet sich dabei insbesondere auf die Pole *Passivität* und *Aktivität*, zwischen denen das Zuhören im Laufe der Zeit wechselnd verortet wird. Das Kapitel mündet in der Fragestellung, ob und welche konstant wirkenden Ebenen und Kräfte erkennbar sind, die das Zuhörgeschehen in seiner sich stetig verändernden Gestalt formen.

Jenseits einer Hierarchisierung der Sinne soll in Kapitel 2 das Hören als *Phänomen*, d. h. mit seinen spezifischen Charakteristika, in seinen verschiedenen *Funktionen*, die es erfüllt, aber auch in möglichen *Dimensionen*, die es in der spezifischen Qualität *auditiven* Wahrnehmens erlaubt, die Lebenswelt *so und nicht anders* erfahrbar zu machen, untersucht werden. Statt einer Hierarchisierung wird hier auf die Differenz der Sinne fokussiert. Es ist gerade diese Differenz, die ganz eigene Spielräume der Interaktion und mit diesen auch besondere Zugänge schafft, die es ermöglicht, ganz unterschiedliche Facetten menschlichen Seins auszuleben. Dahinter steht die Annahme, dass wir jedes Sinnesvermögen weniger an ihm selbst, „sondern gerade in seinem Unterschied zu den anderen Sinnen erfahren, also dadurch wissen, was Sehen ist, dass wir *nicht nur* sehen" (Espinet 2009, 5). Damit steht im zweiten Kapitel die Besonderheit dieser Sinnesmodalität im Vordergrund und nicht ihre Bewertung. Die Erkenntnisse dieses Kapitels sollen als Fundament dienen, auf das in den Folgekapiteln zurückgegriffen werden und an das dort angeknüpft werden kann.

Kapitel 3 vollzieht zentrale Kategorien interaktionistisch-konstruktivistischen Denkens nach. Ausgangspunkt konstruktivistischen Denkens ist die Annahme eines Beobachters. Doch bedenkt der Interaktionistische Konstruktivismus nach Reich (2009a; 2009b) den Beobachter zusätzlich noch in seinen Rollen als Teilnehmer und Akteur, da sie ihn in wechselnde und sehr unterschiedliche Bedeutungs- und Spannungsfelder einbinden. Aufbauend auf der Annahme grundsätzlicher Konstruktivität menschlicher Erkenntnistätigkeit unterscheidet Reich (ebd.) neben der Perspektive der Konstruktion auch die Perspektiven der Re- und Dekonstruktion. Zusätzlich bindet Reich mit den Begriffen des Symbolischen, Imaginären und Realen ganz unterschiedliche Register der Erfahrung, die unserer (Er-)Leben stark beeinflussen, konstitutiv in seine Theorie mit ein. Diese Kategorien sollen in diesem Kapitel nicht nur nachvollzogen, sondern für das Hören fruchtbar gemacht werden, indem sie systematisch auf ihre Relevanz für das Zu/Hören hin befragt und mit den weiteren theoretischen Überlegungen zusammengeführt werden können. Insgesamt bietet der Interaktionistische Konstruktivismus ein fein ausdifferenziertes Kategorien- und Begriffssystem, dass die zahlreichen Handlungsfelder, Positionen und Dimensionen menschlichen Seins nicht nur aus verschiedenen Perspektiven, sondern auch als in zirkulärer Wechselwirkung untrennbar miteinander verknüpft darstellt. Als Symbol dieser Verknüpfung nutzt Reich (ebd.) den *Borromäischen Knoten*. Dieser wird als Bild hier aufgegriffen, um die wechselnden Inhalte jedes Kapitels und ihre Zusammenhänge pointiert zusammenzufassen, wodurch er zugleich zum Leitmotiv dieser Untersuchung wird.

Kapitel 4 erweitert bestehende Konzepte von Kommunikation in die Dimension des Raums. *Verstehen* wird als Dreh- und Angelpunkt menschlicher Interaktion und Kooperation beschrieben, was diesen Moment sowohl zum Motor der Verständigung als auch zum Ziel der Kommunikation erklärt. In diesem Kapitel werden verschiedene Stränge der Untersuchung zusammengeführt: Das Modell aus Kapitel 1, welches das Zuhören aus dem Zusammenspiel verschiedener Ebenen und Kräfte erklärt, wird hier um die Dimension des Raums erweitert. In Anlehnung an philosophisch, kulturwissenschaftlich, musikwissenschaftlich, aber auch psychoakustisch gegründete Argumentationen wird das *Hören als spezifisch Raum formende Kraft* beschrieben und begründend nachvollzogen, wie die vielschichtige *Dynamik des Verstehens* eine Vielzahl

„heterotoper Hörräume" ganz eigener Art auszumodellieren vermag. Ob dies Resonanzräume, Räume der Reflexion oder auch kultureller Raum ist, der im Zuhörgeschehen geöffnet und spezifisch gestaltet wird. Mit der Vorstellung, Hören als Raum formende Kraft der Kommunikation zu verstehen, wird eine Kommunikationsperspektive theoretisch entfaltet, die bestehende Konzepte von Kommunikation um neue Perspektiven und Aspekte erweitern und auch das Verständnis von Kommunikation insgesamt vertiefen kann.

Kapitel 5 führt zentrale Gedanken aller Kapitel in Bezug auf ihre pädagogische Relevanz zusammen. Mit dem Ziel, eine „konsistente Theorie des Zuhörens" zu entwickeln, welche die weiter vorne thematisierten Fragen zu beantworten und zentrale Aspekte des Hörens darzustellen vermag, werden Bausteine für eine konstruktivistische Pädagogik des Zuhörens zusammengetragen. In Hinblick insbesondere auf die audiblen Aspekte von Sprache, Kommunikation und Wissenserwerb wird die Relevanz des Zuhörens für den Bildungskontext überprüft, daran anschließend werden Konsequenzen für eine konstruktivistische Pädagogik des Zuhörens überdacht. Dabei wird ausdrücklich das gesamte Gebiet der akustischen Kommunikation einbezogen und Schallquellen vokalen sowie nonvokalen Ursprungs berücksichtigt. So werden sowohl die Kategorie auditiver Ästhetik als eigenständige Größe akustischer Kommunikation als auch die limitierenden Momente des Hörraums selbst thematisiert und in ihrer jeweiligen Bedeutung hervorgehoben. Das Kapitel schließt mit einem integrierten Modell der Kommunikation, das zentrale Aspekte dieser Arbeit modellhaft zusammenfasst.

1. Eine kurze Geschichte des Zuhörens

1.1. Zuhören – ein kulturelles Konstrukt im gesellschaftlichen Wandel

„Es fällt auf, dass von den ältesten bis zu den neuesten Theorien das Hören unter einer Mißachtung leidet, die aus einer vielfältigen Mißbestimmung oder Unterbestimmung erwächst" (Waldenfels 2007, 245).

Der deutsche Philosoph und Phänomenologe Bernhard Waldenfels beklagt mit diesen Worten ein Phänomen, das der Publizist Andreas Haderlein als „abendländische Ausrichtung des Denkens auf das Sichtbare" pointiert zusammenfasst. (Haderlein 2003, 26). Solche „Missachtung" habe sich als Prävalenz des Sehsinns gegenüber dem Hörsinn längst in gesellschaftliche Praktiken eingeschrieben, dokumentiert durch die Präsenz einer visuell geprägten Terminologie der Sprache. Der Professor für Soziologie Roger Häußling argumentiert ähnlich, wenn er schreibt:

„Bis in unsere Tage besteht, so muß man konstatieren, eine ungebrochene Vorherrschaft des bild-, bzw. begriffsimprägnierten Sehens gegenüber allen anderen Wahrnehmungsweisen. Diese Sachlage bekundet sich [...] nicht nur im Bereich der Sprache und in unseren Sprachgewohnheiten, nicht nur in den von den strukturierenden Fähigkeiten des Auges geprägten Wissenschaften, sondern auch allerorten in den alltäglichen Aktionsräumen des Menschen" (Häußling 1999, 9).

Dies erstaunt umso mehr, da die menschliche Sprache in ihrem unmittelbaren Gebrauch als gänzlich akustisches Phänomen und Medium verstanden werden kann, auch wenn wir im Verlauf der Geschichte viele und sehr unterschiedliche Möglichkeiten gefunden haben, sie visuell, d. h. durch Schrift(bilder), zu kodieren (vgl. Scheich 2007, 18 f.). Trotz der Bedeutung, die das „Medium Sprache" für den Menschen hat, spiegelt sich der große Einfluss des Auditiven auf den Menschen erstaunlicherweise nicht im gängigen Sprachrepertoire wieder. Vielmehr finden sich in unserer Sprache viele Begriffe mit visuellen Referenzen. Sie thematisieren die unzähligen Perspektiven der visuellen Dimension unserer Lebenswelt und dokumentieren, wie sich visuell geprägte

Beobachtungsweisen in den kollektiven Sprachgebrauch eingeschrieben haben,[5] während etwa der Begriff der „auditiven Perspektive" eher exotisch anmutet. Daher erstaunt es kaum, wenn Reich auch mit dem Titel seines zweibändigen Werkes „Die Ordnung der Blicke" (Reich 2009a; 2009b), mit dem er eine interaktionistisch-konstruktivistische Beobachtertheorie entwickelt, implizit die enorme Relevanz des Visuellen thematisiert:

> „Wenn in meiner Beschreibung dabei bisher der optische Aspekt sprachlich im Vordergrund stand, so hat dies seinen guten Grund in der enorm hohen Relevanz des Bildhaften für unsere Wahrnehmung und unser Welt-Bild. Dies kann und soll jedoch andere Möglichkeiten nicht ausschließen [...]. Bereits die Klassifizierung der fünf menschlichen Sinne ist nur eine Oberfläche von Beobachtungsmöglichkeiten, die wir aus Angewohnheit konstruieren" (Reich 2009a, 30).

Auch wenn Reich mit dem Begriff „Blicke" ausdrücklich die Gesamtheit unserer ästhetischen, materiellen und ideellen Konstruktionen fassen möchte, mit denen wir uns „Wirklichkeit" vermitteln, ist, wie dieser selbst betont, die Wahl seines Buchtitels keineswegs zufällig. Vielmehr verweist Reich mit diesem Titel implizit auch auf Beobachtungs*gewohnheiten*, welche Allgegenwärtigkeit und Dominanz visuell grundierter Begrifflichkeiten in unsere Sprache hineingewoben haben. Dass unsere Weltbilder immer auch auf „Hörbildern" beruhen, dass es die Vielzahl auch „auditiver Perspektiven" ist, die individuelle Wirklichkeitskonstrukte mitformen, vermittelt sich auch sprachlich weniger. Aufgrund fehlender Übung und Angewohnheit (Reich 2009a, 30), auch aus einer auditiven Perspektive heraus die Welt zu beobachten, zu vermessen, um die vielen Perspektiven unserer Lebenswelt bewusst nicht nur visuell, sondern auch akustisch „auszuleuchten", *schein*en wir in einem sprachlichen Mangel zu sein, *akustische* Phänomene differenziert zu beschreiben und uns gegenseitig zu vermitteln. Im Bedarfsfall helfen wir uns, wollen wir explizit *auditive*

---

[5] Die hohe Relevanz des Visuellen „spiegelt" sich in zahlreichen Wörtern oder Wortverbindungen: *auf den ersten Blick, den Blick schärfen, in den Blick nehmen, Blickwinkel, anschaulich, unscheinbar, Einblick, scheinen, ausleuchten, einleuchtend, erhellen, augenscheinlich, offensichtlich, vor Augen führen, ins Auge fallen, aus den Augen verlieren, das Augenmerk lenken, eine bestimmte Sichtweise haben, Durchsicht, Klarsicht, Ansicht, Augenzeuge* etc. Für viele dieser Begriffe gibt es im Sprachrepertoire kaum auditive Entsprechungen, ohne seltsam zu klingen. So wäre die Formulierung „auf den ersten Hör" synonym zu „auf den ersten Blick" wohl eher verwirrend und klänge deplaziert. Ähnlich erginge es uns mit dem Wort „Ohrenmerk".

Phänomene beschreiben, mit visuellen Kategorien aus, wofür die oben benutzte Wortschöpfung „Hör*bild*" ein recht passendes Beispiel zu sein *scheint*. Doch bestätigt dies bloß, dass das Visuelle das Auditive dann auch sprachlich dominiert.

Dass individuelle Weltbilder – neben ihrer visuellen Gestalt – immer auch *Hörbilder* mit spezifisch akustischen Implikationen sind, mag uns vielleicht nicht immer bewusst sein. Folgen wir jedoch der Argumentation des Hirnforschers Henning Scheich, sind unsere Weltbilder letztlich auditiv begründet, da Bedeutungskategorien vor allem akustisch ausgebildet werden (vgl. Scheich 2007). Vergegenwärtigen wir uns eine beliebige Situation unseres Alltags, wird unmittelbar deutlich, dass jede erdenkliche Alltagsszene nicht nur eine Vielzahl möglicher „Ein-sicht-nahmen" bietet, sondern sich gleichzeitig auch als vibrierendes Hörbild präsentiert. Aus dem, was er einer solchen Szene entnimmt, d. h. was er „heraushört", konstruiert jeder Akteur ganz eigene subjektive und damit auch *auditive* Perspektiven. Ob es sich um ein persönliches Gespräch oder um das unspezifische Soundscape einer belebten Innenstadt handelt: Auf der Grundlage individueller Beobachtungsgewohnheiten weben wir auch aus dem akustischen Angebot der Lebenswelt spezifische, ganz eigene subjektiv bedeutsame (Hör-)Perspektiven. Sind doch alle Konstruktionsvorgänge, auch die auditiver Gestalten, an individuelle Beobachtungsgewohnheiten gebunden. Und indem jede Konstruktion bereits auf Konstruktionen aufbaut (vgl. Reich 2009, 29), kann die Bewertung, Empfindung und Verarbeitung des Gehörten nicht jenseits der sozialen und kulturellen Kontexte gedacht werden, in die es hineingestellt ist. Viel spricht daher dafür, dass „auditive Leerstellen" der Sprache weniger ein Beleg für die Abwesenheit oder gar fehlende Evidenz auch auditiver Perspektiven in, bzw. für unsere(r) Lebenswelt sind. Damit scheint auch unsere Sprache *visuell* geprägte Beobachtungsgewohnheiten zu spiegeln, mit denen wir ganz offen*sicht*lich die Lebenswelt um uns herum schwerpunktmäßig „vermessen". *Auf den ersten Blick* könnte dies so erklärt werden, dass Sichtbares leichter beobachtbar er*scheint* als Hörbares, doch bei näherem Hinsehen zeigt sich, dass auch diese Praxis abhängig ist von reiner Gewohnheitsbildung. Ein Beispiel mag dies verdeutlichen: Obwohl mittlerweile fast jedes Smartphone neben einer Kamera über die Möglichkeit auch digitaler Audioaufzeichnung verfügt, sind es vergleichsweise wenig Menschen, die den explizit *akustischen Phänomenen* eines bestimmten Ortes, einer Landschaft, einer bestimmten Szene, eines bestimmten Menschen Aufmerksamkeit schenken und ihre Umgebung nicht nur visuell, sondern auch akustisch wahrnehmen und dokumentieren. Explizit *akustische* Dokumentationen und künstlerische Formate, wie etwa die des international renommierten US-amerikanischen Radiomachers und Sound-Designers Tony

Schwartz[6], gelten auch heute noch eher als Nischenformate. Dass jedoch nicht nur die visuelle Topographie, d. h. die uns umgebenden Landscapes, sondern auch die uns umgebenden *Soundscapes* bemerkenswerte ästhetische Implikationen haben, dass die akustischen Eigenheiten von Stimmen, bzw. die des Sprechens einen ganz eigenen Kosmos von Bedeutung aussagen – dies alles sind Aspekte, die durchaus lustvoll-ästhetisch wahrgenommen, thematisiert und dokumentiert werden können. Doch scheint dies für viele Menschen weniger interessant oder auch relevant zu sein. Eher üben wir uns im Austausch hinsichtlich der vielen visuellen Perspektiven unserer Weltbilder (etwa in sozialen Netzwerken, wie Facebook oder Instagram). Dabei treten die vielfältigen „Hörbilder" der auditiven Dimension in den Hintergrund, werden eher untergeordnet wahrgenommen, thematisiert und kommuniziert. Dies mag in der Konsequenz dazu führen, dass wir die Vielfalt auditiver Er-*schein*-ungen nicht nur weniger bewusst beobachten, sondern hinsichtlich der Gestaltung unserer Lebenswelt auch weniger explizit mitbedenken. Entsprechend *scheint* es an Wahrnehmungsaufmerksamkeit für die spezifisch auditive Komponente der Wirklichkeitskonstruktionen, die wir erschaffen, zu mangeln. Vielmehr erfordert es eine vergleichsweise hohe Bewusstheit, auch für die *spezifisch* auditiv gefärbten Implikationen unserer „Weltbilder" aufmerksam zu sein, ja, diese überhaupt wahrzunehmen, zu „er-hören".

Auf diesen Mangel spielt der kanadische Komponist und Klangökologe Murray Schafer (2010b) in einem Interview im Rahmen der französischen „La Semaine du Sol" (2010) recht pointiert an, wenn er über die Schwierigkeit spricht, das Gebiet der *Akustischen Kommunikation* zu untersuchen, ohne auf eine probate Terminologie zurückgreifen zu können, sondern diese vielmehr eigenständig und neu entwickeln zu müssen. Letztlich begründet Schafer den untergeordneten Stellenwert akustischer Kommunikation im gesellschaftlichen Diskurs und das fehlende Bewusstsein für ihre Breite und Vielseitigkeit gerade mit dem Fehlen einer spezifischen Terminologie des Auditiven:

> „Creating that kind of a subject [gemeint ist hier der Bereich der Soundscape-Forschung, Anmerkung U. M.] was very difficult actually, because we don't have a word to describe, what I was talking about –

---

[6] Tony Schwartz hat u. a. „Mikrostudien des Klangs" von Kindern angefertigt und gesammelt. Besonders bekannt ist seine „Klangbiographie von Nancy". Angelegt als biografische Zeitreise hat er über siebzehn Jahre akustische Proben einer stimmlichen (und damit persönlichen) Entwicklung eines Mädchens aufgenommen und dokumentiert: Vom Schreien des Babys bis zum selbstsicheren Ton der Siebzehnjährigen („and then I discovered boys...") (vgl. Werner 1991, 28).

and if you don't have a word to describe, clearly, what it is, that everyone can understand –, than it doesn't exist. And I think, that's the reason, that we paid very little attention to sound in our lives up to that period and so if we've done anything with the work in the acoustic enviroment and the soundscape, which is a word I had to create, than we managed to give that subject a real expression" (Schafer, 2010b o. S.).

Eine solche *Leerstelle* erscheint umso erstaunlicher, bedenken wir, dass akustische Reize aus neurophysiologischer Sicht viel unmittelbarer auf das Erleben und Verstehen zugreifen als visuelle Reize. Obwohl „unsichtbar", ist Klang untrennbar in alle Szenen unseres Alltags verwoben. Dieser Widerspruch wird noch größer, vergegenwärtigen wir uns, dass Musik, Töne oder Klänge häufig zentrale Bedeutungsträger einer Vielzahl gesellschaftlicher Praktiken sind. Vokal sowie nonvokal erzeugte Klänge evozieren Atmosphären, die Menschen in ihren Bann ziehen, Stimmungen auslösen, ja geradezu „gefangen" nehmen und so in ihrem Denken und Handeln tiefgreifend beeinflussen können (und oftmals auch sollen). Klang wird daher nicht nur für kommerzielle Zwecke gezielt eingesetzt, sondern wurde schon immer genutzt, um wichtige Passagen gesellschaftlichen Lebens zu „illuminieren", zu strukturieren und zu rhythmisieren.[7] Viele gesellschaftliche Rituale implizieren die explizite Gestaltung gerade auch der auditiven Dimension unserer Lebenswelt auf eine Weise, die menschliche Interaktion ganz spezifisch zu „stimmen" vermag. Auch wenn wir vergleichsweise ungeübt sein mögen, die akustische Dimension der Lebenswelt (und damit auch die audible Kontur der Kommunikation) bewusst und differenziert wahrzunehmen, zu reflektieren und zu gestalten, zeigt dies, dass die Relevanz des Auditiven für den sozialen Zusammenhalt kollektiv nicht nur immer schon „gewusst", sondern auch gezielt genutzt wurde.

Diese *Sicht*weise bietet eine mögliche Erklärung dafür, wie sich visuell dominierte Beobachtungsgewohnheiten unbemerkt in das Denken und damit auch Sprechen vieler Menschen eingeschrieben und ein spezifisches Vokabular hervorgebracht haben, mit dem visuelles Erleben sprachlich fassbar und differenziert kommunizierbar werden konnte. D. h., indem visuelle Beobachtungsgewohnheiten auch sprachlich die schier unendlichen auditiven Perspektiven

---

[7] Ob wir an gesellschaftliche Rituale, wie Hochzeiten, Taufen, Beerdigungen denken, ob es die Militärzeremonie des „großen Zapfenstreichs" der Bundeswehr ist oder ob wir an die vielen kleinen privaten „Hörrituale" des Alltags denken: Deutlich wird, dass gerade die audible Ebene solcher Rituale oft zum zentralen Bedeutungsträger der Interaktion avanciert, auch indem sie die Interaktion strukturiert und rhythmisiert.

überlagern, denen wir täglich ausgesetzt sind, scheint Sprache in Folge dessen weniger die Spezifik auch auditiven Erlebens differenziert spiegeln zu können. Damit sind die Zusammenhänge zirkulär: Indem unsere Sprechweisen unmittelbar auf unsere Praktiken und Routinen zurückwirken, erschafft sich eine schwerpunktmäßig visuell geprägte Sprache durch visuell geprägte Beobachtungsgewohnheiten immer wieder neu.

Der österreichische Klangkünstler und Gastprofessor für experimentelle Klanggestaltung an der UDK Berlin, Sam Auinger, hat hier die ebenso interessante wie plausible These entwickelt, es sei der „Entdeckung" der Zentralperspektive in der Renaissance geschuldet, dass Menschen überwiegend visuell geprägte Beobachtungskategorien entwickelt haben. Mit seiner künstlerischen Arbeit will Auinger daher für die zahlreichen „Hearing Perspectives" unserer Lebenswelt sensibilisieren und so erfahrbar machen, dass im Hörprozess die wichtige Qualität auch emotionaler Bezogenheit entsteht: „In dem Moment, wo ich meine Umgebung auch auditiv stark wahrnehme, baue ich zu ihr eine emotionale Bindung auf. [...] Wenn mich eine Situation aber gefühlsmäßig betrifft, dann werde ich wahrscheinlich umsichtiger handeln. Eine Hörperspektive kann hier einen neuen Zugang eröffnen" (Auinger 2009). Solche Prävalenz, die auf das Auge als zentrales Erkenntnisorgan fokussiert, konnte nicht ohne Einfluss auf die diskursiven Praktiken auch von Philosophie und Wissenschaft bleiben. So formuliert die Kulturwissenschaftlerin Petra Meyer: „Seh- und Einsehsucht scheint philosophisches Programm, ein Primat des Optischen tief verankert im Bereich der Wissenschaften. Epistemologie ist bis heute vorrangig visuell" (Meyer 2008, 48). Zender (2011) spricht von einem visuell geprägten „Augendenken", „das von der simultanen, quasi zeitlosen Wirklichkeitserfahrung des Auges abgeleitet ist" (ebd., 83). In diesem Zusammenhang weist er auf einen Gedanken des Schriftstellers Jean Paul hin: „Wäre nur die Sprache z. B. mehr von einer hörbaren als von einer sichtbaren Welt entlehnt: so hätten wir eine ganz andere Philosophie und wahrscheinlich eine mehr dynamische als atomistische" (zitiert nach Zender 2011, 83). Zender wirbt daher für eine „dem Ohr entstammende Denkweise" (ebd.). Diese folge „einem Denken [...], das auf dem zeitlichen Abtastvorgang des Hörens beruht und als Ziel nicht eine einmalige fixierte Aussage, sondern einen allmählich klar werdenden Entwicklungsprozess anstrebt" (ebd., 83 f.). Häußling schließt an solche Gedanken an, wenn er sagt:

> „Selbst dort, wo eine solche Vorherrschaft von Grund auf fragwürdig sein müsste: nämlich im Philosophieren, besteht sie nach wie vor in alarmierenden Umfang. Sobald nämlich im Bereich der Philosophie

nicht mehr ausgeschlossen werden kann, dass alle menschlichen Erkenntnisse perspektivenabhängig, zeitbedingt und zeitlich befristet sind, erfährt jeder mögliche Weltbezug eine scharfe Relativierung. Durch die Perspektivität rückt aber die Stellung des Menschen im Erkenntnisakt zunehmend in den Mittelpunkt und mit ihm seine spezifischen Wahrnehmungsweisen. Die Zeitbedingtheit restringiert die Wahrnehmungsweisen, die auf Erkenntnis abzielen, auf Wahrnehmungsgewohnheiten. Die zeitliche Befristetheit der Erkenntnisse verdeutlicht den Wandel in unseren Wahrnehmungen und Wahrnehmungsformen. All diese den Weltbezug relativierenden Prozesse lassen zunehmend eine vereinseitigende *Sicht* auf Welt, die von dem Paradigma der Augen dominiert werden, unglaubwürdig erscheinen" (Häußling 1999, 9).

Dass der Gesichtssinn bis heute als dominanter „Leitsinn" erkenntnistheoretischer Überlegungen gilt, kann als übereinstimmende „*Sicht*-weise" einer Reihe namhafter Wissenschaftler und Autoren bezeichnet werden (vgl. dazu u. a. Meyer 2008; Welsch 1996; Kamper 1984; Wimmer 1993; Schmicking 2003; Plessner 1970). So konstatiert etwa Schmicking, dass, im Gegensatz zur Sinneswahrnehmung Hören, der als „dienender Kanal [...] sprachliche und musikalische Gegenständlichkeiten vermittelt" (Schmicking 2003, 42), der visuelle Sinn der Sinn sei, der „Wissen und Unterscheidungen aus der kontinuierlichen Präsenz der Gegenstände" (ebd., 15) gewinnt und überprüft, weswegen er bis heute als „der paradigmatische Sinn der Philosophie und der Epistemologie" gilt (ebd., 41). In diesem Sinne argumentiert auch Wimmer (1993, 76), wenn er ausführt: Die Philosophie

> „unternimmt die Anstrengung des Begriffs, um sowohl gegen den bloßen Augenschein wie auch gegen das nur Gehörte eine Wahrheit zu erreichen und das Wesen der Dinge zu erkennen, was nach Platon als Wesensschau eine visuelle und keine auditive Angelegenheit ist. Wissen und Erkenntnis sind [...] an das Auge und das Licht gebunden, was in der Renaissance und erst recht in der Aufklärung und der mit ihr zusammenhängenden Lichtmetaphorik wahrhaft augenfällig wird".

Wimmer verweist weiter darauf, dass den Praktiken der Philosophie ein Misstrauen dem *Hörensagen*, der bloßen Meinung, dem Mythos gegenüber eigen sei (ebd.). Solche Dominanz des Sehens – häufig auf das Höhlengleichnis Platons zurückgeführt, u. a. bei Welsch 1996 – begründet die vorwissenschaftliche Bedeutung der visuellen Wahrnehmung, die durch folgende „Sichtweisen" gestützt wird: Die Präsenz der Gegenstände, die sich aus der *Kontinuität* des Blicks ergeben, ermöglichten Anschauung und Differenzierung. Daher wohne zuvorderst dem Sehen (und nicht dem Hören) die Möglichkeit objektiver Erkenntnis inne. Solche Kontinuität und Präsenz schaffe, so wird argumentativ angeschlossen, große Tatsachentreue, Authentizität und gesteigerte Eindrücklichkeit (vgl. Konersmann 1995, 125, zitiert nach Schmicking 2003, 40 f.), weshalb die visuelle Modalität auch eine größere inhaltliche und emotionale Distanz als das Hören herstelle. Entsprechend gelte der „Blick" als neutraler und objektiver als das Hören, weswegen das Sehen zuweilen gar als „adelig" (vgl. u. a. bei Schmicking 2003, 42) beschrieben, dem Hören hingegen ein „passives" Moment unterstellt wird.

Folgen wir dieser Argumentation, erstaunt es kaum, dass der Sehsinn seit Beginn der Antike als ein privilegierter, an manchen Stellen gar als der *vornehmste*, in jedem Fall aber als der epistemisch ausgezeichnete Sinn gilt (vgl. Schmicking 2003, 15), d. h. als ein Sinn, der uns Unterschiede aufzuzeigen vermag (vgl. ebd. 2003, 40). Das Hören wird im Vergleich dazu als flüchtiges, vergängliches Geschehen unwiederbringlicher Klanggestalten kategorisiert. An ihm haftet das „Manko", an Emotionalität und Subjektivität gekoppelt zu sein. Daher gilt das Gehör „vornehmlich als der Sinn der Sprache und der Musik, dem primär soziale, emotionale und ästhetische Funktionen zugeschrieben werden (vgl. Schmicking 2003, 41 f.). Es ist diese recht einseitige Sichtweise, die den Philosophen und Hörforscher Don Ihde (1976) von einem „doppelten Reduktionismus" des Hörens sprechen lässt. Dieser zeige sich erstens in einer Verkürzung erkenntniskritischer Vorgänge auf die Metaphorik des Sehens und zweitens in einer Reduktion auf das Nichtsinnliche (vgl. Schmicking 2003, 59). Der Theologe Fulbert Steffensky bemerkt, Heidegger habe Platons Wende vom Hören zum Sehen gar als „Sündenfall des abendländischen Denkens" begriffen und führt dazu aus:

> „Das Auge mache die Dinge zu Objekten, sagt er, zu Gegenständen der Feststellung und Herstellung. Mit der Wende zum Sehen beginne die abendländische Rationalisierung, die alles Seiende berechenbar und benutzbar macht und für die das Leben nur noch kalkulierbarer Bestand ist. Sehend sind wir Täter, Feststeller, Fixierer. Das Auge hält auf Distanz und überwacht" (Steffensky 2002, 149).

Solch geballte *Anschauung* hat durchaus Folgen. Insbesondere aus Sicht jüngerer kulturwissenschaftlicher Konzeptualisierungen entwickelte sich in den letzten Jahrzehnten ein weitgehend in sich geschlossenes Begründungskonzept, das zu erklären sucht, wie sich das Hören im Verlauf der Zeit zum „vernachlässigten Stiefkind der Wahrnehmungsphilosophie, Erkenntnistheorie und der Sprachphilosophie" entwickeln konnte, wie Schmicking (2003, 14) formuliert, der geradezu einen „Rückstand in der Erforschung des Hörens" (ebd., 26) konstatiert. Solche, nicht allein von Schmicking reklamierte „Vernachlässigung" baut auf umfassenden Begründungsfiguren und Argumentationslinien auf, die hier überblicksartig skizziert werden sollen:

- Die optische Erkenntnislehre der griechischen Philosophie zog sich durch viele Jahrhunderte. Sie manifestiert sich erstmals im Höhlengleichnis Platons, vermittelt sich über Heraklits Behauptung, „die Augen [seien] genauere Zeugen [...] als die Ohren" (Heraklit, zitiert nach Welsch 1996, 237) und erstreckt sich bis in den Beginn der Moderne, wenn etwa noch Jakob Grimm in seiner Rede über das Alter feststellt: „das auge ist ein herr, das ohr ein knecht, jenes schaut um, wohin es will, dieses nimmt auf, was ihm zugeführt wird. darum hat auch die natur das auge reicher ausgestattet und der sehkraft viel größere tragweite gegeben als der hörkraft" (Grimm 1865, 50). Karl Karst, Professor für Medienwissenschaft und Gründer der bundesweiten „Initiative Hören", führt diesbezüglich aus: „Platons ‚Wesens-Schau' vollzog sich durch die Augen, für Parmenides war das Licht die Voraussetzung der Erkenntnis – und in ihrem Gefolge definierte die Philosophie der Neuzeit, wie Leibniz es tat, das ‚Licht als das Prinzip des Seyns', den Verstand als Summe von Ein-Sichten, das Wissen als ein „Durch-Schaun" (Karst 2010, 181). So lässt sich in der Geschichte abendländischer Kultur leicht nachverfolgen, dass das Auge die Hierarchie der Sinne über weite Zeiträume anführte, indem es zum *bedeutenden Erkenntnisorgan* aufgewertet wurde, was die kollektive Ausrichtung des Denkens auf das Sichtbare hin verstärkte.

- Solche Akzentuierung und Bevorzugung des Visuellen wurde durch die Erfindung des Buchdrucks zusätzlich verstärkt, der zur Fixierung des Gehörten eine Vielzahl von „Aufschreibesystemen" (Kittler 2003) hervorbrachte. Mit der Möglichkeit der breiten Literalisierung des Menschen, die daraus entsprang, etablierten sich visuelle Praktiken, die entscheidend dazu beitrugen, ein bis dahin noch überwiegend oral geprägtes Denken abzulösen und dieses, auch in wissenschaftsgeschichtlicher Hinsicht, grundlegend zu verändern (vgl. auch Kloock/Spahr 2007).

- Mit der „Entdeckung" der perspektivischen Malerei in der Renaissance entwickelte sich ein Bewusstsein für die „visuelle Perspektive". Dies thematisierte, erschloss und differenzierte die menschliche Fähigkeit detailgenauer visueller Beobachtungsmöglichkeiten und verstärkte damit die große Bedeutung des Visuellen zusätzlich. Bis heute findet sich keine im Sprachgebrauch vergleichbare auf die auditive Modalität bezogene und umgangssprachlich ebenso geläufige begriffliche Entsprechung, die hier jedoch mit dem Begriff der „auditiven Perspektive" eingeführt werden soll. Während mit der Malerei nun zusätzlich auch eine umfassende historische Dokumentation und Reflexion individueller und kollektiver Weltbilder und ihrer Sichtweisen („individueller und kollektiver Perspektiven") möglich wurde, wurden Präsentation und Gegenüberstellung *auditiv* geprägter *Perspektiven* und damit auch die Dokumentation individueller *Hörweisen* erst durch die Entwicklung entsprechender Technologien mit Beginn des letzten Jahrhunderts möglich.

- Historisch schreibt sich die Bedeutsamkeit des Visuellen in der „Lichtmetaphorik" der Aufklärung weiter fort. Während die Dunkelheit mit Unwissenheit konnotiert wird, stehen hier Licht und Sichtbarkeit einmal mehr für Erkenntnis und Objektivität. So wurde das „Licht der Erkenntnis" zu einer epochebildenden Metapher, weswegen der Begriff Enlightenment noch heute synonym für den Begriff der Aufklärung steht. Spätestens hier wird Sichtbarkeit, die seit Platon als Spiegel-Metapher für „Ein-Sicht" und für Erkenntnis steht, zu einer „*schein*-bar" objektiven Größe erhoben (vgl. dazu auch Jensen 1999).

- Diese, von visuellen Denkkategorien entscheidend geprägten Praktiken, beschleunigen und potenzieren sich in der Moderne und Postmoderne durch die stetig wachsende Vielzahl zusätzlich visuell geprägter medialer Praktiken, bezüglich derer der Bildschirm zu einem „visuellen Schlüsselmedium" wird. Seine nicht nur erkenntnis-, sondern auch identitätsstiftende Projektionsfläche bestimmt nun zunehmend Routinen und Praktiken des modernen Menschen westlicher Industrienationen und ist aus dem Alltag dieser Menschen kaum mehr wegzudenken. Bis heute schreitet die Multifunktionalisierung und Verbreitung dieses Schlüsselmediums unaufhaltsam voran, Sehnbruch (2015) spricht daher auch vom Bildschirm als einem *Dispositiv* (vgl. weiterführend dazu Sehnbruch 2015). Demgegenüber gilt das (pure) Hören nach wie vor als Sinn der „Innerlichkeit", dem mehr dienende und übermittelnde Funktionen zugeschrieben werden, wie die der Sprachlichkeit und der Musik (vgl. Schmicking 2003, 41 f.). Entsprechend ist in der Kopplung audiovisueller Spielarten solcher Medien die Audiofunktion der visuellen Funktion klar untergeordnet.

- Solche „Ordnung" spiegelt sich heute, in einer überproportional großen Zahl von Forschungsprojekten, welche die Modalität der visuellen Wahrnehmung untersuchen, Vielfalt und Komplexität der Leistungen der auditiven Wahrnehmung jedoch weniger häufig zum Forschungsgegenstand machen. Entsprechend dominieren Forschungsparadigma und Erkenntnismetaphern des Sehens bis zum heutigen Tag nicht nur die Philosophie, sondern auch die Fragestellungen einer überwiegenden Zahl von Forschungsprojekten auch in ihren Nachbarwissenschaften, wie der Psychologie, Kognitionswissenschaft und Neurowissenschaft, wie Schmicking (2003, 14 f.) beklagt. Entsprechend sind auch die kognitiven Möglichkeiten des Hörsinns weniger häufig Gegenstand wissenschaftlicher Untersuchungen als die der visuellen Modalität. Ihre Unterbewertung reicht bis in die Praxis der Philosophie des 19. und 20. Jahrhunderts hinein:

> „Was das Gehör uns zu erkennen befähigt, welche Unterschiede es uns lehrt, Eigenschaften also, die den epistemischen Vorzug des Sehens bilden, wird dabei nicht thematisiert oder weit unterschätzt. Deutlich wird dies etwa am Fall der Wahrnehmung von Sprache, eines hochkomplexen perzeptiven Vermögens, was in der Philosophie trotz aller Reflexion auf die Sprache durch die Jahrhunderte wahrscheinlich kaum geahnt worden ist, und erst spät, etwa seit der Jahrhundertwende, vereinzelt Erwähnung findet und zu philosophischer Reflexion anregt" (ebd., 42).

Diese Zusammenschau soll abschließend ergänzt werden durch eine interessante Feststellung Welschs, die seinen Ausführungen zu einer „Kultur des Hörens" entstammt: „Hört einer Stimmen, so wird er in eine Anstalt verbracht, hat er aber Visionen, so gilt er als Vordenker, ja als Prophet" (Welsch 1996, 239).

Gemeinsames und wiederkehrendes Leitmotiv in diesen z. T. recht populären Begründungsfiguren ist eine „Dominanz des Visuellen" gegenüber dem Auditiven. Solche Dominanz wird in ihrer geschichtlichen Genese in einer als weitgehend geschlossen erscheinenden Begründungsfigur nachvollzogen. Diesen Argumentationslinien fügt der Erziehungswissenschaftler und Psychoanalytiker Karl-Joseph Pazzini (1993) eine etwas andere, jedoch nicht minder interessante Deutungsfigur hinzu: Pazzini sieht die Bevorzugung der visuellen gegenüber der auditiven Modalität nicht durch das Konzept der optischen Erkenntnislehre der griechischen Philosophie allein begründet, sondern interpretiert sie als tiefer liegende Abwehrmaßnahme des Menschen dem Flüchtigen, Vergänglichen und Unkontrollierbaren, den Begierden und damit auch dem Imaginären gegenüber, die auch als Bedrohung erscheinen können:

> „Die Möglichkeit der Einsicht, der Schau der Ideen garantiert die Möglichkeit der Abwehr der Begierden, die die Wahrnehmung des Wahren verfälschen, die sich auf Vergängliches richten. Der Vergänglichkeit des gesprochenen Wortes, des Schalls steht die Forderung nach der Unvergänglichkeit, nach der Unveränderlichkeit als Begründung des Seienden gegenüber. Das Sehen der Ideen, die Ideenschau entspricht dieser Forderung eher" (Pazzini 1993, 21).

Ein ähnliches Motiv erscheint aus der Perspektive der Klanganthropologie und Sound Studies, wenn Schulze (2006) auf ein *intimes* Moment des Hörens aufmerksam macht:

> „Bilder und Abbildungen, Skulpturen und plastische Architekturen genießen ihren Ruhm als überdauernde kulturelle Artefakte seit Jahrtausenden – wohingegen Klänge, nicht ihre Umschrift in Aufführungsanweisungen, während also die flüchtige Körperlichkeit der Klänge erst seit kaum hundert Jahren beginnt, Teil unserer Kulturen zu werden. Klangwahrnehmung liegt näher an einem Einverleibungssinn wie dem Schmecken oder den durchdringenden Berührungen des Tastsinns. Schallwellen durchzittern Ihre Häute, Knorpel, Körperflüssigkeiten; die Peinlichkeit, hierüber zu sprechen, was einem so ganz nahe geht, was einen durchdringt, steht einer Forderung nach Distanz- und Objektivierung im Sinne überlieferter Wissenschaftlichkeit entgegen" (Schulze 2007a, 11).

Mit der Flüchtigkeit von Sprache und Musik – von Klang generell – ist dem Akustischen das Motiv der Unbeständigkeit und mit der engen Verknüpfung emotionalen Erlebens auch das *Motiv der Subjektivität* immer schon eingeschrieben. Dies steht, folgen wir Pazzini, dem Bedürfnis des Menschen nach Beständigkeit, welches die visuelle Modalität zu repräsentieren scheint, diametral entgegen. Wird das hörende Ohr durch seinen Bezug zum Anderen zur *interaktiven Schnittstelle der Kommunikation*, läuft es zudem Gefahr, unkontrollierbares Erleben zu inszenieren, das die *Illusion der Autonomie* kränken kann:

> „Das Auge, das Licht waren zur Klärung, zur Aufklärung da. *Das Ohr und das Hören in seinem notwendigen Bezug zum Anderen* wurde aus dem Prozess der Modernisierung ausgeschlossen, weil es die Illusion der Autonomie empfindlich kränkte. Denn gehörte Worte haben ein Eigenleben. Sie verschaffen sich irgendwann Gehör, wenn sie mit einem anderen Gehörten, Geschehenen in Verbindung kommen" (Pazzini 1993, 17, Hervorhebung U. M.).

Wird das Ohr erst zum Einfallstor unerwünschter Gedanken, Ideen, Klänge und Geräusche,[8] vermögen nur strikte, Hörigkeit erzeugende *Hörverbote* eigenständiges, subjektives Sprechen und Denken zu verhindern, die unterbinden, dass Interaktionsprozesse zur Genese und Multiplikation „gefahrvoller", „falscher" oder „irregeleiteter" geistiger Güter führen könnten. Entsprechend kann erst über die Regulation und Kontrolle kommunikativer Praktiken, d. h. durch die – im besten Fall – totale Kontrolle durch „blinden" Gehorsam, durch ein Folgen-müssen und Geführt-werden von Autoritäten (vgl. ebd.) der Zugriff auch auf die „Produkte" dieser Kommunikation sichergestellt werden.

Die „Gefahr" auditiver Wahrnehmung scheint demnach nicht in der Flüchtigkeit akustischer Materialität allein zu liegen, vielmehr scheint es die Macht unkontrollierbarer *Subjektivität* zu sein, die das „hörende Ohr" so unberechenbar macht. Damit wird Kommunikation nicht nur wenig beherrschbar, sondern – in Abhängigkeit des Beobachterstandpunktes – auch „gefahrvoll". Gehorsam und Hörigkeit mögen dann als probate Mittel erscheinen, Subjektivität zu verbannen, um Menschen in ihrem Denken und Handeln kalkulierbar(er) zu machen. Doch ist solche Subjektivität gerade wegen ihres „Eigenlebens" dynamischer Motor der Interaktion: Sind doch die subjektiven Kräfte nicht nur Quelle der Kommunikation, erst sie ermöglichen den „interaktiven Brückenschlag", ohne den sich lebendige und kreative Kommunikation nicht ereignen kann.

Hinter dem Kampf um das Visualprimat scheint sich daher ein tiefer liegender Wunsch nach Universalität, nach „Objektivität", nach einer – aus konstruktivistischer Sicht nicht herstellbaren – letztgültigen und beständigen Wahrheit zu verbergen. Doch stellt sich hier die Frage: Ist es nicht gerade die wenig kontrollierbar erscheinende Subjektivität des hörenden Ohrs, die letztlich zu weiterführender Erkenntnis und damit Ein*sicht* führt? Ist es nicht gerade die aus einer Vielzahl (subjektiver) (Hör-)Perspektiven sich schöpfende Kraft gebündelter Subjektivität, die im interaktiven Geschehen der Kommunikation immer wieder neue „Sichtweisen" und mit diesen auch (neue) Erkenntnis generiert? So scheint vielmehr zu gelten: Böte die auditive Sinneswahrnehmung nicht dieses – durchaus auch „brisante" – Erkenntnispotenzial, wäre der Mensch wohl nicht zu allen Zeiten mit immer wieder neuen Hörgeboten und Hörverboten belegt worden. Dies verweist, im Gegenteil, vielmehr auf das genuin erkenntniskritische Potenzial gerade auch der auditiven Wahrnehmung.

---

[8] Als Beispiel soll hier die im Faschismus als „entartete" und solchermaßen gebrandmarkte Musik angeführt werden.

So kann die Geschichte der Menschheit auch gelesen werden als immer wiederkehrende Versuche, „das Ohr" und mit ihm das Hören kulturell zu dominieren und zu „kolonialisieren", um den dem Ohr entspringenden emanzipativ-kritischen Kräften im Zweifelsfall Einhalt gebieten zu können. Doch – auch dies zeigt der Verlauf der Geschichte – weiß solcher „Eigensinn" sich letztlich Bahn zu brechen. Zwar scheinen einseitige Verengungsprozesse personale bzw. kollektive Hörigkeiten, wie sie feudalistische, totalitäre und fundamentalistische Systeme einfordern, die auf Unterdrückung und Gleichklang abzielen, mehr oder weniger kurzzeitig erfolgreich durchsetzen zu können. Doch Hörverbote und Hörgebote unterdrücken nicht nur symbolische, sondern auch die in ihnen gebundenen imaginären Kräfte. Werden diese stetig unterdrückt oder abgewehrt, weil auf sie nicht gehört werden darf, bahnen sie sich andere Wege, nehmen auf andere Weise Gestalt an. Totalitäres und gewaltdurchwirktes Sprechen bewirkt umfassenden, auf Ausschaltung zielenden Gleichklang. Doch aus kommunikationspsychologischer Sicht sind Sprechen, Hören und Sehen im zirkulären Wechselspiel untrennbar verbunden, sie entspringen aus und bedingen sich in dieser Wechselseitigkeit. Auf diese Dynamik macht Pazzini – hier mit Fingerzeig auf den Faschismus – aufmerksam:

> „Die Kritik des Gehorsams als Konsequenz aus den Erfahrungen des Faschismus tut dem Hören unrecht. Im Faschismus wurde nicht gehorcht, nicht genau zugehört, sondern blind gesehen. Das Imaginäre kam an die Macht. Im Faschismus oder anderen Epochen, die den Befehlsnotstand für sich in Anspruch nehmen, wird nicht so sehr das Gehorchen zum Problem, sondern die totalisierende Sicht und das leere, mit Androhung von Gewalt durchsetzte Sprechen. Es war die durchs Sehen vermittelte Lust, die faszinierend und fesselnd wirkte" (Pazzini 1993, 19).

Daher bedingt totalitäres Sprechen immer auch ein wechselseitiges totalitäres Sprechen *und* Hören.[9] Daran zeigt sich: Es ist ganz unerheblich, welcher

---

[9] Pazzini verweist neben solcher Verbundenheit auch auf die Notwendigkeit der Freiheit von Sprech- und Hörakten, die sich nur jenseits der Kontrolle vollziehen kann: „Im Gegensatz zum totalisierenden Sehen erfolgt Hören sukzessive. Ist das erste Wort gesprochen und dann gehört, beginnt schon das zweite, das erste ist mittlerweile verklungen. Diesem Verklingen setzt sich das Verstehen-Wollen entgegen, ein Versuch, das Ganze doch haben zu können – auf einmal. Das direkte Verstehen-Wollen und die direkte Kontrolle über das Verstehen, das Nachvollziehen des schrittweisen Lernerfolgs, arbeitet gegen das freie Sprechen und Zuhören" (Pazzini 1993, 19).

Wahrnehmungsmodalität der größere Stellenwert beigemessen wird: Hören und Sehen existieren nur in gegenseitiger Rückbezüglichkeit, sind doch beide in *einem* Netzwerk miteinander verflochten. Entscheidend erscheint hingegen die *intentionale* Klammer, in die eine kommunikative Sequenz eingebettet ist. Ist die Intention kommunikativen Handelns *Kontrolle und Instruktion*, wird Kommunikation instrumentalisiert. Dann wird kommunikatives Handeln zu einem Akt der Unfreiheit, werden die darin eingebundenen Akteure „blind und taub".

Doch sind Praktiken, die das Zu/Hören instrumentalisieren, auch heute noch in vielen Bereichen fest in Interaktion und Kommunikation eingeschrieben: Beispielsweise macht Kahlert (2006, 319) darauf aufmerksam, dass im schulischen Kontext das Zuhören nach wie vor als „Bringschuld" des Schülers gelte, dem kein Eigenwert zugesprochen werde. Ähnlich verweist Lay (2007, 251) darauf, dass das Zuhören oftmals eher als „Sprechpause" aufgefasst werde, denn als souveräne rhetorische Figur. Welsch wiederum spricht von der „Dienstfunktion" des Hörens[10] generell, bei dem klangliche und akustische Qualitäten der Sprache ausgeblendet, ästhetische Qualitäten des Hörens vernachlässigt und dieses auf eine Vermittlungsfunktion verkürzt werde. Während Waldenfels eher zurückhaltend von einer „Bevorzugung der Sprechakte gegenüber den Hörakten" spricht (2007, 246), resümiert der Gesprächsforscher und Leiter des Instituts für Gesprächsforschung, Martin Hartung, Zuhören habe ein „Prestigeproblem" (Hartung 2004, zitiert nach Obermeier 2004, 2006), das – auch heute noch – unsere Vorstellungen über das Zuhören beherrsche. Dies zeige sich insbesondere im Bereich der Gesprächsführung: Als (führungs-)stark gelte, wer die Gesprächsfäden in der Hand halte und den überwiegenden Teil der Redeanteile auf sich vereine, empathisches Zuhören hingegen gelte allgemein eher als schwach. Thürmer-Rohr (2006, 272) spricht gar vom „Herrschaftshören", bei dem das Zuhören zur „Unterwerfungsgeste oder zum Stillhalte- oder Totstellreflex [wird], der dem Überlegenen sein Terrain überlässt: Hörform von Beherrschten oder solchen, die sich wie Beherrschte verhalten" (ebd., 271). Jedoch sei, so Hartung, das Zuhören immer

---

[10] Welsch führt dazu aus: „Nicht das Hören als solches, sondern seine Dienstfunktion wird [...] geschätzt. Die Ausblendung der genuin akustischen bzw. klanglichen Dimension des Gehörten ist geradezu eine Vorbedingung dieser Anerkennung. Es kommt für die sprachliche Mitteilung ja nicht auf ein Hören von Tönen oder Klängen an, sondern einzig auf das Aufnehmen der sprachlichen Bedeutungen mittels der akustischen Signale. Das Hörbare tritt hinter seine Dienstfunktion für die Sprache ganz zurück. Dass die lautlichen Elemente als solche gar nichts bedeuten, ist geradezu eine Bedingung der Übermittlungsfunktion" (Welsch 1996, 250).

schon eine „kulturelle Kompetenz" gewesen, „es wisse nur keiner" (vgl. Obermeier 2004).

Diese Bemerkung Hartungs knüpft an die obigen Begründungslinien an und verdeutlicht, dass der besondere Stellenwert des Hörens aufgrund seiner engen Verknüpfung mit der Sprachlichkeit des Menschen letztlich immer schon „gewusst" wurde: Ohne Hören zu können fehlt ein wichtiger Kanal für „Welterkenntnis", da „erkennen können" eng verbunden ist mit einem „sprechen und hören können". Nicht hören zu können kann den Wissenserwerb enorm erschweren.[11] Es verdeutlicht, dass „kulturelle Kompetenz" mit dem Erwerb einer Vielzahl kognitiver Fähigkeiten korrespondiert. Diese Prozesse sind eng verknüpft mit Prozessen der Identitätsbildung, zu denen die menschliche Hörfähigkeit einen natürlichen Zugang bietet und die daher unmittelbar mit der „Auditivität des Seins" verbunden sind. Hören war und ist – dem sogenannten *Visualprimat* zum Trotz – in seiner Verbindung von Sprachlichkeit und der daraus resultierenden, schier unerschöpflichen Vielzahl kommunikativer Praktiken, nicht nur Voraussetzung für menschliche Entwicklung. Vielmehr sind Auditivität und Erkenntnis unmittelbar miteinander verbunden. Sie sind fest in die Lebenswelt des Menschen eingewoben, was somit eher auf ein „Hör- denn auf ein Visualprimat" verweist. Henning Scheich, Professor für Neurobiologie, vertritt daher die Meinung, dass die Erfolgsgeschichte der menschlichen Kultur in Wirklichkeit eine *Erfolgsgeschichte des Hörens* sei:

> „Hören greift zutiefst in die kognitiven Fähigkeiten ein und fördert die Lernprozesse. Möglicherweise ist das der Urgrund dafür, warum unsere menschliche Kommunikation irgendwann einmal in unserer Vorgeschichte von visuellen Signalen zu akustischen übergegangen ist. [...] ich glaube, dass der große Entwicklungssprung der Menschheit im Zusammenspiel mit der Umstellung der Kommunikation auf Akustik stattgefunden hat, dass er zu tun hat mit dieser eigentümlichen Qualität von Akustik" (Scheich, zitiert nach Oehler 2007a, 146).

Der dem griechischen Philosophen Epiktet zugeschriebene Sinnspruch, „der Mensch hat zwei Ohren und eine Zunge, damit er doppelt so viel zuhört wie er spricht", verweist auf dieses schon früh in der Menschheitsgeschichte tradierte implizite Wissen hinsichtlich der Schlüsselposition des Zuhörens für

---

[11] Das schließt nicht aus, dass auch Menschen mit Hörschäden oder gänzlich gehörlose Menschen Zugang zur Lautsprache finden könnten, doch gestaltet sich dieses Lernen in Abhängigkeit der Schwere der Schäden ungleich komplizierter und langwieriger und ist von besonderen Herausforderungen geprägt.

den Kontext gegenseitiger Verständigung und Interaktion. Epiktet thematisiert daher ein kollektives, wenn vielleicht auch – wie Pazzini vermutet – abgewehrtes Wissen um die fundamentale Bedeutung des Hörens für Prozesse der Erkenntnisgewinnung im Kontext (nicht nur) reiner Sprachlichkeit, sondern im Gesamtbereich akustischer Kommunikation – wie hier noch zu zeigen sein wird.

1.2. Der internalisierte Imperativ des Zuhörens

Wie sich dieses von Epiktet reklamierte „doppelte Hören" jedoch in kommunikatives Handeln konkret umsetzen lässt, darauf gibt und gab es im Verlauf gesellschaftlicher Entwicklungen unserer Zivilisation recht unterschiedliche Antworten. Hinweise finden sich in den Hörweisen der Menschen, die sich – im Wandel der Zeit und in Abhängigkeit von Werten und Normen – insbesondere im Spannungsfeld von Gehorsam und Selbstbestimmung zeigen. Es sind solche handlungs- und kulturbezogenen Aspekte des Hörens, die sich in den kommunikativen Praktiken der jeweiligen Zeit widerspiegeln, die in den Begründungsfiguren des Visualprimats jedoch nicht berücksichtigt werden. Darauf macht Wittgenstein aufmerksam, wenn er der Bedeutungstheorie der Vorstellung, die der Hypothese des „Visualprimats" geschuldet ist, eine Gebrauchstheorie der Bedeutung entgegensetzt und feststellt: „Der Sinn unserer Ausdrücke liegt in ihrem Gebrauch, und dieser ist von sozialen Formen der Verständigung und damit vom Hören unabtrennbar" (zitiert nach Welsch 1996, 243 f.). Dies verweist klar auf den Handlungsaspekt des Hörens und damit auf ein Verständnis des Hörens als eine spezifische Form des Handelns, das sich dem Sinnesphänomen Hören aus einer eindeutig kulturbezogenen Perspektive nähert. Eine solche Perspektive auf die Bedeutung des Hörens greift auch die weiter oben ausgeführte Argumentationslinie Pazzinis auf. Werden daher Praktiken und Routinen des Hörens, die sich im soziokulturellen Kontext, in der Terminologie rund um das Zuhören, das heißt, in seinem Gebrauch recht vielfältig abbilden, zum Untersuchungsgegenstand, öffnet sich eine Perspektive auf eine Bedeutungstheorie des Zuhörens jenseits der so häufig bemühten Argumentationslinie, die auf dem Höhlengleichnis Platons gründet und der ich hier einmal nachgehen möchte.

Diese Vorgehensweise wird gestützt von der interaktionistisch-konstruktivistischen Prämisse, welche besagt, dass eine Beobachterposition niemals voraussetzungslos ist, sondern dass wir als Beobachter immer bereits Beobachtete, als Erzieher bereits immer schon *Erzogene* sind, welche die Maximen ihres Handelns und ihrer Beobachtung aus dem vorherrschenden Zeitgeist und damit dem kulturellen Kontext ablesen (vgl. Reich 2009a, 37 f.).[12] Als Teilnehmer und Akteure sind wir somit immer in die soziokulturellen Bedingtheiten unserer Zeit hineingeboren, die mit den kulturellen Praktiken dieser Zeit die Wahrnehmung, mit ihr unser Denken und Handeln und damit immer auch Kommunikation und Sprache prägen. Sie werden zu symbolischen Verdichtungen, die eingeschrieben sind in die jeweiligen, sich stetig verändernden Bedeutungszusammenhänge einer sich stetig wandelnden Gesellschaft, fungiert doch Sprache – Medium dieser Sinneswahrnehmung – immer auch als Spiegel unseres Denkens und Bewusstseins. Während Begriffe, Redewendungen, Floskeln dann zu, wie Reich formuliert, „Hilfsmittel(n) einer Vernunft" (Reich 2009a, 39) werden, die sich Überblick zu verschaffen suchen, sind sie auch eng verbunden mit den kommunikativen Praktiken dieser Zeit. Der Blick auf die soziokulturelle Entwicklung des Menschen, auf seine historisch gebundenen Teilnahmen und Praktiken, nähert sich dem vielzitierten Konzept einer *schein*baren Dominanz des Visuellen aus einer etwas anderen Perspektive:

> „*Innerhalb großer geschichtlicher Zeiträume verändert sich mit der gesamten Daseinsweise der menschlichen Kollektiva auch die Weise ihrer Sinneswahrnehmung.* Die Art und Weise, in der die menschliche Sinneswahrnehmung sich organisiert – das Medium, in dem sie erfolgt – ist nicht nur sprachlich, sondern auch geschichtlich bedingt" (Benjamin 2011, 102, Hervorhebung im Original).

Damit erscheinen Sprache und Kommunikation gleichsam als „Dokument" historisch-gesellschaftlicher Phänomene, die so immer auch auf die Werte und Normen einer Zeit verweisen, wie dies auch Benjamin formuliert. So können sie Aufschluss darüber geben, wie sich die Genese eines überwiegend einseitig negativ geprägten Verständnisses des Zuhörens – gebunden an eine

---

[12] „Die Beobachterposition ist hierbei, das ist eine wesentliche These einer nicht naiven konstruktivistischen Theorie, niemals voraussetzungslos. Sowohl bei den Ansichten des Beobachters als auch bei Theorien über die Beobachtung muss grundlegend beachtet werden, dass der Beobachter bereits Beobachteter, ein in bestimmter Weise im wechselseitigen Spiel von Beobachtungen erzogener Beobachter ist, dass der Beobachtete zirkulär zugleich dabei Beobachtender ist. Sowohl die Inhalte als auch die Formen der Beobachtung erscheinen zwar für den einzelnen Beobachter als subjektiv, sind aber nicht vom kulturellen und sozialen Kontext abzulösen, mit dem sie vielfältig verwoben sind und in dem sie als Maximen der Beobachtung erscheinen. Der Konstruktivismus sieht sich also gezwungen, auf die kulturellen, sozialen, gesellschaftlichen Interaktionen zu schauen, wenn er seine Wirklichkeiten besprechen will" (Reich 2009a, 37 f.).

Dienstfunktion, reduziert auf eine Bringschuld und verknüpft mit Assoziationen von Passivität und Unterordnung – vollzogen haben könnte, um damit das heutige Verständnis des Zuhörens einmal außerhalb des bekannten Deutungskonzepts des Visualprimats „lesen" zu können.

Grundlage dieser Überlegungen ist die Annahme, dass sich die gesellschaftlichen Veränderungen in einer Epoche großer Umbrüche immer auch auf die geltenden kommunikativ-interaktiven Praktiken ausgewirkt haben. Diesbezüglich verspricht die Betrachtung der großen gesellschaftlichen und kulturellen Veränderungen zivilisatorischer Entwicklung hin zu den Formen der bürgerlichen Gesellschaft, in der wir heute leben, besonders aufschlussreich zu sein, weshalb Stellenwert und Bedeutung des Zuhörens in dieser Zeit einmal genauer betrachtet werden sollen. Ich beziehe mich dabei auf Reich (2009a, 2009b), der die Beobachtungsleistungen des Menschen im Prozess der Zivilisierung in der Moderne untersucht und hier besonders auf die Veränderung von Fremd- und Selbstzwängen im Spannungsfeld sich verändernder Disziplinarmächte und -kräfte fokussiert. In einen ursächlichen Zusammenhang stellt Reich die im 18. Jahrhundert mit der „Entdeckung der Bevölkerung" entstehende Disziplinarmacht (vgl. Reich 2010, 166 ff. u. 2009a, 49 ff.).[13] Reich beschreibt sie als „entscheidende Erfindung der bürgerlichen Gesellschaft" (ebd. 2009a, 48), welche maßgebliche Veränderungen auslöste: Als Staatsmacht, mit der Wissenschaft als ihr verlängerter Hebel, kontrolliert die neu entstehende Disziplinarmacht ab nun die allgemeine und individuelle Disziplinierung der Menschen (vgl. ebd., 49). Diese Veränderung des Machtgefälles entsteht vor allem durch die Auflösung der strikt hierarchisch-feudalen Lebensformen. Im Zuge dessen zeigt sich jedoch auch eine wachsende Verhaltensunsicherheit der Menschen. Sie ist verknüpft mit Fragen der Identitätsfindung, die zuvor in den überwiegend agrarisch produzierenden Gesellschaften an den recht überschaubaren familiären Rahmen gebunden blieb (vgl. ebd., 46). Da sich – im Gegensatz zur Feudalmacht – die Disziplinarmacht gerade über Produktion und Dienstleistung verkörpert und

---

[13] „Im 18. Jahrhundert entstand das Phänomen der Entdeckung der Bevölkerung, die als Gegenstand wissenschaftlicher Beschreibung konstruiert wird. Man begann hier, Geburten und Todesfälle, Bevölkerungsverschiebungen zu beobachten und zu untersuchen, um eine staatliche Territorialverwaltung und Kontrollmacht zu organisieren, die eigentümlich mit dem Entstehen einer Disziplinarmacht gegenüber den Individuen korrespondierte, die nunmehr in Form von Schulen und Unterricht erschien" (Reich 2009a, 53).

multipliziert, entstehen immer längere Interdependenzketten und mit ihnen komplexere Handlungsfolgen. Dazu führt Reich aus:

> „In der zivilisatorischen Entwicklung hin zur bürgerlichen Gesellschaft zeigt sich für ihn [gemeint ist Norbert Elias, Hinzufügung U. M.] – vermittelt über die Erziehung – ein zunehmender gesellschaftlicher Zwang, der aus den Beziehungsgeflechten der wirtschaftlichen, sozialen, ökologischen und weiterer Felder selbst ungeplant, aber gleichwohl effektiv hervorgeht. Norbert Elias betont, dass dieser Vorgang zwingender und stärker ist ‚als Wille und Vernunft einzelner Menschen' (Elias 1976, 2, 314), die in ihn bewusst eingreifen mögen. In diesen Verflechtungszusammenhängen können wir bei einem sehr groben Betrachtungswinkel erkennen, dass in der Heraufkunft der bürgerlichen Gesellschaften aus Strukturen des Mittelalters, die durch feudale – überwiegend agrarische – Produktionsweisen gekennzeichnet sind, immer kompliziertere Aktionsketten, immer mehr Langsicht, stärkere Triebbeherrschung zur Gewinnung von aufgeschobener Lust und Triebbefriedigung erforderlich werden, d. h. dass die Selbstkontrollmechanismen, die Selbstbeherrschungsleistungen der Menschen zunehmen" (ebd., 41).

Mit diesen Veränderungen, darauf verweist Reich mehrfach (vgl. Reich 2009a, 40 ff.; 2000, 157 ff.), veränderten sich auch die Beobachtungsleistungen der Menschen, änderte sich die „Ordnung der Diskurse" entscheidend. Ob es die Steigerung der Produktivität im Prozess der Industrialisierung ist, die nun zu breiteren und aktiveren Handlungsmöglichkeiten führte, ob die Vergrößerung der Märkte selbstständiges Handeln und aktive Teilnahme forderte oder ob es die Entwicklung eines relativ unabhängigen Rechtssystems war, das mit der Gewaltenteilung in exekutive, legislative und judikative Mächte einherging (vgl. Reich 1998a, 45). Im Mittelpunkt solcher „Verschiebungen" steht und stand immer die menschliche Interaktion, was zweifellos nicht ohne Auswirkungen auf die Sprache und die kommunikativen Praktiken dieser Zeit bleiben konnte. So beschreibt Reich, der sich dabei vor allem auf Elias (1976) stützt, insbesondere eine Zunahme von Selbstkontrollmechanismen und Selbstbeherrschungsleistungen, die aufgrund immer differenzierterer Handlungsabläufe und längerer Produktionsketten erforderlich waren. Es sind die „Disziplinierungen einer neu entstehenden Disziplinarmacht, die alle Körper und Beziehungen durchqueren" (Reich 2009b, 407) und die in einem großen gesellschaftlichen Umbruch zu Intensivierungen der menschlichen *Beobachtungsleistungen*[14] führen.

Wurde in feudalen Strukturen Macht noch direkt und unmittelbar als Forderung kompromissloser Hörigkeit ausgeübt, verzichten im Vergleich hierzu moderne Gesellschaften auf ständige Kontrolle durch äußeren und fremden Druck. Dieser verlagerte sich nun in das innere Bewusstsein des Menschen, wo sich so eine, wie Reich formuliert, Selbstzwangapparatur entwickelt. Selbstzwänge, die sich „als Einsicht in sachlich-rationale Fremdzwänge, unabhängig von der Autorität bestimmter Personen" (Reich 2010, 162) vermittelten, führten zur Ausbildung einer auf breiter gesellschaftlich Ebene verankerten „Selbstzwang- und Selbstbeherrschungsapparatur".[15] Diese stellt sich in den Dienst der Moral, der Schuld, des eigenen Gewissens (vgl. Reich 2010, 161), welche das Individuum – vermittelt über Erziehung auf dem Wege folgsamen Zuhörens – sich nun anzueignen hatte (vgl. Reich 2010, 158f). Doch verschreibt sich solches Zuhören nicht der Pflichterfüllung allein, der Appell an das Gewissen bedient immer auch die Kategorie der Schuld: Denn der Bezug auf eine übergeordnete, entpersonalisierte Instanz verwandelt den rhetorischen Akt des Zuhörens in einen *Schuldschein*: Zuhören wird zu etwas, das

---

[14] „Es zeigt sich, dass es in der Entwicklung der bürgerlichen Gesellschaft eine Zunahme an Fremdbeobachtungskompetenz wie auch an Selbstbeobachtungsleistungen gibt, die wir etwas genauer betrachten müssen, um die Entstehung bestehender Beobachtungsmaximen der Gegenwart näher in ihrer Herkunft zu begreifen" (Reich 2009a, 43).

[15] Während *Fremdzwänge* von Reich als Zwänge beschrieben werden, die Menschen auf Menschen im Alltag ausüben (vgl. Reich 1998a, 43 ff.) und die der (meist ritualisierten) Erfüllung eines Lebens- und Herrschaftsgefüges dienen, die für das Überleben der Menschen erforderlich und damit notwendig erscheinen, grenzen sich *Selbstzwänge* als Verinnerlichung von Machtverhältnissen insofern davon ab, als sie vor allem charakterisiert sind durch die Kontrolle durch den Verstand, durch die Vernunft, „besonders aber durch das menschliche Gewissen" (ebd., 44). In einer solchen „Selbstzwang- und Selbstbeherrschungsapparatur" wird dann das Licht, ehemals Symbol der Aufklärung und für Erkenntnis, werden Sichtbarkeit und Transparenz schnell für Maßgaben der Überwachung und Disziplinierung genutzt, wie es das Panopticum Foucaults zeigt. Hierauf macht uns Welsch aufmerksam, wenn er schreibt: „Wenn man sich ständiger Transparenz und Überwachbarkeit ausgesetzt weiß, wird man bald anfangen, sich selber zu kontrollieren – am Ende wird es also nicht einmal mehr den einen Wachtposten brauchen, sondern wir disziplinieren uns selbst, und die Gesellschaft vollständiger Transparenz wird eine Gesellschaft vollständiger Überwachung sein (Welsch 1996, 244).

der Zögling dem Erzieher schuldet. An die Stelle der persönlichen Unterwerfung in einem über die Jahrhunderte tradierten „Hörigkeitsdenken" tritt nun die Unterordnung unter eine internalisierte „höhere Instanz", die den Maximen von Gewissen und Moral einer Selbstzwangapparatur folgt. Es scheint eine solche Anbindung des Zuhörens an die Kategorie der Schuld zu sein, die eine solche Selbstzwangdynamik, die zum Fundament jener neuen Selbstbeherrschungsapparatur wurde und die kommunikativen Praktiken nachhaltig beeinflusste, überhaupt in Gang zu setzen vermochte. In dieser Selbstzwangdynamik scheint sich das Handeln zwar vordergründig aus den Impulsen des persönlichen Gewissens zu speisen. Tatsächlich folgt es jedoch überindividuellen Handlungsimpulsen, ordnet persönliche Bedürfnisse und Impulse solchen einer hierarchisch übergeordneten Instanz unter, welche vorgibt, sich aus einer scheinbar unantastbaren „Wahrheit" eines höher gestellten moralischen Wissens zu speisen, die Allgemeingültigkeit beansprucht. In diesem Gewissensappell verbirgt sich der Herrschaftsanspruch eines entpersonalisierten Anderen, der noch in der Interaktion zwischen „Herr und Knecht" in einem „rechtmäßigen Besitzanspruch", d. h. in einer rechtlich definierten Abhängigkeit von der Befehls- oder Ratsgewalt eines Grundherrn, zum Ausdruck kam (vgl. dazu auch Ackermann 2003, 97).

Damit entsteht eine internalisierte *innere* Maßgabe kommunikativen Verhaltens, die hier als *internalisierter Imperativ des Zuhörens* gefasst werden soll. Gebunden an das persönliche Gewissen, konnte das Zuhören nun zum Zweck der Verhaltenssteuerung eines weitgehend entpersonalisierten Gehorsams instrumentalisiert und mit Schuldfragen, d. h. auch mit Strafe und Belohnung[16] verbunden werden. Die bekannte, oftmals recht vorwurfsvoll gestellte Frage „Warum hast du nicht gehört...!?" koppelt unmittelbar an solche internalisierte „Selbstzwanglogik" an. Anhand dieser allseits bekannten Phrase soll diese Dynamik daher beispielhaft analysiert werden. Schnell fällt auf, dass diese rhetorische Figur zwar als *Frage* daherkommt, zumeist jedoch etwas ganz Anderes vermittelt, als das, was sie vorgibt. Denn sie erwartet keine differenzierte Antwort. Vielmehr zielt sie auf die Ausführung konkreter Handlungen, entpuppt sich daher als (nachträgliche) Instruktion. Entscheidend ist hier, dass diese als Frage maskierte Figur Vorwurf und Tadel vermittelt, welche die Dimension von Schuld und Moral aufschließt: Im Zungenschlag des Vorwurfs weist sie dem Anderen Fehlverhalten zu („es war nicht richtig, was du getan hast"), appelliert an das Gewissen und impliziert ein Besserwissen

---

[16] Hierauf verweist schon der Volksmund, wenn er mahnt: „Wer nicht hören will muss fühlen ...".

(„du hättest besser tun sollen, was ich gesagt habe"). Solch tadelndes „Fragen" fordert den rekonstruktiven Nachvollzug eines vorgängig Erwarteten. Dies entlarvt diese Frage als „Pseudo-Frage", die keinerlei Antwort erwartet, sondern klare Unterordnung durch folgsames Zuhören fordert. Letztlich kann sie als verstecktes *Zuhörgebot*, das ein „schlechtes Gewissen" vermitteln soll und damit als wirkungsvolle Disziplinierungsmaßnahme einer Selbstzwangapparatur, d. h. als Machtgeste entlarvt werden.[17] Derart reduziert und funktionalisiert kann das Zuhören dann als „Hilfsfunktion" dienen, das zum Werkzeug für die Ausbildung einer „Selbstzwangapparatur", eines „stahlharten Panzers der Hörigkeit" wird, wie der Soziologe Max Weber (1963) in seiner kritischen Kultursoziologie formuliert. So sieht auch Weber in einer solchen Persönlichkeitsstruktur das Fundament für die Entwicklung einer kapitalistischen Gesellschaftsform gelegt, welche in einem „mächtigen Kosmos der modernen Wirtschaftsordnung [...], der heute den Lebensstil aller einzelnen, die in dieses Triebwerk hineingeboren werden – nicht nur der direkt ökonomisch Erwerbstätigen – mit überwältigendem Zwang bestimmt" (ebd., 203). Es ist anzunehmen, dass die protestantisch und calvinistisch orientierten Werte dieser Zeit, auf die Weber aufmerksam macht, einen fruchtbaren Boden für diese Entwicklung bereiteten. Eingebettet in eine puritanische Lebensführung verkörpern sie eine übergeordnete, jedoch entpersonalisierte Instanz, die wenig Freiraum für Autonomie bietet und das Fundament für die Etablierung dieser Selbstzwangapparatur gelegt haben mag. So weist der Terminus des „Charakterpanzers", den Weber in diesem Zusammenhang gebraucht, eine gewisse thematische Nähe zur „Selbstzwangapparatur" Reichs auf.

Im Zuge dieser Selbstzwangapparatur entwickelten sich nun auch neue Lehr- und Lernformen, die „unterwiesene, gelehrte und disziplinierte Schüler" (Reich 2009a, 53) erzeugten, die den „Körper der Zöglinge disziplinierten" und ihnen „Zucht und Ordnung einwoben" (ebd.). Das Ohr wurde damit sowohl „Einfallstor" als auch Vermittler für Selbstzwänge, die – geknüpft an die Kategorie des Gewissens, der Moral und damit immer auch der „Schuld" – in Form

---

[17] Dies verweist auf den Machtbegriff Foucaults, der Macht als durch Handlungen vermittelt begreift, die sich durch ein Netz von Praktiken bilden. Für ihn sind es die Praktiken selbst, ist es das Geflecht von Macht- und Herrschaftsbeziehungen, das uns Macht als relational und nicht allein hierarchisch gesteuert verstehen lässt. Foucault hat für dieses Zusammenspiel den Begriff des Dispositivs geprägt, der sowohl diskursive, als auch nicht-diskursive Praktiken umfasst, die somit auch Gegenstand seiner Machtanalyse sind (vgl. Jäckle 2009).

internalisierter Zwangshörweisen nun instruktiv vermittelt werden konnten und die das Zuhören im Kontext von Erziehung dann unhinterfragt auf „folgsames", rekonstruktives Hörhandeln reduzierten, welches allein der Bringschuld des Zöglings unterliegt. Eine so verstandene „Zuhörkompetenz" läuft Gefahr, zum Handlanger fremdbestimmten Denkens und Handelns einer Gehorsamkeitserziehung zu werden, die das Zuhören (sollen) gerade auch im Erziehungskontext schnell zum „Zwangshören" degradiert. So mögen diese kommunikativen Praktiken entscheidend dazu beigetragen haben, dass Handlungsmuster sich verselbstständigen und zur verinnerlichten Perspektive[18], wie Reich formuliert, werden konnten, um sich so zu multiplizieren und in Form internalisierter Selbstzwänge fortpflanzen zu können. Die Zunahme von Selbstzwängen und ihrer erzieherischen Vermittlung war daher an eine Instrumentalisierung und an ein Verständnis des Zuhörens gekoppelt, das bis heute, insbesondere im Erziehungskontext, spürbar wirkt. Dies hat jedoch mit einem kreativen, einem emanzipativen oder gar ästhetischen Verständnis des Zuhörens nichts gemein. Vielmehr entbehrt es solcher spezifischer Potenziale und Qualitäten, zu denen das Hören und Zuhören Zugang bietet, ja es subvertiert geradezu die genuine Kraft und Kreativität konstruktiven Hörhandelns. Doch wirkt das Erbe solcherart instrumentalisierten Zuhörens bis heute nicht nur im Erziehungskontext nach, sondern wirkt ganz generell in die zwischenmenschliche Kommunikation hinein. Besonders anfällig erscheinen hierfür unsymmetrisch angelegte Strukturen. Dafür sensibilisiert auch der Philosoph und Pragmatist Jim Garrison, wenn er schreibt:

> „In that culture, generally, we often command others to ‚listen up'… as if we needed some external order to force us to listen or attend. Western modernity's stress on the ‚rational' self-assertion of the autonomous individual who has the right to speak and be heard, ironically enough, devalues listening and listeners. This irony is felt far more by the oppressed than the oppressors, and by those from cultural traditions that place a greater value on listening. […] Much of what claims to be democratic, equal, and empowering dialogue, the right to speak and be heard, is really a conduit metaphor monologue" (Garrison 1996, 432 f.).

---

[18] Entscheidend scheint, darauf verweist auch Reich, dass bei dem Prozess der Zivilisierung des Menschen in der Moderne gerade der Aspekt der *Verinnerlichung* der äußeren oder gesellschaftlichen Fremdzwänge eine große Rolle spielt, die dann zur Verinnerlichung der bestehenden Machtverhältnisse führt (vgl. Reich 1998a, 53). Reich nimmt hierbei auch auf den Machtbegriff bei Foucault Bezug.

Versteckt sich hinter dem demokratischen Grundrecht der „freien Rede" ein *rekonstruktives* „Zuhörgebot", läuft dies Gefahr, den Zuhörer belehren oder gar „kolonialisieren" zu *wollen.* Damit macht Garrison nachdrücklich darauf aufmerksam, wie subtil sich Zuhörgebote auch heute noch in den modernen und scheinbar aufgeklärten Praktiken einer postmodernen „Kommunikationslandschaft" entfalten und dort weiter wirken. Dennoch finden sich in dieser Landschaft mittlerweile auch deutlich veränderte Vorstellungen über das Zuhören. Im Zuge soziokultureller Veränderungen prägen sie eine Terminologie, die das Zuhören als Spannungsfeld beschreibt, was ganz neue Möglichkeiten der Kommunikation zu öffnen verspricht.

1.3. Zuhören – aktiv und passiv vs. aktiv und reaktiv

> „Sprechen und Hören werden vielfach behandelt nach dem Muster von Aktion und Passion. So erscheint [...] das pure Anhören und Verstehen als rezeptive Form der Passion" (Waldenfels 2007, 245).

Diese hier von Waldenfels thematisierte Kategorisierung von Kommunikation in die Pole von „Aktion" und „Passion" könnte daher auch als Nachklang der fein ausgebildeten Selbstzwangapparatur verstanden werden, die sich im Zuge der Zivilisierung des Menschen in der Moderne entwickelte und die ihre Spuren nicht nur in der Zunahme von Selbstzwängen, sondern auch in Form kommunikativer Routinen hinterließ. Doch zeigt dies nicht nur, dass sich kommunikative Praktiken erst in ihrem gesellschaftlichen und kulturellen Kontext erschließen, sondern es zeugt auch von der grundsätzlichen Veränderbarkeit und Formbarkeit kommunikativen Handelns generell. Damit konnten auch das aufgeklärte Denken der Neuzeit und die emanzipatorischen Bewegungen der Moderne und Postmoderne nicht folgenlos bleiben, sondern haben Spuren in den kommunikativen Praktiken der Menschen hinterlassen. Im Zuge humanistischen Denkens und der neueren Konzepte humanistischer Psychologie, insbesondere des personzentrierten, nicht-direktiven Gesprächsführungsansatzes des amerikanischen Psychologen und Psychotherapeuten Carl Rogers (1992-1987), der von seinem deutschen Schüler Reinhard Tausch (1921-2013) im deutschsprachigen Raum verbreitet wurde, entwickeln sich zu Beginn dieses Jahrhunderts neue „Menschenbildannahmen" und mit ihnen neue Maximen der Kommunikation. Diese haben auch ein verändertes, nunmehr aktives Verständnis des Zuhörens zur Folge. Basierend auf den Konzepten des amerikanischen Psychologen Thomas Gordon (1918-2002) und dessen neu entwickeltem Verständnis von Kommunikation, entstehen Modelle der Konfliktbewältigung, die mit Begriffen wie „Ich-Botschaft", „Kommunikationsförderer" oder „Kommunikationsbarrieren" schnell auch in der Alltagspsychologie Fuß fassen. Vor dem Hintergrund der humanistischen Psychologie Rogers[19] formt sich der Begriff des *Aktiven Zuhörens*. Als spezifische Gesprächsführungstechnik etabliert sich das *Aktive Zuhören* zunächst in pädagogisch-therapeutischen, später auch wirtschaftlichen Handlungsfeldern. In seinen Modellen beschreibt Gordon (2012; 2013; 2014) solches Zuhören nicht nur als aktiven Part der Kommunikation, sondern „übersetzt" diese rhetorische Figur in operationalisierbare kommunikative „Tools", die sich mittlerweile in das Methodeninventar von Kommunikation und Beratung fest eingeschrieben haben. Im Unterschied zum „Zwangshören" einer Gehorsamkeitserziehung transportiert dieser Begriff, wie der Name schon aussagt, ein komplett verändertes Verständnis des Zuhörens. Das Adjektiv „aktiv" scheint solche Veränderungen bewusst markieren und das Zuhören aus der „Zwangsjacke der Passivität" – quasi schon per Definition – befreien zu wollen. Vor der weiter oben beschriebenen Bedeutungsgeschichte des Zuhörens erscheint dies wie ein Fingerzeig auf das veränderte Selbstverständnis des Zuhörens. So hat doch – im Vergleich dazu – die Sinneswahrnehmung Sehen den Hinweis auf ihren *aktiven* Status für sich bisher nicht explizit reklamieren müssen. Dies wird umso deutlicher, wenn wir uns vorstellen, wie ungewohnt die Wendung vom „Aktiven Sehen" in unseren Ohren klänge. Vielmehr scheint mit dem Terminus des Aktiven Zuhörens das Zuhören aus seiner Hilfsfunktion „erlöst" zu werden, in der es reduziert wurde auf reine Passivität, um es – einem „Befreiungsschlag" gleich – aus der Zuschreibung reiner Rezeptiviät herauszuheben. Dies mag – vor der Entwicklungsgeschichte des Zuhörens – fast als Paradigmenwechsel der Kommunikation empfunden werden, da sich hier das Verständnis des Zuhörens auf eine Weise wandelt, die dieses nunmehr als veränderbares und individuell gestaltbares Handlungsgeschehen definiert, das Handlungsoptionen qualitativ gestaltbarer Aktions- und Erlebensspielräume zu erschließen vermag. Anstrengungen, Zuhören zu kategorisieren, Qualitäten des Zuhörens differenziert zu beschreiben oder voneinander abzugrenzen, ziehen sich seitdem als „Leitmotiv" durch den Zuhördiskurs der letzten Jahrzehnte, ohne dass dies

---

[19] Zu den philosophischen Wurzeln „Humanistischer Psychologie" zählt Kriz (2014) den Existenzialismus mit seinen Vertretern Martin Buber, Sören Kirkegaard, Friedrich Nietzsche, Gabriel Marcel und Paul Tillich, die Phänomenologie mit Edmund Husserl und Max Scheler, den klassischen und sozialistischen Humanismus mit Herder und Marx, den Humanismus moderner französischer Prägung (Sartre, Camus und Merlau-Ponty).

jedoch in ein übergreifendes Modell oder in eine Theorie des Hörens gemündet wäre.

Schon 1927 unterscheidet der Philosoph Günther Stern in einer Abhandlung über die *Phänomenologie des Zuhörens* den „attentionalen Modus des Hinhörens" von einem „Nur-Hören" und führt dazu aus, Zuhören bedeute, „dass aus der Unzahl möglicher hörbarer Phänomene eines als Isoliertes und Einziges herausgegriffen wird, so dass es nun (während des Hörens) das einzig Daseiende überhaupt ist, so dass alles andere bei Seite fällt" (Stern 1927, zitiert nach Geißler 2002, 40). Doch was macht die Aktivität des Zuhörens konkret aus? Durch welche besonderen Qualitäten akustischer Kommunikation grenzt es sich von einem nicht aktiven Zuhören ab?

Zunächst fällt auf, dass der Fachterminus des „Aktiven Zuhörens" – im Bereich von Gesprächsführung, Therapie und Beratung – ab nun auch konkrete *Sprechakte* einschließt, die das Gehörte auf inhaltlicher und auf emotionaler Ebene schärfen sollen. Zuhören definiert sich nicht mehr nur als reines Schweigen, sondern es fordert auch ganz konkretes *Sprechen*, wie die Techniken des „Paraphrasierens" und „Verbalisierens" zeigen (vgl. Weinberger 2005; Weisbach 2008). Fragen wir nach weiteren Apperzeptionsschemata auditiver Wahrnehmung, die nun diesen besonderen, wie Stern formuliert, „attentionalen Modus des Hinhörens" jenseits dieses Fachterminus beschreiben wollen, zeigt sich eine wahre Flut an Begrifflichkeiten, welche die vielfältigen Aspekte und Qualitäten des Hörens sowohl im Bereich vokaler, als auch nonvokaler Kommunikation voneinander unterscheiden und sprachlich differenziert zu fassen versuchen. Zuhören wird – in Abhängigkeit des Kontextes – etwa als *intentional, selektiv* (Imhof 2004), als *kommunikativ* oder *imaginativ* (Wermke 1996), als *peripher* oder *fokussiert* (Schafer 2002), als *identifizierend* (Böhme 2006) *strukturell, memorisierend* (Jäger 2008), als *diffus, assoziativ, emotional, sentimental, motorisch, kompensatorisch, vegetativ distanzierend* (Behne 2006), als *kausal, semantisch, reduziert* (Chion 2012, in Bezug auf Schaeffer 1967), als f*unktional, reflexiv, konnotativ, empathisch, kinästhetisch* oder *kritisch*. Scharmer (2009) unterscheidet vier Qualitäten des Zuhörens: das *Downloaden*, das *objektivierende*, das *empathische* und das *schöpferische Zuhören*. Wermke differenziert das Hören nach dem Grad der Aufmerksamkeit als *Horchen* oder *Lauschen* (Wermke 1995), Barthes differenziert eine Mehrstufigkeit des *Hörens auf Indizien* von einem *Hören auf den Sinn* (Barthes 2006).

Im englischsprachigen Raum vermittelt sich eine ähnliche Vielfalt: So unterscheidet beispielsweise Truax (2001) drei Aufmerksamkeitsgrade des Zuhörens: *listening-in-search, listening-in-readiness* und *background listening*,

Wolvin/Coakley (1992) unterscheiden in einer Taxonomie unterschiedliche, hierarchisch gestufte *level* des Zuhörens voneinander: Discriminative *Listening*, *Comprehensive Listening*, *Therapeutic Listening*, *Critical Listening*, *Appreciative Listening*. Tuuri et al. (2007) kategorisieren sechs unterschiedliche „modes of listening": *Causal*, *Empathetic*, *Functional*, *Semantic*, *Critical* und *Reduced mode of listening*. Rost (1990, zitiert nach Siebert 2009, 77) differenziert Zuhören als *Transactional Listening*, *Interactional Listening*, *Critical Listening* und *Recreational Listening*, während Gans etwa ein *critical listening* vom *social listening* noch unterscheidet (Gans 1994, zitiert nach Hagen 2006, 37).

Die Zusammenschau dieser Begriffsbildungen, die keine Vollständigkeit anstrebt, sondern lediglich einen Eindruck ihrer Vielfalt vermitteln soll, zeigt zwar gewisse Ähnlichkeiten, Überschneidungen und Schnittmengen, illustriert jedoch vor allem die vielfältigen Bemühungen, *Qualitäten* des Zuhörens differenziert zu fassen und voneinander abzugrenzen. Die Unterschiedlichkeit dieser Begriffe verdeutlicht *das weite Spektrum menschlicher Hörweisen* und damit auch das große Potenzial auditiver Wahrnehmung. Weniger jedoch lassen diese Begriffe eine übergreifende Kategorisierung der unterschiedlichen Qualitäten des Zuhörens erkennen. Auch der Umgang der drei großen europäischen Sprachen mit diesem Phänomen trägt zu einer klaren Kategoriebildung nur begrenzt bei: Im englischen Sprachraum wird mit zwei ganz verschiedenen Begriffen, dem *hearing* und dem *listening* das Hören durch den Grad der Aufmerksamkeit und der Gerichtetheit voneinander unterschieden. Auch das Französische bringt diese Unterschiede mit zwei verschiedenen Begriffen, *écouter* und *entendre* (vgl. Ackermann 2003, 97), zum Ausdruck. Eine solche Differenzierung vermittelt sich im deutschen Sprachgebrauch mit der Unterscheidung des *Hörens* vom *Zuhören* begrifflich weniger scharf, auch, da beide Begriffe oftmals synonym verwendet werden (vgl. Hagen 2006, 36). Doch wird dem *Hören* eher das unspezifische, *passive* Moment und dem Zuhören das gerichtete, aktive Moment zugewiesen[20], oft gekoppelt mit dem Verweis auf biologische Zusammenhänge. So schreiben Berg und Imhof über den Unterschied zwischen Hören und Zuhören: „Hören ist angeboren, Zuhören wird gelernt" (Berg/Imhof 1995, 2). Damit bringen sie das Zuhören – in Abgrenzung zum Hören – nun auch in Verbindung mit kognitiven Leistungen.

---

[20] So wird das Hören bei Gans (1994, zitiert nach Hagen 2006, 37) als passiver, zielloser und permanenter Wahrnehmungsvorgang beschrieben, der erst durch die bewusste Aufmerksamkeitszuwendung und Sinnzuschreibung in ein Zuhören als aktive, kognitive und psychische Tätigkeit übergeht (vgl. Gans 1994, 3).

Doch ist diese Unterscheidung ausreichend trennscharf und bringt sie tatsächlich unterscheidbare Qualitäten auditiver Wahrnehmung zum Ausdruck? Zunächst einmal lässt sich eine solche Auffassung durchaus geschichtlich zurückverfolgen, denn die etymologische Wurzel von „taub" verweist darauf,

> „dass Hören auch in einer Verbindung mit kognitiven Leistungen gesehen wurde. Denn im Althochdeutschen hatten ‚toub' und ‚tumb' im Sinne von *dumm* die gleiche Bedeutung, nämlich *stumpf* oder *stumpfsinnig*. Im Mittelhochdeutschen bedeutete ‚taub' auch *nichts denkend*" (Hagen 2003, 43).

Dieses Zitat bringt ein tradiertes Wissen um die Bedeutung des Hörens zum Ausdruck, das – trotz einer Zuschreibung zur Passivität und neben der missbräuchlichen Funktionalisierung – etymologisch schon lange „gewusst" wurde. Gehen wir der von Berg/Imhof (1995) angeregten biologischen Perspektive auf das Hören genauer nach, stoßen wir auf die Differenzierung von peripherem und zentralem Hören, die der oben angesprochenen Kategorisierung von *Aktiv* und *Passiv* zunächst zu entsprechen scheint. Das Periphere Hören entspricht der verbreiteten Vorstellung, Hören als passives Geschehen wahrzunehmen, als das bloße Empfangen akustischer Reize. Als erster Schritt des Hörvorgangs beschreibt es die Aufnahme des Schalls und seine rein mechanische Verarbeitung durch das Außen- und Mittelohr.[21] Dieser Wahrnehmungsbereich erfasst somit die rein physikalische Dimension der Schallereignisse und wird auch als „akustische Wahrnehmung" beschrieben (vgl. Schmicking 2003, 21 f.). Mit der Umwandlung dieser mechanischen Energie durch die feinen Haarsinneszellen der Cochlea in feine elektrische Impulse im Innenohr beginnt mit der physiologischen Verarbeitung der Reize das sogenannte *Zentrale Hören* (auch „Zentrale Hörwahrnehmung" genannt), die in Abgrenzung dazu als „auditorische Wahrnehmung" bezeichnet wird (vgl. ebd., 22), d. h., das akustische wird nun zum auditiven Ereignis.

---

[21] In diesem ersten Verarbeitungsstadium werden die Schallwellen durch das äußere Ohr (Ohrmuschel, Gehörgang) zunächst aufgenommen („empfangen"). Die als *Schall* empfundenen Druckwellen versetzen das Trommelfell in Schwingungen, welche dann über die Gehörknöchelchen (*Hammer*, *Amboss* und *Steigbügel*) an das sogenannte „akustische Endorgan", die sogenannte *Hörschnecke* (auch „Cochlea" oder „Corti'sches Organ" genannt), weitergegeben werden (vgl. u. a. Goldstein 2002).

Vom Innenohr aus werden die in elektrische Impulse umgewandelten akustischen Reize mit dem *Hörnerv*, die sogenannte „zentrale Hörbahn" über das Stammhirn zum Großhirn weitergeleitet und im Auditiven Cortex verschaltet bzw. in andere subkortikale Bereiche weitergeleitet. Diese Verarbeitungsschritte erfordern komplexe neuronale Aktivitäten. In der Reifungsphase der Hörbahn[22], die sich hauptsächlich im Säuglings- und Kleinkindalter vollzieht, werden die dort angelegten Nervenzellverbindungen aufgebaut. Dabei entstehen zunächst viele Synapsen, jedoch werden Verbindungen, die nicht genutzt werden, auch wieder abgebaut. Ein gutes Hörvermögen braucht daher nicht nur organisch gesunde Voraussetzungen, sondern auch eine durch akustisch differenzierte Reize angeregte und damit gut „gereifte" Hörbahn. Unzureichend gereifte Hörbahnen haben aufgrund der verminderten oder fehlenden neuronalen Vernetzung eine Minderung des Hörvermögens zur Folge.[23] Dies kann, je nach Ursache[24], zu Hörwahrnehmungsschwächen oder Störungen der Auditiven Wahrnehmung – bezeichnet als „Auditive Wahrnehmungsstörungen" (AWV) – bis hin zu schweren Hördefiziten wie Fehlhörigkeit,

---

[22] Die Hörbahn unterliegt einem recht langen Reifungsprozess, der bereits vorgeburtlich beginnt. Sie reift, angeregt durch vielfältige und differenzierte Hörerfahrungen, insbesondere in den ersten zwei Lebensjahren aus und kann mit ausreichend akustischer Stimulation gefördert werden. Die Länge der Reifungsphase der Hörbahn wird durchaus recht unterschiedlich bewertet. Langenbruch (2001) spricht sogar von den ersten acht Lebensjahren. Grundsätzlich gilt: Die Fähigkeit zur Sprachwahrnehmung und -verarbeitung im Gehirn verringert sich zunehmend, wenn die zentrale Hörbahn über viele Monate oder sogar Jahre nicht adäquat akustisch stimuliert wurde (late onset deprivation). Neben der frühkindlichen Schwerhörigkeit betrifft dies auch die Hörfähigkeit der gesamten Lebensspanne (vgl. dazu auch Streppel et al. 2006).

[23] Ein reibungsloser Sprach- und Schriftspracherwerb hat immer eine gut ausdifferenzierte Hörfähigkeit und damit eine gut ausgereifte und ausreichend stimulierte Hörbahn zur Voraussetzung. Defizite bei der zentralen Weiterleitung und Verarbeitung von auditiven Reizen – insbesondere in den ersten Lebensmonaten und Jahren – können zu einer Störung der auditiven Verarbeitung und Wahrnehmung führen.

[24] Eine fehlende neuronale Vernetzung der Hörbahn kann durch verschiede organische Störungen, aber auch gesundheitlich bedingt sein (chronisch entzündliche Prozesse des Mittelohrs im Säuglings- und/oder Kindesalter). Jedoch kann eine defizitäre Hörfähigkeit auch auf einem Hörerfahrungsdefizit beruhen, dem die unzureichend differenzierte dargebotene akustische Stimulation in der sensiblen Phase der Hörbahnreifung zu Grunde liegt (vgl. Lauer 2006, 19 ff.).

Schwerhörigkeit auch Taubheit führen (vgl. dazu auch Lauer 2006).[25] Die Entwicklung der Hörfähigkeit basiert daher auf einer jeweils *individuellen* (das heißt auch kontextuell, biografisch und kulturell geprägten) *Verarbeitung* der aufgenommenen akustischen Reize. In einem steten Lernprozess entwickelt sich, neuronal gebahnt, nicht nur eine differenzierte Hörfähigkeit, sondern es baut sich immer auch ein spezifisches (Hör-)Wissen auf. Folgendes Beispiel mag dies verdeutlichen:

> „Imagine for an instant that we are being guided through an Amazonian rain forest: We would hear exactly the same noise as the native of the region that accompanies us but we would be incapable, because of our lack of knowledge of the environment, to exact from the same background events corresponding to the cries of iguanas and Macaques, the songs of Wistiti monkeys, or the rustling of the leaves of tropical trees, nor would we be able to assign meanings to the entire sound structure hat may in the long run be important for survival" (McAdams/Bigand 2001, 3).

Dies bedeutet: Die Entwicklung der Hörfähigkeit ist biologisch angelegt und ist in ihrem Verlauf *plastisch*. Hinsichtlich der spezifischen Information, die wir einem akustischen Reiz entnehmen, d. h. ob und wie gut wir ihn hören, auf welche Weise wir ihn „verstehen" (interpretieren) und wie wir auf ihn reagieren, ist es entscheidend, auf welchem Vorwissen (Kognitionen und Deutungsmuster), d. h. auf welchen konkreten Lernerfahrungen die Reizverarbeitung aufbaut. Zeichnen wir eine akustische Alltagsszene auf einem Tonträger auf, zeigt sich, dass ein identisches Klangspektogramm von den Protagonisten einer Hörszene individuell ganz unterschiedlich erlebt und interpretiert werden kann. Anders ausgedrückt: Die physikalisch messbaren Druckschwankungen, die das Ohr empfängt, können auditiv ganz unterschiedlich, d. h. in Abhängigkeit des subjektiven individuellen Vorwissens verarbeitet, bewertet und gedeutet werden:

> „Once the perceptual qualities are represented in the auditory system, they can be interpreted with respect to evoked *abstract knowledge*

---

[25] Zentrale Hörverarbeitungs- und Hörwahrnehmungsschwächen finden sich bei einem nicht geringen Anteil der Schulanfänger. Obwohl sie wesentliche Hindernisse für den Lese- und Schreiberwerb sind, werden sie, anders als beispielsweise motorische Entwicklungsverzögerungen, eher selten rechtzeitig als Hörwahrnehmungsschwächen bemerkt. Auditiv schwache Kinder gelten satt dessen schnell als lernschwach, verhaltensgestört oder aufmerksamkeitsschwach. Vgl. dazu ausführlich Langenbruch 2001.

structures. The result is the recognition and identification of, as well as the assignment of meaning or significance to, events and sequences of events with respect of the local stimulus context and the previous experience of the listener" (McAdams/Bigand 2001, 7, Hervorhebung im Original).

Auch wenn wir nicht intensiv oder gar fokussiert zuhören, werden alle eingehenden akustischen Reize schnell und genau im Gehirn verarbeitet, wie dies beispielsweise an Untersuchungen zum Musikhören belegt werden konnte (vgl. Koelsch/Tom 2007):

> „Dies bedeutet, daß die neuronalen Mechanismen [...] relativ unabhängig von Aufmerksamkeit aktiv sind. D. h. selbst wenn wir uns gar nicht auf das Hören von Musik konzentrieren, und selbst wenn wir musik-syntaktische Information gar nicht wahrnehmen wollen, wird sie dennoch schnell und genau im Gehirn verarbeitet (Koelsch/Tom 2007, 123).

So zeigt sich: Auch wenn wir etwa dem Klang eines Automotors nicht wirklich *zuhören*, identifizieren wir ihn unterbewusst, erkennen ihn wieder und ordnen ihn in unser „auditives Weltmodell" ein. Auch reagieren wir in Abhängigkeit des jeweiligen Kontextes auf eine individuell gelernte Weise, indem wir das Geräusch vielleicht als Belästigung, als Bedrohung, vielleicht aber auch als Genuss erleben. Wie selbstverständlich und überwiegend unterbewusst solche „Höridentifizierungen" ständig unser Bewusstsein durchqueren, wird deutlich, wenn wir uns vor Augen führen, dass inmitten einer dichten Lärmkulisse plötzlich und unvermittelt auch leise, aber ungewohnte und unbekannte Geräusche unsere Aufmerksamkeit erregen können, was als „selektives Hören" (vgl. Imhof 2003, 76) bezeichnet wird. Ein Beispiel für dieses Phänomen ist der sogenannte „Cocktail Party Effekt". Er beschreibt die Fähigkeit des Gehörs, aus dem Zusammenklang heterogener akustischer Gemische die für einen Hörer bedeutsamen akustischen Reize, wie beispielsweise den eigenen Namen, herauszufiltern. Auch wenn der Hörer bis zu dem Zeitpunkt, zu dem sein Name fällt, einem Gespräch nicht „zugehört" haben mag, kann beispielsweise die Nennung des eigenen Namens deutliche Orientierungsreaktionen auslösen. Sogar auf einer völlig unbewussten Ebene, ja sogar im Schlaf, kann uns ein durchaus leises, aber *unbekanntes* Geräusch aufwecken. Die neuronale Aktivität der auditiven Wahrnehmung arbeitet unabhängig vom Aufmerksamkeitsstatus unseres Wachbewusstseins. Die Hörwahrnehmung ist jederzeit aktiv, d. h. wir hören ständig, sowohl bewusst, unterbewusst, ja sogar unbewusst. Daraus kann geschlossen werden, dass *jede* Form des Hörens, auch das „unspezifische" Hören, das Truax als „background listening" (Truax 2001,

22) bezeichnet, als grundsätzlich aktives Hören immer auch Ausdruck und Produkt unserer individuellen Lebens- und damit auch Lernbiografie ist. In vielschichtige zirkuläre Lernprozesse eingewoben, fußt es auf jeweils vorgängig Gelerntem, das damit Voraussetzung für ein (Wieder)erkennen des Gehörten ist. Denn erst was erkannt (d. h. gewusst und damit erlernt) wurde, kann auch wiedererkannt werden. Wie schnell und wie hoch differenziert die Verarbeitung aller akustischer (auch nicht-sprachlicher) Reize geschieht und wie untrennbar sie zudem mit unserem Erfahrungswissen verknüpft ist, verdeutlichen Koelsch/Schröger:

> „Diese Extraktion akustischer Merkmale geschieht ca. 10 bis 100 Millisekunden nach Eintreffen eines akustischen Reizes und kann mittels sog. Evozierter Poetenziale im EEG gemessen werden [...]. [B]ereits ein einziger Ton [kann] bedeutungstragende Informationen wie ‚hohl', ‚rauh', ‚spitz', oder ‚hell' vermitteln und wir können oft anhand eines einzigen Tons ein Instrument erkennen. Das heißt, dass basale akustische Parameter uns manchmal schneller semantische Informationen übermitteln können, als dies Sprache tut" (Koelsch/Schröger 2009, 394).

Doch enthält ein solcher Ton nur den Bruchteil derjenigen akustischen Information, die z. B. ein Wort ausmacht. Die hoch differenzierten Verarbeitungsleistungen „musikalischen sounds" deuten McAdams/Bigand mit folgendem Beispiel an:

> „In case of sound structures like music, whose organization is highly determined by cultural rules, a simple observation of the information recorded at the level of the sensory organs does not suffice to explain the difference in our perception of a Mozart quartet or one by Beethoven" (McAdams/Bigand 1993, 2).

An anderer Stelle führen die Autoren dazu aus:

> „How can we perceive the unity of a sound structure that develops over a very long time-span (one and a half hours in the case of Beethoven's ninth symphony) without elaborating representations of the substructures (thematic ones, for example) that are developed in the work" (McAdams/Bigand 2001, 2).

Damit beruhen nicht nur das Hören und Verstehen von Sprache oder von Musik, sondern schon das Hören und Verstehen der uns ständig umgebenden Geräuschkulisse unserer Umwelt auf dem Zusammenspiel höchst anspruchsvoller Verarbeitungsleistungen der auditiven Wahrnehmung. Hier interagieren immer „elementare Prozesse" der Wahrnehmung mit „abstrakten Prozessen" (vgl. McAdams/Bigand 2001). Wie komplex diese Vorgänge sind und wie anspruchsvoll diese Verarbeitung somit ist, mag bei der getrennten Beschäftigung mit *Sprache* und *Musik* als isolierten Gegenständen des Hörens vielleicht aus dem Blick geraten (vgl. Schmicking 2003, 14). Darauf macht auch Truax (2001, 22) aufmerksam: „[M]usical and soundscape listening involves far more cognitive processing than merely gaining a sensory impression, even at a background listening level". Schon die Szenenanalyse einer nur wenige Sekunden dauernden auditiven Szene verdeutlicht, wie eng *alle* Reize einer Hörszene miteinander korrespondieren und wie dicht ihre Verarbeitung miteinander verwoben sein muss:

> „If you are cooking in the kitchen and suddenly hear a loud kerfuffle in the dining room, auditory analysis of the noises heard allows you to identify a plate breaking on the floor, forks and knives tumbling around, the muffled sound of a dish crashing, and a cat's surprised meow. From this analysis you succeed in attaching meaning to the whole scene, the cat was perhaps playing with the corner of the table cloth and pulled everything with it off the table on the floor" (McAdams/Bigand 2001, 7).

Deutlich wird hier: Nur ein Zusammenspiel „elementarer Prozesse" mit „abstrakten Prozessen" der Wahrnehmung ermöglicht eine derart differenzierte „Höranalyse" dem „Ohrenzeugen" einer akustischen Szene, wie der obigen. MacAdams/Bigand regen daher an, die traditionelle Idee von einer Teilung der Prozesse auditiver Wahrnehmung und Verarbeitung in Einzelfunktionen (Wahrnehmung, Gedächtnis, Lernen, Sprache etc.) aufzugeben und dieses Zusammenspiel vielmehr als *Kontinuum* anzunehmen:

> „First of all, the originality of the cognitive project is the desire to present an integrated picture of the ensemble of intellectual processes, in making evident the continuity that exists between more elementary aspects of these activities (sensory information processing) and more abstract processes (symbolic information processing)" (McAdams/Bigand 2001, 1).

Ein solches Kontinuum wirft allerdings die Frage auf, wie Prozesse des Hörens von denen des Verstehens zu trennen wären, bzw. inwieweit sie letztlich ineinander aufgehen. Der Neurobiologe und Hirnforscher Henning Scheich bemerkt dazu: „Wo aus Schall Bedeutung wird, kann man nicht eindeutig sagen" (Scheich, zitiert nach Oehler 2007a, 146). Vor diesem Hintergrund erschließt sich nun Heideggers Auffassung, das Hören sei eine Folge des Verstehens[26] (und nicht umgekehrt), da letztlich alles Gehörte aus einem vorgängig Gehörten erst verständlich werde, d. h. sich erschließen könne.

Damit wird nun eine hierarchische Kategorisierung dieser Prozesse fraglich, wie sie beispielsweise Imhof vornimmt (vgl. Imhof 2004). Ebenso fraglich erscheint auch die Abgrenzung *sprachlicher* von nicht sprachlicher, „rein" akustischer Information. Auch stellt sich die Frage, wodurch genau Prozesse „höherer" von denen „niederer" Ordnung (vgl. Imhof 2003) zu unterscheiden wären. Demgegenüber scheint die Kategorisierung in eine „sensory information processing (…) more elementary aspects of these activities" (McAdems/Bigand 2001, 1) und eine „symbolic information processing (…) more abstract processes" (ebd.), wie sie die Forscher hier vornehmen, weiterführend zu sein. Denn letztlich werden, wie gezeigt werden konnte, alle Druckschwankungen am Trommelfell – Spitzer spricht hier salopp vom Gewackel am Trommelfell[27] – als „Gesamtpaket" miteinander verflochtener vokaler und nonvokaler Reize empfangen, analysiert und ausgewertet, was Bregman (1990) und später McAdams/Bigand (2001) als „Auditory scene analysis"[28] beschreiben. Um aus diesem „Gesamtpaket", das relevante Informationen sowohl aus dem vokalen sowie nonvokalen Bereich beinhaltet, letztlich jene für das Individuum situativ-kontextuell sinnvollen Informationen zu generieren, braucht es das Zusammenspiel elementarer und abstrakter Prozesse auditiver Verarbeitung vokalen und nonvokalen Materials. McAdams/Bigand (2001, 11 ff.) bezeichnen dies als „Dekomposition". Das bedeutet: Ob nun der vokalen oder der nonvokalen Dimension zugehörig, entscheidend für die Analyse und Bewertung der

---

[26] Heidegger formuliert hier: „Nur wer schon versteht, kann zuhören" (Heidegger 1977, 218, zitiert nach Espinet 2009).

[27] „Luftmoleküle wackeln. Sie teilen dieses Wackeln dem Trommelfell mit [...]. Von da geht es in das innere Ohr hinein und da werden die Schwingungen an den Gehörnerven geleitet und von da gehen die Schwingungen als Impulse ins Gehirn. Aber zunächst gibt es an den Ohren nichts weiter als ein bisschen Gewackel links und rechts [...]. Auch wenn Sie in einer Symphonie sitzen und merken, dass die zweite Geige vorn irgendwo nicht ganz richtig spielt – eigentlich gibt es nur Gewackel an Ihrem linken und an Ihrem rechten Ohr" (Spitzer 2006, o. S., Hörbuch).

[28] Zum Begriff der „Auditory scene analysis" führen McAdams/Bigand aus: „To recognize the component sounds that have been added together to form the mixture that reaches our ears, the auditory system must somehow create individual descriptions that are based on only those components of the sound that have arisen from the same environmental event. The process by which it does this has been called ‚auditory scene analysis' (Bregman 1990)" (McAdams/Bigand 2001, 11).

Reize scheint vielmehr ihre mentale Repräsentation und Verschaltung zu sein und damit das Vorwissen, das immer mit situativen Faktoren interagiert.

Zusammenfassend kann festgehalten werden, dass das Hören, neurophysiologisch betrachtet, als *genuin aktives Geschehen* bezeichnet werden muss, da jeder Hörakt, unabhängig vom Hörobjekt und unabhängig von unserer Aufmerksamkeit, auf einer individuell gelernten, höchst aktiven Wahrnehmungs- und Verarbeitungsleistung beruht. Auf neurophysiologischer Ebene finden sich daher keine Anhaltspunkte für eine Trennung des Hörens vom Zuhören, vielmehr scheint auf dieser Ebene eine Unterscheidung gar nicht möglich zu sein. Das bedeutet, dass kognitive Aktivität allein aus dieser Sicht kein hinreichendes Unterscheidungsmerkmal des Hörens vom Zuhörens oder gar Qualitätsmerkmal des Hörens zu sein scheint (vgl. dazu auch Hagen 2003, 37), sondern sie muss vielmehr für jede Wahrnehmungsleistung vorausgesetzt werden.

Offen bleibt daher die Frage, ob und wie sich subjektiv unterschiedlich erlebte Qualitäten des Hörens voneinander unterscheiden lassen, bzw. ob Apperzeptionsschemata auditiver Wahrnehmung erkennbar sind, welche die unterschiedlichen attentionalen Modi des Hinhörens letztlich formen. Anders formuliert: Sind hier bestimmte Größen erkennbar, die das Zuhören qualitativ unterschiedlich ausrichten und welche sind dies?

1.4. Drei Ebenen des Zuhörens

Auch wenn das Zuhören auf den ersten Blick eher als ein unübersichtliches, multifaktoriell-dynamisches, von verschiedenen Größen und Kräften geprägtes Geschehen erscheint denn als überschaubarer, leicht zu kategorisierender Prozess, zeichnen sich in diesem Geschehen dennoch gewisse konstant wirkende Größen und Kräfte ab, die dieses zu formen und ihm seine wechselnde Gestalt zu verleihen scheinen.

> (1) Sehr offensichtlich erscheint hier zunächst der *kontextuelle Bezug* des Hörvorgangs. So wird etwa in der von Wolvin und Coakley (1992) entwickelten „Listening Taxonomy" mit dem Begriff des „Discriminative Listening" eine basale und damit zentrale Ebene des Zuhörens ausgemacht. Aus dieser Ebene entspringen, von den Autoren in einem Schaubild visualisiert,[29] dann weitere Zuhörfähigkeiten, die verdeutlichen sollen, dass

---

[29] Wolvin und Coakley stellen diese Taxonomie symbolisch in einem Schaubild als

der kontextuellen Ebene des Zuhörens sozusagen das „Fundament des Verstehens" zugesprochen wird. Auch der französische Philosoph und Schriftsteller Roland Barthes (2006) betont die kontextuelle Bezogenheit des Hörvorgangs als grundlegend. In seinem mehrstufigen Konzept des Hörens beschreibt er sie als „Intelligenz-, das heißt Selektionsfunktion" (Barthes 2006, 78, Hervorhebung im Original), bei der vor allem Sinn und Information übermittelt werden. Es ist ein, wie Barthes formuliert, erstes Hinhören, ein Horchen auf ein Indiz, „das entweder die Gefahr offenbart oder die Befriedigung eines Bedürfnisses verheißt; denn das vormals Verworrene und Undifferenzierte muss – darin besteht die Rolle dieses ersten Hinhörens – unterschieden und erkennbar werden" (ebd.). Ähnlich kategorisieren Barry Blesser (2009, 3), Professor für Audio Technologie und seine Mitautorin Linda-Ruth Salter den Hörvorgang: Sound, Geräusche, Stimmen, Klänge fungieren auch bei ihm als „Transportmechanismen", die imaginativ/narrativ spontane Vorstellungen evozieren, welche der kontextuellen Übermittlung und Identifikation von Information dienen. Der Psychoakustiker Jürgen Hellbrück beschreibt: „Wir hören z. B. am Klang der Schritte, auf welcher Art von Untergrund wir uns bewegen, oder erkennen von welcher Beschaffenheit ein festes Material ist, wenn wir daran stoßen [...]. Auch unsere Bewegungen und Handlungen werden zum Teil durch die Geräusche, die durch sie verursacht werden, kontrolliert und bestätigt" (Hellbrück 2008, 18 f.). Verstehen wir Hören nicht nur als Verständigungs-, sondern auch als Orientierungsleistung, verweist dies darauf, wie zentral der kontextuelle Bezug auditiver Wahrnehmung ist – erlaubt er doch erst die Bedeutungszuschreibung akustischer Reize. Das heißt: Indem Wahrnehmungen automatisch in die subjektiven „Horizonte des Mitgegebenen und der Vorbekanntheit" eingeordnet werden, wie Schmicking (2003, 28) dies formuliert, bezieht jede auditive Referenz – indem sie immer an Vorgängiges anschließt – gleichzeitig auch alle vorgängigen Kontexte mit ein. Verstehen ist somit ein In-Verhältnis-setzen mit dem Kontext, wie dies Schatt formuliert (vgl. Schatt 2007, 121 ff.). Ähnlich argumentiert auch der Psychologieprofessor und Hörforscher Stephen Handel (1989):

Baum dar. Die Wurzeln des Baumes stellen das „Discriminative Listening" dar. Der Baumstamm versinnbildlicht das „Comprehensive Listening", während drei davon abzweigende Hauptäste des Baums kategorial als „Therapeutic", „Critical" und „Appreciative Listening" unterschieden werden.

„The study of listening must take place within the context of the environment in which listening is envolved, since it is the product and reflection of that environment" (Handel 1989, 2 f., zitiert nach Schmicking 2003, 28, Hervorhebung U. M.).

Chion (2012, 32) bezeichnet diese Art des Hörens (von der er angibt, es sei die häufigste Form des Hörens) unter Bezug auf den französischen Komponisten und Schriftsteller Pierre Schaeffer (1967) als „kausales Hören" und führt dazu aus: „Dieses gründet darauf, Klänge so zu begreifen, dass so viel wie möglich über ihre Ursache und Herkunft verstanden werden kann". Das bedeutet: Erst durch konkrete kontextuelle Bezüge werden sinnliche Wahrnehmungen zu sinnkonstituierenden Akten, deren Qualitäten wir subjektiv dann ganz unterschiedlich bewerten mögen. Dies beschreibt auch Truax (2001, 11): „In a communicational approach, context is essential for understandig the meaning of any message, including sound". So ist jede Wahrnehmungsleistung mit biografischen und kulturellen Informationen sinngebend verschränkt, die wiederum jede weitere Interpretation und Bewertung der Wahrnehmung beeinflussen. Das bedeutet, jeder Hörakt thematisiert, wenn auch implizit, immer Referenzgrößen des Hörerlebens- und Verstehens. Daraus folgt, dass es keine kontextunabhängigen „reinen" Inhalte oder „objektiven" Wahrnehmungen geben kann. Wahrnehmung ist nicht nur Ausdruck und Spiegel situativer, sondern damit aller vergangenen biografisch-soziokulturellen (auditiver) Perspektiven des Akteurs, die den Hörhorizont des Akteurs jeweils ganz unterschiedlich aufspannen. So weist auch Chion (2012, 32) darauf hin: „Durch dieses Wissen [gemeint sind kontextuelle Informationen, U.M.] wird das kausale Hören erzwungen, welches nur selten von Null ausgeht". Damit ist das Hören nicht nur ein Übertragungs-, sondern immer auch ein Orientierungsvorgang.

(2) Von hier öffnet sich nun eine weitere, bedeutungstragende Ebene des Hörens, die Barthes (2006) als „zweites Hinhören" bezeichnet. Dieses zweite Hinhören ist interaktiv. Es verwandelt Menschen in ein, wie Barthes formuliert, „duales Subjekt", was aussagt, dass jedes Hören immer das Hören auf jemanden oder auf etwas ist. Das bedeutet: Zuhören erschließt einen Raum intersubjektiver Bezogenheit. Diese Bezogenheit auf das Hörobjekt etabliert neben der kontextuellen Ebene nun auch eine *interaktive Ebene* des Hörens. Blesser rekurriert auf die ebenso

kraftvolle wie spezifische Essenz dieser Verbindung, die im Hören entsteht: „Voice and music are particulary powerful because they connect the interior of one person to the interior of another" (Blesser 2009, 2). Solche Verbindung meint auch eine *Bezogenheit* auf den „sound", d. h. auf Klänge und Geräusche, gerade auch nonvokalen Ursprungs. Diese Art der Bezogenheit ist für Blesser (2008) existenziell, denn er formuliert: „Sound connects us to the dynamic events of life, thereby bringing remote events into consciousness".[30] Die interaktive Ebene des Hörens ermöglicht Momente des Kontakts und der Begegnung, bei denen das Trommelfell konkret sinnlich zur „Berührungsfläche" wird, wie Pazzini (1993, 24) formuliert. Barthes (2006, 81) beschreibt dies ähnlich, wenn er ausführt: „Die Aufforderung zum Zuhören ist das vollständige Ansprechen eines Subjekts: Sie stellt den gleichsam körperlichen Kontakt zwischen diesen zwei Subjekten [...] über alles: Sie schafft Übertragung: ‚Hör mir zu' heißt: Berühre mich, wisse, dass ich existiere". Solche *Übertragung* gründet auf intersubjektiven Prozessen der Rückkopplung und Wechselwirkung. In diesem Kontakt entsteht Bezogenheit, hier kommen auch emotionale Gestimmtheiten ins Spiel, sodass diese Ebene auch ein höchst dynamisches Potenzial birgt. Zugleich endet hier die persönliche „Macht" des einzelnen Akteurs, denn in der Interaktion treffen wir auf „den Anderen", mit dem sich zugleich ein Bereich unvorhersehbarer, ungewusster Möglichkeiten öffnet. Das Zuhören spannt in dieser dualen Bezogenheit ein weites Feld auf. Es reicht sowohl in das Unbewusste hinein, zu dem das Hören eine unmittelbare Verbindung schafft, denn wie dies Lacan bemerkt: Die Ohren seien „im Feld des Unbewußten die einzige Öffnung, die unmöglich zu schließen ist" (Lacan 1973, 178, zitiert nach Vogt 2001, 221). Es reicht aber auch in dessen, wie Barthes es nennt, „weltliche Formen: Das Implizite, das Indirekte, das Zusätzliche, das Hinausgezögerte", wie Barthes (2006, 87) formuliert, und damit in das (noch) nicht Gewusste, das (noch) nicht Erkannte. Dieses Feld mag

---

[30] An anderer Stelle führt Blesser dazu aus: „Because hearing is always active [...], listeners are involuntarily connected to those events that are audible regardless of their location" (Blesser 2010, 94).

Gefahren bergen, doch es kann durchaus auch Gewinn, ja sogar Lust versprechen. So betont Barthes (ebd.), das Zuhören existiere nur unter der Bedingung des Risikos.[31] Ich werde auf diesen Aspekt später noch zurückkommen.

(3) Eine dritte bedeutungstragende Ebene des Hörens öffnet sich im steten Spiel der *Höraufmerksamkeit*. Im Gewand wechselnder Intensität und Ausrichtung ist sie nicht nur zentrale Kraft, sondern sie erscheint hier als Kontinuum des Zuhörens. *Sie* schafft Bewusstheit und Gegenwärtigkeit und verbindet so das äußere mit dem inneren Geschehen, verbindet die äußeren mit den inneren Räumen. Der Fokus der Höraufmerksamkeit wählt nicht nur ein subjektiv Bedeutsames aus dem breiten Reizangebot einer Hörszene aus, sondern mit ihm verdichtet sich das Hören in eine unmittelbare Präsenz des gemeinsam geteilten „Zeit-Raums". Die bedeutungstragende Kraft der Aufmerksamkeit kleidet sich in ganz unterschiedliche begriffliche „Gewänder". Chion (2012) thematisiert diese Kraft implizit, wenn er das „kausale" vom „reduzierten Hören" unterscheidet. Während wir, wie schon weiter oben beschrieben, das kausale Hören zur Orientierung nutzen, hören wir eher auf die klangauslösende Ursache („Klangquelle") als auf den puren Klang. Wir tun dies im Straßenverkehr, wenn wir die verschiedenen Autos herannahen „hören", nicht aber die unterschiedlichen Klangqualitäten der Motoren voneinander unterscheiden. Dann „verstehen" wir die Klänge mehr als *Zeichen*, denn als Anzeichen: „[D]as Hupen verweist auf das nahende Auto, wie der Rauch auf das Feuer" (Vogt 2001, 180). Doch gibt es viele Situationen, in denen die Klangquelle selbst in den Hintergrund rückt, indem wir die Höraufmerksamkeit gezielt verlagern. Chion spricht dann vom „reduzierten Hören". Diese Form des Hörens setzt ein, wenn es etwa um das Erleben purer Klangqualität geht. Wenn wir dem Klang eines Hörobjekts, etwa dem Rauschen der Blätter, lauschen, rückt das kontextuelle Zusammenspiel in den Hintergrund, während das reine Klang*erleben* in den Vordergrund tritt. Oder wenn wir dem Klang einer Stimme Aufmerksamkeit zollen, nicht aber so sehr darauf achten, was diese Stimme (symbo-

---

[31] Das bezeichnet Garrison an anderer Stelle als Risiko des Zuhörens („risk of active listening", vgl. Garrison 1996, aber auch Gordon 2012).

lisch) aussagt, vielleicht, weil wir verliebt, vielleicht auch, weil wir ängstlich sind oder weil wir ein Lied hören, bei dem Musik und Melodie fesseln und weniger der Text. So bemerkt auch Barthes (1991, 65): „Mitunter beeindruckt uns die Stimme eines Gesprächspartners mehr, als der Inhalt seines Diskurses, und wir ertappen uns dabei, dass wir auf die Modulationen und Obertöne dieser Stimme lauschen, ohne zu hören, was sie uns sagt". Solche unterschiedlichen Hörweisen verdeutlichen, dass schon allein Intensität und Gerichtetheit der Aufmerksamkeit Hörerleben und -verständnis verändern können. Im aktuellen Zuhördiskurs kommt daher der auditiven Aufmerksamkeit ein besonderer Stellenwert zu. Sie wird als zentraler Aspekt auditiver Informationsverarbeitung beschrieben (vgl. Imhof 1995; 2003; 2004; Berg/Imhof 1996). Phylogenetisch kommt der Höraufmerksamkeit die evolutionär unzweifelhaft wichtige Funktion eines Wächters zu, deren biologische Funktion die Ortung von Schallwellen in der Umwelt ist (vgl. u. a. Hellbrück 2008, 18). Dies erklärt die ständige Aktiviertheit der auditiven Wahrnehmung jenseits willkürlich steuerbarer Prozesse, auch solcher jenseits des Wachbewusstseins. Doch ist Aufmerksamkeit als gerichtete Kraft durchaus willkürlich steuerbar. Waldenfels (2004, 117 f.) bezeichnet sie als primäre oder „kreative Aufmerksamkeit", die er von *responsiven*, d. h. unwillkürlichen Prozessen bewusst abgrenzt (ebd.), ich werde später noch darauf zurückkommen. An dieser Stelle soll zunächst festgehalten werden: Die Möglichkeit, auditive Aufmerksamkeit unterschiedlich fokussieren und flexibel lenken zu können, thematisiert den Menschen immer auch als *Beobachter* und damit auch als *Konstrukteur* seiner Wahrnehmung. Die Bandbreite möglicher Aufmerksamkeitslenkung beim Hören ist damit sehr groß: So sind es nicht nur die Anderen, auf die wir den Hörfokus richten können. Neben der Wahrnehmung äußerer Hörobjekte, Reich (2009a; 2009b) spricht hier von „Fremdbeobachtung", kann der Aufmerksamkeitsfokus auch nach innen, d. h. auf die inneren Räume gelenkt werden. Wir sprechen dann davon, dass wir „in uns hinein" hören und darauf hören, was das Gehörte in uns auslöst. Reich nennt diese Form der Beobachtung „Selbstbeobachtung" (Reich 2009a; 2009b). In Abhängigkeit des Beobachtungsfokus etikettieren wir das Hören dann ganz unterschiedlich: Fokussieren wir etwa auf Assoziationen und Gedanken, die während des Hörens entstehen, sprechen wir vom imaginativen Hören. Versuchen wir, die emotionale Färbung des Gehörten „herauszuhören", sprechen wir vom emphatischen Zuhören. Lenken wir unsere Aufmerksamkeit auf Fehlendes und versuchen etwa herauszuhören, was nicht gesagt wurde, mag diese Hörweise vielleicht als kritisches Hören bezeichnet werden. Deutlich wird recht schnell, wie flexibel und variabel sich die Höraufmerksamkeit ausrichten lässt und wie sehr nicht nur das Hörerleben, sondern auch das Hörverstehen in diesem Wechselspiel beeinflusst werden können.

Dies zeigt: „Aktives Zuhören" allein beschreibt kein spezifisches Qualitätsmerkmal des Zuhörens. Denn die Kategorie der Aktivität allein erfasst und differenziert nicht hinreichend genau die vielfältigen Qualitäten des Hörens und Zuhörens, wie sie sich in der schillernden Terminologie der Zuhörbegriffe spiegeln. Hören ist vielmehr genuin aktiv, was die Kategorie Aktivität als grundlegendes Merkmal auditiver Sinneswahrnehmung ausweist. Das, was gemeinhin mit dem Begriff der Passivität assoziiert oder darunter subsumiert werden mag, ist – vor dem Hintergrund der bisherigen Überlegungen – wohl zutreffender als reaktives Zuhören zu bezeichnen, ein Zuhören, das im Mehr Desselben alter Hörmuster gefangen bleibt und den subjektiven „Hörhorizont" nicht zu erweitern vermag. Aktivität ist damit eine notwendige, jedoch keine hinreichende Bedingung für das Entstehen von Zuhörqualität. Begriffe wie *kommunikatives Hören*, *imaginatives Hören* oder *appreciative listening* etc., beschreiben Facetten und Qualitäten des Hörens, die etwas über das Zuhören jenseits dieser Aktivität aussagen.

Es zeigt sich hier: Zuhören ist ein Prozess, der die Ebene des Kontextes, der Aufmerksamkeit und der Interaktion zugleich sowohl anspricht, als auch bedient. Dabei wurde deutlich, dass keine der drei Ebenen ist aus einem Hörvorgang wegzudenken ist. Vielmehr werden diese Ebenen und die von ihnen ausgehenden Kräfte mit jedem Hörvorgang aktiviert, während sie die situative Gestalt des Zuhörens stetig neu ausrichten. Eine Hierarchisierung, wie dies etwa Barthes (2006) in seiner Abstufung oder Wolvin und Coakley (1992) in ihrer „Listening Taxonomy" vornehmen, scheint indes wenig weiterführend zu sein. Jedoch soll an dieser Stelle festgehalten werden, dass in diesem Zusammenspiel auch Momente entstehen können, die subjektiv als besonders qualitativ wahrgenommen werden. Die Kategorie „Zuhörqualität" fasst, so soll hier zunächst festgehalten werden, eine spezifische Dimension subjektiven Erlebens (insbesondere) auditiver Stimulanz und Intensität, die im Zusammenspiel der weiter oben beschriebenen *bedeutungstragenden Ebenen des Zuhörens* und der von ihnen ausgehenden *Kräfte* situativ entstehen (und wieder vergehen) können. Das subjektive Erleben von Zuhörqualität sagt dabei etwas über die Art und Weise des Handelns (Ebene der Interaktion), des Wahrnehmens (Ebene der Aufmerksamkeit) und des Teilnehmens (Ebene des Kontextes) des Akteurs aus. Das Erleben von Zuhörqualität ist somit eine höchst subjektive Größe, die weder instruktiv herstellbar, noch generalisierbar ist, auch wenn bestimmte Faktoren ihr Auftreten zu begünstigen scheinen, wie der weitere Verlauf der Untersuchung noch zeigen wird.

Wenn damit die Ebenen des Zuhörgeschehens in Abhängigkeit der subjektiven Verfasstheit des Akteurs auch unterschiedlich akzentuiert sein mögen, wird hier deutlich, dass sich Zuhören nicht jenseits von Kontext, Aufmerksamkeit und Interaktion ereignet, sodass jeder Hörakt Aspekte des Handelns, des Wahrnehmens und Teilnehmens aufweist. Das bedeutet: Zuhören vollzieht sich in einem zirkulären Zusammenspiel dieser drei Ebenen und ihrer Kräfte, die in einer unauflösbaren Trias miteinander verbunden sind, vergleichbar mit den drei Borromäischen Ringen, die hier und im weiteren Verlauf dieser Arbeit immer wieder als Leitmotiv für die bildliche Darstellung herangezogen werden:

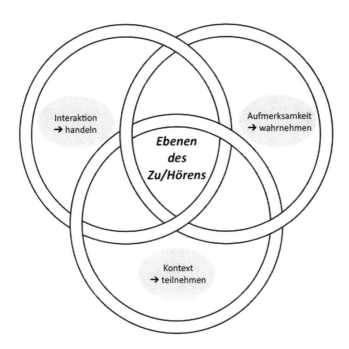

Abbildung 1: Ebenen des Zu/Hörens

Das Schaubild verdeutlicht, dass diese Ebenen (wie etwa Wolvin/Coakley (1992) vorschlagen) nicht hierarchisiert angelegt und daher auch nur theoretisch voneinander getrennt vorstellbar sind. Die wechselseitige Korrespondenz der Ebenen bewirkt – im Gegenteil –, dass jede Veränderung immer auch zu Rückkopplungen auf allen Ebenen gleichzeitig führt. „Zuhörqualität" erscheint damit als eine subjektiv bedeutungsvoll erlebte Akzentuierung spezifischer Kräfte, die sich im Zusammenspiel dieser Ebenen bildet. Damit wird „Hören" zu einem grundlegend aktiven, zirkulären Zusammenspiel bedeutungstragender Ebenen und der von ihnen ausgehenden Kräfte.

Wenn auch überwiegend als reines Wahrnehmen assoziiert, weist das Hören immer auch Kräfte und Aspekte des Teilnehmens und Handelns auf. Subjektiv erlebbare Qualitäten des Zuhörens erscheinen wie als Momentaufnahmen dieses Zusammenspiels, was sich eindrucksvoll in der Vielfalt der Begriffsbildungen (siehe oben) spiegelt. Auch wenn hier keine objektivier- oder generalisierbare Hörerfahrung möglich ist, lässt dieses Modell die zunächst recht verwirrend erscheinende Vielfalt der Begrifflichkeiten besser strukturieren und nachvollziehen.

2. Auditive Wahrnehmung: Phänomene, Funktionen, Dimensionen

Der Begriff „Wahrnehmung bezieht sich nach einer Definition von Zimbardo (2008) auf den „Gesamtprozess des Erfahrbarmachens" unserer Umwelt und darauf, wie wir diese empfinden, verstehen, identifizieren und etikettieren (vgl. Zimbardo 2008, 159 f.). Zimbardo beschreibt Wahrnehmung als einen mehrstufigen Prozess (sensorischer) Empfindung, Wahrnehmung und Klassifikation. Solche Mehrstufigkeit vermittelt sich jedoch nicht unbedingt im persönlichen Erleben dieser Prozesse. Eggert/Reichenbach (2005, 13) weisen darauf hin, dass wir in unserem Alltagsverständnis häufig von einer vermeintlichen Objektivität der Wahrnehmung der Wirklichkeit ausgehen und sprechen unter Verweis auf Zimbardo (1978) von einem *phänomenalen Absolutismus*:

> „Der [...] Beobachter akzeptiert seine Sinneseindrücke [...]. Er glaubt, auf [...] unmittelbare Weise Merkmale der sich in der Umwelt befindlichen Objekte wahrzunehmen. Er glaubt ferner, dass er direkten Kontakt mit diesen Objekten hat und ist von der Genauigkeit seiner Wahrnehmungen ‚lebhaft überzeugt'. Darüber hinaus nimmt er an, dass andere Beobachter die Situation genau so wahrnehmen wie er" (Zimbardo 1978, 209).

Auch wenn diese Einschätzung aus einem Lehrbuch für Psychologie der späten 70er Jahre stammt, scheint solche Vorstellung auch heute noch das Wirklichkeitserleben vieler Menschen zutreffend zu spiegeln. Doch ist Wahrnehmung ein höchst konstruktiver Prozess. Sie ist eine komplexe geistige Konstruktion, basierend auf individuellen Erfahrungen, die in der handelnden Auseinandersetzung mit der Umwelt, begleitet und grundiert von höchst individuellen kognitiv-emotionalen Prozessen (vgl. Eggert/Reichenbach 2005), gewonnen wird. Solche multimodalen, selektiven und subjektiven Wahrnehmungsprozesse speisen sich aus einem funktionalen Zusammenspiel aller Sinnesorgane (vgl. Zimbardo 2008, 114; Smith 2007). Allesch (2002, 15 ff.) spricht daher von einem vielfältig miteinander verknüpften „Netzwerk der Sinne". Auch wenn wir etwa glauben, unserem Gegenüber in einem Gespräch „nur" zuzuhören, empfangen und verarbeiten wir neben akustischen Reizen immer auch Impulse anderer Sinnesmodalitäten, was das (Zuhör-)Verhalten rekursiv beeinflusst. Zwar scheint vordergründig vor allem das Auge den Raum, in dem wir uns bewegen, und das Ohr die Zeit, in der sich diese Bewegung im Raum abspielt, zu erfassen (vgl. Poelchau 2007, 133). Tatsächlich sind jedoch Raum- und Zeiterfahrung eng miteinander verbunden (vgl. auch Werner 2001, 35). So wie das Auge auch zeitliche Strukturen erfassen kann, gibt die auditive Wahrnehmung auch Impulse räumlicher Orientierung. Entsprechend lenken markante akustische Reize, beispielsweise das Hupen eines Autos, unwillkürlich zugleich die visuelle Wahrnehmung. Sensorische Wahrnehmung und kognitive Prozesse sind folglich eng miteinander gekoppelt. Sie zeigen sich in komplexen Wahrnehmungs- und Verhaltensmustern, was sofort verdeutlicht, dass es eine isolierte Welt des Hörens gar nicht gibt:

> „Ein Körper kann [...] kaum mehr vernünftigerweise als abgeschlossenes Modell der Signalverarbeitung mit deutlich getrennten Ein- und Ausgängen ganz nach dem überkommenen Sprachbild getrennter ‚Sinneskanäle' gedacht werden. Ich sitze als ‚Subjekt' nicht in einer unzugänglichen Körperburg und schaue Sie durch Schießscharten hindurch an" (Schulze 2008, 148).

Wahrnehmungsleistungen werden daher erst durch das Ineinandergreifen vielschichtiger und komplexer Verarbeitungsprozesse auf allen Ebenen unserer informationsverarbeitenden Systeme möglich (vgl. Rosenkötter 2003, 34), sodass Wahrnehmung in seiner Gesamtheit als Konstruktionsprozess des kognitiven Systems betrachtet werden kann. Dies zeigt: „Wahrnehmung übersteigt das sensorische Registrieren und mechanische Verarbeiten instanter sensueller Informationen erheblich, Wahrnehmung umfasst wesentlich auch interpretierende Verarbeitungsprozesse, Strategien der Szenenanalyse" (Schmicking 2003, 26). Es ist eine sinnesübergreifende Funktionalität, die insbesondere dann deutlich wird, wenn einzelne Sinnesorgane kompensatorisch für andere Sinnesorgane „einspringen". So können etwa blinde Menschen mit ihrer rechten visuellen Hirnrinde akustische Reize verarbeiten (vgl. Rosenkötter 2003, 30), was zugleich die Funktionsweise des Gehirns plastisch verändert. Hier zeigt sich die neuronale Plastizität[32] des Gehirns durch die hohe Anpassungsfähigkeit auch des auditiven Kortex. Bei nicht-hörenden Versuchspersonen übernimmt entsprechend die rechte auditorische Rinde, die bei hörenden Menschen auf die Verarbeitung bewegter Geräusche spezialisiert ist, frühzeitig andere Funktionen, sie dient dann der visuellen Verarbeitung bewegter Reize (vgl. Poelchau 2007, 128). Ein anderes, recht eindrückliches Beispiel für die Veränderungsspielräume neuronaler Aktivitäten ist die Fähigkeit der *Echoortung*, die (nicht nur) blinde Menschen erlernen können. Echoortung bezeichnet die Fähigkeit, sich anhand von akustisch erzeugten Klick- oder

---

[32] Neuronale Plastizität bezeichnet die durch Lernprozesse bewirkten Veränderungen in den synaptischen Verbindungen neuronaler Netzwerke, die im Verlauf der Individualentwicklung herausgebildet und zeitlebens durch die Art und Weise der Nutzung umgeformt und überformt werden (vgl. Hüther 2004).

Schnalzgeräuschen in der Umwelt hörend zu orientieren. Der spanische Wissenschaftler Juan Antonio Martínez Rojas der Universidad Alcalá de Henares hat diese Echoortung in einer Studie mit zehn Probanden untersucht. So konnte er zeigen, dass Menschen lernen können, die von Gegenständen oder Gebäuden reflektierten Schallwellen wahrzunehmen und zu nutzen, um Rückschlüsse auf das Objekt selbst zu ziehen (vgl. Martinez Rojas 2009) Für alle Sinneswahrnehmungen gilt, dass das Wahrnehmen der auf uns einwirkenden Perzepte „eine Form der Zuwendung unseres Bewusstseins (erfordert), die im Allgemeinen mit dem Terminus Aufmerksamkeit umschrieben wird" (Allesch 2002, 17). Die zentrale Bedeutung der Aufmerksamkeit für den Wahrnehmungsprozess leitet sich sprachgeschichtlich interessanterweise aus dem Begriff der *Wahrnehmung* selbst ab: Rosenkötter (2003) verweist darauf, dass der Begriff Wahrnehmung in der deutschen Sprache von dem althochdeutschen *wara neman* kommt, was bedeutet, einer Sache Aufmerksamkeit zu schenken (vgl. Rosenkötter 2003, 34). Durch gerichtete, sogenannte *selektive Aufmerksamkeit* werden relevante Informationen aus der Gesamtheit aller Sinnesreize selektiert, irrelevante unterdrückt. Unser Aufmerksamkeitsmanagement organisiert sich daher aus einem Erfahrungswissen, d. h. aus biografisch geprägten Prozessen der Bedeutungszuschreibung im Gesamtzusammenspiel aller Sinnesreize. Solche Prozesse unterliegen auch kulturell geformten Selektionskriterien, d. h. sie sind immer auch spezifisch kulturell und biografisch konnotiert (vgl. auch Schick 1997, 50). Aufgrund der Neuroplastizität des Gehirns sind Wahrnehmungsprozesse zugleich dynamische Prozesse, die Veränderungsspielräume des (Hör-)Erlebens sinnlicher Wahrnehmung aufweisen. Trotz des vielfältigen Zusammenspiels und der feinmaschigen Vernetzung unserer Sinne bietet doch jeder Wahrnehmungskanal ganz spezifische Zugangs- und Erlebensmöglichkeiten der Welt. Merleau-Ponty verweist darauf: „Jeder Sinn hat seine Welt [und] jedes Sinnesorgan ist Träger eines bestimmten Typs von Synthesen" (Merleau-Ponty, zitiert nach Vogt 2001, 220). Gadamer spricht von verschiedenen „Registern der Erfahrung" (vgl. Vogt 2001, 220), wenn er auf die Unterschiedlichkeit von Sehen und Hören rekurriert. Der Professor für Philosophie David Espinet verweist darauf, „dass wir jedes Sinnesvermögen weniger an ihm selbst, sondern gerade an seinem Unterschied zu den anderen Sinnen erfahren, also dadurch wissen, was Sehen ist, daß wir nicht nur sehen" (Espinet 2009, 5). Er formuliert, dass „[e]rst in dieser Differenz der Sinne [...] deren Kommunikation untereinander nötig und möglich [wird]" (ebd.). So ist es die *Differenz der Sinne* in ihrem multimodalen Zusammenspiel, die dem Menschen höchst spezifische Spielräume und Facetten des Erlebens eröffnet. Solche Differenz soll daher Ausgangspunkt und Leitmotiv der folgenden Annäherung an die Sinneswahrnehmung Hören sein, um sich aus dem Blickwinkel der Abgrenzung, Unterschiedlichkeit und Einmaligkeit jedes Sinneskanals den spezifischen Phänomenen und Funktionen auditiver Wahrnehmung nähern zu können. Diese Annäherung hat das Ziel, das Bewusstsein dafür zu schärfen, welche Dimensionen des Erlebens und Verstehens die auditive Wahrnehmung, sowohl in Abgrenzung von als auch im Zusammenspiel mit anderen Sinnesmodalitäten, dem Menschen ermöglichen und bahnen kann.

2.1. Orientierung durch Hören

Wenn wir mit einem ersten, noch recht oberflächlichen Blick erfassen wollen, welche Funktionen die auditive Wahrnehmung für den Menschen hat, fällt zunächst die enge Verwobenheit des Hörsinns mit der Lebenswelt des Menschen in den Blick, die sich in den Praktiken und Routinen des Allgas spiegelt (vgl. Gadamer 1998): Zuhörfertigkeiten werden in allen Lebensbereichen über die gesamte Lebensspanne gefordert (vgl. Imhof 2004, 2). Erst ein gut funktionierendes Gehör schafft die Voraussetzung für das reibungslose und erfolgreiche Zusammenspiel einer Vielzahl komplexer Vorgänge in fast allen Bereichen des täglichen Lebens. (Gut) hören zu können, ermöglicht über weite Strecken eine selbstverständliche Teilhabe am gesellschaftlich-kulturellen Leben. Teilweise haben sich Hörpraktiken gar in das Körpergedächtnis der Menschen eingeschrieben, wie die Sprichwörter *sich etwas hinter die Ohren schreiben* oder *wer nicht hören will, muss fühlen* verdeutlichen.[33] Bei genauem Hinsehen zeigt sich, dass die auditive Wahrnehmung – neben solche Praktiken sogenannter „schwarzer Pädagogik" – dem Menschen eine Vielzahl an Möglichkeiten der Orientierung in seiner Lebenswelt bietet.

---

[33] Diese Redewendungen haben ihren historischen Ursprung in der mittelalterlichen Gepflogenheit, den Schlag hinter das Ohr als Intensivierung und Erinnerungshilfe zur Steigerung der körperlichen Aufnahmebereitschaft und Merkfähigkeit zu nutzen: „[Z]u den körperlichen Gedächtnisstützen gehörte das Zupfen der Ohren oder der Schlag auf die Ohren, der sich schon in der antiken und germanischen Tradition belegt findet, weil das Ohr grundsätzlich als das Aufnahmeorgan für das Gedächtnis angesehen wurde" (Wenzel 1998, 161; vgl. dazu auch Bechdolf 2002, 77; 2006, 131). Ähnliche bekannte Redewendungen lauten: *Eine Menge um die Ohren haben; es faustdick hinter den Ohren habe; jemandem einen Floh ins Ohr setzen; noch grün hinter den Ohren sein; jemanden übers Ohr hauen; wer nicht hören will muss fühlen* etc.

2.1.1. Selbstwahrnehmung und Entwicklung

Die Funktionsweise der auditiven Wahrnehmung ist genuin rückbezüglich: Da der Sprechende seinem Sprechen selbst zuhören und somit „nach-denklich" sein kann (vgl. Wulf 1993), ist Selbst- und Rückbezüglichkeit ein bedeutsames Phänomen des Hörsinns, sowohl im Kontext von Selbstwahrnehmung als auch in der dialogischen Kommunikationssituation.

„Werden zu anderen Menschen gesprochene Worte vernommen, werden sie beim Sprecher und Hörer Ausgangspunkt neuer Worte usw. Diese Eigenart des Hörsinns ermöglicht menschliche Selbstwahrnehmung. Das Hören des Sprechens und Atmens, Bewegens und Verdauens des eigenen Körpers ist eine elementare Selbstvergewisserung, es bewirkt eine Selbstaffektion" (Wulf 1993, 3).

Wimmer (1993, 77) thematisiert die Rückbezüglichkeit des Hörsinns mit folgenden Worten: „Die Selbstaffektion im Sich-sprechen-Hören ermöglicht eine Für-sich-seiende Subjektivität als Innerlichkeit, in der das Ich ganz bei sich ist". Dies ist als bedeutsame Qualität des Hörsinns und in Vermittlung mit dem Anderen Ausgangspunkt für die Ausbildung menschlichen Selbstbewusstseins überhaupt. Schafft doch solche Rückbezüglichkeit erst die Möglichkeit von Wechselseitigkeit und Dialogizität. Wechselseitige Kommunikation und Interaktion, anhand derer wir uns in der umgebenden Lebenswelt verständigen und damit auch orientieren können, basiert also auf dem rekursiven Zusammenspiel von Sprechen und Zuhören. Dies spielt nicht nur im vokalen, sondern auch im nonvokalen Bereich eine Rolle. Denn ein akustischer Reiz, eine in „Schallwellen gebrannte Momentaufnahme" der akustischen Umwelt, kann sowohl eine lautsprachliche Äußerung, aber auch ein Geräusch oder ein Klang sein. Er verweist immer auf den Reizauslöser und wird – je nach subjektiv empfundener Relevanz – zum Ausgangspunkt von Kommunikation, Interaktion und Handlung. Dabei sind Flüchtigkeit und Eindringlichkeit akustischer Reize von besonderer Bedeutung (Weeg 2007, 161; Unglaub 1998; Plessner 1970), denn sie zwingen uns zu kontinuierlicher Aufmerksamkeit auf unsere akustische Umwelt. Dies hilft nicht nur, Gefahren frühzeitig zu erkennen, sondern es hilft bei der Bewältigung alltäglichster Routinen überhaupt. Das spezifische Potenzial der auditiven Wahrnehmung ermöglicht es, uns in unserer Lebenswelt zu orientieren und zurechtfinden zu können, indem es ganz eigene Spielräume zwischenmenschlicher Interaktion und Kommunikation, sozialer und räumlicher Orientierung, Entwicklung und Spezialisierung und damit Möglichkeiten menschlichen Erlebens, aber auch Überlebens erschließt.

Auch im Hinblick auf Selbstwahrnehmung und Selbstreflexivität spielt das Hören eine entscheidende Rolle, da sich ein äußerst effektiver Rückkopplungsprozess „Sprechen – sich selbst sprechen hören" entwickelt (vgl. Fuchs 2002), der entscheidende Entwicklungs- und Orientierungsprozesse ermöglicht: Durch Rekursivität und Reflexivität des Hörsinns[34], bei der „auditorische Emission" unmittelbar zur „auditorischen Rezeption" (vgl. Jörg 2004, 74; vgl. auch Meyer 2008) führt (und umgekehrt), erhält schon der Säugling über den auditiven Kanal entscheidende Entwicklungsimpulse: „Hörend erfährt das Kind sich selbst als unabhängiges Agens. Hörend erweitert und entwickelt es seinen Sprachschatz" (Jörg 2004, 74). Das heißt, von Geburt an reagiert der Säugling mit seinen lautlichen Äußerungen auf seine sprachliche Umgebung, wobei schon die ersten Schreie von der Muttersprache eingefärbt sind (vgl. Weeg 2007, 163), was die Spezialisierung auf eine (oder mehrere) Muttersprachen anbahnt und ermöglicht: Da in den ersten Monaten nach der Geburt alle Kinder über ein sogenanntes „absolutes Gehör" verfügen, besitzen Babys die Fähigkeit, jede Sprache dieser Welt zu lernen (vgl. Schick 1997, 66), – vorausgesetzt, sie werden mit einem kontinuierlichen akustischen Angebot einer Sprache versorgt, unabhängig von ihrer genetischen Abstammung. Ein Kind deutschsprachiger Abstammung etwa, das in China aufwächst, lernt hörend die feinen Tonhöhenunterschiede der chinesischen Sprache zu unterscheiden und – in Wechselwirkung darauf – die Tonhöhenunterschiede des Chinesischen lautsprachlich auch selbst zu erzeugen. Durch die Bildung von Hörgewohnheiten richtet sich das Gehör auf die Erkennung der Laute der Umgebungssprache aus. Solcherart gebildete Hörmuster bilden einen *Lautfilter*,

---

[34] Wulf (1993, 10) hebt die Rückbezüglichkeit des Hörsinns als bestimmendes Merkmal der Identitätskonstruktion hervor, denn ein Sprechender hört immer auch sich selbst. „Sein Hören folgt seinem Sprechen; es ermöglicht ihm, sich als Sprechendem zu folgen, also nach-denklich zu sein. Sieht man von der ontogenetischen Situation ab, in der das Hören dem Sprechen vorausgeht, ja dieses erst ermöglicht, läßt sich nicht entschieden, ob das Sprechen dem Hören oder das Hören dem Sprechen vorausgeht. Wenn ein zu einem anderen Menschen gesprochenes Wort vernommen wird, wird es beim Sprecher und Hörer zum Ausgangspunkt neuer Worte usw. Diese Eigenart des Hörsinns ermöglicht eine Selbstwahrnehmung des Menschen. Nicht nur erlaubt das Hören des Atmens, Bewegens und Verdauens des eigenen Körpers eine elemenare Selbstwahrnehmung und Selbstvergewisserung. Es bewirkt auch eine Selbstaffektation. Diese zeigt sich schon bei den vegetativen Prozessen und wird besonders im Sprechen wirksam. Jedes Sprechen ist auch ein Sprechen zu sich. Daher spielt bei der Konstitution von Subjektivität und Sozialität der Hörsinn eine besondere Rolle".

mit dem das Kind lernt, andere Laute (unbekannte Laute, insbesondere solche, die sehr dicht bei den eigenen liegen) auszublenden.[35] Das Gehirn schränkt sich also aus einem Überfluss an Möglichkeiten heraus ein, um sich auf eine Sprache zu spezialisieren und sie zu perfektionieren. Die Ohren spezialisieren sich zunächst auf die Klänge der Muttersprache. Fremde und dicht beieinanderliegende Laute werden später nicht mehr differenziert (Butzkamm 2008, 45 ff.; vgl. auch Weeg 2007, 161), wenn diese Laute in der Muttersprache nicht distinktiv, also entscheidend für die Wortbedeutung sind. Indem sich das Kind also sprechend (zu)hört, überprüft es zugleich seine eigene Lautproduktion, gleicht sie mit der Umgebung ab und entwickelt ein *auditives Feedback-System*, das zurückmeldet, ob die Artikulation gelungen ist. Auf diese Weise bilden sich bestimmte Hörgewohnheiten und reflexiv darauf auch die korrekte Aussprache heraus.[36] Dies erklärt, warum es beispielsweise erwachsenen Japanern schwer fällt, das deutsche „l" und „r" zu differenzieren: Aufgrund des fehlenden akustischen Angebots haben sie nicht gelernt, den Unterschied zwischen beiden Phonemen herauszu*hören* und ihre audible Gestalt voneinander zu unterscheiden (vgl. auch Schick 2007, 66). Ein Versuch, bei dem amerikanische und japanische Babys getestet wurden, zeigte, dass japanische und amerikanische Babys von sieben Monaten gleich gut zwischen R und L unterscheiden konnten: „Schon drei Monate später waren beide Babygruppen so unterschiedlich wie Tag und Nacht. Mit zehn Monaten konnten japanische Babys den Übergang von r zu l nicht mehr hören. Amerikanische Babys dagegen konnten ihn nicht nur sehr wohl hören, sondern jetzt sogar noch viel besser als zuvor" (Gopnik u. a. 2000, 133). Die Rückbezüglichkeit auditiver Wahrnehmung führt somit über die *sprachliche Orientierung* zu einer *sprachlichen Spezialisierung*. Aufgrund dieser engen Verbindung zwischen Hören und Sprechen, Günther (2008) bezeichnet diese Bedingtheiten

---

[35] „Typische muttersprachliche Laute verhalten sich wie Magnete, die benachbarte Laute in ihr Kraftfeld saugen, bis sie mit ihm verschmelzen. Bei Japanern funktioniert also das R wie ein Magnet, das alle L an sich zieht, so dass es wie R klingt. Bei den Chinesen ist es umgekehrt, sie bringen von beiden Lauten nur das L zuwege." (Butzkamm 1999, 46)

[36] „Hörende Kinder schulen von Anfang nicht nur das Gehör, die Stimmgebung und die Artikulation, sondern auch die sogenannte audiophonatorische Rückkopplung – eine Art eigener ‚eingebauter Qualitätskontrolle'. Dabei betrachtet das Kind seine eigenen Äußerungen und gleicht das Gesagte ab mit dem, was es äußern wollte: Stimmen Sound und Inhalt überein, das Was und Wie es gesagt wurde" (Weeg 2007, 164).

als „interpersonellen Kreislauf", können wir nur (aus)sprechen, was wir gehört haben und können nur hören, was wir sprechen können:

> „Das Vergleichen der gehörten Wörter mit den eigenen bezeichnet man als den *interpersonellen* Kreislauf, d. h. das Kind lernt, auf die Sprache seiner Mitmenschen und Gesprächspartner zu hören und die gehörten Wörter, Redewendungen und Sätze mit den eigenen zu vergleichen. Ein weiterer wichtiger Lernprozess ist die Herausbildung des *intrapersonellen* Kreislaufs: Die Kinder lernen nach und nach, spätestens im dritten oder vierten Lebensjahr, die eigenen Sprachprodukte selbst zu überprüfen und mit dem abgespeicherten Klangmuster zu vergleichen" (Günther 2008, 41, Hervorhebung im Original).

Im Bereich der Musik spricht Gruhn (2008) vom „audio-vokalen Lernen" (Gruhn 2008, 197).[37] Es ist solche Rekursivität des Hörsinns, die entscheidend dazu beiträgt, uns auf die jeweilige Lebenswelt zu „kalibrieren". Solche Rückbezüglichkeit, bei der sich der Sprechende selbst zuhören kann, befördert auch selbstreflexive Prozesse, wie sie z. B. Kleist in seinem Aufsatz „Über die allmähliche Verfestigung der Gedanken beim Reden" beschreibt.[38] Kamper formuliert ähnlich, jedoch etwas pointierter: „Der einfach Umstand, dass man sich selbst hören können muß, um zum Sprechen in der Lage zu sein, ist ebenso außer Betracht wie die Erfahrung der Unerlässlichkeit des Zuhörens anderer zum Selbstverstehen" (Kamper 1984, 113). Das Hören folgt also dem eigenen Sprechen, es ist „nach-denklich", wie Wulf (1993) formuliert und regt auf diese Weise Selbstwahrnehmung, Selbstaffektion, Selbstvergewisserung, Selbstentwicklung und Introspektion an: „Da jedes Sprechen auch ein Sprechen zu sich ist, spielt die darin enthaltene Selbstaffektion für die Konstitution

---

[37] „Audio-vokales Lernen liegt dem Spracherwerb wie ebenso der Tonbildung beim Singen zugrunde. In beiden Fällen spielt Imitation eine entscheidende Rolle, die aber nicht passiv erfolgt, sondern einen aktiven Ausgleich des Gehörten mit dem selber produzierten Lauf voraussetzt [...]. Dazu ist das Hören der eigenen Stimme unerlässlich, um den phonetischen Input mit dem Output zur Deckung bringen zu können" (Gruhn 2008, 197).

[38] „Wenn du etwas wissen willst und es durch Meditation nicht finden kannst, so rate ich dir, mein lieber, sinnreicher Freund, mit dem nächsten Bekannten, der dir aufstößt, darüber zu sprechen. Was dann folgt, ist nichts weniger als überraschend: Es braucht nicht eben ein scharf denkender Kopf zu sein, auch meine ich es nicht so, als ob du ihn darum befragen solltest: nein! Vielmehr sollst du es ihm selber allererst erzählen! Also, dem anderen erzählen, was du erst wissen und ergründen möchtest! Im Gespräch mit dem anderen das eigene entdecken, das sonst im Alleinigen mit sich selbst unentdeckt geblieben wäre" (Kleist 1805).

der Subjektivität eine wichtige Rolle" (Wulf 1993, 10). Entsprechend spricht Barthes von einer *Hermeneutik des Zuhörens*, die das „‚Dahinter' des Sinns" erscheinen lässt (vgl. Barthes 1991, 60).

2.1.2. Soziale Orientierung

Dass die (Zu-)Hörfähigkeit räumliche Orientierung bietet, ist augenfällig, denn sie warnt vor Gefahren und gibt uns deutlich hörbar Rückmeldung über die eigene Verortung und die der Anderen im Raum. Doch macht sie auch die soziale Verortung der Menschen und mit ihr den „sozialen Raum" erfahrbar, d. h. sie bietet Möglichkeiten auch sozialer Orientierung. Der soziale Aspekt des Zuhörens spiegelt sich bereits im Begriff der Zugehörigkeit und verweist schon rein begrifflich auf die zwischenmenschliche Bedeutung des Hörsinns (vgl. Wickel/Hartogh 2006). Gehen wir diesen Zusammenhängen genauer nach, zeigt sich: Als Angehörige, bzw. Teilnehmer einer Gruppe teilen wir gemeinsame Hörräume. So sammeln wir innerhalb eines bestimmten (sozialen) Raums ähnliche Hörerfahrungen, was uns – völlig voraussetzungsfrei – tiefe Verbundenheit erfahren lassen kann. Allein schon mit der „Muttersprache" teilen wir mit vielen Menschen einen gemeinsamen Hörhorizont. Solche auditive Verbundenheit befördert vor allem die sozial-emotionale Entwicklung – eine wichtige Voraussetzung frühkindlichen Bondings –, was später dann so fundamentale Prozesse wie die der Sprachentwicklung erfolgreich zu befördern vermag. Daher spielt die Wahrnehmungsfähigkeit gerade der audiblen Komponente der Sprache im Sprachentwicklungsprozess eine entscheidende Rolle.[39] Nicht nur die menschliche Beziehungsfähigkeit entwickelt sich so zu einem großen Teil über Prozesse des Hörens, über diesen Sinneskanal erschließen auch wichtige Regeln des sozialen Zusammenlebens. Wulf nennt den Hörsinn daher den „sozialen Sinn" des Menschen.[40] Fuchs bezeichnet ihn gar als „ge-

---

[39] „Wie etwas betont wird, wann die Stimme steigt und fällt, Melodie, Pausen und Akzente bilden die prosodischen Merkmale einer Sprache. Sie sind zugleich der Schlüssel zur Entwicklung einer Sprache [...]. In der Kommunikation zwischen Kind und Mutter – oder anderen Bezugspersonen – spielen sie vor allem in der ersten Zeit eine besondere Rolle" (Weeg 2007, 160).

[40] „Der Hörsinn ist der soziale Sinn. Keine soziale Gemeinschaft entsteht, ohne dass ihre Mitglieder lernen, einander zuzuhören. Über die Wahrnehmung von Geräuschen, Lauten und Wörtern wachsen wir in eine Kultur hinein [...]. Bevor wir geboren werden, werden wir über ihn angesprochen, mit ihm hören wir andere, bevor wir sie

nuin sozialen Sinn" (Fuchs 2002). Beeinträchtigungen, bei denen das Zusammenspiel von Hören und Sprechen gestört ist, haben daher zwangsläufig auch Auswirkungen auf soziale Verortung und Vernetzung der Betroffenen (vgl. Wickel/Hartogh 2006). Auch Bisgaard (2005) betont den großen Stellenwert der auditiven Wahrnehmung im sozialen Kontext:

> „Durch das Gehörte sind wir weitgehend sozialisiert worden, es verleiht unserer Existenz den Sinn, der uns zu Mitgliedern einer hörenden Kultur macht. Versteht man unter Kultur all die Praktiken, Artefakte und Werte, die in einer sozialen Gruppe entwickelt und weitergegeben werden, so impliziert Kultur die von allen Menschen geteilte Fähigkeit, mit der sozialen Welt wie auch mit der natürlichen Umwelt produktiv und sinnhaft in Auseinandersetzung zu treten. Bei Schwerhörigkeit wird die Entwicklung von Werten und Ideen – oft im Dialog mit anderen – und ihre Weitergabe an andere betroffen. In einem Dialog wird Sinnzuschreibung in verschiedenen Kontexten unterschiedlich ausgelegt und verhandelt – dabei geht es oft um Nuancen. Aber wenn man Schwierigkeiten hat, einem Gespräch zu folgen, wenn man Auseinandersetzungen häufig falsch versteht, können sich die Relationen zu der eigenen Bezugsgruppe ändern" (Bisgaard 2005 o. S.).

Zwar erscheint vielen Menschen eine physiologisch gesunde Hörfähigkeit als selbstverständlich. Doch erst, wenn diese Sinnesfunktion nachlässt oder gänzlich ausfällt, etwa durch den plötzlichen oder den schleichenden Verlust der Hörfähigkeit, wird unmittelbar erfahrbar, welche umfassende Bedeutung sie für den Menschen hat und wie bedeutsam sie gerade auch in sozialer Hinsicht ist. Bisgaard beschreibt, welche tiefgehenden sozialen Unsicherheiten schon mit dem Beginn einer einsetzenden Schwerhörigkeit eintreten können:

> „Viele Menschen verlieren mit der einsetzenden Schwerhörigkeit mehr als ihr Gehör – sie verlieren ihre Selbstachtung, schämen sich eventuell sogar und fühlen sich schuldig. Dies mag zunächst überraschen; mit der Fähigkeit zu hören ist jedoch weit mehr verbunden als die Signale, welche das Ohr erreichen, wahrzunehmen und zu verstehen. Es bedeutet zugleich, ‚schlau' genug zu sein, auf das Gesagte zu reagieren. Unsere Eltern und Lehrer sagen uns als Kind, daß wir Ärger bekommen, wenn wir nicht hören. So fühlen wir uns schuldig, wenn wir Dinge miss-

---

> sehen, riechen, berühren; mit ihm vernehmen wir Sprache, bevor wir sprechen und verstehen" (Wulf 1993).

verstehen [...]. In einem Dialog wird Sinnzuschreibung in verschiedenen Kontexten unterschiedlich ausgelegt und verhandelt – dabei geht es oft um Nuancen. Aber wenn man Schwierigkeiten hat, einem Gespräch zu folgen, wenn man Auseinandersetzungen häufig falsch versteht, können sich die Relationen zu der eigenen Bezugsgruppe ändern" (Bisgaard 2005, o. S.).

Ob der Seh- oder Hörverlust für den Betroffenen insgesamt nachteiliger ist, wird kontrovers diskutiert (vgl. Goldstein 2002, 373; Bisgaard 2005, 4). Offensichtlich ist jedoch: Wer nur sehr schlecht oder gar nicht hören kann, ist nicht nur von einem Großteil menschlicher Kommunikation und Interaktion ausgeschlossen, sondern verliert auch ein lebenswichtiges Schutzinstrument, das vor Gefahren warnt und nicht nur in räumlicher, sondern auch in sozialer Hinsicht Orientierungsmöglichkeit bietet. Zudem erschließen sich mit der (Zu-)Hörfähigkeit spezifische ästhetische Erfahrungen, die schwerhörigen oder tauben Menschen versagt bleiben. Da Schwerhörigkeit oder Taubheit von außen nicht auf Anhieb erkennbar sind, mag die schwerere Ansprechbarkeit gehörloser oder schwerhöriger Menschen im ersten Moment vielleicht den Eindruck von Begriffsstutzigkeit erwecken. Die aus diesem Grund aus dem mittelhochdeutschen Begriff „tumb" hervor gegangene Begriffsnähe von „dumm" und „taub" löst bis heute negative Assoziationen für die Gruppe gehörloser Menschen aus (vgl. Wickel/Hartogh 2006, 32). Bisgaard führt dazu aus:

> „Als Gesamtphänomen führt dies häufig dazu, daß Schwerhörige als normverletzend gesehen werden. In dem englischen Ausdruck ‚deaf and dumb' (taubstumm) bedeutet ‚dumb' auch dumm. Die Zuschreibung von Eigenschaften in Verbindung mit einer Behinderung scheint weder kulturspezifisch noch an eine besondere Epoche geknüpft zu sein. Schon in der Antike wurde der Blinde in der Tragödie dargestellt, der Taube in der Farce oder der Komödie" (Bisgaard 2005, 4).

Helen Keller, die mit zwei Jahren ertaubte und erblindete, hielt die auditive Wahrnehmung in Hinblick auf ihre soziale Funktion für den Menschen insgesamt für bedeutsamer als die visuelle Wahrnehmung. Keller beschrieb es so, dass Blindheit den Kontakt zu den Dingen verhindere, Taubheit jedoch den Kontakt zu den Menschen verhindere, was die schmerzlichere Einbuße sei (vgl. Goldstein 2002, 373). Doch auch für hörende Menschen ist gut nachvollziehbar, dass nicht hörenden Menschen eine Reihe wichtiger Informationen des Umfeldes verschlossen bleiben, offensichtlich Erscheinendes nicht wahrgenommen wird. Sondern dass diese Behinderung es dem Menschen vor allem erschwert oder gar ganz verhindert, Beziehungen zu anderen Menschen herzustellen oder aufrechtzuerhalten. Dies kann schlimmstenfalls in die Isolation führen (vgl. ebd.). Wickel/Hartogh bezeichnen daher, wie schon Helen Keller, den Hörsinn in sozialer Hinsicht als wichtigsten Sinn des Menschen (vgl. Wickel/Hartogh 2006, 12). Da Sprache das Medium ist, das neben seiner Verständigungsfunktion am meisten dazu beiträgt, vielfältige soziale Strukturen zu weben, auszubauen und zu festigen, basiert die herausragende Bedeutung des Hörsinns wohl auf seiner Ausrichtung auf die menschliche Sprache (vgl. Wickel/Hartogh 2006, 12). So verweist Gadamer (1998) darauf, dass das Hintergrundthema einer Philosophie des Hörens immer die Sprachlichkeit sei (vgl. Gadamer 1998, 198). Auch Herder bemerkt: „Das Gehör ist [...] also der Sinn der Sprache" (Herder 2015, 52). Zwar bieten alle menschlichen Sinnesorgane kommunikative Möglichkeiten, dennoch vollzieht sich doch der überwiegende Teil kommunikativer Prozesse vokal und damit über das Hören. Als Grundvoraussetzung des Spracherwerbs ist die (Zu-)Hörfähigkeit nicht nur eine entscheidende Säule in der sprachlichen Entwicklung, sondern sie ist auch ein zentraler Faktor für den Erwerb aller Teilbereiche der Sprachfertigkeiten (Sprechen, Lesen, Schreiben), kann somit als Basis aller Sprachfertigkeiten verstanden werden. Sogar schon vorgeburtlich lernt der Fötus, mit einem angeborenen „Detektorsystem" (Weeg 2007, 161) aus sozialen Geräuschen bestimmte akustische Muster (z. B. Formantfrequenzen[41]) herauszuhören und diese als Einheiten, z. B. Phoneme, zu speichern. Auf diese Weise eignen sie sich auf im Laufe des ersten Lebensjahres den Phonembestand ihrer Muttersprache an (vgl. Weeg 2007, 161). Schon Säuglinge hören somit aktiv zu, indem sie von Anfang an Sprachinformationen selektieren und interpretieren (vgl. Weg 2007, 157). Berg/Imhof (1996) bezeichnen Zuhören daher auch als „erste Sprachfertigkeit". Das heißt, wir lernen sprechen, aber – zuerst und vor allem – zunehmend differenzierter zu hören (vgl. auch Geißner 1984). Es ist der Erwerb dieser Sprachfertigkeit, der den anschließenden Erwerb der wichtigen Kulturtechniken Lesen, Schreiben und Rechnen erst ermöglicht. Dies unterstreicht, dass die Entwicklung und Funktion der menschlichen Sprache – und damit auch die Entwicklung unserer Kommunikation und Interaktion – entscheidend mit der Fähigkeit zu hören verknüpft ist (vgl. Wickel/Hartogh 2006, 12). Als besonders interessant erscheint dabei hier folgende Korrespondenz: Die menschliche Stimme erzeugt Hörfrequenzen, die im sogenannten

---

[41] Die menschliche Stimme oder Instrumente verfügen über bestimmte Resonanzeigenschaften. In Abhängigkeit der jeweiligen Stimme oder eines bestimmten Instruments werden gewisse Frequenzbereiche im Verhältnis zu anderen Frequenzbereichen verstärkt. Formanten sind dabei diejenigen Frequenzbereiche, bei denen die relative Verstärkung am höchsten ist.

optimalen Hörbereich liegen – die von menschlichen Stimmen erzeugbaren Töne liegen dabei zwischen 500 und 5000 Hz (Weeg 2007, 157). Dies schafft für die Entwicklung von (Zu-)Hörfähigkeit in der Kommunikation schon rein physiologisch beste Voraussetzungen. Mit der differenzierten Ausbildung von Zuhörfähigkeiten und -fertigkeiten wird jedoch nicht nur der Erwerb von Sprachkompetenz, sondern auch der Erwerb bedeutsamer Kulturtechniken gebahnt. Über dialogische Strukturen wechselseitigen Sprechens und Zuhörens entwickeln sich somit soziale Kompetenzen und Strukturen. Denn indem Zuhörfähigkeiten die Ausbildung von Sprachfertigkeiten bedingen, wirken sie gleichzeitig auch auf die qualitative Gestaltung menschlicher Interaktion zurück: Denn die Fähigkeit, differenziert zuhören zu können, ist Voraussetzung für die Ausbildung einer Vielzahl sozialer und emotionaler Kompetenzen, die sich nur im Kontext dialogischer Prozesse herausbilden, wie Selbstreflexivität, Empathiefähigkeit, Konfliktfähigkeit etc. Das gibt der (Zu-)Hörfähigkeit einen zentralen Stellenwert für die zwischenmenschliche Kommunikation und Interaktion. Gadamer (1998) beschreibt diesen Prozess als ein „Sich-einhausen in die Welt", aus dem heraus „Weltorientierung" geschieht:

> „Das wortlose Verstehen von Mutter und Kind, die Jahre des Sprechenlernens, das sind die ersten Prägungen der Weltorientierung, die den Menschen lebensfähig macht. So wie bei dem Kind, das sprechen lernt, ein wahres Sich-einhausen in die Welt vollzieht, kennen wir ja auch andere Formen der Verständigung." (Gadamer 1998, 203)

Über Zugehörigkeiten werden mehr oder weniger engmaschige Beziehungsnetze gewebt, die soziale Orientierung und damit gemeinsames Zusammen- und auch Überleben ermöglichen. Solche Interaktivität stellt, so formuliert Kamper (1984), den Menschen in die besondere Position des „Hörensagens":

> „Denn der einzelne Mensch ist nicht Herr der Sprache; er dominiert weder den akustischen noch den sprachlichen Code. Er ist vielmehr in der Position des ‚Hörensagens': erst wenn er vernommen hat, kann er begreifen – und er begreift erst, was er sagt, wenn andere vernehmen" (Kamper/Wulf 1984, 113).

Zuhörfähigkeiten und -fertigkeiten stellen das „Medium Sprache" zweifelsfrei in den sozialen Kontext. Sie ermöglichen es uns, uns zu orientieren, soziale Kompetenzen auszudifferenzieren, konkrete sinnkonstituierende Handlungen zu entwickeln, um so gemeinschaftlich kooperative Handlungen zu ermöglichen (vgl. auch Bergmann 2000, 49). In hochkomplexen und vielschichtigen Prozessen werden Werte ausgehandelt, entstehen Ideen, die an andere weitergegeben werden. Aber nicht nur die vokale Kommunikation bindet uns in soziale Handlungen ein, auch gemeinschaftliches musikalisches, das heißt auch rein nonvokales Hörhandeln hat sozialisierendes Potenzial, da es uns in diesem Tun miteinander *verbindet*. Schon das reine Hören von Musik kann diesen Effekt haben, wenn wir durch gemeinschaftliches Ein- und Mitschwingen in Rhythmen und Klängen verbunden werden. Darauf verweisen auch Koelsch/ Fritz (2007):

> „Neben der Bedeutung für das Individuum hat Handlungsinduktion durch Musikperzeption (z. B. Mitwippen, Mitklatschen, Mittanzen, oder Mitsingen) wahrscheinlich auch soziale Funktionen wie z. B. das Herstellen von Bindungen zwischen Individuen einer Gruppe, oder auch zwischen Individuen unterschiedlicher Gruppen (und solche sozialen Effekte haben wiederum Bedeutung für das Individuum). Interessanterweise werden diese evolutionär vorteilhaften sozialen Aspekte des Musikmachens begleitet von positiven Effekten auf das Immunsystem; diese positiven Effekte repräsentieren möglicherweise einen wichtigen Ursprung der Evolution kooperativen, gemeinschaftlichen Musikmachens beim Menschen. Mit anderen Worten: Unser Organismus ist derart gestaltet, daß auf Gemeinschaft hin orientierte soziale Aktivität sich regenerativ auf ein vitales System unseres Organismus auswirkt: auf das Immunsystem. Gemeinschaftliches Musikmachen – also interaktive, feinfühlende, kooperative Aktivität – repräsentiert eine solche auf Gemeinschaft hin orientierte Aktivität" (Koelsch/Fritz 2007, 139).

Hören bedeutet also immer auch *teilnehmen*. Dies stärkt das Erleben von Selbstwirksamkeit, stärkt das Vertrauen in die eigene Kraft und den eigenen Willen.

2.1.3. Orientierung in der nicht-sichtbaren Welt

Wie wiederholt deutlich wurde, sind gelingende Prozesse der „Welterschließung" zuvorderst an das Medium Sprache gebunden. Sprache kann als nichtmaterielles Medium bezeichnet werden, das eine, wie Gadamer (1998) sie nennt, unsichtbare *Welt* bewohnt: „Es ist nicht nur die Welt, was man sehen kann, es ist das Universum, was man zu verstehen sucht [...]" (Gadamer 1998, 198). Gadamer verweist mehrfach darauf, dass es insbesondere das hermeneutische Geschehen des Hörens sei, das der Sprache diesen besonderen Stellenwert verleiht. Dies kann wohl zweifelsohne ebenso umgekehrt gelten. Abgeschlossene Denksysteme, etikettiert etwa als „Visualprimat" (Welsch

1996, 234) oder als „great divide theory"[42] gehen davon aus, dass ein solcher Stellenwert (auch) im Diskurs der Philosophie lange „über*sehen*" wurde, da die menschliche Erkenntnistätigkeit über lange Zeit mit dem „offen*sichtli*chen" Primat des Seh*sinns* verbunden wurde (vgl. Welsch 1996; Meyer 2008; vgl. dazu auch Kap. 1.1.). Fiel doch, wie Meyer (2008) bemerkt, das „*Augen*merk" zuvorderst auf das „einsehende Auge" und die „begreifende Hand": „Wann immer über Sinnlichkeit gesprochen wird, ist eine Welterschließung durch das sehende und einsehende Auge und die begreifende Hand von Kant gemeint" (Meyer 2008, 48; vgl. dazu auch Kap. 1.1.).

Daher sei es gerade das Unsichtbare, das der zeitgenössischen Philosophie bis heute Probleme bereite, wie der Hörforscher und Philosoph Don Ihde bemerkt. Neben dem Fremdbewusstsein und dem Selbst sei es der Bereich gesprochener und gehörter Sprache, die nach wie vor unlösbare Rätsel darstellten, „so long as our seeing is not also a listening" (Ihde 1976, zitiert nach Schmicking 2007, 59 f.). Doch indem das Hören – Heidegger spricht vom Denken als von einem „Er-hören" (Heidegger, zitiert nach Espinet 2009, 196) – auch die nicht sichtbare Welt der Gedanken erfasst, können wir uns mithilfe dieses Sinns in einem Raum bewegen, der nicht nur den sichtbaren Raum übersteigt, ja sich diesem sogar entzieht: „Denn wer hört, hört auch das Unsichtbare und alles, was man denken kann – weil es die Sprache gibt" (Gadamer 1998, 198). Dies zeigt: Denken ist an Sprache gebunden und Sprache etabliert und organisiert wiederum eine Vielzahl nicht sichtbarer symbolischer Ordnungssysteme, deren Medium sie zugleich ist. Dabei macht sie durchaus Anleihen auch ins Sichtbare: Zwar agiert (die gehörte und gesprochene) Sprache in der Dimension des „Unsichtbaren", doch vermittelt sie sich durchaus auch ins Visuelle, worauf Wimmer aufmerksam macht:

> „Sprache als das eigentlich akustische Medium dient dabei in erster Linie dazu, den Menschen *einsichtig* zu machen, ihm Einsicht zu verschaffen durch das Gehör, Einsicht in sonst unsichtbare Zusammen-

---

[42] Die *great divide theory* geht, bedingt durch den Wandel von der Oralität zur Literalität, von einer Hierarchie der Sinne aus, wie sie auch in der Medientheorie Marshall McLuhans und Walter Ongs beschrieben werden. Deren Theorien nehmen einen „Wandel von der vormodernen Mündlichkeit zur modernen (Druck-)Schriftlichkeit an [...], der in erster Linie durch die Erfindung und Verbreitung des Buchdrucks am Beginn der Moderne ausgelöst worden sei", wie dies Morat (2013, 34 f.) in einem Aufsatz zur Historizität des Hörens beschreibt.

hänge und in die Gedanken des Anderen. [...] Hören heißt hier Gedankenlesen, Sichtbarmachen des Unsichtbaren" (Wimmer 1993, 73, Hervorhebung im Original).

Es mag dies diese Form des Hörens sein, die Barthes – vielleicht etwas mystisch – als das „zweite Hinhören" bezeichnet. Barthes spricht von einem Hinhören auf das, „was in der Wirklichkeit vergraben, nur über einen Code in das menschliche Bewusstsein dringen kann, der zugleich zur Chiffrierung und zur Dechiffrierung dieser Wirklichkeit dient" (Barthes 1991, 60). Der sich hier öffnende „Hörraum" ist somit ein ganz und gar immaterieller Raum, gefüllt mit unzähligen unsichtbaren, rein audiblen und zum Teil höchst künstlerischen Konstrukten. In diesem Raum überliefern und verhandeln wir nicht nur Wissen, sondern auch Werte und Normen, die uns Richtung und Orientierung geben und die, wollen sie vermittelt und weitergegeben werden, zunächst erst einmal konkret sinnlich *gehört* und miteinander geteilt werden müssen. Vogt versteht Hören daher „als physiologische Möglichkeitsbedingung von Verstehen" (Vogt 2001, 219) und ergänzt: „Wer nicht hört, den erreicht die Ansprache von Tradition und Überlieferung nicht". So ist die zentrale Vermittlungsinstanz dieses „unsichtbaren Hörraums" die Sprache, die zur Voraussetzung eines Verstehen-könnens wird. Auch bei dem Psychoanalytiker Lacan hat die Sprache einen zentralen Stellenwert, da es die Welt der Worte sei, die die Welt der Dinge schaffe (vgl. Lacan, zitiert nach Meyer 2008, 63). Wimmer schlussfolgert gar, Sprache sei damit wirklicher als die Wirklichkeit (Wimmer 1993, 82). Auch wenn dieser Vergleich schwer greifbar ist, rekurriert er doch auf Sprache als symbolische Vermittlungsinstanz, die eine ganz eigene Hörwelt schafft, die sich durch ihre dialogische Gerichtetheit auszeichnet. Indem sie die Welt des Anderen mit einbeziehen kann, wird akroamatisches Denken nicht nur ein kommunikatives, sondern damit zum explizit dialogischen Denken (vgl. auch Meyer 2008, 53). Sprechen, welches sich letztlich nur im wechselseitigen (aufeinander bezogenen) Hören entfalten kann, setzt daher immer auch eine hermeneutische Dynamik in Gang. Festgehalten werden kann, dass die Sprache somit als bedeutsames Fundament nicht nur der sichtbaren, sondern auch einer unsichtbaren Wirklichkeit gelten kann (vgl. auch Wimmer 1993, 83), mithilfe derer wir uns nicht nur orientieren, sondern auch gegenseitig tief *berühren* können. Die fundamentale Kraft der Worte vergleicht Freud daher mit einem Zauber:

> „Ein solches Mittel, (welches auf das Seelische wirkt) ist vor allem das Wort, und Worte sind auch das wesentliche Handwerkszeug der Seelenbehandlung. Der Laie wird es wohl schwer begreiflich finden, dass krankhafte Störungen des Leibes und der Seele durch bloße Worte des

Arztes beseitigt werden sollen. Er wird meinen, man mute ihm zu, an Zauberei zu glauben. Er hat damit nicht so unrecht; die Worte unserer täglichen Reden sind nichts anderes als abgeblaßter Zauber" (Freud 1890, 17, zitiert nach Pazzini 1993, 16).

Hier zeigt sich wiederum, dass die Grundlage der Sprache ihre Wechselseitigkeit ist, was Lee (2009, 264) mit der Formulierung von der „zirkulären Bewegtheit der Sprache" zum Ausdruck bringt. Dies gilt nicht nur für die Sprache, sondern ebenso für die Musik, worauf auch Blesser klar verweist: „Voice and Music are particulary powerful because they connect the interior of one person to the interior of another" (Blesser 2009). Doch ist – als anthropologische Grundkategorie – insbesondere Sprache wirkmächtiges Gestaltungselement von Welt: Mit ihr erst kann sich das Symbolische an das Auditive „heften". Neben dem symbolischen Pfad, den sie dem Menschen öffnet, vermittelt sie in ihrem dialogischen Wechselspiel immer auch persönliche Bezogenheit (vgl. Wimmer 1993; Barthes 1991). Denn der individuelle Klang der Stimme entäußert nicht nur eine ganz spezifisch-audible, sondern immer auch eine ganz persönliche Gestalt (personare, lat.: hindurchtönen):

> „Die Stimme, an der man die anderen wieder erkennt, zeigt uns deren Wesensart, deren Freud oder Leid, deren Befindlichkeit an; sie transportiert ein Bild ihres Körpers und darüber hinaus eine ganze Psychologie. [...]. Die Stimme ist nicht der Atem, sondern durchaus jene Materialität des Körpers, die der Kehle entsteigt" (Barthes 1991, 65 f.).

Der aus der 25. Vorlesung Freuds häufig zitierte Satz „Wenn jemand spricht wird es heller" (zitiert nach Pazzini 1993, 23) verdeutlicht dieses in der Audibilität der Stimme begründete besondere Potenzial, das durch die Performanz des Stimmklangs zum Leben erweckt wird. Solche „Helligkeit" mag sich vermitteln über Timbre und Festigkeit der Stimme, über feinste Stimmmodulationen. Oft sind es minimalste, sich prosodisch vermittelnde Ton- oder Lautstärkeunterschiede, Vibrationen und Betonungen, die große Wirkungen entfalten können. Gerade sie geben dem Hörer untrüglich Auskunft über inneres Erleben und emotionale Gestimmtheiten. Denn Stimmfunktionen, wie Stimmausdruck, Tonfall, Rhythmik des Sprechens etc., sind eng mit den vegetativen Prozessen des Körpers verbunden (vgl. Wulf 1993), die sich der bewussten Regulation entziehen[43]: Es ist die besondere Wahrnehmungsfähigkeit, die das Ohr für zeitliche Prozesse aufweist (vgl. Meyer 2008, 48 f.), welche uns schon

---

[43] Dieses Wissen hat sich in der bekannten Redewendung „der Ton macht die Musik" niedergeschlagen.

auf kleinste dynamische Differenzen aufmerksam machen kann. Damit hören wir nicht nur den Inhalt, wir hören auch die Stimmung und Gestimmtheit des Anderen. In diesem Sinne formulieren Kamper/Wulf (1984, 99): „Die Stimme füllt nicht einen gegebenen Raum, sie schafft einen Raum". Bleiben wir in diesem Bild, entstehen in diesem Raum mit den „Schwingungen" der Stimme ganz eigene Nischen und Zwischenräume. Sie mögen vielleicht nicht immer leicht zugänglich sein. Doch sind gerade sie ein Schlüssel zum Verständnis überhaupt, erschließen sie doch den emotionalen Gehalt des Gesprochenen, über den wir – in Abhängigkeit davon – erst dann die Inhalte interpretieren[44] (vgl. Weeg 2007, 160; vgl. auch die Kommunikationsaxiome Watzlawicks[45]). In der Psychoanalyse wird das Zuhören damit zum spezifischen Instrument, das dem Analytiker Zugriff auf das Unbewusste des Analysanden ermöglicht. Indem der Analytiker „das Dunkle, Verschwommene oder Stumme" (Barthes 1991, 60 f.) dekodiert, um Verborgenes im Bewusstsein sichtbar zu machen, hört er das nicht Gesagte, das (noch) „Un-Erhörte" heraus:

> „Das Unbewusste des anderen, seine Sprache hören, ihm bei der Rekonstruktion seiner Geschichte helfen, sein unbewusstes Begehren freilegen: Das Zuhören des Analytikers führt zu einer Anerkennung: Der Anerkennung des Begehrens des anderen" (Barthes 1991, 67).

Pazzini verweist folglich auf den „talking-cure" der Psychoanalyse, in dem „Ungehörtes" und „Unerhörtes" hörbar werden soll (vgl. dazu auch Pazzini 1993, 23; Fromm 1991). Wie überhaupt das Zuhören im Kontext von Therapie, Beratung und Coaching anregen will, Verborgenes zu enthüllen, Einsichten, Klarheit und neue Perspektiven zu gewinnen, um Re-Orientierung zu ermöglichen.

Doch erfahren wir durch die audible Kontur der Stimme, die durch Timbre, Tonus, Artikulation, Dynamik, Tempo entsteht, nicht nur etwas über den Spre-

---

[44] Die Art und Weise, in der jemand spricht, bestimmt so die Gestimmtheit, in der der Hörer die Rede wahrnimmt und bewertet: „Kinder hören zuerst die Botschaften der Stimme ihrer Bezugsperson und ihren emotionalen Gehalt, viel später erst verstehen sie den Inhalt. Der Hörkortex und damit auch die Sprachwahrnehmung sind direkt mit der Amygdala verbunden, dem Mandelkern, die als ‚Sitz der Gefühle' bezeichnet werden" (Weeg, 2006).

[45] „Jede Kommunikation hat einen Inhalt- und einen Beziehungsaspekt derart, dass letzterer den ersteren bestimmt und daher eine Metakommunikation ist" (Watzlawick 1982, 56).

cher selbst, diese Faktoren verweisen auch auf nicht-sichtbare Strukturen unserer Teilnahmen und Zugehörigkeiten, auf sich akustisch vermittelnde unsichtbare soziale, etwa hierarchische Strukturen. Auf diese Weise vermittelt die akustische Dimension nicht nur Stimmungen und Gestimmtheiten, sondern kann auch *soziale* Strukturen einer Gemeinschaft hörbar machen. (man denke bloß an den „Hörraum" Klassenzimmer). Demzufolge resümiert Meyer: „Auf der Ebene des Symbolischen wird das Ohr zum Erkenntnisträger, wo das Auge vom Blick getrübt wird" (Meyer 2008, 62). Doch nicht nur psychologisch, auch konkret räumlich-materiell ermöglicht der Hörsinn Orientierung auf eine Weise, die das Visuelle übersteigt. Jeder Klang – Reinartz (2008) bezeichnet Klang als „immateriellste aller Welten"[46] – transportiert eine Fülle an Informationen. Diese lassen den Hörer Gestalten identifizieren und etwa hörbar machen, ob ein Klangkörper hohl oder gefüllt ist und woraus diese Füllung bestehen könnte. Raffaseder begründet dies damit, dass Schall- und Lautereignis ikonisch miteinander verknüpft sind:

> „lassen die Geräusche von Regen oder Wind sofort auf deren Stärke und Beschaffenheit schließen. Fällt eine Tür ins Schloss, so kann man sowohl hören, ob diese aus Eisen oder Holz, sehr massiv oder eher filigran ist, als auch erkennen, ob die Tür ganz zaghaft geschlossen oder mit voller Wucht zugeschlagen wurde" (Raffaseder 2010, 46).

Schafer formuliert: „Geräusche sagen mir etwas über Räume – ob groß oder klein, eng oder weitläufig, drinnen oder draußen. Echo und Widerhall informieren mich über Oberflächen und Hindernisse. Mit etwas Übung kann ich die ersten akustischen Schatten vernehmen, genau wie die Blinden" (Schafer, zitiert nach Wittig 2001, 88). Daher versucht Schafer mit seinen Übungen zur Sensibilisierung der auditiven Wahrnehmung, die er „Earcleaning" (vgl. Schafer 1967) nennt, das Bewusstsein für die klangliche Beschaffenheit der Umgebung (wieder) zu schärfen. Denn Klänge und Laute vermitteln

> „nicht nur ein Raumgefühl (in diesem Zusammenhang sei daran erinnert, daß unser Gleichgewichtssinn im Ohr sitzt); er dringt in seinen Leib ein und vermag häufig physiologische und affektive Reaktionen auszulösen. Ein Schauder überfällt den Hörenden, er bekommt eine Gänsehaut, sein Puls beschleunigt sich, seine Atemzüge werden kürzer

---

[46] „Der Klang hat etwas an sich, was das Gesehene nicht hat. Er ist unsichtbar, nicht greifbar. Die Welt der Klänge ist die immateriellste aller Welten. Hören führt Menschen in eine Dimension jenseits der gewohnten Bezugspunkte von Raum und Zeit" (Reinartz 2008).

und heftiger; er verfällt der Melancholie oder, im Gegenteil, bricht in Euphorie aus, Sehnsucht nach je-ne-sais-quoi ergreift ihn, Erinnerungen steigen in ihm auf und so fort. Lautlichkeit ist, wie bereits im letzten Abschnitt erläutert, ein starkes Wirkpotenzial inhärent" (Fischer-Lichte 2012, 62).

Suchendes Hören erforscht die klangliche Umgebung bewusst oder unbewusst nach bestimmten Klangströmen. Schafer (und später Truax) grenzen diese Form des Hörens von einem *Bereitschaftshören* ab. Die Massai formulieren dies folgendermaßen: „Es ist das Ohr, das die Dunkelheit durchdringt, nicht das Auge" (vgl. Poelchau 2007, 130). Blesser spricht metaphorisch davon, dass Sound die Umgebung „illuminiert"[47]:

> „Sound sources and spatial acoustics interact with each other in a dual way. On the one hand, although mechanical vibrations and impacts produce a sound at their source location, we never hear those original sounds. Rather, as sound waves propagate from the source location to the listener, they are modified by spatial acoustics. For example, the sound of a clarinet is a different when heard at a beach versus in a concert hall, and a whisper sounds different in a forest than in a bowling alley. On the other hand, spatial acoustics is itself audible. For example, we hear the emptiness of an uninhabited house, the depth of a cave, the nearness of a low hanging ceiling, the expensive carpets in the executive suites, and the density of an urban city with cavernous avenues. Sound sources ‚illuminate' the audible properties of a space" (Blesser 2008a).

Diesem Verständnis folgend beschreibt Schulze das Hören auch als Umgebungs- oder „Tauchsinn".[48] Den Gehörsinn daher auch als „Raumkontrollsinn"

---

[47] Blesser ergänzt dazu: „The word illuminate is borrowed from the visual domain because there is no corresponding vocabulary to describe the aural equivalent. Just as light illuminates objects and geometries to provide a visual experience of them, sound illuminates objects and geometries to give them an audible manifestation" (Blesser 2008a).

[48] „Hören ist ein Umgebungssinn, ein Tauchsinn. Ich muss dreidimensional sich ausbreitende Wellenbewegungen in mich aufnehmen und mich als leibliches Wesen zum Medium dieser Äußerungen machen, um sie überhaupt wahrzunehmen, sie zu begreifen oder gar zu beschreiben, zu benennen. Das Hören als Gegenstand und Methode macht somit aufmerksam auf und verlangt ein Gespür für zeitlich-räumliche Eigenbewegungen in Ein- und Ausschwingabläufen; für kaum hörbare

zu bezeichnen, wie Mixner (1993, 36) dies tut, ist nachvollziehbar. Mixner folgert daraus, dass aufgrund der Überrepräsentation der visuellen Wahrnehmung sich die Destruktion des akustischen Lebensraums als solche kaum noch wahrnehmen ließe. Solchen Fragestellungen soll jedoch an anderer Stelle weiter nachgegangen werden.[49] Wie plastisch das Gehirn jedoch Wahrnehmung organisiert und wie hoch spezialisiert die räumliche Wahrnehmung *rein auditiv* ist, zeigte schon das weiter vorne angeführte Beispiel blinder Menschen, die sich durch Echoortung in ihrer Umwelt orientieren (vgl. Martinez Rojas 2009). Doch auch, wenn das auditiv vermittelte räumliche Erleben visuelles Erleben unterstützen oder gar in einem gewissen Rahmen zu ersetzen vermag, schafft die auditive Wahrnehmung einen gänzlich anderen Zugang zu der uns umgebenden Lebenswelt, als dies die visuelle Wahrnehmung vermag. Entsprechend wird der akustische Raum ganz unterschiedlich zum visuellen Raum erlebt, weshalb das akustische Bewusstsein ein völlig anderes ist als das visuelle. Während wir in die visuelle Umgebung sozusagen „von außen hinein schauen", befinden wir uns akustisch immer im Zentrum einer Klanglandschaft und „hören nach außen" (vgl. auch Rüsenberg 2007, 264). Schafer beschreibt das akustische Bewusstsein – im Gegensatz zum nach vorne gerichteten visuellen Bewusstsein – daher als *zentriert*:

> „Im visuellen Raum sind wir immer am Rande und schauen mit dem Auge hinein. Im akustischen Raum aber sind wir immer im Zentrum und hören mit den Ohren nach außen. Dadurch ist visuelles Bewusstsein nicht dasselbe wie akustisches Bewusstsein. Visuelles Bewusstsein orientiert sich nach vorwärts, akustisches Bewusstsein ist zentriert. Ich stehe immer im Mittelpunkt des akustischen Universums" (Schafer, zitiert nach Wittig 2001, 88).

Überlagerungen und Schwebungen; für körperliche, energetische oder auch intime Genüsse des Lärms, der akustischen Überforderung, der Reizüberflutung – bis hin zum Durchatmen, der Erleichterung, dem hörkrampflösenden, stillen Zeitraum" (Schulze 2006).

[49] Hinsichtlich der Visualprimats unserer Zeit liegt für Mixner weiterführend auch der Schluss nahe, „dass das vielfache Zrückdrängen des Gehörsinns in den öffentlichen Kommunikationsbereichen auch die gesellschaftlichen Handlungspotentiale reduziert. Entscheidungskapazität und Konfliktlösungskompetenzen des einzelnen gegenüber der sozialen sowie dinglichen Realität, die ihn umgibt, in der er handelt, scheinen verkürzt oder gestört" (Mixner 1993, 36).

So ist im visuellen Modus der Betrachter zwar frei bezüglich Auswahl und zeitlicher Fixierung einzelner Objekte oder Szenarien, doch bietet das Gesichtsfeld – in Abhängigkeit der Blickrichtung – nur einen halbkreisartigen Ausschnitt, d. h. es ermöglicht nur ein partielles Abbild der Umwelt. Während das Auge den zu fokussierenden Gegenstand in die Mitte des Blickfeldes rückt, um ihn ganz zu erfassen und sich auf ihn zu konzentrieren, ist dies bei der auditiven Perzeption nicht nötig. Das Gehör kann aus allen Raumrichtungen gleichermaßen aufnehmen, ohne die Position zu ändern. Das heißt, es ist einerseits omnidirektional, was die Menge der Perzepte vervielfacht (vgl. Meyer 2008), ist aber andererseits den zeitlichen Abläufen der einzelnen Sequenzen der Klangereignisse ganz ausgesetzt. Daher müssen die akustischen Perzepte in ihrer Bandbreite multiperspektivischer Information besonders selektiert werden. Dies stellt – im Vergleich zur visuellen Ebene – an die Strukturierung der auditiven Ereignisse auf kognitiver Ebene und damit an das Aufmerksamkeitsmanagement besonders hohe Ansprüche. Dies bedeutet weiter, dass Aufmerksamkeitsstrategien einen großen Einfluss auf Orientierung und Gewichtung innerhalb des Akustischen haben, wie später noch genauer auszuführen sein wird. Hinzu kommt: Während die Blickunterbrechungen durch den Lidschlag zu einer bruchstückhaften Wahrnehmung führen, verläuft das Hören simultan und erzeugt zeitliche und perspektivische Kontinuität. Außerdem erlaubt uns das vom Visuellen ganz unterschiedliche akustische Raumerleben, sozusagen „um die Ecke zu hören" oder auch „durch Wände zu hören". Da materielle Raumgrenzen nicht immer gleichzeitig auch Schallgrenzen sind, können wir auch akustische Reize vernehmen, die außerhalb unseres Gesichtsfeldes liegen. Membranen der unterschiedlichsten Art (dazu zählen auch die Membranen des menschlichen Körpers) fungieren dabei nicht notwendig als Schallgrenze, sondern können durchaus – als Resonatoren – einen Klang wandeln und weiterleiten (vgl. Schulze 2008, 145). Aufgrund seiner sehr hohen Empfindlichkeit ist das Gehör daher regelrecht prädestiniert, uns auf Dinge aufmerksam zu machen, die sich in einem Bereich abspielen, den wir visuell nicht erfassen können:

> „Das Trommelfell kann unvorstellbar kleine Schwingungsbewegungen der Luftmoleküle aufnehmen: Die Schwingungsamplitude eines 1000 Hz-Tons, der gerade wahrnehmbar ist, liegt mit 0,01 nm unter dem Durchmesser eines Atoms! Wäre das Gehör nur ein wenig empfindlicher, würden wir die Wärmebewegungen der Moleküle hören" (Wickel/Hartogh 2006, 33).

Auch die zeitliche Auflösung visueller Reize ist im Vergleich zum Hörsinn geringer: Die Fusionsschwelle der Sinne ist in der visuellen Modalität am längsten, in der auditiven am kürzesten, was auch für die Reaktionszeit gilt.[50] Aufgrund der hohen Empfindlichkeit der auditiven Wahrnehmung wird ihr neben der Orientierungsfunktion vor allem auch eine Warnfunktion zugewiesen, häufig wird das Ohr auch als das „Warnorgan" oder als der „Gefahrensinn" des Menschen bezeichnet (vgl. Eitner 1990, Wickel/Hartogh 2006, Mixner 1997). Barthes (1991) bezeichnet das Ohr als eigentliches Wahrnehmungsorgan für Raum und Zeit. Die vestibuläre Wahrnehmung, die nicht nur morphologisch im Innenohr angelegt, sondern etymologisch auch aus dieser hervorgegangen ist, hält uns neben der Verortung im Raum im Gleichgewicht, sodass im Hörsinn sowohl Gleichgewichts-, Raum und Zeitsinn ineinander spielen (vgl. Wulf 1993). So vermittelt ein Geräusch dem Menschen „nicht nur ein Raumgefühl (in diesem Zusammenhang sei daran erinnert, daß unser Gleichgewichtssinn im Ohr sitzt) [...], Lautlichkeit erzeugt immer zugleich auch Räumlichkeit [...] und Körperlichkeit" (Fischer-Lichte 2012, 62). Entsprechend spricht Schulze (2008) von einer „vestibulär-kinästhetischen" Vernetzung: „Wir hören nicht nur aural, sondern vestibulär-kinästhetisch vor allem" (Schulze 2008, 149). Solche Zahlen und Werte illustrieren, dass das Gehör auf Ereignisse aufmerksam machen kann, die sich in einem Bereich abspielen, der das visuelle Wahrnehmungsvermögen übersteigt. Der Hörsinn legt – vernetzt im multimodalen Zusammenspiel aller Sinne – einen sehr spezifischen Zugang, um die Dimensionen der uns umgebenden Lebenswelt zu „vermessen". Damit bietet er dem Menschen z. T. ganz andere Möglichkeiten der Orientierung, als es die visuelle Wahrnehmung vermag.

2.2. Flüchtigkeit – Hören im ZeitRaum

Was es zu hören gibt und wie das Gehörte wiederum erlebt und verarbeitet wird, ist nicht nur einem historisch gesellschaftlichen Wandel unterworfen, auch der Hörvorgang selbst ist in einen Zeitverlauf, in ein zeitliches Nacheinander eingebunden. Poelchau bezeichnet Hören als „Wahrnehmung gepulster Zeit": „Mit den Ohren hört man die Zeit, denn sie wird erst durch Pulsieren

---

[50] „Die zeitliche Auflösung des Sehsinns ist im Vergleich zum Hörsinn geringer. Damit zwei diskrete Reize gleichzeitig erscheinen, vergehen beim Sehsinn 20 bis 30 ms, beim Hörsinn dagegen nur 3-5 ms. [...]. Gleiches gilt für die Reaktionszeit. Um auf einen akustischen Reiz zu reagieren, benötigen wir ca. 130 ms, auf einen visuellen 170 ms" (Hennes 2006, 6).

und Rhythmus in ihrem unausgesetzten Fließen fassbar […]. Hören ist in diesem Sinne nichts anderes als die Wahrnehmung gepulster Zeit" (Poelchau 2007, 133). Während eine visuelle Gestalt, etwa ein Tisch, beliebig lange aus ganz verschiedenen Perspektiven betrachtet werden kann, sodass verschiedene „Ein*sicht*nahmen" und multiperspektivische Näherungen möglich sind, ist ein solcher Umgang mit Schallwellen nicht möglich. Eine akustische Gestalt (etwa in Form eines Wortes, eines Satzes, einer Melodie) kann nur im Nacheinander erfasst werden. Während die visuelle Wahrnehmung das visuelle Feld anhand eines recht vollständigen und komplexen Eindrucks *auf einen Blick*[51] ergreift, entfalten sich akustische Sequenzen in der Zeit, sie erfordern ein konzentriertes „Hinhören auf das, was kommt":

> „Natürlich stellt ein aus der Stille aufklingender Geigenton oder das Einsetzen einer Stimme ebenfalls eine Situation in den Raum, die schon aus dem Aufklingen dieses einen Tons einen Teil ihrer Eigenart enthält. Aber dennoch ist das Hinhören im Wesentlichen und im hohen Maß ein Hinhören auf das, was kommt, während sich das Hinsehen im Wesentlichen darauf richtet, was ist. Das zeigt, dass das Hören in sehr viel höherem Maße als das Sehen ein Zeitsinn ist" (Allesch 2002, 20).

Schon Herder beschreibt das Gehör als den „mittleren Sinn, in Betracht der Zeit, in der es wirkt, und also der Sinn der Sprache" (Herder 2015, 52). Barthes (2006) konstatiert: „Das Gehör scheint im wesentlichen mit der Einschätzung der räumlich-zeitlichen Situation verbunden zu sein" (Barthes 2006, 77). Und Wulf (1993) bemerkt:

> „Während das Auge eine Tendenz hat, die Dinge als unveränderlich wahrzunehmen, erfasst der Hörsinn die Dynamik zeitlicher Genese. Hören ist an zeitliche Abfolgen gebunden. Gehört werden lautliche Veränderungen, Differenzen zwischen Geräuschen, Tönen und Klängen. Im Strom der Zeit treten sie in Erscheinung" (Wulf 1993, 10 f.).

Ein Klang entfaltet sich, dehnt sich aus. Wenn er verklungen ist, ist er nur noch begrenzt auditiv erinner- und vorstellbar, sondern für immer vergangen. Nur durch technische Eingriffe ist er reproduzier- und damit nochmals abrufbar. Visuelle Reize haben eine kontinuierlichere Präsenz. Sie werden räumlich

---

[51] Im visuellen Modus bildet sich das Bild als proximaler Reiz direkt auf der Netzhaut ab. Visuelle Reize werden zudem auf der Retina so abgebildet, dass die Information über die Lokalisation der Objekte erhalten bleibt (vgl. Imhof 2004, 13).

strukturiert wahrgenommen, während akustische Reize eher zeitlich strukturiert aufgenommen werden (vgl. Imhof 2003, 24). Im Vergleich zu visuellen Gestalten sind akustische Gestalten somit höchst flüchtig und vergänglich.

„Was könnte flüchtiger sein als ein (v)erklingender Laut? Aus der Stille des Raumes auftauchend, breitet er sich in ihm aus, füllt ihn, um im nächsten Moment zu verhallen, zu verwehen, zu verschwinden" (Fischer-Lichte 2012, 62).

Welsch regt an sich vorzustellen, wie es wäre, wenn Worte nicht verklängen, sondern, wie Sichtbares, weiterdauerten. So wäre kein Reden mehr möglich, „denn alle Worte würden von der Dauerpräsenz der Vorausgegangenen absorbiert" (Welsch 1996, 247). Dies apostrophiert nicht nur den Aspekt der Flüchtigkeit akustischen „Materials", sondern es zeigt, dass es gerade die Flüchtigkeit des Schallphänomens ist, die dialogische Wechselseitigkeit und damit Kommunikation und Verständigung überhaupt erst ermöglicht. Hören bedeutet daher immer auch Abwesenheit des gerade Verklungenen, der akustischen Gestalt jedoch noch Zugehörigem. Ursprung akustischer Phänomene sind somit dynamische Veränderungen, die durch Bewegungsenergie entstehen, denn Schall ist immer auf Bewegung und Veränderung zurückzuführen. Blesser spricht daher – in Anlehnung an den Begriff Soundscape – auch von einem *Eventscape* (Blesser 2010).

Die Beziehung zwischen akustischen Impulsen und visuellem Wahrnehmen beschreibt Scheich (2007, 20) folgendermaßen:

„Gemeinsam für die akustische Information ist, dass sie andere Sinne, z. B. das Auge oder den Geruchssinn, auf die Quellen der Schallwellen lenkt, um genauer zu definieren, worum es sich handelt. Durch ihre Entstehungsweise ist eine akustische Information selten eindeutig. Das Fallen eines Steines z. B. kann unendlich viele in manchen Aspekten verschiedene Geräusche erzeugen, je nachdem, auf welchen Untergrund er trifft und wie der Stein beschaffen ist".

Das heißt, Schall ist für den Menschen vor allem *Signal*, das ihn auffordert, zu reagieren und sich der Schallquelle zu vergewissern (vgl. dazu auch Hellbrück 2008; Imhof 2004, 13). Dies mag erklären, weshalb Herder den Hörsinn auch als „Verbindungsband der übrigen Sinne"[52] bezeichnet. Indem solche Impulse

---

[52] „Da der Mensch bloß durch das Gehör die Sprache der Natur empfängt [...], so ist Gehör auf gewisse Weise der mittlere seiner Sinne, die eigentliche Tür zur Seele und das Verbindungsband der übrigen Sinne geworden" (Herder 2015, 50).

das akustische mit dem visuellen Erleben vermitteln, zwingen sie uns zu kontinuierlicher Aufmerksamkeit auf die Umwelt. Insofern sind Flüchtigkeit und Eindringlichkeit akustischer Reize von besonderer Bedeutung (Weeg 2007, 161; Unglaub 1998; Plessner 1970). Hinzu kommt nun: während unsere visuelle Wahrnehmung auf die Erfassung statischer Objekte optimiert ist und in der Regel nur einer einzigen Bewegung, wie etwa einem vorbeifahrenden Fahrzeug folgt, können beim Hören auch mehrere simultane Klanggestalten problemlos unterschieden werden, etwa die Geräusche zweier sich voneinander entfernender Autos. Von dieser Fähigkeit des Ohrs, zeitliche Prozesse genau zu erfassen, profitieren wir, wenn uns das Ohr Schwingungsverhältnisse beispielsweise in Form von Intervallen exakt rückmeldet. Diese Fähigkeit genauer akustischer Vermessung ist damit Grundlage der Musikkultur und des Musikerlebens und -gestaltens. Während also das Auge ein besonderes Potenzial für die Vermessung und Einschätzung räumlicher Dimensionen, für das Erkennen von Strukturen, das Erfassen von Dauerhaftem einbringt, hat das Ohr eine gesteigerte Wahrnehmungsfähigkeit für zeitliche Veränderungen:

> „Stets in der Zeit sich vollziehend, im Spannungsfeld zwischen erinnerter Vergangenheit und erwarteter Zukunft, nimmt das Ohr Geschehnisse im Vollzug, in ihrem Werden auf. Das Auge haftet am Gegenwärtigen und neigt dazu, die Gegenwart zu beherrschen. Das Ohr öffnet sich den zeitlichen Prozessen, den kontinuierlichen Geschehnissen abseits der analytischen Zerteilung. Ist das Auge besonders zuständig für das Begreifen statischer Gegebenheiten, so das Ohr für dynamische Prozesse" (Meyer 2008, 49).

Nach Ansicht des Neurobiologen Manfred Kössl spiegelt sich das zeitliche Geschehen auch in der Anatomie des Hörsystems wieder (vgl. Oehler 2007a, 147). Kössl verweist diesbezüglich auf die langen und komplizierten Verarbeitungswege zwischen dem Innenohr und dem (primären) auditorischen Kortex, die als „zentrale Hörbahn" bezeichnet werden (Rosenkötter 2003, 28). Auf allen Ebenen der zentralen Hörbahn gibt es auf dem Weg zur primären Hörrinde zwischen denen von jedem Ohr aus parallel verlaufenden Bahnen so viele Querverbindungen wie in keinem anderen Sinnessystem (vgl. Rosenkötter 2003, 28; Oehler 2007a, 147). Kössl vertritt die Auffassung, dass die vielen Unterbrechungen und Umwege die Grundlage für unser Zeitempfinden bilden, da das, was wir als Zeit erleben, subjektiv durch die zeitlichen Eigenschaften neuronaler Schaltkreise erzeugt ist:

> „Das Hören ist der Sinn, mit dem wir Zeit erleben, und das spiegelt sich in der ganzen Anatomie des Hörsystems wieder [...]. Das, was wir als Zeit erleben ist subjektiv, erzeugt durch unser Gehirn [...]. Und unter

den Sinnesorganen ist sicher das Hören der Sinn, mit dem wir Zeit erleben, und das spiegelt sich in der ganzen Anatomie des Hörsystems wieder [...]. Unter den Sinnessystemen ist sicher das Hörsystem dasjenige, das am meisten hochgezüchtet ist, um Zeit nicht nur zu verarbeiten, sondern auch zu produzieren" (Kössl, zitiert nach Oehler 2007a, 147).

Neben diesen internen Strukturen wirken aber auch externe Faktoren auf unsere Zeitwahrnehmung ein, weswegen subjektives Zeiterleben durch auditive Reize stark beeinflussbar ist. So hat etwa eine gezielte Musikbeschallung Auswirkungen auch auf die zeitliche Empfindungsqualität des Menschen. Dies nutzt beispielsweise „Muzak", ein Konzept stimulierender Hintergrundmusik, das die Verweildauer in Supermärkten zu verlängern sucht.[53] Doch verändert sich dabei, genau genommen, die subjektive „Erlebniszeit", die wiederum anderen Regeln folgt als die „relationale", also objektiv messbare, physikalische „Realzeit" (vgl. Hesse 2003, 147 ff.). Daher formuliert Oehler: „Hören heißt also auch: Zeit schaffen. Das, was wir als Zeit erleben, ist subjektiv, erzeugt durch unser Gehirn, und zwar durch zeitliche Eigenschaften neuronaler Schaltkreise (Oehler 2007a, 148). Zender (2011, 70) bemerkt dazu: „Der Vorgang des Hörens geschieht in real time, in Echtzeit, er ist ein Stück besonders intensiv genutzter Lebenszeit des Hörers". Daran anknüpfend führt er diesen Gedanken weiter aus und schreibt: „Das Hören tastet sich am Geschehen der Zeit entlang und wird von zwei extremen Zuständen angezogen: Vom Erleben der puren Kontinuität einer in sich ruhenden Gegenwärtigkeit und vom Erleben des unvorhersehbar einbrechenden Schöpferischen" (ebd., 85). Die Unterscheidung von „Erlebniszeit" und „Realzeit" lässt uns das Hören auch als Möglichkeit subjektiver Einflussnahme auf das Zeiterleben, als Möglichkeit nicht nur des „Zeit schaffens", sondern auch des „Zeit verkürzens" verstehen. Meyer (2008) unterscheidet qualitativ ähnliche Kategorien des Zeitempfin-

---

[53] Mit steigender Vertrautheit der akustischeren Reize, beispielsweise eines Musikstücks, wird die Zeitdauer kürzer eingeschätzt, da der mentale Aufwand der Reizverarbeitung geringer ist. So lässt sich mit abnehmender Reizkomplexität die subjektive Zeit strecken, weswegen funktionelle Musik bekanntes und einfach strukturiertes Musikmaterial benutzt. Vertraute Musik entspannt den Kunden, erleichtert die Orientierung und vermittelt Geborgenheit. 1934 wurde aus „Wired Music" MUZAK, ein Kunstwort aus Kodak und Music, das bis heute als Synonym für Hintergrundmusik gilt. Da diese von außen zugefügte Berieselung vom Hörer nicht bewusst wahrgenommen wird und außerhalb der Musik liegende Ziele erreichen soll, bezeichnet man sie als funktionelle Musik (vgl. Rudolph 1993).

dens, indem sie mit Bergson (1994) „messbare" und „erlebbare" Zeit differenziert (ebd., 57 f.). Sie verdeutlicht dies am Beispiel des Glocken- und Pendelschlags einer Uhr: Wird dieses Klangereignis als *messbare Zeit* wahrgenommen, zählt der Hörer sich mehrfach wiederholende, homogene Klänge im Raum. Mit der Aufmerksamkeit auf jede einzelne wachgerufene Empfindung kann das Schlagen der Uhr als *erlebte Zeit* indes auch ganz anders erfahren werden: Denn wird auf die Mannigfaltigkeit der Empfindungen fokussiert, könnten die Schläge etwa auch als „musikalische Phrase" wahrgenommen werden (vgl. ebd., 57): „So macht die ‚erlebte Zeit' erfahrbar, dass es in der wirklichen Zeitempfindung nichts Homogenes gibt, da es niemals zwei identische Zeitpunkte geben kann" (ebd.).

Die enge Kopplung von Zeiterleben und externen Einflussgrößen wird auch in der Zeitgestalt des Rhythmus offensichtlich, der oft auch zur Synchronisierung außermusikalischer Handlungen genutzt wird. Die enge Kopplung von Rhythmus und Zeiterleben ist jedoch nicht nur auf musikalische Strukturen begrenzt. Auch bei der Erfassung und Verarbeitung von Sprache spielt die Segmentierung der Sprache in Silben, die eine Art Rhythmisierung des Sprachflusses bewirkt, eine wichtige Rolle, da auch hier schnelle Tonwechsel erfasst und ähnlich klingende Laute voneinander unterschieden werden müssen (vgl. Imhof 2003, 86). Zeitliche Aspekte sind daher für die Funktionsfähigkeit der zentralen Hörbahn von großer Bedeutung, denn das Hören ist darauf spezialisiert, zeitliche Veränderungen von Intensitäten und Frequenzen sehr schnell zu erkennen (vgl. Rosenkötter 2003, 32). Von besonderer Bedeutung ist dabei die sogenannte *Ordnungsschwelle* oder auch *Fusionsschwelle*. Sie beschreibt den zeitlichen Abstand, innerhalb derer zwei Hörreize so identifiziert werden können, dass sie als voneinander unterschieden wahrgenommen werden. Die Ordnungsschwelle kann zwar individuell variieren, grundsätzlich ist aber bei der Schnelligkeit der Reizverarbeitung das auditive System dem visuellen überlegen: „Während die Dekodierung akustischer Information etwa 175 Millisekunden benötigt, werden für die Verarbeitung visueller Informationen von Beginn der Reizdarbietung über das Lesen bis zum Erkennen der Wortbedeutung etwa 350 Millisekunden angesetzt" (Imhof 2003, 86). Poelchau (2007) stellt fest: „Kein anderes Sinnesorgan erkennt so schnell zeitliche Muster wie das Gehör" (Poelchau 2007, 133). Während Rosenkötter davon ausgeht, dass die Fusionsschwelle in unserem Bewusstsein die Grenze zwischen Gegenwart und Vergangenheit überhaupt erst entstehen lässt (Rosenkötter 2003, 39), schreibt Pöppel (1997) dem zeitlichen Unterscheidungsvermögen des Menschen einen wesentlichen Anteil am Bewusstsein des Menschen insgesamt zu (vgl. Pöppel 1997). Grundsätzlich sind akustische Ereignisse ohne Veränderungen und somit ohne einen zeitlichen Verlauf von bestimmter Dauer undenkbar, weswegen die menschliche Erfahrung von Zeit stark mit dem Hören verbunden ist (vgl. Raffaseder 2010, 24). Festgehalten werden kann, dass akustische Informationen nur im Nacheinander der Zeit mitgeteilt und sinnhaft erschlossen werden können. So ist gerade die zeitliche Integration notwendig, um in der kontinuierlichen Information des akustischen Stroms zusammenhängende Elemente zu erkennen (vgl. Koelsch/Schröger 2009, 395). Dies bildet sich in der Vielzahl von Prozessen ab, die in der zentral-auditiven Verarbeitung (ZAV) zusammenspielen und die auch als „zentrales Hören"[54] bezeichnet werden.

Diese Prozesse sollen daher im Folgenden überblicksartig zusammengefasst werden: Bei der Verarbeitung auditiver Stimuli spielen sowohl „Top-down-" und „Bottom-up-"Prozesse[55] zusammen. Bei „Bottom-up-" („datengeleiteten") Prozessen leiten auditive Stimuli von unten nach oben weiter. Der Wahrnehmungsprozess selbst organisiert sich über die Stufen des Empfindens, Wahrnehmens, Einordnens. Für eine genauere Beschreibung beziehe ich mich im Folgenden auf ein Modell der Hörforscherin und Professorin für Logopädie, Lorina Lauer (2006). Ausgehend von der akustischen Stimulation, die von Druckluftschwankungen der Umwelt ausgelöst wird, wird diese über Stufen der Empfindung, Wahrnehmung und Klassifikation hin zu übergreifenden mentalen Prozessen verarbeitet. Während es auf der untersten Stufe der Empfindung zur Umwandlung von physikalischer Energie in neuronale Aktivität kommt, werden auf der Ebene der Wahrnehmung diese Informationen weiterverarbeitet, indem eine subjektive innere Repräsentation des Wahrgenommen (Perzept) gebildet wird, in der die Merkmale des Wahrgenommen (unbewusst) festgehalten werden. Auf dieser Ebene der Wahrnehmung geschehen

---

[54] Das „zentrale Hören" wird vom „peripheren Hören" abgegrenzt: Während das *zentrale Hören* alle Prozesse der neuronalen Weiterleitung und Verarbeitung der akustischen Perzepte umfasst, umfasst das *periphere Hören* die Prozesse der Schallaufnahme und (mechanischen) Weiterleitung im Hörorgan Ohr (vgl. Rosenkötter 2003).

[55] Die Aufnahme von Sinnesdaten in das Wahrnehmungssystem, ihre Weiterleitung und die Gewinnung von Information aus diesen Daten bezeichnet man als *Bottom-up*-Verarbeitung. Dabei geht es um die Umwandlung der konkreten physikalischen Reizeigenschaften in abstrakte Repräsentationen (vgl. Zimbardo 2008, 152 f.). Prozesse, in denen das Identifizieren und Einordnen von wahrgenommenen Objekten dadurch unterstützt wird, dass auf unser bereits vorhandenes Wissen zurückgegriffen wird, werden in der Wahrnehmungspsychologie *Top-down*-Verarbeitung genannt (ebd.).

in Anlehnung an Lauer Lokalisation, Diskrimination und Selektion der Reize. Die Klassifikation der Stimuli, also die Einordnung des Wahrgenommenen in vertraute Kategorien des vorhandenen Wissens, vollzieht sich auf der nächst höheren Ebene, auf der es über Prozesse der Analyse, Synthese und Ergänzung zur Mustererkennung und damit zur Bildung auditorischer Gestalten kommt. Diese Prozesse verlaufen als selbstorganisierte Prozesse nicht streng seriell, sondern sind in Form eines selbstorganisierten Netzwerkmodells eng miteinander verknüpft und es ist davon auszugehen, dass einzelne Verarbeitungsschritte parallel stattfinden (vgl. Lauer 2006, 12). Da Klänge und Geräusche oftmals durch Bewegungskräfte, die auf Objekte wirken (vgl. Scheich 2007) entstehen, zeigen sie sich als kurze Ereignisse oder Sequenzen sich stetig ändernder Ereignisse:

> „Die Interpretation dieser Ereignisse beim Hören erfolgt hauptsächlich aus dem Kurzzeitgedächtnis heraus, weil sie zumeist bereits vergangen sind, bevor man zu einer Interpretation kommt. Durch diesen Druck, kurze Ereignisse zu beurteilen und auch schnelle Sequenzen von ganz unterschiedlichen akustischen Mustern sozusagen ‚als Gestalt im Ohr zu behalten', resultiert die [...] Eigenschaft des Hörens, die möglicherweise die Entwicklung von flüssiger Sprache möglich gemacht hat: Das Wesentliche einer Sequenzverarbeitung, wie sie in flüssiger Sprache vorkommt, besteht nämlich darin, dass alle beliebigen Elemente von Sinneinheiten so lange gegenwärtig gehalten werden, bis ihre verschiedensten Bezüge untereinander geklärt sind" (ebd., 23).

Daher hat das auditive Gedächtnis bzgl. der Informationsverarbeitung einen großen Stellenwert: Sie wird auf allen Ebenen der Verarbeitung von den Faktoren auditiver Merkfähigkeit (Arbeitsspeicher) und auditiver Aufmerksamkeit beeinflusst. Auditive Aufmerksamkeit bezeichnet die Fähigkeit, sich (selektiv) auditiven Stimuli zuzuwenden. Die auditive Merkspanne bezeichnet die Fähigkeit, auditive Stimuli kurzfristig im Gedächtnis zu speichern. Im Modell des Arbeitsgedächtnisses von Baddeley (2007) spielt die phonologische Schleife („phonological loop") eine wichtige Rolle. Sie speichert als Element des Arbeitsgedächtnisses sprachbasiertes Material über einen Zeitraum von ungefähr zwei Sekunden und hat ein Korrelat im visuellen Notizblock („visuo-spatial sketch-pad") (vgl. Imhof 2003, 27). Das Zusammenspiel der auditiven Teilfunktionen wird von („konzept- und hypothesegeleiteten") „Top-down-"Prozessen beeinflusst, die in umgekehrter Reihenfolge verlaufen und bei denen höhere mentale Funktionen wie Erwartungen, Wissen und Motivation den Wahrnehmungsvorgang beeinflussen (vgl. Lauer 2006, 1 ff.; Zimbardo 2008,

155 f.). Auditive Wahrnehmung ist also ein Prozess der Erfassung, Weiterleitung, Verarbeitung und Bewertung von auditiven Informationen durch das Gehirn (vgl. dazu auch Rosenkötter 2003, 34 f.). Neben der auditiven Merkspanne, verstanden als Fähigkeit, auditive Stimuli kurzfristig im Gedächtnis zu speichern (vgl. Lauer 2006, 12), steuert hier insbesondere der Faktor Aufmerksamkeit den Verarbeitungsprozess dieser Perzepte.[56] Lauer unterscheidet dabei zwischen gezielter und geteilter Aufmerksamkeit (vgl. ebd.). Insgesamt beschreibt der Begriff Aufmerksamkeit also einen Zustand konzentrierter Bewusstheit, der von einer Bereitschaft des zentralen Nervensystems, auf Stimulation zu reagieren begleitet wird. Er fasst jene Funktionen zusammen, durch die der Strom des Erlebens und der Gedanken eine geordnete inhaltliche und zeitliche Struktur erhält. Neben dem Einfluss auf die Gedächtnisleistung haben Aufmerksamkeitsmechanismen sogar Einfluss auf die Mechanik im Innenohr: In Abhängigkeit gezielter Aufmerksamkeit können wir den Schall in beiden Ohren abwechselnd unterschiedlich stark verstärken (vgl. Oehler 2007a, 153), sodass durch diese Mechanismen Tonhöhenunterscheidung, Lautheitsempfindung und Lautunterscheidung mitbeeinflusst werden können (vgl. Rosenkötter 2003, 19). Da im sprachlichen Bereich die Reihenfolge von Lauten und Silben in Wörtern und Wörtern in Sätzen bedeutungsunterscheidend ist, muss zur Erfassung auditorischer Gestalten die Zuhörbereitschaft einen bestimmten Zeitraum hinweg aufrechterhalten werden (vgl. Lauer 2006, 13), was unser Aufmerksamkeitsmanagement wiederum eng an motivationale Aspekte koppelt, das subjektiv-situativen Interessen folgt. Aus einer phänomenologischen Sichtweise heraus entwickelt der Philosoph Bernhard Waldenfels einen ganz eigenen Zugang zum „Phänomen Aufmerksamkeit" (weiterführend dazu siehe auch Kap. 4.4.1.2.).[57] Ob nun aus einer neurophysiologischen,

---

[56] Nach Lauer (2006) können verschiedene Komponenten der Aufmerksamkeit unterschieden werden: (1) Die generelle Wachheit und Aktivierung. Diese wird in tonische Wachheit und phasische Wachheit unterschieden. (2) Die selektive Aufmerksamkeit: Hier kommt es zu einer „kurzzeitigen, mehrere Minuten dauernden aktiven Hinwendung und Einschränkung der Aufmerksamkeit [...], wobei selektiv relevante Merkmale einer Aufgabe erfaßt, irrelevante dagegen unterdrückt werden müssen" (Sturm 1989, 315, zitiert nach Lauer 2006, 12). (3) Die Vigilanz: Wenn die Aufmerksamkeit über einen längeren Zeitraum in Anspruch genommen wird und relevante Stimuli in unregelmäßigen Abständen auftreten.

[57] Dabei grenzt er die sekundäre Form der Aufmerksamkeit, die er als eine teils evolutionär entstandene, teils künstlich geschaffene Form der Aufmerksamkeit

einer phänomenalen oder auch psychologischen Sichtweise: Deutlich wird, dass Aufmerksamkeit eine *zentrale Funktion* für die Verarbeitung akustischer Stimuli hat und als Basis für alle anderen Teilfunktionen der auditiven Wahrnehmung gelten kann (vgl. Lauer 2006, 11). Allesch (2002, 21) verweist mit folgenden Worten auf die Bedeutung der Aufmerksamkeit gerade für konzentriertes Hören, „nämlich dass wir fast unwillkürlich die Augen schließen, wenn wir auf eine musikalische Struktur hinhören oder uns auf den Klang einer Stimme konzentrieren, dass wir aber kaum auf die Idee kämen, uns die Ohren zuzuhalten, um eine Landschaft intensiver zu erleben oder ein Bild besser betrachten zu können". Daraus folgert er, dass das Hinhören und das Zuhören offenbar eine viel intensivere und kompromisslosere Form der Zuwendung und der Aufmerksamkeit verlange als das Sehen (vgl. ebd.).

Festgehalten werden kann hier sicher, dass das Ohr auf die Wahrnehmung zeitlich verlaufender Prozesse, das Auge hingegen auf die detaillierte Auflösung statischer Phänomene spezialisiert ist, weswegen das Sehen normalerweise mit Beständigkeit, dauerhaft Seiendem assoziiert, Hören hingegen mit Flüchtigkeit und Vergänglichkeit gleichgesetzt wird. Dennoch, dies mag im ersten Moment erstaunen, sind räumliches und zeitliches Erleben durchaus eng miteinander verknüpft. Die Fähigkeit der räumlichen Orientierung ist aus der neurophysiologischen Verarbeitung zeitlicher Informationen überhaupt erst möglich: In mehreren Verarbeitungsschritten muss das Gehirn aus den Verläufen der Luftdruckschwankungen an den beiden Trommelfellen die räumliche Information rekonstruieren, was als binaurales Hören bezeichnet wird. Raum und Zeit stehen somit in enger Verbindung. Damit ist das Klangerleben immer zweifach dimensional verortet: „Klänge schaffen eigentümliche Zeit-Räume" formuliert daher auch Waldenfels (2010, 167) und führt weiter aus: „Das Anschwellen und Abebben, das Sichausbreiten und sich Zusammenziehen der Klänge lässt selbst Klangräume entstehen mitsamt einem synästhetischen und synergetischen Umfeld" (Waldenfels 2010, 168). In diesem Sinn relativiert auch Chion (1994) die scheinbar festen Setzungen und Kategoriebildungen von Hören = Zeit und Sehen = Raum, wenn er formuliert: „So, overall, in a first attempt to an audiovisual message, the eye is more spatially adept, and the ear more temporally adept" (Chion 1994, 11). Tatsächlich zeigt schon die Alltagserfahrung, dass Klänge nicht nur zeitliches, sondern auch

---

beschreibt, die durch individuelle Deutungsschemata oder Kategorien vorgezeichnet ist, von der primären Form der Aufmerksamkeit, in der „die Erfahrung über sich hinauswächst" und die als Schlüsselereignis bestimmte Möglichkeiten erschließt, „indem sie andere verschließt", ab. Weiterführend dazu Kapitel 4.

räumliches Erleben vermitteln. Auch im Verständnis Novalis' entstehen Raum und Zeit zugleich, sind sowohl Subjekt wie Objekt. So formuliert dieser: „Zeit ist innerer Raum, – Raum ist äußere Zeit" (Novalis 1837, 294). Auch wenn wir das Hören im Vergleich zum Sehen aufgrund seiner Flüchtigkeit schwerpunktmäßig als Zeitgeschehen wahrnehmen, sind Klänge gleichzeitig in beiden Dimensionen, d. h. in einem übergreifenden „Zeit-Raum", wie Schulze formuliert, als *Raumkörperklang* erfahrbar:

> „Klänge entfalten sich in der Zeit, doch im Raum breiten sie sich aus und erhalten materielle Wirklichkeit. Dieses Gespür für einen Raumkörperklang propagierten die neuzeitlichen Künste pionierhaft in Bühnenklangraumentwürfen einer Ästhetik des Gesamtkunstwerks, in Rauminszenierungen der Neuen Musik im 20. Jahrhundert, in Spielanordnungen des Fluxus, in Performances und Happenings bis hin zu Klassikern der Klangkunst wie etwa Bernhard Leitner und anderen" (Schulze 2008, 145).

Auch auditives Erleben kann daher – dem visuellen Erleben vergleichbar – durchaus eine gewisse Gleichzeitigkeit vermitteln. So vermag etwa ein einzelner Klang eine Vielzahl akustischer Gestalten gleichzeitig in sich abzubilden. Goebel (1994) verdeutlicht dies folgendermaßen: „Eine einzige Serie von Luftdruckschwankungen trägt die ungeheure Komplexität von Informationen, Inhalten und Gestalten, die über das Ohr aufgeschlossen werden. So ist zum Beispiel der Klang eines ganzen Orchesters in einer einzigen Luftbewegung enthalten [...] und wir können in ihr gleichzeitig die Piccoloflöte und die Posaune, die Bratsche und die Geigen unterscheiden" (Goebel 1994, 350). Umgekehrt findet sich im visuellen Modus auch der Aspekt der Bewegtheit: Auch wenn in einer visuellen Szene die meisten Komponenten unbeweglich erscheinen, bzw. sich – im Vergleich zu akustischen Gestalten – nicht wesentlich ändern, können sie, wie etwa Menschen oder fahrende Objekte, durchaus auch in Bewegung sein, wenn „[s]ich bewegende Objekte [...] im Verhältnis zu akustischen Musterveränderungen langsam und kontinuierlich (verhalten) und [...] genügend Zeit (lassen), um aktuell Interpretationen daran zu knüpfen, bevor sie eventuell aus dem Gesichtsfeld verschwinden" (Scheich 2007, 23). Im Unterschied zu visuellen oder sensorischen Qualitäten „haften" Klänge und Geräusche jedoch nicht an Dingen oder Menschen (vgl. ebd., 198). Schallwellen begegnen uns als Töne, Klänge oder Geräusche, die aus ganz unterschiedlichen Richtungen auf uns einwirken. „Töne und Klänge (sind) nicht dingfest" zu machen, wie Waldenfels (2004, 198) formuliert. Zwar haben sie einen Herkunftsort, doch begegnen sie uns nicht auf eine Weise frontal, wie das, was wir „ins Auge fassen". Schallwellen schaffen damit nicht nur eigene Zeiträume, sondern formen immer auch spezifische „HörRäume" (Waldenfels 2004, 199). Diese können sich jedoch von visuellen Räumen stark unterscheiden, sind doch sichtbare und hörbare Grenzen nicht zwangsläufig identisch. Auch ist im Unterschied zur visuellen Wahrnehmung die auditive Wahrnehmung omnidirektional, d. h. wir hören „rundum", im 360° Radius. Während der Betrachter des visuellen Feldes frei ist bezüglich Auswahl und Fixierung von Objekten, ist der Hörer den zeitlichen Abläufen des akustischen Feldes ununterbrochen und uneingeschränkt ausgesetzt. Ein Weiters kommt hinzu: Im Gegensatz zur bruchstückhaften[58] visuellen Wahrnehmung ist die auditive Wahrnehmung simultan. Hören erzeugt somit temporale und perspektivische Kontinuität, was die Anzahl der akustischen Perzepte vervielfacht. Auch in Hinblick auf Tiefenschärfe und Multiperspektivität grenzen sich auditive und visuelle Wahrnehmung voneinander ab: Während das visuelle Feld von Verdeckungseffekten durchzogen ist[59], sind die Perzepte des akustischen Feldes überlagert und miteinander vermischt (Waldenfels 2004, 199 f.), jedoch durchaus identifizierbar. Entsprechend muss eine Vielzahl akustischer Perzepte gleichzeitig verarbeitet werden, was wiederum das individuelle Aufmerksamkeitsmanagement außerordentlich beansprucht. Für den Lyriker und Philosophen Paul Valéry ist das Ohr daher auch der bevorzugte Sinn der Aufmerksamkeit (vgl. Waldenfels 2004, 198): „Es wacht gewissermaßen an der Grenze jenseits deren das Auge nicht mehr sieht" (Valéry, zitiert nach Waldenfels 2004, 198).

Unstrittig scheint zu sein, dass bei akustischen Phänomenen der zeitliche Ereignischarakter besonders stark ausgebildet ist (vgl. Waldenfels 2004, 198). Wir brauchen also nicht nur eine bestimmte Zeit, um etwas mitzuteilen, sondern auch, um das Gehörte, etwa einen ganzen Satz, eine Geschichte, eine Sinfonie, zu erfassen. Daher sind wir beim Zuhören, im Gegensatz zum Lesen, auf das auditive Gedächtnis angewiesen. Hier ist es nicht möglich zurückzublättern, wenn wir etwas nicht verstanden oder gar vergessen haben. Damit thematisiert der Zeitaspekt immer auch die Vergänglichkeit auditiver Gestalten. Er verdeutlicht, dass auditives Wahrnehmen ein flüchtiges Geschehen ist, eng gekoppelt an Prozesse des Aufmerksamkeitsmanagements. Münchhausen entsprach mit seiner Behauptung, er sei in der Lage „Töne einzufrieren,

---

[58] Beispielsweise führt der Lidschlag zu einer bruchstückhaften Wahrnehmung.
[59] „Tauchen zwei Objekte in einer Richtung, aber unterschiedlicher dimensionaler Tiefe auf, verdeckt das Naheliegende alles in seinem Schatten stehende" (Hennes 2006, 6).

um sie dann zu einem späteren Zeitpunkt wieder aufzutauen" (vgl. Jörg 2004, 78) wohl der Wunschvorstellung vieler Menschen, die schließlich mit der Entwicklung des „Phonographen" von Alva Edison, Ende der 70er Jahre des 19. Jahrhunderts (vgl. Köppchen 2007, 105) tatsächlich Wirklichkeit wurde. Die Möglichkeit, eine Vielzahl von Klangereignissen (unabhängig von ihrer Quelle) jederzeit beliebig zu reproduzieren, gehört heute zur Selbstverständlichkeit des Alltags vieler Menschen. Heute können die schier unbegrenzten Möglichkeiten akustischer Speicherung und Reproduktion unserem auditiven Gedächtnis ganz leicht auf die Sprünge helfen.

Dennoch gilt, dass – trotz ihrer Vergänglichkeit und Immaterialität – auditorische Gestalten, unabhängig von einer technische Aufzeichnung, durchaus Bleibendes erzeugen können: Wird der Hörvorgang mit der Wechselseitigkeit des Austauschs zu einem besonderen *Erlebnis,* kann dies, auch wenn manche Gestalten schon längst verklungen sind, zu nachhaltigen Veränderungen führen, die Erinnerungsspuren hinterlassen, was die Komponistin Carola Bauckholt gerade als besonderen Reiz flüchtigen, auditiven Erlebens beschreibt:

> „Ich frage mich oft, warum das eigentlich so akzeptiert ist, die Situation des Konzertes, weil eigentlich ist es ja was ganz absurdes. Jemand geht auf die Bühne und nimmt sein Instrument, also er spricht nicht, sondern erzeugt einfach, nenn ich's jetzt mal, Geräusche auf seinem Instrument. Andere sitzen da und hören ihm zu und danach ist etwas passiert, nämlich an geistigem Austausch und die Leute sind glücklich und begeistert und klatschen. Und dann sind die Klänge weg, alles ist weg, als wäre nichts gewesen. Das find ich auch was besonders schönes, dass das nicht materialisiert wird, sondern dass ist ein Erlebnis und – fff weg war's" (Bauckhold, zitiert nach Reinartz 2008, o. S.).

Dies zeigt, dass eine verklungene akustische Gestalt nicht automatisch auch vergessen ist. Die Flüchtigkeit auditiver Gestalten ist relativ, entbirgt sich in ihr doch immer auch eine gewisse Beständigkeit. Daher kann gelten: Auch längst Verklungenes vermag Bleibendes zu hinterlassen.

2.3. Eindringlichkeit und „emotionale Tiefenwirkung"

Neben der schon thematisierten Schutzlosigkeit der äußeren Körperhülle vor akustischen Reizen findet sich auf einer tiefer liegenden Ebene eine weitere Form unmittelbarer Eindringlichkeit: Nicht nur das Ohr kann man nicht schließen, auch entzieht sich die Verarbeitung der auditorischen Information zu einem großen Teil der willkürlichen Steuerung, weswegen man in gewisser Weise von einer „doppelten Eindringlichkeit" sprechen könnte. Dies hat mit der neurophysiologischen Verarbeitung akustischer Reize zu tun: Denn neben den starken neuronalen Verbindungen zwischen Thalamus und (primärem) auditorischen Kortex (vgl. Koelsch 2005, 367) gibt es eine Direktverbindung, oder, wie Rüegg schreibt, „Expressverbindung" (Rüegg 2007, 122) zwischen der Hörbahn und dem limbischen System.[60] Diesem zugehörig sind Amygdala (Mandelkern) und Hippocampus. Hier werden alle ankommenden sensorischen Signale mit bereits gespeicherten Informationen verglichen und anhand von Kategorien, die sich im Verlauf der Individualentwicklung aufgrund von Erfahrungen herausgebildet haben, zunächst emotional bewertet (vgl. Hüther 2004). In Abhängigkeit dieser Bewertung werden die ankommenden Informationen entweder zur weiteren Analyse in bestimmte Regionen des Großhirns geleitet, oder sie werden an subkortikale, unterhalb des Großhirns liegende Zentren weitergeleitet, durch die automatisch ablaufende, unwillkürliche Verhaltensprogramme gesteuert werden (vgl. Hesse 2003, 23), sodass der Hippocampus in Verbindung mit dem Mandelkern als Warnsystem fungiert, das bei einer möglichen Bedrohung sofort den sympathischen Anteil des autonomen Nervensystems aktiviert, noch ehe das auslösende Ereignis bewusst geworden ist (vgl. Hesse 2003, 24).[61] So ist das Hören beim Menschen nicht allein an einen funktionierenden Kortex gebunden, schon das subkortikal gelagerte erste Integrationszentrum ermöglicht es, Menschen durch Klänge vegetativ, emotional und motivational anzusprechen und auch zu beeinflussen (vgl. Nöcker-Ribaupierre 1994, 53). Diese subkortikalen Strukturen sind also entscheidend in emotionale Prozesse, in die Evaluation sensorischer Information und in die Kontrolle emotionalen Verhaltens involviert (vgl. Koelsch 2005, 367) und sind damit an der Regulation motivationaler, affektiver und emotionaler Prozesse insgesamt beteiligt. Daher wird das limbische System häufig

---

[60] Das limbische System ist das Verbindungsglied zwischen den entwicklungsgeschichtlichen älteren und den neueren Hirnbezirken (vgl. Hesse 2003).

[61] „Die subkortikale Expressverbindung vom Zwischenhirn zur Amygdala, [...] hat sich vermutlich im Verlauf der Evolution der Säugetiere im Überlebenskampf entwickelt. Denn sie dürfte für unsere Vorfahren in der freien Wildbahn überlebenswichtig gewesen sein, wenn ein unvertrautes Geräusch, der Angstlaut eines Tieres [...] Gefahr signalisierte und reflexartig eine Angst- oder Fluchtreaktion auslöste. Auch der heutige Mensch trägt dieses evolutionäre Erbe noch in sich und reagiert daher mit reflexartigem, subkortikal ausgelöstem Verhalten, wenn er auf dem Waldspaziergang beim unvermuteten Gebell eines Hundes zusammenzuckt [...] oder nachts im Bett bei einem Geräusch im Bett erschrickt und Herzklopfen bekommt, noch bevor er die Angst fühlt und Verdacht schöpft" (Rüegg 2007, 122).

auch als „emotionales Gehirn" bezeichnet (Rüegg 2007).[62] An diese Funktionskreise wiederum sind vegetative Reaktionen des Körpers gekoppelt, weswegen akustische Reize Einfluss auf das vegetative Nervensystem und somit auf die Steuerung der inneren Organe haben können. Je nach Aktivierung des Sympathikus oder Parasympathikus können durch solche Impulse Atmung, Herztätigkeit, Puls, Muskelaktivität, Hauttemperatur, elektrische Hautreaktion und Hormonausschüttung angeregt oder gedämpft werden (vgl. Harrer 1982; Hesse 2003, 175; Koelsch/Schröger 2009). In der Regel wirkt ein gleichmäßiges Schallfeld beruhigend und entspannend auf den Organismus. Monotone Schallvorgänge können sogar zu einem veränderten Wachbewusstsein führen. Plötzliche Änderungen innerhalb einer akustischen Szene wecken daher unsere Aufmerksamkeit und können durchaus körperliche Reaktionen hervorrufen. Zwar kann man sich im gewissen Rahmen an ein lebhaftes Schallfeld im Hintergrund gewöhnen, ab einer Lautstärke von ca. 65 dB treten jedoch vegetative Reaktionen zwangsläufig auf, unabhängig von der emotionalen Einstufung des jeweiligen Schallereignisses (vgl. Hesse 2003, 155).

„Schon ein kurzzeitiger akustischer Impuls von 80 Dezibel (Hupe, Wohnungsklingel) führt zu Veränderungen im vegetativ-hormonellen System: Die Nebenniere schickt vermehrt Hormone in die Blutbahn, die Gefäße verengen sich, der Blutdruck und die Pulsfrequenz steigen an, die Hautdurchblutung geht zurück. Magenaktionen verringern sich, der Stoffwechsel schnellt in die Höhe, die Speichelbildung geht zurück, die Muskelspannung nimmt meßbar zu" (Karst 1998).

Daher verweist u. a. Marks (2006) darauf, dass Lärm nicht nur die Gefühlswelt verändere, sondern auch Einfluss auf die individuelle Leistungsfähigkeit habe, die Konzentrationsfähigkeit herabsetze und das subjektive Wohlbefinden mindern könne (vgl. Marks 2006, 197), was insbesondere im Kontext von Lehr- und Lernprozessen von besonderer Bedeutung ist (vgl. Klatte et al. 2002; vgl. dazu auch Kap. 5.2.4.). Vor allem aber kann sich Lärm nachhaltig schädigend auf die Gesundheit auswirken.[63] Dabei lösen Klänge und Geräusche, die eine

---

[62] Jacobs/Schrott (2011, 90) verweisen darauf, dass wir sogar sehr kurze akustische Signale mit emotionaler Bedeutung unterlegen: „Selbst wenn Musik in Schnipseln von nur einer Zehntelsekunde präsentiert wird, sind Probanden in der Lage, Stücke und Stimmungen zu erkennen".

[63] „Zu den möglichen Langzeitfolgen chronischer Lärmbelastung gehören neben den Gehörschäden auch Änderungen bei biologischen Risikofaktoren (zum Beispiel Blutfette, Blutzucker, Gerinnungsfaktoren) und Herz-Kreislauf-Erkrankungen wie

besondere emotionale Bedeutung haben, stärkere Reaktionen aus als emotional ungerichtete. Dies betrifft vor allem die Musik: Das Hören von Musik kann wegen ihrer emotionalisierenden Wirkung in jeder Lautstärke vegetative Reaktionen auslösen. Neben den oben beschriebenen Effekten auf das vegetative Nervensystem, das hormonelle System, das Immunsystem, können akustische Reize auch prämotorische Handlungsprozesse bzw. unwillkürliche Bewegungen wie Mitklatschen, Mitsingen und Mittanzen auslösen (vgl. Koelsch 2005, 371). Auditive Stimulation, insbesondere durch gezielte Musikinduktion, kann somit auf diesem Weg, sowohl aktiv als auch rezeptiv, bedingt vor allem durch seine Elemente Klang und Rhythmus, Zustände von verändertem Wachbewusstsein, ja sogar von Trance[64] induzieren, was beispielsweise durch die Wirkung intensiver monochromer Klänge (etwa das Monochord) erreicht werden kann.[65] Monotone Klänge und Rhythmen sind höchst wirkungsvolle Stimuli, da sie in die Zentriertheit einer nach innen gerichteten, erweiterten Wahrnehmung führen können. Dies wird etwa im therapeutischen Setting gezielt genutzt, um Themen des Unbewussten ins Bewusstsein treten zu lassen, wie dies grundsätzlich das Ziel hypnotherapeutischer Arbeit ist.[66] Musikwirkungen sind hier jedoch nicht zwangsläufig, sondern immer an individuelle

---

arteriosklerotische Veränderungen („Arterienverkalkung"), Bluthochdruck und bestimmte Herzkrankheiten einschließlich Herzinfarkt" (Giering 2010 o. S.).

[64] Seit der Entwicklung der Hypnotherapie Milton Ericksons in den 70er Jahren wird der Begriff „Trance" vor allem für solche Bewusstseinszustände verwendet, bei denen das Bewusstsein nicht auf die Außenwelt, sondern auf die Innenwelt gerichtet ist. Das normale Wachbewusstsein ist dabei lediglich verändert, sodass man hier von „veränderten Wachbewusstseinszuständen" spricht (vgl. Schmucker 2004, 67).

[65] Die Intensität dieses Erlebens kann durch vorherige Entspannungsinduktionen oder durch das Schließen der Augen verstärkt werden, wodurch die gesamte Wahrnehmung auf das innere Erleben fokussiert wird (Reizreduktion). Aus traditionellen Heilritualen ist der gleichzeitige Gebrauch mehrerer tranceinduzierender Methoden, wie rhythmisches Trommeln, Tanz, monochrome Gesänge, die sich gegenseitig verstärken können, bekannt. Insbesondere gleichbleibende, rhythmische Stimulation zur Induktion von VWB sind bei Naturvölkern so weit verbreitet, dass Bossinger/Hess (1993) von einem „universalen Phänomen" sprechen. Aber auch aktuelle, subkulturelle Trends der westlichen Welt nutzen gleichbleibende rhythmische Stimulationen (Beat) in Form von monotonen Techno-, Raggae-, und Raprhythmen –zusätzlich in Verbindung mit großen Lautstärken und Drogen – gezielt zum Erreichen von VWB.

[66] In der musiktherapeutischen Arbeit wird jedoch die tranceinduzierende Wirkung von Musik dafür zusätzlich gezielt eingesetzt. Insgesamt wird heute die vegetativ

und kulturelle Erfahrungen und an die subjektiven Bewertungen dieser Erfahrungen, also an spezifische Lernerfahrungen[67] gekoppelt. Entscheidend für die Wirkung sind neben der individuellen Disposition daher vor allem situativ-kontextuelle Faktoren, etwa Ort, Zeit oder Anlass. In Abhängigkeit individuell-situativer Bedürfnisse entstehen jeweils recht unterschiedliche Gestimmtheiten, die entscheidenden Einfluss auf das Musikerleben haben können[68] (vgl. Hesse 2003, 159; vgl. dazu auch Gembris 1987). Auch auf diese Weise vermag Musik die emotionale Gestimmtheit des Menschen tiefgreifend zu beeinflussen. Viele Menschen nutzen daher die gezielte Musikrezeption zur Stimmungsregulation, d. h. zum Verstärken, Abschwächen, Kompensieren oder Aufrechterhalten von Stimmungslagen, jedoch insbesondere zur Entspannung

---

stimulierende Wirkung von Musik allgemein im Bereich der medizinischen Versorgung, im Bereich der Rehabilitation, aber auch zur der Förderung von Gesundheit (Salutogenese) und zur Unterstützung von Integrationsprozessen ganz gezielt genutzt. Das Spektrum reicht von musikgestützten Entspannungsinduktionen im Kontext von Schmerztherapie, in Zusammenhang mit prä- oder postoperativen Behandlungen[66] und in der Intensivmedizin, in der Neurologie, der Inneren Medizin, bei der Behandlung dementieller Erkrankungen und in der Frühgeborenen-Versorgung, in der die Wirkung von Musik medizinisch nutzbar gemacht wird (vgl. Spintge/Droh 1992).

[67] Schon durch ganz frühe Höreindrücke werden Umweltereignisse mit Empfindungen verbunden: „Wenn werdende Mütter in den letzten Wochen vor der Geburt regelmäßig bestimmte Musikstücke hören und dazu Entspannungsübungen machen, so zeigt sich nach der Geburt, dass genau diese Musik beim Kind zu einer signifikant besseren Entspannung führt, als andere Musik oder andere Beruhigungstechniken [...], das Kind hat im Mutterleib den Klang der Musik mit der angenehmen Entspannungsübung verbunden und erinnert sich wenige Wochen später daran" (Bruhn 2004, 58).

[68] Die Wirkung der Musik hängt immer von individuellen Vorerfahrungen und von situativen Bedingungen ab: „Wenn Musik Wirkungen ausübt, hängen diese in so hohem Maße von außermusikalischen Kontextbedingungen ab, dass es geradezu irreführend ist, allgemein von Wirkungen der Musik zu sprechen, als seien solche Wirkungen allein auf die Musik zurückzuführen. [...] Die Kontextbedingungen des Musikhörens müssen immer mit berücksichtigt werden, sie sind dem Musikerleben und den Wirkungen der Musik substantiell zugehörig. [...] Musik allein hat keine zwingenden, sondern nur potentielle Wirkungen" (Gembris 1987). Insbesondere in psychotherapeutischen Situationen hängt die Wirkung von Musik neben der Disposition des Patienten auch vom Verwendungszusammenhang, von den therapeutischen Handlungsprinzipien und vom Handlungsziel ab, wobei insbesondere die Person des Therapeuten therapeutisch besonders wirksam ist.

(vgl. Schramm 2005; Schramm/Kopiez 2008). Ein besonderes Phänomen des Musikhörens ist das Erleben musikalischer Gipfelerfahrungen, von „Thrills" bzw. „Chills" (Sloboda 1992), auch „strong experiences with music" (Gabrielsson 2001). Gabrielsson lehnt dieses Konzept an das der „Peak Experiences" Abraham Maslow's an, der diesen Begriff schon 1968 prägte. Maslow brachte ihn mit der Selbstverwirklichung, der höchsten Stufe seiner Bedürfnispyramide, in Verbindung, den er als „moment of highest happiness and fulfillment" beschreibt (Maslow, zitiert nach Schönberger 2006, 49). Im aktuellen Diskurs wird mit Bezug auf die Alltagssprache auch vom „Gänsehauteffekt-Effekt" gesprochen (Altenmüller/Grewe 2006; Grewe 2010). Innere Erlebnisse dieser Art können eine Vielzahl physiologischer Reaktionen (neben Gänsehaut auch das Empfinden von Schauer über den Rücken, Herzklopfen, Schwitzen, Tränen, Verwirrung) auslösen (vgl. dazu auch Schönberger 2006, 56). Panksepp (1995, 171) beschreibt diese Wirkungen folgendermaßen: „Music modifies moods and emotions by interacting with brain mechanisms that remain to be identified. One powerful emotional effect induced by music is a shivery, gooseflesh type of sensation".

Thrills, *Chills* oder auch *Strong Experiences with Music* werden von Menschen durch die Rezeption dafür (speziell für sie) geeigneter Musik gezielt gesucht: In Untersuchungen von Panksepp (1995) gab die große Mehrheit der Befragten an, Musik wegen ihrer Wirkung auf Emotionen und Gefühle zu hören (vgl. Schönberger 2006). Welche Musik jedoch „thrillerzeugend" ist, ist auch hier höchst individuell.[69] Die Kenntnis von musikalischen Konventionen und Musikstrukturen einer Kultur werden über die Zeit erworben und beeinflussen die Art der emotionalen Reaktionen (vgl. Schönberger 2006, 20), sodass die Intensität des Musikerlebens auch hier immer in Abhängigkeit zu außermusikalischen Faktoren steht,[70] wobei vor allem Erinnerungen eine zentrale Rolle zu

---

[69] Der Musiktheoretiker Meyer bemerkt diesbezüglich schon 1956: „Any discussion of the emotional response to music is faced at the very outset with the fact, that very little is known about the response and its relation to the stimulus [...]. Although the volume and the intercultural charakter of this evidence compel us to believe that an emotional response to music does take place, it tells us almost nothing about the nature of the response or about the causal connection between the musical stimulus and the affective resonse it evokes in listeners" (Meyer 1956, zitiert nach Schönberger 2006, 19).

[70] Sloboda schreibt dazu: „Viele Untersuchungen emotionaler Reaktionen auf Musik scheinen etwas zu übersehen: Die Abhängigkeit der Reaktion von Faktoren, die sehr wenig mit der Musik selbst zu tun haben, aber viel mit den Entscheidungen und

spielen scheinen.[71] In diesem Sinn formuliert der Kognitionspsychologe Jacobs (2011): „Musik ist nicht […] selbstreferenziell in dem Sinn, dass sie nichts bedeutet und auf nichts verweist […], weil unser Gehirn in der Lage ist, für alles Strukturierte stets eine Bedeutung zu konstruieren" (Jacobs/Schrott 2011, 89). Vielmehr gebraucht er in diesem Zusammenhang den Begriff der „schwebenden Intentionalität" (ebd.).

Das aus dem musiktherapeutischen Kontext stammende Konzept der „Guided Imagery and Music" (G.I.M.) nutzt dieses besondere Potenzial der Musik gezielt. Hier wird die Musik als projektives Medium verstanden. Dabei wird die ganze Bandbreite unterschiedlichster Musik als Schlüssel genutzt, um mit dieser – in Abhängigkeit musikalischer und kultureller Sozialisation und unter Berücksichtigung individueller Hörerfahrungen und -gewohnheiten – Möglichkeitsräume unterschiedlichen (nicht nur Musik-)Erlebens aufzuschließen. Dieses Konzept geht von der Annahme aus, dass ein Musikstück wie etwa „das Adagio von Marcellos Oboenkonzert in c-Moll nicht Trauer an sich ausdrückt, sondern die Möglichkeit gibt, Trauer – aber noch vieles andere – zu empfinden" (Geiger 2004, 98), sodass auf diese Weise Musik als Katalysator, ähnlich dem Katathymen Bilderleben, hilfreiche innerpsychische Prozesse anstoßen kann. Aber nicht nur innere Räume, auch äußere Räume können durch musikalisch-klangliche Mittel emotional aufgeladen werden und sicher ist auch hier insbesondere die Musik eines der stärksten Mittel zur Erzeugung von Atmosphären, die, wie Böhme formuliert, das Gefühl modifziere, im Raum zu sein:

> „Von der Theorie der Atmosphären her hat die emotionale Wirkung der Musik auf den Menschen sehr viel damit zu tun, dass sie seine leibliche Anwesenheit modifiziert. Das heißt also, dass der Mensch durch sein leibliches Spüren in den Raum gewissermaßen auslangt, und der leibliche Raum, der sich durch dieses Außer-sich-Sein, das Draußen-Sein, konstituiert, wird durch die Musik modifiziert. Unabhängig davon, wer die Musik macht, modifiziert die Musik als solche mein Gefühl, im Raum zu sein." (Vgl. Böhme 2007)

Einstellungen der Person" (Sloboda, zitiert nach Schönberger 2006, 21).

[71] Goldstein (1980) bemerkt dazu: „Often subjects told me, what makes a certain musical passage able to elict thrills is some association with an emotionally charged event or particular person in the subject's past, as though the music had become a conditioned stimulus for the emotional response" (Goldstein 1980, zitiert nach Schönberger 2006, 30).

Schon 1917 schrieb Eric Satie, der als Vordenker der funktionalen Musik und der Klanginstallation gilt, seine *Musique d'Ameublement*.[72] Heute ist die „musikalische Raumgestaltung" in Form von funktionalisierter Hintergrundmusik, die beim Hörer bestimmte emotionale Grundstimmungen erzeugen soll und die, wie Böhme vermutet, eigentlich ein „Kompensationsbedürfnis"[73] reguliert, aus unserem Alltag nicht mehr wegzudenken. Die durch Musik geschaffene Atmosphäre verflüchtigt sich jedoch unmittelbar nach ihrem Erklingen, im Gegensatz beispielsweise zur Farbe des Raums. Dies sucht man vor allem in kommerzialisierten Kontexten durch Dauerbeschallung ausgleichen, was allerdings nicht ohne wechselseitige Auswirkungen auf das Wahrnehmungs- und Rezeptionsverhalten bleibt. Dass darüber hinaus die Kopplung akustischer Reize mit visuellen Reizen das emotionale Erleben zusätzlich intensivieren kann, ist ein Phänomen, das u. a. auch aus der Filmmusik bekannt ist:

> „Während sich das Auge also auf die Bilder konzentriert, sie zu sich in Distanz wahrt, dringt der Ton, das Geräusch ohne jeden Abstand in den Körper ein. Durch den Ton wird das Gesehene ‚eindringlicher' und so-

---

[72] Solche Musik sollte als ständiger Teil des Mobiliars aufgefasst und beiläufig rezipiert werden. Satie wollte sie als eine neue Form der Musik verstanden wissen, die „Teil der Geräusche der Umgebung wäre, die ihnen Rechnung trüge [...]. Sie würde den Lärm der Messer und Gabeln mildern, ohne sie zu übertönen, ohne sich aufzudrängen. Sie würde das manchmal so drückende Schweigen zwischen den Gästen möblieren. Sie würde ihnen die üblichen Banalitäten ersparen. Gleichzeitig würde sie den Straßenlärm, der sich rücksichtslos ins Spiel drängt, neutralisieren. Das hieße ein Bedürfnis befriedigen [...]. Musique d'Ameublement [...] erfüllt dieselbe Rolle wie das Licht, die Wärme und der Komfort in jeder Form." (Satie 1980, 55)

[73] Böhme liefert hier gleichzeitig einen interessanten Erklärungsansatz für dieses „Grundbedürfnis nach Musik": „Es gibt sicher ein Grundbedürfnis nach Musik, dieses Grundbedürfnis ist aber heutzutage weitgehend auch ein Kompensationsbedürfnis geworden, weil ja die technische Zivilisation im Grunde darauf zielt, das Normalleben möglichst ereignisarm, das heißt auch affektiv neutral zu machen. Alle Menschen müssen sich ja sehr funktional und ‚cool' verhalten, so dass durch die Musik, aber auch die Fernsehindustrie eine Kompensationsleistung erbracht wird: es wird ein harmloser Bereich des Auslebens von Gefühlen zur Verfügung gestellt. Die Industrie entwickelt hier die Steigerungsmöglichkeiten, über die Geräte, und auch über die musikalischen Moden, die sich alle ständig erneuern müssen. Es wird von der Kulturindustrie, wie Adorno oder Horkheimer sagen würden, ein systematisches Veralten geplant, sowohl der Geräte als auch der Musik" (Böhme 2007).

mit in gesteigerter Form wahrgenommen. Die auf den Gesichtssinn isolierte Erkenntnisleistung wird so durch den Hörsinn erweitert und in tieferer Emotionalität erlebt" (Tittel 2004, 210).[74]

Die Affektion akustischer Reize umfasst jedoch nicht nur die Musik, sondern alle klanglautlichen Manifestationen der akustischen Dimension und damit natürlich auch alle Formen lautsprachlicher Äußerungen:

> „Der Weg zur sprachlichen Kognition führt durch die Emotion und bleibt sogar ein Leben lang von Emotion umhüllt. Da die Sprachwahrnehmung durch den Hörkortex auch direkt mit der Amygdala verbunden, und damit emotional belegt ist, wird beispielsweise auch noch beim erwachsenen Menschen der Eindruck von einer Person mehr von dem bestimmt, wie sie etwas sagt, als davon, was sie sagt" (Weeg 2007, 160).

Gerade bei sehr kleinen Kindern ist das Wohlbefinden eng an die Gestimmtheit der Bezugspersonen gekoppelt, die größtenteils prosodisch vermittelt wird (vgl. Jörg 2004, 73). Aber auch die Rhetorik nutzt paralinguistische Elemente der Sprache gezielt gerade auch zur unwillkürlichen Erzeugung emotionaler Zustände beim Hörer. Eine „flammende Rede" ist darauf angelegt, den Zuhörer emotional mitzureißen,[75] das lautstarke Erheben der Stimme kann zur Drohgebärde werden. Das Gehörte kann so eindringlich sein, dass das Hören zu einem spontanen Nachvollzug des verbal Vermittelten, d. h. zu einer unwillkürlichen Übertragung physiologischer Parameter (vom Sprecher auf den Hörer) führen kann, Eckert (2012) spricht vom „funktionalen Nachvollzug" (vgl. ebd.).

Neben Musik und Sprache kann in Abhängigkeit biografischer Lernerfahrungen – Jörg nennt sie „Hör-Grunderfahrungen" (Jörg 2001, 45; 2004, 72) – auch der nonvokale Bereich der Klänge und Geräusche emotional stark „aufgeladen" sein. Jörg spricht daher von der „kognitv-emotionalen Doppelfunktion" des Ohrs (2004, 75). Gerade frühe Hörerfahrungen bleiben ein Leben lang mit bestimmten Befindlichkeiten und emotionalen Zuständen assoziiert.

---

[74] Tittel verweist in diesem Zusammenhang darauf, dass in einer visuell dominierten Kultur der Hörsinn vor allem als Unterstützungs- oder Ergänzungsorgan des Visuellen angesprochen wird, mit dem Ziel, die Wahrnehmung des Visuellen zu steigern.
[75] Von Hitler weiß man, dass er in seinen Reden explizit audible Strategien verfolgt hat: „Dann hat er seine Reden sehr leise begonnen, ganz ruhig, ganz viele Pausen gemacht und dann in einem Riesenbogen zu seinen Brüllorgien heraufgeführt" (Köppchen 2007, 276).

Dies wird beispielsweise in der Intensivpflege Frühgeborener genutzt, wenn Klänge und Geräusche, wie das Einspielen der Stimme der Mutter oder rhythmischer Geräusche, die den Herzschlag imitieren sollen, gezielt zur Beruhigung der Frühgeborenen im Inkubator genutzt werden (vgl. Jörg 2004, 73; Nöcker-Ribeaupierre 1995). Da uns neben Stimmen oder Musik auch Geräusche unmittelbar emotional ansprechen, werden sie – neben visuellen Strategien – zunehmend für den Bereich des Marketings und der Werbung „entdeckt" und verstärkt für kommerzialisierte Ziele und Zwecke eingesetzt. Hieraus hat sich der vergleichsweise noch recht junge Bereich des *Audiodesigns* und *Sound Brandings* entwickelt. In der Automobilbranche werden beispielsweise in speziellen Sound-Engineering-Abteilungen Geräusche von ins Schloss fallenden Türen, Feedbackgeräusche von Blinker und Scheibenwischer oder auch Motorengeräusche akustisch gezielt gestaltet.[76] Aber auch die Gestaltung von *Audiologos*[77] (analog zu visuell sichtbaren Logos) zielt auf eine unmittelbare Beeinflussung der Gefühlsebene des Menschen.

Die Tatsache der „unausweichlichen Präsenz der Hörwelt" (Allesch 2002, 21) ergibt sich ganz einfach daraus, dass man zwar die Augen, nicht aber nicht die Ohren schließen kann, was evolutionär darin begründet ist, dass das Ohr als Warnorgan fungiert und jederzeit als Überwachungs- und Gefahrensinn aktiv sein und zur Verfügung stehen muss. So äußert auch Lacan: „Die Ohren sind auf dem Feld des Unbewußten die einzige Öffnung, die sich nicht schließen kann" (Lacan, zitiert nach Pabst 2004, 32). Damit ist die *Eindringlichkeit* auditiver Wahrnehmung sicher eines ihrer charakteristischsten Phänomene, was Plessner mit folgenden Worten ausgedrückt:

> „Sehend erblicken wir etwas nah oder fern von uns, über einen Abstand hinweg. Im Hören fällt das Moment des Abstandes fort. Ob fern oder nah, identifizierbar als ein Rascheln, Läuten, Ton einer Geige oder eines Saxophons – Ton dringt ein ohne Abstand" (Plessner 1970, S. 209).

Dem Sichtbaren können wir uns aktiv zuwenden oder uns von ihm distanzieren. Ein Klang hingegen erfasst uns, er „greift" unmittelbar und ganzheitlich

---

[76] Bei Opel arbeiten rund 50 Menschen in der Geräusch-Abteilung „Noise & Vibration" (vgl. Suppan 2010, 73).

[77] Aus Gründen der Einprägsamkeit sind Audiologos reduktionistisch angelegt. Sehr bekannt und nur aus zwei Tönen bestehend ist beispielsweise das Audiologo der Firma Telekom.

auf uns zu. Er – so beschreib es Fischer-Lichte – taucht unmittelbar aus der Stille des Raums auf,

> „breitet [...] sich in ihm aus, füllt ihn, um im nächsten Moment zu verhallen, zu verwehen, zu verschwinden. So flüchtig er sein mag, wirkt er doch unmittelbar und häufig nachhaltig auf den ein, der ihn vernimmt. Er [...] vermag häufig physiologische und affektive Reaktionen auszulösen. Ein Schauder überfällt den Hörenden, er bekommt eine Gänsehaut, sein Puls beschleunigt sich, seine Atemzüge werden kürzer und heftiger; er verfällt der Melancholie oder, im Gegenteil, bricht in Euphorie aus, Sehnsucht [...] ergreift ihn, Erinnerungen steigen in ihm auf und sofort. Lautlichkeit ist [...] ein starkes Wirkpotenzial inhärent" (Fischer-Lichte 2012, 62).

Hier kommt hinzu, dass aufgrund der Omnidirektionalität auditiver Wahrnehmung sowie der temporalen und perspektivischen Kontinuität akustischer Perzepte diese schwerer zu lokalisieren und zu identifizieren sind: „Man kann die Schallquelle identifizieren aber nicht in gleicher Weise den Schall", wie Vogt (2001, 222) formuliert. Straus (1956) spricht daher auch von einer spezifischen *Macht* des Klangs:

> „Dem Klang kommt durch die Simultanität des Erklingens und Hörens und die Ablösung von der Schallquelle eine eigentliche Macht zu. Vor dem in Abstand Sichtbaren können wir noch fliehen. Das Hörbare, der Laut oder das Wort hat uns schon ergriffen, im Hören haben wir schon vernommen" (Straus 1956, 402, zitiert nach Vogt 2001, 222).

Obwohl immateriell, können uns Schallwellen daher stark berühren – durchaus auch *körperlich* –, ohne dass wir dies verhindern könnten. Denn wir nehmen die Schallwellen und ihre Vibrationen nicht bloß mit dem Ohr wahr, sondern es hört und reagiert der ganze Körper, wie dies Auinger beschreibt:

> „klaenge sind schallwellen, sind vibrationen. wir nehmen sie nicht nur mit dem ohr wahr, es hoert der ganze koerper. unser koerper ist voll mit hohlraeumen die alle in ihren eigenen frequenzen resonieren. wir spueren einen bass im bauch und einen hochfrequenten klang auf der schaedeldecke. es gelingt uns vielleicht sehr gut das schneidende quietschen von busbremsen nicht mehr bewusst hoerend wahrzunehmen. sehr erfolgreich haben wir unsere faehigkeit des gehirns perfektioniert, klaenge wegzufiltern und nicht zu hoeren, aber bei genauerer beobachtung stellen wir eine reaktion unseres koerpers fest, ein verkrampfen" (Auinger 2010).

Auch wenn sie nicht greifbar sind, lassen Klänge und Schwingungen nach ihrem Erklingen in unserem Körper „andere Verhältnisse von Spannung und Lösung" (Schulze 2008, 144) zurück als zuvor. Entsprechend leichter ist es, von etwas wegzusehen, als von etwas „wegzuhören". Daher wird das Sehen häufig als distanzbildender Sinn, das Ohr hingegen als Sinn der Verbundenheit beschrieben, wie dies beispielsweise auch Welsch (1996) tut:

> „Das Sehen bringt die Dinge auf Distanz und hält sie an ihrem Ort fest. Es ist der objektivierende Sinn schlechthin. Im Sehen gerinnt die Welt zu Objekten: Jeder Blick hat etwas vom Blick der Medusa: Er läßt die Gegenstände erstarren, versteinert sie. – Ganz anders das Hören, das die Welt nicht auf Distanz bringt, sondern einlässt. Während das Sehen ein Sinn der Distanzierung ist, ist das Hören einer der Verbundenheit" (Welsch 1996, 249).

Die Unmöglichkeit, die Ohren zu verschließen und sich von der akustischen Welt abzukoppeln, hat immer wieder den Wunsch nach einem „Ohrenlid" heraufbeschworen, wie Ackermann (2007, 55) formuliert. Ist doch mit dieser Eindringlichkeit immer auch eine Verletzlichkeit verbunden, die nicht nur rein körperlich droht. Einerseits wirkt Lärm, dem wir uns nicht entziehen können, schon rein körperlich auf den gesamten Organismus. Auf diese Weise kann er, neben unmittelbar messbaren Stressreaktionen, auch mittelbare, sogenannte extra-aurale Wirkungen haben und ernstzunehmende gesundheitliche Beeinträchtigungen oder Schäden hervorrufen. Doch droht hier nicht nur die Gefahr schädigender Dezibelpegel allein. Die Nichtverschließbarkeit gegenüber Schallwellen setzt den Menschen mit seinem *gesamten körperlich-geistigen System* unausweichlich seiner Umwelt aus, wie dies der Musiker Markus Stockhausen beschreibt:

> „Hören ist ja keine Einbahnstraße. Ich öffne mich, öffne meinen Gehörsinn und damit auch meine Gefühlswelt, meine Gedankenwelt und im selben Moment dringt etwas in mich ein, ich lasse mich auf etwas ein und bin damit auch verletzlich" (Stockhausen, zitiert nach Reinartz 2008, o. S.).

Das Wissen um diese Zusammenhänge wird auch gezielt genutzt, um Menschen systematisch zu foltern: So wurden etwa in Guantanamo muslimische Häftlinge systematisch und über lange Zeiträume mit lauter Musik beschallt, oft in Kombination mit unbequemen Fesselungen, extremen Temperaturen und Lichteffekten. Neben dieser Tortur ist außerdem die Wahl der Musik, in der sich insbesondere popkulturelle Präferenzen der amerikanischen Mittel- und Unterschichten spiegelten, zentral. Da es für manche Muslime schon eine

Sünde ist, überhaupt Musik zu hören, folgt diese Methode zusätzlich einer Strategie der kulturellen Demütigung.[78] Diese Methode gilt, da sie keine äußeren Spuren hinterlässt, als „no-touch torture".[79] Tatsächlich aber „berühren" die Schallwellen unser Trommelfell, wodurch sie es in mechanische Schwingung versetzen. Der Mediziner und Naturphilosoph Lorenz Oken (1779-1851) fasst dies mit dem vielzitierten Aphorismus: „Das Auge führt den Menschen in die Welt, das Ohr führt die Welt in den Menschen ein." Hesse (2003) beschreibt dieses Phänomen folgendermaßen: „Wenn wir sehen [...] befinden wir uns außerhalb eines Bildes und blicken hinein. Wenn wir dagegen die Augen schließen und der Musik lauschen [...] fühlen wir uns im Zentrum einer anderen Erlebniswelt, wir befinden uns mitten im Klang" (Hesse 2003, 75). Mit diesem Vergleich kann das spezifische Phänomen dieser Sinneswahrnehmung pointiert gefasst werden. Doch wenn durch Beschreibungen wie „erstarren" und „versteinern" bei Welsch (weiter oben) der Sehsinn implizit mit negativ gefärbten Attributen in Bezug auf den Hörsinn abgewertet wird, erscheint dies als unzureichende Verkürzung eines sehr komplexen Sachverhaltes. Solche „Hierarchisierung" nimmt auch Vogt (2001) vor, wenn er den Hörsinn als den sozialeren Sinn be- (und damit auf)wertet, wenn er formuliert: „Hören ist im Vergleich zum Sehen der sozialere Sinn, weil sich der Hörende im Vergleich zum Sehen immer schon in einem akustischen Raum befindet, den er mit Anderen teilt" (ebd., 222).

Wie schon zu Beginn dieses Kapitels argumentiert, erscheint es wenig sinnvoll, die menschlichen Sinnesorgane zu hierarchisieren oder gar mit menschlichen Eigenschaften zu etikettieren. Weiterführend scheint es hingegen zu sein, den gemeinsam geteilten Raum, der im gemeinschaftlichen Hören entsteht – Sloterdijk (2010) bezeichnet diesen im Hören entstehenden Raum als

---

[78] „Ein Folteropfer beschreibt die Funktionsweise dieser Foltermethode folgendermaßen: ‚Es fühlt sich an, als hätte man sehr starke Migräne, und dann kommt jemand und schreit dich an – multipliziert mal tausend', sagt Ruhal Ahmed. ‚Du kannst dich nicht konzentrieren, auf nichts. Vorher, wenn ich verprügelt wurde, konnte ich mich oft vom Schmerz wegfantasieren und an andere Dinge denken. Aber mit der Musik verliert man jede Richtung. Die Musik übernimmt dein Gehirn. Du verlierst die Kontrolle und fängst an, zu halluzinieren. Du wirst an eine Grenze gestoßen und merkst, dass dahinter der Wahnsinn lauert. Eine Grenze, hinter der es, wenn man sie einmal überschritten hat, kein Zurück mehr gibt. Diese Grenze habe ich mehrfach gespürt.'" (Rapp 2010)
[79] Zum Thema *Akustik und Gewalt* auch weiterführend der gleichlautende Sammelband von Nicola Gess (2005).

„Phonotop" – als Möglichkeitsbedingung für kommunikative Handlungen generell zu verstehen. Es sind zentrifugale und zentripetale Kräfte auditiver Wahrnehmung, wie sie Schafer[80] oder Hesse beschreiben, die sich in den sozialisierenden oder partizipativen Dynamiken eines gemeinschaftlichen Hörprozesses formieren. Dieser materiell nicht existierende, sondern erst im Hören entstehende, fluide Raum kann als sozialer, sich kontinuierlich verändernder Aktionsraum verstanden werden. Es ist ein Raum gemeinsam geteilten (Hör-)Erlebens, der sich in einem gemeinschaftlichen Dazugehören erschließt. Er entsteht, bzw. wird hörbar in einem, wie Dobeneck (2006) formuliert, „akustischen Selbsttuning", das der Spezifik dieser Sinneswahrnehmung geschuldet ist, bzw. aus dieser entspringt. Ob nun durch mitreißende Reden, inspirierende Gespräche oder auch in einer Konzertsituation, solche „eindringlichen" Kräfte können auch verbindend sein und soziale Möglichkeitsräume öffnen.

2.4. Hören: „Kino im Kopf"

Die bisherigen Ausführungen ließen schon anklingen, dass akustische Reize nicht nur emotionales, sondern, in Vermittlung damit, auch assoziatives Erleben anregen können. Rosenkötter (2003) spricht von „komplexen Assoziationssystemen" (Rosenkötter 2003, 32), die im Hörprozess entstehen. Dies verweist erneut darauf, wie stark vernetzt die kognitive Verarbeitung von Sinnesreizen insgesamt verläuft. So sprechen akustische Reize nicht nur die primären akustischen Areale an, sondern diese sind mit Reizleitungsketten ganz verschiedener subkortikaler Zentren verbunden, weswegen akustische Stimulation nicht nur emotionale Resonanz, sondern auch vielfältige Assoziationen, Stimmungen und Erinnerungen hervorrufen kann. Rosenkötter (2003) beschreibt dies folgendermaßen:

> Die einlaufenden Informationen werden an „subkortikale Zentren (Thalamus, Fromatio retikularis) weitergeleitet. Über parallele Verbindungen werden kortikale Assoziationszentren erreicht. Dabei werden die Informationen einerseits hemmend und bahnend mit anderen Sinnessystemen (z. B. visuell, taktil) verknüpft (intermodal) und andrerseits

---

[80] Schafer benutzt diese Begriffe, wenn er über die zentripetale und zentrifugale Kraft der Kirchenglocke ausführt: „Die Kirchenglocke übte ursprünglich eine zentripetale *und* zentrifugale Funktion aus, denn sie war dazu bestimmt, die bösen Geister zu vertreiben, sowie das Ohr Gottes und die Aufmerksamkeit der Gläubigen anzuziehen" (ebd. 1988, 222, Herbvorhebung im Original).

kognitiv bewertet und emotional beeinflusst. Beim Wiedererkennen, Fokussieren und Lernen sind diese komplexen Assoziationssysteme von großer Bedeutung" (Rosenkötter 2003, 31 f.).

Bloßes Hören kann somit Gedanken, Vorstellungen und innere Bilder stimulieren, die in Abhängigkeit biografisch geprägter Lernerfahrungen entstanden und gespeichert sind. Durch einen akustischen Reiz ausgelöst, tauchen als Teil einer solchen Reizleitungskette Gedanken, Vorstellungen und Assoziationen unvermittelt auf und werden so mit einer spezifischen Situation verbunden. Ein solches Hervorrufen von komplexen emotional-assoziativen Erlebnisinhalten wird auch „Evokation" genannt (Koelsch 2014, 155). Doch ist die Musik selbst eher selten Gegenstand einer Emotion, vielmehr provoziert sie emotional aufgeladenes, assoziatives Erleben. Assoziatives Erleben ist damit an Gedächtnisleistungen geknüpft, deren Gegenstand oftmals auch spezifische Emotionen sind. Jacobs/Schrott (2011, 282) beziehen dies auf das episodische Gedächtnis des Menschen: „[E]s assoziiert permanent unterschiedlichste Sinneseindrücke miteinander – Musik etwa mit der Situation, in der wir sie zum ersten Mal gehört haben. Was man gemeinhin das ,Schatz, sie spielen unser Lied'-Phänomen nennt". Welche Repräsentationen der gehörten Klänge tatsächlich aktiviert werden, hängt immer von den Lern- und Lebenserfahrungen selbst ab. Ähnlich argumentiert Gruhn (2008, 13): „Die Musik löst Gefühle aus, weckt Erinnerungen, wird mit bestimmten Ereignissen oder Situationen assoziiert, so dass ein dichtes Netz aktivierter Zellgruppen in den verschiedensten Arealen angeregt wird". Hesse (2003, 167) beschreibt solche Assoziationen als „Glieder einer mehr oder weniger bewusst erfahrenen Erlebnisganzheit". Sie werden durch ein bestimmtes Ereignis angesprochen und treten wieder ins Bewusstsein, wenn sie in Folge einer Reizleitungskette aktiviert werden. Hesse grenzt drei Kategorien von Assoziationen voneinander ab,[81] wobei er „individuelle" von „überindividuellen Systemen" unterscheidet. Letztlich können der Bildung von Assoziationen doch nur individuelle Lernerfahrungen zu-

---

[81] (1) Gebundene Assoziationen: Dies sind Assoziationen, die von allen Angehörigen eines Kulturkreises gemeinsam geteilt werden. Als Beispiele nennt Hesse die kleine Terz abwärts – Kuckucksruf, Trompete – Signal, Horn – Wald, Harmonika – Seefahrt. (2) Potentielle Assoziationen: Assoziationen, die in ein assoziatives überindividuelles Beziehungsnetz eingebunden sind und die zum Allgemeingut einer bestimmten Gruppe, wie die Angehörigen einer bestimmten Bildungsschicht, gehören. (3) Individuelle Assoziationen: individuell verknüpfte Assoziationen, wie etwa die Kopplung eines schönen Erlebnisses mit dem Erklingen eines bestimmten Musikstückes oder bestimmten Klängen.

grundeliegen, sodass eine Unterscheidung zwischen individuellen und kulturell geteilten Assoziationen präziser erscheint. „Was das Ohr dem Gehirn meldet, wird beeinflusst von dem, was es selber vom Gehirn erfährt. Was der Hörkortex höheren Hirnzentren meldet, wird beeinflusst von dem, was der Hörkortex selber von höheren Hirnzentren erfährt" (Oehler 2007a, 157). Diese wechselseitigen Prozesse sind somit nichtlinear und dynamisch organisiert:

> „Es sind Selbstorganisationsprozesse, wo bei jedem Auftauchen eines Musters immer die Assoziationen, der Rückgriff auf das Gedächtnis gefordert wird, und daraus wird das Ganze, ein Objekt mit seiner Bedeutung, kreiert. Und im Kortex können wir die Repräsentationen dann ablesen. Dass Muster von Tönen immer Assoziationen wecken, hat sicher jeder schon einmal erlebt" (Scheich, zitiert nach Oehler 2007a, 154).

Geiger (2004) spricht von einem „kristallisierenden Potenzial" (vgl. Geiger 2004, 95) der Imaginationen, das – insbesondere in veränderten Bewusstseinszuständen – kreative Prozesse stimulieren kann und damit neue Wege der Realitätsbewältigung sowie die Schaffung neuer Realitäten ermöglicht. Dabei sind, wie schon weiter vorne angeklungen, emotionales und assoziatives Erleben eng miteinander vernetzt. Hierzu führt Hesse (2003) aus:

> „Auf der assoziativen Ebene gibt es zahlreiche Bindungen zwischen charakteristischen Melodie- und Klangmustern und bestimmten Situationen bzw. Stimmungen. Relativ eng sind Stimmungen mit motorischen Charakteristika der Musik assoziiert. Tempobezeichnungen wie allegro, vivace, adagio oder grave gehen ihrem Wortsinne nach auf Stimmungen zurück. Das Fühlen stimmungsmäßiger Affinitäten zu den Tongeschlechtern Dur und Moll sowie das Erfassen bildhafter melodischer Wendungen zeigen eine hohe interindividuelle Einhelligkeit der Urteile, so dass man in weitem Maße von gebundenen, mindestens aber potentiellen Assoziationen ausgehen kann" (Hesse 2003, 169).

Solches in enger Rückkopplung mit dem emotionalen Erleben stehende *assoziative Potenzial der Musik* nutzt eine ganz eigene Form *rezeptiver* Musiktherapie, die „Guided Imagery and Music" (G.I.M). In den USA gilt sie mittlerweile als etablierte musiktherapeutische Methode (Kiel 1993; Geiger 2004), wird aber auch zunehmend auch im deutschsprachigen Raum, sowohl für therapeutische, aber auch für außertherapeutische Ziele und Zwecke, etwa als Unterrichtsmethode – eingesetzt bzw. spezifisch dafür weiterentwickelt (Rosenberg 2001). G.I.M. nutzt das der Musik implizite Potenzial, Zustände veränderten Wachbewusstseins anregen zu können. So werden die aufgrund der engen Vernetzung assoziativ-emotionalen Hörerlebens projektiven Möglichkeiten der Musik gezielt genutzt, um zusätzlich Zugänge zu tieferen emotionalen Bewusstseinsschichten zu bahnen und sie etwa für therapeutische Zwecke oder auch für spezifische Lernerfahrungen im pädagogischen Kontext nutzbar zu machen. Für Jäger (2008, 49) erschließt sich daher in diesem assoziativen Potenzial auditiver Wahrnehmung gleich ein ganz eigener Ansatzpunkt auch der Musikpädagogik. Wird Musik gezielt genutzt, etwa um ein intensives assoziatives Erleben anzuregen, wird diese zugleich funktionalisiert.[82]

Doch ist es nicht die Musik allein, der ein solch assoziatives Potenzial innewohnt. Assoziatives Hören kann die ganze Bandbreite akustischer Stimulation von Musik über Sprache, Sprachklänge, Lautmalerei (beispielsweise Onomatopoesie) bis hin zu Geräuschen umfassen, denn assoziatives Erleben ist ein Phänomen akustischer Stimulation generell. So formuliert Scheich (2007): „Das Akustische regt ungeheuer an, frei über Zusammenhänge zu assoziieren" (Scheich, zitiert nach Oehler 2007a, 154). In diesem Register sind dann Visualität und Auditivität eng miteinander verknüpft. Dass sich das Hören daher immer auch über *Vorstellungen* organisiert, die ganz konkrete *Bilder* evozieren können, offenbart, wie Wimmer bemerkt, die Redewendung, *jemanden zur Einsicht zu bringen*. Dabei spricht er konkret vom „Sichtbarmachen des Unsichtbaren":

> „Ziel und Zweck eines solchen Hörens liegen nicht im Hören des Anderen, sondern im vorstellenden Verstehen, im Sehen, also darin, sich ein Bild machen zu können. Sprache als das eigentlich akustische Medium dient dabei in erster Linie dazu, den Menschen *einsichtig* zu machen, ihm Einsicht zu verschaffen durch das Gehör, Einsicht in sonst unsichtbare Zusammenhänge und in die Gedanken des Anderen. [...] Hören heißt hier Gedankenlesen, Sichtbarmachen des Unsichtbaren" (Wimmer 1993, 73, Hervorhebung im Original).

---

[82] „So wie McLuhan die Erfindung des Buchdrucks als folgenschwere Beeinflussung der Sprache und Kommunikation unseres Zeitalters verstand, so kann die Erfindung des Phonographen und die daraus resultierte Massenfabrikation ‚akustischer Ware' als einschneidende Veränderung der auditiven Wahrnehmung gedeutet werden. Die heute selbstverständliche Verfügbarkeit und Reproduzierbarkeit akustischer Medien und die permanente, allgegenwärtige Beschallung von Musik ist Teil unseres Alltagslebens geworden. Musik hat ihren ehemals vordergründigen Charakter zu Ungunsten eines hintergründigen ‚Nebenher' abgegeben. Sie wird funktionalisiert eingesetzt und (auch aufgrund standardisierter Produktions- und Publiziertechniken) selten noch mit ungeteilter Aufmerksamkeit beschenkt" (Hennes 2006, 22).

Es ist vor allem die verdichtete Sprache der Lyrik, die assoziativ stark aufgeladene Worte verwendet. Bieten diese Worte zudem Referenzen zum akustischen Erleben, wie beispielsweise im Gedicht „Wünschelrute" (1835) Joseph von Eichendorffs, können sie nicht nur ein assoziatives, sondern ein explizit *klingendes* Hören stimulieren:

> „Schläft ein Lied in allen Dingen / Die da träumen fort und fort / Und die Welt hebt an zu singen / Triffst du nur das Zauberwort."

Mit diesen Worten wird der Hörer auf assoziativer Ebene gleich doppelt angesprochen: Der innere Nachvollzug dieser Worte kann nicht nur intensive Momente hörästhetischen Erlebens evozieren, sondern auch visuelle Imaginationen anregen. Dann wird assoziatives Hören nicht nur zu einem „verklanglichten Hören", sondern auch zu einem, wie Reinertz metaphorisch formuliert, „Hören ohne Grenzen", das sich schon im Lesen, d. h. in einem rein *inneren Hören* vollziehen kann:

> „[B]eim Lesen entstehen ganz persönliche innere assoziative Bilder. Und diese Bilder decken sich nur selten mit den Bildern des verfilmten Romans. Als Leser bin ich immer auch Hörender, dem sich Kaskaden von inneren Fantasiebildern öffnen. Lesen bedeutet immer auch, sich selbst zuzuhören. Hörend bin ich frei von der Form, die mir das nur Gesehene vorschreibt. Die sichtbare Welt ist eine andere Welt als die erlauschbare Welt. Hören führt in eine Welt ohne Grenzen." (Reichartz 2008, o. S.)

Wermke (1996) grenzt nun solches „imaginatives Hören" von einem „kommunikativen" Hören, einem Zuhören in der Kommunikation, ab. Diese Abgrenzung scheint bei näherer Betrachtung allerdings wenig weiterführend. So zeigten die bisherigen Überlegungen, dass auch im „profanen" alltäglichen kommunikativen Handeln Assoziationen, Fantasien und innere Bilder entstehen, die auf den Verlauf einer Kommunikation nachhaltig einwirken können.

Festgehalten werden soll, dass dem Akustischen ein assoziatives Potenzial innewohnt, das dem Hörprozess ein spontanes, ein intuitives und damit auch kreatives Moment verleiht. Die Komponistin Carola Bauckholt beschreibt dieses Phänomen mit folgenden Worten:

> „Ich glaube, es geht gar nicht so sehr um das Hören, [...] sondern es geht um die eigene Vorstellungskraft. Um die Fantasie und die Imaginationskraft, die ausgelöst wird durch den Ton. [...] der Klangreiz lässt meine visuelle Fantasie frei. Das Hören hat ja auch so viel Subjektivität.

Jeder hat seine eigene Hörwelt" (Bauckholt, zitiert nach Reinartz 2008, o. S.).

2.5. Responsivität

Nicht alles, was an unser Ohr dringt, dringt auch zu uns durch, bringt sich zu Gehör. Doch wie kommt es, dass wir auf das eine aufmerken und auf das andere nicht? Waldenfels führt dazu aus: „Unser Hören beginnt damit, dass sich etwas zu Gehör bringt, sich einschleicht, uns anrührt, aufschreckt, verführt, stört, und im äußersten Fall einen Hörschock oder einen Hörsturz herbeiführt" (2010, 164). Diesen Moment beschreibt er als „Widerfahrnis": „etwas, das uns geschieht, zustößt, zufällt" und dem wir uns nicht entziehen können. Auch wenn wir „immer Akteur dieser Widerfahrnis sind", handelt es nicht „um einen Akt, den wir selbst beginnen", sondern „um eine *Widerfahrnis*, ein *Pathos*" (Waldenfels 2010, 165, Hervorhebungen im Original). „Anstöße", die solche Bewegung erzeugen, rufen das Bild eines Resonanzkörpers wach, der durch einen kinetischen Impuls zum „Schwingen" und „Erklingen" gebracht wird. Solche Metaphern erinnern an das physikalisch-akustische Phänomen der *Resonanz*. Dementsprechend spricht der Philosoph Jakob Böhme (1575-1624) auch vom Verstehen als dem „Mitschwingen einer inneren Glocke" (vgl. Böhme 2007). Wird dieses physikalische Phänomen auf zwischenmenschliche Prozesse übertragen, wird „innerer Widerhall" auch als „Responsivität" bezeichnet. Diese ist, folgen wir den Überlegungen Gadamers, ein genuines Prinzip des Zuhörgeschehens. So spricht Gadamer vom Hören als einer Vollzugsweise, die sich erst als responsives Geschehen ganz erfassen und erschließen lässt: „Um diese Vollzugsweise des Hörens geht es. Es ist nicht einfach das Aufnehmen dessen, was eine Maschine aufnehmen kann. Es ist das Wort, das den anderen in seinem Verstehen erreicht hat. Ein solches Wort verlangt nach der Antwort" (Gadamer 1998, 200). Schnell wird deutlich, dass sich Responsivität aus zirkulären Dynamiken speist, welche sich einem linear-kausalen Nacheinander verweigern: Meint solche Vollzugsweise doch keine logische Abfolge von Stimulus und Response im Verständnis eines noch behavioristischen Denkens. Vielmehr formt die Responsivität des Zuhörgeschehens ganz eigene Figuren kommunikativer Gleichzeitigkeit, die auch Waldenfels beschreibt: „Die Antwort ist weder als logische Konsequenz, noch als kausale Wirkung noch als normierter Regelfall [...] an die Herausforderung gebunden" (Waldenfels 2007, 334). So besteht die Eigentümlichkeit responsiven Geschehens gerade darin, dass sich in ihr linear-kausale Kategorien des Denkens auflösen. Beide Figuren (Rede und Antwort) verbinden sich in diesem Prozess zu einer Gestalt, werden so zu einem ganzheitlichen Vollzug: Responsivität kann nur als zirkulär-rekursives Geschehen erfasst werden. Waldenfels beschreibt dies, wenn er in scheinbarer Widersprüchlichkeit formuliert: „Wir antworten nicht auf das, was wir hören, sondern wir antworten, indem wir etwas hören" (ebd., 250). Insofern unterscheiden sich, so betont Waldenfels, unsere menschlichen Sinne auch von einem bloßen Aufnahmegerät (vgl. Waldenfels 2010, 164):

> „Der hörende Leib ist kein Registriergerät, sondern ein mitschwingender Resonanzkörper. Hören bedeutet von vornherein mehr als die Tatsache, dass unsere Hörorgane kausalen Einwirkungen unterliegen" (Waldenfels 2005, 27).

Das Zuhörgeschehen setzt zwei Menschen zueinander in Beziehung: Ohne körperlich berührt zu werden, vollzieht sich im Moment der Resonanz eine immaterielle Form der Berührung, die nicht nur Kontakt entstehen lässt, sondern die zu einer, wie Barthes schreibt, „vollständigen Ansprache" führt (Barthes 2006, 81). *Hör mir zu* heißt damit, wie Barthes es ausdrückt: „Berühre mich, wisse, dass ich existiere" (ebd.). So ist das responsive Moment des Hörens zugleich auch ein zutiefst interaktives Geschehen – und umgekehrt: „denn das Getroffensein geht über in eine *Response*, es *verwandelt* sich vom „*Wovon* des Getroffenseins in das *Worauf* eines Antwortens" (Waldenfels 2010, 165, Hervorhebungen im Original). Das Wort „verwandeln" scheint dabei insofern recht treffend gewählt zu sein, da in diesem Moment nicht nur die beiden rhetorischen Figuren „Frage" und „Antwort" ineinander aufgehen, sondern da im Hören zwischen gerade noch unverbundenen Elementen eine direkte Verbindung entstehen kann. Hier zeigt sich das genuin interaktive Moment des Hörens, welches den Zuhörer zu einem, wie Barthes formuliert, „dualen Subjekt" mache:

> „Zuhören verwandelt den Menschen in ein duales Subjekt. Das Ansprechen führt zu einem Gespräch, indem das Schweigen des Zuhörers genau so aktiv sein wird, wie das Sprechen des Sprechers: Das Zuhören spricht könnte man sagen" (Barthes 2006, 81).

In diesem Sinne formuliert auch Bergmann, wenn sie, unter Bezug auf Geißner (1984) von einer „Zweistelligkeit" des Hörens, spricht:

> „Allerdings sollte dabei nicht übersehen werden, dass Hören immer das Hören von etwas bedeutet, als prinzipiell: der/die Hörende und das zu Hörende, immer auf eine ‚Zweistelligkeit' hin angelegt ist, egal ob es sich dabei um menschliche oder andere Geräuschquellen handelt, egal, ob diese natürlich oder durch ein Medium vermittelt werden" (Bergmann 2000, 44).

Waldenfels geht hier noch einen Schritt weiter, wenn er das Hören explizit als „Aufforderungssituation" (2007, 569) bezeichnet und aussagt, der Hörende und das zu Hörende strebten nicht nur danach, „erhört" zu werden, sondern trügen zugleich das Bedürfnis nach Antwort in sich (vgl. dazu auch Geißner, in Bergmann 2000, 44). „So ist das Antworten im Sinne der Response nie etwas, was für sich geschieht, oder vollzogen oder getan wird" (Waldenfels 2007, 324), sondern Responsivität ist für Waldenfels ein genereller Grundzug nicht nur sprachlicher, sondern auch außersprachlicher Akte und Handlungen (vgl. ebd., 324 ff.). „Etwas kommt zu Gehör, indem wir antwortend darauf eingehen" (Waldenfels 2010, 165).

Folgen wir dieser Argumentation, wirken diese Dynamiken gleichermaßen im nonvokalen Kontext: Auch wenn Barthes bei dem Wort *Beziehung* spontan die menschliche Stimme als Interaktionsmedium assoziiert, wenn er schreibt: „Das Hören einer Stimme eröffnet die Beziehung zum anderen" (Barthes 1991, 65), entspinnt sich eine solche Zweistelligkeit des Hörens nicht nur im interpersonellen Kontakt allein, sie scheint auch im Kontakt mit der uns umgebenen flüchtigen Materialität des Klangs ganz unmittelbar zu entstehen. Ob wir im Hören auf ein akustisches Signal spontan reagieren, indem wir den Kopf in Richtung Klangquelle ausrichten und damit im weitesten Sinne „antworten". Oder ob solche Zweistelligkeit in der Begegnung mit einem musikalischen Werk entsteht, solche Dualität entsteht nicht erst im Zuhörgeschehen, der Hörer ist als (generalisierter) Anderer im Vorstellungsraum des Komponisten immer schon anwesend, ist damit in den Schaffensprozess bereits „einkomponiert". Im Hörprozess selbst inszeniert sich diese Zweistelligkeit immer wieder neu und immer wieder anders. Goebel bringt das zum Ausdruck, wenn er formuliert: „Dieser im klingenden Material komponierte Kontext ist nun nicht rückbezüglich auf sich selbst, sondern bezieht den Hörer mit ein" (Goebel 1994, 355). Schon die Materialität des Klangs „kommuniziert", indem sie den Hörer individuell unterschiedlich anspricht. Vogt spricht daher vom „antwortenden Hören, wenn er auf das Prinzip der Responsivität im Hörvorgang auch im Bereich des Musikerlebens aufmerksam macht: „Die hier vertretene These ist nun, daß musikalisch-ästhetische Erfahrung vor allem deshalb als responsive Erfahrung zu kennzeichnen ist, weil das Hören als leibliches Register der Wahrnehmung von Musik immer auch als antwortendes Hören zu begreifen ist" (Vogt 2001, 220, Hervorhebung im Original), was den dynamischen Aspekt kommunikativen Handelns betont. Kommunikatives (und damit auch musikalisches) Handeln wird dann zu einem Impuls, der komplexe responsive Dynamiken auszulösen vermag, welche sich linearen Gesetzmäßigkeiten entziehen: „Die ‚Frage' des Musikwerks, durch welche die ästhetische Erfahrung in Gang gesetzt wird, ist gar keine, wenn ihr nicht die ‚Antwort' des Aufhorchens vorausgegangen ist" (ebd., 223). Auch Waldenfels hebt das dynamische Moment interaktiven Hörens in der Musik hervor. Er spricht von einem der Responsivität entspringenden unspezifischen „Zwischen":

> „Das Lautwerden [in der Musik, Anmerkung U.M.] schöpft seinen sozialen Charakter nicht einzig daraus, dass Musizierende aufeinander hören und hörend antworten. Musik ist responsiv durch und durch. Das Zwischen, das auf diese Weise zustande kommt und das selbst einen Ereignischarakter hat, bewahrt die Einzelstimmen ebenso davor, zu einer Klangmasse zu verschmelzen oder sich im Gleichschritt zu bewegen, wie Machthaber es gern sehen" (Waldenfels 2005, 24).

Es ist die Dualität interaktiven Bezogenseins, die im Moment der Begegnung entsteht – so wie sie beispielsweise auch Martin Buber beschreibt –, die im Verwobensein der Begegnung dieses „Zwischen" entstehen lässt. Resonanzprozesse erscheinen somit als grundsätzliches Phänomen interaktiver Bezogenheit, die Verstehen und Denken überhaupt erst ermöglichen. Der Sozial- und Politikwissenschaftler Hartmut Rosa (2016) spricht, wie dies auch schon Waldenfels (2007) thematisiert, konkret von „Antwortbeziehungen":

> „Dass das Gehirn die Welt nicht einfach *abbildet* oder mental *repräsentiert* und dass Bewusstsein oder Geist nicht einfach als kausale Folge von zerebralen Prozessen erzeugt werden, sondern dass sich zwischen (Um-)Welt, Leib und Gehirn einerseits und zwischen Gehirn und Geist andererseits *Resonanzverhältnisse* oder *Antwortbeziehungen* entwickeln, welche dann menschliches Verstehen und Denken aber auch Lernen, Kommunizieren und Handeln erst möglich machen" (ebd., 246 Hervorhebung im Original).

Rosa verweist darauf, dass in dieser Einschätzung der Dynamik zwischenmenschlicher Prozesse die jüngeren neurobiologischen, kognitionswissenschaftlichen, evolutionsbiologischen, entwicklungspsychologischen und soziologischen Forschungen übereinstimmen (vgl. ebd.). Solche Erkenntnisse werden gestützt durch Forschungen zu Fragestellungen der „theory of mind". Diese Theorie erklärt die schon bei jungen Kindern beobachtbare Fähigkeit, sich in die mentalen Zustände anderer Menschen hineinzuversetzen und eine „Theorie über den Anderen" zu entwickeln, was eine entscheidende Voraussetzung nicht nur für die soziale, sondern auch für die kognitive Entwicklung zu sein scheint (ebd.). Jedoch „gibt es überzeugende Hinweise darauf, dass diese Fähigkeit weniger auf tatsächlicher kognitiver Theoriebildung beruht [...] als vielmehr eine Folge von intersubjektiven Wechselwirkungen und sogar

Ko-Konstruktionen [...] ist, so dass Menschen in sich gleichsam nachvollziehen, was sie außer sich – an anderen – beobachten („simulation theory auf mind')" (vgl. ebd., 247). Rosa verweist in diesem Zusammenhang auf den emotionssoziologischen Ansatz von Randall Collins. Nach dessen Auffassung hat

> „die Evolution bei Menschen zu einer besonders hohen Empfänglichkeit für mikrointeraktive Signale von anderen Menschen geführt. Menschen sind zu intersubjektiver Aufmerksamkeit prädestiniert und dazu, die Emotion zwischen zwei Körpern in einem gemeinsamen Rhythmus zu Resonanz zu bringen. Es gibt hier eine entwicklungsgeschichtlich biologische Neigung. Menschen lassen sich situationsbedingt von den momentanen Nuancen im Nerven- und Drüsensystem ihres Gegenübers gefangen nehmen und tendieren daher zur Schaffung interaktiver Rituale, um so ein unmittelbares persönliches Gemeinschaftsgefühl aufrecht zu erhalten" (Collins 2011, zitiert nach Rosa 2016, 247 f.).

Solche Untersuchungen werden durch die „Entdeckung" der Spiegelneuronen[83] gestützt:

> „Haben die neueren bildgebenden Verfahren der Hirnforschung es möglich gemacht, solche Resonanzprozesse im Wahrnehmen, Denken, Empfinden und Handeln buchstäblich sichtbar zu machen, so bietet die Entdeckung und Beschreibung der Spiegelneuronen einen ebenso spektakulären wie populären Ansatzpunkt dafür, die beiden Resonanzfelder der neuronalen Gehirnorganisationen einerseits und der Subjekt-Umwelt-Beziehung andererseits miteinander zu verknüpfen [...]. Wer beobachtet, wie andere – insbesondere durch ihre mimische und zum Teil auch gestische Reaktion und ihre körperliche Ausdruckshaltung – Schmerz, Angst, Trauer oder Ekel empfinden, tendiert unwillkürlich dazu, eben diese Gefühle in sich selbst wachzurufen – auch wenn er sie infolge einer kognitiven Weiterverarbeitung dann zu blockieren, zu verändern und umzudeuten vermag" (ebd. 250 ff.).

Mit dem Phänomen des „funktionalen Nachvollzugs" in den Hör- und Sprechakten der Kommunikation finden diese Prinzipien eine physiologische Entsprechung. So verweist der Sprachwissenschaftler Hartmut Eckert darauf, dass der spontan ausgelöste emotionale Nachvollzug des verbal Vermittelten zum unwillkürlichen, jedoch physiologisch messbaren „funktionalen Nachvollzug" beim Zuhörer führt, wenn etwa durch eine spannungs- oder energiereiche Sprechweise Muskelbewegungen im Vokaltrakt *des Zuhörers* angeregt

---

[83] Weiterführend zu Spiegelneuronen siehe auch Rizolatti/Sinigaglia 2008; Bauer 2006.

werden. Dieses Phänomen scheint in keinem Verhaltensbereich so ausgeprägt zu sein wie im Vokaltrakt, wie Eckert bemerkt (vgl. Eckert 2001).

Festgehalten wird abschließend, dass Interaktivität dem Prinzip der Responsivität zu entspringen scheint, was die *zirkuläre Bewegtheit der Kommunikation* zu begründen scheint.

2.6. Die (kulturelle) Formung des Hörbaren

„Wie erkennt man, was man nicht kennt?" Diese Frage des US-amerikanischen Gegenwartskomponisten Morton Feldmann, mit der Zender (2014) das erste Kapitel seines Buches „Waches Hören" eröffnet, thematisiert implizit die enorme Klang- und Bedeutungsvielfalt der Lautsphäre dieser Welt und verweist damit auf die kulturelle Komponente auditiver Wahrnehmung. Bedenkt man, dass die menschliche Klang- und Geräuschwelt von höchst divergierenden Einflussgrößen, wie geografisch-klimatischen Konstellationen, einschließlich ihrer Flora, Fauna und Bevölkerungsdichte, sowie den kulturellen Praktiken der dort ansässigen Menschen, gestaltet wird, wird schnell deutlich, dass kulturelle Größen, etwa der Grad der Technisierung einer Bevölkerung etc., großen Einfluss darauf haben, wie sich die Geräusch- und Klangwelt verschiedenster Orte und Regionen gestaltet, wie die dort lebenden Menschen ihre Lebens- und damit auch Hörwelten erleben und welche Hörpraktiken sie in Folge dessen entwickeln:

> „Eine Betrachtung auraler Architektur im Wandel der Zeit zeigt, dass die Rolle des Hörens mehr von kulturellen Werten, mikrokulturellen Aktivitäten und individuellem Lebensstil geprägt ist als durch die neurobiologische Bedingtheit unserer Spezies. Die afrikanische Kultur der Haussa z. B. unterscheidet nur zwei Sinne: sehen und ‚das Leben erfahren', was wiederum Intuition, Emotion, Geruch, Gespür, Geschmack und Klang umfasst. Der Gesichtssinn dient ausschließlich dazu, Hindernissen auszuweichen. Die visuell geprägte, abendländische Kultur hingegen fasst die Wahrnehmung von Vibration, Temperatur und Oberflächenbeschaffenheit im Tastsinn zusammen, obwohl man sie auch als drei verschiedene Sinne betrachten könnte" (Blesser/Salter 2008b, 14 ff.).

Gehen wir der Frage Zenders weiter nach, verweist sie darauf, wie stark sich die auditiven Konstruktionen und inneren Hörbilder nicht nur individuell, sondern auch kulturell und epochal voneinander unterscheiden können. Die Frage thematisiert zudem die Spezifik von Klang, die der US-amerikanische

Professor für Geschichte, Mark M. Smith (2001, 266) mit den Worten zusammenfasst: „Sounds carry meaning". „Sound", d. h. alles hörbare, sowohl sprachgebundene (vokale) als auch nicht-sprachgebundene (nonvokale), kurzum: jegliches audible „Material" – Schmicking (2003) fasst es unter dem Begriff *Klang* zusammen – ist immer Träger von Eigenschaften und Informationen, auch wenn, wie das Beispiel oben zeigt, diese recht unterschiedlich interpretiert und kategorisiert, d. h. „(wieder)erkannt" und damit „verstanden" werden können. „Tatsächlich aber gibt es keinen ‚sinnlosen' oder informationsfreien Klang, in dem Sinne, dass er nichts anzeigte über das raumzeitliche Ereignis, das ihn hervorbringt, über die Ereignisträger, etc." (Schmicking 2003, 21). So hat jeder Klang, hat jedes Geräusch Informationswert und vermittelt neben seinem akustischen Klangbild gleichzeitig Informationen über Ort, Beschaffenheit und zeitliche Gestalt einer Geräuschquelle. Manche dieser akustischen Gestalten werden so zu kollektiv bedeutsamen, „Earcons"[84] und damit zu wichtigen Bezugspunkten der auditiven Konstruktionen, die wir uns über die Welt bilden. Vor diesem Hintergrund formuliert Barthes: „durch ihre Geräusche vibriert die Natur vor Sinn" (Barthes 1991, 60). Doch nicht nur die Natur: Jeder Ort erzählt (s)eine „auditive Geschichte", gibt neben der Materialität der Dinge, etwa der Beschaffenheit und der Architektur von Gebäuden, Aufschluss auch über ökonomische oder soziale Strukturen, über Tages- und Jahreszeit, über Topografie, über geografische Landschaften und historische Verortungen: Klangereignisse verweben singuläres Geschehen zur großen „Klangperformance" eines Gesamtsoundscapes, das immer auch eine eigene *narrative Dimension* besitzt und so entsprechend „lesbar" wird. Dazu schreibt Breitsameter (2010, 17): „Die jeweilige Erscheinungsform einer Soundscape verweist auf die natürlichen kulturellen, technischen und sozialen Bedingungen einer Gesellschaft und lässt Rückschlüsse zu auf deren Prioritäten, Defizite und Machtstrukturen". Werner bezeichnet Klänge auch als „Nachrichten":

> „Klänge sind Nachrichten, Sprache, Bedeutung, sie sind Umweltsysteme, wie Licht, Bild, Raum, Form, Gehalt, Schrift, Bewegung. Klänge

---

[84] Blesser/Salter (2007) sprechen von „Earcons", die als auditives Pendant zu dem visuellen Icon verstanden werden: „Earcons acquire symbolic meanings by repeated exposure to a particular event in corresponding context" (82). Zur Desfinition des Begriffs „Eracon" führen Blesser/Salter aus: „The aural analogue of a visual icon, an earcon, is a sonic event that contains special symbolic meanings not present in the sound wave [...]. Sound in general and earcons in particular connect the *here* with the *there*" (ebd.).

formen Landschaften des Hörens. Klanglandschaften. Soundscapes" (Werner 2001, 38).

Dies gilt erst recht für komplexe Klanglandschaften – Soundscapes[85] –, die eine Vielzahl an Informationen zugleich übermitteln. Ein Soundscape charakterisiert die Umwelt klanglich und setzt sich aus der Gesamtheit aller akustischen Daten einer Umgebung zusammen. Das subjektive Erleben eines „natürlichen Soundscapes" vergleicht Breitsameter mit kreativen Gestaltungsprozessen, etwa einer Komposition:

> „Soundscape beinhaltet grundsätzlich die Natur und einen Standort. Allerdings kann er in einer natürlichen Umgebung gemacht werden, es könnte auch jede Art von Vertonung sein. Er impliziert eine Vertonung eines Ortes, mitsamt Geographie, der Physik und der Topographie. Soundscape hat auch mit Materialien, Formen und Architektur zu tun, dazu dreidimensionale Räume wie zum Beispiel Echo [...]. Und Soundscape impliziert auch Bewegungen, maschinelle-, menschliche-, lebendige- Tätigkeiten, Tiere und Pflanzen [...]. Und all diese Faktoren, die ich hier erwähnt habe, gestalten und produzieren Klänge. Und tragen dazu bei, eine besondere klangliche Umwelt zu errichten. Sie gestaltet eine klangliche Totalität, eine große Menge an Klängen. Also, ein Soundscape bedeutet, um hier Murray Schafer zu zitieren, die ganze akustische Hüllkurve der Umwelt, die uns umgibt [...]. Es ist ein Konzept, das sich nicht auf einen einzigen, isolierten Klang konzentriert, sondern auf alle Klänge, die sich in einem spezifischen Zimmer, Raum oder Situation befinden, die den Zuhörer als eine Summe erreichen, als eine Totalität von allen Richtungen eines Raumes ohne Selektion [...]. Jeder einzelne Klang, den man hört, ist wichtig [...]. Man könnte wohl sagen, dass ein Soundscape etwas erzählt, er kann gelesen werden, er spricht etwas an. Man kann zum Beispiel Materialien lesen, dreidimensionale Gestalten, kulturelle Aspekte, Bewegungen, die er

---

[85] Der Begriff „Soundscape" entstand in Anlehnung an den Begriff „Landscape" und wurde in den 1960er Jahren von dem Komponisten und Klangökologen Murray Schafer geprägt. Im Kontext einer Aufmerksamkeit für Klanglandschaften entstand neben dem Versuch der systematischen akustischen Dokumentation und Archivierung von Klanglandschaften die neue künstlerische Forschungsrichtung der „Acoustic Ecology", der „Akustischen Ökologie". Es war das Anliegen und der Verdienst der Akustischen Ökologie, erstmals auf die Bedeutung von Hörsituationen und die Notwendigkeit des Erlernens von Hörweisen und Hörfähigkeiten aufmerksam zu machen.

durchschreitet, verstehen. In dieser Hinsicht informiert der Soundscape, besteht aus Zeichen und ist lesbar" (Breitsameter 2010 o. S.).

Breitsameter führt dies unmittelbar zu der Frage, „ob man so weit gehen kann, dass man sich durch einen Soundscape über eine politische Situation informieren kann. Klingt etwa eine Diktatur anders als eine Demokratie?" (ebd.). Haben Soundscapes nicht bloß ästhetisch-kritische, sondern auch *politische* Implikationen, sodass ihre einzelnen Facetten zugleich politische und gesellschaftliche Fragestellungen thematisieren? Verstehen wir ein Soundscape gewissermaßen als ein „Hörbild", das auch die soziale Dimension einer Gesellschaft audibel abzubilden vermag, thematisiert es damit nicht allein ästhetische, sondern immer auch soziale und politische Grundfragen einer bestimmten Zeit und Gesellschaft (vgl. dazu auch Böhme 2001, 19 f.; Morat 2013; 2014; Smith 2001; 2007).[86] Das Akustische besitzt demnach eine „narrative Dimension", die jedoch untrennbar an einen ganz spezifisch, biografisch-kulturellen Kontext gebunden ist. Jeder Klang – Reinartz (2008) bezeichnet Klang als „immateriellste aller Welten"[87] –, übermittelt relevante Informationen und Botschaften, die individuell entschlüsselt und „gelesen" werden, was in einem mehrstufigen Wahrnehmungsprozess des Empfindens, Organisierens und Kategorisierens von Reizen (vgl. Zimbardo 2008, 108 ff.) geschieht. Hierbei werden den akustischen Perzepten subjektive Bedeutungen verliehen, innere Repräsentationen gebildet und Reizeigenschaften in erkennbare Muster umgewandelt. Neurophysiologisch greifen wir in Top-down-Verarbeitungsprozessen auf hörbiografisch erworbenes Wissen zurück und ordnen unbekannte

---

[86] Morat verwendet in Hinblick auf die akustische Mobilisierung und politische Kommunikation im imperialen Berlin 1890-1918 den Begriff „Großmachttöne". Hierbei geht er davon aus, dass sich politische Programme immer auch in den akustischen Inszenierungen im öffentlichen Raum zeigen, etwa in Form von „akustischer Straßenpolitik" (Paraden, Aufmärsche, Kundgebungen und Demonstrationen), aber auch in Inszenierungen der politischen Rede, etwa bei Wahlkampfveranstaltungen. Das Forschernetzwerk „Hör-Wissen im Wandel" untersucht die akustischen Emissionen dieser Politik, etwa die öffentliche Rhetorik, die musikalische Inszenierung (emotionale Wirkung von Musik, den gemeinsamen Gesang) und damit, wie solche akustische Mobilisierung gezielt für die politischen Ziele und Zwecke in geschichtlichen Epochen eingesetzt wurden (vgl. Morat 2016).

[87] „Der Klang hat etwas an sich, was das Gesehene nicht hat. Er ist unsichtbar, nicht greifbar. Die Welt der Klänge ist die immateriellste aller Welten. Hören führt Menschen in eine Dimension jenseits der gewohnten Bezugspunkte von Raum und Zeit" (Reinartz 2008 o. S.).

akustische Reize in Form einer hypothesengeleiteten Verarbeitung (vgl. Zimbardo 2008, 152 ff.) uns schon Bekanntem zu. Denn „ebenso wenig, wie es Sehdinge gibt, die nicht wenigstens provisorisch in allgemeinste Typen eingeordnet würden, gibt es keine Klänge, die nicht in Horizonte der Vorbekanntheit, in Klangtypen eingeordnet werden könnten" (Schmicking 2003, 21). Um einen Klang interpretieren zu können, müssen wir daher seinen Auslöser nicht selbst erlebt haben.

So wird jedes akustische Perzept kognitiv verknüpft, d. h. körperlich „gespeichert und erhält eine spezifisch hörbiografische Prägung. Denn der Körper rezipiert nicht nur Klänge, er ist gleichzeitig auch sein eigenes Resonanzobjekt:

> „Klänge, die wir in einer bestimmten Situation erleben und hören und dadurch, physisch resonierend, in unserem eigenen Körper wiederholen und nachvollziehen, diese Klänge werden dadurch situativ in uns verankert und an Bedeutungen unserer Lebenssituation geknüpft: Klänge speichern solche Momente" (Schulze 2008, 149).

Aus der Verknüpfung von akustischer Information, körperlicher Resonanz und der damit einhergehenden Bedeutungsgenerierung entsteht eine besondere Form biografisch geprägten „Hörwissens". Solches *Hörwissen* entsteht immer in Abhängigkeit individuell und kulturell geprägter Praktiken und der daraus resultierenden Hörerfahrungen (vgl. Schulze 2008, 152), auf der Folie eines spezifisch biografisch-kulturell geprägten *Hörhorizonts*. Ein kleiner Ausschnitt aus einem Vortrag Breitsameters, in dem diese über ihre Erfahrungen einer Reise in den kongolesischen Dschungel berichtet und die Begegnung mit diesen fremden Klangwelten genau schildert, soll hier diese Zusammenhänge einmal beispielhaft veranschaulichen:

> „Im Jahr 1988 reiste ich durch Zaire, das heutzutage Kongo heißt. Eines meiner Ziele war, die Berg-Gorillas im Virunga National Park, im Osten von Zaire, zu besuchen [...]. Die Gorillas lebten tief im Dschungel, und um sie zu finden, musste man mit begleitenden Rangern, die die Aufenthaltsorte der Gorillas kannten, in den Dschungel wandern [...]. Man musste einige Stunden bergauf steigen, bevor man ein sehr dichtes Dschungelgebiet betrat. Plötzlich befand man sich in einer dunklen Umgebung, wo man die Dinge, die um einen herum waren, nicht mehr unterscheiden konnte. Die Erfahrung, die am entfremdendsten war, war aber der Klang. Es war ein Klang, den ich nie zuvor gehört hatte. Wie kann ich diesen Klang beschreiben? Er bestand aus einer zahllosen Masse von mikro-intervallischen Schichten mit scharfen Frequenzen.

Die Farben und Eigenschaften dieser Klänge hörten sich nicht natürlich an. Es klang sehr synthetisch und sehr technisch und ich bekam sofort den Eindruck, mich in einem elektronischen Studio zu befinden, mit einer Menge von verschiedenen Oszillatoren. So etwas hatte ich noch nie zuvor gehört. Die Klänge waren befremdlich und abstrakt. Mit der Welt, die ich bisher kannte, hatten diese Klänge wenig oder keine Ähnlichkeiten. So befremdlich war es. Es war nicht einfach, die Ehrfurcht und die Angst zu überwinden, um für diese Laute so empfänglich zu werden, wie man das bei einem Musikstück sein kann. Schließlich wurde mir bewusst, dass ich Klänge gehört hatte, die so schienen, als seien sie organisiert. Die Laute entwickelten sich. Die Klänge folgten einer gewissen dramaturgischen Route. Die Ursache für diese Dramaturgie war direkt mit meiner Präsenz und Bewegung im Dschungel verbunden. Je tiefer ich in den Dschungel kam, desto näher kam ich zu den Schlupfwinkeln der Gorillas, umso dichter und vibrierender wurden die Klänge. Jedes Geräusch, das ich beim Gehen oder bei irgendeiner Bewegung machte, wurde durch eine Vielzahl der Dschungelklänge beantwortet. Es war eine Komposition, die Augen und Ohren hatte, und es war etwas, was man heutzutage eine interaktive Klangumwelt nennen würde, die mir antwortete. Meine Präsenz und Aktivität hat die kompositorische Entwicklung beeinflusst, obgleich die Effekte unvoraussehbar waren. Man konnte vorher nicht wissen, was genau passieren würde, wenn ich dieses und jenes machte, oder nur um eine Ecke herum gelaufen wäre, und so weiter. Es war völlig überraschend was geschah. Die Klänge, die ich bereits erörtert habe, schienen synthetisch; keine natürliche oder konkrete Assoziation war ersichtlich" (Breitsameter 2005 o. S.).

Das Geschehen, wie Breitsameter es hier beschreibt, erzeugt den Eindruck einer „interaktiven Klanginstallation", in der das Klanggeschehen durch die Bewegung des Hörers mitgesteuert wird. Ihre Erzählung veranschaulicht die Unmittelbarkeit kategorisierender Orientierungsprozesse im Hören. Sie zeigt, wie akustisch Wahrgenommenes mit dem individuellen Hörwissen abgeglichen wird und unmittelbar Deutungs- und Suchprozesse auslöst. Dies verweist auf die hermeneutische Komponente, die dem Klanggeschehen implizit ist und thematisiert das genuin konstruktive Moment auditiver Wahrnehmung.

Hug (2009, 149 ff.) prägt in diesem Zusammenhang den Begriff der „Klanghermeneutik".[88] Raffaseder (2010) unterscheidet folglich zwischen Schallereignis und Lautereignis.[89] Ein Lautereignis meint in Abgrenzung zu der rein physikalisch messbaren Größe die subjektive Bewertung und Interpretation des Schallereignisses. Daher können

> „ganz ähnliche Schallereignisse, deren signaltheoretisch erfassten technischen Messwerte keine nennenswerten Unterschiede zeigen, zu völlig unterschiedlichen Lautereignissen führen [...]. [...] sind das Rauschen eines Wildbachs und der Lärm einer Autobahn in jeweils einiger Entfernung von der Schallquelle rein technisch betrachtet kaum zu unterscheiden, obwohl deren Wirkung und Bedeutung für viele Menschen nahezu gegensätzlich sind" (Raffaseder 2010, 50).

Solche Konstruktivität ist letztlich erforderlich, um die hohe Komplexität von Wirklichkeit reduzieren zu können, die ein Soundscape repräsentiert. Menschen bilden dafür kulturell geprägte *Hörmuster* aus: „Was über das Ohr an Signalen und Zeichen in uns eindringt, das ordnen wir, jeder auf seine Weise, unseren bis dahin gewonnenen Bewusstseinserfahrungen zu, wir sortieren, systematisieren, beurteilen, heißen gut oder lehnen ab, sind begeistert oder empört" (Mixner 1997, 117; vgl. hierzu auch Schick 1997, 101). Bergmann (2000, 48) spricht daher von einer „Sozialisation der Hörmuster", die in Abhängigkeit von Umfeld, wie Stadt oder Land, Wohnung oder Haus und in Abhängigkeit des Kontextes, jeweils personen-, rollen-, milieu-, situations-, sprach- und formspezifisch sein können (vgl. Bergmann 2000, 48). Geißner (1984) spricht von „sozio-auralen Hörmustern" und bezeichnet damit insbesondere Hörgewohnheiten, die im Kontext unserer sprachlichen Entwicklung entstehen. Er führt aus: „Hörmuster sind nicht ein für alle Mal ‚gegeben', sondern als im geschichtlichen Prozess gesellschaftlich entstehende können sie im geschichtlichen Prozess verändert werden" (Geißner, zitiert nach Gutenberg 1998, 37). Solche Muster lassen uns nur diejenigen akustischen Reize apperzipieren, die in einem intentionalen Zusammenhang mit dem jeweiligen

---

[88] So verstanden, wären letzlich alle Menschen Teil einer permanenten (interaktiven) „Klanginstallation", die mit ihrem interaktivem Tun Töne, Stimmen, Klänge und Geräusche, und damit auch die auditiven Perspektiven ihrer Umwelt stetig verändern und beeinflussen.

[89] „Wie ein Schallereignis von einer Person in ein entsprechendes Lautereignis übersetzt wird, hängt nicht nur von den physikalischen Messgrößen des Ereignisses ab, sondern wird sowohl vom universellen Kontext der Wahrnehmung, als auch von individuellen Prägungen der Person maßgeblich mitbestimmt" (ebd., 33).

übrigen Bewusstseinserleben stehen (vgl. Schmicking 2003, 28). Schmicking spricht von „sinnkonstituierenden Akten in Horizonten des Mitgegebenen und der Vorbekanntheit und in der erlebten Zeit" (ebd.), die gleichwohl auch auf allgemeinen Gestaltgesetzen beruhen (wie den Gesetzen der Prägnanz, Nähe, Ähnlichkeit, Gleichheit, Geschlossenheit etc., wie sie auch für die visuelle Wahrnehmung gelten, vgl. Schick 1997, 100). Ein solches übergeordnetes Wahrnehmungsmuster im Bereich der Akustik bezeichnet Raffaseder (2010) als „akustischen Stream":

> „Beispielsweise sehen wir drei in einem bestimmten Verhältnis zueinander angeordnete Striche als Dreieck. In der auditiven Wahrnehmung wird ein derartiges aus mehreren Einzelereignissen zusammengesetztes, übergeordnetes Muster als *akustischer Stream* bezeichnet. Zum Beispiel hören wir den Klang des Orchesters und nicht die einzelnen Instrumente, Vogelzwitschern und nicht die einzelnen Vögel oder das Gemurmel im Restaurant und nicht die einzelnen Stimmen" (ebd., 24, Hervorhebung im Original).

Welche akustischen Einzelereignisse jeweils zu einem *akustischen Stream* zusammengefasst und damit „selektiert" werden, unterliegt höchst individuellen Maßgaben. *Selektives Hören*, wozu auch der bekannte „Cocktailparty-Effekt"[90] zählt, beschreibt die Fähigkeit des Gehörs, gezielt fokussiert und sinnerschließend wahrnehmen zu können. Dies bedeutet zugleich, dass viele Klänge immer im Hintergrund unserer Wahrnehmung verbleiben. Dennoch spielen auch diese Reize eine wichtige Rolle für die Charakterisierung eines Gesamtsoundscapes (vgl. Hug 2009, 150). So muss das Ohr einerseits die Komplexität der akustischen Vielfalt in ihrer Gesamtgestalt wahrnehmen, muss sie gleichzeitig auch sinnvoll reduzieren, d. h. aus der Vielfalt und Fülle der in unterschiedliche klangliche Kontexte eingebetteten akustischen Reize eine Auswahl der (individuell) bedeutungstragenden Reize treffen können. Dies schafft es, indem es mehrere akustische Streams zu einer akustischen Szene zusammensetzt. Dabei werden die Informationen verschiedener

---

[90] Dieser meint, dass wir innerhalb eines akustischen Umfelds, das sich aus vielfältigen, dicht unter- und nebeneinander gelagerten Hörreizen zusammensetzt, trotz einer kontrastierenden Schalldichte spezifische Schallgestalten heraushören können, was uns den Eindruck einer subjektiven Verstärkung der Stimme einer bestimmten Person vermittelt (vgl. Hellbrück/Ellermeier 2004, 156). Doch stellte man ein Mikrofon an Stelle der rezipierenden Ohren, würde dieses den Eindruck der subjektiven Verstärkung nicht (messbar) wiedergeben.

akustischer Streams, ihre Besonderheiten und Veränderungen wahrgenommen und individuell ausgewertet (vgl. Raffaseder 2010, 24). So können wir schon auf einer vorbewussten Ebene dem akustischen Environment (subjektiv) bedeutsame Informationen entnehmen, was uns erlaubt, uns reflexiv in unserer Lebenswelt zu orientieren. Dies bedeutet auch, dass die Orientierung in einer Umgebung, in der einzelne Klänge klar hörbar sind, die akustisch „transparent" ist und damit eine akustische Perspektivität aufweist, wesentlich leichter fällt als in einer akustischen Situation, in der sich viele akustische Attraktionen überlagern. Schafer (1988) prägte für solche unterschiedlichen akustischen Qualitäten die Begriffe „Hifi Soundscape" und „Lofi Soundscape".[91]

Solche sinnkonstituierenden Wahrnehmungen – hier sollen sie *Hörweisen* genannt werden – lassen Menschen *Hörgewohnheiten* ausbilden, die an konkrete Zeiten und Orte gebunden sind und die steten, auch geschichtlichen Veränderungen unterliegen. In diesem Prozess treffen immer wieder neue Hörerfahrungen auf schon bekannte Erfahrungen. Individuelle Wahrnehmungs- und Denkstile spielen dabei eine besondere Rolle (vgl. Schick 1997, 51), denn ihr Zusammentreffen lässt immer wieder neue Formen der Interaktion entstehen. In diesem Prozess entwickeln wir ein, wie Gruhn (2008) formuliert, spezifisch kulturell geprägtes *Hörvokabular*, mit dem wir bestimmte Laut- und Klangverbindungen analysieren und prüfen können (vgl. Gruhn 2008, 85). Im Verlauf der Ontogenese bilden sich dann auf einem sich zunehmend breiter auffächernden individuellen *Hörhorizont* immer mehr auditive Orientierungs- und Bezugspunkte ab, anhand derer wir uns unserer spezifischen sozialen und räumlichen Verortung vergewissern können. Damit erweitert sich unser „Auditives Welt-Modell", wie Gygi (2005, 2)[92] unsere auditiven Konstruktionen

---

[91] Schafer definiert die Begriffe „Hifi" und „Lofi" (Abkürzung für *high fidelity* und *low fidelity* in Anlehnung an Begrifflichkeiten der Stereotechnik) folgendermaßen: „In einer Hi-fi-Lautsphäre sind einzelne Laute wegen des umgebenden niedrigen Geräuschpegels deutlich zu hören [...] es gibt Perspektive, einen Vorder- und einen Hintergrund [...]. [Die Hi-fi-Lautsphäre] gestattet dem Hörer, weiter in die Ferne zu lauschen, so wie das Land weite Ausblicke ermöglicht [...]. In einer Lo-fi-Lautsphäre werden die einzelnen akustischen Signale in einer überdichten Lautanhäufung verdunkelt [...]. Die Perspektive ist verloren" (Schafer 1988, 59).

[92] Mit dem „Auditiven Welt-Modell" bezeichnet Gygi eine Art Speicher, der sich im Verlauf der Ontogenese durch sämtliche sowohl individuell-biografische als auch kollektiv-kulturell erworbene Hörmuster und Hörgewohnheiten bildet und alle

über die Welt nennt, im Verlauf des Lebens und wir werden zunehmend sicherer, uns mithilfe des Hörsinns und der biografisch geprägten Hörmuster reflexiv in unserer Lebenswelt zu orientieren.

Zwar ist es erst seit einer vergleichsweise kurzen Zeit – gemessen am Gesamt der Menschheitsgeschichte – möglich, diesen Wandel auch akustisch zu dokumentieren, d. h. akustischen Wandel digital aufzuzeichnen und reproduzierbar nachzuvollziehen. Doch auch, wenn eine akustische Dokumentation der Lautsphäre erst seit sehr kurzer Zeit möglich ist, können wir davon ausgehen, dass sich im Laufe der Phylogenese nicht nur die akustische Erscheinung der Welt verändert hat, sondern damit auch die Art und Weise unserer Wahrnehmung und – damit zusammenhängend – auch unsere Hörweisen. Denn auch ohne über „auditive Mitschnitte" der gesamten Menschheitsgeschichte zu verfügen, ist problemlos vorstellbar, dass nicht nur die Entwicklung der Muttersprache, sondern dass alles Hörbare Einfluss auf die Art und Weise unseres Hörens hat (und umgekehrt): „Die Hörerfahrungen die Sie oder ich gemacht haben und immer wieder auf's Neue machen, sie bilden Hörweisen heraus, die weniger Methoden als Heuristiken ähneln: Weisen des Findens neuer, hilfreicher, [...] anregender Klangereignisse" (Schulze 2008, 143 f.). So waren wohl die „Hörweisen" einer oral geprägten Kultur gänzlich andere als die der heutigen, hochtechnisierten audiovisuell geprägten Kultur. Indem sich nun nicht nur das Hören, sondern damit auch das Hörbare im Laufe der Zeit verändert, beeinflussen diese Prozesse entscheidend, wie wir die Wirklichkeit wahrnehmen, wie wir handeln und damit unsere Lebenswelten, respektive Hörwelten, gestalten.

> „Hören wirkt wiederum auf die Gestaltung des Hörbaren zurück. Wir hören die Klänge und Geräusche, die wir entwerfen und produzieren. Hören und Sprechen werden so zu Produkten der von Menschen ge-

---

akustischen Reize unserer Lebenswelt in uns repräsentiert und uns durch selektives und antizipierendes Hören Orientierung in einer komplexen Welt ermöglicht. „Anstatt also auf die Welt zu hören, hören wir vielmehr mit dieser, indem wir das, was wir aufnehmen, permanent mit dem vergleichen, was wir erwartet haben, und auf der Grundlage der sich daraus ergebenden Widersprüche jenes interne Gebilde auf den neuesten Stand bringen, das ich unser Auditives Welt-Modell (AWM) nennen möchte – ein Modell also, das unsere selektiven Reaktionen angesichts antizipierter Stimuli reguliert" (Gygi 2005, 2).

schaffenen Erneuerungen, technischer Entwicklungen, wie den Medien, die zum Teil als Verlängerung der Wahrnehmungsorgane betrachtet werden können" (Bergmann 2000, 11).

Divergierende Hörwelten können aufgrund unterschiedlicher Hörgewohnheiten und unterschiedlicher, kulturell geprägter Hörpraktiken dann auch zu unterschiedlichen Identitätskonstruktionen führen. Geißner spricht von einem „auditiven Selbst- und Fremdbild, wenn man so will, ein selbst- und fremdbezügliches ‚Hörbild'" (Geißner, zitiert nach Gutenberg 1998, 33), das so entsteht. Wenn daher individuelle und kollektive Hörwelten in einen sich unablässig wandelnden kulturellen Kontext eingebunden sind und sich nicht nur auf der individuell-biografischen, sondern umso mehr auch auf der kollektiv-kulturellen Ebene sehr voneinander unterscheiden können, wenn die damit verbundenen Raum- und Körpererfahrungen, die Interpretationen, Bewertungen und rückbezüglichen Gestaltungen der uns umgebenden Klang- und Geräuschwelt immer auch mit dem situativen inneren Erleben fest verankert sind, wird schnell deutlich, dass Menschen durch diese divergierenden Hörwelten, durch ihre individuellen Hörerfahrungen, Hörpraktiken, Hörvorlieben sehr unterschiedlich sozialisiert werden. Schulze regt an, das wittgensteinsche *Sprachspiel* um ein „Klangspiel" zu erweitern (vgl. Schulze 2008, 153), da es (wie das Sprachspiel) kulturell erlernt wird. In diesem *Klangspiel* entwickeln Menschen höchst individuelle „akustische Identitäten", in der sprachliche Identität nur *ein* singulärer Aspekt ist. Doch sind wir für eine gelingende Verständigung immer auf gemeinsame Schnittmengen unserer Hörhorizonte angewiesen, wie das Beispiel (Mutter-)Sprache sofort verdeutlicht.

Dass sich jede neue Hörerfahrung rückkoppelnd auch auf die Umwelt auswirkt, verdeutlichen nicht zuletzt solche interaktiven Klangerfahrungen, wie sie Breitseitmeter weiter oben beschreibt. Menschliche Wahrnehmung wirkt sich damit immer auch verändernd auf die akustischen Erscheinungen der Welt aus. Dies gilt umso mehr auch für große Zeiträume, wie es der Medienwissenschaftler Karl Karst beschreibt:

> „Das Hören ist ein Prozeß der Weltwahrnehmung, der sich mit dem Wandel der akustischen Erscheinungen verändert. Die Wahrnehmung der akustischen Erscheinungen ihrerseits verändert sich mit dem Wandel des Hörens. Hier geht es dem Ohr nicht anders als den Meßinstrumenten der Physik, die der Mensch sich geschaffen hat, um seine Sinnesorgane zu ergänzen: Das Messen bestimmt das Meßbare; jeder menschliche Maßstab erschafft eine eigene Welt" (Karst 1994, 47).

So gibt es viele Gemeinsamkeiten des Hörens über Raum und Zeit hinweg, aber auch viele Unterschiede. Dies beschreibt Raffaseder (2010), wenn er formuliert:

> „Während manche akustischen Symbole zumindest während einer bestimmten zeitlichen Epoche in einem spezifischen Kulturkreis Gültigkeit haben, werden andere möglicherweise nur von einer einzigen Person verstanden. Lief zum Beispiel beim ersten Treffen mit der großen Liebe irgendein Song im Hintergrund, so wird dieser bei den betroffenen Menschen auch viele Jahre später noch Erinnerungen und Gefühle wachrufen, während eben dieser Song für andere Menschen völlig bedeutungslos sein mag" (Raffaseder 2010, 50).

Kategorisierungen sowohl der Hörwelten als auch der Hörweisen unterliegen einem steten historisch-gesellschaftlichen, geografischen sowie klimatischen Wandel. Dieser Wandel vollzieht sich zumeist fließend und überwiegend unbemerkt. In der Geschichte der Menschheit identifiziert Schafer (1988) jedoch zwei große Umbrüche, die sich auf das Gestalten und Erleben unserer Klanglandschaften radikal ausgewirkt und damit die Entwicklung menschlicher Hörkultur nachhaltig verändert und geprägt haben: So hatten die *industrielle Revolution* und die sich daran anschließende elektromechanische Revolution große Auswirkungen auf Reproduktion, Verfügbarkeit und Reichweite akustischer Reize. Durch die Entwicklung der audiovisuellen Medien im 20. Jahrhundert, die es ermöglichte, Bild und Ton synchron aufzunehmen und wiederzugeben und die zunehmend verbunden ist mit der umfassenden Digitalisierung (und damit auch Verfügbarkeit) dieser Techniken, haben sich Wahrnehmung, Gebrauch und Gewichtung der Sinne erneut radikal verändert. Dies mag als weiterer entscheidender Umbruch in der Entwicklung menschlicher Hörkultur gelten. Der österreichische Multimediakünstler Gerhard Dauerer regt an, von „audiovisueller Wahrnehmung" zu sprechen, da heute die Koppelung von Bildern und Tönen zur alltagsweltlichen Selbstverständlichkeit wird. Festgehalten werden kann grundsätzlich, dass mit der Verbindung von Technik, Macht und Krieg der Zugriff auf jede Art von Klang möglich und damit die Welt insgesamt lauter wurde. In besonders hochtechnisierten Gesellschaften ist ein permanentes „niederfrequentes Grundrauschen", wie Ackermann (2007, 54) formuliert, hörbar. Hier zeigt sich, wie eng technische Entwicklung und menschliche Wahrnehmung miteinander verwoben sind. Schulze (2008) bezeichnet die bewusstseinsprägenden Wechselwirkungen zwischen Mensch und Technik gerade auch in auditiver Hinsicht als höchst folgenreich:

"Menschen, die unter Klängen leben, leben auch unter den Bedingungen klangerzeugender, -aufzeichnender, -wiedergebender und -verarbeitender Maschinen und apparativer Konstellationen. Diese Konstellationen nun wandeln meinen Umgang [...] in den täglichen Situationen, in denen wir uns befinden. Und neue Bedürfnisse, andere Selbstwahrnehmungen und sich verändernde Empfindungslagen entstehen" (Schulze 2008, 154).

Lebenswelten sind somit immer auch spezifische Hörwelten, in denen herrschende Kulturtechniken ganz eigene Kontexte für (Hör-)Erleben und (Hör-)Verstehen schaffen, diese prägen und in Rückwirkung auf solches Erleben diese dann wiederum verändern und neu gestalten. Es braucht nicht viel Fantasie, sich vorzustellen, dass nicht nur die zahlreichen *Earcons* verschiedenster auditiver Weltmodelle, sondern dass auch die spezifischen Hörweisen mitsamt ihres spezifischen *Hörvokabulars* von Menschen unterschiedlicher Regionen der Welt und unterschiedlicher Zeitalter der Menschheitsgeschichte sehr divergieren, bzw. divergiert haben müssen. In einer Kultur etwa, in der noch keine Schrift existierte oder Geschriebenes nur wenigen Menschen zugänglich war, wird das Hören nicht nur einen anderen Stellenwert gehabt haben, sondern sicher ganz anders erlebt und praktiziert worden sein als in einer Kultur, in der die Schrift begann, zunehmend einer breiten Masse der Bevölkerung zur Verfügung zu stehen. Nicht nur löste im Zuge dieser Entwicklung das Auge das Ohr in mancherlei Hinsicht ab (bezüglich der Speicherung des Gehörten), sondern dies muss auch Auswirkung auf das Hörerleben, das Hörverstehen und das Hörhandeln, also auf die Entwicklung der auditiven Konstrukte und das Hörverständnis der Menschen gehabt haben.[93] Dies bedeutet, dass jeder Mensch sowohl über ein spezifisches, aber immer auch über ein begrenztes Hörwissen, wenn man so will, einen gewissen akustisch geprägten Hörhorizont verfügt. Dieser ist veränder- und entwickelbar und spezialisiert

---

[93] Hier verweist Fuchs darauf, dass es in kultureller Hinsicht zurzeit eine Rehabilitation der mündlichen Überlieferung und des Zuhörens gebe. Ohne die Bedeutung der Schrift in Frage stellen zu wollen, müsse man sehen, dass durch diese nur ein Teil der menschlichen Kultur erfasst werde, denn das kulturelle Gedächtnis der Menschheit sei auch auf das Orale angewiesen. Aus diesem Grund diskutiere man in der UNESCO die Frage, wie es gelingen könne, neben den Artefakten, so wie sie die bisherigen Listen des Weltkulturerbes erfassen, auch andere – eben: orale – Traditionen gesichert werden können, also Bereiche des immateriellen Kulturerbes (vgl. Fuchs 2002).

sich im Verlauf biografischer Entwicklungsprozesse zur individuellen Hörexpertise.[94] Dies verdeutlicht, dass (Hör-)Fähigkeiten durch individuelle Hörerfahrungen und spezifische Hörpraktiken geprägt, mithin erlernt werden. Dies zeigt auch, dass sie immer auch *veränderbar* sind. So schreibt Schick (1997):

> „Personen können ihre Fähigkeiten zur Detektion, Identifikation, Selektion, Diskrimination, zum Wiedererkennen, Kategorisieren, Klassifizieren von Geräuschen erweitern, bzw. steigern oder verfeinern. Sie können lernen, Geräusche besser zu unterscheiden und Geräusche systematischer zu ordnen" (vgl. Schick 1997, 51).

Indem wir immer wieder auch neue Hörerfahrungen machen, verändern und erweitern wir nicht nur das individuelle auditive Weltmodell, sondern lernen dabei auch immer wieder neu und anders (zu)zuhören. Welche Begrifflichkeiten wir auch nutzen, sie alle bringen zum Ausdruck, dass Menschen ihre Hörweisen, anhand derer sie sich orientieren und verständigen, in kulturell geformten Praktiken nicht nur erlernen, ausbilden und verfeinern, sondern damit auch verändern können. Umgekehrt lassen Hörweisen immer auch Rückschlüsse über soziokulturelle Prägungen zu, was die *narrative Dimension des Auditiven* verdeutlicht. Klangwelten anderer Kulturen und Regionen mögen uns fremd und unvertraut sein. Vielleicht braucht es eine geraume Zeit, um sich unvertraute Klangorganisationen und Klanggestalten einer uns fremden Kultur und Region anzueignen. „Umgekehrt können wir uns kaum mehr vorstellen, wie es einmal war, als uns die jetzt ganz gewöhnliche Klangumgebung zum ersten mal bekannt wurde und wir nur schwerlich darin uns zurecht finden konnten" (Schulze 2008, 152):

> „Klangerleben ist durch Kultur geprägt: Haltungen und Handlungen des Zuhörens, des Hervorbringens von Klängen im täglichen Leben wie auch die Klangorganisation der Musik zu besonderen rituellen und feierlichen Anlässen, diese Handlungen entfalten sich im Laufe einer Kultur und einer Ethnie über Jahrzehnte, Jahrhunderte, Jahrtausende,

---

[94] So kann das Leben in bestimmten Kontexten oder auch die Ausübung unterschiedlicher Tätigkeiten bzw. Berufe zur Bildung recht unterschiedlicher „Hörexpertisen" führen, unterscheiden sich die Berufe des Automechanikers, des Dirigenten, des Mediziners erheblich in Bezug auf ihre „Hörexpertisen", wie auch die „Hörexpertisen" von Menschen in unterschiedlich geografisch oder kulturell geprägten Lebenswelten.

über Lebens-, Herrschaftsräume und Handelswege hinweg" (Schulze 2008, 152).

So sind auch unsere Hörweisen eingebettet in biografisch und geografisch geprägte Handlungs- und Äußerungsweisen, welche ihrerseits dem (kulturellen) Wandel der Zeit unterliegen.

Zwischenfazit: Sollen am Ende dieses Kapitels vor dem Hintergrund des eingangs gefassten Postulats einer *Differenz der Sinne* nun spezielle und bedeutungstragende *Phänomene, Funktionen und Dimensionen* der auditiven Wahrnehmung zusammengetragen werden, die als „besonderes Register der Erfahrung" (vgl. Gadamer, zitiert nach Vogt 2001, 220) dieses spezifischen Wahrnehmungskanals gelten könnten, kann – vor dem Hintergrund der bisherigen Reflexionen – das Hören als höchst *eindringliches, imaginatives und responsives* Geschehen bezeichnet werden. Solche „phänomenale Spezifik" erfüllt nun gleich mehrere Funktionen für den Menschen: So dient sie nicht nur der gegenseitigen *Verständigung*, sondern auch seiner *Entwicklung* und bietet ihm *Orientierungsmöglichkeiten*, die über die visuelle Ebene hinausreichen, diese ergänzen bzw. interagieren. Mit solchen Funktionen erschließen sich, wie gezeigt werden konnte, wiederum ganz eigene Dimensionen nicht nur menschlichen *Erlebens*, sondern auch des *Verstehens* und der *Teilhabe*. All diese Aspekte sind untrennbar miteinander verbunden. Dieses Zusammenspiel soll abschließend als Schaubild in der Form eines borromäischen Knotens verdeutlicht werden:

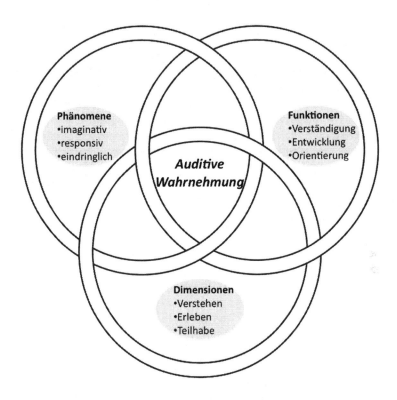

Abbildung 2: Phänomene, Funktionen und Dimensionen auditiver Wahrnehmung

3. Zuhören aus interaktionistisch-konstruktivistischer Perspektive

In den beiden vorangegangenen Kapiteln konnte herausgearbeitet werden, dass das Hörhandeln, wenn oftmals auch als „reine" (Sinnes-)Wahrnehmung assoziiert (Hören = Wahrnehmen), als untrennbarer Teil eines interaktionalen Geschehens immer auch Aspekte des *Handelns* und des *Teilnehmens* aufweist. Dabei wurde auch deutlich, dass diese spezifischen Kräfte des Zuhörens in einer unauflösbaren Trias – vergleichbar den drei Borromäischen Ringen – miteinander verbunden sind. In diesem zirkulären Zusammenspiel wechselseitiger Beeinflussung formt sich individuell und situativ jeweils ein spezifisches Hörerleben und -verstehen. Zuhören kann daher nur im Zusammenspiel dieser Kräfte und der ihnen entspringenden bedeutungstragenden Ebenen (Kontext, Aufmerksamkeit und Interaktion) gedacht werden, wie schon in Kapitel 1 dargestellt.

Ist das Zuhören demnach nicht als „reine" Sinneswahrnehmung abstrahierbar, sollte eine Untersuchung, die sich dem „Phänomen Zuhören" nähern will, diese Verflochtenheit berücksichtigen und neben Fragen, welche die auditive Wahrnehmung im engeren Sinn betreffen, explizit auch kultur- und handlungsbezogene Aspekte menschlicher Interaktion und Kommunikation mit einbeziehen. Hier bietet der *Interaktionistische Konstruktivismus* nach Reich (2009a, 2009b) ein wissenschaftstheoretisches Modell, das solche Perspektiven berücksichtigt, da dieser ausdrücklich auch erkenntnis- und gesellschaftskritische Analysen (etwa von Foucault, Bourdieu, Habermas) mit einbezieht. Mit diesem *kulturalistisch* geprägten Konstruktivismus knüpft Reich auch an den Pragmatismus George Herbert Meads und vor allem John Deweys an (vgl. Reich 2009a, 4 ff.). Gleichzeitig entwickelt er ein Verständnis auch für systemische Prozesse, für Zirkularität, Rekursivität, Selbstorganisation, Selbstreferenz und vernetzte Systeme. Distinktiv für konstruktivistisches Denken ist die *Kategorie des Beobachters*:

> „Wenn nämlich die Konstruktionshypothese von Wirklichkeit angemessen ist, dann bedeutet dies für die Konstruktion von Welt eine feststellende Instanz, die sich diese Konstruktion festhält, um sie überhaupt aussagen zu können. Dies ist der Beobachter, wobei jeder Mensch eine solch beobachtende Leistung hervorbringt" (Reich 2009a, 4).

Diese, wie Reich formuliert, „Konstruktionshypothese von Wirklichkeit" thematisiert die genuine Konstruktivität jeder Beobachterleistung. Unsere Alltagssprache fasst dieses Phänomen mit der Kategorie der „Subjektivität", die solche Konstruktivität letztlich immer schon impliziert. Um sich dem „Phänomen Zuhören" im Folgenden weiter nähern und dieses umfassend zu untersuchen, erscheint es vielversprechend, diesen Prozess auf das wissenschaftstheoretische Modell Reichs zu beziehen. So liegt Reichs Modell nicht nur die Konstruktionshypothese von Wirklichkeit zugrunde, sondern dieser sieht den Ausgangspunkt jeglicher Konstruktivität in der zwischenmenschlichen Interaktion. Mit der Annahme einer genuinen Konstruktivität menschlicher Wahrnehmung, die auf dem Primat der Interaktivität vor einer kulturalistischen Hintergrundfolie aufbaut, zeigen sich entscheidende Kategorien, die der Komplexität des Zuhörgeschehens gerecht zu werden versprechen. So werden im nächsten Kapitel die Begriffskategorien des Interaktionistischen Konstruktivismus auf ihre Relevanz für eine noch zu entwickelnde Theorie des Zuhörens systematisch untersucht und geprüft.

3.1. Zuhören im Spannungsfeld wechselnder Beobachtungsperspektiven

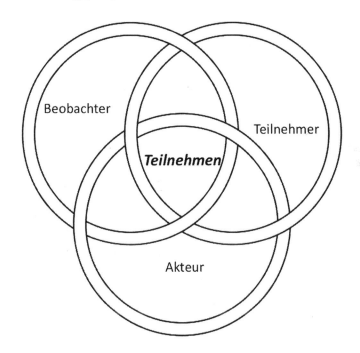

Abbildung 3: Beobachtungsperspektiven des Zu/Hörens

3.1.1. Teilnehmer: Über Teilnahmen und Zugehörigkeitssysteme

„In einer Kultur begründet sich Teilnahme über Verständigungsleistungen" (Reich 2005, 106).

Der enge Zusammenhang zwischen gesellschaftlichen Teilnahmen und kommunikativen Praktiken bildet sich schon im Begriff der „Zuge-hör-igkeit ab. Zugehörigkeitssysteme begründen „Teilnahmen", die uns zu „Angehörigen" einer bestimmten Gruppe oder Gemeinschaft machen, auf die wir *hören*, bzw. von der wir „angehört" werden, sodass wir uns einer Gruppe „zugehörig" fühlen. Das Stammwort *hören* thematisiert, dass Zugehörigkeiten aus unseren Hörpraktiken erwachsen und verweist auf die zentrale Stellung des Hörhandelns hinsichtlich unserer Teilnahmen und Rollen im gesellschaftlichen Kontext. Als dynamisches Hintergrundmotiv erscheint hier das Grundbedürfnis des Menschen, (an)gehört werden zu wollen. So fragte etwa der Professor für Migration, Education and Cultural Studies Paul Mecheril danach, wann bzw. in welchen Situationen sich Menschen als „fraglos zugehörig" erleben. Er fand heraus, dass Menschen dies tun, „wenn sie sich selbst als symbolisches Mitglied des Kontextes erkennen und von bedeutsamen Anderen als Mitglied erkannt werden, *wenn sie in dem Kontext in einer ihnen gemäßen Weise habituell wirksam sein können* und schließlich an den Kontext lebensgeschichtlich gebunden sind" (Mecheril 2003, 28, zitiert nach Hugger 2009, 31, Hervorhebung U. M.).

Zugleich zeigt sich damit die Bedeutung des „Faktors Gewohnheit": Denn erst durch *habitualisiertes* Handeln werden Praktiken zu Routinen, die sich so in soziale Gefüge ein- und festschreiben. Haben sich Hörpraktiken erst zu Handlungsroutinen verdichtet, geben sie an, auf wen oder auf was zu hören sei. Damit eignen sie sich, soziale Gemeinschaften auch hierarchisch zu strukturieren. So ist etwa ein Lehrer berechtigt, jederzeit Wissen ab*zuhören*. Der Schüler hingegen hat die Pflicht dem Lehrer aufmerksam zu*zuhören*. Ein Polizist darf Menschen ver*hören*, um Fehlendes ergänzen, Ungehörtes oder *Überhörtes* aufdecken zu können. Ein Priester nimmt die Beichte ab, ihm gegenüber darf nicht nur, ja es soll das *Ungehörte*, das Verborgene, ausgesprochen und *gehört* werden. Ein Psychotherapeut bemüht sich, in der Hoffnung auf Heilung und Transformation, das bisher „*Unerhörte*" zu „*erhören*". Um *dazuzugehören*, um „dabei zu sein", um keine Nachteile erleiden zu müssen oder nicht ausgegrenzt zu werden, sind wir bemüht, solchen Routinen zu entsprechen, während wir damit zugleich dazu beitragen, diese Strukturen zu reproduzieren und zu festigen. Wem wir zuhören – „unser Ohr leihen" – von wem wir *angehört* werden, *ob* wir überhaupt gehört werden und zu Wort kommen, ist Ausdruck unserer, wie Reich formuliert, „Teilnahmen", „die uns als eine soziale Verständigungsgemeinschaft aussagen" (Reich 2005, 9). Teilnahmen sind fest in soziale Kontexte verwoben (vgl. dazu auch Kumbruck/Derboven 2016; Lewis 2000). Sie erschließen ein spezifisches „Handlungswissen", das von allen Teilnehmern einer Verständigungsgemeinschaft, d. h. *kollektiv* „gewusst" wird und damit nicht nur die Handlungsoptionen, sondern auch auditive Perspektiven ihrer Akteure bestimmen. Reich definiert Teilnahme als

> „eine Verständigung, bzw. Vorverständigung, die immer schon definiert, welche Beobachtungen gemacht werden sollen und welche Aktionen zugelassen, erwünscht oder verboten sind" (Reich 2004a, 80).

Teilnahmen prägen nicht nur das (Hör-)Handeln, sie definieren immer auch, wer oder was (nicht) gehört werden bzw. (nicht) zu Gehör kommen soll (oder auch darf): „Das Sagbare ist [...] im symbolischen Kodex eingeschrieben, der die Diskurse definiert, die wir in unseren Praktiken, Routinen und Institutionen leben" (Reich 2005, 9). Dies gilt ebenso für das Hörbare, da gerade Praktiken des Hörhandelns Teilnahmen definieren oder verwerfen und somit Akteure inkludieren oder exkludieren können. Dies verweist nicht nur auf die Bedeutung des Hörhandelns für die Bildung menschlicher Gemeinschaft, sondern thematisiert die große sozialisierende Kraft dieser kommunikativen Praktik. Hören heißt daher immer auch teilnehmen. Zugleich wird deutlich, wie tief Zuhörpraktiken in den Diskurs der Macht hineinreichen, ich werde an anderer Stelle noch darauf zurückkommen.

Hier soll zunächst festgehalten werden: Teilnahme kann nicht unabhängig von einem gegebenen, sozio-kulturellen Hintergrund gedacht werden. Zwar begründet sich in einer Kultur Teilnahme über Verständigungsleistungen (vgl. Reich 2005, 106), doch geben Verständigungsgemeinschaften kommunikative Praktiken, Routinen und Rituale immer schon vor. Sie erstellen Ordnungen, die das Zusammenleben übersichtlich gestalten, strukturieren und hierarchisieren und so zu wichtigen sozialen Orientierungshilfen werden. Auf diese Weise statten sie ihre Teilnehmer mit einer Vielzahl vorgegebener Sichtweisen, d. h. mit festen Perspektiven und damit immer auch mit „Vor-urteilen" aus. So „ist die Verständigungsgemeinschaft für die menschliche Lebensform keine wählbare, sondern zunächst immer schon vorausgesetzt" (Reich 2010, 114), wie schon der Begriff der „Muttersprache" impliziert. Dies verdeutlicht, dass es keine voraussetzungslose Teilnahme in einer bestehenden Kultur gibt. Vielmehr fußen die Verständigungsgemeinschaften sozialer Systeme auf tradierten Praktiken, Übereinstimmungen und Konventionen (und damit Konstruktionen), in die Menschen hineingeboren oder durch ihre Teilnahmen hineingestellt werden. Ohne sich dem entziehen oder dies jederzeit bewusst reflektieren zu können, sind wir in solche „Vorverständigung" strukturell fest eingebunden. Dewey beschreibt dies pointiert, wenn er sagt: „Culture has our bodies, passions and beliefs, before we ever have it" (Dewey, zitiert nach Garrison 1996, 442). Solche Vorverständigung kann Verständigung jedoch nicht nur erleichtern, sondern auch einschränken oder gar subvertieren, da sie unsere Wahrnehmung nicht nur lenken, sondern damit auch „ablenken" kann. Dies gilt vor allem für die subtilen Wahrnehmungen des Nicht-Sagbaren, die uns in Widersprüchlichkeiten, in „Kanaldiskrepanzen", in stimmlichen Irritationen oder non-verbalen Artikulationen begegnen. Nicht immer werden solche diffusen Impulse „erkannt", bzw. „erhört", da uns unsere Teilnahmen solchen Wahrnehmungen gegenüber auch „blind und taub" machen (vgl. Reich 2005, 10).

Verständigung ist daher nicht nur *Ziel*, sondern immer schon *Grundlage* und Voraussetzung für die Teilnahme am gesellschaftlichen Leben eines gegebenen kulturellen Kontextes, der uns aufgrund unterschiedlicher Konventionen, Rollenvorgaben und Zugehörigkeiten nicht nur in unterschiedliche Teilnahmen, sondern damit auch in unterschiedliche kommunikative Praktiken und Routinen einbindet. Dann wird das Hörhandeln, in Abhängigkeit von Kontext und Rolle, etwa als Kollegin, Mutter oder Partnerin nicht nur unterschiedlich, sondern möglicherweise auch widersprüchlich erscheinen. Doch sind kommunikative Strukturen prinzipiell nicht statisch. Denn da Interaktion grundsätzlich ein dynamisches und zirkuläres Geschehen ist, sind solche Strukturen stets in der Veränderung begriffen. Daher wirkt jedes Handeln immer auch auf Teilnahmen und Routinen zurück, prägt und verändert diese.[95]

---

[95] Ein Beispiel für vielschichtig ineinander verwobene unsichtbare Netze ein- und ausgrenzender Teilnahmebänder ist sicher das komplexe Netz des Zugehörigkeitssystems Schule. Das auf vielen Ebenen dicht ineinander verzahnte interaktiv-kommunikative Geschehen schulischen Alltags fordert jedem Teilnehmer große kommunikative Beweglichkeit ab. Das Hörhandeln hat hier, wie im Bildungskontext generell, eine exponierte Stellung, da es als zentrales Instrument des Wissenserwerbs „doppelt" gefordert wird: Erfolgt doch das menschliche Lernen über sprachliche Abstraktionen insbesondere über das Hören (vgl. Berg/Imhof 1996). So fordert die Institution Schule eine Vielzahl hochflexibler Hörpraktiken und -routinen ein, die sowohl den Wissenserwerb strukturieren, aber auch das „soziale Gefüge Schule" organisieren und ausbalancieren. In einem solch komplex ineinander verzahnten System mag es durchaus hilfreich sein, kommunikative Routinen zu

Bedenkt man, dass die Teilnahmebedingungen schon allein *einer* Verständigungsgemeinschaft mit ihren Setzungen den kommunikativen Handlungsspielraum zwar strukturieren, Verständigung und gegenseitiges Verstehen der Teilnehmer untereinander damit aber auch eingrenzen können, erstaunt es kaum, wie herausfordernd die Verständigung von Teilnehmern verschiedener Verständigungsgemeinschaften und unterschiedlicher Kulturkreise sich gestalten kann. Antons nennt solche Differenzen, über die sich die personale Identität nicht nur einzelner Akteure, sondern auch die ganzer Gruppen konstituiert, „Leitdifferenzen" (vgl. Antons et al. 1994, 203). Sie bilden sich in den kommunikativen Praktiken und damit immer auch im Hörhandeln ab. So stehen die kommunikativen Praktiken unterschiedlicher Verständigungsgemeinschaften mit der Ausbildung ihrer symbolvermittelten Diskurse, ihrer kulturellen Identitäten und kulturellen „Wahrheiten" in steter Wechselwirkung (vgl. Reich 1998a, 241). Lewis (2000), der die Bedeutung des Hörhandelns gerade auch im interkulturellen Kontext untersucht hat, kommt zu dem Schluss: „Different cultures do not use speech the same way, neither do they listen the same way (Lewis 2000, 102). Seine Untersuchungen werden von Kumbruck/Derboven (2016) gestützt: „Unterschiedliche Kulturen haben unter-

---

etablieren, die das sozialisierende Potenzial des Hörhandelns gezielt erschließen. Reich mahnt daher, den begrenzenden Raum der Inhalte und Fakten in der Kommunikation zu verlassen und die Beobachtung gezielt auch auf die Beziehungswirklichkeit, d. h. auf den „Beziehungsraum" zu lenken, wie er sich im Spannungsfeld von Zugehörigkeiten und Teilnahmen, durch „psycho-logische" Gesetzmäßigkeiten, wie Reich formuliert, formt. So können dynamische Kraft- oder auch Störfelder erkannt und kommunikativ ausbalanciert werden. Damit befinden wir uns im herausfordernden „Diskurs der Beziehung", was uns unmittelbar mit dem Imaginären konfrontiert (vgl. Reich 1998b, 409). Um diesen bewusst „in den Blick" nehmen zu können, wie dies Reich anregt, ist es hilfreich, gerade auch unterschiedlichen Perspektiven durch wechselseitiges Zuhören Raum zu geben. Dies scheint nicht nur eine wichtige Voraussetzung gelingenden Miteinanders zu sein, sondern solche Routinen legen auch den Grundstein für erfolgreiche Prozesse des Wissenserwerbs, für die gerade auch das Beziehungsgeschehen (und mit ihm Kommunikation) zentral ist (vgl. weiterführend dazu Reich 2006a). Darauf, wie eng emotionales Befinden und erfolgreicher Wissenserwerb miteinander verknüpft sind, belegen zahlreiche Studien (vgl. dazu auch Hattie/Yates 2015). Als befriedigend erlebte kommunikative Prozesse sind an Möglichkeiten der Partizipation *aller* Teilnehmer geknüpft, die sich auch in symmetrischen Interpunktionen des Hörhandelns zeigen.

schiedliches Zuhörverhalten" (ebd., 137). Hieraus resultieren nun unterschiedliche Kommunikationsregeln und -strategien, die ein jeweils spezifisches *Zuhörprofil*, ja regelrechte *Zuhörer-Kulturen* dann ausformen können. Die Autorinnen grenzen etwa „reaktive Kulturen", die sich durch die Fähigkeit auszeichnen, intensiv zuzuhören und dabei gleichermaßen Fakten wie personengebundene Informationen aufnehmen können, von „dialogorientierte Kulturen" ab, die als „multiaktive Kulturen" eine persönliche Beziehung beim Aufnehmen von Informationen brauchen und eine Chance zum Mitreden haben müssen. In einer weiteren Kategorie fassen sie „datenorientierte Kulturen", die als „linear-aktive Kulturen" besonders aufmerksam im Aufnehmen von Fakten sind (vgl. ebd. ff.).[96] Doch auch, wenn das Hörhandeln durchaus unterschiedliche Zuhörpofile ausbilden kann, bleibt es sein genuines Potenzial, im Wechselspiel gegenseitigen Austauschs Perspektivenvielfalt und hilfreiche Verständigung zu ermöglichen. Dies macht das Zuhören nicht nur zur Möglichkeitsbedingung von Entwicklung, sondern verweist auf seinen herausragenden Stellenwert gerade auch im interkulturellen Kontext.

Auch im nonvokalen Bereich akustischer Kommunikation tragen Praktiken des Hörhandelns dazu bei, Zugehörigkeiten zu definieren. Hier ist es das „Kommunikationsphänomen Musik" (Rauhe et al. 1975, 103), das in besonderem Maße auch als Medium für Identifikations- und Projektionsvorgänge dient und maßgeblich dazu beiträgt, nicht nur individuelle, sondern auch kollektive Identitäten zu formen. Sie kommen zum einen in der Wahl bevorzugter Musikgenres (Popmusik, Volksmusik, Klassik etc.) zum Ausdruck, sind also geknüpft an die Musik verschiedener Zeiten und Gattungen, zeigen sich aber auch in spezifischen Rezeptionspraktiken oder Hörweisen. Damit repräsentieren sie unterschiedliche Welt- und Lebensentwürfe, die Verbindungen zu ganz verschiedenen kulturellen Wurzeln herstellen können. Die Frage, welcher Musik wir zuhören („zugehörig sind"), kann uns mit spezifischen, auch auditiv geprägten Identitäten ausstatten. Solche „Höridentitäten" entstehen, wenn die spezifischen Zeichen der Musik zu verbindenden musikalischen Referenzen werden, d. h. wenn grundlegende Konzepte des menschlichen Lebens und Zusammenlebens und elementare Kategorien der Wahrnehmung als durch Musik repräsentiert geteilt erfahren werden. Dabei ist, insbesondere in westlichen Kulturen, die subjektive Wertigkeit von Musik nicht nur besonders eng

---

[96] In diesem Zusammenhang regen die Autorinnen die interessante und weiterführende Überlegung an, die jeweiligen Zuhörstile auch in Beziehung zu den volkswirtschaftlichen Strategien und Erfolgen der Länder in den jeweiligen Kulturräumen zu setzen.

mit der Einmaligkeit der eigenen Identität verbunden (vgl. Rösing/Oerter 2002, 45), sondern über diese können auch normative, soziokulturelle Inhalte vermittelt werden. Rezeptionsvorlieben oder -praktiken einer Musikkultur (die von popkulturellen Präferenzen, der Unterscheidung von „U-" und „E-Musik", bis hin zum gänzlichen Verbot des Musikkonsums in einigen Kulturen reichen können), verweisen darauf, dass auch im nonvokalen Bereich der Kommunikation die Identitätsbildung insgesamt eng mit dem Hörhandeln verknüpft ist. So werden gemeinsam geteilte musikalische Referenzen oftmals auch mit unterschiedlichen gesellschaftlichen, familiären oder religiösen Konzepten und Teilnahmen verbunden.[97] Musik kann solche Referenzen und Identitätsangebote – wie Volksmusik und aktuelle Charts zeigen – für ganze Generationen, Regionen und Nationen bieten und so systemische „Teilnahmebänder"[98] knüpfen oder lösen. Musikalisch Verbindendes weist immer auch über das Sprachliche hinaus. Damit haben gerade musikalische Vorlieben nicht nur eine sozialisierende Komponente, ihre spezifischen, durchaus divergierenden und häufig stark habitualisierten Rezeptionspraktiken („Hörrituale") sind über ihre ästhetischen Implikationen auch an Identifikations- und Projektionsvorgänge gekoppelt, die „Teilnahmebänder" knüpfen, festigen oder Teilnahmen und Zugehörigkeiten auch verweigern.[99]

---

[97] Rösing/Oerter führen dazu näher aus: „Gruppendynamisch gesehen ist Musikkultur der normative Inhalt, der Mitglieder einer Gruppe zusammenführt und zusammenhält. Sie fühlen sich als eine Gemeinschaft, die sich gegenüber anderen Gruppierungen abgrenzt (z. B. Konzertbesucher gegenüber ‚Banausen' oder, im Fall der Pop- und Rockmusik, Jugendliche gegenüber unkundigen Erwachsenen). Vereinigend und bindend kann die jeweilige Musikkultur in verschiedene Richtungen bzw. in verschiedenen Bereichen wirken. So gibt es Gruppierungen bezüglich der Musikkultur, hinsichtlich der Musikgattung (Opernliebhaber, Besucher von Orchesterkonzerten, Streichquartettenthusiasten, Free-Jazz-Spezialisten, Punk-Fans), in bezug auf Komponisten […], und hinsichtlich der Musikinterpretation […]. Häufig ist die Gemeinschaft der Anhänger einer Musikkultur international. Andererseits vermittelt Musikkultur die kulturelle Eigenart einer Nation" (Rösing/Oerter 2002, 53 f.).

[98] Rösing/Oerter verweisen in diesem Zusammenhang darauf, dass die normative Kraft der Musikkultur durch staatliche und private Institutionen und Autoritäten abgesichert und kommerziell gestützt wird. Da die durch Musik erzielte Gewinne bis zu einem gewissen Grad als Indikator für den „Wert" einer Musik gelten, haben sie damit auch Bedeutung für die abstrakte Valenz von Musik und wirken sich so implizit auch auf die durch sie definierten Teilnahmen aus (vgl. Rösing/Oerter 2002, 54).

[99] Man denke hier etwa an die „Love Parade", eine von 1989 bis 2010 überwiegend

Dies bedeutet: Das Hörhandeln zeigt sich als kraftvolle Größe nicht nur in Hinblick auf Verständigung, sondern auch hinsichtlich der Bildung von Gemeinschaft und Identität generell, zeigt sich daher auch als (sub)kulturelle Leitreferenz. Routinen des Hörhandelns können Aufschluss geben über das kommunikative Netzwerk eines Systems mit seinen subtilen Verflechtungen und vielfältigen „Zugehörigkeiten" und damit über die Stellung der einzelnen Akteure zueinander. Die gemeinsame sprachliche Wurzel der Begriffe Zuhören und Zugehörigkeit verdeutlicht, dass und warum das Hörhandeln zum „Gradmesser" partizipativen Handelns werden kann. Denn wie hier deutlich wird, sind es gerade Praktiken des Hörhandelns, die „wechselnde Teilnahmen von unterschiedlicher Verständigung im Rahmen einer Verständigungsgesellschaft" (Reich 2006a, 170) zulassen und eingrenzende Handlungsspielräume erweitern können. Dies erscheint durchaus von Bedeutung, denn, folgen wir Reich, gilt: „Je mehr das System [...] einzelne Mitglieder beseitigt, verdrängt, aussperrt oder wie auch immer besiegt, desto größer wird die Wahrscheinlichkeit zukünftiger Störungen im System selbst sein" (Reich 1998b, 409). Schnell erscheint das Ausgegrenzte in Form des sprichwörtlich „Unerhörten" dann imaginär, strahlt vielleicht maskiert, aber oftmals deutlich spürbar, in die Interaktionen zurück. Dies zeigt, wie sehr Verständigung auf einen möglichst umfänglichen Austausch des „Sag- und Hörbaren" angewiesen ist, der auch die Fragmente eines „Ungehörten" oder „Überhörten" mit erfasst und kommuniziert.

So begründet sich das partizipative Moment des Hörhandelns vor allem daraus, dass sich im Bezogen-sein des Hörens immer auch ein Teilnehmen an etwas vollzieht: „Wenn wir wirklich hören, dann merken wir, dass wir dazugehören, dass wir nicht Einzelkämpfer oder abgeschlossene Monaden, sondern Beteiligte, Teilnehmer sind" (Unglaub 1998, 104). So sind es insbesondere die Hörpraktiken, die in der Tiefe wie unsichtbare Bänder wirken, da sie Teilnahmen festigen, verwehren oder auch lösen können. Dies gilt für den Gesamtbereich akustischer Kommunikation. So betont Breitsameter auch aus der Sicht akustischer Ökologie: „Wahrnehmen ist teilnehmen. (Die Art und Weise der Teilnahme formt den Gegenstand der Aneignung.) Teilnehmen heißt, den Prozess des Erscheinungswandels mit in Gang zu halten" (Breitsameter 2007, 233). Welche Erscheinungsformen akustischer Gestalten uns umgeben, ist damit immer auch eine Frage gesellschaftlicher Hörpraktiken, ich werde später nochmals darauf zurückkommen.

---

jährlich durchgeführte Musikveranstaltung der Technoszene, die neben der Spezifik ihres Musikstils ganz eigene Musikrezeptionsrituale entwickelte.

3.1.2. Beobachter: Über die Vielfalt von Hörperspektiven

Vom „Verlust des Ursprungs" und dem „Primat der Perspektiven" (vgl. Reich 1998a, 18).

Wenn wir als Grundlage konstruktivistischen Denkens einen konstruierenden Beobachter annehmen, kommen wir nicht umhin, die Verschiedenheit unseres Seins und damit die Unterschiedlichkeit von Perspektiven, aus denen heraus wir die Welt wahrnehmen, anzuerkennen. Trotz der Einmaligkeit eines jeden „Subjekts" existiert ein Selbst nur in Vermittlung mit dem Anderen: „Dies ist die fundamentale Voraussetzung einer Beobachterposition, die sich psycho-logisch nennt." (Reich 2009b, 19) Das heißt, Interaktionen folgen den „psycho-logischen" Maßgaben ihrer Akteure, deren Perspektiven nicht mehr und nicht weniger als situative Momentaufnahmen subjektiven Erlebens der Wechselwirkungen innerhalb eines gegebenen systemischen Feldes sind. Solche „systemische Interdependenz" vermittelt, dass sich das Verhalten nie ganz allein aus der Beobachtung einer Person erschließen lässt, weil jede Person bereits in eine Vielzahl systemischer Interaktionen eingefangen ist, die aus unterschiedlichen Perspektiven des Systems heraus wahrgenommen und interpretiert werden können. In der Konsequenz bedeutet dies, den verführerischen Wunsch nach einem allgemeingültigen Maßstab aufzugeben, mit dem wir die Welt und damit auch die Anderen „vermessen" können. Zwar zerfällt „alle Beobachtung [...] in unterschiedliche Beobachtung, aber alle Beobachter benutzen Maß-Gaben von Beobachtung" (Reich 1998a, 19). Als „Maßgabe von Beobachtung" nehmen wir häufig uns selbst, indem wir uns zum universalen Maßstab setzen. Hieraus entspringt dann unser „Selbst-Verständnis". Zwar weiß schon der Volksmund, dass wir „nie von uns auf Andere schließen" sollten. Doch ist die Gefahr recht groß, dieser Gewohnheit zu erliegen und Gehörtes reflexartig an sich selbst zu vermessen. Damit bedienen wir das Bezugssystem gewohnter Beobachtungskoordinaten, wie etwa die „Falle" des „Beziehungsohrs" im Kommunikationsquadrat Schulz von Thuns recht anschaulich verdeutlicht. Der Platz der *bewussten* Beobachtung ist daher ein geeigneter Ort, solche Gepflogenheiten abzulegen. So liegt das besondere Potenzial der Beobachterin in der Möglichkeit zur Reflexion, mit der sie die notwendige Distanz schafft, um anders wahrnehmen zu können, bewusst eine andere Perspektive anzuhören, Neues herauszuhören, „Unerhörtes" „er/hören" zu können.

Auch wenn wir gewöhnt sein mögen, die Kategorie der Beobachtung zuvorderst auf die visuelle Modalität zu beziehen: Beobachtung ist stets ein Prozess multimodaler Wahrnehmung, der sich nicht nur visuell, sondern in Kopplung damit, auch auditiv vollzieht. Verglichen mit dem Sprechen, verschafft das Zuhören eine gewisse Distanz, die es erlaubt, einen Schritt aus dem kommunikativen Geschehen zurückzutreten und die Wahrnehmungsaufmerksamkeit gezielt anders auszurichten, „(d)enn es gibt in solcher Verständigung immer auch andere Beobachtermöglichkeiten" (Reich 2010, 95). Sobald wir uns in die Rolle der zuhörenden Beobachterin begeben und einen Schritt zurücktreten, können Teilnahmen und Handlungen zueinander in Beziehung gesetzt und kritisch reflektiert werden:

> „Hier scheint es mir berechtigt zu sein, von einem Primat der Perspektiven, die vor jeder ‚Ordnung der Dinge' liegen, zu sprechen. Wenn Akteure agieren, Teilnehmer sich in bestimmten Situationen befinden, Beteiligte zu bestimmen haben, in welchen Graden sie beteiligt sind, so können sie dies nur über die Vermittlung ihrer Beobachtungen, die sie sich bewusst machen. Dies geschieht entweder als Selbst- oder als Fremdbeobachter" (Reich 2009a, 21).

In einem ersten Schritt ermöglicht es der Status der *zuhörenden Beobachterin*, sich der Gewohnheiten kommunikativen Handelns gewahr zu werden. Dies ist Voraussetzung, um sich von dysfunktionalen Mustern lösen zu können und reaktives Handeln zu vermeiden (vgl. Reich 2005, 109). Das große Potenzial der zuhörenden Beobachterin liegt darüber hinaus in der Freiheit, die Hörperspektive beliebig ausrichten zu können. So kann die Beobachterin die Aufmerksamkeit nicht nur auf im Außen (Fremdbeobachtung) anders ausrichten, sondern in einem Prozess der Selbstbeobachtung, einem bewussten „In-sich-hinein-hören" auch auf das innere (Hör-)Erleben lenken. Mit der Veränderung des Wahrnehmungsfokus entstehen neue „Hörperspektiven", die gewohnte Abläufe, Zusammenhänge, Situationen und Handlungen neu und anders zueinander in Bezug setzen. Die flexible Veränderung der Hörperspektive erhöht die Komplexität der Beobachtung und ermöglicht, das Spektrum an Wahrnehmungsmöglichkeiten zu erweitern.

Dies verdeutlicht: Die Kategorie der Beobachtung – zentraler Aspekt konstruktivistischen Denkens – vollzieht sich maßgeblich im Zuhören, da hier die Wahrnehmungsaufmerksamkeit flexibel ausgerichtet werden kann, was die Kommunikation beweglich macht. Dennoch ist hier immer schon eine Begrenzung angelegt, da sich, wie bereits gezeigt wurde, jede Beobachtung stets aus einer bestimmten Teilnahmeperspektive heraus vollzieht. Als Beobachter sind wir von unseren symbolischen und imaginären „Welt-Bildern", von vorgängig Konstruiertem im Kontext unserer kulturellen (Vor-)Verständigungen beeinflusst. So verweist Reich immer wieder darauf, dass keine Beobachterposition voraussetzungslos ist: „Inhalte und Formen der Beobachtung erscheinen zwar subjektiv, sind aber nicht vom kulturellen und sozialen Kontext abzulösen" (Reich 1998, 34). Damit zeigt sich nun auch eine Grenze menschlicher Freiheit, denn indem jeder Beobachter immer schon ein „beobachtend sozialisierter Beobachter" (Reich 2009a, 30) ist, wird der Beobachter gleichzeitig auch zum Konstrukteur seines Beobachtungsprozesses (vgl. Reich 2005, 103), wird jede Beobachtung zur individuellen Konstruktion im Kontext eines schon vorgängig Konstruierten. Daher gründet jede (scheinbar unabhängige) Beobachtung kommunikativer Handlungen stets auf rein subjektivem Hörerleben und -verstehen, denn „jeder Beobachter setzt voraus, dass bereits beobachtet wurde" (Reich 1998a, 23). Doch unterscheidet sich die Beobachtung von der Teilnahme insofern, als ihr ein reflexives Moment innewohnt, das und – dies scheint hier entscheidend zu sein – Handlungsalternativen generieren kann:

> „Selbstverständlich sind wir beim Beobachten nicht völlig frei von unserer Teilnahme, aber wir können über eine reflektierende Beobachtung re-, de-, konstruktiv in sie eingreifen. Die Beobachtung setzt also noch einen Unterschied zur Teilnahme, wenngleich sie auch nicht unabhängig von ihr ist" (Reich 2005, 108).

Wenn sich aus einer konstruktivistischen Perspektive zeigt, dass Beobachtungen Konstruktionen sind, so kann uns die Suche nach dem richtigen (Hör-)Verständnis doch nur zu etwas Relativem und nie zu etwas Letztgültigem führen: „Wahrheit ist nicht mehr und nicht weniger als ein subjektiver und vergänglicher Akt der Gewissheit [...], der die Bedingung hat, an das System der sich wechselseitig Beobachtenden geknüpft zu sein" (Reich 1998b, 13). Setzen wir voraus, dass es aus konstruktivistischer Perspektive keine beobachterunabhängige Wirklichkeit geben kann, können Verständnis und Erkenntnis nur von einem Beobachter in Abhängigkeit eines bestimmten Beobachterstandpunktes gewonnen werden, der als Beobachter jedoch immer auch Beteiligter in den beobachteten Systemen ist „und als selbst konstruierender, als tätiger und teilnehmender ‚Beeinflussungsfaktor' am Prozess dieser Konstruktion erkennbar und beobachtbar ist" (Reich 1998a, 7). Erkenntnisvorgänge sind somit subjektive Konstruktionsvorgänge, was Verständigung zu einer Frage der Viabilität macht. Hier stellt Neubert (2015) fest:

> „Auch wenn es immer einen hohen subjektiven Anteil an allen Wirklichkeitskonstruktionen gibt, so erzwingt die Viabilität gemeinsamer Aussagen über die Wirklichkeit zumindest in großen Lebensbereichen eine Verständigung und eine Koordination der Handlungen und Kommunikation über mögliche Kooperation" (Neubert 2015, 392).

Verständnis ist als interaktions-, kontext- und zeitgebundenes Konstrukt den steten Veränderungsprozessen der Interaktion mit Anderen unterworfen. Jedoch kann Verstehen und Verständnis durch die Komplexität der Beobachtung erweitert und umfassender gemacht werden. Zuhören hat hier sicher eine Schlüsselposition, da es uns sowohl beobachtend als auch handelnd in ein Wechselspiel von Selbst und Anderen stellt, die nicht nur anders blicken, sondern auch anders hören als wir selbst. Diese Vermittlung hat einen hohen Stellenwert im Interaktionistischen Konstruktivismus, der darauf aufmerksam macht, dass eine Auseinandersetzung mit menschlicher Kommunikation diese Interaktivität berücksichtigen sollte, um eine interaktiv bezogene Theorie menschlicher Kommunikation werden zu können (vgl. Reich 1998a, 5):

> „Erst eine Rückbesinnung auf die Interaktionen der Menschen in ihren wechselseitigen Ordnungen der Blicke [...] kann zu einer Emanzipation der Beobachtungsmöglichkeiten beitragen. Hierzu muss der Beobachter ein Wissen über seine Beobachtungsmöglichkeiten entwickeln" (Reich 2009a, 55).

So können wir trotz aller Bemühungen, differenzierte und selbstreflexive Zuhörstrategien zu entwickeln, als Zuhörer nicht aus einer „objektiven" Perspektive heraus beobachten, sondern wir sind immer eingebunden in ein kontextuelles, inneres und äußeres (zirkuläres) Zuhörgeschehen. Zudem steht die Beobachterin nicht nur in Vermittlung mit sich, sondern immer auch mit der Beobachtung, wodurch sie die Beobachtung beeinflusst, ein Theorem, das in der Quantentheorie seine Entsprechung findet. So gibt es keine vermeintlich objektive Beobachterposition, weder „in uns selbst", noch „da draußen". Die deutsch-kanadische Klangkünstlerin Hildegard Westerkamp beschreibt dieses Prinzip aus der Perspektive der Klangkunst, wenn sie aussagt, dass die Art der Beobachtung eines kommunikativen Geschehens die Qualität des Zuhörens verändern könne,[100] was damit die Möglichkeit auch *ästhetischen* Erlebens im Zuhören thematisiert (vgl. dazu auch Kap. 5.2.7.).

---

[100] In Vorbereitung auf einen Workshop erklärt Westerkamp: „Das Ohr hört immer zu und begleitet uns durch den Alltag. Diesem klanglichen Zeitablauf tägliche Aufmerksamkeit zu schenken, ändert die Qualität unseres Zuhörens und unseres Zeiterlebens. Es kann bedeuten, der Alltagshast entgegenzutreten und ihr still zuzuhören, oder Klänge in der Stille verfließen zu lassen, sie in uns zur Ruhe zu bringen und widerhallen zu lassen. Die Qualität unseres Zuhörens kann die Qualität eines klanglichen Zeitablaufes (eines Gespräches, eines Musikstücks, ja sogar die Qualität einer Klangumwelt) beeinflussen und ändern." (Westerkamp 1999)

Aus eigener Anschauung wissen wir, dass es nicht immer leicht ist, die Interaktionsmuster zu erkennen, die sich aus individuellen Rollen, aus dem Eingebundensein in kulturelle, gesellschaftliche, biografische Zusammenhänge herausgebildet haben und die das situative Handeln bestimmen. Solche Muster sind mit unseren Beobachtungen zirkulär verwoben, von wo sie auf unsere Handlungen zurückwirken: „So ganz können wir bei keinem Ereignis, auch in keiner Realbegegnung, aus dem heraustreten, was wir geworden sind" (Reich 2006a, 153). Doch immer können wir einen Schritt zurück, d. h. ein Stück weit aus unseren Rollen heraustreten, von der Teilnahmeperspektive in die Beobachterperspektive wechseln, um gezielt neue Informationen durch die Veränderung des Wahrnehmungsfokus zu generieren. Dies erlaubt, eine gewisse reflexive Distanz auch zu unserem kulturellen Vorverständnis einzunehmen, um spontanes Hörerleben und -verstehen reflektieren und modifizieren zu können. Fassen wir Zuhören als zutiefst konstruktiven Prozess, impliziert dies zwar immer auch Relativität und damit Unschärfe der Erkenntnis (vgl. Reich 2010, 192), was die Gefahr von „Reibungsverlusten" (Missverständnisse etc.) birgt. Doch liegt im Zuhören das große Potenzial, solche Unschärfen aus der Weite einer zuhörenden Beobachtungsposition reflektieren und „Verstehen" gezielt schärfen zu können. Auch wenn ein „sozialisierter Beobachter" erfahren muss, dass er seinen Vorannahmen nicht wirklich entkommen kann, können sich die Praktiken der Beobachterin durchaus von denen der Teilnehmerin unterscheiden, da die Beobachterin bewusst *anders* zuzuhören und damit Gewohnheiten unterbrechen und Reaktanz verhindern kann. Dies mag uns anregen „uns als Beobachter in gewisser Weise zu zwingen, mittels immer neuer Perspektiven zu schauen", wie Reich (2010, 193) anregt.

3.1.3. Akteur: Über das kreative Gestaltungspotenzial des Akteurs

„Beobachtungen unterscheiden sich von Handlungen" (Reich 2009a, 31)

In dieses Wechselspiel teilnahmegebundener Beobachtung mischt sich nun noch eine dritte Perspektive, es ist die Perspektive des handelnden Akteurs. Akteure schaffen mit den Konstruktionen ihrer Welt immer auch ein System von Differenzen, die in ihren gesellschaftlichen und kulturellen Teilnahmen und Zugehörigkeiten zum Ausdruck kommen und sich in ihren Routinen und Praktiken spiegeln. Damit eröffnen teilnahmegebundene Zugehörigkeiten nicht nur Möglichkeiten, sondern sie verweisen immer auch auf spezifische Grenzen. Um solche Grenzen verändern zu können, braucht es jedoch mehr als die Reflexivität des Beobachters und Akte der Introspektion, denn letztlich ist es die *Handlung*, die zählt. Hier kommt nun der Akteur zum Zug. Sein großes Potenzial ist es, Beweglichkeit in (einschränkende) Teilnahmen bringen zu können. Ohne weiter über seine Zugehörigkeiten nachzudenken, hält sich der Akteur im „Gefecht" seiner Handlungen nicht weiter damit auf, seine Beobachtungen zu reflektieren, sondern er reagiert unmittelbar auf das Gehörte und Erfahrene, auf das Erlebte und Verstandene: „[A]ls Akteure sind wir dann auch noch meist blind gegen unsere vorausgesetzten Teilnahmen und die darin eingegangenen Beobachtungen" (Reich 2005, 10). So scheint in der Aktion selbst ein besonderes Wissen und Beurteilen zu liegen, das ganz der Handlung entspringt (vgl. ebd.). Der Begründer lösungsorientierten Denkens und Psychotherapeut Steve de Shazer (1997) bringt es auf den Punkt, wenn er sagt: „Doing is knowing" (de Shazer 1984). Dies mag ein besonders hilfreiches Wort im richtigen Moment sein, das uns scheinbar „zufällt", ein intuitiv gewusstes Handeln, das entlastet, vermittelt, vielleicht aber auch verstört, indem es alte Bahnungen verlässt und so Neues möglich macht. Kommunikatives Handeln erwächst daher immer auch aus einem intuitiven *Handlungswissen*, das sich jedoch erst in der Handlungssituation selbst zeigt und sich dort spontan entfaltet. In solcher Rückkopplung erfährt der Akteur dann die Wirkmächtigkeit seiner kommunikativen Handlungen auf Andere ganz unmittelbar. Dabei erfährt er die Differenzen zu den Denkwelten der Anderen nicht reflexiv, sondern spürt sie vielleicht als Ärger oder Freude, empfindet ein Gefühl der Leichtigkeit, erlebt ein Staunen oder eine Situation der Sprachlosigkeit, spürt eine körperliche Empfindung „tief im Bauch", was in ihm Handlungsimpulse jenseits von Reflexivität entstehen lässt. So bemerkt auch Garrison: „It is through interactions with others that we can learn the new vocabulary we need to tell the stories of our lives differently" (Garrison 1996, 15). Sollen daher die eigenen *habits* ins Bewusstsein geholt und überprüft werden, braucht es vor allem die in der Interaktion unmittelbar erlebte Reibung mit dem Anderen, braucht es – neben der Reflexion – immer auch die *Aktion*:

> „Nur in der Differenz zu anderen und in der Betrachtung der Wirkungen auf andere und auf Interaktionen, können sie (die habits) aus dem vorkognitiven Hintergrund in den bewussten Vordergrund treten. Um Freiheitsgrade durch *inquiry* und reflexive Bewusstheit von kulturellen Skripten, die uns bestimmen, zu gewinnen, ist Kommunikation in zweierlei Hinsicht essentiell: Einerseits ist es notwendig, dass andere unsere Welt ‚stören' und Anlässe geben für Re-, De- und Neukonstruktionen. Andererseits können die eigenen habits nicht in Akten der Introspektion, sondern nur in Formen ihrer Aktualisierung in Interaktionen aufgesucht, beobachtet und verändert werden" (Lehmann-Rommel 2003, 33).

Zwar mögen spontane Handlungsimpulse letztlich immer auch das Risiko des Misslingens in sich bergen. Doch ohne die Bereitschaft, sich auf diese „Gefahr" einzulassen, kann Neues nicht entstehen. Es ist daher ein gewisses „Verstörungspotenzial", das der Akteur in sich trägt, das neue, vormals ungedachte Strukturen bahnen kann: „Der Akteur ist ein Schaffender [...], den wir daran erkennen, dass Neues entsteht und nicht bloß Altes tradiert oder Bequemes, Behagliches usw. unkritisch übernommen wird" (Reich 2005, 109 f.). Auch wenn wir in dieser Rolle der Gefahr „blinder" Aktionen und unreflektierter Handlungen ausgesetzt sind, die unsere Ziele und Intentionen durchaus auch subvertieren können, bietet gerade diese Perspektive die Möglichkeit, der „Gefangenschaft unserer Teilnahmen" zu entkommen, neue Strategien kommunikativen Handelns zu testen und so eigene Kategorien zu überprüfen. Hieraus können veränderte kommunikative Praktiken und Routinen, im besten Fall gar ein erweitertes *Selbstverständnis* entstehen, das neue Teilnahmen erschließen und neue Zugehörigkeiten bahnen kann.

Auch hier zeigt sich die große Relevanz dieser Perspektive für das Zuhören, ist dieses sowohl *Reflexions*-, als auch *Aktionsfeld* kommunikativen Handelns. So ist jedes Hörhandeln eingebunden in ein komplexes multifaktorielles Handlungsgewebe, ist damit nur bedingt planbar, nicht zur Gänze „vordenkbar" oder gar ersetzbar durch ausschließlich abstrakt-reflexives Tun. So erlernt ein Kind die Sprache nur im Wechselspiel eines rekursiv aufeinander bezogenen Hör- und Sprechhandelns, in dessen Vollzug vor allem die Erfahrungen des Tuns, des „Machens" die nächsten Schritte strukturieren und weniger die der Reflexion. Hier zeigt sich die Ähnlichkeit kommunikativen Handelns zu den

Prinzipien musikalischer Improvisation, weswegen Gagel Improvisation übergreifend als Prinzip *sozialer Kunst* fasst. Das „Prinzip Improvisation" umgreift damit sowohl kommunikative als auch interaktive Prozesse, die allerdings beide, wie noch zu zeigen sein wird, ineinander aufgehen. Die Dynamik eines Gesprächs ist der einer musikalischen Improvisation, etwa unter Spielern eines Jazzensembles, recht ähnlich. Denn hier definieren in erster Linie handelnde (und weniger reflexive) Impulse den Verlauf des Geschehens. Das heißt: Erst die Unmittelbarkeit kommunikativen Handelns lehrt uns zu hören und *gleichzeitig* zu verstehen. In diesem Sinne argumentiert auch Kamper, wenn er schreibt: „Erst ein Angesprochener, der versteht, dass er gemeint ist, kann Sprachkompetenz entwickeln" (Kamper 1984, 113). Das Handlungspotenzial des Akteurs birgt daher ein ganz eigenes, ein spielerisches, ein *kreatives* Potenzial, das allein der Unmittelbarkeit der (Hör-)Handlung entspringt. Dort, wo wir als Teilnehmer in unseren kommunikativen Handlungen noch eng und begrenzt sind, kann uns der Handlungsspielraum des Akteurs Freiheiten (zurück) gewinnen lassen, die den kommunikativen Spielraum erweitern. „Dann sind wir verblüfft über uns selbst, erstaunt über die Dinge, die wir tun, vielleicht aber auch verzweifelt über unser Unvermögen, uns an die erwarteten symbolischen Regeln oder die imaginierten Wünsche zu halten" (Reich 2010, 104). Auch wenn hier die Gefahr unreflektierten Handelns lauert, etwa wenn wir im Eifer des Gefechts emotional aufgeladen unser Ohr dem Anderen ganz verweigern oder uns um „Kopf und Kragen reden", bergen doch gerade solche „Aktionen" auch Chancen der Veränderung. Denn sie können neue Erfahrungen generieren, neue Praxen bahnen und damit individuelle Spielräume erweitern. Auf der Grundlage körperlicher Präsenz erfahren wir dann ganz unmittelbar – multimodal gekoppelt – die Wirkkraft kommunikativen Handelns. Oftmals sind es spontane und ungeplante Handlungen, die gewohnte (Hör- und Handlungs-)Muster „verstören" und vormals ungedachte Handlungssequenzen entstehen lassen können. Das Potenzial des Akteurs verweist darauf: In jeder kommunikativen Szene liegt die grundsätzliche Chance, Verhalten neu auszuloten und zu modifizieren, um neue, andere und ggf. funktionalere Strukturen der Kommunikation zu bahnen und sich unmittelbar aus Begrenzungen, aus Passivität oder Verstrickungen lösen zu können. Je breiter das individuelle Repertoire differenzierter „Hörhandlungsstrategien" und möglicher „Hörhandlungsoptionen" des Akteurs angelegt ist, je verfügbarer der Zugriff auf sie ist, desto spielerischer, kreativer und wirkungsvoller kann sich das vorhandene Potenzial in der konkreten Kommunikationssituation spontan entfalten, So ist das gezielte Training neuer, vielfältiger und differenzierter Praktiken kommunikativen (Hör-)Handelns eine wichtige Voraussetzung, um das Handlungswissen auch spontan und ungeplant einsetzen zu können. Dann können Handlungsspielräume erweitert werden, die aus „teilnehmenden Gefangenschaften" (Reich 2005, 109) befreien, deren Grenzen gesprengt und Zugehörigkeiten verändert werden. Dies erklärt, warum identisches Hörhandeln, etwa Schweigen, in unterschiedlichen Kontexten ebenso hilfreich wie einschränkend oder den jeweiligen Zielen gar entgegenlaufen sein kann. Erst im spezifischen Kontext kommunikativen Handelns entscheidet sich, welche Strategien Handlungsspielräume neu oder anders gestalten können und ob mit ihnen die angestrebte Verständigung tatsächlich erreicht werden kann. Eine wichtige Voraussetzung, um das Potenzial des Akteurs im Hörhandeln voll ausschöpfen zu können, ist somit der unmittelbare Kontakt, die zwischenmenschliche Interaktion, die sogenannte *Face-to-face*-Kommunikation, welche die Wechselseitigkeit persönlicher Ansprache und Interaktion eröffnet und damit auch der Forderung Böhmes nach einer Wiederentdeckung der Praxis „leiblicher Anwesenheit"[101] entspricht. Es scheinen gerade die vielfältigen und wechselnden Erfahrungen ebensolcher „leiblichen Anwesenheit" zu sein, die das implizite Handlungswissen des Akteurs „nähren". Diese Zusammenhänge verweisen einmal mehr auf die grundsätzliche Bedeutung der Interaktion (vgl. dazu auch Reich 2010, 51 ff.), können doch erst im konkreten Handeln, d. h. im *aktiven Tun*, entscheidende Impulse auch für Veränderungen gesetzt werden:

> „Der Mensch ist nie nur Teilnehmer und Beobachter, sondern immer auch Handelnder, Akteur. Bei der Re-, De-, Konstruktion ist er als aktiver Akteur gefragt, denn nur durch sein Geworfensein in eine Kultur oder durch kontemplatives Schauen wird nichts aktiv produziert" (Reich 2005, 139).

Das große Potenzial des Akteurs liegt somit in der Wirkmächtigkeit *unmittelbaren und kreativen Hörhandelns*, mit dem nicht nur Altes reproduziert, sondern auch neue Strukturen gebahnt, Beweglichkeit erzeugt und (neuer) Kontakt hergestellt werden kann. Das Handlungswissen des Akteurs birgt die

---

[101] Böhme (2006) konstatiert: „Sich auf Atmosphären einlassen heißt teilnehmen wollen und sich Anmutungen aussetzen" (52), wofür *leibliche Anwesenheit* unabdingbare Voraussetzung ist (vgl. 49 ff.). Indem sich der Akteur atmosphärischer Stimmungen, beispielsweise die einer *kommunikativen Atmosphäre*, bewusst wird, vergrößert er nicht nur sein Handlungswissen, sondern erweitert damit auch seine Handlungsmöglichkeiten: Auch wenn sich Böhmes Überlegungen an dieser Stelle auf den nonvokalen Bereich akustischer Kommunikation beziehen, verdeutlichen sie dennoch, wie wichtig der „Faktor leibliche Anwesenheit" ist, um Handlungskompetenzen im Bereich akustischer Kommunikation zu erwerben.

Chance, Differenzen auszuloten, Handlungsspielräume zu verändern, sodass ein *erweitertes* Hörerleben und -verstehen angeregt und „teilnehmende Gefangenschaften" aufgedeckt werden können (vgl. Reich 2005, 109). Dies mag das Risiko des Scheiterns bergen, doch impliziert es auch die Möglichkeit, jederzeit neu beginnen zu können: „Auch wenn die Ungewissheit, die das Handeln und Sprechen begleitet, weil die Menschen neu anfangen und unerwartet agieren können, auch wenn diese Ungewissheit also verunsichernd ist, ist sie doch notwendiger Ausdruck und Folge der Menschlichkeit des Menschen als ihrer Fähigkeit, jederzeit etwas Neues zu tun" (Girmes 2003). Doch erst im Gesamt eines wechselseitigen „Perspektivenschaus" aller unserer Rollen als Beobachter, Teilnehmer und Akteur können neue kommunikative Strukturen angeregt werden.

3.2. Zuhören im Spannungsfeld wechselnder Wahrnehmungsregister

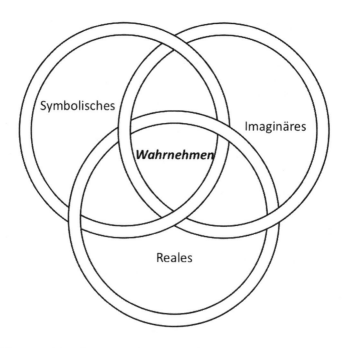

Abbildung 4: Wahrnehmungsregister des Zu/Hörens

3.2.1. Symbolisches: Von der Einheit zur Vielheit

„Ein Gesamt von Bedeutungen nenne ich symbolisch, insofern damit bestimmte permanente Dinge, Objekte, Gegenstände oder Sachverhalte bezeichnet sind, die der Mensch in Übereinstimmung mit anderen Menschen – innerhalb einer bestimmten Zeit und eines bestimmten Verständigungsraumes – konstruiert" (Reich 2010, 76).

Um die Personen und Gegenstände unserer Umwelt wahrzunehmen, gebrauchen wir unsere Sinne. Wollen wir jedoch dieses Erleben fassen, ordnen und kategorisieren, im „Aufsteigen zur Wahrheit", wie Reich (2009a, 68) formuliert, geraten wir von der Welt sinnlicher Manifestationen in die Welt unserer Vorstellungen. Um uns sinnliche Erfahrungen gegenseitig zu vermitteln, uns darüber austauschen und verständigen zu können, sind wir zunächst gezwungen, die Ebene der „sinnlichen Gewissheit" zu verlassen, denn dieser Ort reichster Erkenntnis ist ein „Ort des symbolischen Schweigens", wie Reich (ebd., 69) formuliert. In diesem Prozess wird für den Menschen „die Sprache dabei dann hochgradig bedeutsam, obgleich sie nicht für seine sinnliche Gewissheit, für Gefühle und Erleben vollständig herhalten kann, aber weil sie in der Formulierung darüber herhalten muss" (ebd., 237). Um den menschlichen Geist mit seinen Wirklichkeitskonstruktionen erreichen zu können, wird „eigentliches Erleben" durch „uneigentliche Sprache" ersetzt, wie Kern (1983, o. S.) pointiert formuliert. In dieser Welt der Imaginationen mag uns das eben noch als sicher und gewiss wahrgenommene sinnliche Erleben plötzlich als etwas Abstraktes, als „arme Wahrheit" erscheinen, wie Reich unter Bezug auf Hegel (Reich 2009a, 68) aussagt. „Arm", da wir in den symbolisch-abstrakten Vermittlungsversuchen des sinnlich Erlebten eine Differenz oder auch eine „Leerstelle" (im Sinne der Abwesenheit von etwas) erfahren. „Wahr", da das Dilemma der sinnlichen Gewissheit darin liegt, dass wir keine Verallgemeinerung setzen können, ohne damit zugleich auch eine abstrakte *Wahrheit* zu äußern, wie Reich betont (vgl. ebd., 68). Erst die Verbalsprache befähigt uns – ausgehend von der Ebene reichhaltiger sinnlicher Erfahrungen – in die Welt symbolisch-abstrakter, jedoch subjektiv „ein-seitiger" Wahrheiten und damit immer auch „armer Wahrheiten" zu gelangen, die wir uns in sprachlicher Abstraktion des sinnlich Erlebten zwangsläufig bilden:

„Es ist das Wesen unserer Sprache und damit Kommunikation, daß wir das Eins brauchen, um überhaupt ein Auch ausdrücken zu können. Wir mögen zwar öfter im Leben, im Erleben spüren, dass die geäußerten Worte kaum das hinreichend wiedergeben können, was wir im Fluidum unserer Imaginationen empfinden, fühlen, wahrnehmen, denken, aber die Interaktion von Ich und Anderen führt uns auf die Begrenztheit unserer symbolischen Redeweisen zurück" (Reich 2009a, 71).

Wahrnehmung ist daher, wie der Psychologe und Psychoanalytiker Hans Christ (2005, 235) recht pointiert formuliert, letztlich ein „Prozess der Desomatisierung", an dessen Ende die Sprachlichkeit des Menschen steht. Der Psychoanalytiker Lacan vergleicht die Sprache mit einem Netz, das sich über die Gesamtheit der Dinge legt: „Die Sprache ist begreifbar nur als ein Netz, ein Geflecht über der Gesamtheit der Dinge, über der Totalität des Realen. Sie schreibt auf die Ebene des Realen jene andere Ebene ein, die wir hier die Ebene des Symbolischen nennen" (Lacan 1990, 328 f., zitiert nach Reich 2009a, 461). Dieses Netz hält zusammen und verbindet, doch definiert sich ein Netz auch durch seine Leerstellen. Ihnen entsprechen, wollen wir in diesem Bild bleiben, die oben beschriebene Differenz und die Unschärfen, die sich in der Abstraktion des sinnlich Erlebten auftun und die hier als „Leerstellen" (im Sinne einer Abwesenheit von etwas) bezeichnet werden sollen.

In der ihr eigenen Begrenzung, die grundlegend in ihr angelegt ist, entwickelt die Sprache eine ganz eigene Dynamik. Neubert (1998, 18) schreibt von einem „Pakt", den das Symbolische zwischen den Menschen begründet. Dieser ermöglicht einerseits Verständigung und Übereinkunft. Doch kann dies auch das imaginäre Ich dazu führen, „von anderen Ichs und sich selbst zu sprechen, als würde es sich um reale Dinge handeln" (Reich 2009a, 461). Auch Schlippe/Schweitzer mahnen: „Wir neigen dazu zu vergessen, dass es sich bei unseren Begriffen um *Möglichkeiten des Begreifens* handelt und nicht um die Dinge selbst" (Schlippe/Schweitzer 2007, 87, Hervorhebung im Original). Damit wird Sprache zur abstrakten Ver*ein*fachung einer Essenz, die ihren Ursprung auf der sinnlichen, nur indirekt vermittelbaren Ebene hat. Unter dem Verlust dieses „eigentlichen", des puren sinnlichen Erlebens, ermöglicht sie jedoch menschliche Interaktion und Kooperation. Als Teil des symbolischen Zeichensystems bietet sie aufgrund ihrer semantischen Dichte die Möglichkeit, sich über alle vorhandenen Symbolwelten differenziert auszutauschen und ihre Akteure miteinander zu verbinden, ermöglicht so *Verstehen* und *Verständigung*. Ohne einander körperlich zu berühren, ist mit ihr Berührung, ja sogar

Heilung,[102] aber auch Verletzung (vgl. dazu auch Krämer 2007) möglich. Indem Sprache auf diese Weise menschliche Interaktion entscheidend beeinflusst und lenkt, ist sie außerordentlich machtvoll. So wird sie zum „Mittler" und zum Ermöglicher symbolisch-abstrakter Verständigung über subjektive Wirklichkeiten.

Auch wenn dieser Versuch, sich über unsere sinnlichen Gewissheiten zu verständigen, uns immer zur Bildung von Kategorien, d. h. zur „Vereinfachung" zwingt, „weil wir die vielen ‚Auchs' nur dadurch sprachlich uns vermitteln können, dass wir sie ver-*ein*-fachen" (Reich 2009a, 71), ermöglicht gerade diese Vereinfachung wechselseitige Verständigung. So soll hier festgehalten werden, dass es grundlegendes Thema des symbolischen Registers ist, Kommunikation, Verständigung und Kooperation sowie Erkenntnis und Entwicklung zu ermöglichen, um über Symbole und Begriffe die Welt nicht bloß sinnlich, sondern auch kognitiv „begreifen" zu können. Für gelingende Verständigung ist es zentral, dass wir in unseren Verständigungsgemeinschaften „Über-*ein*-stimmungen" und Konventionen darüber bilden, dass die Zeichen, die wir gebrauchen und die Kategorien und Ordnungen, die wir damit konstruieren, ein gemeinsames Feld von Bedeutungen, Zuschreibungen und Assoziationen umfassen, sodass alle Beteiligten genau wissen, was gemeint ist (vgl. Reich 2009a, 70). Symbole stehen daher in einem konstruktiven Spannungsfeld, das sich in zwei Richtungen bewegt: Zum einen ist dies die Richtung der Konstruktion, die erscheint, wenn wir neue Symbolwelten erschaffen. Doch müssen wir immer auch die vorhandenen und uns umgebenden Symbolwelten rekonstruieren, um in einen gemeinsamen Prozess der Verständigung überhaupt eintreten zu können (vgl. Reich 2010). Denn es gibt immer schon vorgängig Konstruiertes, Übereinkünfte und symbolische Festlegungen, Strukturen der Repräsentation, die wir nicht selbst gebildet haben, sondern in die wir hineingeboren werden, die wir zu entschlüsseln lernen und die wir uns dann rekonstruktiv zu eigen machen. Beide Richtungen bedingen sich gegenseitig und tatsächlich können wir nicht das eine ohne das andere tun (vgl. dazu auch Reich 2010).

Doch auch, wenn der Begriff der Kommunikation wohl zuvorderst mit der Verbalsprache verknüpft ist, sind die Möglichkeiten insbesondere *akustischer*

---

[102] Diese Einsicht hat letztlich zu ganz eigenen psychotherapeutischen Behandlungssettings- und -formaten mit ihren jeweils unterschiedlichen methodischen Ansätzen geführt. Mittlerweile hat sich hier auch der Begriff der „talking cure" (Sprechkur) durchgesetzt. Auch dem therapeutischen Wert des Arzt-Patienten-Gesprächs wird heute wieder mehr Beachtung geschenkt.

Kommunikation nicht allein auf diese beschränkt. So gibt es eine Vielzahl audibler Klanggestalten, die mit Sinn und Bedeutung aufgeladen sind und die sich jenseits der Verbalsprache vermitteln. Eine solche Ebene entsteht, wenn mit Klängen und Tönen gezielt Informationen verknüpft werden. Es ist sicher ein Verdienst des Komponisten und Soundscape-Forschers Murray Schafer, die symbolische Funktion von Klängen außerhalb der Musik erstmals systematisch erforscht und in eine „Klanganthropologie" eingeführt zu haben (vgl. Schafer 1988; 2010a). So verweist Schafer wiederholt darauf, dass Klang nicht nur ein akustisches Phänomen ist: Klang ist

> „auch symbolisch. Ein Klang kann zu einem Objekt gehören, und wenn er erzeugt wird, symbolisiert er das Leben dieses Objekts. [...] Je länger sich ein Klang in unserer Kultur wiederholt, desto größer [...] wird seine symbolische Resonanz. Mit dem Geräusch eines Zuges kann man Reisen, Abenteuer, Flucht oder die Rückkehr eines geliebten Menschen assoziieren" (Schafer 2006, 146).

Dies soll mit folgendem Beispiel verdeutlicht werden: So kann, auch ohne Zuhilfenahme von Worten oder Zahlen, der kundige Hörer die Ausbeute einer Jagd, Anzahl und Art der erlegten Tiere über musikalische Signale genau „erhören".[103] Dies zeigt, dass auch die Ton- und Klangsprache symbolisch durchaus eindeutig „aufgeladen" sein kann. Ob wir nun an das Morse-Alphabet oder an die rhythmisierten Klänge von Schiffssignalen denken, diese Beispiele mögen stellvertretend für eine Vielzahl audibler Gestalten stehen, die symbolische Bedeutung von Klängen auch jenseits von Musik transportieren.

Als relativ neues Gebiet der Verknüpfung von Klang mit symbolischer Bedeutung kann der Bereich der *Sonifikation* gelten. Indem ihnen bestimmte musikalische Parameter zugeordnet und aus ihnen „Klangkörper" generiert werden, müssen Messwerte nicht mehr abgelesen, sondern können auch *hörbar* gemacht werden. Auf diese Weise „kommunizieren" bspw. medizinische Messgeräte (akustisch) etwa nicht nur den Herzschlag selbst, sondern auch das Erreichen alarmierender Grenzwerte. Hier wird digitale Verklanglichung zunehmend genutzt, um Bedeutung zu transportieren, was das Feld der Verständigung jenseits der Verbalsprache differenziert erweitert und eine ganz eigene akustisch-symbolische Ebene öffnet.

Grundsätzlich gewinnt im Zuge von Technisierung und Digitalisierung der Alltagswelt auch die nonvokale Dimension zunehmend an Bedeutung für unsere Lebenswelt. Immer mehr Alltagsgegenstände werden zu klingenden Objekten

---

[103] Der Jäger spricht dann vom „Verblasen der Strecke".

ästhetisiert, indem sie mit Sounds ausgestattet werden. Stellvertretend für viele Bereiche soll hier das durch Sounddesign nachempfundene akustische Klickgeräusch des Auslösers einer analogen Kamera, das der digitalen Kamera (oder auch dem Smartphone) attribuiert wird, genannt werden. Solche „Feedbacksounds" gewinnen nicht nur unter kommunikativen Gesichtspunkten an Bedeutung, sondern werden zunehmend zu einer akustischen Selbstverständlichkeit des Alltagslebens. Eine immer größer werdende Anzahl interaktiver, technischer Gebrauchsgegenstände macht mit attribuierten Klängen und Geräuschen auf sich aufmerksam, wobei sie sich oft bekannter symbolischer Referenzen bedienen. So werden sie durch gezieltes Sounddesign nicht nur zu tönenden Klangobjekten, sondern im Zuge von Digitalisierung und Technisierung unserer Lebenswelt auch zu wichtigen kommunikativen Referenzen. Warnsignale schließender Zugtüren, klickende Ampeln, welche die Rot- und Grünphase für sehbehinderte Menschen markieren, Alarmtöne und Feedbacksounds jeglicher Art sowie unzählige weitere digitale Klanggestalten, wie „Audiologos", gehören mittlerweile zum alltäglichen Klangbild und damit zum „Soundtrack" des Alltags. Diese Entwicklung nimmt mit der Digitalisierung unserer Umwelt zunehmend an Fahrt auf. Möglich wurde sie durch die Entwicklung elektroakustischer Technologie, die es erlaubte, den Klang von seiner Klangquelle abzukoppeln, um ihn unabhängig von dieser reproduzieren zu können. Damit werden Klänge nicht nur beliebig reproduzierbar, sondern können auch einem ganz anderen Gegenstand künstlich hinzugefügt werden. Diese Entwicklung, die Schafer als „Schizophonie"[104] bezeichnete, hat sich zu einer „kulturästhetischen Normalität" (Hug, 2009, 148) mit hohem Symbolcharakter entwickelt. Selbst Naturgeräusche werden mittlerweile digital reproduziert und mit symbolischer Bedeutung aufgeladen. So ist der Kuckucksruf für viele Menschen wohl eher mit dem Ritual stündlicher Zeitansage verbunden als mit dem Erlebnis in der freien Natur. *Akusmatisches Hören*, d. h. die Trennung des Klangs von seiner natürlichen Klangquelle, ist zur Selbstverständlichkeit unseres Alltags geworden. Wir nutzen diese Form der Kommunikation, ohne weiter darüber nachzudenken, etwa wenn wir das Radio oder den Fernseher einschalten, Musik von Tonträgern hören etc. In unserer Lebenswelt gewinnt Akustisches, indem es nicht immer das Objekt selbst beschreibt, von dem es stammt, zusätzlich an Symbolcharakter.

Auch in der Musik finden sich eine Vielfalt symbolischer „Texturen". Nicht zufällig wird Musik immer wieder – wenn auch kontrovers – als Form der Sprache

---

[104] Dabei bezeichnet die griechische Vorsilbe „Schizo-" die *Trennung* oder *Separation*, die Silbe „-phonia" meint die *Stimme*. Vgl. dazu auch Schmicking 2003, 203.

(Rüsenberg 2012) oder auch als „Klangrede" (Harnoncourt 2009) diskutiert. Die zahlreichen Ausführungen musikwissenschaftlicher Diskurse zur musikalischen Symbolkunde zeugen nachhaltig vom symbolischen Gehalt der Musik (vgl. dazu u. a. Schering 1990). Kommunikation wird, bezieht sie sich neben der Verbalsprache auch auf die ganze Breite und Vielfalt von Musik, Klang oder Geräusch, damit zur *akustischen* Kommunikation. Damit weist nicht nur die Musik, es weisen auch die uns umgebenden Klanggestalten jenseits von Musik eine große Breite symbolischer Ausdrucksformen und differenzierter Ordnungssysteme mit einer ganz eigenen Art der Klangsymbolik auf. Denken wir an die Klänge von Kirchenglocken[105] oder den Ruf des Muezzin oder führen wir uns die Bandbreite unterschiedlichster Musikpraktiken vor Augen, skizziert dies Vielfalt und Stellenwert symbolischer Vermittlungsmöglichkeiten auch der nonvokalen Dimension von Kommunikation. Hier zeigt sich, dass das audible Material jenseits der Verbalsprache zu einem recht differenzierten „kommunikativen Angebot" werden kann, das durchaus differenziert „gelesen" und „verstanden" werden kann. So existiert eine Vielzahl sich audibel vermittelnder Ordnungssysteme außerhalb der Verbalsprache, über die wir in bedeutungsvolle Kommunikation und Interaktion mit Anderen oder mit unserer Umwelt eintreten.

Dies zeigt, dass die Gesamtheit der akustischen Dimension – einschließlich der nonvokalen Ebene akustischer Kommunikation – nicht nur ganz eigene symbolvermittelte „Sprachen", sondern auch spezifische „Hörweisen" ausgeformt hat und stetig weiter ausformt.[106] Obwohl semantisch am eindeutigsten, ist der kommunikative Austausch über die Verbalsprache immer auch mit

---

[105] Drees (2009, 469) führt hierzu weiter aus: „Für Schafer gehören Glocken – ebenso wie Nebelhörner und Sirenen – in Bezug auf die Umwelt zu den Klangerzeugern mit hohem symbolischem Wert (...). Tatsächlich dient das Glockengeläut im historischen Kontext zur Unterstreichung bestimmter kirchlicher und weltlicher Anlässe. Über diesen Signalwert hinaus werden Glocken schon seit dem 19. Jahrhundert in einem Sinn benutzt, der den ästhetischen Bestimmungen einer heutigen Klangskulptur für den öffentlichen Raum sehr nahe kommt".

[106] Der französische Komponist Michel Chion (2012) unterscheidet in diesem Zusammenhang „kausales", „semantisches" und „reduziertes" Hören. *Semantisches Hören* bezieht sich auf das Hören, das Sprache oder andere symbolische Zeichensysteme nach ihrer Bedeutung befragt. *Kausales Hören* fragt nach der Identität oder dem Ursprung von Klängen und danach, was die Klänge über die Objekte, denen sie entstammen, aussagen. *Reduziertes Hören* bezeichnet eine Form akustischer Rezeption, die den puren Klang als solchen, jenseits seiner semantischen

Unschärfen verbunden. Es sind einerseits die (akustischen) Unschärfen des Vermittlungsvorganges selbst, die zu „klassischen Missverständnissen" im weitesten Sinn führen können. Zugleich öffnet sich hier das Spannungsfeld zwischen dem „Eins" und dem „Auch": Denn sobald die eigenen Konstrukte im Prozess der Verständigung auf die Wirklichkeitskonstruktionen der Anderen treffen, zeigen sich immer auch ihre Einseitigkeiten und Begrenzungen. Reich (2009a) spricht von einem Prozess der „Kränkung",[107] wenn wir bemerken, das dieses „Eins", das wir im Prozess unserer symbolischen Interaktion bilden, keinen Absolutheitsanspruch auf allgemeingültige Konstruktionen und universelle Wahrheiten erheben kann, sodass subjektive „Wahrheiten" verworfen werden müssen, weil neue Erfahrungen, „neue Wahrheiten" diese überholt haben. Dann zeigt sich, dass universell geglaubte „Wahrheiten" nicht mehr sind als Ausdruck biografisch und kulturell vermittelter Beobachterperspektiven, vergängliche Konstrukte, die sich im Laufe der Zeit immer wieder selbst überholen. Die Möglichkeit solcher „Kränkung" ist nicht auf den Prozess vokaler Kommunikation allein beschränkt (auch wenn sie überwiegend mit dieser assoziiert ist). Legen wir ein erweitertes Modell von Kommunikation zugrunde, das alle Zeichensysteme akustisch geprägter Symbole miteinschließt, zeigt sich, dass solche Kränkung etwa auch im Hören fremder Musik, zu der ein persönlicher Zugang fehlt, die wir nicht „verstehen" und daher spontan ablehnen, erlebbar wird. Solches Geschehen stellt unsere Wirklichkeitskonstrukte in Frage, doch entsteht gerade durch das Zuhören hier immer auch die Chance, das subjektive „Eins" in ein „Auch" zu wandeln, wodurch (auch) „das Ohr", wie Meyer (2008, 62) formuliert, „zum Erkenntnisträger" wird.

Festgehalten werden soll hier: Auch wenn Klänge aller Art zum Medium akustischer Kommunikation werden können, wird hier deutlich, dass die Schlüsselposition der auditiven Wahrnehmung in der Sprachlichkeit des Menschen begründet liegt. Sie ist für den Prozess der Erkenntnisgewinnung zentral und bildet die Grundlage symbolvermittelter Interaktion (vgl. Neubert, 1998, 234).

Bedeutung oder seines natürlichen Ursprungs fokussiert (vgl. weiterführend dazu Chion 2012).

[107] In Band 1 seines zweibändigen Werkes „Die Ordnung der Blicke" zeichnet Reich (2009a) Veränderungen in der Erkenntniskritik vor allem des 20. Jahrhunderts nach, um Unschärfen der Erkenntnis (vorrangig für den Bereich der Geistes- und Gesellschaftswissenschaften) herauszuarbeiten (vgl. Reich 2009a, VI.). Konkret spricht er von „Kränkungsbewegungen der Vernunft und Unschärfen der Erkenntnis in der Beobachtungswirklichkeit". Dabei unterscheidet Reich drei Kränkungsbewegungen: Erste Kränkung: absolut und relativ. Zweite Kränkung: Selbst und Anderer. Dritte Kränkung: Bewusst und unbewusst. Weiterführend dazu Band I.

Die Sprache selbst ist durch ihre Doppelseitigkeit gekennzeichnet, denn sie kann gleichermaßen visuelle, wie auch akustische Gestalt annehmen. Doch da sie in ihrem Vollzug als schwerpunktmäßig akustisches Geschehen an das Zuhören gebunden ist, wird das Zuhören zu einer Art „Universalschlüssel", der uns Zugang zum uns umgebenden Klangkörper aus Sprache, Musik und Geräuschen gewährt und den Austausch mit der Welt ermöglicht. Hörend begegnen wir der Vielfalt klanglicher Figurationen. Zuhörend erschließen wir den symbolischen Gehalt audibler Materialität und treten ein in den Prozess akustischer Kommunikation. Kommunikation wird somit getrieben von „Urmotiv" der Verständigung. Sie speist sich aus dem Wunsch nach dem Verstehen von Sinn und Bedeutung, ist Ausdruck kooperativen Handelns und damit untrennbarer Teil menschlicher Interaktivität.

Mit dem Blick auf das symbolische Register scheint sich Kommunikation in einem überschaubaren und linearen Nacheinander zu vollziehen. Auch wenn das Hören ein Prozess ist, der für die Sinnentnahme auf das Nacheinander der Zeit angewiesen ist, vermittelt sich dennoch ein großer Teil menschlicher Kommunikation nur scheinbar im Nacheinander. Denn so wenig, wie der intersubjektive Vermittlungsprozess allein rein linearen Gesetzmäßigkeiten unterliegt, vermittelt sich Verständnis allein auf einer rein symbolischen Ebene. Denn jenseits des Symbolischen liegt ein weiteres, äußerst komplexes Spannungsfeld der Interaktion, das sich jedoch mit rein linearen Kategorien nicht erfassen lässt. Beobachten wir im Folgenden die zwischenmenschliche Interaktion durch ein Beobachtungsregister, das Reich „das Imaginäre" nennt.

3.2.2. Imaginäres: Im hörästhetischen Zwischenraum der Kommunikation

> „Frage ich nach meinem Imaginären, so kommen mir Worte wie diese in den Sinn: Freiheit des Vorstellens, Einbildungskraft, Fantasie, Gefühle, Intuition, Erleben, Zauber, Stimmung, Atmosphäre, Bilder, als symbolische Ausdrücke, die etwas bezeichnen, die etwas symbolisch (in Worten) allerdings schwer und unscharf fassen lässt" (Reich 2006a, 109).

Der Prozess sprachlicher Abstraktion bedeutet zwar den Verlust des sinnlichen, des „eigentlichen Erlebens", doch ermöglicht er – und dies ist sein spezifisches Potenzial – die gegenseitige Verständigung. Schnell unterliegen wir dabei der Vorstellung, dass symbolische Verständigung „eine Brücke zum Anderen" (Neubert 1998, 32) baut, die uns mit diesem direkt verbinden kann.

Doch formiert sich *Verstehen* gerade im Zusammenspiel auch mit außersprachlichen Erfahrungswelten. Der Sprachpsychologe Hans Hörmann formuliert daher: „Man kann Sprache nur verstehen, wenn man mehr als Sprache versteht" (Hörmann 1978, zitiert nach Waldenfels 2007, 438). Zwar öffnet, wie sich schon zeigte, das Symbolische Räume der Interaktion, doch kann dies die Verständigung auch begrenzen, wenn es die Weite unserer Wahrnehmungen und Imaginationen nicht hinreichend abzubilden vermag und begrenzend in den interaktiven Austausch hineinwirkt (vgl. Reich 2010). So können Symbole zwar ein Ding benennen, können dieses aber nicht unbedingt mit seinen imaginierten und gefühlten Implikationen umfassend vermitteln. Daher gelingt es uns nicht immer *eindeutig* zu vermitteln, was wir tatsächlich denken, fühlen, empfinden. Oftmals fehlen die richtigen Worte, um etwa die Tiefe eines Erlebens oder eine besondere Erfahrung symbolisch fassen und dem Anderen zufriedenstellend vermitteln zu können. Dann stoßen wir an die Grenzen sprachlicher Mitteilungsfähigkeit:

> „Denn im Blick auf das Imaginäre, auf die ursprüngliche Schrankenlosigkeit spontaner Vorstellungen und Einbildungen wirkt das Symbolische immer auch als eine Begrenzung. Die Sprache trennt z.B. ein Ich vom Anderen, indem sie zwischen beiden einen Unterschied, ein Du oder Er oder Sie setzt, was sich in unterschiedlichen Rollenerwartungen, Zuschreibungen, Lebensläufen etc. weiter fortsetzt und im versöhnenden Wir nur unvollständig wieder aufgehoben werden kann. Dadurch wird ein vollständiges Erreichen des Anderen unmöglich gemacht, wie es vorübergehend z.B. in intensiven Momenten der Verliebtheit als die Imagination eines emotionalen Verschmelzens empfunden werden mag, denn gerade in solchen Momenten finden wir keine Worte, die hinreichen, um unsere Gefühle ganz mitzuteilen, ohne sie zugleich zu zerreden, erfahren wir die Sprache als eine Grenze, die eine vollständige Artikulation unserer Imaginationen verhindert" (Neubert 1998, 20).

All die Zeichen, Worte, Begriffe, Aussagen, die wir zum Zwecke gegenseitiger Verständigung verwenden, sind als symbolische Bedeutungen Konstruktionen von Wirklichkeit, die als solche eine Art „Eigenleben" führen und sich über die Zeit hin auch verändern können (vgl. Reich 2006a, 104). So kann etwa eine missverständliche Wortwahl, ganz ohne dies zu beabsichtigen oder gar zu bemerken, eine interaktive Dynamik anregen, die gar nicht intendiert war. Dann zeigt sich, dass die Sprache nicht nur Mittler ist, sondern schnell auch zur Grenze werden kann, die eine „Leerstelle", eine Differenz oder einen „Mangel" erzeugt. Hieraus erwächst ein (imaginäres) „Begehren", das als tiefer liegende

Kraft in unsere Interaktionen hineinwirkt und zum Antrieb wird, solche Leerstellen in der Begegnung mit dem Anderen zu füllen. Diese spezifische Kraft, die Reich in Anlehnung an Lacan als das „Imaginäre" bezeichnet, ist dem symbolischen Austausch grundgelegt. Mit dem Eintritt in die Sprache entfesselt sich so ein Spannungsfeld zweier Kräfte, die sich gegenseitig durchdringen und befeuern, aber doch nie ineinander aufgehen.

Lacan verortet das Aufbrechen des „imaginären Begehrens" entwicklungsgeschichtlich in der Grundkonstellation des Spiegelstadiums (vgl. dazu auch Reich 2009a, 454 ff.). Die von ihm als „Triangulation" bezeichnete *Schlüsselszene* menschlicher Interaktion bildet den eigentlichen Urgrund imaginärer Dynamik und die Grundlage menschlicher Identitätsbildung: Wenn das Kind durch den Blick in den Spiegel sich selbst zum ersten Mal vollständig als Person und als Gegenüber wahrnimmt, macht es damit eine Erfahrung der eigenen Identität, eine Urerfahrung, die ein Spiel um Identität zwischen Abbild und sich selbst eröffnet (vgl. dazu Reich 2010, 85) und die „ab da als verinnerlichter Kern einer entstehenden Ich-Identität imaginativ verfügbar bleibt, auch wenn kein Spiegel zugegen ist" (Widmer 1990, 30 zitiert nach Neubert 1998, 23).[108] Jedoch ist diese Eigenspiegelung nicht ausreichend für die Bildung von Gewissheit hinsichtlich der Stabilisierung der personalen Identität. Hierzu benötigt das Kind notwendig auch den anerkennenden Blick eines bedeutsamen Anderen, den der Mutter, über den das Kind erst die Bestätigung der eigenen Vollständigkeit und Richtigkeit im Prozess der eigenen Spiegelung erfährt und der Selbstbewusstwerdungsprozesse und den Aufbau des Selbstwertgefühls anregt. Mit dem „Blick des Dritten" webt sich eine triadische Grundstruktur in alle weiteren zwischenmenschlichen Spiegelungsvorgänge, da „in diesem dialogischem Spiel zwischen einem Subjekt und einem Anderen [...] immer schon ein weiterer Anderer über seinen anerkennenden Blick eingeschlossen"

---

[108] Damit wird das Spiegelstadium zur Geburtsstätte eines imaginären Ichs, das von dort aus auf einen imaginär Anderen schaut. Es begründet ab nun ein Spannungsfeld wechselseitigen imaginären Begehrens, geboren aus dem tiefen Bedürfnis nach Anerkennung, ein höchst interaktiver und spannungsgeladener Prozess, der immer vermittelnd in die Beziehung zwischen einem Ich und einem Anderen eingreift (vgl. Neubert 1998, 24). Denn, folgen wir Lacan, lebt die Erfahrung dieser Urszene in allen weiteren Beziehungen lebenslang fort, wirkt dynamisch und konstitutiv in jede von Menschen gestaltete Interaktion hinein, auch wenn sie sich in Sekundenbruchteilen zwischen Menschen vollzieht und damit kaum annähernd vom Bewusstsein erfasst wird: „Das Urteil der Anderen, ihr Ausdruck der Anerkennung, Geborgenheit und Liebe, all dies sind Gelegenheiten, die Erfahrungen des Spiegelstadiums zu wiederholen" (Neubert 1998, 25).

ist (Reich 2010, 85). So stoßen wir in der Kommunikation auf ein imaginäres Kraftfeld, welche die Kommunikation dynamisch ausrichtet und emotional färbt. Für Lacan ist das interaktive Geschehen immer unterlegt von solchem Begehren, das den Anderen sucht, um sich in ihm zu spiegeln und zu bestätigen (vgl. Neubert 1998, 21), wodurch das Begehren nach Anerkennung zu einem „existientiellen Grundmotiv" der Interaktion wird:

> „Der Begriff der Anerkennung vermittelt notwendig ein Subjekt mit einem anderen; ohne Anerkennung kann kein Selbstbewusstsein sich selbst erkennen, weil es sich nicht zu unterscheiden weiß zwischen sich und dem a/Anderen; aber dieser Andere ist längst in ihm, weil nur so die Anerkennung überhaupt gelingen kann" (Reich 2009b, 38).

Reich verweist hier auf Hegel: „Hegel bringt es auf den Punkt: ‚Das Selbstbewusstsein erreicht seine Befriedigung nur in einem anderen Selbstbewusstsein'" (Hegel 1970, 144, zitiert nach Reich 2009a, 238). Der Philosoph und Soziologe Dietmar Kamper formuliert in diesem Sinn, wenn er sagt: Das „Dich" geht dem „Ich" voraus (Kamper 1984, 113). Auch der Religionsphilosoph Martin Buber erklärt dieses Prinzip zur identätsbildenden Dynamik, wenn er formuliert: „Der Mensch wird am Du zum Ich" (Werke I. Schriften zur Philosophie, 1962, 97). Die Lacansche Schlüsselszene zeigt sich als Triebfeder, über die Blicke des Anderen zu einem Bild von sich selbst zu gelangen und uns unserer Identität über den Blick des Anderen immer wieder neu zu bestätigen. Für das Verständnis von Kommunikation ist nun entscheidend, dass sich diese Prozesse gerade nicht über die Sprache vollziehen. Vielmehr können die sich hier entwickelnden imaginären Kräfte symbolisch nie vollständig gesagt werden (vgl. Reich 2009a, 463). Damit findet sich zwischen dem Subjekt und dem Anderen letztlich keine „Brücke", die einen unmittelbaren Zugang zum Anderen ermöglicht. Reich spricht unter Bezug auf Lacan – ganz im Gegenteil – von einer „Sprachmauer", die das Subjekt und den symbolisch Anderen trennt. Die Dynamik dieser Prozesse verdeutlicht Reich mit einem Schaubild, das an das Kommunikationsmodell Lacans angelehnt ist.[109]

---

[109] vgl. dazu weiterführend Reich 2009a, 454 ff.

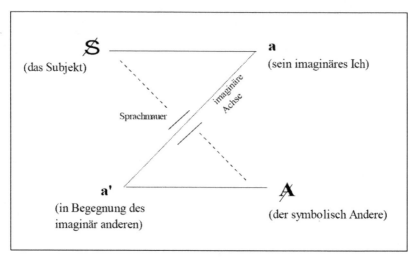

Abbildung 5: Imaginäre Dynamiken (Reich 2010, 86)

Reich erläutert:

> „Wann immer wir mit einem anderen Menschen in Kontakt treten, wann immer wir kommunizieren wollen, so können wir dies nicht direkt. Wir bleiben in unserer Haut, treten nicht aus uns so heraus, dass wir direkt in den anderen eindringen, wir schließen auch keine Kabel an, um Daten auszutauschen. Im Gegenteil: Wir bilden uns ein Bild vom anderen (a) das dem anderen als unsere Wunschvorstellung vorauseilt. Es kann in der tatsächlichen Begegnung noch korrigiert und an reale Erfahrungen angepasst werden (a'), aber es bleibt immer *unser* Bild. Und dieses Bild mag dann später auch in uns ein Antrieb sein, den anderen symbolisch zu bezeichnen, in eine Schublade zu stecken, mit Zuschreibung zu arbeiten und so weiter. Deshalb gibt es zwischen uns und dem anderen eine Sprachmauer (Reich 2010, 86 f.).

Dies Schaubild zeigt, wie untrennbar die Bildung von Identität an den „Blick des generalisierten Dritten", an die, wie Reich (2009a, 462) formuliert, „Subversion des Begehrens und Blickens", geknüpft ist, die sich über eine „imaginäre Achse" vermittelt und einen „Raum (...) möglichen Vorstellens" (Reich 2009a, 460 ff.) aufspannt. Es zeigt weiter, dass wir den anderen nie außerhalb des imaginären Flusses situieren können, sondern ihn immer hierüber – sinnlich vermittelt – erfahren, genauer, „konstruieren" (vgl. Reich 2010, 89) Die Identitätsprozesse der Individuation vollziehen sich daher nicht unabhängig von den Vorstellungen eines Anderen, weswegen sie auch nur so vermittelt gedacht werden können: „Das Begehren auf Spiegelung und Erfüllung einer ganzen Gestalt verbleibt nicht in einer Subjekt-Objekt Position, sondern ist von vornherein intersubjektiv vermittelt" (Reich 2009a, 463), weswegen uns das Imaginäre lehrt, Interaktion immer als *Triangulation* zu denken, Diese „triadische Grundrelation der Kommunikation", wie ich sie hier nennen möchte, bedingt, dass Kommunikation symbolisch nur scheinbar „rein und klar" sein kann und verdeutlicht, dass dem „imaginären Kraftfeld" eine *Schlüsselfunktion* in Kommunikation und Interaktion zukommt,. Doch zeigt dies auch, dass das imaginäre Register eine weitaus unschärfere Beobachtungswirklichkeit darstellt, als noch das symbolische, da es den Akteur mit einem Konglomerat schwer fassbarer Einstellungen, Erwartungen, Fantasien konfrontiert, die sich in zirkulärer Dynamik oft zu großer Komplexität verdichten können.

Doch was bedeutet das für unser kommunikatives Handeln? Der Psychoanalytiker Peter Widmer spricht von einer „geheimnisvollen Welt", in der das *Ohr* wichtiger wird als das Auge und verweist auf die Bedeutung des *Hörens*:

> „Mit der Versprachlichung, die das Visuelle in innere Bilder, Phantasien und Träume verwandelt, stellt sich dem Kind das Rätsel seiner Existenz noch brennender als zuvor. Das eigene Spiegelbild gibt ihm keine Gewißheit mehr über sich selbst, es bleibt ihm nur, im Unsichtbaren Antworten auf seine Frage zu suchen. Seine Stimme und die der andern gehören zu dieser geheimnisvollen Welt, in der es keine räumlichen und zeitlichen Grenzen gibt und in der das Ohr wichtiger wird als das Auge" (Widmer 1990, zitiert nach Neubert 1998, 25).

Barthes spricht, recht ähnlich, vom *zweiten Hinhören* (vgl. Barthes 1991, 60), einem Hinhören auf das, „was in der Wirklichkeit vergraben, nur über einen Code in das menschliche Bewusstsein dringen kann, (…)" (ebd., 59). Gadamer wiederum spricht vom „Unsichtbaren", das erhört werden könne, denn wer hört „hört auch das Unsichtbare und alles, was man denken kann (…)" (Gadamer 1998, 197 f.). Diesem weist Reich gleich einen ganz eigenen Raum zu:

> „Deshalb verspüren wir, ohne nachdenken zu müssen, Lust oder Unlust bei den verschiedenen kommunikativen Beziehungen, die wir unterhalten. Deshalb ist auch keine Kommunikation vollständig symbolisch beschreibbar, weil sie einen auch für uns überraschenden, von Motiven und Begehren angefüllten Raum umschließt, der uns unsichtbar mit anderen verbindet" (Reich 2010, 93).

Ein Schlüssel, sich in diesen imaginären Raum hineinzubegeben und dessen spezifisches Kraftfeld wahrzunehmen, scheint damit in der besonderen Kraft des Zu/Hörens zu liegen. Es ist dies eine Form des Zu/Hörens, die Barthes (1991, 60) als „zweites Hinhören" bezeichnet: Ein Hören auf die *Resonanz* und auf die *Impulse*, die sich jenseits der symbolischen Kommunikation auf der *imaginären Achse* vermitteln. Es kann als ein inneres und damit „erweitertes Hören" eher unspezifischer Impulse oder auf eine „Instanz" bezeichnet werden, die der Sprachgebrauch als „innere Stimme" kennzeichnet. Es sind Impulse, die wir als *Gefühl*, als *Atmosphäre*, als unspezifische *Befindlichkeit* wahrnehmen. Sie können sich im Tonfall der Sprache oder in körperlichen Gesten vermitteln. Ob es „Zwischen- oder Untertöne" sind, die mitschwingen, die Ungesagtes oder Ungehörtes andeuten oder ob es vielsagende Blicke sind, die vom Vorhandensein imaginärer Dynamik zeugen. Imaginäre Dynamik lässt kommunikative Atmosphären entstehen, die uns in den Sog wechselnder Stimmungen ziehen. Ein solcher Strom des Begehrens vermag jede menschliche Begegnung unmittelbar imaginär einzufärben. Als mehr oder weniger deutlich spürbares Kraftfeld inner- und intersubjektiver Dynamiken kann er spezifische emotionale Gestimmtheiten oder innere Bilder evozieren und sogar körperlich spürbar werden. Doch aufgrund der Sprachmauer bleibt dieses Erleben im Bereich der Fantasien und Ideen, der Projektionen und Assoziationen, des Spekulativen und Ungewissen, der Ahnungen und Vermutungen, -ein Feld, das sich dem unmittelbaren symbolischen Zugriff entzieht. Dennoch (oder gerade deswegen) hat diese Dimension des Erlebens erhebliche Auswirkungen auch auf die symbolvermittelte Kommunikation, das somit ein ganz eigenes kommunikatives Potenzial bietet.[110] So ist der Raum des Imaginären

---

[110] Auch wenn hier Ähnlichkeiten aufscheinen mögen, beschreibt das Imaginäre doch weit mehr als das, was Watzlawick et al. (1981) als „Beziehungsebene" der Kommunikation bezeichnen. Ihr Modell, darauf verweist Reich, vermittelt die Illusion, dass es im Symbolischen tatsächlich eine eindeutige Übermittlung vom Selbst zum Anderen und umgekehrt geben könnte (vgl. Reich 2010, 80). Es berücksichtigt nicht die innerpsychischen Spannungen des Subjekts, wie sie weiter oben dargestellt wurden, „weil Beziehungen auf Ein- und Ausgabeoperationen im informativen Prozess beschränkt gesehen werden": „Betrachten wir aus diesen Voraussetzungen heraus die Interaktion von Menschen, dann kann keine Information in direktem Maßstab zwischen Menschen als Sender und Empfänger ausgetauscht werden. Die symbolische Vermittlung unterliegt neben der Relativierung durch die Interaktion zwischen Subjekten immer auch den dabei zu berücksichtigenden innerpsychischen Spannungen im Subjekt selbst" (Reich 2010, 80). Solche innerpsychischen und intersubjektiven Dynamiken sind eingebunden in Zeit und Kontext: „Wann immer wir Beobachter nach ihren Blickwinkeln hier befragen, so erscheint ein kulturgeschichtlicher Hintergrund, der mit bloß kybernetischer Reduktion nicht zu

wie ein „kommunikativer Zwischenraum", der allerdings – und dies ist hier entscheidend – durchaus gezielter *Beobachtung* zugänglich ist:

> „Der Mensch ist [...] ein beobachtendes Wesen der Außenwelt und seiner selbst, ein von Gefühlen und Interessen geleiteter Sachwalter seiner Beobachtungsvorräte und ein nach den Modi der Beobachtung sehr vielgestaltiger, oft widersprüchlicher Konstrukteur von Sichtweisen. (Reich 2009a, 30).

Weiterführend für das kommunikative Handeln ist daher die Differenzierung unterschiedlicher Modi der Beobachtung, wie Reich sie vornimmt. Ihm erscheint es hilfreich, „[i]n diesen verwobenen Zuständen [...] zwischen einer Selbst- und Fremdbeobachtung zu unterscheiden, um zwei grundsätzlich unterschiedliche, wenngleich nicht trennbare, Beobachtungsrichtungen anzuzeigen" (Reich 2009a, 38). Denn im Dunst des zirkulär Imaginären können wir

---

erfassen ist" (Reich 2010, 59). Kybernetik existiert somit nur am Ort des Symbolischen. Doch „verweigert" sie sich dem Imaginären, wie Reich (2009a, 476) bemerkt. Dies unterscheidet die interaktionistisch-konstruktivistische Perspektive von dem recht engen Beobachtungsrahmen eines kybernetischen Modells. Sie betrachtet Beziehungen nicht unter Aspekten einer rein äußerlichen Informationsübertragung und Rückkopplung zwischen einem Empfänger und einem Sender, sondern denkt sie imaginär vermittelt (vgl. Reich 2010, 59). Aus interaktionistisch-konstruktivistischer Perspektive erscheint das Watzlawicksche Modell letztlich als reduktives Modell von Kommunikation, wie Reich (2010, 93) argumentiert, da es die weiter oben beschriebene imaginäre Dynamik, die in Auseinandersetzung mit dem verinnerlichten „Blick des Dritten" entsteht, vernachlässigt. Daher regt Reich an, das erste Kommunikationsaxiom Watzlawicks entsprechend zu erweitern: „Wenn Watzlawick und Mitautoren sagen, dass es nicht möglich ist, nicht zu kommunizieren, um damit auszudrücken, dass Kommunikation immer eine Beziehung zum Anderen etabliert, so radikalisiert sich die Aussage hier: Es ist nicht möglich, direkt symbolvermittelt zu kommunizieren, weil nur über das Imaginäre vermittelt Kommunikation stattfindet" (Reich 2010, 93). So sind es die „imaginären Spiegelungen" jenseits der „Sprachmauer", die sich dann als Sympathie oder Antipathie, als Spannungs- oder Wohlgefühl vermitteln.: „Zum anderen finden imaginäre Spiegelungen auf einer weit unmittelbareren und unterschwelligeren Ebene statt als symbolische Vermittlungen. Hier sagen Gesten, Tonfall und körpersprachliche Zeichen oftmals mehr als tausend Worte. Blicke, die ‚töten' können, eine Konversation zum Verstummen bringen, ebenso wie eine freundliche und ermutigende Geste jemanden dazu bewegen kann, über Dinge zu reden, die er/sie sonst nicht anzusprechen gewagt hätte" (Neubert 2004, 121).

nie sicher sein, wo Anfang und wo Ende dieser Spiralen liegen. Diese Differenzierung der Beobachtungsleistung erscheint umso wichtiger, da es geradezu eine Eigenart imaginärer Spiegelungen ist, das Eigene kaum vom Fremden unterscheiden zu können:

> „Bewusst oder unbewusst wird ein Subjekt von seinem Begehren angetrieben, von dem wir erst wissen, wenn es sich symbolisch geäußert hat, von dem dieses Subjekt aber eine Spannung eigener Imagination seines Begehrens und Vermittlung mit dem Begehren eines anderen erfährt, ohne dass es in der Regel ausdrücklich beide Seiten unterscheiden kann. „Liebe ich sie, weil sie mich liebt, oder liebt sie mich, weil ich sie liebe'?" (Reich 2010, 93).

Das Beispiel veranschaulicht, dass das imaginäre Register dazu verleitet, uns in Spekulationen und Vermutungen zu verlieren, welche jedoch – sollen sie im Dienst gegenseitiger Verständigung stehen – der Schärfung und Überprüfung im Symbolischen bedürfen.[111] Dies setzt eine besondere Form der Beobachtung voraus, die als *inneres Gewahrsein* – wohl vergleichbar mit dem Begriff der *Achtsamkeit,* der sich aus anderen Kontexten heraus zunehmend verbreitet – bezeichnet werden kann: Solches Gewahrsein vollzieht sich nicht allein im Hören (und Beobachten) der Worte des Anderen, sondern es braucht das Hören und Beobachten auch der inneren Impulse, der Assoziationen und Gefühle, die die Worte des Anderen auslösen und begleiten. Dies hilft, sich der kommunikativen Dynamiken besser bewusst zu werden, die in zwischenmenschlichen Begegnungen entstehen und die uns mit dem Anderen verbinden.

Damit stellen wir nun fest, dass das Imaginäre durchaus „spricht". Es findet seinen Ausdruck in der inneren *Resonanz,* die in vielgestaltigen Empfindungen „zum Klingen gebracht wird", wie Roth (2004, 132) formuliert. Indem wir uns bewusst in das Kraftfeld des Imaginären hineinbegeben, können seine Reso-

---

[111] Daher schlägt Reich vor, dass wir „versuchen (sollten), über unsere Wahrnehmungen, Empfindungen, Gefühle nicht nur äußerlich zu sprechen, sondern auch unsere inneren Anteile zu enttarnen, unser Bild als Wunschbild [...] und Bild des anderen [...]zu klären" (Reich 2010, 99). Auf diese Weise können Beobachtungen und Wahrnehmungen mit dem Anderen konkret abgeglichen und das Beobachtungsfeld deutlich geschärft werden. In dieser umfassenden Verständigung werden vielleicht „überraschende Fragen" (Reich 2009a, 462) hör- und damit kommunizierbar, die sonst im wechselseitigen imaginären „Dunst" versteckt blieben.

nanzen nicht nur „erhört", sondern auch an das symbolische Register angebunden werden. So „spricht" das Imaginäre, wie Roth dies ausdrückt, lediglich „eine andere Sprache" (ebd., 132) zu der ein „erweitertes" Hören Zugang gewährt, was die „Fesseln" symbolvermittelter Sprache zu sprengen vermag. „Das Ohr" mit seinem „doppelseitigen Wahrnehmungsfokus" gezielt zu nutzen, hilft, die Kommunikation zu „beruhigen", wie Reich formuliert. Gerade weil das Imaginäre jenseits der Sprache liegt, bedarf es einer Rekonstruktion durch die Sprache, wollen wir nicht nur Inhalte festlegen, sondern auch Beziehungen klären:

> „Kommunikation ist vor solcher Beruhigung immer ein imaginärer Vorgang. Sie ist deshalb immer auch unberechenbar, denn weder die eigenen begehrenden Imaginationen sind dauerhaft vorhersehbar, noch die Rückkopplungen mit imaginierten anderen, die sich immer auch in symbolische – oder wie wir sehen werden – reale Andere verwandeln (Reich 2010, 94).

Jedoch, darauf verweist Reich auch, können Momente der Begegnung immer nur kurze Momente subjektiver Wahrheit sein, da es über imaginäre Spiegelungen nur kurzfristig Antworten geben kann. Denn es wird, auch wenn sich die enge Bindung zur Mutter oder zur primären Bezugsperson schon längst gelöst hat, die Frage nach der eigenen Identität nie vollständig gelöst. „Die Idealität der eigenen Gestalt, die narzisstische Vollkommenheit und Vollständigkeit des eigenen Ichs [...] kann nur eine vorübergehende Antwort auf die Frage nach dem Rätsel der eigenen Existenz sein" (Neubert 1998, 25 f.). Daher geben alle Begegnungen dem Subjekt keine endgültige Sicherheit, keine letzte Antwort auf die Frage nach seiner Identität, sondern sie stellt sich in veränderter Form immer wieder neu und strahlt als „verinnerlichter Blick der Dritten" (Neubert 1998, 26), als erweiterter Blick symbolischer Ordnungen und kultureller Prägungen, in unsere Interaktionen zurück: „In diesem Blick, der sich ins Imaginäre eingenistet hat, drückt sich gegenüber der Einzigartigkeit des je subjektiven Begehrens die Macht einer kulturellen Ordnung aus, die dieses Begehren an den verinnerlichten Sprachhaltungen, Beschreibungsformen, Verhaltenskontrollen, Leistungserwartungen usw. der symbolischen Welt ausrichtet" (ebd., 26). Neubert führt an anderer Stelle dazu aus: „Die Suche nach Antworten, die im Spiegelstadium nicht endgültig abgeschlossen werden konnte, setzt sich im Symbolischen fort" (ebd., 25), um hier die ersehnte Anerkennung zu finden. Die Sprache wird nun „zu einem Träger, [...] zu einem Kleid, zu einer Maskerade für das Begehren" (Reich 2010, 98). Für Lacan ist die Sprache das einzige Hilfsmittel, das diese Anerkennung sichert, und Unterschiede konstituiert. Demnach können wir nicht anders, als von unseren imaginären Spiegelungen immer wieder auch zur Sprache zurückzukehren. Mit ihr erleben wir zwar einerseits Grenze und Mangel, andererseits atmet hier auch die Chance, unser Begehren zu stillen. Neubert führt hierzu aus:

> „Das imaginäre Begehren ist für Lacan grundlegend bereits ein interaktives Geschehen, ein Begehren, dass das Begehren des Anderen sucht, um sich hierin zu spiegeln und zu bestätigen. Deshalb verharrt es nicht allein im Imaginären, aus dessen Bewegung zwischen Mangel und Erfüllung es entspringt. Es macht die Tiefe des Lacanschen Ansatzes aus, daß er die Register in gegenseitiger Durchdringung denkt. Nur im Symbolischen kann sich das imaginäre Begehren eines Subjekts artikulieren und an einen Anderen wenden; im Symbolischen aber kann es diesen Anderen niemals vollständig so erreichen, wie dies imaginär begehrt werden mag" (Neubert 1998, 21).

Doch ist nicht nur das „innere Hören", das heißt die Selbstbeobachtung, gefordert. Für diese Untersuchung entscheidend ist, dass mit dem symbolischen Mangel der Sprache die *audible Ebene der Interaktion* zu einem maßgeblichen Bedeutungsträger imaginärer Dynamik wird. Dies ist unmittelbar nachvollziehbar, wenn wir etwa daran denken, dass nicht nur die „Blicke" (allgemein die Körpersprache) eines Menschen, sondern dass auch die audible Kontur eines Wortes, einer Stimme bestätigen oder irritieren, anerkennen oder verwerfen kann. Wenn wir uns in den Augen anderer spiegeln – eingebunden in „kulturelle Spiegelungsvorgänge" (Reich 2009b, 43) – vollzieht sich das nicht nur über „Blicke", sondern auch akustisch, geschehen Rekonstruktion und Spiegelung nicht nur visuell, sondern gerade auch auditiv. Hier liegt die Triebfeder des menschlichen Grundbedürfnisses, (an)gehört zu werden, das als Urmotiv der Interaktion nicht nur bittet „sieh mich an"', sondern auch „hör mir zu"! So ist es nicht nur die Körpersprache, es sind immer auch die „tönenden Nuancen", die das kommunikative Klima färben und eine indifferente Stimmung, eine spezifische zwischenmenschliche Atmosphäre (vgl. Böhme, 2006) erzeugen. Sie färben die Atmosphäre des Gesprächs, bestimmen das Gesprächsklima und haben somit Einfluss auf die Dynamik der Kommunikation, worauf auch Böhme (2006) wiederholt aufmerksam macht. Auch wenn solche „Tönungen" symbolisch schwer greifbar sind, sind sie oft nicht nur deutlich hörbar, sondern sie wirkten unmittelbar in die interaktiven Zirkel zurück. Ob die audible Kontur eines Satzes subtil Missklang evoziert, ob eine Musik längst vergessen geglaubte Erinnerungen weckt: Audibles Geschehen ist oftmals imaginär stark „aufgeladen". So können innere Gestimmtheiten ausgelöst oder gleich ganze kommunikative Szenarien atmosphärisch „eingefärbt" werden. Während es selbstverständlich erscheint, die Trias Musik, Klang und Geräusch *hörästhetisch* zu „vermessen", ist uns die Anwesenheit „auditiver Ästhetik" im Kontext von Sprache vielleicht nicht bewusst. Der „symbolische Mangel der Sprache" scheint auch vokales hörästhetisches Erleben zu evozieren, wenn nicht gar zu begründen. Imaginäre Dynamik trägt dazu bei, dass jedes kommunikative Geschehen, auch das vokaler Kommunikation, hörästhetisch „aufgeladen" wird, was sich auch in der bekannten Redewendung *Der Ton macht die Musik* vermittelt. Dadurch entstehen „hörästhetische Spannungsfelder", die den Verlauf der Verständigung nicht bloß flankieren, sondern ihn maßgeblich formen. Indem sich die wechselseitigen Spiegelungsvorgänge nicht nur visuell, sondern immer auch akustisch vollziehen, wird auch die audible Ebene der Kommunikation zu einem untrennbaren Teil imaginärer Dynamik, die (inter)subjektives Erleben gleichermaßen färbt, wie offenbart. Denken wir die audible Ebene zur visuellen Ebene hinzu, wird Kommunikation nun nicht nur zu einem Spiegelungsvorgang, sondern auch zu einem *Resonanzgeschehen*.

Spätestens hier zeigt sich nun, dass Verständigung nicht auf bloßen Vermittlungs- und Übertragungsprozessen beruht. Verstehen wir Kommunikation als Resonanzgeschehen wechselseitiger Spiegelungsprozesse, wird nunmehr deutlich, dass Kommunikation auch über eine nicht unerhebliche Tiefenstruktur verfügt. Über „doppelseitiges Zu/Hören", das nicht nur das „äußere", sondern auch des „innere Hören" umfasst, d. h. durch gezielte Selbst- und Fremdbeobachtung, können solche Impulse der Wahrnehmung zugänglich gemacht werden, erschließen sich Möglichkeiten der Unterscheidung und Differenzierung. Zu/Hören mit seinem „doppelten Wahrnehmungsfokus" wird zu einem Schlüssel, die interaktiven Spannungsfelder der Kommunikation differenziert zu erfassen. Durch das imaginäre Beobachtungsregister zeigt sich menschliche Interaktion wesentlich facettenreicher und differenzierter, als es noch der Blick durch das symbolische Register erahnen ließ.

3.2.3. Reales: Von der Hörirritation zur Grenzerfahrung der Kommunikation

„Wann immer die Realität als eindeutig und – auch optisch – klar strukturiert erscheint, ist in ihr zugleich das eingeschlossen, was dem Beobachter entgeht. Dieses Entgangene nennen wir das Reale. Es erscheint in der Realität und wir bemerken es, wenn uns der Bruch zwischen dem Erwarteten und Unerwarteten beobachtbar wird" (Reich 2010, 109).

Verständigungen im symbolische Register ermöglichen dem Akteur nicht nur kooperatives Handeln, sondern auch vorausschauendes Planen. Dies vermittelt die Erfahrung von Selbstwirksamkeit, Überschaubarkeit und damit auch von einer gewissen Konstanz des Er/Lebens. Auf der Ebene des Gedachten und Imaginierten erscheint Wirklichkeit dann nicht nur gestalt-, überschau-, sondern in gewisser Weise auch lenk- und planbar. Jedoch erleben wir immer wieder Momente, in denen solche Kontinuität plötzlich und unvermittelt aufbricht. Wohl jeder hat schon einmal erfahren, dass überraschende Ereignisse, Krankheiten, Unfälle, etc. bestehende Planungen zunichte und damit die Konstanten symbolischer oder imaginärer Wirklichkeit gesprengt haben. In solchen Momenten erscheint unvermittelt eine *Realität* jenseits des Gedachten, des Antizipierten, des Vorgestellten. Sie zerstört vertraute Ordnungen, verstört die erwartete „Realität" und droht mit Kontrollverlust:

„Realität ist vermischt mit Imaginärem und Symbolischem und in ihr ist auch enthalten, was wir das Reale nennen. Dieses Reale ist das Noch-Nicht, das Nichts, das wir nur als Nichts benennen, bis es sich irgendwo geltend gemacht hat: Es erscheint in der Realität, wo wir es finden, wo es uns begegnet. Es tritt uns gewaltsam entgegen, wenn wir es als Beobachter jenseits unserer Imaginationen und unserer symbolischen Ordnungen noch aufspüren können oder nicht mehr zu verneinen vermögen" (Reich 2010, 109).

Wir wissen durchaus um diese „unvorstellbare Realität", um das „real Gegenwärtige". Es ist uns bewusst, dass es uns jederzeit ergreifen kann und wir bloß einen „Wimpernschlag" von ihm entfernt sind. Aus diesem Grund versuchen Menschen, das Erscheinen des Realen symbolisch oder imaginär zu bezwingen: „Symbolisch versuchen sie alle möglichen realen Ereignisse vorsehbar zu machen [...]. Das Imaginäre aber trägt in sich als begehrende Seite ohnehin die Tendenz, alles so auszurichten, dass es unseren Wünschen und

Ängsten gemäß wird" (Reich 2010, 105). Trotz allen Bemühens, dem erschütternden Zusammenprall mit dem Realen auszuweichen, werden wir immer wieder von „realen" Ereignissen eingeholt, denn es ist ja gerade das Kennzeichen des „Realen", wie Lacan diese Wirklichkeitsebene nennt, dass es „aus heiterem Himmel" jederzeit über uns hereinbrechen kann. Dann reißt das Reale große Löcher in die mühevoll gewebte Decke unserer Wirklichkeit, durch die wir zu fallen, bzw. die uns zu „verschlingen" drohen:

> „Die Löcher in dieser Allmacht und Allwissenheit, die weder durch imaginatives Begehren noch durch symbolische Ordnungen gestillt werden können, nennt Lacan das Erscheinen des Realen. Es sind die Lücken, es sind die Abwesenheiten, die Unklärbarkeiten, die Uneindeutigkeiten, die Unklarheiten und Dunkelheiten, die sich selbst als Different in das Leben einmischen" (Reich 2009a, 467).

Mit überwältigender Sprengkraft vermag das Reale die uns bekannte Realität zu „zerschmettern", Erwartungen zu verstören und Grenzen des Vorstellbaren zu überschreiten. Das Erscheinen des Realen entlarvt den Wunsch nach Überschaubarkeit und Lenkbarkeit des Lebens als bloße Illusion, wird zur „Grenzerfahrung der eigenen Mächtigkeit, wo sich der Mensch nach dem sinnlichen Erleben und dem Spüren der existenziellen Begrenztheit und Offenheit mit existenziellen Fragen beschäftigen kann" (Reich 2006b, 187). In dieser Gestalt wird es dann zu einer höchst beunruhigenden Erfahrung. Zuschreibungen, wie *Fehlendes, Abwesendes, Leerstelle, Diskontinuität, Unsicherheit, Uneindeutigkeit, Differenz* und *Mangel* sind Begriffe, die diese Qualität des Erlebens verdeutlichen mögen. Neubert formuliert:

> „Demgegenüber fassen wir das Reale in erster Linie negativ, als einen Grenzbegriff gegenüber dem Imaginären und Symbolischen auf: Es ist das, was bei aller Anwesenheit von Sinn und Zusammenhang in unseren Wirklichkeitskonstruktionen abwesend bleibt und sich im Augenblick seines Erscheinens weder hinlänglich vorstellen noch sagen lässt" (Neubert 1998, 37).

Wenn wir uns also symbolisch und imaginär Strukturen und Anhaltspunkte für lebensnotwendige Orientierungsmöglichkeiten schaffen, indem wir Ordnungssysteme erdenken oder uns anhand von Spiegelungen entlang der imaginären Achse des „großen Anderen" versichern, empfinden wir diesen Wahrnehmungszustand als *die wahre Realität*, in der wir uns bewegen und vermeintlich sicher planen und handeln. Das Reale hingegen konfrontiert uns mit Grenzen des (Vor)denkbaren und damit mit der Grenze unserer Selbstwirksamkeit. Die Konfrontation mit dem Realen ist, wie Reich mit Bezug auf Lacan schreibt, ein wiederkehrender Hinweis darauf, dass die Realität des Lebens diese im Moment der Urszene des Spiegelstadiums sich abzeichnende Verheißung auf Vollkommenheit nicht einzulösen vermag.[112] Wie ein scharfkantiger Bruch durchkreuzt das Reale unser Begehren nach Vollständigkeit, nach Idealität, nach Abgeschlossenheit und Unversehrtheit:

> „Reale Ereignisse [...] sind immer mehr als symbolische und imaginäre Wirklichkeiten. Sie stellen das Ungeahnte, das Unwahrscheinliche, das Zufällige, die Grenze aller Erkenntnis und Vorstellung dar, die erst im Nachhinein kodiert oder imaginiert wird. Sie tritt aber immer ins symbolische Haus als Gegenwart und ins imaginäre Bild als Augenblick" (Reich 2010, 107).

Für Lacan verweist die Konfrontation mit dem Realen auf eine Differenz, auf einen grundsätzlichen *Mangel* dem Leben gegenüber, der alles Anwesende stets auf dem Hintergrund von Abwesendem erscheinen lässt (vgl. Reich 2009a, 470). Und da diese Differenz auf etwas noch nicht Wahrgenommenes, auf etwas Ausgegrenztes deutet, erscheint sie auch als *Mangel*:

> „Das Reale drückt einen grundsätzlichen Mangel aus. In diesem Mangel erscheint alles Anwesende stets auf dem Hintergrund von Abwesendem. Der Mensch sucht seine Erfüllung in der Artikulation und Repräsentation von Ganzheit in der Vergegenständlichung und Objektivierung [...], um doch schließlich immer wieder das Abwesende, den Mangel, den Riss zu entdecken" (Reich 2010, 106).

So deutet der Riss auf ein Fehlendes, auf etwas, dass noch nicht benannt, noch nicht identifiziert, noch nicht beziffert, d. h., noch nicht „erkannt" wurde. Im Moment seines Erscheinens, wenn sich die Bezugspunkte einer symbolisch als geordnet erscheinenden Welt entziehen, wirft uns das Reale jedoch auf uns selbst zurück. Auch die imaginäre Achse, über die wir die Verbindung zum Anderen halten, bricht auseinander, denn im Erleben des Realen werden auch die imaginären Spiegelungen „getrübt". Was bleibt, ist die *sinnliche Kontinu-*

---

[112] Lacan erklärt diesen Mangel aus der Urszene der Spiegelung heraus, wenn die dort erstmals erfahrene Idealität, wie sie durch den Blick der Mutter/durch den Blick eines Anderen gespiegelt wurde, nicht permanent aufrechterhalten werden kann, denn: „[D]ie hier aufgerichtete Idealität wird [...] im weiteren Lebensprozess ihre Grenzen erfahren müssen, indem sowohl die Allwissenheit als auch die Allmacht des Dritten erschüttert, durch Abwesenheit ergänzt, durch Enttäuschungen zerrissen wird" (Reich 2009a, 467).

ität, empfangen wir doch Impulse der Störung und Unterbrechung unmittelbar durch die Sinne. Sie lassen uns den Bruch zwischen dem Erwarteten und dem Ereignishaften *sinnlich konkret* erfahren:

> „Mit unseren Sinnen durchwandern wir die Wirklichkeiten, die uns das Erscheinen des Realen anbieten. Meist stimmen wir diese Angebote mit dem Symbolischen und Imaginären ab, aber oft kommt es auch zu Brüchen, Widersprüchlichkeiten, Entscheidungen, die aus dem Moment heraus sich gegen das bisherige Symbolische oder Imaginäre kehren" (Reich 2010, 104).

Auch wenn das Reale bisher als großes und überwältigendes Ereignis gezeichnet wurde, das wie ein Naturereignis „aus dem Nichts", als Unfall, als unerwartete Nachricht „von außen" über uns hereinbricht, begegnen wir ihm ganz besonders auch im Zentrum menschlicher Interaktion, der zwischenmenschlichen Kommunikation: „It is as if we get ‚hit on the head' through some unexpected encounter that we may have chosen to avoid if we could have" (Garrison 1996, 438). Solche Grenzerfahrungen der Kommunikation, wie sie Garrison hier beschreibt, sind ebenso außergewöhnlich wie alltäglich. Wohl jeder hat schon einmal Gespräche erlebt, die eine ganz unerwartete Wendung genommen und die individuelle Hörerwartung „enttäuscht" haben. Diese Erfahrung zeigt: Wir können noch so viel hilfreiche (symbolische) Kommunikationsstrategien gelernt haben, können uns noch so sorgfältig auf ein Gespräch vorbereitet oder eingestimmt haben, immer besteht die Möglichkeit, dass uns Überraschendes, Nicht-Vorhersehbares einholt, von einer kommunikativen Szene Besitz ergreift und uns mit Nicht-Antizipiertem konfrontiert. Auch wenn wir in unserer Kommunikation sehr geübt sein mögen und viele kommunikative Strategien schon beherrschen – wir können Kommunikation nicht vordenken, denn sie ist ja *wechselseitig*. Wir wissen nicht, in welcher Gestimmtheit wir den Anderen antreffen, wie dieser reagieren oder was er sagen wird. Wir wissen auch nicht, welche unvorhersehbaren inneren und äußeren Faktoren auf die Interaktion einwirken und wie sich dies alles auf das Gespräch auswirken wird. Wenn wir uns auf ein bevorstehendes, vielleicht sehr wichtiges Gespräch vorbereiten, sind daran immer auch spezifische Intentionen und Erwartungen gekoppelt. Vielleicht wollen wir selbst etwas Bestimmtes sagen, vielleicht erwarten oder wünschen wir etwas Bestimmtes zu hören. Und doch kommt dann alles ganz anders als geplant! Ein Wort gibt das andere, – *so* war das nicht gedacht! Stattdessen ereignet sich etwas völlig Unerwartetes, das uns verblüfft, sprachlos, erstaunt oder verlegen macht. Vielleicht erschien *wie aus heiterem Himmel, aus dem Nichts* heraus, ein Missklang, der das Gespräch sekundenschnell erfasste, es „kippen" ließ, sodass es einen unerwarteten und überraschenden Verlauf nahm, der uns perplex oder enttäuscht zurückließ.

Solcher Bruch der gewohnten Realität mag sich als große Erschütterung in der Kommunikation, kann sich aber auch im Kleinen als (Hör-)Irritation, als situatives Aufmerken, als kleine Störung vermitteln. Denn das Reale verbirgt sich immer auch in den Mikrostrukturen alltäglicher Interaktion: Eine unerwartete Entgegnung, mit der wir nicht rechneten, eine plötzlich aufflackernde Emotionalität, ein abruptes Verstummen. So können Worte, Blicke, Gesten etc. so heftige Reaktionen auslösen, dass wir uns dazu hinreißen lassen, uns „um Kopf und Kragen" zu reden. Dann wendet sich ein Gespräch vielleicht in einen plötzlichen Streit, obwohl dieses freundschaftlich begann. Oder es entwickelt sich eine unerwartete Einsicht, die Verstehen und Verständigung möglich machen, obwohl dies gar nicht erwartet wurde. Im Nachhinein, wenn wir dieses Erleben dann symbolisch zu fassen versuchen, „realisieren" wir vielleicht, dass wir den einen oder anderen Aspekt falsch eingeschätzt, manches im Gespräch oder im Vorfeld übersahen, nicht bemerkt hatten, da anderes unsere Aufmerksamkeit fesselt, sodass wir nun unsere bisherigen Konstrukte korrigieren und anpassen müssen. Solche kleinsten *Störfelder* finden sich auf der Mikroebene der Kommunikation zuhauf. Sie können sich auf der Oberfläche der Wahrnehmung als flüchtige Irritation vermitteln, die auftaucht und wieder verschwindet, da sie im entsprechenden Moment nicht wichtig genug erschien, um ihr nachzugehen. Immer wieder werden wir gerade in der Kommunikation durch Unerwartetes aus dem Fluss der Wahrnehmung gerissen und „gestört". Doch auch minimalste Impulse, die wir nur „am Rande" registrieren und die wir vielleicht nicht als Störung wahrnehmen, können durchaus nachhaltige Irritationen auslösen, derer wir uns oft erst im Nachgang einer Kommunikation gewahr werden. Dann erinnern wir uns vielleicht an ein plötzliches Schweigen oder an einen verlegenen Blick, der uns überraschte, an eine Randbemerkung, die uns irritierte, an den harten Klang einer Stimme, der uns erschreckte, an ein zu lautes Lachen, das fehl am Platz schien. Oftmals zeigt sich jedoch gerade im Nachhinein, dass wir gut beraten sind, diese Störungen nicht gänzlich zu ignorieren. Böhme (2006) verweist auf die atmosphärischen Auswirkungen unvorhergesehener Wendungen in der Kommunikation. Er beschreibt solche *Störung* als *Zerstörung* der *kommunikativen* bzw. zwischenmenschlichen *Atmosphäre*. Sie kann ausgelöst werden durch eine Äußerung oder Verhaltensweise, die aus dem Rahmen fällt (oder den Rahmen selbst in Frage stellt), durch einen falschen Ton (einen Missgriff im Wie, in der Tonlage, in der Art der Formulierung, in der eine Äußerung vorgebracht wird), durch einen Fauxpas. Dies kann die zwischenmenschliche Atmosphäre nachhaltig verändern, wodurch die Atmosphäre dann selbst zum Thema wird.

Es sind die nicht planbaren Faktoren, es ist die Zirkularität des Geschehens, welche die überraschenden „Gestalten" des Realen in der Kommunikation formen. Damit zeigt sich die gesamte Kommunikation als ein „Spielplatz" der Begegnung mit dem Realen, das vom subtilen „Aufblitzen", das wir übergehen, weil es uns zu aufwendig erschiene, darauf einzugehen, bis hin zu Grenzerfahrungen unserer Kommunikation reicht. Im Zuhören sind wir diesem Spannungsfeld mehr oder weniger stark ausgesetzt und müssen es „erdulden": „We must be willing to live with confusion and uncertainty about both ourselves and the other person we are attempting to understand" (Garrison 1996, 433). Insbesondere, da sich das Reale schnell als Grenze der Reflexion zeigt.

Doch kann das Unerwartete auch ein als positiv erlebtes Spannungsfeld erzeugen, das wir manchmal sogar bewusst *suchen* mögen, da dies unsere Interaktionen durchaus bereichern und beleben kann. Humor ist hierfür ein Beispiel, da dieser gerade durch das Überraschungsmoment wirkt, bei dem die Hörerwartung gezielt nicht bedient wird. Reinecke (2002) spricht von einem gewissen *Reiz*, den solche Überraschungen in der Kommunikation haben können:

> „Der Reiz des Zuhörens liegt eben nicht primär im Sollen oder Müssen, er liegt nur zum Teil in äußeren Interessen, sondern vor allem in der *Begierde nach Unerwartetem*. Diese zu reizen und zur Darbietung von nicht Bekanntem oder von unerwarteter Neuorientierung von vermeintlich schon Bekanntem anzustacheln muss das primäre Anliegen der Macher sein. Ein Dilemma der Hörforscher? Wie können sie erfahren, dass *ich finden möchte, was ich nicht suche*?" (Reinecke 2002, 37, Hervorhebungen im Original).

Dieses Prinzip wirkt auch im nonvokalen Bereich der Kommunikation. Studien zeigen, dass emotionale Reaktionen auf Musik nicht durch bestimmte Gattungen oder musikalische Strukturen ausgelöst werden, sondern gerade durch unerwartete Wendungen oder Strukturbrüche, die in Abhängigkeit der individuellen Hörbiografie, aber auch in Abhängigkeit kultureller Prägungen ganz unterschiedlich erlebt werden:

> „In der Musik werden solche Erwartungen durch melodische, rhythmische, harmonische und andere strukturelle Muster aufgebaut. Manchmal sind die Verletzungen der Erwartung recht grob, wenn z. B. die Tonart oder die Dynamik jäh wechselt. In anderen Fällen sind sie eher

subtil und werden vom Hörer nicht einmal bewusst wahrgenommen" (Schönberger 2006, 45).

Solche „Strukturbrüche" sind zentrale Wirkkomponenten des Musikerlebens. Es sind Erwartungen, die aufgebaut und enttäuscht werden, beispielsweise durch die Art, wie eine Melodie sich fortsetzt, wie harmonische Spannungen aufgebaut, verzögert, überraschend fortgeführt oder gelöst werden:

> „Wenn wir von dem Musikgenuß sprechen, dann meinen wir in Wirklichkeit eine ganze Anzahl von erfüllten Erwartungen und Enttäuschungen, die Musik insgesamt ausmacht, eine Art Mittelwert der positiven und negativen Faktoren." (Jourdain 1998, 386)

Studien belegen, dass die scheinbare Vorliebe westlicher Durchschnittshörer an bestimmten harmonischen Strukturen durch kulturelle Erfahrungen erzeugt wird. Gerade der Umgang mit „Konsonanz" und „Dissonanz", mit „harmonischen" und „unharmonischen" Klängen ist gelernt und damit biografisch und kulturell geprägt. So schreibt der Musiker, Neuro- und Musikpsychologe Stefan Koelsch:

> „Repräsentationen auf annähernd allen Verarbeitungsstufen der Musikwahrnehmung können Emotionen auslösen, z. B. durch Konsonanz bzw. Dissonanz
>
> (Koelsch, Fritz, von Cramon, Müller, & Friederici, 2006) oder durch die Erfüllung oder Nichterfüllung musikalischer Erwartungen, die zum Empfinden von Anspannung oder Entspannung führen" (Jentschke/Koelsch 2010, 45).

So ist auch das Empfinden von Konsonanz und Dissonanz auf kognitive und kulturelle Musterbildungen zurückzuführen. In einer Sendung des Bayrischen Hörfunks zum Thema Neuroästhetik äußert sich Koelsch folgendermaßen:

> „Wenn sie [gemeint sind die Hörer] sich dessen bewusst werden, wie stark möglicherweise ihre Präferenz von Konsonanz über Dissonanz nichts weiter als ein kulturelles Produkt ist, und sie daher natürlich genau so gut in die andere Richtung gehen könnten, dann können sie sich auch dissonanten Klangereignissen öffnen [...]. Jazzmusik war anfangs auch für viele etwas ganz Schreckliches, weil so viele Dissonanzen drin waren. Heute, nachdem wir solche Musik viel gehört haben und sich unser Gehirn daran gewöhnt hat, ist das nichts Schlimmes mehr. Ganz im Gegenteil: Wir fänden Jazzmusik ohne Dissonanzen total langweilig, die Würze würde fehlen. Unsere Hörbiografie prägt so ganz individuelle

‚Hörerwartungen' – die erfüllt oder enttäuscht werden können" (Koelsch, zitiert nach Schramm 2010 o. S.).

Werden Hörerwartungen verstört, weil sich unerwartetes sinnliches Hörerleben über lang gebahnte kognitive Muster schiebt, werden diese Muster vorübergehend außer Kraft gesetzt. In diesem Zustand müssen wir uns dem inneren Erleben nicht erst bewusst zuwenden, es vielleicht abtastend suchen und genau *hinhören*, wie noch im Beobachtungsregister des Imaginären. Das Erleben des Realen erscheint als prägendes, unvermitteltes Austreten aus dem alltäglichen Strom der Wahrnehmung, die abweicht vom Erwarteten. Es ist verbunden mit einer unmittelbaren Präsenz der Sinne und der Gefühle. Garrison/Neubert (2012) sprechen daher von der „realen Ereignishaftigkeit von Gefühlen" (ebd., 298), die sich einstellt, wenn wir von unseren eigenen Gefühlen überrascht oder überwältigt werden, „weil diese Gefühle uns vielleicht als fremd, unerwartet, unpassend, rätselhaft oder unverständlich erscheinen" (ebd.). Starke Empfindungen können daher nicht nur durch Worte, sondern durch Klanggestalten *jeder Art*, die irritieren oder verstören, ausgelöst werden. Vielleicht, weil sie unerwartet sind, weil sie fremd oder unpassend erscheinen und uns innerlich aufhorchen lassen. Dies kann das unbekannte Geräusch sein, das uns aus dem Schlaf schreckt usw. Schnell findet sich hier eine Vielzahl weiterer Beispiele. Für das situative Austreten aus dem alltäglichen Strom der Wahrnehmung kann selbstverständlich *jeder* unserer Sinne Impulsgeber sein: Wenn wir durch das Hören eines Musikstücks, das Betrachten eines Bildes, das Lesen eines Textes plötzlich ergriffen sind. Wenn wir im sogenannten „Flow" tief in eine Tätigkeit versunken sind und alles um uns herum vergessen. In solcher Erscheinungsform entfernt sich das Reale nun aber auch deutlich vom Erleben eines Mangels im Sinne eines dunkel, negativ und bedrohlich getönten Erlebens hin zu einem positiv geladenen Spannungsgefühl. Dann zeigt sich das Reale nicht nur als beunruhigende Widerfahrnis, offenbart sich nicht nur als Moment der Angst, des Verlustes oder Schreckens, sondern es zeigt sich auch in freudvollen Aspekten, als Überraschung, Staunen, Lust und Hoffnung (vgl. Reich 2006b), kann somit auch Quelle von Freude und Genuss werden. Damit rückt es nun nicht nur in die Nähe *ästhetischen Erlebens*, sondern wird geradezu zu seiner *Möglichkeitsbedingung*. In diesem Sinne argumentiert Peez (2003), wenn er formuliert:

> „Ästhetische Erfahrungen können als Erfahrungen der Diskontinuität, der Differenz zu bisher Erlebtem gelten, in denen wir uns zugleich im Wahrnehmungsakt als Objekt unserer Wahrnehmung gewahr werden [...]. Erst wenn wir uns einer sinnlichen Wahrnehmung bewusst wer-

den, wenn wir ihr gewahr werden, wenn wir die Wahrnehmung mit anderen Wahrnehmungen und Empfindungen in Beziehung setzen und auslegen, dann verhalten wir uns nicht nur sinnlich, sondern ästhetisch" (Peez 2003).

So sind in künstlerischen Kontexten Realerfahrungen nicht nur erwünscht, sondern sie werden sogar explizit gesucht:

„[I]n künstlerischen, dramatischen, beziehungsorientierten, religiösen, insbesondere irrational erscheinenden Prozessen hoffen wir durchaus auf einen spekulativen, fiktiven, affektiven Riss und Bruch, der eine Ambivalenz und Ungewissheit ausdrückt, die unser Leben als spannend, offen und vielleicht sogar gefährlich erscheinen lässt" (Reich 2006b, 180).

Letztlich liegt schon in jeder Alltagserfahrung das Potenzial *ästhetischen Erlebens*, die zu einer „ästhetischen Erfahrung" wird, wenn sie, wie Brandstätter (2014, 32) formuliert, als „Erfahrung die [...] Wahrnehmung selbst thematisiert" und diese verändert. Mit solcher „Neu- und Umfokussierung der Wahrnehmung" spielt etwa John Cage, wenn er Aufführungspraxen so inszeniert, dass Alltagsgeräusche zu ästhetischen Wahrnehmungsobjekten stilisiert werden, wie beispielsweise in der berühmten Komposition 4'33"[113] (vgl. ebd.). Der Bruch, der das Erleben im Heraustreten aus der Alltagswahrnehmung auch zu einem ästhetischen Erleben machen kann, vollzieht sich daher in der Fokussierung auf den Wahrnehmungsprozess selbst:

„Gegenstand ästhetischer Wahrnehmung und Erfahrung ist nicht nur das Wahrgenommene. Sondern gleichzeitig auch der vollziehende Akt der Wahrnehmung selbst. Wir nehmen also nicht nur etwas wahr (sehen eine schöne Landschaft, hören ein Musikstück), sondern sind uns gleichzeitig des Vorgangs der Wahrnehmung selbst bewusst (wir sehen eine schöne Landschaft als schöne Landschaft, wir hören ein Musikstück als Musikstück). Unser Bewusstsein bezieht sich dabei auf zwei Aspekte: Auf den Prozess des Wahrnehmens und auf den ästhetischen Charakter des Wahrgenommenen" (ebd.).

---

[113] Bei dem 4'33" handelt es sich um ein dreisätziges Werk für beliebige Instrumente, das 1952 in New York zur Uraufführung kam und in dem kein einziger Ton erklingt. Alle drei Sätze des Stücks sind mit der Anweisung „Tacet" überschrieben.

Aus interaktionistisch-konstruktivistischer Perspektive reicht ästhetisches Erleben daher immer auch in die Dimension des Realen hinein. Die Unterbrechung, der „Bruch", der vom Erscheinen des Realen kündet, vermittelt sich nicht nur in einer Veränderung des Wahrnehmungszustandes, sondern auch mit einem veränderten Blick auf das Wahrgenommene. Solche Wahrnehmungsveränderungen können durch geeignete Musik- und Klangrezeption – in Kombination mit bestimmten Aufführungspraxen – gezielt „inszeniert" werden, wie nicht nur das Beispiel 4'33" von Cage zeigt. Solche Praktiken sind ein weitaus selbstverständlicherer Teil unseres sozialen Lebens als zunächst angenommen. So wird die gezielte Musik- und Klangrezeption und ihre bewusste Inszenierung beispielsweise im Bereich des Moodmangements, der Musiktherapie (u. a. der Schmerztherapie) wie auch der Musikpädagogik oder auch des Sounddesigns gezielt genutzt, um gewohnte Dynamiken der Alltagswahrnehmung zu verändern oder außer Kraft zu setzen. Solche (dann auch neurophysiologisch messbaren) Wahrnehmungsveränderungen können vom Zustand leicht veränderten Wachbewusstseins (VWB) über Formen des „Thrill", „Chill" (Sloboda 1992), oder auch „Strong Experience with Music" (Gabrielsson 2001) bis hin zu Zuständen intensiver Assoziation, Dissoziation, die sich dann als Tranceerleben äußern können, reichen. Solche intensiven Erlebenszustände im Kontext der Musikrezeption werden auch als „Gipfelerfahrungen" (vgl. Schönberger 2006, 56) bezeichnet. Sie können durch die Rezeption geeigneter Musik in Verbindung mit ihrer Darbietungsform gezielt „inszeniert" werden – so wie ein intensiviertes, den Alltag übersteigendes Erleben von Musik letztlich in jeder Konzertsituation angestrebt und durch gewisse Faktoren, Rahmenbedingungen und Akzente „inszeniert" wird. (Auditives) ästhetisches Erleben erscheint aus dieser Perspektive nicht nur als „inszenierbar".[114] Vielmehr zeigt sich auch hier, dass solche Wahrnehmungsveränderung gerade in künstlerischen Kontexten durch Überraschungsmomente und damit eine gezielte Verstörung der (Hör-)Erwartung angestrebt wird. Die Wirkung bestimmter künstlerischer Formate basiert geradezu auf dem bewusst inszenierten

---

[114] Der Begriff der „Inszenierung" und das Verständnis dieses Beobachtungsregisters, wie es bisher dargestellt wurde, scheinen dabei zunächst im Widerspruch zueinander zu stehen, da das Erscheinen des Realen ja gerade nicht bestellbar bzw. kalkulierbar ist. Gemeint ist vielmehr ein Spiel mit der Hörerwartung, das mit überraschenden Inszenierungen dann auch ein verändertes (Hör-)Erleben auslösen kann, wie dies etwa in einer Konzert- oder Theatersituation (oder auch in anderen inszenierten Hörkontexten) geschehen soll, bzw. bewusst angestrebt wird.

Überraschungsmoment, der das Erwartete gezielt verstören und mit dem Gewohnten brechen soll. Deutlich wird dies etwa in Aufführungsformaten, wie dem „Flash Mob" oder der „Performance". In einer „ästhetischen Inszenierung des Realen" wird im Kontext *auditiver* Ästhetik immer auch die Hörerwartung selbst zum Thema. Umgekehrt wird so deutlich, dass sich durch gezielt inszenierte „Stör- und Staunerlebnisse" des Hörens Zugänge zu ästhetisch-kritischer Erfahrung bewusst bahnen lassen.[115] Indem der „Riss" des Realen einerseits auf ein Fehlendes, auf etwas, das noch nicht benannt, noch nicht identifiziert, noch nicht beziffert, d. h., noch nicht „erkannt" wurde, verweist er immer auch auf eine habituell wirksame (Hör-)Erwartung, die durch die „*Ent-Täuschung*" tiefer liegende und wirkende Wirklichkeitskonstrukte thematisiert. Und indem das Reale die Erwartungshaltung an die gewohnte Realität und ihre vermeintliche Kontinuität „ent-*täuscht*", entlarvt es die entscheidenden Momente bisheriger *Täuschungen*, denn: Zeigt sich die als sicher angenommene Gewissheit als *Täuschung*, werden wir unmittelbar der Begrenztheit individueller Konstruktionen gewahr. Dies mag verstörend und entlarvend zugleich sein. So sind wir in Momenten der Dekonstruktion und Diskontinuität zunächst auf uns selbst zurückgeworfen, zurück bleibt die Spur unserer Erwartungen und Vorstellungen, die uns an die eigenen Konzepte, d. h. an Bekanntes, wieder anzubinden vermag. Als „Fingerzeig" drängt solche Enttäuschung nun, Wirklichkeitskonstrukte auf Fehlendes hin zu überprüfen, diese ggf. zu verändern, zu erweitern und anzupassen. Wenn im Nachhinein bestehende Formen neu gefasst oder Grenzen neu gezogen werden müssen, mag die Erfahrung mit dem Realen im Rückblick dann vielleicht als wichtiger Wegweiser empfunden werden. So birgt eine Ent-*täuschung* oder Enttarnung immer auch eine andere, eine unerwartete, eine neue, bisher noch nicht erkannte *Möglichkeit*, die als persönliche Erweiterung willkommen geheißen werden kann.

Eine Konfrontation mit dem Realen scheint niemals folgenlos zu sein. Welche Folgen dies sind, hängt davon ab, wie sein Erscheinen bewertet und verarbeitet wird. Das Reale übernimmt somit auch eine antreibende Funktion, da durch Prozesse der Dekonstruktion *Bewegung*, d. h. eine Veränderung oder Erweiterung der subjektiven Konstruktionen, regelrecht *eingefordert* wird.

---

[115] Dies kann im Kontext didaktischen Handelns genutzt werden, denn gerade die Schule kann wohl als vielfältig „inszenierbarer Hörkontext" betrachtet werden. Für den Bereich der Didaktik regt Reich (2012) daher ausdrücklich „Realbegegnungen" an, da sie „tiefe Erinnerungsspuren" (147) hinterlassen können. Solche Realbegegnungen können dann zum Ausgangspunkt weiterführender Reflexionen werden.

Dies bewahrt vor Stillstand und zwingt uns, in Bewegung zu bleiben. Wir können dieses Erleben vielleicht ablehnen, verhindern können wir es allerdings nicht:

„Das Reale lehrt uns so oder so, dass es Lücken, Brüche, Risse in unseren Vorstellungen, unseren Wünschen und unserem Wissen gibt. Und dies treibt uns zugleich an, unsere Imaginationen und Symbolwelten immer neu, immer erweitert und rückgekoppelt an die Veränderungen zu re/de/konstruieren, die wir gemacht haben" (Reich 2009a, 519).

Der Riss, den das Reale hinterlässt, ist entlarvend. Er fordert uns im leidvollen wie freudvollen Erleben implizit auf, uns zu erweitern, Bekanntes neu zu vermessen, unsere Konstruktionen auf ihre aktuelle Viabilität hin zu überprüfen: „Und noch unangenehmer ist ohnehin das Reale, das sich als Grenze einmischt, wenn wir in unserem Wissen zu sicher waren. Es wird uns ereignishaft diese Grenzen offenbaren" (Reich 2006b, 181). So kann das Reale im Moment der Dekonstruktion immer auch zu einer gewissen Neukonstruktion des Selbst, der Welt und des Anderen führen. Es kann zum Auslöser werden, die inneren Konzepte (im Nachhinein) symbolisch zu überprüfen, zu erweitern, alte Wirklichkeitskonstrukte abzustreifen. Denn auch, wenn das Reale unmittelbar sinnlich erscheint, versuchen wir doch sofort, es mit dem Symbolischen zu verbinden: „Denn es gehört aus unserer Sicht zu den grundlegenden Wirkungen des Symbolischen, im Zusammenspiel mit dem Imaginären, das Reale zu bewältigen" (Neubert 1998, 40). Mit solcher „Bewältigung" steht das Reale immer auch in Verbindung mit Kategorien wie *Entwicklung, Erweiterung, Öffnung*. Diese wachstumsorientierte Perspektive fordert dazu auf, „Stör-" oder „Staunereignisse" nicht auszublenden, sondern „Hörirritationen" gezielt Raum zu geben, sie gar als weiterführenden Hinweis zu nutzen. Ein Aufmerken und Rückkoppeln auf die „realen Momente" vokaler und nonvokaler Kommunikation kann das Feld täglicher Kommunikation grundlegend verändern und neue Qualitäten der Begegnung anregen.

3.3. Zuhören im Spannungsfeld kooperativen Handelns

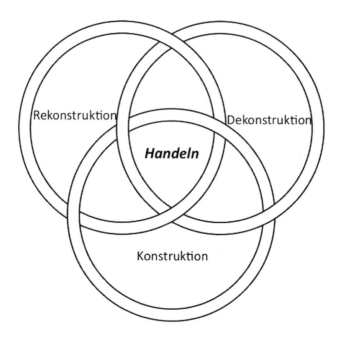

Abbildung 6: Spannungsfelder kooperativen Hörhandelns

3.3.1. Konstruktion: Das Ohr – interaktive Schnitt- und konstruktive Baustelle der Kommunikation

„Wir sind die Erfinder unserer Wirklichkeit"
(Reich 2010, 119).

Zuhören thematisiert die Handlungsebene menschlicher Interaktion und mit ihr die genuine Konstruktivität des Zuhörens. Zuhören zeigt sich dann als ein an Interaktion gebundenes aktives, konstruktives und damit schöpferisches Handeln, das nicht bloß Verständigungsprozesse steuern und Verständnis zu generieren vermag, sondern damit auch das jeweilige Wirklichkeitserleben der Akteure dynamisch prägt. Da das Gehörte – in Abhängigkeit des jeweiligen HörHandelns – recht unterschiedlich interpretiert, erlebt, das heißt, *verstanden* werden kann, kann Kommunikation als steter Prozess der Konstruktion gedacht werden, der Dialogteilnehmer Verständnis interaktiv konstruieren und so ihre Wirklichkeiten individuell ganz unterschiedlich gestalten und erleben lässt. Auf diese prinzipielle Offenheit des Prozesses verweisen auch Neubert/Garrison (2012), wenn sie betonen:

> „Verstehen ist ein konstruktiver Prozess [...], der in einem spezifischen Kontext stattfindet, zwischen spezifischen Teilnehmern und der daher stets offen für neue Konstruktionen ist [...]. Nicht im Versuch, den Inhalt der Gedanken eines anderen einfach nur zu reproduzieren, liegt die kommunikative Aufgabe und Herausforderung, sondern vielmehr ein neues Verständnis und neue Interpretationen unter den Dialogteilnehmern zu produzieren" (Neubert/Garrison 2012, 294).

Auch Korte argumentiert in diesem Sinn, wenn sie schreibt:

> „Verstehen ist also kein immerwährender Zustand, sondern ein Prozess, sobald sich Verständnis, bzw. Verständigung in der Kommunikation einstellt. [...] Wenn Verstehen in einem Verständigungsprozess (in einer Kommunikation) fließend ist, dann folgt daraus, dass Nicht-Verstehen die produktive und konstitutive Voraussetzung für Verstehen ist. Bevor Menschen sich einigen, müssen sie erst einmal erläutern, wie sie sich verstehen" (Korte 2003, 145).

Zuhören als ein konstruktives und damit variabel gestaltbares Handeln zu begreifen, bedeutet, Kommunikation auch durch das Hörhandeln als *flexibel veränderbaren* Handlungsspielraum wahrzunehmen. Denn nicht nur das Sprechhandeln, auch der Handlungsaspekt des Zuhörens, vermag das Erleben und Verstehen von Welt *beweglich* zu machen. Die genuine Konstruktivität des Zuhörens bedingt nun ein Weiteres: Hören auf der Handlungsebene menschlicher Interaktion zu verorten, impliziert, dass das Hörhandeln, wie alle unsere Verhaltensweisen, der Ausbildung gewisser Vorlieben, Fähigkeiten und Gewohnheiten unterliegt. Diese dienen der Orientierung, Strukturierung und Bewältigung des Alltags und sind, wie alle übrigen Gewohnheiten und Verhaltensmuster, mit der inneren Haltung und subjektiven „Glaubenssätzen" eng verknüpft, Dewey nennt sie *habits* und *beliefs*. Dies zeigt, dass das Zuhören weit mehr ist als ein physiologisches Geschehen, reduzierbar auf reine Perzeptionsvorgänge auditiver Wahrnehmung und optimierbar mit kognitiven Strategien, wie denen des Aufmerksamkeitsmanagements: Die bisherigen Untersuchungen verweisen vor allem auf den sozialen und kulturellen Bezug des Hörhandelns. Auch wenn das Zuhörgeschehen durchaus psychologische Bedingtheiten thematisiert, involviert es doch die gesamte Person, die untrennbar eingebunden ist auch in soziokulturelle Strukturen. Diese weisen uns wechselnde Rollen, verankern uns in Zugehörigkeiten, die wiederum spezifische kommunikative Praktiken einfordern, bevor wir selbst darüber entscheiden konnten. So weist das Zuhörgeschehen über rein psychologische Bedingtheiten hinaus und betont etwa auch den Aspekt der Habitualisierung.

Als interpersonelles Geschehen wird das Zuhören zur *Schnittstelle* der Interaktion, denn mit der Ebene der Vermittlung begründet es eine *soziale Dimension der Kommunikation*. So ist alles Hör- und Sprechhandeln immer auch *interaktives* Tun. Dann wird deutlich, dass unsere Wirklichkeitskonstruktionen keine ausschließlich subjektiven „Erfindungen" sind, die sich in einem inneren Abgeschlossensein vollziehen. Dies korrespondiert mit dem zentralen Postulat des Interaktionistischen Konstruktivismus. So formuliert etwa Neubert (1998):

> „Denn obwohl der Aufbau dieser Wirklichkeiten [...] grundlegend auf den konstruktiven Leistungen von Subjekten beruht, stehen diese Subjekte dabei [...] doch immer schon in Beziehungen zu anderen, weshalb sie nicht nur für sich, in ihrer inneren Abgeschlossenheit ein Wissen konstruieren, sondern in diesem Prozess selbst schon begehrend auf ein anderes Wissen, eine andere Sicht und ein anderes Begehren bezogen sind" (Neubert 1998, 42).

Indem nun Wirklichkeitskonstruktionen untrennbar auf einen Anderen, eine andere Sicht, ein anderes Wissen, ein anderes Begehren bezogen sind, werden Kommunikation und Interaktion, wird gerade auch das Ohr zum „Umschlagplatz unserer Weltbilder". Hier spielt der emotionale Aspekt des Hörens eine zentrale Rolle, wie Garrison/Neubert (2012) betonen:

> „Das Verstehen von Bedeutungen ist in emotionaler Hinsicht ebenso sehr ein konstruktiver Prozess wie in intellektueller bzw. kognitiver Hinsicht. Tatsächlich ergänzen sich beide Seiten in jeder vollständigen Kommunikation. Ungeachtet der neurophysiologischen Grundlagen emotionalen Ausdrucks im autonomen Nervensystem bleibt die *Bedeutung* emotionaler Äußerungen eine soziale Konstruktion" (Neubert/Garrison 2012, 295)

Auch der Klangkünstler Sam Auinger macht darauf aufmerksam, dass im Hören die wichtige Qualität auch emotionaler Bezogenheit entsteht, für die er durch die klangkünstlerische Inszenierung ungewohnter „Hearing Perspectives" sensibilisieren möchte: „In dem Moment, wo ich meine Umgebung auch auditiv stark wahrnehme, baue ich zu ihr eine emotionale Bindung auf. [...] Wenn mich eine Situation aber gefühlsmäßig betrifft, dann werde ich wahrscheinlich umsichtiger handeln. Eine Hörperspektive kann hier einen neuen

Zugang eröffnen" (Auinger 2009). Dies verdeutlicht nun, dass auch die emotionale Komponente des (Hör-)Erlebens und -verstehens eine *konstruierte* ist. Es sind die in akustische Gestalten verwobenen komplexen Bedeutungen und Bewertungen, die in der Interaktion „psycho-logischer Beziehungswirklichkeiten" (s. o.) letztlich vielschichtige subjektive „Wahrheiten" ausformen, in deren Musterbildungen wir (weitestgehend unterbewusst) eingebunden sind. Im zirkulären Wechselspiel kommunikativen Handelns wird der Beobachter dann zum Konstrukteur seiner Wahrnehmung. Indem sich unsere Beobachtungsgewohnheiten in unserer Sprache niederschlagen, ist diese nicht nur Vermittlungsinstanz, sondern ein ganz eigenständiger *konstruktiver Faktor*, der individuelle Wirklichkeiten prägt. Krippendorff (1993, 23) bringt dies zum Ausdruck, wenn er formuliert: „Die Annahme, dass Sprache nur beschreibe, macht uns blind zu erkennen, dass die Wirklichkeit, die wir zu sehen glauben, erst durch sie hervorgebracht wird". In diesem Diskurs wird das Ohr nicht nur zur interaktiven Schnittstelle, sondern auch zur „konstruktiven Baustelle" der Kommunikation, auf der alle vier Plätze des Diskurses, die Reich wie folgt beziffert: „Eins", „Auch", „Konstruktion" „Wirklichkeit/Reales", gleichzeitig aufeinandertreffen und (interaktiv) zirkulieren.[116] Hier, im Wechselspiel *kommunikativer* Handlungen der Akteure, entstehen und vermitteln sich nicht nur subjektive Weltbilder/Wahrheiten, aus denen sich dann die große Vielfalt der

---

[116] In seiner interaktionstisch-konstruktivistischen Diskurstheorie greift Reich die Grundfigur diskursiven Argumentierens nach Hegel (These, Antithese, Synthese) auf, die er als eine Bewegung, eine Prozedur des Denkens vorstellt. Doch verändert Reich die Bezeichnung der drei Plätze. So wird die These zum *Eins*, die Antithese zum *Auch*, die Synthese zur *Konstruktion*. Zugleich erweitert er die drei Plätze um den Platz der *Wirklichkeit*, der er das *Reale* an die Seite stellt. „Wahrheit" kann nun auf jedem Platz diskursiv generiert werden: „Jeder Diskurs scheint von einem Eins auszugehen, d. h. von einer These, von *einem* Satz, *einer* Aussage, Behauptung usw., die sich an ein Auch wendet: andere Thesen, Sätze, Aussagen, Behauptungen, also insgesamt Sachverhalte, aber auch an andere Menschen, die als Personen in bestimmten Funktionen (z. B. Wissende, Prüfende, Lesende, Studierende usw.) stehen" (Reich 2009b, 360, Hervorh. Im Original). Ein Diskurs entsteht jedoch erst, wenn es in der Gegenüberstellung „erstens zu einer Synthese (kommt), indem beide Seiten zu einer Produktion oder Konstruktion, zu einem Her- oder Vorstellen gelangen" (ebd. 361) und diese Synthese zweitens etwas Neues erzeugt: „Wahrheit. Diese Wahrheit wird zur Basis für das weitere Agieren, sie fundiert also das nächste Eins, das in den weiteren Gang der Argumentation (des diskursiven Zirkels) eingebracht wird" (ebd.).

Diskurse generiert, sondern hier entstehen immer auch *interaktive Wirklichkeiten* – Reich nennt sie daher auch „Beziehungswirklichkeiten". In solcher zirkulär gegründeten „Psycho-logik"[117] (Reich 2009b, 13 ff.) geht Kommunikation aus der Interaktion hervor, wird von einer konkreten Handlung zur mentalen Repräsentation. Dies verdeutlicht auch: „Verständigung ist immer schon der Diskurs des a/Anderen" (Reich 2009a, 528). Während mit der sprachpragmatischen Wende John Austins (1972) das Bewusstsein erstmals gebahnt wurde, Sprechakte als Handlung aufzufassen, ist im sprachphilosophischen Zugang Janichs (2001) der Handlungsaspekt der Sprache mit folgender Begründungsfigur schon fest verankert: Indem Janich „Aspekte des Zugerechnet-Werdens, des [...] Gelingens und Misslingens, des [...] Erfolgs und Mißerfolgs von Sprechen als entscheidende Beurteilungsaspekte in den Vordergrund" (Janich 2001, 23) stellt, arbeitet dieser den Handlungsaspekt von Sprache klar heraus und leitet daraus ab, dass Sprechen als konkretes Handeln zu begreifen sei, das „ge- und mißlingen kann, das Erfolg und Misserfolg haben kann" (Janich 2001, 22). Zuhören unterliegt, da es untrennbar mit dem Sprechhandeln verbunden ist, eben solchen Gesetzmäßigkeiten. Somit müsste die Begründungsfigur Janichs nicht nur für das Sprechen, sondern auch für das Zuhören gelten, weswegen ein pragmatisches Verständnis vom Sprechen auch auf das Zuhören zu übertragen wäre. Dass das Zuhören immer ein aktives Handeln ist, hat schon Kapitel 2 verdeutlicht. Entsprechend gilt für das Zuhören (ebenso wie das Sprechen), dass dieses ge-, aber auch misslingen kann. Indem wir daher auch mit dem Zuhören Ziele erreichen oder verfehlen können, kann es, ebenso wie das Sprechen, gleichermaßen erfolgreich als auch nicht erfolgreich sein, kann es somit nicht nur neurophysiologisch als *aktiv* gelten, sondern zugleich als ein *Tun*, das Spuren in der Wirklichkeit hinterlässt. Entsprechend müsste Bedeutung nicht nur durch Sprechhandeln, sondern ebenso durch das Hörhandeln *veränderbar* sein.

Solche theoretisch erscheinenden Rückschlüsse lassen sich an Alltagserfahrungen recht leicht überprüfen: Hier zeigt sich immer wieder, dass nicht nur das Sprechhandeln, sondern gerade auch die Art und Weise des Zuhörens entscheidenden Einfluss auf das Ge- oder Misslingen kommunikativer Handlungen hat, auch wenn sich der Handlungsaspekt des Zuhörens auf den ersten

---

[117] Als „Psycho-logik" bezeichnet Reich eine zirkuläre „Beziehungslogik" (Reich 2009b, 27), die als „Logik zweiter Ordnung" (Reich 2009b, 13) in der „systemischen Interdependenz" (ebd., 18) interaktionalen Handelns entsteht und nur zirkulär rekonstruiert werden kann (vgl. ebd., 12 ff.). Weisbach (2015) formuliert aus dem Kontext der Gepsrächsführung kommend ähnlich: „Die Logik orientiert sich nur am Sachverhalt, die Psycho-Logik an der emotionalen Bedeutung" (o. S.).

Blick hier weniger offen-*sicht*-lich erschließen mag, als der des Sprechhandelns. Doch nicht nur das Sprechhandeln, auch das Hörhandeln öffnet konkrete Handlungsspielräume der Gestaltung, was die Frage aufwirft, ob Bedeutung durch die Art und Weise des *Zuhörens* verändert werden kann. Eine Antwort liegt im Prinzip der Wechselseitigkeit kommunikativen Handelns, welche die Kommunikation nicht nur als aktives, sondern vor allem auch als *interaktives Geschehen* zeichnet und eine zirkuläre Dynamik aufspannt, die im interaktiven Vollzug kommunikativen Handelns überhaupt erst entsteht:

> „In unseren Interaktionen mit anderen beziehen wir uns immer auf andere. Wir leben in einem System von Kommunikation mit bestimmten Mustern, die wir dabei erzeugen. Und diese Muster wirken systemisch. Ich kann mich in solchen Mustern nicht nicht verhalten, sondern alles was ich tue, hat eine Rückwirkung auf den Anderen und auf mich. Für kommunikative Situationen ist Zirkularität immer typisch" (Reich 2006a, 32).

Schnell wird deutlich: Die Handlungsdimension des Zuhörens stellt den Akteur vor ganz spezifische Herausforderungen. So können sich durch habitualisierte Weisen des Zuhörens, ähnlich wie durch solche des Sprechens, Interaktionsmuster, d. h. sich zirkulär bedingende Hör- und Sprechmuster oder auch -gewohnheiten bilden. Die Reduktion komplexer Handlungsstrukturen hat zwar den Vorteil, Abläufe und Orientierung zwischenmenschlicher Interaktion vereinfachen zu können, zugleich können solche Muster den Handlungsspielraum der Akteure aber auch empfindlich beschneiden. Auf Dynamik und „Gefahr" habitualisierter Musterbildungen gerade beim Zuhören macht das „Kommunikationsquadrat" Schulz von Thuns (1991) aufmerksam. Zugleich weist dieses Modell Möglichkeiten auf, sich aus kommunikativen „Gefangenschaften" zu lösen: Mit seinen „vier Ohren" regt es gezielte Zuhörstrategien an, mit denen dysfunktionale Hörmuster enttarnt, überprüft und schließlich verändert werden können. Gewohnte Handlungsabläufe können so konstruktiv „verstört", die Verlaufsdynamik einer kommunikativen Situation entschärft werden. Das Modell macht nicht nur auf recht anschauliche Weise auf die Ausbildung von „Zuhörgewohnheiten" aufmerksam, sondern regt an, diese konstruktiv in Bezug zum Ge- und Misslingen von Kommunikation zu denken. Mit seinen „Hörhandlungsoptionen" thematisiert es den grundsätzlichen Handlungsspielraum gerade auch des Hörhandelns, verdeutlicht Wahlmöglichkeiten und zeigt, wie durch den bewussten Eingriff in Wahrnehmungs- und Handlungsmuster auch des *Hörhandelns* sehr unterschiedliche Verlaufsdynamiken der Kommunikation angestoßen werden können. Dies wiederum markiert zugleich die Weite solcher Spielräume, die im Verlauf dieser Arbeit noch genauer zu vermessen sein wird. Das Modell Schulz von Thuns veranschaulicht damit nicht nur den *dynamischen* Aspekt des Hörhandelns, sondern verweist durch solche Hörhandlungsoptionen auf die genuine *Konstruktivität* des Hörhandelns, die uns möglicherweise noch weniger bewusst sein mag, als die aktive Ebene des Hörens.

Auch der Komponist und Musikwissenschaftler Johannes Goebel thematisiert – aus dem Diskurs der Musikwissenschaft kommend – das Phänomen der Hörmusterbildung und entwickelt dazu eine ganz eigene These. Goebel (1994) definiert bloßes Hören als ein rein habitualisiertes, mustergeleitetes Hören. Erst mit der bewussten Veränderung individueller Hörmuster wird es für Goebel zum Zuhören. Das heißt, erst wenn das Hören ein willentlich gerichtetes ist, das, indem es aus gewohnten Musterbildungen ausbricht, *Neues* entstehen lässt, wird dieses auch zum Zuhören, das den Akteur befähigt, nicht nur ein Gleiches, sondern ein Anderes herauszuhören:

> „Der Unterschied von Hören und Zuhören ist kein qualitativer. Hören beruht auf Mustern, es verändert im Nachhinein nicht mehr das Gehörte. Zuhören schafft Muster. Es verändert im Nachhinein das zuvor Gehörte. Wir hören einen Musikfetzen und sagen ‚9. Symphony' oder ‚I can't get no'. Wir hören einem Wasserfall oder einem Musikstück zu, das wir schon oft hörten, und können ihm gleichwohl wieder zuhören – alles ist gleich und wieder anders. Hören bezieht sich aufs Gleiche, Zuhören aufs Andere" (Goebel 1994, 354).

Isaac (1999) beschreibt diese Zusammenhänge, wenn er mustergebundenes Zuhören recht pointiert als ein „reloading" beschreibt und formuliert: „People do not listen, they reload!" (ebd., 18). In Übereinstimmung mit der interaktionistisch-konstruktivistischen Prämisse erschließt sich das kreative Potenzial des Hörhandelns erst dann, wenn das Hörhandeln *interaktiv* ist: „Zuhören bedeutet Wechselseitigkeit, Hören ist stets einseitig", so auch Goebel (1994, 347). Solche Veränderungen sind für Goebel nicht nur im Hören von Musik, sondern auch im vokalen Hörhandeln möglich:

> „Wie schön, wenn uns jemand sein Ohr schenkt. Ich habe eine Frage – an einen anderen Menschen oder an mich –, und jemand ist geneigt, mir zuzuhören. Ich spreche, ein anderer hört. Aber er hört nicht nur, sondern er hört zu. Den Unterschied würde ich merken: Hörte er mich nur noch, wäre er mir nicht mehr zugeneigt. Doch er hört zu, denn ab und zu sagt er etwas, das mit dem zu tun hat, was ich gerade sagte. Er fügt etwas Weiteres hinzu. Dann höre ich zu und fahre anschließend fort. Wir fahren beide fort. Der Ausgangspunkt war mein Anliegen,

aber das Ziel ist noch unbekannt. Hörte er nur, so würde er für mich abwesend sein. Er wäre nur bei sich und würde Stichwörter aus dem von mir Gesprochenen aufgreifen, um sofort von sich zu erzählen. Und dann wäre ich wieder dran, verfolgte meinen Faden wieder und dann er wieder. So hörten und redeten wir. Und wenn wir auseinandergingen, fragte sich jeder – nach einer Weile, nachdem der Lärm der Wörter verklungen ist –: ‚War da was?'" (ebd.).

Doch, folgen wir Goebel weiter, bedarf dies auch gewisser Voraussetzungen:

„Eines allerdings ist unabdingbare Voraussetzung, damit ein Ereignis zuhörenswert wird. Es muss in sich eine Tiefe enthalten, die das Entdecken von Anderem ermöglicht. Der in diesem Ereignis und durch das Ereignis hergestellte Zusammenhang bestimmt diese Tiefe. Im Fall von Musik entscheidet neben dem Hörer, der Zuhörer wird, vor allem der durch das Stück entwickelte Kontext, wie lange, wie oft diesem Stück zugehört werden kann. Dieser im klingenden Material komponierte Kontext ist nun nicht rückbezüglich auf sich selbst, sondern bezieht den Hörer mit ein" (Goebel 1994, 355).

So erschließt sich das „Zuhörenswerte", das die Tiefe eines akustischen Ereignisses ausmacht, erst aus der sich in der Interaktion entspinnenden Wechselseitigkeit, die damit, wie Goebel schreibt, zum Kontext wird. In diesem Verständnis ist Konstruktivität untrennbar an Interaktivität gebunden, bei dem das Zuhören dann zum „Mittler" wird. Dass ein „Entdecken von Neuem im Bekannten" stets möglich ist, auch wenn es sich um ein Selbes, um eine Wiederholung, beispielsweise ein Musikstück handelt, wird durch Reichs Beobachtertheorie gestützt. Indem Reich den Beobachter von der Beobachtung trennt, wird deutlich, dass jede Beobachtung neues Erleben und Verstehen evoziert:

„Ich gehe von der Grundthese aus, dass jeder Mensch zugleich in allem, was er fühlt, wahrnimmt, denkt, handelt usw. ein Beobachter ist. Von diesem Beobachter ist die Beobachtung wohl zu unterscheiden. Der Beobachter drückt die subjektive Identität des je singulären Ortes einer Beobachtung in einer Zeit aus, die Beobachtung hingegen die schon durch Verallgemeinerung beeinträchtigte Art der sozial-kulturellen Verwaltung dieses Beobachtens durch Beobachter, die sich in einem Zirkel mit ihren subjektiven Beobachtungen und dem befinden, was sie als zu Beobachtendes, als Art und Weise des üblichen Beobachtens bereits kennengelernt haben" (Reich 2009a, 30).

Sind wir doch in jeder Beobachtung stets ein Anderer, auch wenn der Gegenstand der Beobachtung sich nicht verändert, wie z. B. beim wiederholten Hören eines bestimmten Musikstücks von einem Tonträger. So birgt auch eine (wiederholte) Hörerfahrung damit kreativ-konstruktives Potenzial und kann neue Erkenntnisse, neues Erleben, neue Erfahrungen anregen. *Konstruktives Zuhören* braucht, dies soll hier festgehalten werden, neben der Fähigkeit differenzierter Beobachtung immer auch die Wechselseitigkeit kommunikativen Handelns, die sich unter gewissen Voraussetzungen durchaus auch in einem (vordergründig) als einseitig erscheinenden Hören auf Musik vollziehen kann, worauf noch näher einzugehen sein wird. Doch Goebel verweist auch darauf: Wir brauchen einen Anknüpfungspunkt, von dem aus wir einen Zusammenhang zum Unsrigen, zu dem schon Bekannten herstellen können, um dem Fremden überhaupt begegnen zu können, um das Fremde sich in ein „Erkanntes" und damit „Bekanntes" wandeln zu lassen: „Wir können nicht einem Ereignis zuhören, dessen Kontext uns völlig fremd ist. Denn das Andere entsteht nur im Bekannten" (Goebel 1994, 355, Hervorhebung U. M.). Dieser Hinweis Goebels verweist auf die Bedeutung auch rekonstruktiven Zuhörens, welcher ich mich im nächsten Punkt zuwenden möchte.

3.3.2. Rekonstruktion: Verstehen, ein dynamisches Konstrukt

„Wir sind die Entdecker unserer Wirklichkeit"
(Reich 2006a, 142)

Bis hierher können wir mit Frindte (2001, 17) Kommunikation als sozialen Prozess bezeichnen, „in dessen Verlauf sich die beteiligten Personen wechselseitig zur Konstruktion von Wirklichkeit anregen". In diesem kooperativen und multimodal angelegten Konstruktionsprozess vermitteln wir uns aus unseren jeweiligen Hörperspektiven heraus unsere Weltbilder mit dem Ziel, kooperative Handlungen zu ermöglichen. Hierfür sind Begriffe wie Verstehen und Verständnis zentrale Kategorien: „Wenn wir von Kommunikation reden, meinen wir vor allem offenbar das, was Menschen alltäglich tun: In Beziehung treten, Verbindungen schaffen, miteinander umgehen, sich verständigen" (vgl. Frindte 2001, 12, Hervorhebung U. M.). Doch was kann *verstehen* konstruktivistisch heißen? Ist aus einer konstruktivistischen Perspektive „Verständnis" überhaupt möglich? Deutlich wurde bisher: Geht es um das Erzielen von Verständnis, hat das Hörhandeln sicher eine Schlüsselposition. Hier mag wohl in erster Linie rekonstruktives Hörhandeln assoziiert werden, wie es etwa die klassische Technik des Paraphrasierens beschreibt. Von Sokrates ist überliefert, dass er ein Meister des genauen Zuhörens war. Er war sich der großen

Bedeutung rekonstruktiven Zuhörens bewusst. Platon lässt Sokrates in einem Streitgespräch Folgendes sagen: „Dies ist, glaube ich, ungefähr deine Meinung, Kebes. Mit Absicht wiederhole ich sie öfters, damit uns ja nichts davon entgeht und damit du das, was du etwa willst, noch hinzusetzen oder abstreichen kannst" (zitiert nach Weisbach 2006, 251). Solch vertieftes Bemühen um genaue Rekonstruktion meint, das mag dieses Beispiel verdeutlichen, ein „Nachentdecken" (Reich 2010, 121) solcher Konstruktionen, die uns in den vielfältigen, individuell schon durchkonstruierten Weltbildern der Anderen entgegentreten. Dennoch kann, wie das eindrucksvolle Bemühen Sokrates' illustriert, solches Nachentdecken doch nur den individuellen Erfahrungshintergrund zum Ausgangspunkt haben, welcher auf den eigenen, höchst subjektiven Konstruktionen gründet. Konstruktivistisch betrachtet verweist „Verstehen" auf eine Referenzgröße, und dies sind zuallererst die eigenen Konstruktionen. In Abhängigkeit davon sind die Konzeptualisierungen von Kommunikation recht unterschiedlich, wie Menz (2002) ausführt:

> „Je nach Konzeptionalisierung von Kommunikation werden unterschiedliche Schwerpunkte, Blickwinkel [...] erfasst, die den Agenten unterschiedliche Lösungswege bei Kommunikationsproblemen nahelegen. Solche Konzepte können auf alltagsweltlichen Erfahrungen beruhen oder Sedimente von wissenschaftlichen bzw. populärwissenschaftlichen Konzepten sein" (Menz 2002, 137).

Menz (2002) unterscheidet zwei grundlegende Konzeptionalisierungen von Kommunikation: a) das Verständnis von Kommunikation als Übertragung von Information und b) symbolisch-interpretative Modelle. Erstere Modelle gründen auf dem informationstheoretisch basierten Denken Shannon und Weavers (1963), das Kommunikation als reinen Prozess der Informationsübermittlung beschreibt (vgl. Menz 2002, 138). Die Vorstellung, Kommunikation sei lediglich ein Prozess der Übertragung von Information, weist diese nicht nur als linearen, sondern auch als unidirektionalen und senderzentrierten Prozess aus. Dies setzt voraus, Kommunikation sei in beliebig kleine Einheiten zerleg- und wieder zusammensetzbar, was suggeriert, dass die Bedeutung einer Nachricht bei Absender und Empfänger identisch ist. Als ein bedeutsamer Kritiker dieses Modells gilt insbesondere der britische Soziologe und Mitbegründer der Cultural Studies, Stuart Hall, der sich gegen ein deterministisches Verständnis von Bedeutung wendet. Insbesondere wendet sich Hall gegen

> „eine bestimmte Vorstellung von Inhalt als vorgeformter und feststehender Bedeutung [...], die dann als Übertragung von Sender zu Empfänger analysiert werden könnte [...], gegen die Vorstellung einer Be-

wegung, die nur eine Richtung kennt: Der Sender fabriziert die Botschaft, die Botschaft selbst ist ziemlich eindimensional, und der Empfänger empfängt sie" (Hall 2008, 81).

Doch indem Hall – um den prozesshaften Charakter des kommunikativen Geschehens zu betonen – die Begriffe Kodierung und Dekodierung einführt, um auf die vielschichtigen kulturellen und damit multireferenziellen Aspekte von „Bedeutung" zu verweisen, evoziert dies die Vorstellung, Mitteilungen müssten einfach nur sorgfältig genug ver- und entschlüsselt werden, um „richtig" verstanden werden zu können (vgl. Menz 2002, 139), sodass letztlich die Idee der grundlegenden Linearität kommunikativen Geschehens bestehen bleibt. Krippendorff (1994, 79 ff.) verweist darauf, dass sich in Anlehnung an solche Vorstellungen „alltägliche Metaphern und Mythen der Kommunikation"[118] gebildet haben, die als alltagsweltliche Konzeptualisierungen des Erkenntnisprozesses unsere Vorstellungen über Kommunikation leiten und die kommunikativen Praktiken beeinflussen (vgl. weiterführend dazu Krippendorff 1994, 97; vgl. dazu auch Menz 2002; Fiehler 1990b). In unserer Alltagskommunikation zeigt sich, dass solche „Metaphern" bis heute unsere Vorstellungen von Kommunikation als unidirektionales und lineares Geschehen prägen. Doch auch wenn zunehmend Stimmen laut werden, die solchen Reduktionismus kritisch reflektieren, wie dies etwa die Psychologin und Kommunikationsforscherin Maja Storch tut,[119] wird das alltagsweltliche Verständnis von Kommunika-

---

[118] Zu den zentralen Metaphern der Kommunikation zählt die *Container Metapher* (vgl. Krippendorff 1994, 86). Sie besagt, dass Mitteilungen zwischen Menschen „ausgetauscht" werden. Die Botschaften selbst werden als „Entitäten" betrachtet, die über Container „verschickt" und diesen dann entnommen werden. *Die Metapher vom Kanal oder dem Fluss der Signale* (vgl. ebd., 91) suggeriert, dass Botschaften, etwa wie beim telefonieren, durch ein Medium transportiert werden können, Die *Metapher des Mitteilens von Gemeinsamkeiten* (vgl. ebd,, 88) versteht Kommunikation als das Mitteilen von etwas, so wie es der Sender tatsächlich gemeint hat. Die Zuletzt sei hier *die Metapher vom Argument als Krieg* (vgl. ebd., 90) erwähnt, die sprachliche Kommunikation auf eine „win-lose" Situation verkürzt, in der die richtige Auffassung, die bessere Argumentation „gewinnt", bzw. übertrumpft und damit Kommunikation auf einen Wettbewerb, den es zu gewinnen oder zu verlieren gibt, reduziert

[119] So äußern sich Storch/Tschacher u. a. folgendermaßen: „Letzten Endes bezweifeln wir, dass es überhaupt so etwas wie eine ‚Botschaft' gibt, die zwischen Sender und

tion von der Vorstellung geprägt, dass wir Informationen „ein- und auspacken", Symbole „en- und dekodieren" und Verständnis, gefasst als „Entität" und damit fast dinglich gedacht, in unserer Kommunikation wechselseitig hin und her bewegen. Dies scheint vor allem der Sehnsucht nach risikoloser, berechenbarer und eindeutiger Kommunikation geschuldet zu sein. So mag die erstaunliche Beständigkeit solcher Metaphern vielleicht mit einer grundlegenden Verunsicherung zusammenhängen, die Reich als Charakteristikum der Postmoderne beschreibt:

> „Dies hat für ein rekonstruktives Denken in der (Post-)Moderne gravierende Folgen. Wir sind unserer Rekonstruktionen zunehmend unsicherer [...]. Insoweit gibt es starke Tendenzen, sich auf ‚wahre' Rekonstruktionen zu stützen, die in einem stillen Reservoir ‚wahrer Erkenntnisse' vermutet werden. Dies sind in der Regel sprachliche Kontexte, wissenschaftliche Grundaussagen, durch Gremien und Institutionen anerkannte Sachverhalte, die als Lehrpläne festgeschrieben werden, die als gesellschaftliches Grundwissen verankert, als Tugend- und Moralleistungen empfohlen erscheinen" (Reich 2010, 136).

Dies steht einem Konzept entgegen, das Kommunikation als wenig berechenbares, zirkuläres und damit *dynamisches Geschehen* zeichnet, das sich weder beobachterneutral vollzieht, noch in „monolithischen Entitäten" (Fiehler 1990b, 101) fassbar ist.

Symbolisch-interpretative Modelle gehen im Wesentlichen auf Meads symbolischen Interaktionismus zurück (vgl. Menz 2002, 140). Diese Modelle bedenken, wie Reich herausstellt, den Anderen strukturell und verhaltensbezogen in der Interaktion mit. Meads Modell verweist damit schon auf eine reziproke *Komponente* der Kommunikation. Sie erscheint mit dem „Blick des Anderen" unmittelbar in unseren Interaktionen, um dann rekursiv „bestätigend oder verwerfend in das Spannungsfeld des „I" und „Me" zurückzukehren und „als sozialisierter Druck des Anderen sich im Selbst (der Identität) festzusetzen", wie Reich (2010, 78) formuliert. Meads Kommunikationsmodell schließt den direkten Zugang eines Selbst zu einem Anderen aus. Dies tut auch Lacan, dar-

---

Empfänger ausgetauscht wird. Kommunikation ist eher etwas, das sich selbstorganisiert ereignet, wenn sich Sender und Empfänger in einem geeigneten Kontext begegnen. Die Existenz einer ‚Botschaft', also einer Nachricht, die in einem Behälter mittels eines Kanals versendet wird, ist eine Fiktion" (ebd., 2014, 55). Hier ist anzumerken, dass Storch dennoch weiterhin die Begriffe *Sender* und *Empfänger* verwendet, was eine Linearität der Kommunikation impliziert.

über hinaus macht sein Modell darauf aufmerksam, dass sich der kommunikative Austausch zwischen den Akteuren nur teilweise über symbolische Zeichen, wie die der Sprache, vollzieht (vgl. dazu auch Kap. 3.2.1.). Er vermittelt sich auch in den wechselseitigen „imaginären Spiegelungen", in denen das der Interaktion zugrunde liegende „Begehren" der Akteure – Bedürfnisse, Wünsche, Emotionen, Fantasien, Projektionen etc. – zirkuliert, weshalb Lacan eine „imaginäre Achse" zwischen den Akteuren aufspannt (vgl. Reich 2009a, 459 ff.). Imaginäre Spiegelungen vollziehen sich außersprachlich, weswegen Lacan auch von einer „Sprachmauer" spricht, welche die Akteure letztlich voneinander trennt.[120] Entscheidend ist dabei: Die Akteure haben daher, wie auch in Meads Modell, keinen direkten Zugang zueinander. Das kann nicht ohne Auswirkungen auf das „Konstrukt Verständnis" bleiben, das nun von einer beobachterneutralen Größe zu einer dynamischen Größe wird, das seine Gestalt – höchst beweglich und subjektperspektivisch gebunden – im Verlauf der Kommunikation stetig zu verändern scheint. Imaginäre Spiegelungen folgen *zirkulären Gesetzmäßigkeiten*, sie werden daher subjektiv unterschiedlich interpunktiert, wie es auch dem systemischen Verständnis von Kommunikation (Watzlawick et al. 1981) entspricht.[121] Dennoch sind linear-kausale Modelle des Hörverstehens in den alltagsweltlichen Konzeptualisierungen von Kommunikation sehr dominant und präg(t)en auch Konzepte des Musikverstehens. So schreibt etwa Barthes:

---

[120] Eine weiterführende Darstellung zu Lacan findet sich bei Reich 2009a, 454 ff.
[121] Ein eindrückliches Beispiel dafür, wie kommunikative Prozesse durch imaginäre Dynamiken beeinflusst werden, stammt von Watzlawick (1991): „Ein Mann will ein Bild aufhängen. Den Nagel hat er, nicht aber den Hammer. Der Nachbar hat einen. Also beschließt unser Mann, hinüberzugehen und ihn auszuborgen. Doch da kommt ihm ein Zweifel: Was, wenn der Nachbar mir den Hammer nicht leihen will? Gestern schon grüßte er mich nur so flüchtig. Vielleicht war er in Eile. Aber vielleicht war die Eile nur vorgeschützt, und er hat etwas gegen mich. Und was? Ich habe ihm nichts angetan; der bildet sich da etwas ein. Wenn jemand von mir ein Werkzeug borgen wollte, ich gäbe es ihm sofort. Und warum er nicht? Wie kann man einem Mitmenschen einen so einfachen Gefallen abschlagen? Leute wie dieser Kerl vergiften einem das Leben. Und dann bildet er sich noch ein, ich sei auf ihn angewiesen. Bloß weil er einen Hammer hat. Jetzt reicht's mir wirklich. – Und so stürmt er hinüber, läutet, der Nachbar öffnet, doch bevor er ‚Guten Tag' sagen kann, schreit ihn unser Mann an: ‚Behalten Sie Ihren Hammer, Sie Rüpel!'"

„Beim ‚Anhören' eines klassischen Musikstücks, wird der Zuhörer aufgefordert, dieses Musikstück zu ‚entziffern', das heißt (durch seine Bildung seinen Fleiß, seine Sensibilität) dessen Aufbau zu erkennen, der genau so kodiert (vorbestimmt) ist, wie der eines Palastes derselben Epoche" (Barthes 2006, 88 f.).

„Richtiges Musikverstehen" setzt hier – im Prozess der „richtigen" Dekodierung – den „Besitz" umfänglichen Wissens in einem gegebenen kulturellen Bildungsarrangement voraus. Es ist gekoppelt an ein elitäres Bildungsverständnis, dessen Früchte mit „Fleiß" (rekonstruktiv) erarbeitet werden wollen und weist eine Nähe zu Adornos „Bildungshörer" auf (vgl. Adorno 2003).[122] Demgegenüber versteht der interaktionistische Konstruktivismus kommunikative Prozesse und die damit zusammenhängenden Prozesse der Bedeutungsgenerierung als im Kontext unserer Interaktionen entstandene, in ein kulturelles Vorverständnis eingebettete und damit auch situativ-kontextuell *veränderbare Konstruktionen*, die nicht ohne (inter)aktive Teilnahme an diesen Prozessen entstehen können. Sie sind an unterschiedliche Beobachtungsperspektiven und Teilnahmen gebunden und nutzen jeweils *subjektive* Maßgaben von Beobachtung (vgl. Reich 2009a, 23). Verständnis kann daher immer nur situativ von einem Beobachter, d. h. in Abhängigkeit eines bestimmten Beobachterstandpunktes erzielt werden, ist also weder von Dauer noch für alle Menschen gleich und kann damit sicher auch nicht „deckungsgleich" sein. Korte (2002) kategorisiert Verständnis vielmehr als ein „momenthaftes Aufblitzen von Möglichkeit":

> „Übereinstimmung zwischen Menschen [ist] kaum von Dauer, d. h. ein momenthaftes Aufblitzen von Möglichkeit [...]. Verstehen ist also kein immerwährender Zustand, sondern ein Prozess, sobald sich Verständnis, bzw. Verständigung in der Kommunikation einstellt. Auch ist das Verstehen von ‚etwas', z. B. von Schriften, Texten und anderen Weltinhalten [...] nichts Statisches" (Korte 2002, 145).

Der Versuch, Differenz aus dem kommunikativen Geschehen auszuklammern oder ganz zu vermeiden, scheint alltagsweltlichen Praktiken von Kommunika-

---

[122] Adorno unterscheidet in seinem 1968 veröffentlichten Aufsatz „Typen musikalischen Verhaltens" sieben weitere unterschiedliche Hörertypen: Den „Emotionalen Hörer", den „Experten", den „Ressentiment-Hörer", den „Jazz-Experten", den „Unterhaltungshörer", den „Nicht-Hörer" und den „Rest (Gleichgültige, Unmusikalische, Antimusikalische)" (vgl. Adorno 2003).

tion zu entsprechen, auf die auch Garrison aufmerksam macht. Garrison bezeichnet solche Hörweisen als „sympathetic listening" bzw. „sentimental understanding" und bemerkt dazu: „When two people understand each other it does not imply that one person understands what is ‚inside the head' as in purely sentimental listening" (Garrison 1996, 437). Solche Hörweisen reklamieren, den Anderen aus einer angeblich objektiven „Metaperspektive" heraus „vollständig" verstehen zu können. Doch auch wenn wir meinen, den Anderen sehr gut zu kennen und ihn daher „richtig" verstehen zu können, können wir ihn doch nur innerhalb unserer eigenen Vorgaben, innerhalb unseres eigenen Weltbilds „vermessen". So warnt Garrison davor, Unterschiede grundsätzlich als „Barrieren" zu kategorisieren, die „überwunden" werden müssten:

> „[I]t often assumes that differences between people are barriers to understanding that we must overcome. Where we do not recognize and respect differences those that are farthest from the dominant culturally constructed contingent ‚norm' will be those most often excluded from the conversation" (Garrison 1996, 436).

Hörweisen, welche die in der Unterschiedlichkeit angelegte Vielfalt ausklammern, führen daher schnell auch zur „Verwässerung" von Standpunkten, zur „Gleichmacherei", vielleicht auch zur „Schönfärberei". Sie übergehen, dass es persönliche, situative bzw. kontextuelle Grenzen gegenseitigen Verstehens gibt, die dem Verständigungsprozess stets inhärent sind. Anstatt für die Differenz, die zwischen dem Eigenen und dem Anderen sichtbar wird und für die damit verbundenen Vorannahmen zu sensibilisieren, verschleiern sie das grundsätzliche Dilemma, Vorurteile und Barrieren nicht einfach beiseitelegen oder „überwinden" zu können, da wir diesen zumeist schon erlegen sind, bevor wir sie überhaupt wahrgenommen haben. Auch wenn sich das *sentimental listening* auf den ersten Blick sogar als empathische Haltung[123] präsentieren mag, entlarvt Garrison mit Gadamer einen verborgenen Aspekt von Überheblichkeit:

> „One claims to know the other's claim from his point of view and even to understand the other better than the other understands himself. In this way the Thou loses the immediacy with which it makes its claim. It is understood, but this means it is co-opted and preempted reflectively from the standpoint of the other person [...]. There is constant

---

[123] Das Zitat geht weiter mit folgenden Worten: „Sympathy may inspire a self-righteous and self-assured attitude in do-gooders when they assume they know all they need to know about themselves and others".

struggle for mutual recognition. This can have very varied degrees of tension, to the point of the complete domination of one person by the other" (Gadamer, zitiert nach Garrison 1996, 436).

Entscheidend für diese Dynamiken sind jedoch letztlich Kontext und Motive des Zuhörers. Damit vermittelt sich auf der Metaebene, ob das Zuhören emphatisch gegründet ist, oder ob es sich um ein *sentimental listening* handelt, das eher strategischen Implikationen folgt. Doch ob es um einen echten emphatischen Mitvollzug geht oder darum, Gleichklang auf Kosten von Eigenständigkeit zu erzielen, ist nicht immer unmittelbar zu durchschauen. Strategien, den Anderen durch den betont empathischen Nachvollzug eines sympathetic listenig gezielt berechen- und manipulierbar zu machen,[124] während die tieferen Motive im Dunkel bleiben, können äußerst subtil sein.

Während im vorigen Abschnitt vor allem das konstruktive Potenzial des Hörhandelns herausgestellt wurde, offenbart sich hier die fundamentale Bedeutung rekonstruktiven Hörhandelns: Ist doch rekonstruktives Bemühen erst Voraussetzung, um in einen gemeinsamen Verständigungsprozess überhaupt eintreten zu können, um am Bekannten anknüpfen zu können, wie Goebel weiter vorne formuliert. Doch erschöpft sich, wie nun gezeigt werden konnte, rekonstruktives Hörhandeln nicht in der bloßen Reproduktion eines „sentimental listening" oder „sympathetic underdstanding". Vielmehr wird das Verstandene rekonstruktiv „in das Spannungsfeld der eigenen Konstruktion zurückgeholt", wie Reich (2010, 121) formuliert. Rekonstruktives Zuhören meint daher keine „richtige" Reproduktion von etwas Identischem, wie uns kollektive Kommunikationsmetaphern suggerieren mögen. Es meint ein *Nachentdecken* anderer, noch unbekannter Konstruktionen, das „Entdecken" eines Gegebenen, eines Vorgängigen und eines Unbekannten (vgl. Reich 2010; 2006), das sich dabei jederzeit der grundsätzlichen Konstruktivität und somit der subjektiven Anteile dieses Hörhandelns bewusst ist. Damit wird letztlich jede Form des Hörhandelns zu einem konstruktiven Geschehen, bei dem sich das „Eigene" mit dem Verstandenen zu einem situativ-kontextuell neuen Bedeu-

---

[124] „By understanding the other, by claiming to know him, one robs his claims of their legitimacy. In particular, the dialectic of charitable or welfare work operates in this way, penetrating all relationships between men as a reflective form of the effort to dominate. The claim to understand the other person in advance functions to keep the other person's claim at a [safe] distance. We are familiar with this from the teacher-pupil relationship, an authoritative form of welfare work" (Gadamer, zitiert nach Garrison 1996, 436).

tungsgehalt, zu einem situativ-subjektiven Konstrukt des Verstehens verbindet. Reich (2010, 138) betont daher: „Rekonstruktionen [...] haben immer einen konstruktiven Anteil". Erst im Nachhinein wird diese Rekonstruktion dann zu einer „Realität", wie Reich (ebd., 137) formuliert. Damit zeigt sich auch, dass Konstruktion und Rekonstruktion keine klar voneinander trennbaren Bereiche sind. Vielmehr bedingen sie einander, gehen ineinander auf, wie dies Reich formuliert:

> „Auch Rekonstruktionen, so mächtig sie auch als materielle oder geistige Gestaltung von Lebenswelt erscheinen mögen, bedürfen der konstruktiven Aneignung durch Individuen, um überhaupt real zu werden. Diese Aneignung findet ihre Begründung darin, daß Rekonstruktionen strukturell betrachtet für jeden Menschen neu als Konstruktionen gelten" (ebd., 146).

Dies zeigt sich auch an Prozessen der Selbstreflexion. Wenn wir unsere Gedanken und Ideen schriftlich fixieren und strukturieren, können wir erfahren, dass sie sich dabei verändern. Hierin liegt wohl auch der Gewinn des Selbstgesprächs oder des Monologs, wenn wir zu uns selbst sprechen, wie zu einem Anderen (vgl. dazu auch Waldenfels 2010, 166). Ähnlich wie dies Kleist (1805) als „allmähliche Verfestigung der Gedanken beim Reden" beschreibt (vgl. dazu Kap. 3.1.1). Neubert/Garrison (2012) beschreiben dieses Prinzip auf der intersubjektiven Ebene:

> „Wir neigen zu der Annahme, dass wir unsere Gedanken und Gefühle zunächst in unserem Innern ‚haben', bevor wir sie dann bedeutungsvoll auch für andere äußern. In Wirklichkeit muss man schon ein beträchtlich entwickeltes Selbst haben, bevor man über die eigenen Gedanken und Gefühle auch vor ihrer Äußerung gewissermaßen ‚verfügen' kann, und selbst dann hängt unsere Selbstreflexivität von unserer Fähigkeit ab, die Haltung anderer einzunehmen und uns selbst aus ihrer Position heraus imaginativ zu sehen" (ebd., 295).

Gehen wir mit einem konstruktivistischen Verständnis von einer grundlegenden Differenz als Ausgangspunkt der Kommunikation aus, erscheinen Miss- oder Nichtverstehen nicht mehr als skurriler Sonderfall von Kommunikation. Vielmehr wird Missverstehen zum Regelfall, der konstitutiv in die Verständigung eingebaut und auf die, wie Roth (2004, 454) formuliert, „anthropologische Differenz von Selbst und Anderen" zurückzuführen ist. Roth (2002, 435) bezeichnet das Missverstehen gar als „Motor des Verstehens", als „konstitutive Grundbedingung von Verstehen überhaupt" und führt dazu aus: „Die

Frage nach dem Verstehen ist genaugenommen nur verständlich aus der Möglichkeit und Praxis des Missverstehens [...]. Das Verstehen beginnt demnach stets mit dem Nichtverstehen" (ebd.).[125] An anderer Stelle spricht Roth auch von der „prinzipiellen Inkongruenz kommunikativer Situationen" (ebd., 460). Damit thematisiert er ein grundlegendes Spannungsfeld der Kommunikation, auf das schon Wilhelm von Humboldt verweist, wenn er formuliert: „Alles Verstehen ist daher immer zugleich ein Nicht-Verstehen, eine Wahrheit, die man auch im praktischen Leben trefflich benutzen kann, alle Übereinstimmung in Gedanken und Gefühlen zugleich ein Auseinandergehen." (Humboldt, zitiert nach Korte 2003, 145). Diese Aussage Humboldts schärft den Blick für die Differenz, für das nicht „Deckungsgleiche" und für das Fremde. Verlieren wir diesen Aspekt aus den Augen, führt es zur Illusion, Gehörtes „richtig" verstehen zu können, anstatt von einem der Kommunikation zugrunde liegenden *Spannungsfeld* auszugehen, welches das Hörerleben und -verstehen grundiert, auch wenn uns dies nicht immer bewusst sein mag. Zumeist bleibt Missverstehen unerkannt. Zum *Missverständnis* wird es erst dann, wenn es als solches entlarvt wird. Missverstehen kann auch aus kommunikativen Praktiken resultieren, die bestimmten Teilnahmen verpflichtet sind, aber nicht von allen Teilnehmern einer Interaktion geteilt oder gewusst werden, ein Zusammenspiel, das im interkulturellen Kontext beobachtet werden kann (vgl. Fiehler 2002, 12; vgl. dazu auch Bentele 2002). In einer mechanistischen Auffassung von Kommunikation werden Missverständnisse in die Randzonen der Kommunikation verwiesen, da sie als Ausnahmefälle betrachtet werden. Dabei wird angenommen, dass sie durch „richtige" Verständigung vermeidbar gewesen wären. Vor dem Hintergrund einer konstruktivistischen Auffassung wird jedoch schnell deutlich, dass sie kaum vermeidbar sind. Vielmehr grundiert, konstruktivistisch betrachtet, Missverstehen, ob entdeckt oder unentdeckt, die Kommunikation und etabliert so ein Spannungsfeld, in dem Differenz geradezu zum Potenzial für Veränderung und Transformation wird: „Denn so wie die Figur das Ich die Figur des A(a)nderen braucht, um ‚ich' sagen zu können, bedarf es des Nichtverstehens, der Fremdheit, als Voraussetzung von Verstehen" (Roth 2002, 436). Indem Missverständnisse auf die Verschiedenheit individueller Annahmen und Vorstellungen zurückweisen, liefern sie wertvolle

---

[125] Ein scharfsichtiger Beobachter kommunikativer Szenen ist sicher Loriot, der die vielen Möglichkeiten missverständlicher Kommunikation filmisch höchst humorvoll aufbereitet, etwa in der bekannten Szene um das „Frühstücksei" oder um den „Feierabend". Mit solchen Szenen dokumentiert Loriot nicht nur die genuine Konstruktivität kommunikativen Handelns, sondern entlarvt – gleichermaßen bissig wie liebevoll – die Doppelbödigkeit menschlicher Kommunikation, deren „tragischkomische" Züge er herausarbeitet, indem er sie überzeichnet.

(Meta)Informationen. Sie erfordern ein gewisses Maß kommunikativer Beweglichkeit und fordern zur Rückkopplung auf. Daher können Missverständnisse – werden sie aufgedeckt – durchaus erhellend und wegweisend sein. Dies verdeutlicht: Jedes Missverstehen ist – wird es „enttarnt" – ein „Verstehen mit Hinweischarakter", das auf die grundsätzliche Konstruktivität unserer Wahrnehmungsleistungen aufmerksam macht. Deutlich wird: Um das „Wagnis Verständigung" einzugehen, muss die „Komfortzone der Kommunikation" verlassen werden, die schon voraussetzt, dass der Andere genauso denkt, empfindet, assoziiert wie wir. Erst mit der Maßgabe, dass schlichte Reproduktion gar nicht möglich ist, entfaltet sich die Kraft rekonstruktiven Zuhörens. Rekonstruktives Zuhören kann dann vielerlei Gestalt annehmen. Es kann sich, wie dies schon Sokrates beschreibt, im sorgfältigen Wiederholen des Gehörten vollziehen, in Form fokussierten und weiterführenden (Nach-)Fragens zeigen, aber auch in der „bloßen" schweigenden Konzentration auf den Anderen.

Hier zeigt sich nun: Konstruktivistisch gesehen ist „das Andere des Anderen" weder vermessbar, noch wirklich „verstehbar". Auch wenn der Wunsch nach einer „Ontologie der Begegnung" in den weiter oben beschriebenen Kommunikationsmetaphern oder in Hörweisen, wie etwa des sentimental listening durchzuscheinen und „universalistischen Gleichklang" verheißen mag, bleibt solches Verlangen letztlich unerfüllt. Es erschöpft sich in „Versuchen des Verstehens", weswegen Fiehler (2002, 7) wohl formuliert: „Kommunikation hat Versuchscharakter". Der Andere kann nur aus einer subjektiven Beobachterperspektive höchst subjektiver Konstruktivität geschaut, „erhört" und verstanden werden, was jedoch bedeutet, dass der Andere in letzter Konsequenz nicht wirklich verstehbar ist. Dies thematisiert auch Levinas (1998), wenn er von der fundamentalen Andersheit des Anderen spricht. Für ihn ist ein Verstehen des Anderen in seinem grundsätzlichem Anderssein gänzlich undenkbar. Verstehen ist damit Ausdruck der eigenen, höchst subjektiven Perspektive, die immer auch etwas über das Selbstverständnis des Akteurs und die seinen Hörweisen zugrunde liegenden Wirklichkeitskonstruktionen aussagt. Jedes Hörverständnis erweist sich letztlich auch als ein Selbstverständnis, ist daher kein universales, objektivierbares, statisches „Substrat". Hörverständnis wird stattdessen zu einem dynamischen, ja zu einem „flüssigen" Konstrukt. Es verändert sich entlang der interaktiven Bewegungschoreographie seiner Akteure, während sich diese ihre unterschiedlichen Beobachterperspektiven gegenseitig vermitteln. Bedeutung wird daher in einem interaktiven, höchst dynamischen Prozess erzeugt und stetig umgeformt, sodass durch den Prozess kommunikativen Handelns subjektive Konstrukte „synchronisiert" und damit auch „kollektiviert" werden. Verständnis wird so zu einer Beobachtungsleistung, die einem sich mit dem Gegenstand der Beobachtung stetig verändernden Wandlungsprozess unterliegt und uns darin bestätigt, Zuhören grundsätzlich als ein genuin konstruktives Geschehen wahrzunehmen. Konstruktivistisch betrachtet sind Verständnis und Verstehen zirkuläre Prozesse, die der steten Wandlung und Transformation unterliegen. Sie sind eine schier endlose Folge situativer und perspektivisch gebundener Momentaufnehmen der Kommunikation, deren Anfang und Ende sich nicht festlegen lassen. Verständnis wird so zu einem Kontinuum, dem das „Motiv wechselseitiger Ungleichheit" zugrunde gelegt ist. Damit wird der Hörer zum Konstrukteur seiner Wahrnehmung. Dies bezieht auch den nonvokalen Bereich akustischer Kommunikation mit ein, wie dies Breitsameter beschreibt:

> „Das Stück (gemeint ist hier ein Hörstück im Radio, Anmerkung U. M.) wird zu einem Katalysator, das beim Hörer Prozesse der Nutzung und Aneignung auslösen kann. Umgekehrt enthüllt sich das Stück, indem es multipel vom Hörer benutzt wird, selbst als etwas Offenes und Nicht-Definitives, als etwas im Prozess Befindliches, das, indem es unterschiedlich wahrgenommen wird, auch unterschiedlich erscheint [...]. Nicht ein decodierendes Zuhören wird diesem gerecht, sondern ein akustisches Wahrnehmen, das den Hörer zu einem flexiblen und offenen Teilnehmen an der Situation einlädt" (Breitsameter 2007, 233).

Doch ist in diesem Prozess ein, wie hier deutlich wurde, rekonstruktiv gerichtetes Zuhören durchaus zentral: Ermöglicht erst dieses, vorhandene Differenzen zu erfassen, anzuerkennen und Verschiedenheit als konstitutives Element der Interaktion wahrzunehmen. Das „Verstandene" ist dann jedoch keine als richtig oder falsch zu kategorisierende, statische „Entität", sondern es ist ein subjektives Konstrukt, das als eine – im Wechselspiel der Interaktion – dynamische und damit veränderbare Größe immer auch auf den Akteur selbst zurückweist.

3.3.3. Dekonstruktion: Hören auf das Un-Erhörte

„Wir sind die Enttarner unserer Wirklichkeit"
(Reich 2010, 121)

In jeder Kommunikation finden wir neben dem Gesagten auch „Auslassungen" – Dinge, die nicht gesagt, Themen, die vermieden, Informationen, die nicht preisgegeben werden und somit *unhörbar* sind. Hinter solchem „Ungesagten", können sich „Tabus" oder „heiße Eisen" verstecken, die dann spürbar vom Hintergrund auf die Kommunikation einwirken. Sie können nicht einfach rekonstruktiv erfasst, sondern müssen *dekonstruktiv* „enttarnt" werden. Reich beschreibt die Perspektive der Dekonstruktion folgendermaßen:

„Vielmehr geht es bei der Dekonstruktion vor allem um die Auslassungen, die möglichen anderen Blickwinkel, die sich im Nachentdecken der Erfindungen Anderer oder in der Selbstgefälligkeit der eigenen Erfindung so gerne verstellen. [...] Wenn ich als Beobachter etwas in Zweifel ziehe, wenn ich nach Auslassungen frage, Ergänzungen einbringe, den Blickwinkel verschiebe, den Beobachterstandpunkt fundamental wechsle und so andere Sichtweisen gewinne, dann kann ich zugleich sehen und enttarnen" (ebd.).

Solche Auslassungen vermitteln sich vielleicht als emotionale „Färbung" einer Hörszene, sie erscheinen als irritierende Impulse, die symbolisch schwer greifbar sind, aber dennoch deutlich spürbar „im Raum stehen". Sie können subtil dynamisch auf das kommunikative Handeln einwirken und Missverständnissen Tür und Tor öffnen. Häufig betrifft dies gerad emotional verdichtete Bereiche der Kommunikation: Bedürfnisse, Wünsche, Ängste, Ärger etc. sind zentrale Kräfte der Interaktion. Gerade sie können, werden sie übergangen, zu einem „Kommunikationsstau des Ungesagten" (Meier 2015, 327) führen. Aus diesem „imaginären Stauraum" brechen Konflikte dann scheinbar „wie aus heiterem Himmel" in das kommunikative Geschehen ein und können die Interaktion blockieren. Reich plädiert daher für eine sorgfältige Kommunikation bezüglich der emotionalen Komponente der Kommunikation, auch wenn „in pädagogischen Situationen meist keine Zeit zu bleiben scheint. Doch genau hier sollte jeder Pädagoge dekonstruktivistisch sein, denn die Störungen in jeder Beziehungskommunikation haben Vorrang" (Reich 2010, 141). Dekonstruktives Hörhandeln zielt darauf ab, Auslassungen, Diffuses, Unstimmigkeiten, das dynamisch Hintergründige „herauszuhören", das vom Augenscheinlichen, Offensichtlichen, Vordergründigen der Kommunikation zurückgedrängt wird. So ist der Dekonstruktivist „jener Chaot, der das System verstört, weil er an den selbstverständlichsten Funktionsweisen innehält und dumme Fragen stellt" (Reich 2010, 121):

„Er hört auf Spannungen in der Rede, auf scharfe Unter- oder leise Zwischentöne, auf Übertreibungen oder auf Diskrepanzen zwischen dem verbalen und non-verbalen Ausdruck. Er [...] verschiebt ein wenig den Rahmen der Zeit und des Raumes, er wechselt Perspektiven oder führt neue ein, er erklärt das vermeintliche Opfer zum Täter und umgekehrt, er gibt sich nie mit unserer Beobachtung zufrieden und fragt vor allem nach dem, was wir in unseren Beobachtungen ausgelassen haben" (ebd., 141).

Der Dekonstruktivist forscht gezielt nach solchen Auslassungen. Indem er neue Sichtweisen ins Spiel bringt, stört er die vermeintliche „Sicherheit unseres Blickes", wie Reich (ebd., 140) formuliert. Anders ausgedrückt: Der Dekonstruktivist verstört liebgewonnene Hörgewohnheiten, sensibilisiert für das nicht Offensichtliche, bzw. das nicht Hörbare und lotet mögliche Untiefen aus. Nicht selten ist es die Beziehungsseite der Kommunikation, die „un-erhörte Untiefen" bietet. Häufig sind diese Anteile so gut getarnt, dass wir sie – obschon für die Interaktion von großer Bedeutung – schlichtweg überhören. Vielleicht werden wir ihrer aber auch erst im Nachhinein, so etwa im inneren Nachklang eines Gesprächs, gewahr. Werden sie nicht thematisiert und angemessen vermittelt, können sie den Verlauf einer Kommunikation aus dem Hintergrund dominieren, können Unklarheiten oder irritierende Dynamiken erzeugen. Gerade das Imaginäre braucht ein für die dekonstruktive Perspektive sensibilisiertes Hörhandeln, das solche Unschärfen aufzuspüren, „herauszuhören", zu entlarven und Leerstellen zu füllen vermag, wie dies auch Reich mehrfach betont.

Doch was heißt dies nun konkret für das Zuhören? Es ist die Sprache selbst, die uns hier einen Hinweis gibt, indem sie solche „Leerstellen der Interaktion" trefflich auf den Punkt zu bringen weiß: Mit dem Begriff des „Unerhörten" verweist der Sprachgebrauch auf solche Leerstellen, die „auf den ersten Blick" nicht gehört werden. „Unerhörtes" kann daher auf „Ungehörtes" oder „Überhörtes" verweisen, das im Un- oder Unterbewussten der Akteure zirkuliert. Doch kann es auch aus dem Verborgenen höchst dynamisch auf die Kommunikation zugreifen und so auf verdeckte, aber wichtige Aspekte aufmerksam machen. Der Erziehungskontext kennt den Begriff des *unerhörten Verhaltens*, ein als anmaßend und unverschämt beurteiltes Verhalten. Nehmen wir diesen Begriff wörtlich, deutet er an, dass hinter einem unerhörten Verhalten möglicherweise eine un-erhörte, weil noch nicht er-hörte Botschaft liegt, die auf diese Weise auf sich aufmerksam macht. Er verweist damit auf etwas Hintergründiges und Verborgenes. „Unerhörtes" Verhalten könnte daher implizit dazu auffordern, das herauszuhören, was noch nicht gehört und erkannt wurde, was fehlen könnte. Werden solche unerhörten Anteile oder Aspekte der Interaktion hörbar, können sie Licht ins vielleicht noch kommunikative Dunkel bringen.

Doch bedarf dies nicht nur besonderer Achtsamkeit für die Kommunikations- und Wahrnehmungsmuster der anderen, hier braucht es eine geschärfte Aufmerksamkeit auch für die eigenen Hörmuster. Die „Filter" unserer Wahrnehmungsgewohnheiten, die individuellen Hör- und Interaktionsmuster, erschweren es, „Auslassungen" rechtzeitig zu bemerken, eine möglicherweise bedeutsame Hintergrundbotschaft zu erkennen und anzusprechen. Sehr schnell sind wir dann in den eigenen Konstrukten gefangen, weswegen Reich betont, dass die Perspektive nur *eines* Beobachters oftmals nicht ausreichend sein kann (vgl. Reich 2010, 141): „Die konstruktivistische Pädagogik setzt deshalb auf möglichst viele Beobachter, die mit wechselnden Rollen den erreichten Stand einer Verständigungsgemeinschaft ‚verstören'" (Reich 2010, 142), wie dies etwa in Form kollegialer Beratung oder Supervision strukturiert und mehrperspektivisch geschehen kann. Dekonstruktives Hörhandeln nimmt Unschärfen „in den Blick", fokussiert auf Leerstellen, Auslassungen oder leise Zwischentöne. Das heißt, es hakt nach, wenn das Gesagte diffus oder verwirrend klingt oder in sich widersprüchlich erscheint. Es ist sensibilisiert für „Zwischentöne", die darauf deuten, dass etwas (bewusst oder unbewusst) nicht ausgesprochen bzw. ausgelassen wurde. Es weiß Inkongruenzen als Hinweise zu deuten, die auf Hintergrundthemen oder -dynamiken deuten, die nicht offensichtlich werden, sondern im „Abseits der Kommunikation" lauern. Damit ist die Dimension der Kreativität immer auch bedeutender Teil dekonstruktiven Hörhandelns, die es ermöglicht, auch die imaginären Anteile des Verstehensprozesses wie z. B. Assoziationen, Gefühle und ästhetisches Erleben anzuerkennen (vgl. Neubert/Garrison 2012, 294 f.).

Dekonstruktives Hörhandeln lässt uns, indem es gewohnheitsmäßige *Denkmuster verstört*, Gehörtes anders als gewohnt „entziffern". Es zielt auf neue Sichtweisen, Perspektiven und Bewertungen. Tatsächlich ist die dekonstruktive Perspektive in einer Vielzahl kommunikativer Techniken schon angelegt. Wenn Schulz von Thun (1991) etwa anregt, eine „Nachricht" anders zu interpretieren als gewohnt, d. h. auf einem „anderen Ohr" zu hören, bedient er die Perspektive der Dekonstruktion. Der Aspekt der „Enttarnung" (vgl. Reich 1996, 121), das Bemühen um das Heraushören von unerhörten, jedoch bedeutsamen Aspekten der Interaktion, hat vor allem im Kontext systemisch-lösungsorientierter Beratung ein umfangreiches Methodenrepertoire, insbesondere auch dekonstruktiver Zuhörstrategien, entstehen lassen. Mit systemisch-lösungsorientierten Methoden von Kommunikation und Beratung, wie etwa dem „Reframen" oder der „paradoxen Intervention" werden gezielt neue Sichtweisen generiert, Beobachterstandpunkte verändert. So werden neue „Ein-sichten, vielsetiges Hörverstehen und -erleben möglich. Solche Techniken mögen im ersten Moment vielleicht verblüffen, überraschen oder erstaunen, doch sie stellen alte Denkstrukturen in Frage und unterstützen dabei, das Überhörte, Ungehörte und Unerhörte der Kommunikation symbolisch zu fassen und zu integrieren – eine für pädagogisches Handeln zentrale Kompetenz. Hierzu bemerkt Reich:

„Dekonstruktivisten erscheinen sicher als unangenehme Zeitgenossen. Wir haben gerade in der Pädagogik viel zu wenige von ihnen, denn ihre Positionen sind fragwürdig, sie sichern in einer symbolischen Leistungsgesellschaft wenig Gewinn und akzeptablen Profit, sie erscheinen mehr als Satiriker einer Gesellschaft [...]. Und dennoch lassen sie uns Staunen und Überraschungen erleben [...]. Es sollte zur Kunst der Pädagogen gehören, den Dekonstruktivisten zu fördern, [...] ohne ihn zum bloßen Skeptiker der Gesellschaft vereinsamen zu lassen, denn wir benötigen ihn in jeder Gesellschaft, in uns, um nicht im Größenwahn eigener Konstruktionen oder im Konsum der Rekonstruktionen unser Schöpfertum, unseren Selbstwert, unsere Konstruktivität als möglichen Stillstand wieder zu verraten" (Reich 2010, 142).[126]

Das Leitmotiv dieses Kapitels ist die Konstruktivität des Zuhörens, die, wie sich zeigte, auch in ihren rekonstruktiven Bewegungen konstruktive Anteile aufweist. Ging es beim rekonstruktiven Hörhandeln um den entdeckenden Nachvollzug des Gehörten, wird hier deutlich, dass Konstruktionen nicht ohne Ver-Störungen bleiben können, wenn dem (vielleicht noch) Verborgenen, dem Ungehörten, dem Nicht-Gesagten und Unentdeckt-Gebliebenen, dem Nicht-Gefälligen nachgegangen werden soll. Diese Perspektive ist notwendig, sollen tiefer liegende und verborgene Strukturen der Kommunikation aufgespürt werden. So gilt hier der Leitsatz: „Keine Konstruktionen ohne Ver-Störungen" (ebd., 140).

Zusammenfassend wird deutlich: Untersuchen wir das Zuhören aus der Perspektive des Interaktionistischen Konstruktivismus, zeigt sich, dass die bedeutungstragenden Ebenen und Kräfte des Zuhörens, wie sie in Kapitel 2 identifiziert wurden, mit maßgeblichen Kategorien des wissenschaftstheoretischen Modells Reichs korrespondieren, ja geradezu durch diese repräsentiert werden. Dies stützt nicht nur die Ergebnisse der Untersuchung aus Kapitel 2, in dem das Zuhörgeschehen in einem „Drei-Ebenen-Modell" gefasst werden konnte, sondern diese Überlegungen legen den Grundstein für eine *Theorie*

---

[126] An anderer Stelle bezieht Reich auch die wissenschaftliche Praxis kritisch mit ein: „Je mehr auf klare Linearität und Kausalität in der Wissenschaft gesetzt wird, umso mehr wird der Dekonstruktivist verabscheut, weil er zirkulär und systemisch denkt und alles durcheinander bringt" (Reich 2010, 121).

des Zuhörens, die in den nächsten Kapiteln noch weiter ausdifferenziert werden. Ihre grundlegenden Pfeiler werden im folgenden Schaubild zusammenfassend dargestellt.

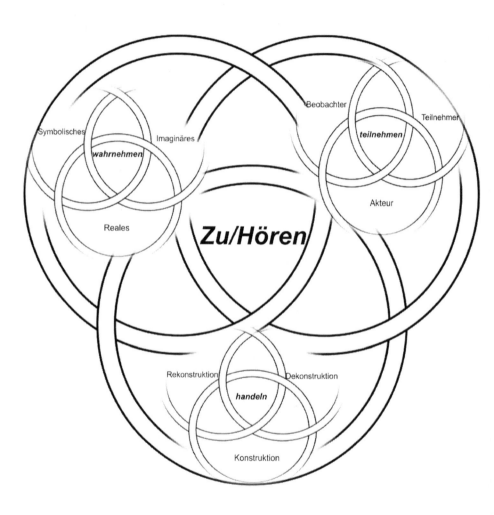

Abbildung 7: Zu/Hören aus interaktionistisch-konstruktivistischer Perspektive

4. Dynamik des Verstehens und (Spiel-)Räume der Kommunikation

4.1. Spaces Speak: Eine räumliche Konzeption der Kommunikation

Aus der sinnlich wahrnehmbaren Dimension heraus ist Klang essenzieller Bestandteil unserer sozialen Umgebung und Wahrnehmung. Überall, wo Menschen aufeinandertreffen und im Austausch miteinander stehen, bilden sich „Klangfelder". Das oszillierende Zusammenspiel von Stimmen, Geräuschen und Tönen belebt Räume und Flächen, „illuminiert" Plätze und Gebäude und kann als spezifische auditive Qualität eines bestimmten Raums, Gebäudes oder Platzes wahrgenommen werden.[127] Waldenfels formuliert: „Generell ist es so, dass wir Räume hören und nicht bloß etwas im Raum" (ebd. 2010, 168). Androsch (2014), Initiator der „Hörstadt Linz" spricht vom „Schallwellenmeer": „Die Luft, die uns umgibt, schwingt als beständiges Schallwellenmeer [...]. Das Schallwellenmeer in seiner Räumlichkeit und Körperlichkeit schafft, strukturiert und vermittelt Raum und stellt in ihm Beziehungen im ursprünglichen Sinne her" ebd. 121). Dies verweist auf die enge Wechselwirkung, in der Klang und Raum miteinander stehen.[128] Das Raumerleben wird durch Klang beeinflusst und umgekehrt. Räume können durch Klänge modelliert, begrenzt, geöffnet, geweitet, kurz, vielfältig gestaltet werden: „Mit Klang werden Räume koloriert, ausgeleuchtet, Hell-Dunkel-Kontraste und anderes mehr erzeugt" formuliert Motte-Haber (1999, 258). Der Architekt und Klangkünstler

---

[127] Blesser/Salter verweisen auf die räumliche Orientierungsfunktion des Hörens: „We experience spaces not only by seeing but also by listening. We can navigate a room in the dark, and ‚hear' the emptiness of a house without furniture. Our experience of music in a concert hall depends on whether we sit in the front row or under the balcony. The unique acoustics of religious spaces acquire symbolic meaning. Social relationships are strongly influenced by the way that space changes sound" (Blesser/Salter 2007, Klappentext).
[128] Der Klangkünstler Bernhard Leitner formuliert daher: „Ein stumpfer Raum wird eine völlig andere körpersinnliche Erfahrung erzeugen als ein halliger Raum. Sie kennen den Unterschied, wenn man einen Raum betritt, der mit Spannteppich ausgelegt ist und dadurch eine sogenannte Stille erzeugt wird oder wenn Sie eine Kathedrale betreten, die eine Stille hat. Die eine ist tot und die eine ist lebendig. Auch hier kann man gut über verschiedene Aspekte der Akustik und des Raumes nachdenken" (Leitner 2011 o. S.).

Bernhard Leitner, dessen Arbeiten und Ton-Raum-Konzepte [129] recht eindrücklich insbesondere die Raum bildenden Möglichkeiten von Klang illustrieren, prägte bereits früh den Begriff vom „Baumaterial Klang" (vgl. dazu auch Brüstle 2007, 166). Brüstle spricht von einer „gegenseitigen Prägung von Klang und Raum":

> „Die gegenseitige Prägung von Klang und Raum (im Akt des Geschehens) impliziert die Erfahrung bestimmter Eigenschaften eines Raums, die gewissermaßen als Konstanten und Varianten in die individuelle Empfindung von Räumlichkeit eingehen (wozu auch die Atmosphäre als ‚gestimmter Raum' gehört, wie Gernot Böhme [...] ausgeführt hat)" (Brüstle 2009, 114).

Klangraumkompositionen können nicht nur Raum- sondern auch Zeitstrukturen aufbrechen. Dabei definieren sie die Rolle des Hörers neu: „Distanzierungen sind unmöglich, wenn er mitten drin sitzt und ein akustisches Geschehen von verschiedenen Seiten auf ihn eindringt. Er ist zur aktiven Beteiligung aufgefordert" (de la Motte-Haber 1999, 252). So beeinflusst nicht nur der Faktor Klang, sondern auch der Akteur selbst durch interaktive und intersubjektive Dynamiken die Raumwahrnehmung: „Raumwahrnehmung im Sinne der Empfindung von Räumlichkeit oder der Entstehung eines subjektiven Raumeindrucks – Resultate des performativen Prozesses – wird von allen Komponenten eines Raumes mitgeschaffen, einschließlich der eigenen subjektiven Befindlichkeit in einem Raum, beziehungsweise des Bewusstseins der eigenen Situation gemessen an den eigenen leiblichen Raumkoordinaten" (Brüstle 2009, 155). Für den Komponisten und Klangkünstler Manos Tsangaris ist Raum daher keine abstrakte Größe, sondern eine „Wahrnehmungssituation des Rezipienten" (de la Motte-Haber 1999, 261), die immer wieder neu konstruiert

---

[129] Eine bekannte Arbeit des Architekten und Klangkünstlers Leitner ist der „Ton-Raum" der TU Berlin, eine permanente Klanginstallation, die sich im Hauptgebäude der Technischen Universität befindet: „In einen würfelförmigen Durchgangsraum, in den drei Gänge einmünden, baute Leitner eine schallschluckende Verkleidung mit 42 unsichtbar über die Wandflächen verteilten Lautsprechern ein. Leitner versteht den Raum als elektronisches Instrument, aus dem über komplex programmierte Kompositionen immaterielle Architekturen abgerufen werden. Er verflüssigt dabei architektonische Charakteristika wie Proportion, Spannung und Gewicht, indem er ihre Merkmale verzeitlicht und flexibel gemacht hat. Umgekehrt münden die baukünstlerischen Koordinaten strukturgebend in ein musikalisches Ereignis" (Föllmer 1984, o. S.).

werden muss. Das heißt, auditive Szenarien entfalten sich in einem Strom flüchtiger und sich schnell verändernder (subjektiver) „Hörbilder", in denen Schallereignisse und Hörer permanent wechseln. Hörer bewegen sich im Raum, nehmen wechselnde Raumperspektiven oder auch *Hörstandpunkte* (Chion 2012, 78 ff.)[130] ein, interpretieren, bewerten, assoziieren und reagieren individuell, während sie sich in stetig wechselnden Hörsituationen wiederfinden. „Wer sich in einem Raum aufhält, erzeugt (vokal und nonvokal) Klänge, die Objekte und Raumgeometrien illuminieren. Zugleich verändert der Benutzer die Schallabsorption, was wiederum den Hall und die räumliche Verstärkung von Klängen beeinflusst" (Blesser/Salter 2008b, 24). Entscheidender Parameter ist somit der „Faktor Mensch", der im interaktiven Wechselspiel vokaler und nonvokaler Impulse die audible Materialität seiner Hörräume nicht nur statisch, sondern immer auch dynamisch zeichnet und so Akteure in wechselndes „Raumklangerleben" einbindet. Dies zeigt: Wahrnehmung ist nicht nur aktiv, sondern immer auch *interaktiv*, ist damit in zirkuläre Dynamiken eingebunden, weswegen Klang- und Raumerleben reziprok aufeinander bezogen sind. „Aurale Grenzlinien verlaufen dynamisch, Wände jedoch nicht" (Blesser/Salter ebd.). Der Klangkünstler Bernhard Leitner spricht konkret vom *akustischen Vermessen* der Räume: „Es ist in der Tat so, dass wir uns in einem Raum durch die Akustik vermessen. Es sind nicht die Augen, die uns das Raumgefühl geben, sondern es ist die Akustik" (Leitner 2011 o. S.). Die gegenseitige Bedingtheit beider Größen lässt sich damit auf einen einfachen Nenner bringen: Es gibt keinen Raum ohne Klang und keinen Klang ohne Raum, es sei denn, wir begeben uns in künstlich erzeugte, schalltote Räume.

Indem Töne, Klänge, Geräusche, menschliche oder tierische Stimmen mit ihrem symbolischen Gehalt nicht nur Auskunft geben über sich selbst als Klangquelle, sondern in ihrem kontextuellen Eingebundensein metakommunikativ immer auch etwas über die sie umgebenden Strukturen, über Enge und Weite, über die Beschaffenheit von Materialien, Wände und Decke oder die Situiertheit von Räumen und Orten aussagen, „spricht" letztlich das gesamte akustische Environment zu uns. Nicht nur Sprachzeichen allein, auch Klang generell

---

[130] Chions Idee eines *Hörstandpunktes* lehnt sich an die Idee des „Blickpunktes" an. Der *Hörstandpunkt* beschreibt eine subjektive Hörperspektive, bei der man als Hörer eine bestimmte Position einnimmt, von der aus Rückschlüsse auf die akustischen Eigenschaften eines Klangraums möglich sind, ähnlich wie eine Kamera eine Szene aus einer bestimmten Perspektive betrachtet (vgl. Chion 2012, 78 ff.).

ist, wie hier deutlich wird, in Anlehnung an Bühler, Symbol, Signal und Symptom zugleich (vgl. Kap. 3.2.1). „Das aktive und aktivierende Zusammenspiel von Klang und Raum zeigt sich auch beim Hören von Geräuschen, deren Klangquellen nicht sichtbar sind (ein Hören, das auch als ‚akusmatisches Hören'[131] bezeichnet wird). Klänge erweisen sich in diesem Kontext als indexikalische Zeichen", so Brüstle (2009, 116). Das ermöglicht uns, mit den Ohren zu „sehen" und uns beispielsweise auch im Dunkeln zu orientieren, worauf Blesser/Salter verweist:

> „We experience spaces not only by seeing but also by listening. We can navigate a room in the dark, and ‚hear' the emptiness of a house without furniture. [...] Social relationships are strongly influenced by the way that space changes sound" (Blesser/Salter 2007, Klappentext).

Blesser/Salter arbeiten hier heraus, dass sich, auch wenn oftmals nicht bewusst erlebt, die im kommunikativen Wechselspiel zwischen Mensch und Umgebung entstehenden, spezifisch geformten Klangräume auf die menschliche Interaktion und Kooperation nachhaltig auswirken können. Solche wechselnden Gestimmtheiten bezeichnet Blesser als unterschiedliche Zustände einer „auditory spatial awareness" (2007, 11).[132] Seine Formulierung „spaces speak" verdeutlicht das in der audiblen Dimension verborgen liegende spezifisch kommunikative Potenzial der uns umgebenden Soundscapes recht anschaulich. Es zeigt: Klang ist nicht nur „Baumaterial", sondern zugleich *Information*, um mit Bateson (1987) zu sprechen, und kann sich durchaus *unterschiedlich*

---

[131] Aus dem Griechischen: Akousma, „auditive Wahrnehmung".

[132] „A complex amalgam of spatial attributes, auditory perception, personal history, and cultural values, auditory spatial awareness manifests itself in at least four different ways. First, it influences our social behavior. Some spaces emphasize aural privacy or aggravate loneliness; others reinforce social cohesion. Second, it allows us to orient in, and navigate through, a space. Hearing acoustic objects and surfaces supplements vision or, in the case of darkness or visual disability, actually replaces vision. Third, it affects our aesthetic sense of a space. Devoid of acoustic features, a space is a sterile and boring barren, gray walls. Just as visual embellishments can make a space aesthetically pleasing to the eye, so aural embellishments can do so for the ear, by adding aural richness to the space. Forth, auditory spatial awareness enhances our experience of music and voice. The physical acoustics of a musical space merge with sound sources to create a unified aural experience. Space then becomes an extension of the musical or vocal art form performed within it" (Blesser/Salter 2007, 11).

auf unser Verhalten auswirken.[133] Damit wird die gesamte, uns umgebende audible Materialität zum „Informationsträger", die entsprechend „gelesen" werden kann.[134] Dies verweist einerseits darauf, dass im anfangs thematisierten dualen Bedingungsgefüge Raum/Klang der Faktor Kommunikation immer schon enthalten ist, als auch darauf, dass Kommunikation untrennbar an die beiden Faktoren Raum und Klang gekoppelt ist. Es impliziert außerdem, dass die im multifaktoriellen Gesamtgeschehen der Kommunikation entstehenden (Hör-)Räume durch die Art unserer Kommunikation ganz unterschiedlich geformt werden.

4.2. Der Hörraum als Heterotopie

> „Raum entsteht nur, wenn er kommuniziert wird. Wird er nicht kommuniziert, so ist er auch nicht. Je mehr der Raum kommuniziert wird, desto mehr ist er auch" (Peters 1997, o. S.).

Mit diesen Worten thematisiert die Kunst- und Kulturwissenschaftlerin Maria Peters die enge Bezogenheit von Raum und Kommunikation. Folgen wir ihrer Argumentation, muss nun der eingangs zitierten Formel „Es gibt keinen Raum ohne Klang und keinen Klang ohne Raum" eine weitere raumbildende Größe hinzugefügt werden, die, so scheint es, sich ebenfalls nur als Bedingungsgefüge zeigt. Es ist der Faktor Kommunikation: *Durch Kommunikation entsteht Raum und mit Raum entsteht Kommunikation.* Diese implizit konstruktivistische Sichtweise besagt, dass wir mit unseren Hörweisen die Räume unserer Lebenswelt in jeder kommunikativen Sequenz immer wieder neu *konstruieren*. Fassen wir daher den Faktor Kommunikation als eigenständige Größe, verbindet und erweitert dieser das duale Bedingungsgefüge Raum/Klang zu der Trias Raum/Klang/Kommunikation, mit der das Hören dann auch zu einer *raumformenden* Kraft wird.

Die Überlegung, auch menschliche Kommunikation als raumformende Größe mitzudenken, schließt eine soziologische Perspektive auf, für die Brüstle sensibilisiert, wenn sie auf die spezifische Ausformung akustischer Räume durch

---

[133] „Informationen bestehen aus Unterschieden, die einen Unterschied machen" (Bateson 1987, 123).

[134] Besonders deutlich wird dies, wenn sich Menschen anhand von akustisch erzeugten Klick- oder Schnalzgeräuschen durch Echoortung in ihrer Umwelt orientieren (vgl. auch Kap. 1). Dabei nutzen sie die von Gegenständen oder Gebäuden reflektierten Schallwellen, um Rückschlüsse auf das Objekt selbst zu ziehen (vgl. Martinez Rojas 2009).

die kulturellen Praktiken der jeweiligen Gesellschaft verweist und schreibt, dass jede Gemeinschaft einen akustischen Raum ausprägt, der mit seiner lautlichen Reichweite zusammenhängt (vgl. Brüstle 2009, 123). So hatte etwa der Glockenklang insbesondere in früheren Zeiten, wie auch der Ruf des Muezzins in Ländern muslimischen Glaubens (neben spezifischen religiösen Implikationen), nicht nur eine soziale Bindungskraft, sondern damit auch eine das Territorium einende Funktion (vgl. Corbin 1995), indem er dieses akustisch „belegte". Heute begegnen uns Spielarten moderner „Glockenklänge" im Bereich des Sounddesigns, im Netz digitaler Medien etc. Das bedeutet: Klänge formen nicht nur kollektive Identitäten, sondern damit auch spezifische „Hör-Räume" und soziale Strukturen. Doch akustische Räume werden, so Brüstle, nicht durch nonvokale Praktiken allein, sondern auch durch vokale Praktiken und Routinen geprägt: „Gehören in diese akustischen Räume Sprache beziehungsweise das Sprechen und spezifische Kulturen des Sprechens (von der Kultur des Feierns etwa bis zur Streitkultur), Alltagsgeräusche und Musik [...], so tragen auch spezielle musikalische Komponenten, etwa sozialisierende Rhythmen bei der Arbeit, beim Militär, beim Tanz, beim Sport zur Gemeinschaftsbildung bei" (ebd., 123). Gehen wir der soziologischen Perspektive weiter nach, finden wir dieses Verständnis durch die „Raumsoziologie" Martina Löws (2012) bestätigt. Löw vertritt die Auffassung, dass die „alltägliche Konstitution von Raum" an Wahrnehmungsprozesse gebunden ist (vgl. Löw 2012, 196): Räume werden „im Fluss der Handlungen" konstituiert, sodass durch kollektive Praktiken und Routinen institutionalisierte Räume und Strukturen entstehen (vgl. ebd., 226 f.). Dabei, so führt Löw aus, sind Räume nicht unbedingt „natürlich" vorhanden, sondern werden „aktiv durch Syntheseleistung (re)produziert" (ebd., 225). Dies impliziert, wie sie betont, auch Vorstellungs-, Wahrnehmungs- und Erinnerungsprozesse, die damit zu ganz eigenen Räumen „synthetisiert" werden: „Dieser Aspekt der Raumkonstitution, die Syntheseleistung, ermöglicht es, dass Ensembles sozialer Güter oder Menschen wie ein Element wahrgenommen, erinnert oder abstrahiert werden, und dementsprechend als ein ‚Baustein' in die Konstruktion von Raum einbezogen werden" (ebd., 159). Hier kann Klang zum zentralen Element werden: Die durch die Verbreitung technischer Reproduktionsmedien gewonnene Möglichkeit, Klänge oder Stimmen von ihren Klangquellen abzuschneiden und digital-global verfügbar zu machen, trägt verstärkend dazu bei, dass diese wieder neu in Räume integriert oder dort installiert werden können, „während solche Klänge im Erinnerungs- und Wahrnehmungsprozess noch immer mit einer ganz bestimmten spontan zu entschlüsselnden Codierung verknüpft sind" (Brüstle 2009, 127). Mit dem Gebrauch der modernen audiovisuellen Kommunikationsmedien, wie Telefon, Internet, Skype etc., werden heute überall auf der Welt eine Vielzahl neuer und schnell veränderbarer Kommunikations- und Interaktionsräume geschaffen, die auf diese Weise zudem mannigfach miteinander verknüpft sein können. Solche Raumerfahrung, die mittlerweile zur selbstverständlichen Alltagserfahrung eines großen Teils der Menschheit zählt, weist über die konkrete sinnliche Dimension des mit euklidischen Raumkoordinaten messbaren „anthropologischen Raums", der über ein Oben und Unten, ein Vorne und Hinten etc. verfügt, hinaus. Dies sprengt die in der sinnlichen Dimension erfahrbaren Konstanten *Zeit* und *Ort*. Damit entstehen „andere Räume", Erinnerungsräume, Vorstellungsräume, Erfahrungsräume, virtuelle Räume, die eng miteinander verwoben, ineinander verflochten und aufeinander bezogen sein können. Auf eine solche Verschränkung von Ort und Zeit verweist allerdings schon Foucault in seinem Vortrag mit dem Titel „Andere Räume" aus dem Jahr 1967. Er spricht hier von „Platzierungen, die mit allen anderen in Verbindung stehen und dennoch allen anderen Platzierungen widersprechen" (Foucault 1992, 38). Foucault bezeichnet solche mehrfach ineinander verflochtenen Räume, deren Platzierungen aufeinander verweisen, zusammenfassend als *Heterotopien*. Dazu erklärt er: „Wir leben nicht in einer Leere, innerhalb derer man Individuen und Dinge einfach situieren kann. Wir leben nicht innerhalb einer Leere, die nachträglich mit bunten Farben eingefärbt wird. Wir leben innerhalb einer Gemengelage von Beziehungen, die Platzierungen definieren, die nicht aufeinander zurück zu führen und nicht miteinander zu vereinen sind" (ebd.). Mit diesen Denkimpulsen weitet Foucault den Raumbegriff erheblich. Er spricht nicht nur vom „Raum unserer Träume", vom „Raum unserer Leidenschaften", sondern auch vom Raum unseres Lebens, unserer Zeit, unserer Geschichte (vgl. ebd., 37 ff.). Diese Räume sind nicht leer, vielmehr sind sie „mit Qualitäten aufgeladen", „von Phantasmen bevölkert" (ebd., 37). Damit entstehen auch „Illusions- und Kompensationsheterotopien" (ebd., 45), in denen mehrere Platzierungen zusammengefügt werden und die damit den Realraum um ein Vielfaches übersteigen. Die Heterotopie ist dadurch gekennzeichnet, dass Zeit nicht mehr in ihrem linearen Verlauf wahrgenommen wird, sondern als Netz, das in vielen Punkten miteinander verknüpft ist: „Die Heterotopie vermag an einen einzigen Ort mehrere Räume, mehrere Platzierungen zusammenzulegen, die an sich unvereinbar sind" (ebd., 42). Als Beispiele nennt Foucault Bibliotheken, Museen, Theater, Kino, Friedhöfe.[135] Brüstle (2009, 124) zählt unter Bezug auf Foucault auch den Konzertsaal zu den Heterotopien „und zwar vor allem im Sinne von Illusion- und

---

[135] Foucault nimmt an, dass die Heterotopien eine Konstante jeder menschlichen

Kompensationsräumen". Und sicher mag heute auch schon das Klassenzimmer vor dem multikulturellen Hintergrund seiner Akteure als „Heterotopie" bezeichnet werden. Solche Vernetztheit erklärt Foucault nun folgendermaßen: „Wir sind in der Epoche des Simultanen, wir sind in der Epoche der Juxtaposition, in der Epoche des Nahen und des Fernen, des Nebeneinander, des Auseinander. Wir sind, glaube ich, in einem Moment, wo sich die Welt weniger als ein großes sich durch die Zeit entwickelndes Leben erfährt, sondern eher als ein Netz, das seine Punkte verknüpft und sein Gewirr durchkreuzt" (Foucault 1992, 34). Das Motiv der „Gleich-Zeitigkeit" des Ungleichzeitigen, welche die Heterotopie kennzeichnet, „die Idee, einen Ort aller Zeiten zu installieren, der selber außer der Zeit und sicher vor ihrem Zahn sein soll, das Projekt, solchermaßen eine fortwährende und unbegrenzte Anhäufung der Zeit an einem unerschütterlichen Ort zu organisieren" (ebd., 43), wie es beispielsweise der Ort des Museums oder der Ort der Bibliothek versinnbildlichen, sieht Foucault als Merkmal der Moderne an. Damit wird „Gleichzeitigkeit" zum entscheidenden Kennzeichen der Heterotopie: „Die Heterotopie erreicht ihr volles Funktionieren, wenn die Menschen mit ihrer herkömmlichen Zeit brechen" (ebd., 43). Die entscheidenden Möglichkeiten schafft der Raum, der viele Elemente zusammenfassen kann, während die Zeit nur eine „der möglichen Verteilungen zwischen den Elementen im Raum" schafft. So schreibt er weiter: „Ich glaube also, dass die heutige Unruhe grundlegend den Raum betrifft – jedenfalls viel mehr als die Zeit" (ebd., 37). Viel verweist darauf, dass es insbesondere die akustische Dimension ist, die diese Räume miteinander zu verbinden scheint.

Mit seinen Überlegungen greift Foucault dem sogenannten „spatial turn" vor, einem Paradigmenwechsel, der sich mit Ende der 1980er Jahre in den Kultur- und Sozialwissenschaften vollzieht. Ab nun steht nicht mehr nur die Zeit im Zentrum kulturwissenschaftlicher Untersuchungen, sondern mit dieser Wende wird auch der Raum als spezifische kulturelle Größe wahrgenommen (vgl. Metzler 2008). Dies ersetzt nicht nur das Paradigma der Zeit, das die Historiker seit dem 19. Jahrhundert geleitet hatte, sondern führt damit den *Raum* als Paradigma des ausgehenden 20. Jahrhunderts ein (vgl. Assmann, A. 2009, 14). Raum als zeitübergreifende kulturelle Größe zu denken, ist eng mit der

---

Gruppe sind: „Es gibt wahrscheinlich keine einzige Kultur auf der Welt, die nicht Heterotopien etabliert. Es handelt sich da um eine Konstante jeder menschlichen Gruppe. Aber offensichtlich nehmen die Heterotopien sehr unterschiedliche Formen an und vielleicht ist nicht eine einzige Heterotopieform zu finden, die absolut universal ist" (Foucault 1992, 40).

Idee des „kollektiven Gedächtnisses" von Maurice Halbwachs (2006) und – anknüpfend daran – mit der des „kulturellen Gedächtnisses" von Jan und Aleida Assmann (vgl. Assmann, J. 1988, 2007; Assmann, A. 2009) eng verbunden. So bahnt dieser Paradigmenwechsel auch die Einsicht, dass „historisches Geschehen nicht nur in Räumen stattfindet, sondern sich mit ihnen auch verschränkt und von ihnen wesentlich mitbestimmt ist" (Assmann, A. 2009, 15). Mit dieser Bezugnahme zerfallen Metaerzählungen zu singulären, partikularen, perspektivischen Erfahrungen und Erinnerungen, das heißt, zu *Konstruktionen voll geballter Subjektivität*: „Das Paradigma Raum, das stets Gegenstand widerstreitender Werte und Erfahrungen ist, führt dabei zu einer Zersplitterung homogener Erzählungen und einer Vervielfältigung von Erfahrungen, Erinnerungen, Perspektiven" (ebd., 18), wird damit zu einer „Dispositionsmasse des Gestaltens."[136] Die Möglichkeit der, wie Assmann in Anlehnung an Freud formuliert, *Gleichzeitigkeit des Ungleichzeitigen* (ebd., 14), die als Potenzial dem Raum grundsätzlich implizit ist, bezieht Assmann einerseits konkret auf den urbanen Raum.[137] Die Kulturwissenschaftlerin will solche Bedingtheit aber auch in abstrakter Form, als Idee einer „verräumlichten Geschichte" verstanden wissen (ebd., 20), „als Form der Verdichtung und Vergegenständlichung von Geschichte, als greifbare Träger von Zeichen und Spuren, die zerstört oder bewahrt, verworfen oder entziffert, markiert oder negiert, vergessen oder erinnert werden" (ebd., 16). Hier findet sich die Idee des Komponisten Manos Tsangaris wieder, Raum im weitesten Sinne als „Wahrnehmungssituation des Rezipienten" (Motte-Haber 1999, 261) zu verstehen. Spätestens jetzt zeichnet sich ab, dass unsere kommunikativen Praktiken an der Entstehung der vielen Erinnerungs-, Vorstellungs-, Erfahrungsräume etc., in denen Menschen sich flexibel und frei miteinander bewegen, zentral beteiligt sind.

---

[136] Assmann führt weiter aus: „Wer über Raum nachdenkt, spricht von etwas, das es zu konstruieren, nutzen, besetzen gilt: Raum ist vorwiegend ein Gegenstand des Machens und Planens, eine Dispositionsmasse für intentionale Akteure, ob es sich dabei um Eroberer, Architekten, Stadtplaner oder Politiker handelt" (Assmann, A. 2009, 15).

[137] Assmann spricht hier recht plastisch von der „Stadt als Palimpsest", die „die Architektur als geronnene und geschichtete Geschichte" (Assmann, A. 2009, 18) beschreibt.

Nach Welzer (2002) ist es das *kommunikative Gedächtnis* des Menschen, das diese Räume formt. Welzer vertritt die Meinung, dass nicht nur unser Gedächtnis unser Selbst repräsentiert, sondern dass dieses „durch und durch kommunikativ ist" (vgl. Welzer 2002, 12) und argumentiert: „Die entscheidenden Bedingungen menschlichen Lebens [...] Bewusstsein und autobiographisches Gedächtnis [...], bilden sich in Kommunikation" (ebd., 9).[138] Nach Welzer bildet daher das kommunikative Gedächtnis die Grundlage unseres Bewusstseins, doch kann sich dieses nur in Interaktion mit anderen entwickeln: „Derjenige Teil der neuronalen Entwicklung, der nicht genetisch festgelegt ist – und das ist ein beträchtlicher Teil –, wird [...] durch vielfältige Modi des Zusammenseins mit anderen gebildet, das heißt durch die nicht sprachliche und sprachliche Kommunikation" (ebd., 11). Unter Bezug auf den Neurowissenschaftler Wolf Singer argumentiert Welzer, dass bedeutungstragende Informationen nicht ausschließlich neuronal und individuell entstehen: „Die Entstehung von Bewusstsein ist jenseits von Kommunikation mit anderen nicht möglich" (ebd., 12) und entzieht sich damit rein neurobiologischen Erklärungsversuchen. Solch – überwiegend unbewusste – Praxis führt zur Herausbildung unterschiedlicher „Zonen von Vergangenheit, Gegenwart und Zukunft", „die Menschen dann zu ‚geschichtlichen Wesen' macht" (ebd., 16), indem Erinnerungsräume entstehen.

Folgen wir Welzer, entstehen erst mit dem *kommunikativen Handeln* die mannigfachen Erinnerungs-, Vorstellungs- und Erfahrungsräume unserer Geschichte, Biographie und Kultur, die uns dann die von Assmann oder Foucault beschriebene „Gleichzeitigkeit des Ungleichzeitigen" erfahren lassen. Sprache erweist sich dann nicht nur als Medium der Verständigung, sondern, indem sie von biografischen und kulturellen Aspekten, die sich gerade auch in ihrer Audibilität äußern, durchzogen ist, bildet sie „unterschiedliche Zonen der Vergangenheit, Gegenwart und Zukunft", d. h. vielfältige, ineinander verschlungene *herterotope Hörräume*. So wie Assmann die Stadt in ihrer geschichtlichen Dimension mit einem Palimpsest vergleicht, das Schichten der Überschreibung, Umformung, des So-geworden-seins in sich trägt, die „gleich-zeitig" eine Vielfalt heterogener Räume bergen kann, ist es gerade

---

[138] Aufschlussreich sind in diesem Zusammenhang auch die Studien zur Alzheimer Forschung und Musik: Eine Studie des Max-Planck-Instituts (03.06.2015) zeigt, dass die Fähigkeit, musikalische Strukturen wiederzuerkennen und sogar diese reproduzieren zu können, überproportional lange erhalten bleibt. Selbst im fortgeschrittenen Stadium der Krankheit, wenn Patienten selbst ihre nahen Angehörigen schon nicht mehr erkennen, können sich manche Patienten an Texte ihnen bekannter Lieder erinnern und diese mitsingen (vgl. Jacobsen et al. 2015).

wahrzunehmen, ohne sich fixiert und starr auf eine Bedeutung oder nur um das eigene Spiel zu kümmern" (Gagel 2010, 71).

Dieses korrespondierende Wechselspiel, das Gagel hier beschreibt, erinnert an die Metapher der Gastfreundschaft, derer sich Thürmer-Rohr bedient, wenn sie schreibt: „Zuhören ist eine Metapher für die Offenheit, für das Offenstehen der Person, die innere Gastfreundschaft" (Thürmer-Rohr 2006, 267). Solche „Gastfreundschaft" bestimmt, wie weit oder eng, wie groß oder klein, wie offen oder geschlossen der kommunikative (Handlungs- und Bewegungs-) Raum ist, den sich die Akteure gegenseitig zugestehen. An anderer Stelle formuliert sie ähnlich sinnbildlich: „Ich schließe mich auf, damit du sprechen kannst, nicht ins Leere sprichst und ich dich hören kann" (ebd., 269).

Doch woran bemisst sich der recht abstrakte und vielstrapazierte Begriff der *Offenheit* konkret im Hör- und Sprachhandeln? Und wie kann sich die Zuhörerin kommunikativ so „aufschließen", dass die Andere sie als „offen" erlebt und sich „eingeladen" fühlt? Was mag „Gastfreundschaft" in Hörhandeln „übersetzt" heißen und wie muss kommunikativer Raum beschaffen sein, damit er den Akteuren ausreichend *Bewegungsmöglichkeit* bietet? Knüpfen wir an die Überlegung Geobels an, bemisst sich „Offenheit" in der Kommunikation vor allem daran, ob der Akteur vermag, sich dem „kommunikativen Angebot" jenseits gewohnter Denk- und Handlungsmuster zuzuwenden. So können auch vertraute Situationen neu erfahren, können aus bekannten (Hör-)Kontexten neue Möglichkeiten des Wahrnehmens und Handelns erschlossen werden. Dies schafft nicht nur neuen Handlungs- und Bewegungsraum, sondern es erweitert den Hörhorizont. Oftmals bedarf es dafür der Unterbrechung des Gewohnten, bedarf es des Ausscherens aus dem gewohnten Muster. Ob das Zuhören ein Schweigen, ein Nachfragen, ein In-Frage-stellen oder ein Kommentieren ist, welche „Töne" ge- (oder er)hört werden: Letztlich kann jede Zuhörstrategie, indem sie aus dem Gewohnten ausschert, eine wirkungsvolle Unterbrechung kommunikativen Handelns sein, die neue Erfahrungen ermöglicht und so mehr Bewegungsfreiheit schafft. Ob es sich um musikalische Interaktion/Improvisation oder um ein Gespräch handelt: Sollen kommunikative Szenarien „offen" gestaltet werden, fordert dies den Akteuren neben einem dynamischen Aufmerksamkeitsmanagement auch ein variables und flexibles kommunikatives (Hör-)Handeln ab, das nicht bloß Schablonen einseitig bedient, sondern *Muster verändert*, kommunikative Gewohnheiten *aktiv* überwindet und so den Horizont weitet.

Der Bewegungsraum einer bestimmten kommunikativen Szene kann daher schnell erfasst werden, wenn wir etwa fragen: Ist es möglich auszureden, ohne unterbrochen zu werden? Sind Nachfragen erwünscht oder überhaupt möglich? Sind auch fremd klingende Töne oder Klänge in die kommunikativen Zirkel eingeladen? Da gerade kommunikative Herausforderungen auf ein besonders sorgfältiges (Hör-)Handeln angewiesen sind, erweist sich das interaktive Ausmaß (kommunikativen) Bewegungsraums gerade in herausfordernden kommunikativen Settings: Gelingt es hier, unterschiedliche Perspektiven aufeinander zu beziehen oder gar gegensätzliche Positionen zu vermitteln, sodass kommunikatives Handeln (wieder) beweglich wird? Sind Gegenpositionierungen überhaupt möglich? Können Wirklichkeitskonstrukte interaktiv erweitert werden? Können Emotionen „beruhigt", kann imaginäres Erleben thematisiert und auch integriert werden? Wird Hintergründiges offenbar, sodass „imaginärer Stauraum" aufgelöst und freier Raum, respektive mehr Bewegungsraum geschaffen werden kann? Diese Aspekte verweisen auf entscheidende Indikatoren kommunikativer „Offenheit", die mehr Bewegungsraum in der Kommunikation schaffen und die Handlungsfähigkeit der beteiligten Akteure erweitern können.

Zusammenfassend zeigt sich, dass im Vollzug kommunikativen Handelns, d.h. insbesondere durch die spezifischen Kräfte genuin *aktiven, performativen und zirkulären* Hörhandelns spezifische *Dimensionen kommunikativen Raums* entstehen, die hier als *Bewegungs-, Aufmerksamkeits- und Beziehungsraum* bezeichnet werden sollen. Die Metapher des „kommunikativen Raums" verweist darauf, dass im performativen Vollzug kommunikativen Handelns nicht nur Möglichkeiten, sondern auch Grenzen der Kommunikation situativ und unmittelbar entstehen. Sie sind mit jeder kommunikativen Szene nicht nur konkret erfahr-, sondern im kommunikativen Handeln stets veränder- und damit flexibel gestaltbar. Denn im Unterschied zum physikalischen Raum ist kommunikativer Raum nicht statisch. Vielmehr ist er höchst dynamisch und dadurch charakterisiert, dass er mit jeder kommunikativen Sequenz entsteht, aber auch wieder vergeht. Hier soll nun festgehalten werden, dass sich in den Möglichkeiten und Grenzen kommunikativen Raums das situative Potenzial kommunikativen Handelns abbildet. So wie jeder Punkt im Raum dreifach relational ist, sind auch die einzelnen „Dimensionen", kommunikativen Raums untrennbar miteinander verbunden, weswegen keine Größe unabhängig von den anderen existieren kann. Dafür soll das Motiv des Borromäischen Knotens wieder aufgegriffen werden.

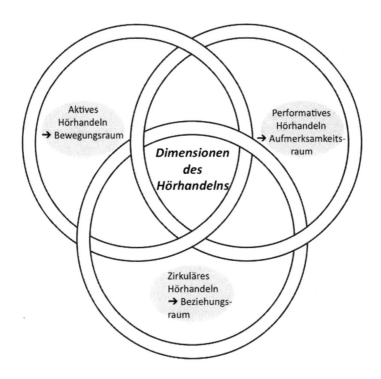

Abbildung 8: Dimensionen des Hörhandelns

4.3. Im Resonanzraum des Zuhörens

> „Wir sehen die Dinge nicht, wie sie sind, wir sehen sie so, wie wir sind" (Anais Nin).

Mit einer konstruktivistischen Perspektive auf die Kommunikation zeigt sich das Ohr als *zentrale Schnittstelle* der Verständigung. Hören erscheint mithin als *genuin aktiver Akt*, während das Zuhörgeschehen selbst als *Resonanzgeschehen* erfahrbar wird. Zur zentralen und dynamischen Größe des Geschehens formt sich das sogenannte „Verstandene". Doch da Verstehen aus konstruktivistischer Perspektive nur auf höchst subjektiven Maßgaben gründen kann, liegt ihm das Grundproblem der „Unerforschlichkeit der Referenz" (Roth 2004, 461) wechselseitigen Sprachhandelns zugrunde, weshalb sich das Verstandene schnell als eine sehr unscharfe Größe zeigt. Das bewegte (und bewegende) Wechselspiel intersubjektiver Begegnung wird so schon auf der rein symbolischen Ebene zu einem Spannungsfeld. Die ihm entspringenden zahlreichen, mehr oder weniger deutlich spürbaren *responsiv-imaginären Impulse* werden als „Indikatoren des Verstehens" dann zu einer „interaktiven Referenz". Sie scheinen auf eine tiefere, oftmals verborgen liegende Ebene der Kommunikation zu verweisen, die, auch wenn sie sich dem unmittelbaren Zugriff entzieht, die Kommunikation durchaus stark zu beeinflussen vermag. Doch welcher „heimlichen" Choreographie folgt das *Verborgene*, das die Kommunikation wie von unsichtbarer Hand aus der Tiefe heraus machtvoll zu steuern scheint? Worin besteht seine Macht und warum entzieht es sich dem Verstehensprozess?

Eine Matrix, die das dynamische Zusammenspiel verdeckter und sichtbarer Anteile in der Interaktion erhellt, bietet das „Johari-Fenster"[143], ein grafisches Schema der Wahrnehmung in interpersonalen Beziehungen. Indem es den Fokus auf das Wechselspiel von Selbst- und Fremdwahrnehmung in der Interaktion richtet, illustriert es, warum das, was vom Verhalten einer Person wahrgenommen wird, nur ein Ausschnitt des Wahrnehmbaren sein kann. Und während dieses Modell nicht nur die Persönlichkeitsanteile einer Person als bewusste und unbewusste, als öffentlich wahrnehmbare und verborgene, sondern auch als *im Kontext von Interaktion veränderbare* Persönlichkeitsanteile bzw. Verhaltensweisen differenziert, verdeutlicht es, dass Selbst- und Fremdwahrnehmung nicht bloß abstrakte Beobachtungsleistungen sind, sondern durchaus zu *gestaltenden Kräften* der Interaktion werden können. Zugleich zeigt diese Matrix, wie sich diese Kräfte sowohl überschneiden, als auch unterscheiden. Streng genommen differenziert das *Johari-Fenster* das sogenannte „Eisberg-Modell" weiter aus, das menschliche Kommunikation in die Bereiche „sichtbar" und „unsichtbar" unterteilt. Damit thematisiert dieses Modell zentrale Kategorien von Kommunikation und Interaktion:

---

[143] Das Johari-Fenster wurde 1955 von den amerikanischen Sozialpsychologen Joseph Luft und Harry Ingham entwickelt, deren Vornamen für die Namensgebung herangezogen wurden. In der gruppendynamischen Arbeit spielt es seit den 1960er Jahren eine wichtige Rolle, da es die Bedeutung von Selbst- und Fremdwahrnehmung anschaulich und nachvollziehbar darstellt. Es gehört zum Standardrepertoire gruppendynamischer Modelle und Verfahren. Weiterführend zum Johari-Fenster vgl. Antons (2000), hier Kapitel 4: Feedback (98-112) und unter: www.methodenpool.uni-koeln.de.

Das erste Fenster umfasst Aspekte der Persönlichkeit, die einer Person über sich selbst und in Hinblick auf seine Außenwirkung *bewusst* sind. Hier zeigt sich, wie eine Person sich selbst wahrnimmt, wie sie sich nach außen gibt und wie sie als *öffentliche Person* wahrnehmbar wird. In diesem Fenster fallen Selbst- und Fremdwahrnehmung ineinander. Im zweiten Fenster zeigen sich dem Fremdbeobachter Aspekte der Persönlichkeit, die von dieser Person selbst nicht wahrgenommen und gemeinhin als *blinder Fleck* bezeichnet werden.

		Selbstwahrnehmung	
		Bekannt	Unbekannt
Fremdwahrnehmung	Bekannt	„Öffentliche Person"	„Blinder Fleck"
	Unbekannt	„Private Person"	„Unbewusst"

Abbildung 9: Das Johari-Fenster (nach Luft/Ingham 1955)

Daher sind Selbst- und Fremdwahrnehmung hier nicht deckungsgleich. Das dritte Fenster thematisiert den Bereich des Verborgenen. Denn es gibt immer auch Aspekte der Persönlichkeit, die eine Person vor anderen bewusst verbergen möchte, etwa Privates oder als unangenehm Empfundenes. Das vierte Fenster markiert den Bereich des *Unbewussten*. Aspekte dieses Bereichs sind weder der Person selbst, noch anderen Personen ohne weiteres zugänglich. Die Entwickler des Johari-Fensters, die amerikanischen Sozialpsychologen Harry Ingham und Joseph Luft, gehen davon aus, dass die Verhältnisse der jeweiligen Anteile zueinander im Kontext interpersoneller Kommunikation vor allem dann veränderbar sind, wenn die Rückmeldung von *Beobachtungen* durch wechselseitige und offene Kommunikation der Selbst- und Fremdwahrnehmung zur Verkleinerung des blinden Flecks und unbewusster Persönlichkeitsaspekte und zu größerer Selbstbewusstheit der Person führt (vgl. Luft 1977, Antons 2000). Das wiederum kann das Erleben persönlicher Integrität fördern und die Souveränität einer Person stärken.

Im Prozess kommunikativen Handelns vollziehen sich solche Bewegungen permanent, wenn zumeist auch un(ter)bewusst und damit unreflektiert. Daher verwundert es wenig, wenn der Sprachgebrauch mit verblüffend passenden Begriffen aufwartet, die – indem sie zentrale Kategorien des kommunikativen Geschehens thematisieren – das Modell auch auf kommunikative Prozesse übertragbar machen. Dies soll folgende „Reformulierung" des Johari-Modells einmal veranschaulichen:

	Selbstwahrnehmung	
	Bekannt	Unbekannt
Fremdwahrnehmung Bekannt	Das „Gehörte"	Das „Ungehörte"
Fremdwahrnehmung Unbekannt	Das „Überhörte"	Das „Unerhörte"

Abbildung 10: Ein Johari-Fenster der Kommunikation

Wird die Matrix des Johari-Fensters auf das Resonanzprinzip des Zuhörens übertragen und grafisch zu einem Dreieck verändert, erschließt dieses „begrifflichen Rüstzeug" die *Dynamik des Verstehens* auf eine neue Weise verblüffend anschaulich und nachvollziehbar:

An der Spitze dieses Dreiecks steht hier *das Verstandene*, das im Moment *intersubjektiver Resonanz* unmittelbar entsteht. Als „subjektive Momentaufnahme" einer beliebigen Hörszene

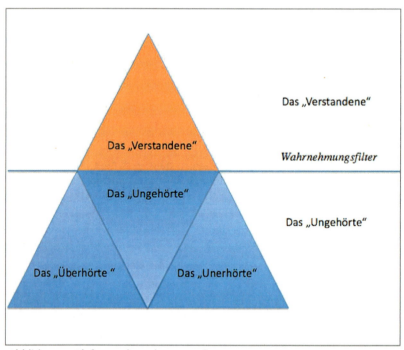

Abbildung 11: Tiefenstruktur des Verstehens

bildet es jedoch nur die Oberfläche eines komplexen Verstehensprozesses. Eine Anlehnung an die Symbolik des Eisbergmodells drängt sich damit nicht nur auf, sondern ist durchaus gewollt. Denn wie die Matrix des Eisbergmodells schon impliziert, liegen unter dem Verstandenen immer auch Auslassungen, sogenannte „Leerstellen" der Kommunikation. Sie sollen in einer ersten Näherung hier als „Ungehörtes" grob zusammengefasst, können als *Überhörtes* und *Unerhörtes* jedoch noch weiter ausdifferenziert werden. So soll diese Abbildung veranschaulichen, dass alles *Verstehen* von einem *Ungehörten* gerahmt ist. Es verdeutlicht, dass das *Verstandene* eine bloße Konstruktion ist, die bloß eine *Möglichkeit* des Verstehens aussagt, aber als solche auch auf die Akteure mit ihren Wahrnehmungen, subjektiven Perspektiven und individuellen Grenzen zurückweist.

Dass nicht alle Wahrnehmungen „erhört", d. h. bewusst aufgenommen werden, ist schon deutlich geworden. Wenn etwas *ungehört* bleibt, kann dies viele Gründe haben. Ein Beispiel soll dies veranschaulichen: So mag sich ein unbeteiligter Beobachter vielleicht über den respektlosen, ironischen oder süffisanten Ton wundern, in dem ein Chef mit seinem Mitarbeiter spricht, obwohl dies weder Chef noch Mitarbeiter zu bemerken scheinen. Dann fallen solche akustisch deutlich hörbaren Implikationen aufgrund spezifischer Interaktions- und Wahrnehmungsmuster den jeweiligen Wahrnehmungsfiltern der Akteure anheim und bleiben „ungehört", da im „blinden Fleck" gebunden. Oder die Integration von Wahrnehmungen ist dem Akteur nicht möglich, weil ihn seine Teilnahmen, wie Reich formuliert, „blind" und taub machen (vgl. Reich 2005, 10). Dies betrifft insbesondere solche Vorannahmen und Vorurteile, die ganz eigene und sehr dichte Wahrnehmungsfilter etablieren. Möglich ist auch, dass akustische Perzepte vom Akteur nicht „entziffert" werden können, etwa weil sie (wie fremde Begriffe, Musik oder Klänge) *unbekannt* sind oder ein „Entziffern" gewisse Kompetenzen, Wissen oder Teilnahmevoraussetzungen (wie etwa das Verstehen einer fremden Sprache) voraussetzt. Dann kann das Gehörte nicht automatisch in „Horizonte der Vorbekanntheit" (Schmicking 2003, 90) eingeordnet werden. Der Professor für Kunst und aktuelle Medienkultur Torsten Meyer (2009) bezeichnet diese „Schnittmenge" als „Kommunikationskonsensuelles". Auslassungen entstehen auch, wenn Gehörtes bewusst ausgeblendet (übergangen) wird, weil es als „heißes Eisen" der Kommunikation gilt, das nicht thematisiert und möglichst vermieden werden soll. Dann werden eine zu persönliche Nachfrage oder eine „giftige" oder zynische Bemerkung vielleicht bewusst *überhört*. Im Kontext nonvokaler Kommunikation fallen in den Bereich des *Überhörten* auch solche Perzepte, die wir als *Lärm* kategorisieren, daher weitestgehend ausblenden und somit gezielt *überhören*. Vielleicht ist die Integration mancher Wahrnehmungen aber auch nicht möglich, da sie aufgrund innerpsychischer Dynamiken gänzlich im Bereich des Unbewussten verbleiben, d. h. zunächst nicht ins Bewusstsein dringen, somit *unerhört* bleiben. Einer solchen Dynamik mögen gewisse biografische Bedingtheiten, die in der Tiefenstruktur einer Person verankert sind, zugrunde liegen. Ihrer gewahr zu werden, ist wohl nicht unmöglich, jedoch möglicherweise langwierig. Ob *ungehört*, *überhört* oder *unerhört*: Zwischen dem Verstandenen und dem Ungehörten scheint eine Art *Wahrnehmungsfilter* zu liegen, der dafür verantwortlich ist, dass ein und dieselbe Wahrnehmung für eine Person *unhörbar* zu sein scheint, d. h. ungehört verklingt, während sie zugleich für eine andere Person verfügbar, möglicherweise sogar von großer Bedeutung ist. Dies mag (im Nachhinein) manche Stolperfalle der Kommunikation erklären, etwa, wenn Akteure fest davon ausgehen, über das Gleiche zu sprechen, um später festzustellen, dass sie lange aneinander vorbeigeredet und sich gründlich missverstanden haben. Oftmals scheint eine Kommunikation vordergründig zu funktionieren, während sich im Hintergrund unbemerkt eine Dynamik „zusammenbraut", die das kommunikative Geschehen – womöglich aus nichtigem Anlass und scheinbar „heiterem Himmel" – plötzlich „kippen" lässt. Doch (wie) ist es möglich, einen Zugang zum Feld des *Ungehörten* zu bahnen, den Wahrnehmungsfilter zu durchbrechen und einen Blick in die „Tiefe" zu wagen?

Fassen wir „das Verstandene" als „situative Momentaufnahme" einer kommunikativen Sequenz, zeigt sich sofort, warum dieses nur eine begrenzte Größe sein kann, die, von unterschiedlichen Kräften bewegt, individuellen und kontextuellen Grenzen unterliegt. Zwar scheint das *Verstandene* das *Ungehörte* zu überdecken, Letzteres kann jedoch von einer tieferen Ebene „jenseits der Sprachmauer" und ungeachtet des Wahrnehmungsfilters durch mehr oder weniger deutlich spürbare Impulse jederzeit auf sich aufmerksam machen.

So scheinen Prozesse des Verstehens *über* dem Wahrnehmungsfilter mit den Bewegungen *unter* dem Filter nicht nur in enger Korrespondenz zu stehen, sondern das situative Verstehen mehr oder weniger unbemerkt dynamisch mitzuformen. Indem uns Momente intersubjektiver Resonanz in unmittelbaren Kontakt mit dem Anderen bringen, spannen sie immer auch eine Ebene der Begegnung auf, in die sich die Differenz des *Ungehörten* schiebt. Sie kann sich etwa als „Hörirritation", als „Hörerwartung" die nicht bedient wurde oder als unausbalancierte „Zuhörbereitschaft" zeigen, wie nachfolgend im Einzelnen ausgeführt werden soll. In der scheinbaren Gleichzeitigkeit intersubjektiven Wechselspiels nehmen diese indifferenten jedoch signifikanten Impulse Einfluss auf das kommunikative Geschehen. „Hören" wir auf diese Impulse und nutzen wir sie reflexiv als „kommunikatives Feedback", werden sie zu „Indikatoren intersubjektiver Resonanz" und können so ein „Tor" zum Ungehörten öffnen, das nicht nur ein besseres *Fremdverstehen*, sondern auch ein besseres *Selbstverstehen* initiieren mag. Auf diese Weise kann das Resonanzgeschehen des Zuhörens einen Zugang auch zum Ungehörten öffnen und damit *umfassenderes Verständnis* bahnen. Doch wie kann dieser Zugang kommunikativ vermittelt werden?

4.3.1. Reflexionsräume und Indikatoren: Zugang zum „Ungehörten"

Der Klangkünstler Bernhard Leitner äußert in einem Interview: „Es ist doch so, dass die Sprache verrät, was in den Gehirnen einer Gesellschaft vor sich geht (Leitner/Fricke 2010, 227). Doch ebenso wie die Wahl unserer Worte nicht beliebig ist, ist auch das, was wir aus einem Satz heraushören, wie wir diesen interpretieren, keinesfalls beliebig. Nicht nur unsere Sprache, d. h. wie und was wir sprechen, sondern auch das, was wir verstehen, *heraushören, überhören, nicht hören wollen oder auch, was wir zu hören erwarten*, spiegelt Aspekte unserer Persönlichkeit, unserer Biographie und Kultur, spiegelt individuelles soziokulturelles Eingebundensein in die Lebenswelt. Damit thematisieren unsere *Hörweisen* implizit, wie wir die Welt wahrnehmen und „verstehen", d. h., wie und welche Wirklichkeiten wir konstruieren. Entsprechend müsste, in Anlehnung an das Zitat von Anais Nin, auch gelten: Wir verstehen die Dinge nicht, wie sie sind, sondern wie *wir* sind. Denn mit unserer höchst subjektiven „HörWeise" begegnen wir nicht nur dem „indifferent Anderen", sondern auch – vielleicht gar zuvorderst – uns selbst. In ihr sind immer schon die eigenen, höchst spezifischen Erwartungen, Wünsche, Hoffnungen oder auch Ängste, die in der Begegnung mit dem Anderen (implizit) offenbar werden, verborgen. Doch bevor wir daran gehen, den Anderen mit unseren Hörweisen nach unseren Maßstäben einseitig zu „vermessen", mag es hilfreich sein, die dem eigenen kommunikativen Handeln zugrunde liegenden impliziten Vorannahmen, derer wir im Zuhören gewahr werden, zu erschließen und die unspezifischen Impulse des „Ungehörten", die sich im Prozess intersubjektiver Resonanz vermitteln, gezielt und systematisch „lesen" zu lernen. „Hören" wir im Zuhören nicht bloß auf den Anderen, sondern richten die Aufmerksamkeit auch auf uns, erhalten wir wichtige Informationen, bezüglich der subjektiven Verortung im kommunikativen Geschehen:

> „Was uns auffällt bzw. unsere Aufmerksamkeit ‚fesselt', gibt uns zugleich Einblick in die Ausrichtung unseres Strebens und Wünschens

und erweist sich somit als Instanz unserer praktischen Orientierung. Letztere spielt auch eine wichtige Rolle für die willentliche Steuerung unserer Aufmerksamkeit auf Objekte, Personen oder Konstellationen, die für uns eine besondere Relevanz besitzen und denen wir deshalb unsere Aufmerksamkeit bewusst zuwenden. Unsere Triebe, Gefühle und unser Wille können hierbei die Aufmerksamkeitsrichtung und die daraus resultierende Orientierung (in der einzelnen Situation wie im Leben in toto) in gleichem Maße beeinflussen wie äußere und innere Wahrnehmungen" (Müller et al. 2016, 9).

Indem das Resonanzgeschehen des Zuhörens uns auf uns selbst zurückwirft, wird der Resonanzraum des Zuhörens zum *Reflexionsraum*, der entlang der drei Ebenen des Zuhörens auf solche „Feedback Indikatoren" hin im Folgenden systematisch erschlossen werden soll.

4.3.1.1. „Zuhörbereitschaft" – Gradmesser sozialer Balancen: Reflexionsraum HörPerspektive

> „Wenn ein Anspruch, etwa eine Frage im Hören laut wird, so stellt das Hören bereits eine anfängliche Form des Antwortens dar, [...] so dass das Hinhören selbst bereits antwortend ist" (Waldenfels, 2007, 250).

Gehen wir mit der systemischen Prämisse davon aus, dass jedes Handeln Sinn macht in seinem Kontext, sollte dies auch für das Hörhandeln gelten. Mit dieser systemischen Perspektive auf die Kommunikation wäre somit *jede* Zuhörstrategie, auch ein Nicht-, Weg- oder Überhören, ein für den Akteur kontextuell „richtiges", da kontextuell *sinnhaftes* Zuhören. Bereits Kap. 3.1.1. zeigte, dass unsere Zuhörpraktiken nicht nur Verständigung und Verständnis ermöglichen, sondern dass sie metakommunikativ immer auch auf das Eingebundensein in soziale Zugehörigkeitssysteme verweisen und damit *systemische* Bänder flechten oder kenntlich machen, welche die beteiligten Akteure immer auch sozial verorten: Die Frage ob, bzw. wie bereitwillig wir jemandem zuhören oder antworten, thematisiert somit Fragen der Zugehörigkeit, sagt etwas aus über Identitäten, Rollen, Teilnahmen und systemische Strukturen, d. h. über die vielfältigen sozialen Systeme, in die ein Akteur eingebunden ist. Aus dieser Perspektive erst wird nachvollziehbar, warum wir bestimmten Menschen in einer bestimmten Situation überhaupt zuhören. Umgekehrt tragen unsere Hör- und Sprechweisen maßgeblich dazu bei, menschliche Beziehungen zu organisieren und zu hierarchisieren, oftmals, schon bevor das erste

Wort erklungen ist. Interpunktionen des Zuhörens bilden daher, indem sie Zugehörigkeiten „sichtbar machen", relevante Ordnungspunkte sozialer Strukturen und offenbaren die „Binnenstruktur" eines Systems. Hier zeigt sich eine, wie Isaacs (2011, 38), formuliert, „Architektur des Unsichtbaren", in der der kommunikative Raum für die einzelnen Akteure ganz unterschiedlich bemessen sein kann: Entstehen doch mit jeder Interpunktion der Hör- und Sprechzirkel subjektive (Hör-)Perspektiven, welche die Handlungsspielräume der in diese Zirkel eingewobenen Akteure sowohl weiten, aber auch verengen können. Denn indem die Interpunktionen des Hörhandelns festsetzen, wer wem (oder was) zuhören *muss*, definieren sie immer auch den Hörhorizont der beteiligten Akteure.

So liegt in der Bereitschaft, jemandem oder etwas zuhören zu wollen, implizit immer auch eine Bewertung, die etwas über das soziale Selbstverständnis der handelnden Akteure und die Einschätzung einer sozialen Situation aussagt. Fehlende Zuhör- (oder auch Antwort)bereitschaft könnte damit auf Inkongruenzen, etwa auf ein (verdecktes) hierarchisches Gefälle aufmerksam machen, ein „Hören in der Dienstfunktion" (Kahlert) markieren und auf mögliche soziale Dysbalancen verweisen. „Lesen" wir die spezifische Zuhör- und Antwortbereitschaft der Akteure eines kommunikativen Zirkels oder eines Systems metakommunikativ, wird diese zum Gradmesser *sozialer Balancen*, welche Ebenen und Gefälle von Beziehung und Macht vermisst, was uns unmittelbar in den Diskurs der Macht katapultiert. Wie eng Fragen der Interpunktion des Hörhandelns mit Fragen der Macht verbunden sind, wird deutlich, wenn wir uns jene extremen Zuhörpraktiken vor Augen führen, wie wir sie verdichtet im klassischen „Verhör" antreffen. Hier sind die rhetorischen Möglichkeiten den Akteuren von vornherein fest zugewiesen. Ihre Teilnahmen und Rollen bestimmen, wer Fragen stellt und wer diese beantworten muss. Sind die Interpunktionen der Hör- und Sprechzirkel dergestalt unsymmetrisch und unbeweglich, dass Antworten eingefordert werden können, d. h. Akteure „Rede und Antwort stehen müssen", geht dies weit über den weiter vorne beschriebenen internalisierten Imperativ des Zuhörens hinaus, wodurch die kommunikative Geste des Zuhörens zur reinen Machtgeste wird. Thürmer-Rohr (2006, 272) spricht daher pointiert auch vom „Herrschaftshören". In einer besonders extremen Ausprägung begegnet uns solche Dynamik im Phänomen der Hörigkeit.

Rigide und starre Interpunktionen des Hörhandelns finden sich aber auch in ganz alltäglichen kommunikativen Settings, wie etwa jene, in denen Fakten und Wissen erklärtermaßen einseitig „abgehört" und zensiert werden (Schule, Behörde, Justiz etc.). In solchen, strikt hierarchisch organisierten Strukturen, in denen eine in Anlehnung an Watzlawick (1981, 68 f.) unsymmetrische Kommunikation stattfindet, werden Hörpraktiken schnell zu bedeutenden Ordnungspunkten kommunikativer Zirkel, die implizit immer auch Relevanz und Erwünschtheit der Hörperspektiven aller Akteure im systemischen Gesamtzusammenspiel thematisieren. Damit enthüllen sie nicht nur das „hierarchische Skelett" jedes Systems, sondern sie sagen damit auch etwas über die kommunikative Freiheit der darin eingebundenen Akteure aus. Auf solche strukturellen Setzungen spielt wohl auch Barthes an, wenn er formuliert: „Eine freie Gesellschaft ist unvorstellbar, wenn man im vornherein akzeptiert, in ihr die alten Orte des Zuhörens zu erhalten: die des Gläubigen, des Schülers und des Patienten" (Barthes 2006, 88). Es sind unsymmetrisch verankerte Interpunktionen, die solche „Orte des Zuhörens" miterschaffen und damit die Handlungsspielräume der Akteure, beispielsweise die zwischen Lehrer und Schüler, Arzt und Patient, Priester und Gläubigem etc., öffnen oder begrenzen.[144]

Wer auf diesen hören, wer jenem antworten muss, wer einem anderen eine Antwort schuldig bleiben, d. h. sein Ohr gefahrlos verweigern darf, wer wem (wie lange und aufmerksam) sein „Ohr leiht", wessen Rede begrenzt, das heißt wer unterbrochen werden und wer wem zuhören *darf*, wer in exklusive Zirkel, in bestimmte Gesprächskreise oder gar Geheimnisse „eingeweiht" und damit zum „Mitwisser" oder gar zum „Geheimnisträger" wird, all dies gibt Auskunft über soziale Strukturen und Hierarchien. Neben dem Offensichtlichen und Unüberhörbaren sind es oft scheinbare „Nebensächlichkeiten", die in Hinblick auf die bestehenden Interpunktionen sehr aufschlussreich sein können: Welche Hör- und Sprechzeiten wem wie lange zur Verfügung stehen, ob und wie viel Rückkopplung (mit wem) möglich ist, welche Gespräche mit wem in wel-

---

[144] Die Kulturwissenschaftlerin Claudia Schmölders (2002) setzt die Qualität des *Lauschens* in Korrespondenz zu symmetrischen Strukturen der Kommunikation, wenn sie über die Dichotomie von *freier Rede* und *Zuhörzwang* schreibt: „Lauschen setzt einen irgendwie symmetrischen Dialog voraus, lauschen heißt, auf jemand anders eingehen, seine Rede abwarten, bevor man selbst spricht. Es setzt freilich voraus, dass dieser Andere [...] seine Redezeit nicht unfair nutzt, es setzt also Regeln voraus. Die Regellosigkeiten und Entstellungen des Gesprächs kann aber heute jeder beobachten. Maßgebend sind die modernen Talkshows, die das gegenseitige Unterbrechen und Überbrüllen [...] für ein Markenzeichen halten. Alles andere wirkt angeblich langweilig. Gerade dieses Andere aber nennen wir ein Gespräch; es ist die familiäre Form der Demokratie. Sie muss geübt und erobert werden, denn von der nichtsprachlichen Natur ist sie nicht vorgesehen" (Schmölders 2002, 72 f.).

cher Umgebung geführt werden können (und damit auch, was ungehört, unerhört oder überhört verklingt), welche Räume dafür zur Verfügung stehen (und welche nicht), wie die akustischen Rahmenbedingungen/das Soundscape einer Hörszene beschaffen ist, all dies sind Aspekte, die implizit auch Hinweise darauf geben, wessen Perspektiven bevorzugt in ein System „eingespeist" werden, bzw. welche außen vor bleiben und nicht gehört werden.

Besonders dynamisch wirken „verdeckte Interpunktionen", die hier von „sichtbaren" Interpunktionen unterschieden werden sollen. Sie folgen vor allem strategischen Maßgaben des Handelns und sind oftmals sehr subtil angelegt. Häufig sind sie in das Gewand „absichtsvoller Unabsichtlichkeit" gekleidet. Dies kann sich in einem wiederholten Überhören oder Weghören, einem „Vorbeihören oder Halbhören" (Thürmer-Rohr 2006, 270) oder einem wiederholtes „keine Zeit für ein Gespräch finden" zeigen. Wenn trotz wiederholter Bemühungen ein Gesprächstermin einfach nicht zustande kommen will oder immer wieder „platzt", wenn Gespräche in ungeeigneten und ungeschützten Räumen stattfinden, ständig gestört werden oder von Unbeteiligten mitgehört werden können, sodass die nötige Verschwiegenheit nicht gewahrt ist. Wenn die Gesprächszeit so knapp bemessen ist, dass das Gespräch beendet ist, bevor es richtig beginnen konnte, wenn Anfragen unzureichend oder stark verzögert bzw. gar nicht beantwortet werden oder wenn wiederholt Hinweise, Bemerkungen, Fragen „überhört" werden etc., können diese Praktiken Ausdruck einer Verweigerungshaltung sein, auch wenn das Gegenteil behauptet wird. Dies kann die Akteure in ein sogenanntes „Double Bind" zwingen, weshalb gerade verdeckte Interpunktionen besonders starke Dynamiken entfesseln können. Solche „strategischen Interpunktionen des Zuhörens" können, obwohl subtil und schwer fassbar sind, dennoch sehr „beredt" sein. Damit entpuppt sich das Hörhandeln nicht nur als kommunikativer, sondern auch als *interaktiver Marker*, der Kommunikation nicht nur zu strukturieren, sondern auch zu hierarchisieren vermag und mit dem feine, aber bedeutende Unterschiede in der sozialen Interaktion gebildet werden. Ist doch das Sprechen an sich wertlos, wenn das Ohr fehlt, das diesem Sprechen tatsächlich zuhört und die Stimme, die darauf Antwort gibt.

Diese Beispiele machen darauf aufmerksam, dass die Interpunktionen des Hörhandelns wichtige Hinweise darauf geben, wie symmetrisch oder unsymmetrisch die Strukturen der kommunikativen Zirkel, in die wir eingebunden sind, angelegt sind. Unter einer symmetrischen Interpunktion der Hör- und Sprechzirkel soll hier verstanden werden, dass jeder Akteur über gleichberechtigte Möglichkeiten verfügt, den Kommunikationsprozess mit seiner Rede und Antwort zu interpunktieren, ohne Nachteile oder Sanktionen befürchten zu müssen. Hier kann von einem wechselseitig und gleichberechtigten Anhören und Angehörtwerden einer bezogenen und verbindlichen Kommunikation gesprochen werden. Solche Kommunikation beschreibt eine Form des Umgangs miteinander, die umgangssprachlich mit dem Terminus „Kommunikation auf Augenhöhe" bezeichnet wird. Dies erklärt, warum eine symmetrische Interpunktion der Kommunikation weder zwingend an gleiche Hierarchieebenen, noch an bestimmte Rollen oder Teilnahmen gebunden ist. So mag etwa das Gespräch zwischen der Leitungsebene einer Organisation und einer Mitarbeiterin durchaus symmetrisch interpunktiert sein, auch wenn beide Akteure auf unterschiedlichen Hierarchieebenen agieren. Zugleich kann ein Gespräch zwischen Mitarbeitern auf gleicher Hierarchieebene aufgrund der Interpunktionen ein durchaus unsymmetrisches Gefälle aufweisen. Dies bedeutet, dass auch unsymmetrisch angelegte Kommunikation durchaus symmetrisch interpunktiert sein und einen gleichwertigen Austausch „auf Augenhöhe" ermöglichen kann. Nicht die Hierarchieebenen sind entscheidend, sondern allein die tatsächlichen Praktiken der Akteure, die mit ihren Interpunktionen des Hörhandelns die „soziale Architektur der Kommunikation" (die sich von hierarchischen Setzungen durchaus unterscheiden kann) spezifisch formen. Ob die kommunikative „Architektur" zwischen den Akteuren „symmetrisch" ist oder nicht, zeigt sich nicht nur daran, wer von wem angehört wird, sondern vor allem auch an der Art der Resonanz, die solche Rede erfährt, d. h. wie auf sie „respondiert" wird.

Doch beschränkt sich das Begehren, „über das Ohr des Anderen zu verfügen", um gezielt hierarchische Strukturen schaffen oder festigen zu können und damit die kommunikative Orientierung der Teilnehmer zu beeinflussen, nicht nur auf den Bereich vokaler Kommunikation allein, sondern es umfasst den Gesamtbereich akustischer Kommunikation. Androsch (2011) spricht von der „Herrschaftspotenzialität akustischer Ereignisse" allgemein und schlussfolgert, wer den akustischen Raum beherrscht, beherrsche damit auch gleichzeitig die Gesellschaft, was Androsch insbesondere am Phänomen der „Zwangsbeschallung"[145] nachvollzieht (vgl. dazu auch Androsch 2009, 31 f.). Schafer argumentiert ähnlich, wenn er darauf aufmerksam macht, dass überall dort, wo dem Lärm Immunität gewährt werde, dieser mit Macht verbunden

---

[145] Der Begriff der Zwangsbeschallung bezeichnet die unfreiwillige Beschallung von Menschen durch Hintergrundmusik in Kaufhäusern, Restaurants, Hotellobbys oder auch die unfreiwillige Beschallung öffentlicher Orte, beispielsweise des Hamburger Hauptbahnhofs oder von Haltestationen der Münchner U-Bahn.

sei (vgl. Schafer 1988, 104). Dabei bezieht er (u. a.) auch den Rundfunk als *erweiterten akustischen Raum* mit ein, der dazu beitrage, den „Lautimperialismus durch die Luft" (ebd., 123) zu vervielfachen.[146] Zwangsbeschallung wird jedoch erst möglich durch Setzungen, die dem Akteur eine Zwangsrezeption „verschreiben" und ihn damit in HörPerspektiven einbinden, denen er sich weder entziehen, noch ohne Weiteres verändern kann. Ob es das Lärmostinato von Eisenbahntrassen, Autobahnen, Start- und Landebahnen, ob es die zunehmende „Ästhetisierung" der Umwelt durch Sounddesign, ob es Praktiken der Zwangsbeschallung oder ob es der „akustische Output" (be)herrschender religiöser Praktiken[147] sind, solche Perspektiven weisen als Ausdruck gesellschaftlicher, kultureller oder religiöser Praktiken auf bestehende Herrschaftsverhältnisse zurück. Die Interpunktionen *aller* Klangzirkel eines Hörraums, die auch das umgebende unspezifische Schallfed/Soundscape mit einbeziehen, beeinflussen nicht nur den Handlungsspielraum ihrer Akteure, sondern – dies scheint entscheidend zu sein – gestalten die zwischenmenschlichen Beziehungen der in sie eingebundenen Akteure.[148] Zuhören setzt daher nicht nur zwei Subjekte miteinander in Beziehung, wie Barthes formuliert (vgl. Barthes 2006, 81), sondern diese kommunikative Praktik gestaltet damit auch den Beziehungsraum der interagierenden Akteure (vgl. dazu auch Kap. 4.2.2.1.).

Nachvollziehbar ist, dass sich unsymmetrisch angelegtes Hörhandeln auf die *Zuhörbereitschaft* der betroffenen Teilnehmer auswirkt – eine zentrale Kategorie im Kontext didaktischen Handelns, wie Lehrende, oftmals leidvoll, erfahren müssen. Kontexte, die, wie die Schule, über weite Strecken durch instruktives Handeln geprägt sind, weisen überwiegend unsymmetrische Interpunktionen der kommunikativen Zirkel auf. Solche Dysbalancen führen schnell zu folgenreichen reaktiven Handlungsketten. Daher ist die Qualität ei-

---

[146] Der akustische Raum der heutigen Zeit ist durch eine zunehmende Vielfalt akustischer „Impacts" geprägt, von denen der Rundfunk nur eine von vielen solcher, wie Schafer formuliert, „lautimperialistischen Einflussnahmen" (vgl. Schafer 1988, 123) darstellt.

[147] Wer im Einzugsbereich einer Kirche wohnt oder schon einmal Gast in einem muslimischen Land war, hat erfahren, wie sehr gerade auch religiöse Rituale die auditiven Perspektiven der Akteure beherrschen können.

[148] So führt etwa ein hoher Störgeräuschpegel im familiären Kontext zu einem eingeschränkten Kommunikationsverhalten, der sich auf die Eltern-Kind-Kommunikation einschränkend auswirken und die Qualität der Interaktion zwischen Kind und Bezugsperson negativ beeinflussen kann (vgl. dazu Höger/Schreckenberg 2003, o. S. u. Kap. 6.2.4.).

ner Verständigung nicht allein eine Frage sorgfältiger Kommunikation, sondern sie ist auch abhängig von den Teilnahmen der beteiligten Akteure, die mit ihren Interpunktionen die kommunikativen Handlungsspielräume definieren. Solche Setzungen können nicht nur höchst dynamische Kräfte entfalten, sondern können dann auch zu mächtigen Regulatoren sozialer Choreographie werden, die die HörPerspektiven aller Akteure eines Systems hierarchisieren.

Um solchen Interpunktionen auf die Spur zu kommen, kann sich der Akteur nun fragen: *Warum höre ich wem oder was zu und wer hört mich an?* Antworten auf diese Frage können Aufschluss geben über das Eingewobensein in systemische Beziehungs- und Machtstrukturen. Doch zeigen sich auch scheinbar feste Interpunktionen als durchaus veränderbar. Auch wenn dies manchmal nicht so erscheinen mag, zeigt doch der Verlauf der Geschichte, dass keine Interpunktion unauflösbar und keine kommunikative Setzung unveränderbar ist. Der Blick auf die steten Verschiebungen gesellschaftlicher Wirklichkeit belegt, dass kommunikative Zirkel permanent neu interpunktiert, scheinbar feste Interpunktionen im Wandel der Zeit durchaus „verflüssigt" und Handlungsspielräume immer wieder neu vermessen werden, mag dafür auch ein gewisses Maß an Langmut, Kreativität, vielleicht auch „Ungehorsam" nötig sein. Der Blick auf den Lauf der Geschichte zeigt: Keine Interpunktion ist endgültig. Das „Regulativ" bzw. Veränderungspotenzial liegt in der Wechselwirkung dieser Zirkel begründet, d. h. in der unausweichlichen *zirkulären Bezogenheit* von „Frage" und „Antwort" (im weitesten Sinn), die Beweglichkeit, Dynamik und Flexibilität der Kommunikation begründen.

4.3.1.2. „Hörirritation" – Schwellen der Wahrnehmung: Reflexionsraum HörModus

> „Understanding begins [...] when something (or someone) addresses us" (Gadamer 1960, zitiert nach Garrison 1996, 435).

Die konstruktivistische Perspektive auf die Kommunikation verdeutlicht, dass mit jedem kommunikativen Austausch immer auch unterschiedliche Wirklichkeitskonstrukte, d. h. subjektive „Wahrheiten" aufeinanderprallen. Dies kann sowohl belebend, ebenso kann es irritierend oder gar verstörend wirken. So mag eine vordergründig, rein symbolisch geprägte, kommunikative Sequenz eine Vielzahl perturbativer Momente bergen, welche die situative Wahrnehmungsaufmerksamkeit leiten oder gar vollständig zu fesseln vermögen. Solche perturbativen Momente sind wahrnehmbar als responsiv erscheinende, größere oder kleinere „Irritationen", die allgegenwärtig in den täglichen Prozessen zwischenmenschlicher Verständigung lauern. Solche Impulse, die weiter vorne unter dem Begriff des „Realen" gefasst wurden (vgl. Kap. 3.2.2.), etablieren mit stetig wechselnden Spannungs- immer auch wechselnde *Stimmungsfelder*, welche sinnlich-konkret die *Ein*seitigkeiten und Begrenztheiten individueller Wirklichkeitskonstrukte markieren.

Da wir, nicht zuletzt aufgrund der Sprachlichkeit des Menschen, *auditiv* so eng mit der Lebenswelt verbunden sind, ist es „das Gehörte", sind es oft sich *audibel vermittelnde Impulse*, welche die Aufmerksamkeit stark fesseln und die Akteure positiv oder negativ zu „stimmen" vermögen. Ob in einem Gespräch plötzlich ein Missklang oder ein scharfer Ton hörbar wird, ob sich das akustische Environment vielleicht durch schrille Töne, störende Geräusche oder plötzlich einsetzende Musik etc. abrupt verändert. Die audible Ebene der Kommunikation kann den Modus des Erlebens nachhaltig stimmen, ja sogar gänzlich verändern. Sie kann eine kommunikative Szene sowohl angenehm grundieren, aber auch subvertieren. Sie kann ein Gespräch beflügeln oder zum Erliegen bringen. Aufgrund der „Direktverbindung" zwischen Hörbahn und Amygdala, (vgl. Rüegg 2007, 122) einerseits, der Omnidirektionalität des Hörens und der Nichtverschließbarkeit des Ohres andererseits, sind wir für die audible Ebene unserer Lebenswelt ganz besonders ansprechbar und unmittelbar berührbar.

In Momenten der Abwehr, des Erstaunens oder des Erschreckens mag solche *Irritation* offensichtlich zutage treten. Eher unspektakulär zeigt sie sich in Prozessen der Zustimmung, der Übereinstimmung, in einem als positiv bewerteten inneren Widerhall auf das Gehörte. Doch auch dieses Erleben zeugt implizit von einer Grenze, auch wenn diese subjektiv leichter zu akzeptieren, intersubjektiv leichter verhandelbar erscheint. Ob nun erfahrbar in Zustimmungs-, vielleicht sogar „Verschmelzungstendenzen" oder im Erleben offener Konfrontation, welche die eigenen Konstrukte, wie Reich formuliert, „kränkt": Das responsive Erleben der *Hörirritation* „kündet" von Begrenztheit und markiert die sich in der Kommunikation vermittelnden Einseitigkeiten individueller Konstrukte. Solche Irritation kann auf Unter- und Hintergründiges, auf Über- und Ungehörtes, auf subtile Zwischentöne, auf die der Interaktion unterlegten Gefühle verweisen. Damit koppelt die Hörirritation an Emotionen, Bedürfnisse und an tiefer liegende Verhaltensmuster an, die sich in biografischen Lernprozessen, im ständigen Abgleich mit den Spielregeln und -räumen der Kultur gebildet haben, welche sich im Verlauf der Individuation zu komplexen Empfindungs- und Wahrnehmungsmustern entwickelt haben. In solchen *multisensorisch gewebten Mustern*[149] sind dann, wie der als hypnosystemische Psychotherapeut arbeitende Mediziner Gunther Schmidt (2013) ausführt, „innere und äußere Dialoge, kinästhetische, gustatorische und olfaktorische Eindrücke, Alters- und Größenerleben, Atemmuster, Körperkoordination mit Verhalten, Bewertungen und Bedeutungsgebung synchron verbunden" (Schmidt 2013, 181).

Solche Muster zeigen, dass der kognitive Prozess des „Denkens" immer auch sensorisch gekoppelt und entsprechend qualitativ „gefärbt" ist. Auf die enge Verwobenheit zwischen der sinnlichen und der symbolisch-kognitiven Ebene bezieht sich auch Zender (2004), wenn er – in Anlehnung an den Pädagogen und Philosophen Georg Picht – formuliert: „Die Sinne denken". Christ (2005) wiederum bezeichnet die Wahrnehmung als einen Prozess der Desomatisierung[150], während Schmidt von aufmerksamkeitsfokussierter „*Wahr-Gebung*" spricht, um auszudrücken, dass „jede Wahrnehmung autonom vom Wahrnehmer als Fokussierungsgeber selektiv gestaltet wird" (Schmidt 2013, 181). Für ihn ist *subjektives Erleben* das „Ergebnis solcher (auf willkürlicher und unwillkürlicher Ebene) selbst zusammengefügter Muster" (ebd.). Solche *Wahrgebungen* „stimmen" jedoch nicht nur das innere Erleben, sondern prägen damit entsprechend auch das kognitive Verstehen.

Die Wahrnehmung des situativen HörModus erscheint daher insofern als hilfreich, als dieser Auskunft gibt auch über das innere Erleben und so kognitives Verstehen erweitert. Er spiegelt eine Ebene des „Verstehens", die auf die in den Abstraktionsprozessen der Sprache verlustig gegangenen Anteile sinnlichen Erlebens und damit auf die „Wurzeln" des Symbolischen verweist. Schmidt (2013, 187) spricht daher auch von einem „intuitiven Wissen", das sich meist „in einer anderen Sprache und einer anderen Logik" vermittelt. „Es

---

[149] Schmidt spricht vom Erleben als vom „selbstgewebte[n] konstruierte[n] Muster" (Schmidt 2013, 183).
[150] „Wahrnehmung ist ein Prozess der Desomatisierung. Sie verläuft über sensorische Reize zu somatischen Ersteindrücken, über immer komplexere affektive Besetzungen zu bewussten Vorstellungen und Erleben. Interessanterweise neigen wir dazu, selbst komplexe Befindlichkeiten in somatosensorischen Metaphern auszudrücken. So sagen wir, dass uns etwas bedrückt (haptisch), uns etwas stinkt oder man einen guten Riecher hat (olfaktorisch), uns etwas auf der Zunge liegt (gustatorisch), uns etwas in den Fingern juckt (taktil) oder gar auf den Nägeln brennt (Schmerz)" (Christ 2005, 235).

drückt sich in Bildern, Empfindungen und mehr oder weniger diffusen Gefühlen aus" (ebd.).[151] Dieses „sinnliche Denken" zeigt sich responsiv als „inneres Aufhorchen", markiert damit die Schwellen der Wahrnehmung. Die Psychologin Maja Storch hat für dieses Wechselspiel von Psyche und Soma den Begriff der „Embodied Communication" (Storch/Tschacher 2014) geprägt. Solches Erleben mag sich, multisensorisch gekoppelt, als diffuses Gefühl, als deutlich spürbare Empfindung, als „somatischer Marker" (Damasio 2011), als „felt sense" (Gendlin 2007) oder „body-feedback" (Storch 2011) – mehr oder weniger subtil – im Fluss der Wahrnehmung von Zeit zu Zeit – mehr oder weniger impulsiv – in unser Bewusstsein drängen. Responsive Impulse mögen als anregend oder störend, als angenehm oder unangenehm, als schön oder unschön empfunden werden. Sie weben sich in das dichte Netz der Interaktion, von wo aus sie auf das kommunikative Handeln zurückwirken und scheinbar rein symbolische Kommunikation zu einer, wie Storch formuliert, „embodied communication" (Storch/Tschacher 2014) machen.

Auch wenn im symbolischen Austausch „eigentliches Erleben" durch „uneigentliche Sprache", wie Kern (1983) dies formuliert, ersetzt wird, verweist dies darauf, dass sich kognitive Prozesse nicht getrennt von sinnlichen Empfindungen und die an sie gekoppelten Gefühle vollziehen, auch wenn sich dies dem bewussten Erleben in den alltäglichen Verständigungsprozessen schnell entziehen mag. Oftmals sind es gerade die emotional aufgeladenen Anteile kommunikativer Sequenzen mit ihren körperlich spürbaren, unwillkürlichen Impulsen auf die Wurzeln des Symbolischen verweisen und daran erinnern: Kognitive Erkenntnis entspringt letztlich sinnlicher Gewissheit. Umgekehrt verfügt damit das *sinnlich-imaginäre Erleben* der Hörirritation über eine hermeneutische Kraft, welche in Verständigungsprozessen Orientierung bieten und gezielt als wichtige Größe der Verständigung genutzt werden kann.

Hier soll nun weiter hervorgehoben werden, dass mit den wechselnden emotionalen Empfindungen solcher multisensorisch gewebten Muster immer auch eine ästhetisch gefärbte Dimension des Erlebens entsteht. Diese unterlegt die kommunikativen Zirkel mit (hör)ästhetischen Spannungsfeldern, die damit

---

[151] Es gibt eine Reihe von Techniken, die Wege aufzeigen, solche „Intelligenz des Körpers" gezielt zu erschließen. Hier sei neben der Methode des *Focusing* (Gendlin 2007) etwa auch auf das *Zürcher Ressourcen Modell* (Storch 2011) und, darauf aufbauend, auf das Konzept des *Embodiments* (Storch/Tschacher 2014) verwiesen. Andere Zugänge zeigen sich, wird das Thema *Achtsamkeit* im Kontext von Kommunikation aufgegriffen und praktiziert (vgl. u. a. Zimmermann 2013).

wechselnde, d. h. dynamisch veränderbare innere und äußere Aufmerksamkeitsräume der Kommunikation etablieren. Ob etwa ungewohnt klingende Musik, unerwartete oder irritierende Klänge und Geräusche zum Auslöser werden oder ob solche hörästhetischen Spannungsfelder schwerpunktmäßig vokal gegründet sind (etwa irritierende, weil besonders schrill klingende Worte). Solche als angenehm oder unangenehm bewertete „Wahrgebungen" (Schmidt 2013, 181) – wirken auf den situativen HörModus ein. Die Performativität des Klangs kann daher Aufmerksamkeitsräume nicht nur ästhetisch „einfärben", sondern auch zu einer Unterbrechung der „Alltagswahrnehmung" führen, die als subjektiv bedeutsam erlebte Qualität verdichteter Erfahrung aus dem Strom gewohnheitsmäßiger Wahrnehmung herausragt. Dies führt zu einem bewussten Aufmerken, zum Gewahrsein des situativen HörModus, was einen Moment bewusster ästhetischer Erfahrung evozieren kann. Es verdeutlicht damit, dass die Kategorie „auditive Ästhetik" als Potenzial auditiven Wahrnehmens genuin innewohnt und damit jedweder Form akustischer Kommunikation inhärent ist. Daher ist die Möglichkeit, audible Materialität auch ästhetisch erleben zu können, weniger an bestimmte Orte oder Objekte, sondern vielmehr an die Wahrnehmungsaufmerksamkeit selbst gebunden – ist somit im Akteur selbst verortet. Das bedeutet: Die dem Wahrnehmungsprozess innewohnende ästhetische Kraft durchzieht die gesamte Dimension performativen Hörhandelns. Sie belebt die kommunikativen Räume mit „hörästhetischen Spannungsfeldern" und formt multipel wechselnde Aufmerksamkeitsräume der Kommunikation. Ein Zugang zum „sinnlich-ästhetischen Verstehen" ist möglich, wenn wir im Moment der Irritation innehalten und reflexiv fragen: *Was fesselt meine Wahrnehmungsaufmerksamkeit in diesem Moment?* Diese Reflexion kann die symbolische Ebene mit dem unaufhörlichen Strom sich aneinanderreihender Gefühle, Empfindungen, Bilder oder Fantasien verbinden. Sie fokussiert auf schnell wechselnde Momentaufnahmen imaginärer „Hörbilder", die auf der „inneren Leinwand" subjektiven Hörerlebens erscheinen. Diese Reflexion sensibilisiert nicht nur dafür, wie eng das Hörverstehen an das Hörerleben gekoppelt ist, sondern auch dafür, dass die Wahrnehmungsaufmerksamkeit ihr „Mittler" ist und so zum *Regulativ* dieses Zirkels wird.

Letztlich, dies zeigt die konstruktivistische Sicht auf die Kommunikation, sind (hör)ästhetische Irritationen in jeder kommunikativen Begegnung angelegt, denn die „intersubjektive Choreographie" einer Begegnung erzeugt mit den Reibungen auf der symbolischen Ebene immer auch (hör)ästhetische Spannungsfelder – auch, wenn sie als solche nicht immer bewusst wahrgenommen werden mögen. Dietrich et al. (2012, 29 f.) verweisen darauf, dass es eine besondere Form der „Selbstaufmerksamkeit" erfordert, diese Spannungsfelder wahrzunehmen. Denn zumeist vollziehen sich solche Prozesse unterbewusst und unreflektiert in dem un- oder vorbewussten Zustand innerer Gestimmtheit, die den jeweiligen Hörmodus „nähren". Die Hörirritation hingegen kann – mehr oder weniger deutlich wahrnehmbar – die Schranken des Unbewussten durchbrechen und, als „fragendes Aufhorchen", die Aufmerksamkeit responsiv auf das Gehörte zurückführen und Grenzen neu vermessen.

Im reflexiven Gewahrsein der Kommunikation zeigt sich dann, dass Hörirritationen jeglicher Art, die den Gesamtbereich akustischer Kommunikation umfassen, gewissermaßen zu einem „Lauschangriff auf uns selbst" werden können. Somit thematisiert der Reflexionszirkel HörModus die stetig wechselnden Stimmungsbilder, welche das Hör*erleben* untrennbar an das Hör*verstehen*, mithin das Imaginäre an das Symbolische „heften". Damit wird deutlich, dass das Erleben der Hörirritation über eine hermeneutische Kraft verfügt, was die sinnliche Dimension der Kommunikation zugleich zu einer ästhetischen Dimension und die Hörirritation zu einer zentralen Größe kommunikativen Handelns macht.

4.3.1.3. „Hörerwartung" – Grenzen des (Hör-)Horizonts: Reflexionsraum HörHandeln

> „Hören – wir scheinen es von Geburt an zu können. Aber in einem gewissen Sinn lässt uns die Kultur dieses natürliche Hören verlernen. Sie lehrt uns nicht nur, zu differenzieren und Hierarchien zu bilden, sie lehrt uns auch, die Klänge bestimmten Erfahrungen zuzuordnen und sie zu werten. Ein kleines Kind hört noch jedes Ereignis mit der gleichen Offenheit; wir filtern und hören zurecht" (Zender 1997, 15).

Deuten wir die Worte des Dirigenten und Komponisten Hanns Zender einmal „ressourcenorientiert", verweisen sie darauf, dass wir als Menschen, die wir schon vorgeburtlich kommunizieren, im Laufe unseres Lebens eine spezifische *kommunikative „Expertise"* ausbilden, die uns mit kommunikativen Handlungswissen und (Hör-)Vorlieben ausstattet, welche das individuelle Hörhandeln prägen. Hinsichtlich der zahlreichen Herausforderungen der Kommunikation, denen wir begegnen, greift unsere „Expertise" jedoch nicht immer. Manche dieser Expertisen haben sich durch Gewohnheitsbildung im Laufe der Zeit in Form von Automatismen verselbstständigt. Dann können sie uns auch „gefangen" nehmen, sodass manche Hörgewohnheit („Hörmuster") unsere Kommunikation nicht mehr konstruktiv gestaltet, sondern nachhaltig behindert (vgl. dazu auch Meier 2015, 325 f.). In diesem Fall laufen wir Gefahr, dass sich Hörgewohnheiten nicht nur strukturierend, sondern durchaus auch begrenzend auf unsere Kommunikation und Interaktion auswirken, um vielleicht plötzlich zu dysfunktionalen „Stolpersteinen" zu werden, welche eher belasten, denn entlasten. Besonders deutlich zeigt sich dies in Prozessen missglückter Verständigung. Vielleicht haben wir solche Erfahrungen als schmerzliches „Scheitern" in der Kommunikation verbucht, das uns ratlos zurückgelassen und der Illusion beraubt hat, Kommunikation den rein subjektiven Erwartungen entsprechend linear „gestalten" zu können. Dann mag es hilfreich sein, sich der reaktiven Anteile individueller kommunikativer Gewohnheiten gewahr zu werden, um diese gezielt unterbrechen und verändern zu können. Doch da Gewohnheiten immer auch Teil unbewusster, automatisierter Handlungsabläufe sind, stellt sich zunächst die Frage: (Wie) ist es überhaupt möglich, sich der eigenen kommunikativen „habits" gewahr zu werden?

Die Antwort findet sich im Resonanzgeschehen des Zuhörens. Hier erscheint ein hilfreicher Indikator, der responsiv Zugang zu limitierenden Mustern und einschränkenden Hörweisen gewährt: Im lebenslangen Prozess des „Filterns" und „Zurecht-hörens", die Zender (1997) beschreibt, offenbart sich in der durch unsere Individualentwicklung geprägten kommunikativen Expertise umgekehrt, mit welchen Wünschen, Kräften und Vorstellungen wir der Welt und den Menschen „da draußen" begegnen, nach welchen Maßgaben wir sie vermessen. So gilt auch für *Hörhandlungen*, dass sie nicht „ohne einen Maßstab, der ihnen zugrunde liegt, ohne Perspektiven und einen subjektiven Fokus – im Blick auf die Möglichkeiten und Bedingungen – auskommen" (Reich 2009a, 22). Dieser „Maßstab" offenbart sich implizit in dem, *was wir zu hören erwarten*. Denn mit dem Faktor Gewohnheit ist immer auch eine spezifische Erwartungshaltung an ein kommunikatives Setting entstanden. Sie speist sich aus dem individuellen Erfahrungswissen, das dem kommunikativen Geschehen, d. h. jeder kommunikativen Sequenz, zumeist un(ter)bewusst, unterlegt ist. Damit verweist sie auf tiefer liegende, individuell geformte Wirklichkeitskonstrukte, die das Handeln leiten. Entsprechend hat die Hörerwartung nicht nur eine das Handeln steuernde, sondern auch eine aufmerksamkeitslenkende Funktion, die Einfluss auf den Verlauf der Kommunikation nimmt. Dies kann von Vorteil sein, wenn subjektive Hörerwartungen die Komplexität der Situation hilfreich strukturieren helfen. Doch bindet uns die Erwartungshaltung auch in Handlungsautomatismen ein, die sich, wie alle Verhaltensmuster, die wir ausbilden und automatisiert einsetzen, schnell auch als unpassend bzw. weniger funktional in Hinblick auf unsere Intentionen und Ziele erweisen können. Hier zeigt sich dann, dass das individuelle Erfahrungswissen nicht nur ein strukturierender, sondern durchaus auch ein limitierender Faktor der Kommunikation sein kann.

Wie sehr die Hörerwartung die Interaktion nicht nur leiten, sondern diese immer auch begrenzen kann, veranschaulichen die knappen, aber recht eindrücklichen Gesprächssequenzen, mit denen Schulz von Thun sein Kommunikationsquadrat illustriert.[152] Sein Beispiel verdeutlicht, welch explosive imaginäre Dynamik die Hörerwartung auslösen und im ungünstigen Fall ein Gespräch geradezu in die Eskalation führen kann. Dieses Beispiel zeigt weiter, dass uns zumeist gar nicht bewusst ist, dass mit spezifischen kommunikativen Handlungen oder Settings spezifische (Hör-)Erwartungen immer schon korrespondieren. Entsprechend weist nicht erst das Hörverständnis, sondern schon die Hörerwartung auf die Wirklichkeitskonstruktionen des Akteurs zurück, weshalb Hörerwartungen nicht nur einen großen Einfluss auf das Hörverständnis, sondern auch auf den Gesprächsverlauf haben. Spezifische Hörerwartungen können so zum Auslöser unbewusster und oftmals recht komplexer kommunikativer Dynamiken werden Doch was kann aus dieser Einsicht folgen, und wie lassen sich solche ungünstigen Spiralen vermeiden?

Reich regt an, das „Selbstverständliche", das „Erwartete", das „Vorkonstruierte" zu verlassen und „zu sich selbst" zu kommen (vgl. Reich 2009b, 16). Gerade in Prozessen missglückter Verständigung kann es hilfreich sein, sich anschließend zu fragen: *Was habe ich eigentlich zu hören erwartet?* Dies kann unbewusste Dynamiken und mögliche Diskrepanzen erhellen und auf die Notwendigkeit von Rückkopplungen verweisen. Im Bewusstwerden der situativen Hörerwartung können gewohnte Abläufe in Frage gestellt, kommunikative Sequenzen wirkungsvoll dekonstruiert werden. Dann zeigen sich die handlungsleitenden Kräfte impliziter Vorannahmen. diese Kräfte lassen Hörpraktiken zu machtvollen Werkzeugen werden, die interaktive Wirklichkeiten radikal beeinflussen und verändern können.

Dies gilt auch für den Bereich nonvokalen Hörhandelns. Gerade hier findet sich eine große Bandbreite habitualisierter Hörpraktiken, die Hörerwartungen erzeugen, welche in vielerlei Hinsicht auf den Zuhörprozess nicht nur strukturierend, sondern möglicherweise auch begrenzend einwirken. Behne (1994, 2006) etwa zeigt mit seinen „Hörertypologien", wie eng Hörpraktik und Hörerwartung aneinander gekoppelt sind. Rebstock wiederum führt die klassische Konzertsituation als Beispiel an: „‚Still sitzen und zuhören' war seit dem ausgehenden 18. Jahrhundert die adäquate Rezeptionshaltung für [...] absolute Musik, die in gewisser Weise ihre körperliche Dimension negiert und vom

---

[152] Ein Beispiel hierfür ist folgender Kurzdialog: „Er" fragt: „Was ist das Grüne in der Soße?" „Sie" antwortet: „Mein Gott, wenn es Dir hier nicht schmeckt, kannst Du ja woanders essen gehen!" (Schulz von Thun 1991, 62)

Zuhörer fordert, im Konzert ‚ganz Ohr zu sein'" (Rebstock 2009, 14). Den prägenden Einfluss solch ritualisierter Hörweisen beschreibt er mit folgenden Worten:

> „‚Still sitzen und zuhören', das bringt die Rezeptionshaltung auf den Punkt, auf die das klassische, bürgerliche Konzert als besondere Aufführungsform geradezu perfekt ausgerichtet ist: von der Architektur der Konzertsäle bis zu den gesellschaftlichen Ritualen, die das Konzert als Rahmung für musikalische Aufführungen sichern" (ebd.).

Rebstock macht so darauf aufmerksam, wie schnell auch im nonvokalen Bereich ritualisierte Hörweisen mit gewissen Hörerwartungen korrespondieren. Dies limitiert aber auch die Hörerwartung als solche, worauf Breitsameter (2005) aufmerksam macht, wenn sie schreibt, dass ein limitierendes „Mehr Desselben" auch erfahrbar ist in der Nivellierung einer akustischen Umwelt, in der die Vielfalt, dessen, was gehört werden kann, schwindet. Breitsameter verweist in diesem Zusammenhang vor allem darauf, „dass die Aufnahmefähigkeit vermindert wird, wenn nicht sogar vollkommen zerstört wird, wenn der Bereich von dem, was gehört und erfahren werden kann, zu klein wird" (ebd. o. S.). Damit, so führt Breitsameter weiter aus, schwindet auch die Erwartung, „dass es etwas jenseits unserer Gehörgewohnheiten gibt" (ebd. o. S.). Setzen wir eine Rückbezüglichkeit von akustischer Umwelt und Mensch voraus, impliziert dies, dass alles Hörbare in steter Wechselwirkung das Hören selbst prägt (vgl. Karst 1998), was bedeutet, dass unser Hörhandeln letztlich immer auch das Hörbare aktiv gestaltet. Solche Überlegungen verdeutlichen, dass kommunikative Strategien (sowohl vokal als auch nonvokal) stets auch an konkrete Interessen, Absichten und Ziele gekoppelt sind. Dies gilt umso mehr, wenn sie ausschließlich rekonstruktive Hörweisen einfordern, mit denen Wirklichkeiten einseitig „inszeniert" werden sollen

Es mag deutlich geworden sein, dass sich die spezifische Hörpraktik, d. h. die Art und Weise, wie wir zuhören, ganz unterschiedlich auf den Verlauf eines Verständigungsprozesses auswirken kann. Zuhören hinterlässt so – gerade auch in Form spezifischer Erwartungshaltungen – Spuren in unserer Wirklichkeit, auch wenn wir uns dessen nicht bewusst sein mögen. Entsprechend liegt der Akzent dieses Reflexionsraums darin, Zuhören nicht nur als automatisierte Praktik, sondern auch als gezielte Interventionsmöglichkeit und damit als machtvolles Werkzeug der Transformation wahrzunehmen und bewusst zu nutzen. Dies weist dem Zuhören eine Schlüsselposition als „konstruktive Schnittstelle der Kommunikation" zu. Die Reflexion der Hörerwartung mit Bezug auf das situative Hörverstehen kann kommunikatives Handeln von einseitig rekonstruktiven Praktiken des „Reloadens" (Isaacs 1999, 18) in einen konstruktiven und damit vielleicht gar transformativen Verständigungsprozess verwandeln, der einen – in Anlehnung an Bateson – Unterschied im (inter)subjektiven Wirklichkeitserleben macht. Hier zeigt sich das implizite Transformationspotenzial konstruktiven Hörhandelns – Albrecht/Perrin (2013) bezeichnen dieses Qualität des Zuhörens daher auch als „emergentes Zuhören" (ebd., 62 ff.).

Damit bestätigt sich das Grundpostulat des Interaktionistischen Konstruktivismus, das besagt, dass wir unsere Wirklichkeitskonstruktionen immer nur in Interaktion mit anderen ausbilden können. Dieses Postulat lässt uns Kommunikation als ein Geflecht interaktiver (veränderbarer) Konstruktionsprozesse verstehen, in dem „Wahrheit" nicht generiert oder reproduziert, sondern in einem gemeinsamen Prozess stetig neu *konstruiert* (und nicht bloß rekonstruiert) wird. Sind wir uns dessen bewusst, mag das dazu beitragen, die (manchmal unerwartet auftretende) existentielle Schärfe aus kommunikativen Prozessen herausnehmen und Kommunikation in ein entspannteres, vielleicht sogar spielerisches Geschehen wandeln zu können.

4.3.2. Intersubjektive Resonanz: Schlüssel zur „Verständigung"

Mit den vorangegangenen Überlegungen zeigt sich der Prozess des Verstehens immer auch als ein *Resonanzgeschehen*, das uns in der Zirkularität responsiver Dynamik unmittelbar mit dem Anderen *verbindet*. Dafür braucht es allerdings eine grundsätzliche *Resonanzbereitschaft aller* beteiligten Akteure, die schon hier als zentrale Gelingensbedingung des Zuhörens ausgemacht werden kann. Deutlich wurde auch, dass wir mit dem eigenen höchst subjektiven Maßstab den (oder das) „Andere(n)" anhand der zu diesem Zeitpunkt zur Verfügung stehenden Informationen vielleicht deuten und interpretieren, nicht aber „wirklich" verstehen können. So bleibt der einzig „sichere" Zugang, den uns das Zuhören gewährt, der Zugang zu uns selbst, ist doch die einzige „Gewissheit", die wir im Verständigungsprozess erlangen können, bloß eine Gewissheit hinsichtlich der eigenen Wirklichkeitskonstruktionen, Perspektiven und der Situiertheit im kommunikativen Geschehen. Beziehen wir diese Informationen reflexiv auf das Verstandene, das sich im kommunikativen Wechselspiel mit dem Anderen spontan einstellt, mag uns dies vor Augen führen, wie sehr die subjektiven Konstrukte immer auch dynamisch-gestaltend, vielleicht auch begrenzend auf die Kommunikation wirken können. So bleibt „das Verstandene" nicht mehr und nicht weniger als eine „situative Momentaufnahme" der Kommunikation, eine spezifische Größe, die individuellen und kontextuellen Grenzen unterliegt und die uns auf uns selbst zurückwirft. Auch wenn solches Zurückgeworfensein auf den ersten Blick eher unbefriedigend erscheinen mag, liegt hier auch ein großes Potenzial, das Thürmer-Rohr thematisiert, wenn sie schreibt:

> „Die Erinnerung verschwindet, daß Zuhören, könnte es frei oder jenseits von Herrschaftsverhältnissen gedacht und praktiziert werden, Bestandteil eines dialogischen Lebens zwischen Menschen sein könnte. Menschen, denen wir und die uns *Aufschluss* (Hervorhebung im Original) darüber geben könnten, *wer wir sind und wer sie sind* (Hervorhebung U. M.)" (Thürmer-Rohr 2006, 268 f.).

Sich in der Begegnung *gegenseitig Aufschluss darüber zu geben, wer wir sind*, heißt nicht nur, im Gewahrwerden des Eigenen den Blick für die Differenz zu schärfen, sondern mit dieser Schärfung auch das Bewusstsein der eigenen Identität zu vergrößern. Denn auch, wenn solche Momente und Impulse intersubjektiver Resonanz uns mit dem Anderen unmittelbar verbinden, mehrt doch das Zuhören nicht bloß Verständnis für den Anderen. Das *Resonanzgeschehen* (vgl. Kap. 2.5) verhilft zu einem besseren Verständnis auch unserer selbst, wenn wir den Resonanzraum des Zuhörens gezielt auch als Reflexionsraum nutzen. Entsprechend formuliert Bernstein: „Es ist in unseren genuinen Begegnungen mit dem was anders und fremd ist (auch in uns selbst), dass wir unser eigenes Selbstverständnis erweitern können" (Bernstein, zitiert nach Neubert 2012, 90).

Dies mag helfen, das Verstandene (besser) zu verstehen, um so ein erweitertes, ein tiefer gehendes Hörverständnis zu gewinnen. Gerade in Situationen „kommunikativer Engführung", d. h. in herausfordernden kommunikativen Situationen, kann solch „erweitertes Hörverständnis" hilfreich sein, um Auslassungen der Kommunikation zu erfassen, blinde Flecke zu verkleinern, neue Perspektiven aufzuspannen, Verborgenes sichtbar bzw. Ungehörtes hörbar zu machen. Damit können tiefer liegende Strukturen der Kommunikation, die sich „auf den ersten Blick", d. h. nicht unmittelbar erschließen, „erhellt" und das Hörverständnis *interaktiv* erweitert werden, was immer auch zu neuen Momenten der Begegnung führen kann. So öffnet der Reflexionsraum des Zuhörens das Tor auch zum Differenten, zum Über- oder Unerhörten.

An dieser Stelle könnte Verständigung als kommunikatives Wechselspiel beschrieben werden, in dem die Impulse intersubjektiver Resonanz, die im Zwischenraum, des Zuhörens entstehen, genutzt werden, um nicht nur zu einem besseren Verstehen des Anderen, sondern damit zusammenhängend auch des Eigenen und damit zu einem *erweiterten* Hörverständnis zu gelangen.

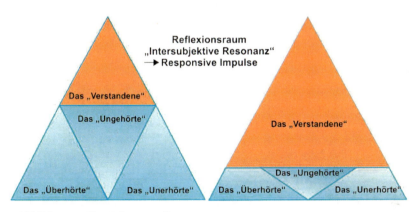

Abbildung 12: Verstehen erweitern

4.4. Im Kulturraum der Kommunikation

„Die Kultur einer Gesellschaft oder gesellschaftlichen Gruppe besteht in ihrem Repertoire an Symbolbedeutungen, d. h. in ihrem Repertoire an Kommunikations- und Repräsentationsmitteln." (Auernheimer 1996, 110)

Reduzieren wir Kommunikation nicht allein auf den Teilaspekt eines Informationsaustausches zwischen „Sender" und „Empfänger", verstehen wir sie nicht nur als kybernetischen, steuerbaren Prozess wechselseitiger Sprechakte, sondern explizit auch als Kulturtechnik, die (auch) *kulturellen* Raum etabliert und gestaltet, nehmen sie damit als spezifisch *raumformende Kraft* wahr, impliziert dies – analog zur visuellen Dimension – auch die Frage nach Möglichkeiten der „Gestaltung" solcher Räume, die wir mit jeder kommunikativen Sequenz „erschaffen", in denen wir uns gemeinsam aufhalten und die wir dann miteinander teilen. In einem Verständnis von Raum, das, in Anlehnung an Foucault, Halbwachs oder Assmann über die sinnlich erfahrbare Dimension hinausreicht, geht es daher auch um Fragen gesellschaftlichen Zusammenlebens, d. h. um ethische und kulturelle Implikationen von Kommunikation und damit um ästhetische Fragen im weiter gefassten Sinn. Der Sozialpädagoge Theo Eckmann, Mitbegründer der vorliegenden Veröffentlichungsreihe, hat in diesem Zusammenhang den Begriff der „Sozialästhetik" geprägt. Sozialästhetik bringt eine Form ästhetischen Erlebens zum Ausdruck, die sich in konkreten zwischenmenschlichen Handlungen, Interaktionen und sozialen Verhaltensweisen zeigt, mit dem Ziel, ein qualitativ bedeutsames Verhältnis zu sich und der Welt aufzubauen: „Wenn wir Ästhetik verstehen als sinnlich wahrzunehmende Qualität, dann ist Sozialästhetik deren Erweiterung in den sozialen Raum, ihre demokratische Übersetzung, Deutung und Sinngebung. [...] Damit ist es dem Menschen möglich, ein qualitativ bedeutsames Verhältnis zu sich und der Welt herzustellen und aufrechtzuerhalten" (Eckmann, o. J., o. S.). Der Begriff der Sozialästhetik korrespondiert insofern auch mit Deweys Verständnis von Ästhetik, als er schon rein begrifflich darauf verweist, dass jede (Alltags-)Erfahrung die Möglichkeit ästhetischen Erlebens in sich birgt. Demzufolge lassen sich ästhetische Erfahrungen produktiv und rezeptiv in allen Alltagserfahrungen machen, in Ereignissen und Szenen, „die das aufmerksame Auge und Ohr des Menschen auf sich lenken, sein Interesse wecken und, während er schaut und hört, seinen Gefallen hervorrufen" (Dewey, zitiert nach Peez 2008, 27). Dies gilt dann entsprechend auch für den Gesamtbereich zwischenmenschlicher Interaktion. Doch auch hier braucht das zumeist unreflektierte Erleben und Erfahren (der sozialen Dimension) im Alltag die reflektierte Verarbeitung, um die den Erfahrungen innewohnenden ästhetischen Qualitäten ins Bewusstsein zu holen und (nachvollziehbar) erlebbar zu machen. Sozialästhetik geht insbesondere solchen Fragen nach, in denen es um das bewusste Wahrnehmen (Erleben) sowie um das Praktizieren (Entwickeln, Verwirklichen und Reflektieren) sozialer Erfahrungen in der sozialen (Alltags-)Interaktion geht, also um das Streben nach sozialen und -damit zusammenhängend- kommunikativen Fähigkeiten (Kompetenzen), die insgesamt zu einem Erleben von Sinnhaftigkeit, Erfüllung („Fulfillment", Dewey) und Teilhabe in unserer Lebensführung beitragen können.

Dieses komplexe Bedeutungsfeld wird im Bereich der Kommunikation auch mit dem Begriff der „Kommunikationskultur" (vgl. Knoblauch 1995) gefasst, ein Begriff, der insbesondere im Wirtschaftskontext zunehmend Verbreitung erfährt. Der Begriff „Kultur" in dieser Wortverbindung verweist auf eine besondere ethische sowie ästhetische Qualität von Kommunikation (vgl. dazu auch Dobiasch 2014). Indem mit dem Begriff *Kommunikationskultur* hohe Standards kommunikativen Handelns, wie Transparenz, Offenheit, Dialogfähigkeit, Konfliktfähigkeit, Empathiefähigkeit, Ambiguitätstoleranz, Wertschätzung etc. assoziiert werden, vermittelt dieser Begriff vor allem *normative* Aspekte. Doch bleiben diese, solange sie nicht konkret gefasst werden, eher unscharf, da die *deskriptive* Seite dieses höchst spezifischen Spannungs- und

Bedeutungsfeldes offenbleibt. Erst durch eine konkrete Beschreibung und Zuordnung dessen, was unter diesem Etikett tatsächlich gefasst werden soll, d. h. erst durch die *Verbindung* sowohl normativer als auch deskriptiver Elemente, können Unterschiede, die das kommunikative Handeln normativ leiten, gefasst und einer *Kommunikationskultur* grundgelegt werden. Damit können mögliche „Kommunikationskulturen" dann auch voneinander unterschieden und trennscharfe Zuordnungen zu gesellschaftlichen oder wissenschaftlichen Bezugssystemen vorgenommen werden.

Fassen wir mit Schlippe et al. (2013, 28) Kultur als ein im weitesten Sinne „organisiertes System von Bedeutung", dem konkrete Normen, Bezugssysteme und Verhaltensregeln zugrunde liegen, soll in einem ersten Schritt das Konstrukt *Kommunikationskultur* weiter konsequent auf das dieser Arbeit zugrunde gelegte „Wissenschaftssystem" des Interaktionistischen Konstruktivismus (Reich 1998; 2009) bezogen werden, was zu der Frage führt: Welches spezifische „Repertoire an Symbolbedeutungen", an „Kommunikations- und Repräsentationsmitteln", wie Auernheimer (1996, 110) formuliert, etabliert der umgangssprachlich mittlerweile recht weit verbreitete Begriff der *Kommunikationskultur*, insbesondere im Verständnis interaktionistisch-konstruktivistischen Denkens? So wäre etwa zu untersuchen: Wie könnten seine normativen Theoreme in kommunikatives Handeln konkret und praktisch „übersetzt" werden? Stellt sich dem Praktiker doch schnell die Frage, wie das kommunikative Handeln jeweils beschaffen sein muss, das eine solche Kultur etablieren könnte, d. h. welche spezifischen Praktiken zu *kultivieren* wären. Aus diesem Schritt ergeben sich, weiterhin konsequent aus der *Perspektive des Zuhörens* betrachtet, spezifische Leitbilder der Kommunikation, welche die bisherigen Ergebnisse dieser Untersuchung zugleich schärfen. Solchen Leitbildern müssten neben normativen Aspekten dann auch handlungsleitende Prinzipien entnehmbar sein, welche auch auf deskriptiver Ebene ein mögliches „Repertoire an Kommunikationsmitteln" fassen und Handlungsvorschläge anbieten.

Da sich das Hören, das mit diesem Kapitel nun auch als raumformende Kraft der Kommunikation gefasst werden konnte, als Kontinuum bzw. verbindende Größe akustischer Kommunikation (Truax 2001) zeigte (vgl. dazu auch Kap 5.2.6), soll der Zugang zu einer „Kultur der Kommunikation" weiterhin über das ganze Spektrum akustischer Kommunikation gelegt werden. Ist doch das Hören als verbindende Größe akustischer Kommunikation nicht nur ein Hören auf den semantischen Gehalt der Sprache: Auch die audible Dimension der Sprache, ihre klangliche Ebene sowie Klang in seiner nonvokalen Form (Geräusche, Musik), ist, wie gezeigt werden konnte, an der Konstruktion von

Wirklichkeit maßgeblich beteiligt. Als atmosphärisches und identitätsstiftendes Medium schafft Klang – oftmals sehr wirkmächtig – gemeinsam geteilte soziale Wirklichkeiten und kann, auch aufgrund seiner implizit ästhetischen Komponente, nicht nur zum „Verhinderer" (Lärm), sondern auch „Ermöglicher" kommunikativer und sozialer Prozesse werden.

4.4.1. Kategorien, Leitbilder und Metastrategien – drei Vorschläge

Im Folgenden sollen nun – vor dem Leitbild der interaktionistisch-konstruktivistischen Wissenschaftstheorie, aufbauend auf der Idee, Kommunikation als raumformende Kraft zu verstehen – mögliche Leitbilder der Kommunikation entwickelt und zu einem „organisierten System von Bedeutung" (Schlippe et al. 2013) gefasst werden. Aus diesen entspringen Vorschläge für Leitbilder und Kategorien, wie solche „Hörräume der Kommunikation" anregend gestaltet werden können.

4.4.1.1. Hörverantwortung übernehmen: Hören „kommunizieren"

> „Wer keine Fragen zuläßt und zu keiner Antwort bereit ist, führt kein Gespräch, nicht einmal mit sich selbst" (Waldenfels 2007, 21).

Das Gelingen von Kommunikation ist mit der Idee „richtigen" Sprechhandelns verknüpft und impliziert die Idee von *Sprechverantwortung*. Hier wurde jedoch schon deutlich, dass eine Trennung von Hör- und Sprechhandeln nur theoretisch möglich ist, da jedes Gesagte zugleich auch ein Gehörtes ist und ein und dieselbe kommunikative Sequenz sowohl aus der Perspektive der Hörenden als auch der Sprechenden wahrgenommen werden kann. Das heißt, ob ein kommunikativer Akt als Sprech- oder Hörakt wahrgenommen wird, hängt vom Beobachterstandpunkt ab. Kommunikation wird damit zu einem zirkulären Wechselspiel subjektiver Hörperspektiven, welche sich mit den wechselseitigen Interpunktionen der Hör- und Sprechzirkel immer wieder neu öffnen und schließen. Kommunikation als genuin zirkuläres Geschehen zu verstehen, heißt wahrzunehmen, dass mit jeder kommunikativen Sequenz kommunikativer Raum entsteht – und wieder vergeht. Wie dieser Raum für die beteiligten Akteure bemessen ist, entscheiden die *Setzungen* kommunikativer Zirkel, die festlegen, wer wem zuhören muss (oder möchte). Sie interpunktieren die Kommunikation und bestimmen so die HörPerspektiven der Akteure. Thürmer-Rohr (2006, 270) bezeichnet Zuhören im Machtkontext daher als

„Herrschaftshören", das sich in einem Zuhören „nach oben" und einem Zuhören „nach unten" äußert: „Grob gesagt ist es das Privileg dominanter Gruppen, daß sie sich jederzeit Gehör verschaffen können und das Zuhören nach unten nicht nötig haben – es sei denn zum Zweck des Abhörens und Aushorchens". „Umgekehrt ist es Realität dominierter Gruppen und Minderheiten, daß sie in der Mehrheitsgesellschaft kein Gehör finden und zum eigenen Schutz aufs Zuhören *nach oben* angewiesen sind" (ebd.). Schnell werden Sprechende und Hörende dann zu „zwei Klassen", wird „das Verhältnis von Sprechen und Zuhören [...] zu einer sozial verfestigten hierarchischen Teilung von Einwirken, Zufügen, Aufnehmen, Erleiden, Gehorchen" (ebd.). Es sind nach Ansicht der Autorin vor allem die Frauen der westlichen Kultur, deren vermeintlich bessere Befähigung zur Kommunikation (Frauen als „bessere Zuhörerinnen") ganz anderen Motiven entspringen könnte. Indem sie gelernt haben, „auf den Mann zu hören und ihm ein gutes Publikum zu sein, jedenfalls die gute Zuhörerin vorzutäuschen" (ebd., 271), wird dieses Zuhören letztlich doch „zur Unterwerfungsgeste oder zum Stillhalte- oder Totstellreflex, [...] Hörform von Beherrschten oder solche, die sich wie Beherrschte verhalten" (ebd.).

Doch auch wenn, wie die Autorin bemerkt, „die Machtlosigkeit eine bessere Lehrmeisterin des Zuhörens ist als die Position der Macht" (ebd.), wird das Zuhören, solange es an einen Herrschaftskontext strukturell gebunden ist, zur Strategie oder zum Kalkül. Dies zeigt: Nicht bloß die „Verordnung" des Zuhörens, auch das (strategische) Nicht-Zuhören kann eine Form der Machtausübung sein. Beides ist aus dem gesellschaftlichen Handlungskontext nicht wegzudenken, da es in jeder Form zum „Instrument und Ergebnis von Herrschaftsverhältnissen geworden" ist (ebd., 270). Thürmer-Rohr entlarvt diese oftmals sehr subtilen Machtdemonstrationen der Kommunikation sehr genau, wenn sie ausführt: „Im Zuhören, Halbhören, Vorbeihören oder Weghören, im Abstoßen oder Assimilieren des Gehörten spiegelt sich das Verhältnis zwischen verletzungsmächtigen und verletzungsoffenen sozialen Gruppen" (ebd.), da es zur Realität dominierter Gruppen und Minderheiten gehört, in einer Mehrheitsgesellschaft nur schwer ein offenes Ohr zu finden und zum eigenen Schutz aufs Zuhören nach oben angewiesen zu sein. (vgl. ebd.). Solche asymmetrischen Strukturen sind häufig verdeckt angelegt, was den Umgang mit ihnen zusätzlich erschwert. Dies thematisiert auch Neubert, wenn er unter Bezug auf Bhabha (1996, 58) auf einen „oberflächlichen liberalen Multikulturalismus" aufmerksam macht, der letztlich – in einem scheinbaren Neben- und Miteinander „on equal terms" – das unterschwellige Fortbestehen von Machtasymmetrien betont, „die marginalisierte Gruppen daran hindern, sich zur rechten Zeit zu artikulieren und überhaupt Zugang zu den ‚ebenen Feldern' gleicher Anerkennung zu erlangen" (Neubert 2012, 85). Hier korrespondiert die „fehlende Artikulation" mit der fehlenden Möglichkeit, das Ohr der mächtigen Anderen überhaupt erst zu gewinnen, um von diesen (an)gehört werden zu können. Solche Asymmetrien speisen sich aus festgeschriebenen, oft jedoch verdeckten Interpunktionen jener Hör- und Sprechzirkel, welche die Interessen mächtiger Einzelner sichern wollen. Reich reflektiert diese Zusammenhänge immer wieder kritisch, indem er darauf verweist, dass Beobachtung und Macht unmittelbar gekoppelt sind, da derjenige, der im Besitz der Macht ist, auch die Beobachtungszusammenhänge bestimmt und damit relevante Interpunktionen zu setzen vermag (vgl. Reich 1998a, 17 ff.). Diese recht subtile Form kommunikativer Dominanz thematisiert auch Garrison. Letztlich, so argumentiert dieser, seien es doch zuvörderst die Mächtigen, die das Wort ergriffen und den Zuhörer als Mitgestalter des Dialogs bewusst außen vor ließen (vgl. Garrison 1996, 431 f.). Doch werden durch solche (scheinbar) festen und einseitigen Interpunktionen die Regeln des Diskurses schon vorgegeben, wenn sie bestimmen, was auf welche Weise (wem) gesagt und von wem gehört werden soll oder auch darf. Indem so die Schwächeren und Machtlosen einer Gesellschaft (nicht nur kommunikativ) in die Defensive gedrängt werden (vgl. auch Busche/Stuve 2012), offenbart dies ein feines, jedoch entscheidendes Moment kommunikativer Gewalttätigkeit. Dann werden einseitig fest gesetzte Interpunktionen – beschleunigt durch die Multiplikatoren medialer Omnipräsenz – zu Filtersystemen oder, wie Foucault formuliert, zu „Ausschließungsmaschinerien". Busche/Stuve (2012) bezeichnen dies als „hegemoniale Strategie des Nicht-Zuhörens".[153] Dieses Nicht-Zuhören spiegele sich in vielen Bereichen:

---

[153] Busche/Stuve (2012) führen dazu weiter aus: „Nur normalisierte Artikulationen wahrzunehmen könnte als hegemoniales Nicht-Hören bezeichnet werden, welches wir mit einem Argument von Markus Schroer (2008) verbinden wollen. Das Problem marginalisierter Gruppen beginnt für Schroer bereits mit der Frage der Wahrnehmung. Sein zentrales Argument ist, dass der sozialen Anerkennung die Wahrnehmung vorgelagert ist. Menschen(-gruppen) müssen mit ihrer (spezifischen) Lebenswirklichkeit überhaupt erst in einer Aufmerksamkeitsökonomie wahrgenommen werden. Dazu bedarf es der Wahrnehmung durch jemand. Für Schroer unterliegen marginalisierte Gruppen einem ‚Antennenschicksal' (Schroer 2008, 258), durch welches sie in der Artikulation ihrer Interessen keinen Adressaten finden. Es interessiert sich einfach niemand für das, was sie sagen. Dieses ‚Antennenschicksal' ist ein Ausdruck einer hegemonialen Strategie des Nicht-Zuhörens".

„Auch in der Pädagogik finden Normalisierungen anhand von Hören und Nicht-Zuhören statt, das sich entlang von Differenzlinien sortiert. Zum Beispiel werden Schüler_innen aufgrund ihres Geschlechts, ihrer sozialen Schicht und ihres kulturalisierten Hintergrunds in ihren Artikulationen unterschiedlich wahrgenommen. Festschreibungen von Jugendlichen auf bestimmte gesellschaftliche Positionen oder Schicksale stellen normalisierende pädagogische Praxen dar" (Busche/Stuve 2012).

Der Begriff der „epistemischen Gewalt"[154] (Castro Varela/Dhawan 2003), der die systematische Ausgrenzung marginalisierter Gruppen thematisiert, verweist darauf, dass das Recht der freien Meinungsäußerung als zentrales Grundpostulat freiheitlich demokratischer Gesellschaften zwar wichtig, aber für eine umfassende Meinungsbildung letztlich nicht hinreichend ist, wenn nicht (für alle) sichergestellt ist, dass das, was geäußert wird, auch von denen, an die es gerichtet ist, gehört wird.

Wie sehr das herrschende Meinungsbild durch die festen Interpunktionen wissenschaftlicher Diskurse, wie sehr damit Hörperspektiven hegemonial gelenkt und strukturiert sein können und wie dies zur gesellschaftlichen Nicht-Repräsentation marginalisierter Gruppen führen kann, wenn diese kein Gehör finden, und wie sehr diese dann in solcher kollektiven Sprachlosigkeit gefangen

---

[154] Mit dem Begriff der „epistemischen Gewalt" aus der feministisch-postkolonialen Theorie wird direkt in die Produktionsverhältnisse von sozialen Kategorisierungen und den damit verbundenen Diskriminierungen eingegriffen. María do Mar Castro Varela und Nikita Dhawan (2003, 270) bezeichnen mit epistemischer Gewalt die Produktion von dominanten Zentren und marginalisierten Rändern als „gewaltsame Beziehung". Neben der ökonomischen Dimension der Ausbeutung sind es diese Beziehungen zwischen Zentrum und Rändern selbst, die grundlegend für deren jeweiliges Selbstverständnis sind. In diesem Verhältnis stellt sich das Zentrum als die Norm(alität) und damit als das Selbstverständliche her, von dem aus mit Ausgrenzungen und Disziplinierungen auf die Anderen (re)agiert wird. Das „Andere" wird entweder ausgeschlossen oder zur Anpassung diszipliniert. Diese Produktionsbeziehungen in der Herstellung von „Normalität und Abweichung", von „Zentrum und Rand", von „dazugehörig und nicht-dazugehörig", von „mit Rechten ausgestattet und rechtlos", von „gehört und nicht-gehört werden", werden mit dem Begriff der „epistemischen Gewalt" beschrieben. Die hierarchischen Anordnungen werden über Gewalt und Diskriminierung stabilisiert bzw. reproduziert und können im Extremfall in die Eliminierung der Anderen münden. Die Achsen der Differenz, entlang derer epistemische Gewalt verläuft, sind unter anderen Geschlecht, Sexualität, „race" und Klasse.

sind (und dort gehalten werden), darauf macht auch Gayatri Chakravorty Spivak, Professorin für Literaturwissenschaft und Mitbegründerin der postkolonialen Theorie mit der Frage ihres gleichlautenden Werks: *Does the subaltern speak* (Spivak 2008) aufmerksam. Die Dokumentarfilmerin und Professorin für Medienkunst Hito Steyerl, die sich in ihren Texten mit Fragen postkolonialer und feministischer Repräsentationskritik auseinandersetzt, antwortet darauf: „Die Subalterne spricht nicht, sie hat keine Essenz, ihre einzige Funktion besteht darin, das koloniale und patriarchale Bedeutungssystem zu bedienen" (Steyerl 2005, 283). Spivak selbst schreibt: „So, ‚the subaltern cannot speak', means, that even if the subaltern makes an effort to [...] speak, she is not able to be heard" (Spivak 1996, 292). Denn wichtiger als die Frage: Wer soll sprechen? erscheint Spivak die Frage: Wer wird zuhören? (vgl. Spivak 2008, 127). Wird einer Rede nicht zugehört, entzieht es dieser nicht nur ihre ganz eigene Kraft, sondern auch ihr „Existenzrecht" und in gewisser Weise auch das ihres Redners. Dies bringt der Schriftsteller Henning Mankell eindrücklich zum Ausdruck, wenn er schreibt:

> „Die Gesellschaft wird durch Millionen von Gesprächen gebildet. Wenn ein Mensch seine Geschichte erzählen kann, wird er Teil einer Gesellschaft. Wem man nicht zuhört, der existiert nicht" (Mankell, zitiert nach Hagen 2006, 7).

So ist „das Sprechen [...] auf das Zuhören angewiesen, um zum Sprechakt zu werden und beide verlaufen innerhalb hegemonialer Strukturen [...]. Woran wir leiden, ist eine strukturelle hegemoniale Schwerhörigkeit, die uns daran hindert, diejenigen als Subjekte anzuerkennen, die wir nicht hören können. Um als Subjekt anerkannt zu werden, um sprechen zu können, ist es aber notwendig, gehört zu werden" (Peiffer 2013 o. S.). Daran zeigt sich, dass die „Ordnung der Diskurse" (Foucault 1977) nicht nur durch die Sprache, sonden auch durch strategische Interpunktionen des Hörens (und Nicht-Hörens) gesetzt werden. Sie vermögen die auditiven Perspektiven der Akteure einseitig zu definieren, wodurch sie die gesellschaftlich relevanten Beobachtungszusammenhänge nicht nur bestimmen, sondern auch *reproduzieren*. Garrison identifiziert daher ein grundlegendes Defizit, eine „Leerstelle", wenn er das Grundpostulat freiheitlich demokratischer Gesellschaften, das verbriefte Recht auf Meinungs- und Informationsfreiheit[155] als ausreichend hinterfragt und resümiert:

---

[155] Hier bezogen auf Artikel 5 des Grundgesetztes, der lautet: „Jeder hat das Recht, seine Meinung in Wort, Schrift und Bild frei zu äußern und zu verbreiten".

„Liberal thinkers from John Stuart Mill to Jürgen Habermas seem to assume that we secure communicative and democratic rationality simply by assuring freedom of speech. I want to challenge this prejudice" (Garrison 1996, 431).

Wird der Akteur aufgrund seiner gesellschaftlichen Teilnahmen zum bloßen Empfänger, entsteht für ihn eine kommunikative Zwickmühle: „The dogma says that all we need for democratic rationality is freedom of speech. This bit of Western ideology devalues those that listen and is oppressive" (Garrison 1996, 449). Die Betonung des „Rederechts" als kulturelle Errungenschaft der westlichen Welt wertet den Zuhörer dann ab, wenn er ihn durch einseitige Interpunktionen zum bloßen Empfänger degradiert. Wird nun das Zuhören für den Herrschaftskontext instrumentalisiert, wird es zur bloßen Strategie, zum Kalkül, ja, es kann sogar zur Bedrohung werden. In diesem Sinn argumentiert auch der kanadische Medienwissenschaftler und Professor für Kultur und Technologie Jonathan Sterne (2005, 345), wenn er formuliert: „The persistence of the voice as a metaphor for political, cultural, or sonic agency both leaves aside the potential agencies of listening". Dies mag zur kollektiven Geringschätzung des Zuhörens sowie dazu beigetragen haben, Zuhören mit Schwäche zu konnotieren. Es mag die Angst nähren, durch Zuhören in den Hintergrund des Geschehens zu geraten, die Kontrolle zu verlieren, eingeschüchtert oder gar „entmündigt" zu werden. Entsprechend schlussfolgert Thürmer-Rohr (2006, 270): „Die Geringschätzung des Hörens und das Schwinden des Zuhörens sind Ausdruck einer Kultur, deren Angehörige sich Herrschaftsinstrumente zu eigen gemacht haben und in die Herrschaftsmerkmale eingeschrieben sind". Doch, so argumentiert die Autorin weiter: „[O]hne Zuhören bleibt das Sprechen leer und ohne Resonanz bleibt es bloße Selbstdarstellung oder verzweifeltes Agieren" (ebd., 274). Soll der Zuhörer nicht zum bloßen Instruktions- oder Informationsempfänger, soll die Rede zum Dialog werden braucht es eine Form akustischer Aneignung, die der Be-*Antwort*-ung der Rede durch den aktiv und konstruktiv mitgestaltenden Zuhörer Raum und Gelegenheit gibt. Dies bezieht sich auf alle Bereiche des gesellschaftlichen Lebens. So gibt die Psychoanalytikerin und Ärztin Louise Reddemann der rhetorischen Figur der Antwort im Kontext ärztlichen Handelns einen großen Stellenwert. Sie geht sogar so weit, die Bezogenheit des Antwortens und die Fähigkeit des Mitgefühls als Bedingungsgefüge zu bezeichnen, wenn sie feststellt: „Mitgefühl ist Antworten" (Reddemann 2013). In einem Vortrag zum Thema „Ärztliches Handeln und die Kultur des Mitgefühls" führt sie weiter aus, sich für jemand verantwortlich zu fühlen, heiße fähig und bereit sein zu *antworten*.

Wie sehr individuelle HörPerspektiven durch feste Interpunktionen hegemonial strukturiert sein können, zeigt sich auch im Bereich nonvokaler Kommunikation: Peter Androsch, Initiator der *Hörstadt Linz* prägte im Rahmen des „Hörstadt-Symposiums 2011 *Hören und Gehorchen*" den Begriff der „akustischen Hegemonie" (vgl. Androsch 2009, 27 f.). Dabei lässt er sich von der These leiten, wer den akustischen Raum beherrscht, beherrsche damit auch gleichzeitig die Gesellschaft. Es sei Aufgabe einer Theorie der akustischen Hegemonie[156], im Akustischen die Spiegelungen und Grundfesten der Herrschaftsverhältnisse in der Gesellschaft zu erkennen und sichtbar zu machen (vgl. Androsch 2011):

> „[...] jene groben wie feinen Klanggewebe sichtbar zu machen, die die Gesellschaft umgarnen und einschließen [...]. Denn akustische Verhältnisse werden hauptsächlich durch Architektur, Stadtplanung und Technik geformt. Reflektierte Schallwellen sind es, die die Fähigkeit des Menschen Grund legen, sich selbst zu fühlen und sich durch Gleichgewichts-, Orientierungs- und Gehörsinn in Beziehung zu Raum, Zeit und Geschwindigkeit zu setzen und passiv und aktiv akustisch zu differenzieren. Der Themenkomplex Raum, Zeit, Geschwindigkeit und Sprache würde ein vorrangiges Forschungsfeld sein. Hier ginge es um Über-Tragung äußerer in innere Räume. Es wäre exemplarisch vorgeführt, dass Akustik relevant mehr als das Hören behandelt" (Androsch 2011, o. S.).

Offensichtlich wird der Zusammenhang zwischen Schallemission und Herrschaft, wenn es um Fragen der „Zwangsbeschallung" im öffentlichen Raum geht. Ob dies die musikalische Dauerbeschallung in Kaufhäusern, Restaurants oder Hotellobbys etc. ist. Ob mit der Beschallung öffentlicher Orte durch explizit klassische Musik dominante und bezwingende Hörperspektiven gesetzt werden. Ob die „ästhetisierende" Musikbeschallung der Vertreibung unerwünschter Gruppen, etwa von Menschen oder Personen aus der Drogenszene, dienen soll (vgl. Klussmann 2005) und klassische Musik funktionalisiert wird,

---

[156] Akustische Ereignisse haben „Herrschaftspotenzialität, schreibt Andrrosch (2014, 120): "Wenn also der akustische Raum, und damit der architektonische, in der Lage ist, mundtot, taub, desorientiert und verunsichert zu machen, dann rücken Schall und Raum unvermittelt in den Fokus der politischen Betrachtung: Als Spähre, Medium und Instrument von Herrschaft. Das akustische Ereignis breitet sich horizontal und vertikal zu einer Klangsphäre aus, ohne die gesellschaftliche Hegemonie nicht grundgelegt und entfaltet werden könnte" (ebd.).

um ein „subjektives Sicherheitsgefühl" (Müller 2010b) zu vermitteln und zu einem „harmonischen Miteinander" (ebd.) der dort agierenden Menschen (vgl. ebd.) beizutragen (vgl. dazu auch Kap. 5.3.1.2). Oder ob die Ästhetisierung der Umwelt durch „Akustisches Design", mit Methoden wie beispielsweise dem „Sound Branding"[157] oder einer wachsenden Zahl von „Audiologos", tatsächlich Maßgaben wirtschaftlicher Einflussnahme folgt. Auch wenn hier oftmals ästhetische Implikationen angeführt werden: „Zwangsbeschallung" folgt nur vordergründig ästhetischen Maßgaben. Sie ist Ausdruck von Herrschaft, die zuvorderst „ordnungsstiftenden" und wirtschaftlichen Interessen dient. Es ist die natürliche Offenheit des Ohrs, gekoppelt an die starke Beeinflussbarkeit des Menschen durch akustische Reize, die den „akustischen Zugriff" auf den Menschen für vielfältigste Interessen und Zwecke so attraktiv macht. Letztlich stellt jede unfreiwillig zu erduldende Form der Beschallung immer auch eine Form der „Zwangsbeschallung" dar, die zugleich Fragen nach Gestaltungsmöglichkeiten stimulierender akustischer Umgebungen nicht nur im privaten, sondern auch im öffentlichen Raum und damit nach möglichen Ordnungen akustischer Gemeinschaften generell aufwirft.

Doch was ergibt sich aus diesen Überlegungen nun konkret? Bedenken wir dieses zirkuläre Prinzip wird deutlich, dass die Übernahme von Sprechverantwortung allein nicht ausreichend scheint, sondern dass gelingende Prozesse der Kommunikation auf der aktiven und bewussten Übernahme gerade auch von Hörverantwortung basieren, wodurch sie partizipativ-demokratisches Handeln erst ermöglichen.

Doch was bedeutet es ganz konkret, Hörverantwortung zu übernehmen? Zunächst fällt auf, dass im Begriff der „Verantwortung" der Begriff der Antwort sprachlich schon fest verankert ist. Dies thematisiert die Antwort als solche nun gleich in zweifacher Hinsicht: So betont diese Dopplung zunächst die rhetorische Figur selbst, die damit zugleich auch auf die Bedeutung der Antwort für das kommunikative Handeln verweist. Dies sensibilisiert dafür, dass „Verantwortung übernehmen" und „Antwort geben" miteinander in Korrespondenz zu stehen scheinen. Hörverantwortung zu übernehmen mag in einem ersten Schritt heißen, sich der Zirkularität des Sprech- und Hörhandelns, der Auswirkung nicht nur des Sprechens, sondern auch der des Zuhörens auf die

---

[157] Beim „Sound Branding" oder auch „Audio Branding" handelt es sich um eine Form der akustischen Markenführung. International bekannt ist das bereits erwähnte Zwei-Ton-Audiologo der Deutschen Telekom.

Kommunikation gewahr zu sein. Sie lehrt das erste Kommunikationsaxiom Watzlawicks („man kann nicht nicht kommunizieren") konsequent in ein „man kann nicht nicht hören" und damit auch in ein „man kann nicht nicht antworten" weiterzudenken. Weiß doch schon der Volksmund: *Keine Antwort ist auch eine Antwort.* Entfällt die Antwort, treten an ihre Stelle Imagination und Interpretation, was „imgainären Stauraum" verursachen kann.[158] Damit wird deutlich, dass die Antwort keinesfalls folgenlos aus einem kommunikativen Zirkel „herausgekürzt" werden kann. Ihre Auslassung wirkt auf den Sprechakt insofern zurück, als sie den auf Antwort wartenden Akteur schwächt, da ihm nun eine wichtige Möglichkeit der Orientierung fehlt. Dies geht zusätzlich auf Kosten der Transparenz von Kommunikation und Interaktion. In einem zweiten Schritt thematisiert der Begriff der Hörverantwortung schon rein begrifflich die Kategorie der Verantwortung. Dass hier eine enge Kopplung zu bestehen scheint, wird schnell deutlich, wenn wir an gesellschaftliche Vereinbarungen, wie etwa die (ärztliche) Schweigepflicht denken, die auch rechtlich Relevanz haben. Solche Setzungen machen darauf aufmerksam, dass das, was uns zu Ohren kommt, uns immer auch in die Verantwortung nimmt. Nun darf zwar einerseits nicht alles Gehörte von jedem jederzeit in jeden kommunikativen Zirkel wieder „eingespeist" werden. Doch wird umgekehrt auch nicht alles, was den Deckmantel der Verschwiegenheit für sich reklamiert, ungeprüft unter diesem bleiben können. Noch anders liegt der Fall, wenn aus Gründen der Vorteilsnahme relevante Informationen oder Wissen bewusst vorenthalten, d. h. nicht zu Gehör gebracht werden: Werden Überlegenheiten auf diese Weise ausagiert, spricht man umgangssprachlich auch vom „Herrschaftswissen", das auf diese Weise behauptet werden will. Zuhören und Macht, dies wird einmal mehr deutlich, stehen in enger Korrespondenz und prallen in der Kategorie des Gehorsams aufeinander.[159]

---

[158] „[V]erkürzte [...] Formen der Kommunikation öffnen Missverständnissen Tür und Tor und werden schnell zum Auslöser für ungünstige (imaginäre) Dynamiken. Dann rächt es sich, wenn Zeitnot, in Kombination mit fehlender Achtsamkeit, eine sorgfältige Kommunikation verhindert hat. Ein solcher ‚Kommunikationsstau des Ungesagten' kann schnell ungünstige Verkettungen mit unangenehmen Folgen auslösen, deren Korrektur dann weitaus mehr Zeit erfordern mag, als ursprünglich nötig gewesen wäre" (Meier 2015, 326 f.).

[159] Mit der feinen Unterscheidung zwischen einem *Zuhören-Wollen, -Sollen -Müssen, -Können* macht der Musikwissenschaftler Hans-Peter Reinecke auf den Unterschied zwischen dem *Zuhören-Müssen* und der Kategorie des Gehorsams aufmerksam. Damit verdeutlicht er, dass nicht jedes *Zuhören-Müssen* dem Feld blinden Gehorsams zugerechnet werden darf (Reinecke 2002, 85 ff.).

Während jede Form des Gehorsams sich der Verantwortung für das eigene (Hör-)Handeln entzieht, löst nun die bewusste Übernahme individueller Hörverantwortung die fatale Nähe, die dem Hören und Gehorchen oft nachgesagt wird, unmittelbar auf. Diese Einsicht vermag die Zirkel blinden Gehorsams zu durchbrechen und auf das entscheidende Regulativ emanzipativen Hörhandelns zu verweisen: die Übernahme individueller Hörverantwortung. Hörverantwortung soll – im weiteren Sinne – verstanden werden als ein Handeln im Wissen um solch wechselseitiges Bezogen-sein, d. h. als ein Wissen darum, unausweichlich in die Zirkularität der Hör- und Sprechzirkel eingebunden zu sein. Es bedeutet ein Handeln im Bewusstsein darum, dass nicht nur das Sprechen, sondern auch das Zuhören Folgen hat. Hörverantwortung erscheint dementsprechend in vielerlei Gewändern. Sie kann ein Zuhören, aber auch ein Nichtzuhören, ja sie kann auch ein gezieltes Weghören bedeuten. Hörverantwortung zu übernehmen kann bedeuten, zu schweigen, Gehörtes zu thematisieren, in Frage zu stellen, weiterzugeben oder dieses für sich zu behalten. Vielleicht fordert uns das Gehörte auf, in die Metakommunikation zu gehen und so gänzlich neue kommunikative Zirkel zu eröffnen. Immer bedeutet Hörverantwortung jedoch, das Gehörte im Kontext der eigenen Teilnahmen kritisch zu reflektieren und das Hörhandeln diesbezüglich zu bedenken. Welche individuelle „Antwort" letztlich gewählt wird, welche (neuen) Interpunktionen damit auch gesetzt werden mögen: Entscheidend scheint zu sein, dass „respondierende Impulse als relevante Interpunktionen der Hör- und Sprechzirkel wahrgenommen werden. Ist doch, wie die bisherigen Überlegungen und Untersuchungen zeigen, nicht nur die Art und Weise des Sprechens, sondern auch die des Hörens keineswegs folgenlos. Will Kommunikation blindem Gehorsam entgegenwirken, dialogisches Handeln und partizipatorisch-emanzipative Prozesse initiieren, muss das kommunikative Handeln aus einseitigen Perspektiven entbinden (anstatt diese vorzugeben), denn, wie ich andernorts schon formuliert habe:

> „Diversität spiegelt sich in einer Vielfalt individueller ‚Perspektiven'. Gehen wir mit einem konstruktivistischen Verständnis davon aus, dass keine Perspektive Ausschließlichkeit für sich beanspruchen kann, unterstützt uns dies, Unterschiede als Bereicherung, als Ressource (und nicht als Bedrohung) wahrzunehmen, mit denen sich die Möglichkeiten individuellen und kollektiven Denkens und Handelns erweitern lassen (…). Perspektiven stehen dann nicht im Wettstreit miteinander, sondern in gegenseitiger Vermittlung, welche sich demokratisch und nicht hierarchisch organisiert. Solche gelebte Pluralität erfordert eine Kom-

munikationskultur, die das gegenseitige Sichgeltenlassen auch konkret sprachlich zu vermitteln vermag und ‚Dialogizität als Grundlage sozialen Lernens' (Reich 2012a, 202) ermöglicht" (Meier 2015, 324).

Um das Sprechen des anderen zu ermöglichen, braucht es ein bezogenes Zuhören, um dieses zu stärken, bedarf es der Antwort, d. h. spezifischer respondierender Impulse, indem das Hören kommuniziert wird. Ein Zuhören auf das Schweigen der marginalisierten Anderen kann durchaus der Beginn einer solchen Antwort sein (vgl. Pfeiffer 2013). So bemerkt Steyerl: „Das Vermächtnis von Spivaks Text ist der Hinweis auf diesen Moment des Bruchs - und die Aufgabe, vor die er uns auch heute stellt, besteht nicht darin, das autistische ‚Für-sich-selbst-Sprechen' der einzelnen Subjekte zu verstärken, sondern vielmehr darin, ihr gemeinsames Schweigen zu hören" (Steyerl 2008, 16). Busche/Stuve (2012) fordern daher dazu auf, relevante Kontexte zu bilden, in denen die anderen gehört werden können, d. h. Kontexte, in denen das Gehörte beantwortet, d. h. im weitesten Sinne kommuniziert wird.[160] Für die Pädagogik leiten sie die Forderung ab „eine Aufmerksamkeit für das Nicht-Gesprochene und Nicht-Repräsentierte" zu entwickeln.[161] Ähnlich argumentiert auch Neubert, wenn er schreibt: „Doch die Antwort [...] sollte eine ethische Antwort sein, nämlich die Verantwortung zu übernehmen, sorgfältig zuzuhören, unsere sprachliche, emotionale und kognitive Imagination zu gebrauchen, um zu begreifen, was in ‚fremden' Traditionen ausgedrückt und gesagt wird" (Neubert

---

[160] Busche/Stuve (2012) plädieren „für die Herstellung von Räumen, in denen Marginalisierte sich artikulieren können. Mit Artikulation meinen wir einerseits das Sprechen/Reden im alltagssprachlichen Sinne. Hier sollen Jugendliche sich miteinander austauschen. Von dort aus sollen sie die Möglichkeit erhalten zu anderen zu sprechen. Im Prozess des Austauschs findet auch eine Artikulation in einem weiteren Sinne statt. Es ist ein gemeinsames Bewusst-Machen darüber, dass der/die Einzelne nicht spinnt, wenn er/sie über eine rassistische, soziale, geschlechtliche Verbesonderungserfahrungen z. B. im Schulkontext berichtet. Es kann auch ein Verständigungsprozess innerhalb einer Gruppe von Jugendlichen darüber sein, wie innerhalb der Gruppe normative Maßstäbe gewaltvoll durchgesetzt werden. In beiden Bereichen wird aus einer intersektionalen Perspektive die Frage nach den Gestaltungsweisen der eigenen Verhältnisse gestellt" (Busche/ Stuve 2012).

[161] „In den gewaltsamen Beziehungen zwischen ‚Zentrum' und ‚Rand' spielt die Frage der Artikulation von Interessen und das Gehört-werden eine wichtige Rolle. Castro Varela/Dhawan beschreiben mit Bezug auf Gayatri Chakravorty Spivak, dass Marginalisierte nicht ‚nicht sprechen' würden; vielmehr würden sie durch ein hegemoniales Nicht-Zuhören nicht gehört" (Busche/Stuve 2012).

2012, 90). Dies mag gegebenenfalls gesellschaftlich etablierte kommunikative Abläufe durchaus in Frage stellen. Denn wenn Thürmer-Rohr (2006, 270) resümiert: „Zuhören verlernen heißt, den Regeln zu folgen, die in der Dominanzgesellschaft gelten", müsste für das Zuhören lernen umgekehrt gelten, die (kommunikativen) Regeln der Dominanzgesellschaft immer auch in Frage stellen und „verstören" zu wagen. Castro Varela/Dhawan (2003) differenzieren dies weiter aus: Eine kritische Praxis müsste „dagegen in der Lage sein, das Nichtgedachte der dominanten Diskurse zu denken, und denen zuzuhören, die zur Zielscheibe der epistemischen Gewalt werden" (ebd., 279). Letztlich kann eine Meinungsäußerung erst dann – auch im Sinne Stuart Mills (vgl. Garrison 1996) – „frei" sein und die in ihr angelegte Kraft entfalten, wenn die Rede nicht nur das erhoffte Gehör findet, sondern auf grundsätzliche Zuhör- und Antwortbereitschaft trifft – eine notwendige Voraussetzung, um sich der Vision eines „herrschaftsfreien Diskurses" (Habermas, 1983)[162] anzunähern zu können.

Verstehen wir die *Kategorie der Antwort*, wie hier angeregt, nicht bloß als „Endpunkt" einer kommunikativen Sequenz, sondern als respondierenden und *kommunizierbaren* Impuls, wird sie auch zum *Ausdruck interaktiven Bezogen-seins*. Damit ist die Antwort nicht nur End-, sondern kann immer auch *Anfangspunkt* kommunikativen Handelns sein. Dann zeigt sich das dynamische Potenzial *responierenden kommunikativen Handelns*, das Kommunikation nicht nur schließen, sondern neue Hör- und Sprechzirkel eröffnen und damit auch Neuinterpunktionen initiieren kann.

---

[162] Die Idee eines herrschaftsfreien Diskurses meint eine Form der Verständigung auf der Basis von Freiwilligkeit und Gleichberechtigung aller Teilnehmer. Dies bedarf nach Habermas folgender Voraussetzungen: „1. Jedes sprach- und handlungsfähige Subjekt darf an Diskursen teilnehmen. 2.a Jeder darf jede Behauptung problematisieren. 2.b Jeder darf jede Behauptung in den Diskurs einführen. 2.c Jeder darf seine Einstellung, seine Wünsche und Bedürfnisse äußern. 3. Kein Sprecher darf durch innerhalb oder außerhalb des Diskurses herrschenden Zwang daran gehindert werden, seine in 1. und 2. festgelegten Rechte wahrzunehmen." (Habermas 1983, 99).

4.1.1.2. Konstruktive Resonanz ermöglichen: Hören „rahmen"

> „Daß wir etwas in einem bestimmten Sinne auffassen und behandeln, schließt ein, dass wir dies *so und nicht anders* tun [...]. Im *so* liegt ein Moment der *Kreation* und der *Bevorzugung*, im *nicht anders* ein Moment der *Abweichung*."
> (Waldenfels 2004, 116 f.)

Mit diesen Worten beschreibt Waldenfels das Wesen der Aufmerksamkeit, im *Aufmerken auf etwas* unsere Wahrnehmung zu lenken und damit unser Handeln auf eine bestimmte Weise, nämlich *so und nicht anders*, zu organisieren. Dass der „Faktor Aufmerksamkeit" im Zuhörprozess einen zentralen Stellenwert hat, ist im aktuellen Zuhördiskurs wohl unumstritten (vgl. Imhof 2003; 2004). Doch spricht viel dafür, dass die Qualität des Zuhörens nicht allein quantitativ, d. h. mit einem „Mehr" an Aufmerksamkeit optimierbar ist, sondern mit einem dynamisch-flexiblen, d. h. einem „qualitativen Aufmerksamkeitsmanagement". Doch was können wir unter einem solchen Aufmerksamkeitsmanagement verstehen?

Aufmerksamkeit ergreift uns intermodal (vgl. dazu auch Motte-Haber 2010, 46), denn Sensorik und Motorik werden nicht getrennt nach Sinneswahrnehmungen angesprochen. In diesem komplexen Zusammenspiel sind verschiedene Zustände der Aufmerksamkeit unterscheidbar, die das Hörhandeln lenken. Hier gibt Waldenfels (2004, 188) weiterführende Hinweise: Er unterscheidet das intentionale Hören „von etwas", dem ein aktives Moment innewohnt, vom responsiven Hören „auf etwas", dem ein passives Moment zu eigen ist. Bei Letzterem spricht Waldenfels vom passiven „Wem-Status" der Aufmerksamkeit, bei dem jemandem durch eine zu „erleidende" Widerfahrnis etwas „zustößt oder zufällt", wie dies im Wahrnehmungsraum des Realen geschehen kann (zum Begriff des Realen vgl. auch Kap. 3.2.3.). Ob es das laute Hupen eines Autos ist, das die Aufmerksamkeit unerwartet fesselt oder ob ein Statuswechsel der Aufmerksamkeit vielleicht durch eine überraschende Veränderung der Tonlage in einem Gespräch eintritt. Geräusche, Klänge oder Melodien, aber auch symbolisch stark aufgeladene Worte (sogenannte „Trigger") können die Aufmerksamkeit individuell und situativ so binden, dass wir unmittelbar darauf „anspringen", d. h. *reaktiv* antworten und entsprechend automatisiert reagieren. Auch Wünsche, Begehren, innere Gestimmtheiten, d. h. volitionale und emotionale Dynamiken lenken die situative Aufmerksamkeit responsiv. Zu den entscheidenden Größen responsiven Hörens zählen damit auch psychologische Größen, wie die situative Zuhörintention, die sich aus dem Zusammenspiel dieser Dynamiken letztlich bildet. Dies erinnert daran, dass Kommunikation immer auch ein stark interessengeleitetes Geschehen ist, was zu einer Selektion der Reize schon auf vorbewusster Ebene führt (vgl. dazu auch Fiehler 1990b; 2002; Imhof 2003; 2004). Solch *responsive* Form der Aufmerksamkeit, wie Waldenfels (2004, 188) sie nennt, lebt von der Wiederholung. Sie hat sich in vielschichtigen, anhand biografischer Vorstrukturierung automatisierten, wie Schmidt (2013, 181) formuliert, „Wahrgebungen" manifestiert und verwirklicht das, „was bereits durch ein teils evolutionär entstandenes, teils künstlich geschaffenes Bedingungsgefüge ermöglicht und in Programmen, Deutungsschemata oder Kategorien vorgezeichnet ist" (Waldenfels 2004, 117). Daher bezeichnet Waldenfels die responsive Aufmerksamkeit auch als „sekundäre" oder „repetitive" Form der Aufmerksamkeit.

Von dieser hebt Waldenfels die „primäre oder kreative Aufmerksamkeit" (ebd.) ab, die er an anderer Stelle auch als „originäre Form der Aufmerksamkeit" bezeichnet. Sie ist eine aktive und willkürliche Form der Aufmerksamkeit („Wer-Status"), die das in Hinblick auf kommunikative Prozesse – wie Waldenfels formuliert – entscheidende Moment der Abweichung enthält (vgl. ebd.). Dann entscheidet der Akteur bewusst, auf wen oder was er seine Aufmerksamkeit richtet. Solche Abweichung ist dadurch gekennzeichnet, dass der Akteur eine Wahl darüber trifft, was aus der Unauffälligkeit heraustreten soll (vgl. ebd., 228 f.), d. h. was er *heraushören*, aber auch, was er überhören will und was damit „ungehört" oder gar gänzlich „unerhört" verklingt. Damit wird solche Abweichung zu einer bewussten und kreativen Unterbrechung unwillkürlicher Wahrnehmungsprozesse, welche die (Hör-)Szene dann neu zu „rahmen" vermag. Waldenfels spricht gar von einem Schlüsselereignis, bei dem „die Erfahrung über sich selbst hinauswächst" (ebd., 117). In dieser primären Form der Aufmerksamkeit steckt, so formuliert er, die Kraft der Ermöglichung, die „anderes und weiteres möglich macht" und nicht lediglich verwirklicht, was bereits potenziell angelegt ist. Das Moment der Abweichung oder auch Unterbrechung organisiert mithin das Aufmerksamkeitsfeld neu. Die Abweichung vermag nicht nur „bestimmte Möglichkeiten zu erschließen [...] indem [sie] andere verschließt" (ebd.), sondern sie birgt das Potenzial der Selbstermöglichung (ebd., 125). So kann, was eben noch unwillkürlichen und automatisierten Prozessen unterworfen war, durch den Wechsel des Aufmerksamkeitsstatus zu einem Akt bewusster Gestaltung werden, welche das Moment der Widerfahrnis in eine selbstbewusste Aktivität überführt und die Handlungsfreiheit des Akteurs vergrößert.

Doch wie gelingt der Wechsel von der passiven zur „kreativen Aufmerksamkeit", die uns Kommunikation bewusst(er) zu gestalten erlaubt? Einen entscheidenden Hinweis finden wir in der interaktionistisch-konstruktivistischen

Beobachtertheorie Reichs, die schon in Kap. 3 dargestellt wurde: Konstruktivistisches Denken ist grundsätzlich gekennzeichnet durch die „Heraufkunft des Beobachters" (Reich 2009a, 11). Doch – und hier differenziert die Beobachtertheorie Reichs – beobachtet dieser Beobachter nicht immer gleich distanziert. In seiner Rolle als Teilnehmer ist er assoziiert mit bestimmten Interessen und Gewohnheiten kommunikativen Handelns, ist verstrickt in kulturelle und biografische Bedingtheiten, ist daher immer auch gebunden an gewisse Vorgaben, Erwartungen und Praktiken, die ihn – als handelnden Akteur – bestimmten Wahrnehmungen gegenüber „blind" machen und ihn „selektiv" wahrnehmen lassen. Es ist die Beobachterposition, die ihn einen Schritt zurücktreten lässt. Sie führt mit der Veränderung des Aufmerksamkeitsstatus zu einer Veränderung des Hörmodus, die den Akteur mehr Distanz gewinnen lässt. Durch diese Positionsveränderung können sich responsive Automatismen selektiver Aufmerksamkeit in eine intentionale Gerichtetheit der Wahrnehmung verwandeln. Dann zeigt sich: Es ist die Beobachterperspektive, die es mit dem Statuswechsel der Aufmerksamkeit ermöglicht, sich aus reaktiven Mechanismen teilnahmegebundenen Handelns ein Stück weit zu befreien, Routinen der Kommunikation zu unterbrechen und die Aufmerksamkeit neu auszurichten. Das führt zu einer Erweiterung des individuellen Wahrnehmungsspektrums, und ermöglicht, etwas Neues oder Anderes, vielleicht ein *Über*hörtes, ein noch *Unge*hörtes oder bisher *Uner*hörtes herauszuhören. Das Moment bewusst gelenkter Beobachtung wird damit zu einem Regulativ, das es erlaubt, alte Pfade zu verlassen, den Verlauf eingefahrener kommunikativer Sequenzen entscheidend zu verändern und neue und andere Erfahrungen für alle beteiligten Akteure zu bahnen. Eine flexible Handhabung und „(Neu-)Inszenierung" der Kommunikation vermag daher neue Handlungsspielräume zu schaffen.

Denken wir Aufmerksamkeit als höchst kreatives und gestaltendes Moment kommunikativen Handelns, dessen bewusste Handhabung Wendungen und Verläufe bahnen kann, die nicht „jedes Hören und Sehen im Grunde auf ein Wiederhören und Wiedersehen hinaus(laufen)"[163] lassen, wird der bewusste Umgang mit ihr zu einem machtvollen Regulativ der Kommunikation. Zuhören nicht nur als Moment der Handlung zu verstehen, sondern auch als genuinen

---

[163] „Bliebe es bei dem Hören und Sehen von etwas, so liefe jedes Hören und Sehen im Grunde auf ein Wiederhören und Wiedersehen hinaus, das im Bereich vorhandener und lediglich zu entfaltender Möglichkeiten bliebe. Zwischen dem ‚Wem-Status' des ‚Patienten', dem etwas zustößt oder zufällt, und dem ‚Wer-Status' dessen, der darauf eingeht, sich abschirmt, sich dagegen wehrt, aber so und so antwortet, liegt ein Sprung" (Waldenfels 2007, 188).

Ort der Beobachtung zu nutzen, konfrontiert die Akteurin mit Dynamiken, die nicht nur zu einer gewissen Weite, sondern auch zu einer größeren Freiheit kommunikativen Handelns führen kann. Waldenfels spricht daher auch von der „Macht der Aufmerksamkeit" (Waldenfels 2004, 234), von „einem Sichdurchsetzen gegen andere" in einem „unvermeidlich selektiven" Geschehen (ebd., 235). Dass „gerade dies hier und jetzt bemerkbar wird" (ebd., 241) konfrontiert den Akteur auf eine bestimmte Art und Weise – „so und nicht anders" – sowohl mit sich als auch mit der Welt, reguliert sein Verhalten und organisiert seine Erfahrung (ebd., 95). Zugleich bildet sich mit dem Aufmerken auf etwas, das „aus der Unauffälligkeit heraustritt" (ebd., 239), „dass dieses oder jenes auffällt" (ebd., 241), ein Anderes jedoch nicht, auch eine Grenze, die einen Rahmen oder gar eine „Bühne" markiert, somit das, worauf wir aufmerksam werden, hervor-, Anderes jedoch zurücktreten lässt. Waldenfels formuliert entsprechend: „[E]twas setzt sich in Szene" (ebd., 197).[164] An anderer Stelle spricht er ganz konkret auch von „Hörszenen" (ebd., 197 ff.). Solche „aufmerkende Gerichtetheit" bewirkt ein spezifisches, „ein Andershören, ein Anderssehen" (ebd., 239), welche das situative Verstehen individuell prägen. Damit wohnt der Aufmerksamkeit auch eine gestaltende Kraft, ein, wie Waldenfels formuliert, „Moment der Kreation" (ebd., 117) inne, welche den Wahrnehmungsprozess absichtsvoll lenken, „inszenieren" oder auch „rahmen" kann. Aufmerksamkeitsgelenkte Rahmungen sind in der Kommunikationswissenschaft unter dem Begriff des „Framing" bekannt. Sie werden insbesondere in journalistischen Praktiken eingesetzt und genutzt, wenn die Aufmerksamkeit durch selektive Betonung und Akzentuierung, etwa durch Schlüsselwörter, gezielt gelenkt wird, um beim Rezipienten spezifische Deutungsmuster zu bahnen:

> „Framing essentially involves selection and salience. To frame is to select some aspects of a perceived reality and make them more salient in a communicating text, in such a way as to promote a particular problem definition, causal interpretation, moral evaluation, and/or treatment recommendation for the item described" (Entmann 1993, 51 ff.).

---

[164] Hierbei bezieht sich Waldenfels auch auf Husserl, der hervorhebt, dass unser Handeln nicht eigentlich produziert, sondern *inszeniert* wird (ebd., 197).

Auch die systemische Therapie arbeitet mit diesem Prinzip, wenn sie die wirklichkeitsgestaltende Kraft der Sprache nutzt: Ihre systemischen oder auch lösungsorientierten Interventionen setzen allein sprachliche, aber sehr machtvolle Impulse, die die Aufmerksamkeit gezielt zu lenken vermögen.

„Attraktoren", welche die (interpersonale) Aufmerksamkeit fesseln, Hörszenen spezifisch „rahmen" und so Kommunikation lenken, sind zahlreich.[165] Faktoren, die das kommunikative Geschehen beeinflussen sind etwa „feste Größen", wie der für ein Gespräch zur Verfügung stehende Ort oder die Zeit, aber auch „personengebundene Größen", wie Verbindlichkeit, Sorgfalt und Transparenz, von mir an anderer Stelle auch als „hilfreicher Dreiklang der Kommunikation" (Meier 2015, 326) bezeichnet. Auch scheinbar sekundäre Faktoren, wie gesellschaftlicher Status und Attraktivität, können die interpersonelle Aufmerksamkeit binden und das kommunikative Handeln der Akteure beeinflussen. Ob es die Performativität von Sprache und Klang oder ob es spezifisch kontextuelle oder personale Bedingtheiten oder Bedürfnisse sind: Es ist das Gesamtzusammenspiel solcher multimodal interagierenden Faktoren, welche individuell, wie Waldenfels formuliert, „etwas hervor-, ein anderes jedoch zurücktreten" lassen, eine Hörszene auf eine spezifische Weise rahmen und zugleich spezifisch „inszenieren". Dies gilt für den Bereich der Kunst generell, aber insbesondere auch für den Bereich der Musikrezeption. Helga de la Motte-Haber formuliert:

---

[165] Es sind eine Vielzahl von Faktoren, welche die interpersonelle Aufmerksamkeit in der Kommunikation stark beeinflussen: Ist für ein Gespräch ausreichend Zeit vorhanden? Ist der Ort so gewählt, dass keine Störungen zu erwarten sind? Wie entscheidend gerade diese Faktoren sind, wie wenig sie oftmals jedoch im pädagogischen Kontext berücksichtigt werden, führe ich an anderer Stelle weiter aus, hier soll ein kurzer Verweis genügen: „Die alltägliche (nicht nur pädagogische) Praxis ist geprägt von Zeitmangel. Ob sich dieser in unvollständigen Tür-und-Angel-Gesprächen spiegelt, im Unterbrechen, im Zuende-sprechen, von Sätzen des Anderen oder einem Nicht-ausreden lassen: Solche verkürzten Formen der Kommunikation öffnen Missverständnissen Tür und Tor und werden schnell zum Auslöser für ungünstige (imaginäre) Dynamiken. Dann rächt es sich, wenn Zeitnot, in Kombination mit fehlender Achtsamkeit, eine sorgfältige Kommunikation verhindert hat. Ein solcher ‚Kommunikationsstau des Ungesagten' kann schnell ungünstige Verkettungen mit unangenehmen Folgen auslösen, deren Korrektur dann weitaus mehr Zeit erfordern mag, als ursprünglich nötig gewesen wäre" (Meier 2015, 326 f.).

„Grundsätzlich kommt für die traditionelle Kunst dem Rahmen, womit der Konzertsaal, das Podium, die Galerie, die Signatur, die Bühne einschließlich der Riten bis hin zur Kleidung gemeint sind, eine vom Alltag distanzieren Funktion zu. Der Rahmen distanziert von der Kunst" (Motte-Haber 2010, 46).

Rebstock (2009, 16) spricht explizit von einer „Inszenierung des Hörens", welche die bewusste „Visualisierung und Inszenierung des Hörraumes" mit einschließen kann [...], die es ermöglicht, die Intensität „musikalischer Präsenz" und damit das situative Hörverstehen und -erleben zu beeinflussen. Rebstock beschreibt beispielhaft die veränderte kommunikative Dynamik einer solcher „(Neu-)Inszenierung des Hörens" im Kontext von Musikrezeption:

> „Das Außergewöhnliche war hier nicht die Musik, sondern die Uhrzeit und ein Angebot, Musik anders wahrzunehmen: Die Konzerte begannen erst um 22 Uhr 30, und das Publikum konnte die Musik liegend hören. Ähnliche Konzepte werden heute auch von Planetarien oder Schwimmbädern angeboten. Die Art des Hörens, die durch eine solche Inszenierung ermöglicht wird, unterscheidet sich dabei wesentlich von der Art des Zuhörens im klassischen Konzert: Die Musik erscheint nicht mehr als ein Gegenüber, das sich quasi diskursiv an den Hörer wendet und das dieser möglichst genau verstehen muss; verpasst er den Sinn der Musik, verpasst er ihre Pointe. Nachts über den Dächern einer Industrielandschaft liegend, löst sich dieses diskursive Hören auf. Die hörende Aufmerksamkeit richtet sich mehr auf das Hören selbst, auf die räumliche Komponente der Musik, auf einen Zustand, kurz: auf die sinnliche Präsenz der Musik, weniger auf ihren Gehalt" (ebd.).

Solche „Inszenierung" beeinflusst die Dynamik jedweder kommunikativen Szene. In unserer Rolle als Teilnehmer, die uns in gewisse Routinen, Praktiken, Strukturen sowie in ganz spezifische Interessen einbindet, vielleicht gar zwingt, sind wir überwiegend in einem responsiven Aufmerksamkeitsmodus gefangen, in dem wir solche aufmerksamkeitslenkenden Faktoren nicht unbedingt bewusst wahrnehmen und Kommunikation somit nicht bewusst „rahmen". Soll eine bestimmte Hörszene, soll Kommunikation bewusst und gezielt gestaltet werden, wird es von Bedeutung sein, nicht nur um die Macht aufmerksamkeitslenkender Attraktoren zu wissen, sondern sie auf eine Weise zu handhaben, die geeignet ist, die Aufmerksamkeitsfelder der Akteure in eine möglichst konstruktive Resonanz[166] zu bringen. Denn nicht alles, was die Aufmerksamkeit des einen fesselt, mag konstruktive Resonanz beim anderen auslösen. Konstruktive Resonanz wird somit nicht durch die „richtige", sondern – in Abhängigkeit von Situation, Intention und Kontext – durch eine möglichst hilfreiche Rahmung erzeugt, die jedoch individuell und kontextuell sehr unterschiedlich sein kann. Der bewusste Wechsel in die Rolle des Beobachters ermöglicht es, jederzeit innezuhalten und wahrzunehmen, welche äußeren und inneren „Attraktoren" die Kommunikation situativ (passiv) rahmen. Damit werden „Attraktoren" der Kommunikation identifizierbar und gegebenenfalls auch veränderbar. Dies ermöglicht es, die Aufmerksamkeitsfelder der Akteure so aufeinander zu beziehen, dass die Kommunikation konstruktiv gerahmt oder auch neu „gestimmt" werden kann. Ob Lehrer, Therapeuten, Berater, Sounddesigner, Konzertpädagogen, Musiker, Manager, sie alle „rahmen" oder „inszenieren" in Abhängigkeit ihrer Ziele und Zwecke menschliche Hörprozesse höchst unterschiedlich, indem sie die Höraufmerksamkeit auf spezifische Art (mehr oder weniger) bewusst lenken. Dies verweist nicht nur auf die hochdynamischen Kräfte, mit denen wir umgehen, wenn wir kommunizieren. Es verdeutlicht die Möglichkeit, kommunikative Dynamiken dann auch gezielt verändern zu können, wenn wir uns der spezifischen Kräfte und Attraktoren gewahr werden, die das kommunikative Geschehen modulieren und seinen Verlauf beeinflussen. Waldenfels thematisiert diesen Aspekt, wenn er schreibt:

> „Alles, was mit der Beeinflussung anderer zu tun hat, steht in dem Verdacht oder in dem Verruf, den Anderen als Mittel zu mißbrauchen, ihn bei der Verfolgung eigener Ziele und Interessen als Werkzeug oder Waffe einzusetzen. Man spricht von Strategien, einem Wort, das [...] vielfach im Sinne einer sozial ausgerichteten Zweckrationalität verstanden wird. Nun lassen sich die sozialen Wirkungen unseres Redens,

---

[166] Die Bedeutung *konstruktiver* Resonanz zeigt sich vor allem im Dissenz: Hier mögen die Aufmerksamkeitsfelder der Akteure – vielleicht aufgrund schon länger angesammelten „imaginären Stauraums" – in weit auseinander liegenden Feldern fest gebunden sein, sodass eine *konstruktive* Resonanz nicht gefunden wird. Damit ist der Blick verstellt, die für den Dialog notwendige *gemeinsame* Perspektive entwickeln zu können. Konstruktive Resonanz wird somit nicht durch die „richtige", sondern – in Abhängigkeit von Situation, Intention und Kontext – durch eine möglichst *hilfreiche* Rahmung erzeugt. Daher ist es etwa im Prozess der Mediation ein erster wichtiger Schritt, die Aufmerksamkeit auf Gemeinsamkeiten zu lenken, sodass gemeinsame Ziele, auf denen dann das weitere Vorgehen aufgebaut wird, entwickelt werden können (vgl. Besemer 2010).

Tuns und Auftretens, mitsamt dem Arsenal von Techniken und Praktiken nicht ausschalten. [...] Es betrifft in besonderem Maße alle Sozialberufe, die geradezu darauf angelegt sind, soziale Wirkungen zu erzielen, nämlich andere zu heilen, zu pflegen, zu beraten, sie zu erziehen, sie auszubilden: das alles geht nicht, ohne daß man Andere dazu bringt, etwas Bestimmtes zu sehen, zu hören, zu fühlen, zu tun" (Waldenfels 2007, 236).

Obwohl sich im Bereich professioneller Gesprächsführung zunehmend ein methodisches Wissen darum verbreitet, dass, aber auch wie die wirklichkeitsgestaltende Kraft der Sprache gezielt genutzt werden kann, um Kommunikation zu lenken, werden ihre den kommunikativen Prozess performativ gestaltenden audiblen Aspekte nach wie vor eher zurückhaltend thematisiert.[167] Jedoch „inszenieren" gerade Prosodie der Sprache, beeinflussen ihre Lautstärke, Dynamik, Klang, rahmen Pausen, Schweigen, rahmen letztlich – wie die Körpersprache – auch die audiblen Aspekte der Sprache kommunikative Prozesse oftmals nachdrücklicher als ihre inhaltlichen Aspekte. Die spezifische kommunikative Atmosphäre einer Hörszene verbindet sich mit den atmosphärischen Impulsen des Umfelds und prägt so den situativen Hörmodus, d. h. das Hörerleben ihrer Akteure nachhaltig. Die ästhetischen Implikationen kommunikativer Atmosphären werden so zu einem machtvollen, da aufmerksamkeitsfesselnden Attraktor der Kommunikation, der Kommunikationsprozesse sowohl fördern, als auch subvertieren kann. Das Wissen um die lenkende Kraft solcher Attraktoren und damit auch um die ästhetische Dimension von Kommunikation verbreitet sich mittlerweile auch auf den Diskurs der Unternehmenskommunikation:

> „Ästhetische Arbeit ist immer eine Form der Machtausübung, die subtil und kaum physisch manifest ist und die Befindlichkeit der Menschen angreift, die Stimmung manipuliert, Emotionen evoziert [...]. Die ästhetische Perspektive auf Unternehmenskommunikation und Inszenierung macht deutlich, dass es sich um sinnlich wahrnehmbare, körperlich spürbare Formen der Beeinflussung handelt, die auch Fragen nach Verantwortung und Ethik aufwerfen" (Biehl-Missal 2014, 857).

---

[167] Dabei sind gerade die audible Kontur, Resonanz oder Klangqualität der Stimme ein mächtiger Faktor zwischenmenschlicher Kommunikation, wie eine Studie von Helene Karmasin (2004) belegt. Ein Aspekt, der im Wirtschaftsbereich zunehmend an Bedeutung gewinnt.

Solche Überlegungen mögen verdeutlichen, wie entscheidend Fragen der Rahmung von Kommunikation sein können.

4.4.1.3. Zauber der Differenz entdecken: Hören „erkunden"

„Pädagogik ist Kommunikation und Kommunikation ist Differenz" (Korte 2003, 141).

Menschliches Leben findet „in einer Welt von gemeinsam geteilten und mitgeteilten Bedeutungen, d. h. in ständiger Konversation, im Gespräch und im Erzählen von Geschichten" (Schlippe/Schweitzer 2010, 11) statt. „Da Sprache jeweils essentieller Bestandteil einer Kultur ist, sind das Erleben und die Erfahrungen von Menschen, ihr Bewusstsein dessen, was ihre Wirklichkeit ist, also von dem jeweiligen kulturellen Hintergrund geprägt" (Schlippe et al. 2013, 53). Im Prozess der Enkulturation haben damit Kommunikation und Sprache einen zentralen Stellenwert, formt sich doch – eingebunden in eine spezifische biografische und kulturelle Genese – mit den kommunikativen Prozessen unserer Entwicklung immer auch personale Identität. Doch sind Sprache und Kommunikation nicht nur identitätsbildend (vgl. Schlippe et al. 2013, 53), sondern konfrontieren uns immer auch mit „Differenz". Denn indem Sprache grundsätzlich performativ wirkt, formt sich mit ihrem Gebrauch immer auch ein ganz eigenes, individuell begrenztes Wirklichkeitserleben und -verstehen (ebd., [168]). Das macht daher Sprache auch zum Ausdruck von *Differenz*, was Differenz gleichsam als Grundmuster in unsere Interaktionen hineinwebt. Korte (2003, 144) thematisiert dies, wenn sie schreibt: „Übereinstimmung ist immer – bildlich gesprochen – von Differenz umgeben und zunächst aus dieser entstanden, also aus der existentiellen sowie sprachlichen Nichtidentität zweier Partner". Schwierigkeiten zeigen sich dort, wo solche Differenzen in den impliziten Hintergrundannahmen nicht beachtet werden und gemeinsamer Sinn unterstellt wird, wenn man dieselben Worte verwendet (vgl. Lehmann-Rommel 2003, 36). So enttarnt Bernstein (1995) die Annahme, „dass es einen bestimmten, universellen, neutralen Rahmen gebe – oder geben müsse –, innerhalb dessen alle Sprachen oder ‚Vokabularien' adäquat übersetzt werden können und der es ermöglichen kann, die Geltungsansprüche, die in diesen verschiedenen Sprachen gemacht werden, rational zu be-

---

[168] Worauf Wittgenstein hinweist: „Daß die Welt meine Welt ist, zeigt sich darin, dass die Grenzen der Sprache (der Sprache, die ich allein verstehe) die Grenzen meiner Welt bedeuten" (Wittgenstein 1996, 37; zitiert nach Schlippe et al. 2013, 53).

werten" (Bernstein, zitiert nach Neubert 2012, 87) als durchaus problematische Hintergrundannahme, insbesondere, wenn sie Verständigungsprozessen im Kontext von Diversität unterlegt ist.

Vor diesem Hintergrund macht Neubert auf „die schwierige Balance zwischen einer Anerkennung inkommensurabler Andersheit einerseits und der Suche nach Möglichkeiten eines Erreichens von Gemeinsamkeit über Grenzen hinweg andererseits" (Neubert 2012, 87) aufmerksam. Inkommensurabilität,[169] die im Verständnis Bernsteins nicht zu verwechseln ist mit „logischer Unvereinbarkeit oder Unvergleichbarkeit" (ebd., 88), wirft uns letztlich auf unsere eigenen Interpretationen und Deutungsmuster zurück, denen wir etwa in der situativen Hörerwartung oder auch in Form des subjektiven Hörverständnisses begegnen. Dann stoßen wir an die Grenzen des Verstehens, was zugleich die Bedeutung des Zuhörens für den Verständigungsprozess hervorhebt. Dies betont Steyerl (2007), wenn sie schreibt: „[V]ielleicht ist auch das Ziel einer gemeinsamen Sprache nur ein Stolperstein, der uns den Blick auf das gemeinsame Zuhören verstellt". Steyerl entwirft damit eine konsequente Vision, Verständigung nicht nur als einen Prozess gelingenden Sprachhandelns zu verstehen, ebenso entscheidend ist für Steyerl der Akt des Hörhandelns.

Hier zeigt sich nun, dass es nicht das „Gleichmachen", sondern die Wahrnehmung von Differenz und die Ausbildung von Differenzbewusstsein und Differenztoleranz ist, die sich als wichtige Regulative des Verständigungsprozesses zeigen. Wird Inkommensurabilität zum Ausgangspunkt unseres Denkens und Handelns, trägt dies dazu bei, dass wir uns der eigenen Hintergrundannahmen und Denkmuster nur im „Gewahrwerden von Differenzen zu den Denkprozessen und Denkwelten anderer" bewusst werden. Dies setzt jedoch voraus, die eigenen „selbst-verständlichen" Meinungen und Denkmuster überhaupt wahrzunehmen, sie, wie Bohm formuliert, *in der Schwebe zu halten* und ihre Diskrepanz zu anderen, vielleicht sogar sehr differenten Denkgestalten „auszuhalten" (vgl. Bohm 2008). Differenz und Andersheit können dann als *Chance* pädagogischen Handelns verstanden werden, wird das Erleben von Andersheit zum „Erkenntnisinstrument". Dies ist erst in der persönlichen Begegnung, im Kontakt und in der „Reibung" mit dem Anderen erfahrbar, wie auch Lehmann-Rommel unter Bezug auf Dewey (2003) formuliert:

---

[169] Neubert bezeichnet Inkommensurabilität als „unbestimmtes und unscharfes Beziehungsverhältnis, in dem eine Trennungslinie zwischen Verstehen und Missverstehen, Auffassen und Fehldeuten, Darstellen und Verfälschen oft instabil und in Bewegung ist" (Neubert 2012, 89).

> „Die eigenen *habits* ins Bewusstsein zu holen und zu überprüfen, kann aus Deweys Sicht nicht durch Akte der Introspektion geleistet werden. Nur in der Differenz zu anderen und in der Betrachtung der Wirkungen auf andere und auf Interaktionen, können sie aus dem vor-kognitiven Hintergrund in den bewussten Vordergrund treten. Um Freiheitsgrade durch *inquiry* und reflexive Bewusstheit von kulturellen Skripten, die uns bestimmen, zu gewinnen, ist Kommunikation in zweierlei Hinsicht essentiell: Einerseits ist es notwendig, dass andere unsere Welt ‚stören' und Anlässe geben für Re-, De- und Neukonstruktionen. Andererseits können die eigenen *habits* nicht in Akten der Introspektion, sondern nur in Formen ihrer Aktualisierung in Interaktionen aufgesucht, beobachtet und verändert werden (Lehmann-Rommel 2003, 33).

Inkommensurabilität unseren Interaktionen als grundgelegt vorauszusetzen, macht Differenz zur *Grundlage* und nicht zum Sonderfall von Kommunikation, zu einem ausgeprägten und „unvermeidlichen Charakteristikum postmoderner Multikultur", wie Neubert (2012, 86) formuliert. Dies mag nicht nur die Aufmerksamkeit für die genuine Konstruktivität, die sich im Prozess sozialer Interaktion vollzieht, schärfen, sondern verdeutlicht die Notwendigkeit sorgfältiger Kommunikation, was nicht nur „Zauber" ist, sondern damit auch zur Herausforderung wird. Aus interaktionistisch-konstruktivistischer Perspektive erscheinen Dissens, Differenz und Andersheit vor allem als soziale Ressource, als besonderer Wert einer pluralistischen Gesellschaft. Konstruktivistisch formuliert ist diese Vision vor allem eine Aufforderung zu *konstruktivem* (Hör-)Handeln. Es kann uns dazu befähigen, solche Inkohärenzen (bei uns selbst und bei anderen) sorgfältig zu *erkunden*. Folgen wir Lehmann-Rommel, wird

> „[n]ach Dewey ebenso wie nach Bohm [...] die menschliche Fähigkeit zur Erkundung von Inkohärenzen kaum genutzt. Die Gewohnheit, Kohärenz erzwingen zu wollen, statt Unstimmigkeiten und Diskrepanzen zu erforschen, ist eine Form von Gewalt und führt damit zu einer weiteren Ausdehnung von Inkohärenz (Bohm 1998, S. 148)" (Lehmann-Rommel 2003, 36).

Differenz (gerade auch im pädagogischen Kontext) nicht nur theoretisch als wertvoll anzuerkennen, sondern im kommunikativen Handeln konkret *entdecken* und nachvollziehen zu *wollen*, um sich von ihr „verzaubern" zu lassen, mag sicher ein hoher Anspruch sein, der wohl nicht jederzeit einlösbar ist. Doch kann diese Idee helfen, Verständigung und Kommunikation als steten Wandlungs- und Wachstumsprozess zu begreifen, der alte Weltbilder in neue

„transformieren" kann. Dies lenkt den Blick weg vom Mangel, von der Begrenzung und fokussiert auf die *Möglichkeit*. Dass ein solcher Prozess nicht ohne Herausforderung ist, beschreibt Korte, wenn sie darauf verweist, dass dazu ein gehöriges Maß an Ich-Stärke zwar notwendig ist, dabei jedoch auch entstehen kann: „Es geht, auf eine Formel gebracht, um den Kern pädagogischer Profession, um Bedingungen und Eigenarten pädagogischen Selbstbewusstseins, das umso stärker werden könnte, wenn es die Chance zur pädagogischen Differenz wahrnimmt, aushält und am Ende kunstvoll praktiziert" (Korte 2003, 152). Erst aus dieser Perspektive zeigt sich eine „Möglichkeit der Grenzüberschreitung und des Erreichens von Gemeinsamkeit und Verständigung über Differenzen hinweg" (Neubert 2012, 86). Werden Differenz und Andersheit auf diese Weise zum Selbstverständnis und damit auch zum Gewinn der Kommunikation, kann dies die Bedrohung, die Differenz und Andersheit durch ihre bloße Anwesenheit oft schon auslösen, reduzieren. Differenz gar als *Zauber* wahrzunehmen, zielt auf das transformative Potenzial von Kommunikation. Dies mag in erster Linie vielleicht nicht unbedingt Übereinstimmung erzeugen, kann jedoch Veränderungsprozesse anstoßen, die (nicht nur, aber) gerade auch in pädagogischen Kontexten wünschenswert sind: „Sich professionell für das Gelingen von Kommunikation zu interessieren, bedeutet Differenz [...] wertzuschätzen, ja zu goutieren, zumindest aber Differenz als positive Bedingung aller pädagogischen Kommunikation zu begreifen und nicht als störenden Ausnahmefall, ja als Bedrohung anzusehen, wie dies vielfach in der pädagogischen Alltagspraxis zu beobachten ist" (Korte 2003, 41). Dies ist umso eher möglich, je weniger dieses Begriffsfeld mit der Vorstellung von Konfrontation und Auseinandersetzung, sondern mit Neugierde und Gewinn konnotiert wird. Das Gelingen von Kommunikation scheint daher im prozesshaften Geschehen der Kommunikation selbst zu liegen, das von tiefer liegenden Haltungen und Vorannahmen dynamisch geprägt wird. Ohne die innere Bereitschaft, den Anderen in seiner grundsätzlichen Differenz „gelten" zu lassen, sind „Verstehen" und „Verständnis" nicht möglich. Damit scheint diese Haltung als entscheidendes Regulativ dieser Prozesse und damit gelingender Kommunikation zu sein. Die Fähigkeit, den Anderen (besser) anhören zu können wird dann zum Gradmesser dieser inneren Bereitschaft.

Differenz zeigt sich daher nicht nur als positives Leitmotiv kommunikativen Handelns, sondern wird damit zu einer zentralen Kategorie von Kommunikation, wodurch das Zuhören eine Schlüsselposition bekommt. Dies heißt aber auch, dass die Herausforderung nicht in theoretischen Reflexionen allein, sondern vielmehr in der Umsetzung solcher Werte und damit im praktischen Handeln liegt. Daher fordert der Umgang mit Differenz dazu auf, die *Komfortzone der Kommunikation* zu verlassen. Um sich Widerständigkeit bewusst auszusetzen, um sich mit Brüchen zu konfrontieren, Diskontinuitäten und Unvollkommenheit aushalten, d. h. um sich in unebenen kommunikativen Gefilden nicht nur aufhalten, sondern diese gar bewusst aufsuchen zu wollen, bedarf es neben einer gewissen Portion Unerschrockenheit immer auch eines hilfreichen kommunikativen Instrumentariums. Möglichkeiten, diese theoretischen Überlegungen auf der Handlungsebene umzusetzen, sollen in Kapitel 5 und 6 nachgegangen werden.

4.4.2. Zwischenfazit und Exkurs 1: Zuhören – ein Risiko?

Rosenstock-Huessy, ein Vertreter dialogischen Denkens, formuliert: „Indem der Mensch antwortet, riskiert er Veränderung" (zitiert nach Muth 2013, 31 f.). Diese Äußerung thematisiert das Zuhören als folgenreiches Handeln, das somit immer auch ein Risiko birgt. Als Akt der Zuwendung einem Anderen gegenüber, birgt es neben dem Risiko der Veränderung auch das Risiko des Abgewiesen- und somit Nicht-angehört-werdens. Da wir nun wissen, dass Praktiken des Zuhörens sowohl Zugehörigkeiten definieren, als auch gesellschaftliche Teilnahmen bestätigen oder auch verwerfen können, haben Interpunktionen des Hörhandelns, indem sie bestimmen, wer wem zuhören kann, darf oder muss, große Verfügungsgewalt. Damit inkludieren oder exkludieren diese Praktiken nicht nur Subjekte, sondern weiten oder engen individuelle auditive Perspektiven. „Wird das Zuhören zur Machtgeste, werden Sprechende und Hörende [...] zu zwei Klassen, [wird] das Verhältnis von Sprechen und Zuhören [...] zu einer sozial verfestigten hierarchischen Teilung von Einwirken, Zufügen, Aufnehmen, Erleiden, Gehorchen", wie Thürmer Rohr (2006, 270) formuliert, weswegen diese das „Zuhören nach oben" von einem „Zuhören nach unten" unterscheidet (vgl. ebd.). Wird das Zuhören der anderen aus der Position der Stärke instruktiv erzwungen, werden solcherart „regulierte" Teilnehmer nicht nur in einer Position der Schwäche gehalten, sondern auch in ihrer Freiheit beschnitten. Wird das Zuhören aus der Machtposition heraus verweigert, kann dies die betroffenen Subjekte sogar gänzlich zum Schweigen bringen. Castro Varela/Dhawan (2003) sprechen dann von einem „hegemonialen Nicht-Zuhören". Ob nun als Verwerfung oder Bestätigung, in beiden Fällen zeigt sich das Hörhandeln als folgenreich, da es Spuren in der realen Welt hinterlässt. Trägt es doch entscheidend entweder zur Subjektivation, oder zur existenziellen Verwerfung von Individuen bei (vgl. Butler 2001 u. 2006).

So könnte vermutet werden, dass ein Zuhören aus der Position der Stärke nunmehr eine risikolose Option darstellt, diese kommunikative Praktik auszuüben. Doch folgen wir Spivak (2007), kann das Zuhören gerade auch denjenigen, der „ein Zuhören nach unten" bewusst praktiziert, durchaus verwundbar machen. Dies mag auf den ersten Blick paradox erscheinen. Spivak argumentiert, dass das Zuhören auf die marginalisierten „Subalternen", d. h. auf die im weitesten Sinne schwachen Teilnehmer einer Gesellschaft, den Blick für die eigenen Privilegien schärft. Denn es trägt dazu bei, die eigenen Privilegien zu erkennen und zu verstehen, dass diese Privilegien nicht nur für die anderen, die solche Privilegien nicht haben, ein Verlust sind, sondern in letzter Konsequenz damit ein Verlust sind auch für uns selbst.[170] Zuhören führt durch die Bezugnahme auf den/die Anderen zu einer erweiterten, zu einer sensibilisierten Wahrnehmung auch des sozialen Geschehens. Dies mag damit zusammenhängen, dass – wie aus der bisherigen Untersuchung hervorging – Zuhören unweigerlich auch Räume der Beziehung öffnet. Solche Bezogenheit, das zeigt sich hier, impliziert Verwundbarkeit, da sie die vermeintliche Position der Unverfügbarkeit und Überlegenheit aufbrechen oder zumindest in Frage stellen kann und Personen „sichtbar" macht. Die systemische Verbundenheit aller Individuen miteinander verweist auf die grundsätzliche Verwundbarkeit aller Interaktionspartner, nicht nur im Verbund von Mikro-, bzw. Mesosystemen, sondern auch auf der Makroebene, im sogenannten „global play". Dies nicht zu erkennen, mag der Verlust sein, den Spivak thematisiert, wenn wir auf unseren Privilegien beharren und „schwerhörig" werden. Denn erst im Einverständnis mit dieser potenziellen Verwundbarkeit, d. h. im scheinbaren Defizit, kann mit der Qualität interaktiver Bezogenheit auch eine Qualität entstehen, die das „Risiko" des Zuhörens aufbricht.

Doch scheint dies nicht das einzige Risiko zu sein, das mit der kommunikativen Geste des Zuhörens verbunden ist. Vergegenwärtigen wir uns das kraftvolle und transformative Potenzial des Zuhörens, wie es sich in seinen Facetten hier nach und nach vermittelte, stellt sich unmittelbar die Frage, was uns so oft davon abhält, das Zuhören selbstverständlich(er) in das Inventar unserer kommunikativen Praktiken zu integrieren. Vielleicht haben wir uns diese Frage schon einmal gestellt, nachdem wir einen günstigen Moment zum Zuhören „verpasst" haben. Etwa weil wir, des „sicheren Terrains" wegen, der Versu-

---

[170] Castro Varela schlägt vor zu reflektieren: „Wie sind wir zu dem geworden, was wir sind? Auf wessen Kosten? Was und wen können wir auf Grund unserer Privilegien nicht wahrnehmen, nicht hören? Welche Perspektiven werden uns durch diese Privilegien versperrt? Welche Möglichkeiten haben wir in unserm Leben? Wem bleiben diese Möglichkeiten versperrt und warum?" (Castro Varela 2007).

chung erlegen sind, lieber die eigenen Konstruktionen zu präsentieren, anstatt die des Anderen zu erkunden. Damit „verpassen" wir vielleicht manch wertvolle Information, worüber wir uns später ärgern mögen. Hier scheinen mehrere Faktoren zusammenzuspielen, die sich gegenseitig begünstigen. Es fällt auf, dass manche Begriffe aus dem Wortfeld „hören" und „zuhören" im weitesten Sinn mit Kontrolle assoziiert sind, so etwa Verhör, Gehorchen, Gehorsam. Da das Zuhören im Zuge einer Tradition der Gehorsamkeitserziehung oft auch als ein „Zuhören müssen" instrumentalisiert wurde, sind wir möglicherweise schnell dem *Imperativ des Zuhörens* erlegen (vgl. Kap. 1.2.) und konnotieren Zuhören als „unterwürfiges Tun". Was auch immer der Grund für solche „Taubheit" sein mag, in der Konsequenz bedeutet dies, dass wir aufgrund solcher Kontextualisierungen rund um das Zuhören wenig Erfahrung damit sammeln, welch machtvolles und kreatives Potenzial diese kommunikative Praxis birgt und wie dieses Potenzial gezielt erschlossen werden könnte Hinzu kommt, dass uns die geläufige Annahme, Zuhören sei ein „passives" Geschehen, vielleicht glauben macht, mit der Rede grundsätzlich mehr bewirken zu können als mit dem Zuhören. Eine weitere unglückliche Kognition, die oft in Konfliktsituationen greift, scheint die Sorge zu sein, mit dem Zuhören zugleich ein *Zustimmen* zu signalisieren, bzw. beides gleichzusetzen.[171] Dann scheinen wiederum Dynamiken des „Recht-haben-wollens" zu greifen, die mit ontologischen Denkgewohnheiten eng verbunden sind. So wird das Zuhören nicht zur Chance, sondern zu einem Geschehen, das den Akteur auf so tiefgreifende Weise fassen, verunsichern und seine personale Identität in Frage zu stellen vermag, dass er eher fürchten muss, etwas zu verlieren oder ungewollt Zugeständnisse zu machen, denn etwas hinzuzugewinnen. Es sind ganz konkrete Gefahren, die Garrison folgendermaßen beschreibt:

> „The idea that listening is a passive and submissive activity leaves listeners open to the dangers of being theorized or colonized while being "assimilated" by some dominant cultural norm or standard, or being defined in someone else's terms" (Garrison 1996, 433).

Hier zeigt sich, wie schnell sich Zuhören von einem „harmlosen" Geschehen hin zu einem „riskanten" Unterfangen entwickeln kann, was Garrison von einem „risk of active listening" (Garrison 1996, 25) sprechen lässt:

---

[171] Ähnlich verhält es sich mit der Gleichsetzung von *Verstehen* und *Verständnis*. So kann ich eine Person vielleicht *verstehen*, obwohl ich kein *Verständnis* für ihr Handeln habe.

„When listening actively we are at risk. That means our selves are at risk; that is, our habits (or, our prejudices) of action. Our unconscious habits of conduct become conscious, knowable, and alterable only in dangerous situations" (Garrison 1996, 441).

Auch Barthes (2006, 85) betont das Risiko des Zuhörens: „Das Zuhören existiert nur unter der Bedingung, daß ein Risiko eingegangen wird [...]. Es kann nicht im Schutze eines theoretischen Apparats eingegangen werden". Vergegenwärtigen wir uns, wie schwer es fallen kann, gegensätzliche Meinungen bloß anzuhören, wenn diese unseren Überzeugungen entgegenstehen oder gar die eigenen Wirklichkeitskonstrukte (und damit uns selbst) in Frage zu stellen scheinen, wird schnell deutlich, warum der Zuhörprozess zu einem bedrohlichen Geschehen werden kann: „It is important, though, to recognize that successful communication may require placing our personal identity, our minds, our habits of interpretation, at risk" (Garrison 1996, 446). Andere Meinungen allein nur anzuhören, kann dazu führen, dass wir uns mit unserer ganzen Identität in Frage gestellt sehen. Schon bloße Worte oder auch der Klang bestimmter Musik[172] können, wenn sie imaginär stark „aufgeladen" sind, zu emotionsauslösenden „Triggern" werden, die tief in unsere Interaktionen und Kommunikation hinein wirken. Erst vor diesem Hintergrund erklärt sich, warum in manchen Kulturen das Hören von Musik aus religiösen Gründen gänzlich verboten ist.

Solche im Körper verankerten und emotional aufgeladenen Handlungsdispositionen, sind nach Ansicht der Pragmatisten sehr schwer aufzubrechen (vgl. Neubert/Garrison 2012, 293). „The particular prejudices that we hold (or hold us) at a given moment determine our horizon. It is the limit not only of the actual but of the possibilities we can imagine" (Garrison 1996, 438). Neubert/Garrison (2012) weisen darauf hin, dass Gewohnheiten nicht nur Einfluss auf unsere emotionale Verfasstheit haben, sondern auch darauf wie bzw. *ob* wir überhaupt zuhören. Dies ist anhand mancher Alltagserfahrung sicher unschwer nachzuvollziehen, denn:

> „Um andere zu verstehen, müssen wir ihnen gegenüber offen sein. Das bedeutet immer auch zum Teil, dass wir unsere bisherigen Überzeugungen aufs Spiel setzen. Und weil diese Überzeugungen so zentral für

---

[172] Hier sei etwa an die verbotene und als „entartet" bezeichnete Musik der Nazizeit erinnert. Hierzu zählten u.a. Komponisten, wie Alban Berg, Paul Hindemith, Kurt Weill, Igor Strawinsky, Arnold Schönberg.

die Bildung unserer personalen Identität sind, stellt das durchaus kein geringes Risiko dar" (ebd., 293).

So ist es weniger der Vorgang der akustischen Übertragung, vielmehr sind es unbewusste Überzeugungen und Gewohnheiten, die erst in der Konfrontation mit anderslautenden Meinungen und Überzeugungen aktiv werden, Widerstand hervorrufen und teilweise eruptive dynamische Prozesse auszulösen vermögen – insbesondere, wenn sie den Kern der „Selbstidentität" berühren (ebd., 292). Da sich solche „habits" und „beliefs" als körperlich verankerte Kräfte manifestieren und so in Kommunikation und Interaktion auch konkret körperlich erfahrbar werden können, treffen die Äußerungen unserer Mitmenschen dann nicht nur als bloße Worte auf uns, sondern lassen einfache Worte zu Verkörperungen machtvoller Kräfte werden. Diese Dynamik kann ganz plötzlich und überraschend entstehen: Ob die Gesprächsatmosphäre durch einen Missgriff in der Wortwahl oder durch den „falschen Ton" kippt, ob wir jemandem, dessen Meinung wir nicht teilen, ganz „unser Ohr" verweigern. Auch mit den besten Absichten kann es geschehen, dass wir den „rationalen Pfad" verlassen, weil emotional aufgeladene Meinungen die Oberhand gewinnen und uns aus dem Dialog hinauskatapultieren, bevor er richtig beginnen konnte. Und obwohl solche „habits" und „beliefs", konstruktivistisch betrachtet, nicht mehr und nicht weniger als „soziale Konstruktionen" sind (vgl. ebd.), lassen sie sich doch mit rein rationalen Erwägungen kaum vom Tisch fegen. Als Kern unserer Selbstidentität haben sie sich im Kontext der Individualentwicklung und der kulturellen Prägungen gebildet.

So „unschuldig" sich das Zuhörgeschehen vielleicht auf den ersten Blick darstellen mag, so scheint doch im Zuhörprozess selbst ein zutiefst dynamischer und existenzieller Kern verborgen zu sein, der diesem Geschehen eine extreme Dramaturgie verleihen kann, sodass zeitweilig – in Hinblick auf unsere Interaktionen – die wenig förderliche Dynamik entsteht, dass uns unsere Überzeugungen besitzen und nicht wir sie. Ein einfacher Appell, *besser* zuzuhören, bringt uns dann oftmals nicht weiter. Auch der wohlmeinende Rat, uns in den Anderen hineinzuversetzen, aus seiner Perspektive zu schauen und unsere Vorurteile fallen zu lassen, wirft uns nur auf uns selbst zurück, haben wir doch nichts weiter als unsere Vor-Urteile, um das Gehörte zu verarbeiten, denn sie sind die Voraussetzung, um in der uns umgebenden Umwelt sinnvoll agieren, diese sinnvoll interpretieren zu können, wie auch Garrison betont:

> „Indeed, while unconsciously under the influence of a prejudice, it is impossible for us to fully recognize them, and if we cannot identify the prejudices that constitute our personal identities, then in some sense

we cannot even know ourselves, much less understand somebody different" (Garrison 1996, 434).

Konstruktivistisch gesehen ist Erkennen daher immer begrenzt. Reich weist darauf hin: „Als Selbstbeobachter in einem Diskurs sind wir immer Gefangene der Regeln und Normen einer Verständigungsgemeinschaft, ob uns diese nun bewusst oder unbewusst sind" (Reich 2009b, 377). Wir können letztlich niemals ganz aus unseren Konstruktionen heraustreten, können uns nicht aus unseren Vor-Urteilen selbst auf eine „neutrale Plattform" heben, um das Terrain gewissermaßen von einer „allgemein-gültigen" Beobachterperspektive zu überschauen. Entsprechend formuliert dieser: „Ebenso unmöglich wäre es, den Beobachter aus seinen Horizonten, aus den Intentionen seines Bewusstseins herauslösen zu wollen, um ihn hierin gar nicht erst sehen zu müssen" (Reich 1998, 77). Vielmehr brauchen wir gerade unsere „Vor-Urteile", sie sind, im Gegenteil, eine wichtige *Referenz*, die Verstehen erst ermöglicht. Garrison formuliert daher „prejudices provide the forestructure that makes interpretation possible" (Garrison 1996, 449), weswegen es kaum möglich ist, diese aus einer subjektiven Perspektive heraus als solche zu identifizieren.

> „To listen well, we must actively strive to understand the meaning of others in their terms. [...] Still, we cannot abandon all of our interpretive fore-conceptions or we would have nothing with which to interpret at all" (Garrison 1996, 433).

Manche Vorurteile „schlummern" lange unerkannt in uns, und wir werden ihrer vielleicht nie gewahr (vgl. Reich 1998a, 83). Letztlich dokumentieren sie Stationen unserer Individualentwicklung. Sie sind gekoppelt an Empfindungen, Gefühle, Bedürfnisse, die lange, vielleicht sogar für immer, in uns gebunden bleiben. Vor diesem Hintergrund kann es nicht darum gehen, uns von unseren Vor-Urteilen zu „befreien", sondern, im Gegenteil, bewusst anzuerkennen, dass diese uns in Form unserer *habits* und *beliefs* durchziehen, weil wir immer schon durch ein kulturelles Vorverständnis geprägt und mithin auch durch unsere Teilnahmen gebunden sind:

> „The point is not to free ourselves of all prejudice, but to examine our historically inherited and unreflectively held prejudices, and alter those that disable our efforts to understand others" (Garrison 1996, 434).

Damit sind es vor allem unsere „Vor-urteile", die den Ausgangspunkt einer Kommunikation bilden. Erst wenn wir ihrer gewahr werden, können sie „verflüssigt" werden und den Boden für einen konstruktiven Dialog bereiten, der in die gegenseitige Öffnung führen soll. Doch, auch dies wird nun deutlich, braucht gegenseitige Öffnung mehr als reflexive Anstrengung, insbesondere in Dialogen, in denen die gegenseitige Öffnung die eigentliche Herausforderung zu sein scheint, die zu scheitern droht, wenn sie zur Überforderung wird. Vor diesem Hintergrund stellt Garrison die entscheidende Frage, ob solche Öffnung tatsächlich möglich sei: „What does it mean to open oneself to another [...] how is it even a possibility?" (ebd., 444), auf die er jedoch kurz darauf die paradox erscheinende Antwort gibt: „The answer is, by being open and listening to others." (ebd.). Paradox, da sich hier eine tautologische Zwickmühle aufzutun scheint, in der das Zuhören als Schlüssel und Schwierigkeit zugleich ausgemacht werden kann. Zwar, so führt Garrison weiter aus, bedeutet Offenheit (im Dialog) immer Risiko und Verletzlichkeit, entscheidend sei jedoch die „Hintergrundfolie" des Zuhörens, d. h. die Hintergrundfolie unseres Denkens und Seins[173].

„Openness involves risk and vulnerability, but that is how we grow. Nonetheless, it is dangerous. The danger lies in the fact that openness in Gadamer's hermeneutics is ontological; it is about our being" (Garrison 1996, 433).

Es ist dies ein Dilemma, das tief in der Matrix unseres gewohnheitsmäßigen Denkens und Beobachtens verankert zu sein scheint, auf das Garrison hier anspielt. Doch gibt er zugleich einen entscheidenden Hinweis, wie dieser Widersprüchlichkeit zu entkommen sei: Er verweist darauf, dass sich im ontologischen Denken, im ontologischen Verständnis unseres Seins, die eigentliche Sprengkraft verbirgt, die unsere Kommunikation oftmals ergreift. Zuhören und die dafür notwendige Öffnung in herausfordernden Situationen ist nur unter der Voraussetzung möglich, dass wir uns aus „ontologischen Gefangenschaften" befreien, die unsere kommunikativen Praktiken dahingehend erschweren, dass sie gerade diese gegenseitige Öffnung blockieren. Hier unterscheidet sich das konstruktivistische vom ontologischen Denken, das getragen wird von der Idee der abendländischen Philosophie, „alles Andere, ihr Fremde in ein Selbes zu integrieren, zu kolonialisieren, um zu ihrem Eins zu kommen" (Reich 1998a, 77) entscheidend. „End-gültige" Denkweisen implizieren, dass unsere Meinungen und Überzeugungen, unsere Weltbilder, unsere weltlichen und religiösen Praktiken sich gegenseitig ausschließen. Sie sind hierarchisierend und daher bedrohlich: Denn setzen wir die *eine* richtige Erkenntnis, die

---

[173] Garrison bezieht sich hier auf Gadamers Verständnis eines hermeneutischen Zuhörens, das er zu Deweys Verständnis von Dialogen in einer pluralistischen Demokratie in Bezug setzt.

eine richtige Interpretation, den einen richtigen Lebensentwurf, das eine richtige Denken, die eine wahre Religion, die wertvolle oder wertlose Musik voraus, fühlen wir uns durch Verschiedenartigkeit und Abweichung in dem eigenen Lebensentwurf schnell abgewertet und bedroht. Reich spricht konkret von einem „Größenwahnsinn": „Die Heraufkunft des Selbst, das hier problematisiert wird, scheint in der abendländischen Geschichte in der Tat einen Größenwahnsinn zu bedingen, der Andere ausschließt" (Reich 1998a, 77). Konstruktivistisches Denken anerkennt im Gegensatz dazu die Vielfalt unterschiedlicher Perspektiven und individueller Wirklichkeiten, die jedwedes „Selbst-Verständnis" als subjektiven Maßstab entlarvt und in ein relatives Gewand hüllt. So mag es erst durch einen grundsätzlichen *Wechsel vom ontologischen zum konstruktivistischen Denken* gelingen, die existenzielle Schärfe, die zuweilen in unseren Interaktionen entsteht, herauszunehmen. Solange wir in unseren Gesprächen „die eine letztgültige Wahrheit" „selbstverständlich" zu ergründen suchen, im Bestreben, die „fundamentale Andersheit des Anderen", auf die auch Levinas (1992) immer wieder verweist, uns gleich zu machen, kämpfen wir mit- und gegeneinander:

> „A common conception of interpretation is that the goal is to discover the ‚truth' of a statement and reproduce it for oneself. In contrast, Dewey assumed that understanding ‚meaning' is a constructive process that occurs within a particular context, among particular participants, and is therefore always open to reconstruction" (Garrison 1996, 26).

Führen wir uns vor Augen, dass Weltbilder grundsätzlich konstruktiv und pluralistisch sind, eingebunden in die historisch-kritische Rekonstruktion ihrer Voraussetzungen, (vgl. Reich 1998a; 1998b), bedeutet dies, dass sich die unterschiedlichen „Bauarten" unserer Weltbilder nicht gegenseitig ausschließen, sondern dass sie sich gegenseitig ergänzen, ja sogar bereichern können. „Damit wird der Blick frei, anders zu sehen" (Reich 1998a, 79) und, wie ich hinzufügen möchte, auch anders *zuzuhören*.

„Wenn der Zwang entfällt, das Sehen [und auch das Hören, Ergänzung U. M.] selbst immer wieder auf eine letzte Ursache zurückführen zu müssen, dann kann bedacht werden, dass die intentionale Gegenwart von Objekten eine Wahrnehmung ist, in der ein anderes Wahrnehmen bedeutet, Andere wahrzunehmen" (Reich 1998, 79).

Nähern wir uns der Kommunikation nun aus einer konstruktivistischen Perspektive, können wir erkennen, dass Weltbilder grundsätzlich konstruktiv und daher pluralistisch sind. In dieser Erkenntnis liegt die Chance, den Perspektiven der Anderen mit Interesse, ja sogar mit Neugier, nicht jedoch mit vielleicht schon vorauseilender Abwehr begegnen zu können. Mit einiger Übung mag regelrecht Freude daran entwickelt werden, das Andere oder das Anderssein des Anderen zu entdecken und nachzuvollziehen, „den Zauber der Differenz" zu entdecken. Eine konstruktivistische Hintergrundfolie im Denken begünstigt kommunikative Entspannung, erzeugt „Ge-lassenheit", sodass sich Öffnung nicht nur oberflächlich, sondern auch auf einer tieferen Ebene ereignen kann.

Dies mag zu einer grundsätzlichen Entspannung unseres Denkens (und dem damit verknüpften *zwangs*läufigen) Handeln beitragen, unsere Denkweisen „entkrampfen" und weiten: „Remaining open is awkward. We must be willing to live with confusion and uncertainty about both ourselves and the other person we are attempting to understand" (Garrison 1996, 433). Hier liegt der Zugang, Diversität, wie sie sich uns in der gesamten Palette (nicht nur) der auditiven Dimension präsentiert, nicht als Bedrohung, sondern als Bereicherung wahrnehmen zu können: „[W]e were able to comprehend why we should view gender, race, and ethnic differences as cultural assets" (ebd., 439). Werden Überzeugungen zudem nicht reaktiv verteidigt, sondern können als solche gelassen und (selbst)reflexiv geprüft werden, schafft dies zusätzlich günstige Voraussetzungen, um

> „auf der Grundlage bewusster Akte überlegter Untersuchungen unserer Welt selbst [zu] formen […] hergebrachte Überzeugungen kritisch [zu] prüfen, sie in ihrer historischen und kulturellen Bedingtheit und Begrenztheit [zu] reflektieren, sowie kulturelle Kontexte teilweise in eigenständiger Konstruktionsarbeit neu [zu] erschaffen" (Neubert/ Garrison 2012, 292).

„Kompetentes Zuhören", das dieser Lesart folgt, kann etwa solche Kognitionen auflösen, die Zuhören mit Zustimmen, mit Gehorchen oder mit reiner Rekonstruktion gleichsetzen. Es kann damit gangbare Wege aufzeigen, wie das mögliche Risiko zum Zauber, der befürchtete Verlust zum Gewinn werden kann.

Doch auch, wenn hier eine konstruktivistische kulturkritische Hintergrundfolie das Zuhören neu rahmen mag, bleibt die Veränderung eines Kommunikations- und damit eines Verhaltensmusters, das von unseren „habits" und „beliefs" „gespeist" wird, nach wie vor eine Herausforderung, „ein Umstand, den jeder sofort verstehen wird, der sich einmal bemüht hat, abzunehmen oder mit dem Rauchen aufzuhören", wie Neubert/Garrison (ebd., 293) sehr treffend bemerken. Doch ohne die Bereitschaft, „kommunikative Gastfreundschaft" (vgl.

Thürmer-Rohr 2006, 267) zu praktizieren, wird Neues letztlich nicht erfahren, wird auch der „Zauber der Differenz" verborgen bleiben. Liegt doch gerade in dem, was uns unterscheidet, im Neuen und Anderen das Potenzial für Wachstum, Entwicklung und Veränderung und nicht in der Bestätigung der eigenen Perspektive: „Difference can help clarify and discriminate enabling from disabling prejudices if we open ourselves to what others have to say" (Garrison 1996, 435). Um die Möglichkeiten der Verständigung breiter ausschöpfen zu können, erscheint es als durchaus lohnende Herausforderung, sich hinsichtlich des Spannungsfeldes von Selbst und Fremdheit mit einer *konstruktivistischen* Hintergrundfolie auszurüsten, um es entspannter ausloten zu können. Ein solcher Wandel im Denken könnte einen Paradigmenwechsel der Kommunikation einleiten, der dazu beiträgt, ganz neue Hör- und Verständigungsweisen nicht nur zu erschließen, sondern geradezu „lustvoll", in Anlehnung an Wittgensteins *Sprachspiele,* sozusagen als „Hörspiele" zu kultivieren. Minimiert dies doch das mit jeder Öffnung subjektiv empfundene Risiko, sich sowohl dem Anderen in seinem Anders-Sein zu zeigen, als auch, diesen in seinem Anders-Sein *anzuhören*. Dies mag dann nicht nur eine andere Tiefenstruktur, eine andere Qualität, sondern auch eine andere interaktive Dynamik des Zuhörens initiieren.

4.4.3. Zwischenfazit und Exkurs 2: Zuhören – eine Kunst?

Während die Rhetorik seit der Antike unhinterfragt als eigene Kunstform, als „Rede-Kunst" gilt, erscheint ein entsprechendes Verständnis hinsichtlich des Zuhörens als „Hör-Kunst" noch eher ungewohnt. Doch verstehen wir mit Neubert „Kommunikation als kontingenten Raum von Möglichkeiten" (Neubert 2012, 274), wird Zuhören schnell zur schöpferischen Quelle der Kommunikation, jenseits reiner Reproduktion: Im Zuhören werden wir nicht nur unserer eigenen Konstruktionen gewahr, sondern gewinnen auch Zugang zu den Konstruktionen der anderen. Damit kann Zuhören zum Moment der kreativen Begegnung werden, zum „Wandlungsraum", der die Möglichkeit schafft, uns – im Gewahrwerden unserer Differenzen – neu zu „erfinden". Hören ist, so auch Scheich (2007), „von Anfang an kreativ" (Scheich, zitiert nach Oehler 2007a, 146). Zender (2011, 86) versteht Hören als einen konzentrativen Vorgang, durch den der Hörer „nicht nur Sinnvolles empfängt, sondern dieses selber mitschafft". Diese Vorstellung ist im Bereich nonvokalen Hörens mittlerweile ein vertrautes Konzept, denn das Hören auf Musik und Klang ist eher mit

Kreativität assoziiert als das Hören auf Sprache. Dies mag der Grund sein, warum Methoden *kreativen* Hörens, wie etwa das „kreative Rezipieren"[174], längst Einzug gehalten haben in Konzepte der Musikdidaktik. Auch der Musikwissenschaftler Tobias Plebusch spricht in einem Interview von einem „kreativen Akt inneren Hörens"[175], ohne den ein Musikverstehen gar nicht möglich wäre, den er folgendermaßen beschreibt:

> „Und dieses Innere Hören ist ein kreativer Akt [...]. Also es ist kein ‚in take', indem wir sozusagen nur registrieren, was da an Klängen durch unser Ohr ins Gehirn dringt und das sozusagen nur ‚richtig' verstehen müssen oder gar nicht verstehen müssen. Im Gegenteil: Was auf uns eindringt an Klängen, ist eine Irritation zuerst mal. Und wir müssen versuchen, daraus etwas Sinnvolles herzustellen. Wenn das manchmal nicht mit dem übereinstimmt, was vielleicht sogar der Komponist selber im Sinne hatte oder was Analytiker herausgefunden haben, Musikhistoriker, Musikwissenschaftler, dann ist das nur ein Symptom sozusagen dieser Kreativität, die immer am Werke ist, wenn wir Musik hören. Ganz unerlässlich – man kann ohne dieses Kreative, ohne das Herumdokternde, ohne das weiterkomponierende Hören überhaupt nicht Musik verstehen" (Michael Rüsenberg im Gespräch mit Tobias Plebusch 2003).

Die Klangkünstlerin Hildegard Westerkamp spricht gar vom „komponierenden Ohr" und formuliert: „[D]ie Qualität unseres Zuhörens kann die Qualität eines klanglichen Zeitablaufes (eines Gespräches, eines Musikstücks, ja sogar die Qualität einer Klangumwelt) beeinflussen und ändern" (Westerkamp 1999),

---

[174] Solche Konzepte liegen in der *Rezeptionsästhetik* Motte-Habers (1995, 2010) begründet. „Mit der Methode kreativen Rezipierens eines Musikstücks sollen Schüler angeregt werden, eigene Assoziationen umzusetzen; dabei füllen sie interpretatorische Freiräume in der Musik mit persönlichen Erfahrungen und Vorstellungen, lassen diese inneren Bilder, zum Beispiel in einem Gemälde, sichtbar – und damit fassbar – werden und machen sie so der Reflexion zugänglich [...]. Der kreative Prozess wird also in dieser Methode nicht als Selbstzweck begriffen, vielmehr ermöglicht er ein intensives Wahrnehmen der Musik und die Schaffung eines persönlichen, emotionalen Zugangs durch die eigene kreative Arbeit" (Voit 2005, 99).

[175] Plebusch versteht diese kreative Form des Hörens als grundlegend für alle Arten der Musikausübung oder des Musikschaffens, da sie dem Komponieren oder Interpretieren von Musik grundsätzlich vorausgeht (vgl. Plebusch, in Rüsenberg 2003).

eine These, die in der Quantenphysik ihre Entsprechung findet. Für Roszak wird der Wahrnehmende damit zum Künstler „weil er den notwendigen Transfer der Klänge [...] rezeptiv selbst vornimmt. Klänge werden als akustische Ready-Mades[176] aufgefasst. Und das Ohr des Hörers verwandelt sie analog zum Auge des Betrachters in Musik" (Roszak 2009, 9).

Damit wird Hören zu einer Art kollaborativ-kreativem Prozess von Künstler und Rezipient zugleich. Ob nun als *kreative Rezeption* oder als *komponierendes Ohr*. Diese Beschreibungen erscheinen als Näherungen, die Konstruktivität des Hörens als genuin kreativen Akt zu fassen. In Korrespondenz mit dem Anderen, d. h. im *interaktiven Prozess,* wird das Zuhören nicht nur zu einem bezogenen, sondern auch zu einem *kreativen* Geschehen.[177] Doch ist solche Kreativität nicht auf nonvokales Hörhandeln, d. h. auf Musik- und Klangerleben allein begrenzt. Für Dewey ist Kreativität ein bedeutendes Potenzial vor allem *vokaler* Kommunikation, so spricht er explizit von „creative conversation". Garrison führt dazu aus: „Conversation for Dewey was about creating and sharing meaning" (Garrison 1996, 430). Daher hat für Dewey das Zuhören nicht nur einen eigenen Stellenwert im kommunikativen Geschehen, Dewey begreift es, wie Roszak (2009), als explizit künstlerisches Tun, das seine ganze Kraft jedoch erst im Moment der persönlichen Begegnung entfalten kann:

> „The final actuality is accomplished in face-to-face relationships by means of direct give and take. Logic in its fulfillment recurs to the primitive sense of the word: dialogue. Ideas which are: not communicated, shared, and reborn in expression are but [monological] soliloquy, and soliloquy is but broken and imperfect thought" (Dewey, zitiert nach Garrison 1996, 430).

---

[176] Der Begriff des „Ready-Made" wurde ursprünglich vom Maler und Objektkünstler Marcel Duchamp (1887-1968), Mitbegründer der Konzeptkunst, geprägt. Er beschreibt den Vorgang der Isolation eines ausgewählten Alltagsgegenstandes (oder Geräusches) aus seinem ursprünglichen Zusammenhang, der (oder das) in einem anderen Kontext neue Bedeutung gewinnt. Der Begriff des „Ready-Made" fand damit auch Eingang in die Musik, etwa in der „musique concrète" oder im Musikverständnis John Cages (1912-1992).

[177] Kreativität möchte ich hier mit Neubert (2012, 277) als Fähigkeit fassen, „auf veränderte bzw. unerwartete Situationsbedingungen mit einer flexiblen Interaktion unserer ‚habits' zu reagieren, um durch eine Reorganisation gewohnter Erfahrungsinhalte neue Aktivitäten und Deutungen zu generieren", in Ankopplung auch an die Auffassung Csikszentmihalyis (1999), nach der Kreativität die Veränderung von etwas Bestehendem in etwas Neues, so noch nicht Bestehendes ist.

Ähnlich argumentiert Garrison (ebd., 447): „Dialogue across differences contain especially artistic, creative possibilities." Dabei führt er unter Bezug auf Dewey weiter aus:

> „Knowledge and understanding of other things, events, and persons were for Dewey something artistically produced, for the simple reason that he viewed all knowledge and interpretation as artistic constructions" (ebd., 446).

So mag es nicht weiter verwundern, dass Roth (2004) Anleihen aus dem Bereich der Musik macht, wenn er das dialogische Moment kommunikativen Handelns – unter Bezug auf Bachtin – mit Begriffen der „Zweistimmigkeit" oder auch der „Polyphonie" umschreibt. Diese Metapher vermittelt ein spielerisches Wechselspiel, bei dem sich in einem kommunikativen Miteinander subjektive Wirklichkeitskonstrukte wechselseitig aufeinander beziehen, ohne ihre Eigenständigkeit aufzugeben:

> „Zweistimmigkeit bedeutet nicht Adäquivalenz oder Verschmelzung oder Anpassung, sondern lässt das Fremde als Anderes in der Rede bestehen, ermöglicht aber doch Verstehen und Verständigung nicht in der Eintönigkeit des Gleichklangs, sondern in der Polyphonie des Mehrklangs. [...] In der Polyphonie des Dialogs findet das Ich erst sein Selbst, ohne dass das in eine feste Identität einmündet: Identität entsteht im Medium der Kommunikation und bleibt auch stets kommunikativ flüssig" (Roth 2004, 142 f.).

Indem die Herausforderung des Fremdverstehens in die Metapher der *Zweistimmigkeit* „übersetzt" wird, sprechen diese Begriffe auch von einer besonderen Qualität der Verständigung: Ein Verstehen des Anderen ohne Besitz zu ergreifen, im gleichzeitigen „Offenhalten von Identität", wie Roth (ebd.) formuliert. Solche „Polyphonie des Mehrklangs", von Dewey auch als „transactional listening"[178] bezeichnet (vgl. Waks 2011, 5), thematisiert nicht nur die

---

[178] „Dewey distinguishes between one-way or straight-line listening and transactional listening-in-conversation. This distinct kind of listening is not understood in terms of separate, fixed poles of speaker and listener, ready-made speaker contents, and even ready-made vocabularies. As he puts it, ‚When A and B carry on a conversation together the action is a transaction: both are concerned in it; its results pass, as it were, across from one to the other', an image that suggests electrical currents that connect the two poles in a single circuit. In this connected form of listening the receptive sides of the transactions are also active and aimdirected, and the active sides are also receptive" (Waks 2011, 5).

Konstruktivität der Kommunikation, sondern auch die Eigenständigkeit und Unabhängigkeit jeder einzelnen Stimme in einem Verständigungsprozess. Auf den ersten Blick scheint solches Wechselspiel im Begriff der „Zweistimmigkeit" und einem fast spielerisch anmutenden „give and take" (Dewey, s. o.) recht leichtfüßig daherzukommen. Doch habe ich oben schon dargestellt, dass sich die Vielstimmigkeit eines „transactional listening" schnell zu einem existenziell bedrohlichen Unterfangen entwickeln kann, indem es uns ganzheitlich, mit unseren körperlichen und imaginären Kräften, dem inneren Begehren und unseren Emotionen, fordert. Da diese Prozesse über kognitives Verstehen hinausreichen, braucht schöpferische Kommunikation sehr viel mehr als mechanistisches Agieren. Vielmehr fordert sie Qualitäten wie Offenheit, Neugierde, Imagination, Beweglichkeit, Wahrnehmungsaufmerksamkeit, Experimentierfreude sowie kritisch-(selbst)reflexive Fähigkeiten, gestützt von Intuition, d. h. Erfahrungswissen. Diese Kräfte wirken auf die „kommunikative Choreographie", die mit einer musikalischen oder auch tänzerischen Improvisation einiges gemein zu haben scheinen, wie dies der Musikpädagoge und Improvisationsmusiker Reinhard Gagel (2010, 104) beschreibt: „Man wird mitgerissen, gebremst, angezogen oder abgestoßen. Plötzlich liegt die Verantwortung bei den anderen, bei den Klängen, bei deren Dynamik und Energieverläufen, die man mitgeht. Da werden Individuen zusammengeschweißt in einem energetischen Prozess". Csikszentmihalyi (2007) hat für solche Dynamiken den bekannten Begriff des „Flow" geprägt und damit das Gefühl des vollkommenen Eintauchens in eine Aktivität, ein Gefühl des kontinuierlichen Fließens beschrieben. Dies scheint auch auf die gestaltete Interaktion mehrerer Subjekte, ob nun als „musikalische Improvisation" oder im gemeinsamen Gespräch, übertragbar zu sein. Der Improvisationsprozess, den der Improvisationsmusiker Marco Duderstadt (2003, 193) als „grundsätzlich offene Situation" bezeichnet, zeichnet sich durch hohe kreative Freiräume aus, in denen Neues und Ungeplantes entstehen kann (vgl. ebd.). Es ist die generelle Offenheit der kommunikativen Situation, welche die besondere Qualität des Improvisierens ausmacht und die Möglichkeit bietet, eigene Grenzen zu überschreiten (vgl. Gagel 2010, 154). Dies sind auch Prinzipien und Qualitäten, die insbesondere konstruktives Hörhandeln auszeichnen. Vor diesem Hintergrund mögen nun Analogien aus dem Bereich der Musik, auf die auch Roth (s. o.) zurückgreift, nicht weiter verwundern. Vielmehr ist eine Ähnlichkeit von musikalischen und kommunikativen Dynamiken nicht von der Hand zu weisen. Gagel versteht Improvisation daher konsequenterweise als „soziale Kunst", die nicht etwa dem Musizieren allein vorbehalten ist, sondern als Potenzial, das *jeder* sozialen Interaktion innewohnt. Wenn Gagel hier den Prozess improvisatorischen Handelns beschreibt, etwa, wenn er vom „Musikmachen im

Schwarm" (ebd., 105) spricht, wird recht deutlich, dass sowohl musikalische wie kommunikative Dynamiken ganz ähnlichen Gesetzmäßigkeiten zu unterliegen scheinen:

> „Den im Ensemble Improvisierenden schreibt niemand vor, wer musikalisch ‚spricht' und wer zuhört, niemand will und kann Eindeutigkeit einklagen, stattdessen sind es Vieldeutigkeit und Überlagerungen, die im ‚Hörraum', im intersubjektiven Raum des Improvisationsstücks, im Zeitraum von ‚ich höre dir zu – du hörst mir zu' auszuhören gilt. In einem improvisierenden Ensemble kann jeder ‚das Wort ergreifen'. Wo aber nur jeder für sich redet, wird nicht zugehört. Offen zuzuhören verlangt von den Spielerinnen und Spielern, Rollen, Interaktionen, Klänge, Klangfarben, Muster in ihrer Vieldeutigkeit und Zirkularität wahrzunehmen, ohne sich fixiert und starr auf eine Bedeutung oder nur um das eigene Spiel zu kümmern" (ebd., 71).

Damit zeichnet Gagel den Improvisationsprozess nicht nur als ein kreatives Geschehen, das getragen wird von einer hochflexiblen Wahrnehmungsaufmerksamkeit, sondern beschreibt zugleich Grundprinzipien kompetenten Zuhörens, wie sie weiter vorne schon gefasst wurden. Verstehen wir Kommunikation als eine Form *interaktiver Improvisation*, wird das vertraute alltägliche Feld menschlicher Kommunikation auch zu einem künstlerischen Geschehen, was ihm eine neue Färbung verleiht (vgl. weiterführend dazu auch meine Ausführrungen in Meier/Weber 2013, 133 ff.).

Deutlich wird: Das herausragende Potenzial des über reine Reproduktion hinausreichenden *kreativen Kommunizierens* – „creative production of understanding and not mere reproduction of meaning" (Garrison 1996, 450) – basiert auf einem *konstruktiven Zuhören* und ist daher ein genuin schöpferisches Moment: „Such understanding is creative. Creativity is our greatest need and our greatest hope", so Garrison (1996, 450). Keatives Zuhören geht über die Art des Zuhörens hinaus, die Isaacs als „Downloading" bezeichnet, ein gewohnheitsmäßiges Abrufen altbekannter Muster und Meinungen: „People do not listen, they reload!" (Isaacs 1999, 18). Im Sinne Deweys ist kreatives Zuhören damit auch ein künstlerisches: „Achieving shared understanding involves listening, and listening is an artistic, creative act" (Garrison 1996, 447). Das ganze Ausmaß „kunstvoller Kommunikation", des „artistic making of meaning" (ebd., 446) bildet sich dann im gemeinsam gewonnenen Verständnis („shared understandig"), als konkret fassbares „künstlerisches Produkt" ab und bietet Gelegenheit, uns in der Interaktion mit Anderen immer wieder neu zu „entwerfen". Wohl unstrittig ist: Je herausfordernder ein Dialog ist, umso mehr bedarf sein Gelingen auch eines besonderen *Könnens*. Einen Dialog so zu führen, dass dieser im Sinne *aller* Dialogpartner kreativ, erfolgreich oder auch „nur" als zufriedenstellend erlebt wird und in dessen Verlauf ein Gemeinsames, ein „shared understanding" entsteht, kann durchaus zu einem herausfordernden und anspruchsvollen Ziel werden. Beispiele hierfür finden sich im persönlichen, im beruflichen und politischen Umfeld wohl zuhauf. Das gilt insbesondere, wenn scheinbar wenig Gemeinsames Ausgangpunkt des Diskurses ist und allein das Trennende das verbindende Element zu sein scheint. Doch folgen wir Dewey, ist gerade *Differenz* Schlüssel zum Wachstum, an der sich dann die spezifische „Kunst" des Dialogs ganz konkret bemessen lässt.

Weiterführend für diese Untersuchung erscheint nun auch, dass Dewey die Dimension der Kreativität mit der Dimension der Partizipation verbindet:

> „Communication is the process of creating participation, of making common what had been isolated singular; and part of the miracle it achieves is that, in being communicated, the conveyance of meaning gives body and definiteness to the experience of the one who utters" (Dewey, zitiert nach Garrison 1996, 447).

Für Dewey hat das „shared understanding" immer auch partizipative Implikationen. Es *verbindet* die Akteure in Aspekten, die zuvor unverbunden waren: „The external object, the product of art, is the connecting link between artist and audience" (ebd., 446). Hier steht die Qualität wechselseitiger Bezogenheit kommunikativen Handelns im Vordergrund, die nicht allein den Konsens anstrebt. So liegt der eigentliche Gewinn im Prozess selbst, weniger im Produkt. Schon Gadamer weist diesem „Gemeinsamen" neben dem „Ich" und dem „Du" einen eigenen Platz in einer triadischen Struktur der Kommunikation zu: „This triadic relation is akin to Gadamer's ‚sharing in a common meaning' in which understanding is created by making something common between the dialogue partners" (ebd.). An anderer Stelle spricht Garrison auch vom triadischen Zuhören: „Hermeneutic listening is triadic. It is a trinity of I, Thou, and what Gadamer above called ‚the miracle of understanding'; that is, the creative production of understanding and not mere reproduction of meaning" (ebd., 450).

Auch hier verbinden sich die Vielzahl vokaler und nonvokaler Hör-, Sprech-/Klangzirkel miteinander, bezieht sich das Zuhören auf den gesamten Bereich akustischer Kommunikation. Damit ist „es [...] offen gegenüber allen akustischen Phänomenen und Impulsen, seien es Alltagsklänge, Klänge der Natur oder durch den Menschen definierte Musik" (Zender 2011, 86).

Allerdings scheint es hier nötig zu sein, das dialogische von einem prinzipiell interaktiven Wechselspiel zu differenzieren. Denn während sich das „interaktive Prinzip" vokaler Hörpraktiken im dialogischen Wechselspiel des „give and take" der Akteure klar zeigt, mag es sich im Zuhören auf Musik und Klang vielleicht nicht ohne weiteres erschließen, da diesem kommunikativen Geschehen der Aspekt der Dialogizität zu fehlen scheint. Dies verdeutlicht, dass zwar jeder Dialog interaktiv, doch nicht jede Interaktion zwangläufig (im Sinne eines wechselseitigen give and take) dialogisch ist, weswegen Dialogizität als besondere Form von Interaktivität hier ausgemacht werden kann. Dies gilt auch für den nonvokalen Bereich: Obwohl (etwa in einer musikalischen Improvisation), musikalisches Handeln durchaus dialogisch angelegt sein kann, gibt es durchaus viele Formen musikalischen Handelns, die nicht dialogisch sind. So ist zwar das Aufeinander-Hören im Prozess gemeinsamen Musizierens, etwa in einem Orchester oder Chor, zwar höchst interaktiv, doch damit nicht zwangsläufig auch dialogisch. Gleichwohl bleiben auch hier Interaktivität und Zirkularität zentrale Kategorien des Hörhandelns, die Menschen, wenn vielleicht nicht immer unmittelbar, so doch mittelbar miteinander verbinden. Darauf verweist beispielsweise Blesser, wenn er formuliert: „Voice and Music are particulary powerful because they connect the interior of one person to the interior of another" (Blesser 2009). Umgekehrt zeigt sich das Zuhören, etwa auf einen Vortrag, zwangsläufig nicht als unverbunden oder isoliert. Immer kann auch ein vordergründig als „monodirektional" erscheinendes Hören letztlich ein durchaus interaktives und damit *bezogenes* Hören sein. Im diesem Sinn argumentiert auch Gadamer, wenn er formuliert:

> „So ist selbst das eine Wort bei einer Rede vor einem großen Auditorium ein geradezu ins Gigantische verzerrter Versuch, die Hörer wie in einem nachdenklichen Gespräch zu erreichen und mit ihnen im Gespräch zu sein [...]. Insofern ist selbst eine Rede vor einem großen Auditorium ein Gespräch mit vielfältiger, aber stiller Antwort. Wie bei jedem Gespräch geht es auch hier darum, dass man in einem Miteinander einander näher kommt oder sich mit dem Anderen auseinandersetzt" (Gadamer 1998, 200).

Zuhören kann damit verschiedene Hörräume und Akteure in einer Gleichzeitigkeit jenseits der real existierenden Hör- und Zeiträume *interaktiv* miteinander verbinden, was an die Heterotopien Foucaults (1992) zu erinnern scheint. Dies unterstreicht Dewey, wenn er schreibt: „Even when the artist works in solitude, all three terms are present" (Dewey 1980, 111). Dies bedeutet: Interaktivität vollzieht sich nicht immer unmittelbar, sondern durchaus auch mittelbar. Sie zeigt sich im Verbundensein und in der Korrespondenz der verschiedenen Klangzirkel, auch solcher, jenseits der aktuell existierenden Hör- und Zeiträume, was die Annahme nahelegt: Auch wenn nicht alle beteiligten Akteure in einem bestimmten Augenblick real präsent sind, kann das Hören dennoch nicht nur ein *bezogenes*, sondern auch ein höchst *kreatives* Hören sein.[179] Entscheidend – im Sinne Deweys – scheint vielmehr zu sein, dass solches Hörhandeln „die in unseren ‚habits' enthaltenen bedeutungsgebenden Strukturen in einen neuen Kontext stellt, sie in einem neuen Objekt bündelt, sodass dadurch etwas Neues entsteht (vgl. Neubert 2012, 280; vgl. dazu auch Goebel 1994, 354).[180] Im Verständnis Deweys sind daher Kunst und „experience" nicht voneinander zu trennen. Vielmehr geht beides ineinander auf,

---

[179] Häußling (1999, 48) führt dazu aus: „Der Komponist ist [...] keineswegs ausschließlich ein Sender, er ist in ebensolchem Maß Empfänger und Medium oder [...] Mittel, um einen musikalischen Prozess zu inszenieren. Ebensowenig ist der Interpret weder ausschließlich Medium, noch Empfänger eines Notats. Ihn zeichnet aus, daß er in einer schöpferischen Auseinandersetzung mit einem Werk gerade als Sender fungiert. Entsprechendes gilt natürlich auch für den Hörer, der aktiv-kreativ das Dargebotene interpretiert und konkretisiert" (Unterstreichung im Original). Auch wenn Häußling hier auf das informationstheoretisch gegründete, linear angelgte „Sender-Empfänger-Modell" rekurriert, zeigen doch seine Ausführungen, dass er hier von einem zirkulären Verständnis der Kommunikation ausgeht.

[180] Der Quantenphysiker David Bohm (1917-1992) entwickelte ähnliche Vorstellungen in Hinblick auf ein gemeinschaftliches, auf ein „kollektives Denken", wie er es nannte, die er, u. a. inspiriert vom „dialogischen Prinzip" Martin Bubers, als strukturierte und ritualisierte Form der Gruppenkommunikation, als sogenannte „Dialogmethode" fasste. Diese Methode soll – gerade, wenn nicht alle Teilnehmer, die sich an einem kommunikativen Prozess beteiligen, inhaltlich übereinstimmen – aufgrund eines besonderen ritualisierten Settings ermöglichen, insbesondere schwierige Themen/Fragestellungen durch „kollektive Partizipation" (Bohm 2008, 65) gemeinsam zu diskutieren und weiterzuentwickeln: „Der Sinn des Dialogs ist nicht, zu analysieren, eine Auseinandersetzung zu gewinnen oder Meinungen auszutauschen. Das Ziel ist vielmehr, die eigenen Meinungen in der Schwebe zu halten und sie zu überprüfen, sich die Ansichten aller Teilnehmer anzuhören, sie in der Schwebe zu halten und zu sehen, welchen Sinn sie haben. Wenn wir erkennen können, welchen Sinn all unsere Meinungen haben, teilen wir einen gemeinsamen Gedankeninhalt, selbst wenn wir nicht völlig übereinstimmen. Vielleicht stellt sich heraus, dass die Meinungen eigentlich gar nicht so furchtbar wichtig sind. Schließlich sind sie alle Annahmen. Und wenn wir in der Lage sind, alle Annahmen gleichermaßen zu betrachten, werden wir vielleicht fähig, uns auf kreative Weise in eine neue Richtung zu bewegen. Wir können einfach das Verständnis der verschiedenen Bedeutungen miteinander teilen" (Bohm 2008, 66, Hervorhebungen im Original).

denn nur innerhalb eines „experience" kann ein Gegenstand oder ein Prozess seine Wirkung auf eine Weise entfalten, welche die „Facetten unseres In-der-Welt-seins" (Neubert 2012, 280) zu einer intensiven Präsenz verdichtet. Für Dewey wurzelt die Kunst in dem Bemühen, die ästhetische Dimension des gewöhnlichen „experience" in besonderem Maße hervorzuheben und in ihrer Intensität und Wirkung zu steigern. Wenn daher für Dewey „der primäre Zweck der Kunst darin (besteht), den Inhalten, Bedeutungen und Werten des alltäglichen ‚experience' einen unmittelbar ästhetischen Ausdruck zu verleihen" (Neubert 2012, 279), deutet dies das große künstlerisch-ästhetische Potenzial (akustischer) Kommunikation an. Damit ist dem Auditiven eine auch genuin ästhetische Dimension implizit. Sie begegnet uns in den vielen „hörästhetischen Spannungsfeldern", welche die gesamte akustische Kommunikation – und damit nicht allein nonvokales, sondern auch *vokales* Hörhandeln – durchziehen und die Prozesse subjektiven Erlebens und Verstehens nachhaltig beeinflussen. Wenn im Verständnis Deweys das gemeinsame Hörverständnis so zum „Kunstprodukt" wird, wird ein Hörer damit zwangsläufig auch zum „Künstler". Kommunikation bietet nicht nur zahlreiche Möglichkeit, ästhetische Qualitäten bewusst wahrzunehmen, sondern diese auch bewusst „künstlerisch" zu gestalten und so die Dimension alltäglichen Handelns um eine künstlerische Qualität zu bereichern: „Das Erlebnis der Kunst vertieft damit unser Empfinden für die Einheitlichkeit und Ganzheit des gelebten Moments" (Neubert 1998, 357). Auch wenn Kommunikation als Sinnbild des Flüchtigen gelten kann, zeichnet sie sich dennoch gerade dadurch aus, dass sie – trotz ihrer Flüchtigkeit – subjektive und kollektive Wirklichkeiten nicht nur entstehen, sondern auch nachhaltig verändern und in ihnen deutliche Spuren hinterlassen kann.

5. Bausteine für eine konstruktivistische Pädagogik des Zuhörens

5.1. „Internetgeneration kann nicht mehr zuhören"

Mit dieser Überschrift betitelte die Zeitschrift „Computerwoche" bereits am 07.11.2008 eine Meldung zu einer Äußerung des damaligen obersten Richters Großbritanniens, Sir Igor Judge. Einem Bericht der britischen Times zufolge äußerte sich dieser dahingehend, die Mitglieder der „Generation Internet" eigneten sich nicht mehr dazu, als Schöffen vor Gericht eingesetzt zu werden, da ihnen die für Gerichtsverhandlungen notwendige Fähigkeit, über längere Zeitspannen hinweg zuhören zu können, fehle. Mit dieser Einschätzung, die der Richter im Rahmen einer Rede an der University of Hertfordshire äußerte, sorgte er für Aufsehen. Doch war und ist er mit dieser Klage nicht allein. Vielmehr steht das beklagte Zuhördefizit paradigmatisch für die zahlreichen Klagen von Eltern, Lehrern und Erziehern, die den zunehmenden Verlust der Zuhörfähigkeit unter Kindern und Jugendlichen als gesellschaftliches Zeitphänomen beschreiben (vgl. dazu bereits Pöttinger 2005; Hagen 2003; Hagen/Huber 2002). Kahlert spricht gar von der „Dauerklage" der Lehrer, „Schüler seien unkonzentriert, zu wenig aufmerksam und könnten nicht mehr richtig zuhören" (Kahlert 2006, 325). Aber nicht nur Kinder und Jugendliche seien betroffen, auch Erwachsene kommunizierten nur unzureichend: „Mündliche Informationen werden überhört, Vorträge kommen ohne Visualisierung nicht mehr aus und subtile Untertöne werden nicht mehr rezipiert" (ebd., 20). Wimmer spricht vom „Lärm der Welt", der Wesentliches übertöne: „Die Fähigkeit, zuhören zu können, werde zerstört, weil der auf allen Kanälen zunehmende Lärm der Welt das Gehör immer umfassender in Anspruch nehme, so dass das Wesentliche überhört werde" (Wimmer 1993, 73). Ein „kognitives Hörversagen", ein „Hören ohne zu verstehen" (vgl. Wägenbaur 2005) habe mittlerweile große Teile der Gesellschaft erfasst. Kamper (1984, 112) spricht gar von einem allgemeinen „Hörsturz", einhergehend mit einer „zunehmenden Taubheit, Stumpfheit, Dummheit bis zum Autismus", in die er gleich alle Teile der Gesellschaft miteinbzieht. Der Verlust der menschlichen Zuhörfähigkeit wird damit als gesamtgesellschaftlicher Prozess im Kontext postmoderner Entwicklungen gezeichnet. Im aktuellen Zuhördiskurs werden ebenso zahlreiche wie vielfältige, oftmals auch ineinander verschränkte Begründungslinien argumentiert, die zunächst einmal nachvollzogen werden sollen.

- *Aufmerksamkeits- und Konzentrationsstörungen*: Als von Eltern und Lehrern häufig genannte Ursache für die nachlassende Zuhörfähigkeit der „Internetgeneration" sind Aufmerksamkeits- und daran gekoppelte

Konzentrationsstörungen (vgl. Schröder/Schwanebeck 2001, 11). Ihr Entstehen wird unterschiedlich begründet: Schröder/Schwanebeck etwa geben an, es sei die mangelnde bzw. nachlassende Praxis spezifischer Lerntechniken, die dazu führe, dass Kinder und Jugendliche zunehmend ungeübt seien, ihre Aufmerksamkeit konzentriert auf ein akustisches Geschehen hin zu bündeln und über einen längeren Zeitraum hinweg aufrechtzuerhalten. Dieser Mangel sei jedoch nur *ein* Aspekt eines multifaktoriellen Geschehens.

- *Veränderte Perzeptionsgewohnheiten*: Aufmerksamkeits- und Konzentrationsstörungen stünden auch in enger Korrespondenz mit den veränderten Perzeptionsgewohnheiten einer durch audiovisuelle Medien geprägten Wahrnehmung. Auch der Umgang mit den digitalen Medien spiele eine nicht unerhebliche Rolle. Dieser führe dazu, dass die Sinnesorgane nicht ausgewogen gefordert seien (vgl. Bergmann 2000, 11; Schröder/Schwanebeck 2001, 11).

- *Reizüberflutung*: Wenn vielfältige „Optionen des Hörens und Sehens" (Gross 1994, 26) in einer „Multioptionsgesellschaft" (vgl. ebd.) um die Aufmerksamkeit des Einzelnen konkurrieren, stelle dies hohe Anforderungen an die Fähigkeit zur Selektion und gezielter Verarbeitung von Informationen. Solche Reizüberflutung erfordere ein anspruchsvolles Aufmerksamkeitsmanagement. Dies sei verbunden mit der Frage nach einer gezielten Reizauswahl, im Vollzug derer wir ständig entscheiden müssten, wem oder was wir unsere Aufmerksamkeit schenken, welchen spezifischen Reizen wir uns in welchem Maße und auf welche Weise zuwenden, aber auch, wann wir unser „Recht auf Weghören" (Bayerisches Staatsministerium für Unterricht und Kultur 2006, 178) geltend machen.

- *Verlärmung und „akustische Umweltverschmutzung"*: Mediale Reizüberflutung gehe zwangsläufig einher mit zunehmender Verlärmung der Umwelt. Die Schallumwelt der Postmoderne habe sich gegenüber der Schallumwelt früherer Generationen stark verändert, die heutige Lautsphäre klingt anders als die Lautsphäre der Moderne oder gar Vormoderne[181] (vgl. Wagner 2006, 93 ff.). Liedtke (1996) spricht vom *Dröhnen der akustischen Glocke* (ebd., 119 ff.) als gesellschaftliches Zeitphänomen. Ursachen der zunehmenden Verlärmung sieht er neben den vielfältigen multimedialen Lärmquellen am Wohn- und Arbeitsplatz (Computer, Handy etc.) und der permanenten Beschallung durch Radio und Fernsehen auch in der ständigen Präsenz und Unausweichlichkeit funktioneller Musik in vielen Bereichen des öffentlichen Lebens. Aber auch Verkehrs-, Arbeits-, Bau- oder vielfältiger Freizeitlärm (ebd., 119 ff.) beeinträchtigten die Verständigung und erschwerten kommunikative Prozesse. „Akustische Umweltverschmutzung" belaste das Aufmerksamkeitsmanagement nicht nur zusätzlich, sondern könne überdies überlebenswichtige Orientierungsprozesse beeinträchtigen. Barthes (2006, 78) konstatiert in diesem Sinn: „(akustische) Verschmutzung verhindert das Hinhören" und drückt damit auch aus, dass akustische Beeinträchtig nicht nur zu Stör-, sondern gar zu regelrechten *Verhinderungsfaktoren* von Kommunikation werden können. Damit hat das Thema *Lärm* gerade auch im Bereich von Schule und Unterricht besondere Relevanz, erfolgt doch das Lernen überwiegend durch sprachliche Kommunikation. Da in einem durchschnittlichen deutschen Klassenzimmer in der Regel höchst ungünstige raumakustische Bedingungen vorherrschen (lange Nachhallzeiten, Schallreflexionen aufgrund vieler glatter Flächen), verschlechtere dies die Sprachverständlichkeit in den Räumen, was in der Folge zu einer Erhöhung des Grundgeräuschpegels führe und die Lärmspirale immer höher schraube (vgl. Klatte 2002; 2003; 2007; Rüsenberg 2007; Hagen 2008).[182]

---

[181] Schätzungen gehen davon aus, dass in Frühkulturen (wie der frühmittelalterlichen) 69% aller Laute natürlichen Ursprungs waren, 5% von Werkzeugen, Maschinen und Verkehrsmitteln abstammten und 26% der Laute menschlich produzierte Laute waren. Demgegenüber sind heute nur 6% der Laute in Europa Naturlaute, 68% der Laute stammen aus der Kategorie Werkzeuge, Maschinen und Verkehrsmittel, der Anteil der Menschenlaute blieb mit 26% gleich (vgl. Wagner 2006, 94).
[182] Untersuchungen aus der psychologischen Akustik weisen auf zum Teil erhebliche Höreinbußen durch eine schlechte Raumakustik hin (vgl. zusammenfassend Klatte et al. 2002, 19 ff.). „Festgestellt wurde, dass in vielen Unterrichtsräumen hohe

- *Rückgang des Auditiven in einem optischen Zeitalter*: Die Reizüberflutung der Informationsgesellschaft eines „optischen Zeitalters" (Pawek 1963) in einer vernetzten Welt lasse die Aufmerksamkeit für einzelne akustische Reize schwinden, in der ohnedies ein „Visualprimat" in dem durch Fernsehen, Video und Werbung geprägten Alltag (Welsch 1996, 241; Allesch 2002, 16) vorherrsche. Dies bedinge eine passiv-rezeptive Konsumhaltung, die einher gehe mit einem „Rückgang des Auditiven" (Schröder/Schwanebeck 2001, 11), in der etwa die DVD die Audiokassette ablöse, was zu einem Bedeutungsverlust des Hörens führe. Zudem erhöhe die Virtualisierung der Lebenswelt die Frequenz medialer Begegnungen und verringere damit auch die Häufigkeit zwischenmenschlicher Begegnungen. Dies schmälere den Austausch miteinander, verringere damit praktische Erfahrungen und Geübtheit in lebendiger, zwischenmenschlicher Kommunikation.

- *Zeitnotstand und Aufmerksamkeitsdefizite einer postmodernen Gesellschaft*: Zuhören brauche nicht nur die gerichtete Aufmerksamkeit und selektive Wahrnehmung, sondern auch eine gewisse Zeit, um Verstehen und Verständnis zu ermöglichen, wie Torralba (2006) betont.[183] Da das

---

Nachhallzeiten eine Erhöhung des Grundgeräuschepegels bewirken. Dadurch steigt die Lärmbelastung in Schulen oft weit über 55 dB(A), den Grenzwert, der in Deutschland in der Arbeitsstättenverordnung für Arbeitsplätze mit vorwiegend geistiger Tätigkeit festgelegt wurde. Lärm wirkt sich auf die Verarbeitung von akustischer und auch visueller Information sowie auf das phonologische Arbeitsgedächtnis aus, beeinflusst Aufmerksamkeitssteuerung, Leistungsmotivation und Gedächtnisleistungen, mindert die Qualität der mündlichen Kommunikation im Unterricht und macht Schule und Unterricht auf unproduktive Weise anstrengend. Weil ungünstige raumakustische Bedingungen die Sprachverständlichkeit beeinträchtigen, wird der Spracherwerb und in Folge das Lesen- und Schreibenlernen negativ beeinflusst. Lärm erhöht auch die psychische und gesundheitliche Belastung von Lehrkräften und Schülern und kann das soziale Klima beeinträchtigen" (Hagen 2008, 3).

[183] „So wie wir Zeit brauchen, um eine Botschaft mitzuteilen, benötigen wir auch Zeit, diese Mitteilungen gründlich zu entschlüsseln. In unserer so hektischen Gesellschaft, wo der Lebensrhythmus die Kommunikation und die Arbeitsbedingungen oft unter einem unmenschlichen Druck stehen, nimmt die Möglichkeit, sich auszusprechen oder verstanden zu werden, deutlich ab, und das wirkt sich negativ auf die zwischenmenschlichen Beziehungen aus" (Torralba 2006, 20).

Gesagte nicht *mit einem Blick* erfasst werden könne, sondern Sinn und Verstehen sich erst in der zeitlichen Abfolge einstelle (vgl. Allesch 2002, 20), mache solche Flüchtigkeit des Geschehens den Hörprozess zusätzlich anfällig für Störungen. Damit gerate das Zuhören in der durchgetakteten Zeit einer postmodernen Gesellschaft nicht nur in den „Zeitnotstand" (vgl. Geißler 2002), sondern in das „Abseits einer Gesellschaft, die immer selbstbezogener, schneller, effizienter ist, in der alle unter Druck arbeiten, lesen, essen, sprechen" (Herpell 2008). Dies zeige sich besonders im Gesundheitswesen. Das größte Kommunikationshemmnis in der täglichen medizinischen Sprechstunde ist die Zeitnot, fand eine Studie des Münchener Medizinischen Wochenschrift in Zusammenarbeit mit der Stiftung Zuhören[184] heraus: Maximal zwei Minuten bleiben dem Patienten einer Allgemeinarztpraxis heute, um sein Anliegen vorzutragen, dabei würden die Patienten schon im Durchschnitt nach fünfzehn bis zwanzig Sekunden unterbrochen (vgl. Oehler 2007b, 202). Obwohl vonseiten der Ärzte als auch der Patienten dem ärztlichen Gespräch in Hinblick auf den Behandlungserfolg ein hoher Stellenwert zugemessen wird, werde die Gesprächszeit im Arzt-Patienten-Gespräch zu einem immer knapper werdenden Gut. Doch geschultes Zuhören sei hier die wichtigste ärztliche Fähigkeit im Gespräch mit dem Patienten: Zuhören sei im medizinischen Kontext nicht nur der Schlüssel für die richtige Diagnose, auch das „Ohr heile mit", was den Begriff der „sprechenden Medizin" geprägt habe (vgl. Oehler 2007b, 203). Ein wesentliches Merkmal des guten Arztes sei daher ein guter Zuhörstil (vgl. Geißler 2008), der allerdings nicht nur der Gesundheit des Patienten, sondern auch der des Arztes förderlich sei. Oehler (2007b, 203) verweist auf Studien, die belegen,

---

[184] 85 % der Befragten sahen die Qualität der Kommunikation für den Behandlungserfolg als „sehr bedeutsam" bzw. „bedeutsam" an. Neben der ungenügenden Ausbildung in Gesprächsführung auch in schwierigen Situationen nannten 46% den Zeitdruck in der Praxis, 29% das Vergütungssystem in Deutschland und 12% die Arbeitsorganisation als das größte Hindernis für gekonntes Zuhören. Mindestens ein Viertel erlebt täglich zwei bis drei Situationen, in denen ein Gespräch wegen Zeitmangels inadäquat abgebrochen wird. Die mangelnde Kommunikation zwischen Ärzten und Patienten wird vor allem vonseiten der Patienten beklagt. Aber auch viele Ärzte fühlen sich auf diesem Gebiet schlecht ausgebildet. Da Zuhören schwerer falle als Sprechen, sei aktives Zuhören damit auch der schwierigste Part im Gespräch und bedürfe einer gezielten Schulung (vgl. Geißler 2008).

dass sich Ärzte selbst weniger gestresst fühlen, wenn ihnen eine gute und produktive Kommunikation mit den Patienten gelingt. Doch betreffe dies nicht das Gesundheitswesen allein, auch in anderen kommunikativen Situationen sei es neben mangelnden Zuhörfähigkeiten insbesondere der Zeitmangel, der es erschwere, bedeutsame Informationen zu vermitteln und Missverständnisse zu vermeiden. Dies löse nicht nur Ärger und Konflikte aus, sondern könne in besonders tragischen Fällen zu dem Verlust von Menschenleben führen. Dies betrifft insbesondere sensible und anspruchsvolle Kommunikation in komplexen und besonders kritischen und krisenhaften Situationen, beispielsweise in der medizinischen Notfallversorgung oder in der Luftfahrt (vgl. Hofinger 2005). Darüber hinaus sei Zuhören ein erheblicher *Wirtschaftsfaktor* (vgl. Stiftung Zuhören 2003), daher könne die Unfähigkeit, genau und sorgfältig zuzuhören, auch enormen wirtschaftlichen Schaden verursachen.

- *Beliebigkeit einer Multioptionsgesellschaft*: In das Begründungsgefüge einer nachlassenden Zuhörfähigkeit wird auch die als gesellschaftliches Zeitphänomen bezeichnete *postmoderne Beliebigkeit und Unverbindlichkeit* einer „Multioptionsgesellschaft" (Gross 1994), in der vieles möglich, weniges jedoch gewiss ist und in der echtes Interesse am Anderen und der Welt der dominanten Kultur nicht entspricht (vgl. Herpell 2008).[185] Dies lasse vergessen, dass „Zuhören Bestandteil des Lebens in der Gesellschaft" ist (vgl. ebd.). Entsprechend entwickele sich eine zunehmende „Unverbindlichkeit des Hörens". Studien über die Mediennutzung von Kindern und Jugendlichen (Oehmchen 2002; Behne 2002) verweisen darauf, dass Strategien des „Nebenbeihörens" oder auch des „diffusen Hörens" bei Kindern und Jugendlichen zunähmen, während Strategien des „kompensatorischen" oder auch „konzentrierten" Hörens zunehmend weniger häufig praktiziert würden, bzw. sich zurückentwickelten. Während Behne (2001) das „Nebenbeihören" als Schutzfunk-

---

[185] „Zuhören ist etwas Langsames, es signalisiert Interesse an der Welt, Interesse an anderen. Und widerspricht damit einer dominanten Kultur. Die Erinnerung schwindet, dass das Zuhören Bestandteil eines Lebens in der Gesellschaft ist." (Herpell 2008)

tion interpretiert, das durch gezieltes Ausblenden oder Maskieren (Filtern) ermöglicht, sich von einer zunehmenden Reizfülle abzugrenzen, interpretiert Geißler (2002) die zunehmende Praxis z. B. des Nebenbeihörens von Radiosendungen als möglichen Ausdruck von Orientierungslosigkeit.[186] Zunehmend oder gänzlich fehlende Gelegenheiten zum *Sprechen und Angehört werden* führten dazu, dass die Zuhörfähigkeit zu einem knappen, begehrenswerten und damit mittlerweile auch zu einem käuflichen Gut wird, das den Markt von Beratung, Coaching und Therapie – Geißler (2002) nennt diese Berufe „Horchsamkeitsberufe" – stetig anwachsen lasse (vgl. auch Thürmer-Rohr 2006). Thürmer-Rohr (ebd., 267 ff.) verweist zudem auf den Zusammenhang einer sich wandelnden Gesellschaft, in der struktur- und haltgebende Zuhörrituale (beispielsweise die kirchliche Beichte) ihre bisherige Funktion und Bedeutung verloren haben. Die entstandenen Leerstellen würden zwar in anderen Kontexten durch Experten professionalisiert, gleichzeitig schwände aber das gesellschaftliche Bewusstsein, dass Zuhören „überhaupt eine Fähigkeit ist" (ebd., 271).[187] Allesch (2002) wiederum argumentiert, der Verlust der Zuhörfähigkeit sei ein Symptom für den Verlust kontemplativer und kommunikativer Fähigkeiten in unserer Gesellschaft ganz allgemein. Da das Zuhören eine Form sinnlicher Erfahrung sei, die in einem besonderen Maße Zeit erfordere, zeige sich dieser Verlust vor allem in der wachsenden Unfähigkeit zuzuhören. Daher komme diese Fähigkeit am ehesten „unter die Räder" (Allesch 2002, 23).

Neben Fragen einer (nachlassenden) Zuhörfähigkeit, scheint in den verschiedenen Argumentationslinien immer wieder die Bedeutung der Kategorie *Aufmerksamkeit* als zentrale Grundkategorie der Interaktion auf. Aufmerksamkeit

---

[186] So habe etwa die Programmstruktur des Senders immer auch eine Orientierungsfunktion für den Hörer, z. B. in Hinblick auf eine zeitliche Orientierung, aber auch Orientierungsmöglichkeiten in Hinblick auf Identität und Zugehörigkeit, wie Geißler (2002) ausführt.

[187] „Ebenso verschwindet das Bewusstsein, dass Zuhören überhaupt eine Fähigkeit ist. Sie wird delegiert an professionelle Stände, an bezahlte Zuhörerinnen vom Dienst. Und mit dem Schrumpfen des Seelsorgerstandes und der Verwandlung von Ärzten in Technologen bleiben noch in erster Linie die Therapeutinnen, die das Zuhören als Methode feilbieten." (Thürmer-Rohr 2006, 271)

wird damit zu einer eigenen *Leistung*, die an anderer Stelle gar als „Kulturleistung"[188] bezeichnet wird. Müller et al. (2016) sprechen explizit von einem „Ethos der Aufmerksamkeit",

> „in dem es darum geht, bewusst hinzusehen oder hinzuhören, anstatt andere zu übersehen oder einfach wegzuhören. Auch die ethische Orientierung wird somit im Phänomenfeld der Aufmerksamkeit thematisch, nicht nur in der Beziehung zu anderen, sondern auch im Selbstverhältnis, und zwar in Form einer als Selbstsorge zu verstehenden ‚Aufmerksamkeit auf sich selbst'" (Müller et al. 2016, 10).

Bündeln wir diese Argumentationslinien, erstaunt durchaus die Komplexität der Begründungen, mit denen eine abnehmende oder gar fehlende auditive (Selbst-)Bewusstheit konstatiert und für eine nachlassende Zuhörkompetenz verantwortlich gemacht wird. Hier greifen neben neurophysiologischen psychologische, pädagogische sowie kulturphilosophische Ebenen ineinander, die pädagogisch relevant erscheinen und sich zu einem eng miteinander verzahnten „Begründungsnetzwerk" verbinden. Die Verbesserung der Zuhörfähigkeit wird dann schnell an eine grundsätzliche Etablierung des Auditiven und mit dem Ruf nach einer „Kultur des Hörens" verknüpft, die das Ziel einer Neubewertung der Sinneswahrnehmung Hören hat. Ob etwa der Philosoph Wolfgang Welsch (1996, 243) für eine „Kultivierung der Hörsphäre [...], einer Verbesserung der Hörverhältnisse innerhalb der bestehenden Kultur" wirbt oder die Kulturwissenschaftlerin Sabine Sanio (2010, 2) dafür plädiert, „die Besonderheiten des Auditiven, der hörenden Erfahrung und der Dimension der gestalteten akustischen Phänomene in unserer Kultur" explizit herauszuarbeiten. Um die Alltagskultur um den zentralen Aspekt des Klanglichen und Auditiven bewusst zu ergänzen, um eine „Auditive Kultur" etablieren zu können, wird schnell das pädagogische Handlungsfeld zum zentralen Ansatzpunkt dieser Veränderungen bestimmt (vgl. u. a. Hagen 2003; Kahlert 2006).

---

[188] „Die Bereitschaft zur Aufmerksamkeit ist wie die Schulung unserer Wahrnehmung eine wesentliche Kulturleistung, die uns nicht bloß eine evolutionär nützliche Selektion und Fokussierung in der Verarbeitung von äußeren und inneren Reizen ermöglicht: Aufmerksamkeit ist vielmehr ebenso sehr das Fundament wie auch der Ausdruck eines wesentlich umfassenderen Verhältnisses von uns als Personen gegenüber der Welt. Darin liegt nicht zuletzt eine zentrale intersubjektive und zugleich ethische Dimension des Phänomens begründet: Denn gerade anderen Personen schulden wir eine besondere Form von Respekt (Achtung), die unsere Aufmerksamkeit im Sinne eines grundsätzlichen Achtgebens bzw. einer Achtsamkeit betrifft" (Müller et al. 2016, 9).

Doch um solchen Forderungen umfassend nachkommen und spezifische Förderungen auch pädagogisch sinnvoll einleiten zu können, müsste vorab nach dem spezifischen Stellenwert des Auditiven im Kontext pädagogischen Handelns gefragt werden, ein Diskurs, der bis heute eine Reihe von „Leerstellen" aufweist. Im Folgenden sollen daher Fragen nach der Bedeutung des Audiblen für die Bereiche Sprache, Interaktion und Wissenserwerb, d. h. für zentrale Bereiche pädagogischen Handelns, nachgegangen werden. Dabei wird in einem ersten Schritt mit einer Bestandsaufnahme begonnen, die nach dem Stellenwert des Auditiven in der bestehenden pädagogischen Praxis fragt.

5.2. Pädagogischer Stellenwert des Zuhörens

> „Vision is a spectator; hearing is a participator" (Dewey 1927, 218 f.).

Prozesse von Erziehung und Bildung, von menschlicher Entwicklung generell, vollziehen sich, da sie eng an menschliche Interaktion und Sprachlichkeit gekoppelt sind, überwiegend auditiv (vgl. auch Kap. 2), was den besonderen Stellenwert des Auditiven im Kontext pädagogischen Handelns hervorhebt. Solche Bedeutung des Auditiven müsste sich, so könnte angenommen werden, in einem breiten Angebot differenzierter auditiver Vermittlungspraktiken insbesondere auch im Bereich von Erziehung und Bildung spiegeln. Doch in Lehr- und Lernarrangements sind visuelle Vermittlungspraktiken, wie etwa das Lesen und Schreiben, klar favorisiert und gut erforscht, während das Zuhören überwiegend auf eine „Dienstfunktion" (Welsch 1996, 250) reduziert bleibt, dem kein „Eigenwert", wie Wermke (1995, 5) formuliert, zugesprochen werde. Solche Dominanz visueller Praktiken bildet sich auch ab in der zunehmenden Präsenz bildschirmorientierter Medien wie dem Computer bzw. computergestützter Vermittlungsformen generell. Daher wundert es kaum, wenn sich diese Bedingtheiten auch in didaktischen Termini, wie etwa im Begriff der „Anschaulichkeit" oder „Veranschaulichung" spiegeln. Sie offenbaren, dass eine didaktisch-methodische Auffassung, die den visuellen Sinn als den „weitaus vorzüglicheren" Sinn kennzeichnet, durch den „geistige Bildung vorzugsweise vermittelt" werden solle, auch hier in der Tradition des visuellen Paradigmas steht:

> „Wenn nun aber die meisten Unterrichtsgegenstände es vorzugsweise mit dem Gesichtssinne zu tun haben, und durch dieses eine Organ die geistige Bildung vorzugsweise vermittelt wird, für das Gehör aber nur die Sprache und die Musik übrig bleibt, so geht daraus hervor, dass der

Gesichtssinn als der weitaus vorzüglichere, mit dem die anderen in bezug auf durchgreifenden Einfluss auf die Auffassung der Außenwelt, auf Förderung des geistigen Lebens kaum den Vergleich aushalten, vor allem geübt und gebildet werden muß" (Schubert 1870, zitiert nach Pazzini 1993, 18).

Damit finden sich auch im erziehungswissenschaftlichen Diskurs „Bilder" und Deutungsmuster, die das schon in Kapitel 1 beschriebene „Prestige-Problem" des Zuhörens auf die scheinbar eindeutigen Vorzüge des visuellen Sinns zurückführen. Letztlich zeigt sich das visuelle Paradigma schon im Begriff der „Bildung" selbst, denn etymologisch geht der Begriff auf die indogermanische Silbe „bil" (spalten, behauen, passend, recht) zurück. Im Althochdeutschen findet man Termini wie „bilidon", „bildunga", „bildunge" und „bildari". Die Bedeutung ist mehrschichtig: „Bildung" in den späthochdeutschen und mittelhochdeutschen Formen und auch noch im Frühneuhochdeutschen bedeutet vorwiegend „Schöpfung, Verfertigung", dazu „Abbild, Bildnis" (vgl. Lenzen 1998; Böhm 2000).

Pazzini argumentiert, dass der Forderung nach Anschaulichkeit und Veranschaulichung in der Pädagogik und Unterrichtsmethodik letztlich der Wunsch nach Wiederholbarkeit und *Kontrolle* von Lehr- und Lernprozessen zugrunde liege. Dazu führt er aus: „Das Sehen meint das Ganze zeitlos und wiederholbar haben zu können, ein vollständiges Objekt zu haben" (Pazzini 1993, 19, vgl. dazu auch Kap. 1.1.). Folgen wir Pazzini in seiner Argumentation, scheint der große Stellenwert des Visuellen auch hier den tiefer liegenden Wunsch nach Beherrschbarkeit und „Lenkung der Zöglinge über das Sehen, den Blick über das Sichtbare" (Pazzini 1993, 18) zu offenbaren. Das Motiv der Beherrschbarkeit durch Sichtbarkeit, d. h. die enge Kopplung von Kontrolle und Visualität, wird so zum selbstreferenziellen Leitmotiv auch pädagogischen Handelns, ein Motiv, das an das Panopticon Foucaults (2008) erinnern mag. Pazzini argumentiert nun weiter, Beherrschbarkeit sei der eigentliche Grund, weswegen die Vormachtstellung des Sichtbaren auch in der „Konjunktur der Sinnlichkeit" in der Erziehungswissenschaft der 1970er und 1980er Jahre dem Hören nicht Platz gemacht habe (Pazzini 1993, 18) und mahnt:

> „Verläßt sich [...] Pädagogik auf Anschaulichkeit, geht es um das Auffüllen von Lücken im Verständnis, vom Mangel an Dauerhaftigkeit, der dem Hören inhärent ist. Dann geht es aber um die Beherrschung des Stoffes, aber nicht nur das, auch um die Beherrschung der lernenden Subjekte durch die Lehrenden und umgekehrt" (ebd., 19).

Über Möglichkeiten der Beherrschung der lernenden Subjekte durch die Lehrenden legt das weite Feld institutionalisierter Erziehung der Vergangenheit aber auch der Gegenwart beredt Zeugnis ab. Fragen der „Erziehung" bilden auch heute noch einen fruchtbaren Nährboden für Praktiken, die der Dynamik der Selbstzwänge entlehnt sind. Sie weisen dem Hören und Zuhören, insbesondere im Bildungsbereich, nach wie vor den Stellenwert einer „Hilfsfunktion" zu und fordern diese kommunikative Handlung oftmals unter Androhung disziplinarischer Konsequenzen dann als „Bringschuld" ein (vgl. Kahlert 2006, 319). Wird der, wie ich weiter vorne fomuliert habe, „internalisierte Imperativ des Zuhörens" (vgl. Kap. 1.1.2.) angerufen, wird das Zuhören zur Instruktion und nicht als kreatives, ästhetisches Geschehen erlebt, was eher zum *Weghören* denn zum Zuhören „erziehen" mag. Rosenstock-Huessy prägte daher schon in den 1960er Jahren den Begriff einer „Hörwegwissenschaft", um ironisierend zu ergänzen: „[W]ir nennen Teile davon wohl Pädagogik" (Rosenstock-Huessy 1964, zitiert nach Pazzini 1993, 17). Ich möchte in Anlehnung daran eine Begriffsmodifikation vornehmen und von einer „Hörwegkultur" sprechen, deren subtil angelegte „Desensibilisierungs- oder auch Immunisierungsstrategien" in breiten gesellschaftlichen Bereichen Fuß zu fassen scheinen.

Doch zeichnet sich hier schon ab, dass die Entwicklung einer „Hörwegkultur" wohl weniger einer grundsätzlichen „Hörunfähigkeit" der Akteure geschuldet ist. Vielmehr deutet einiges darauf hin, dass solche Dynamiken in einer *Pädagogik der Selbstzwänge* gründen, die Ausdruck auch in Hörpraktiken finden, in denen auch heute noch der internalisierte Imperativ des Zuhörens greift (vgl. Kap. 1.1.2). Solcher Imperativ verbindet die kommunikative Praktik des Zuhörens mit Kategorien von Zwang und Gehorsam und macht das Zuhören zu einem „Schuldschein", wie schon in Kapitel 1 ausgeführt und begründet. Er etabliert Selbstzwangdynamiken in Lernkontexten, indem er einseitig auf die „Ich-Soll"-Ansprüche des Lerners fokussiert und damit die „Me-Anteile" des Menschen überbewertet (vgl. Reich 2006a). Doch beschneidet er damit immer auch Freiheitsgrade des Lernens, was nicht ohne Auswirkungen auf das kommunikative Selbstverständnis der handelnden Akteure bleiben kann. Indem die Art und Weise des Hörhandelns die Grenze zwischen einer *Ich-Soll-* und einer *Ich-Will*-Pädagogik nicht nur klar zu markieren, sondern auch zu vermitteln vermag, verweist dies auch auf eine Schlüsselposition des Hörens im Kontext didaktischen Handelns.

So stellt sich vielmehr die Frage, ob die vielfach beklagte „Zuhörunfähigkeit" auch als subtile Verweigerungshaltung ausgelegt werden könnte, die sich instruktiven oder repressiven kommunikativen Strategien entgegenstellt und daran erinnert: *Zuhören ist ein Akt der Freiheit.* Ist doch der echte Anteil nehmende, lauschende Mit- und Nachvollzug des Zuhörens letztlich nicht zu erzwingen, denn: „Das Zuhören ist eine der wenigen freien Handlungen, die ein Mensch ausüben kann", wie der Philosoph Torralba (2006, 12) recht treffend bemerkt. Mit dem Verweis auf das Postulat der Freiwilligkeit und das entscheidende Moment der Freiheit im Akt des Zuhörens erscheint der angeblich rapide ansteigende Verlust von Zuhörfähigkeiten plötzlich in einem anderen Licht. Solche „Kolonialisierung" der auditiven Wahrnehmung könnte mit dazu beigetragen haben, dass, wie Schmicking beklagt, die epistemischen Möglichkeiten des Hörsinns nach wie vor weitgehend unterbewertet und bisher unerschlossen sind. So mag auch im pädagogischen Zusammenhang gelten: „Was das Gehör uns zu erkennen befähigt, welche Unterschiede es uns lehrt, Eigenschaften also, die den epistemischen Vorzug des Sehens bilden, wird dabei nicht thematisiert oder weit unterschätzt" (Schmicking 1993, 42). Pazzini hält daher ein „Plädoyer für den Schatten, für das Obskure" (Pazzini 1993, 19), um Orientierung bewusst auch „über das Hören" (ebd.) anzuregen und zu bahnen. Dies bedarf jedoch des Verzichts auf die „aufgeklärte Einsicht, die alles ins schattenlose Studiolicht taucht" wie Pazzini formuliert (ebd.). Folgen wir Pazzini in seiner Argumentation und nehmen einen Zusammenhang zwischen der Bevorzugung visueller (Vermittlungs-)Praktiken und einer, wie ich hier formulieren möchte, „Herrschaftspädagogik" an, mag daraus die These erwachsen, dass mit einer größeren Bewusstwerdung auch der auditiven Dimension unserer Lebenswelt, d. h. über die kritische Reflexion und Thematisierung auditiver Praktiken auch in Lehr- und Lernprozessen, eine Veränderung (nicht nur) pädagogischer Konzepte und pädagogischen Denkens in Richtung Partizipation und Emanzipation gebahnt werden könnte, wie es in dem diesem Kapitel vorangestellten Zitat Deweys anklingt.

Trotz oder vielleicht gerade aufgrund solch „(hör)kulturpessimistischer" Dynamiken zeigt sich, dass das Zuhören in den letzten zwei Jahrzehnten zunehmend als Schlüsselkompetenz des Lehrens und Lernens „neu" entdeckt wurde und (nicht nur) in pädagogischen Kontexten ins Gespräch gekommen ist. Wissenschaftler vieler Disziplinen haben begonnen, sich mit dem *Themengebiet Auditivität* auseinanderzusetzen.[189] Kulturkritische Überlegungen bezüglich des *schein*bar herrschenden „Visualprimats" und eine intensivierte Zuhörforschung tragen mit dazu bei, Hierarchien und tradierte Zuschreibungen der

---

[189] Das Thema Hören spielt inzwischen auch in der Architektur und Stadtplanung, Philosophie, Psychologie, Soziologie, Literatur- und Kulturwissenschaft sowie Politik- und Medienwissenschaften eine wachsende Rolle.

beiden Sinnesorgane Auge und Ohr in Frage zu stellen und alte Deutungskonzepte aufzubrechen. Zentrale Tendenzen dieser „auditiven Wende" sollen hier einmal überblicksartig zusammengefasst werden.

- Spätestens seit der Gründung von Stiftungen und Initiativen wird das Thema Zuhören nicht nur bundesweit, sondern auch international „gesellschaftsfähig". Diese rüsten sich, dem „Prestigeproblem" mit bewusstseinsfördernden Maßnahmen und der Förderung von „Zuhörkompetenz" auf gesamtgesellschaftlicher Ebene etwas entgegenzusetzen. Während die 2002 gegründete gemeinnützige „Stiftung Zuhören"[190] und die 2003 gegründete „Initiative Hören"[191] – wenn auch mit unterschiedlichen Schwerpunkten – sich bundesweit der Medien- und Sinneskompetenzvermittlung verpflichtet fühlen, macht sich die auf internationaler Ebene schon seit 1979 agierende „International Listening Association" (ILA)[192] zur Aufgabe, als Kompetenz-Netzwerk vor allem den interdisziplinären Austausch rund um das Thema „Zuhören" mit Tagungen, Symposien, Veröffentlichungen zu fördern.

- In Deutschland finden sich seit den 1970er Jahren pädagogische Entwürfe zur „Auditiven Wahrnehmungserziehung" (AWE), konzeptionell angelegt von den Musikpädagogen Ulrich Günther und Rudolf Frisius (vgl. Roszak 2009, 4). Die Idee der AWE ist es, jede Art Schall, auch den jenseits musikalischer Gestalten, zum Gegenstand des Musikunterrichts

---

[190] Die „Stiftung Zuhören" will auf die Bedeutung des Zuhörens als menschliche Grundfertigkeit und Voraussetzung für entdeckendes Lernen in den Bereichen Bildung, Kultur und gesellschaftliches aufmerksam machen. Mit der Vermittlung einer Faszination für das Zuhören möchte sie über alle allen Altersgruppen hinweg Kommunikationsfähigkeiten und damit einen innovativen Ansatz der Zuhörförderung entwickeln (vgl. auch „Stiftung Zuhören").
[191] Die „Initiative Hören e. V." ist ein bundesweiter Zusammenschluss von Fachverbänden, die die pädagogische, gesundheitliche und kulturelle Bedeutung des Hörens in den Fokus der Öffentlichkeit heben und das Ziel haben, für das Hören in seiner gesamten Komplexität zu sensibilisieren (vgl. auch Projektkreis „Initiative Hören").
[192] Vgl. auch „International Listening Association".

zu erklären (vgl. Stroh 2002).[193] Damit erscheint sie als neues musikpädagogisches Konzept, das sich gewissermaßen als Gegenentwurf zum musikpädagogischen Verständnis Adornos präsentiert.[194] Die AWE beruft sich vielmehr auf die Idee der Ästhetischen Erziehung Hartmut von Hentigs, welche die Sensibilisierung auditiver Perzeption als Teil einer ganzheitlichen Sinnesschulung ansieht und zu einer ästhetischen Erziehung des Menschen als „Ausrüstung und Übung des Menschen in der Wahrnehmung" (vgl. Hentig 1975, 25 ff.), d. h. zu einem „Leben in der Aisthesis" aufruft. Sie zeigt damit eine gewisse Nähe zu den (musik)pädagogischen Gedanken und klangökologischen Forschungen des kanadischen Komponisten Murray Schafers, wie sie sich in solchen für damalige Zeiten recht ungewohnten Übungen wie den „Ear Cleaning Exercises" (1967) und später in der von ihm entwickelten „Schule des Hörens" (1972) methodisch-didaktisch Form annehmen. Etwa zeitgleich entstehen die bedeutenden Publikationen der „roten reihe" (Universal Edition Wien), u. a. mit Beiträgen von Lilli Friedemann und Murray Schafer, die einen experimentellen und improvisatorischen Zugang zu Musik und Klang für die pädagogische Praxis anlegen. Ab 1971 erscheint das Konzept der

---

[193] Dazu führt Ott (2006, 2) aus: „Die Hörwelt, die uns umgibt, ob nun Sprache, Alltagsschall oder Musik im traditionellen oder avantgardistischen Sinne: Wir können uns ihr bewußt zuwenden, untersuchen, wie und worüber sie uns informiert, ihre Schalleigenschaften und klanglichen Entwicklungen in Worte und Zeichen und eigene Kompositionen umsetzen. Auf diese Weise können sich auch Kinder schon mit ‚erwachsener' Musik, einer Bruckner-Sinfonie oder einem elektronischen Stück von Ligeti, beschäftigen. Man muß nur bereit sein, die großen Werke aus dem Olymp zu holen und sie eine Weile als Schallereignisse zu betrachten und zu behandeln. Wodurch sie sich von bloßem Schall unterscheiden, was sie also zum Sonderfall in der Hörumwelt macht, kann man später untersuchen".

[194] Hier formuliert Adorno: „Der Zweck musikalischer Pädagogik ist es, die Fähigkeiten der Schüler derart zu steigern, daß sie die Sprache der Musik und bedeutende Werke verstehen lernen; daß sie solche Werke so weit darstellen können, wie es fürs Verständnis notwendig ist; sie dahin zu bringen, Qualitäten und Niveaus zu unterscheiden und, kraft der Genauigkeit der sinnlichen Anschauung, das Geistige wahrzunehmen, das den Gehalt eines jeden Kunstwerks ausmacht. Nur durch diesen Prozeß, die Erfahrung der Werke hindurch, nicht durch ein sich selbst genügendes, gleichsam blindes Musizieren vermag Musikpädagogik ihre Funktion zu erfüllen" (Adorno 1969, 102).

AWE unter dem Titel „Sequenzen" (Frisius 1971) im Klett Verlag, ausgearbeitet zum mehrbändigen Unterrichtswerk für die Sekundarstufe I.

- Mit dem Werk Murray Schafers „Klang und Krach", 1988 als deutsche Übersetzung von „The tuning of the world" (1977) veröffentlicht, verbreitet sich nun auch in Deutschland die Idee der „Soundscape-Bewegung". Das 1971 gegründete *World Soundscape Project* will diese Bewegung mit seinem Vordenker Schafer für den Erhalt auch der „Artenvielfalt" akustischer Klänge („akustische Ökologie") sensibilisieren. Schafers Idee, eine „Klangbibliothek der Welt" anzulegen, für die Landschaften systematisch akustisch zu vermessen seien, soll einerseits die akustische Vielfalt der Welt, aber auch ihre akustische Veränderung und Vergänglichkeit dokumentieren.

- Derweil gilt Mitte der 1970er Jahre mit der Einstellung der „Sequenzen" durch den Klett Verlag die auditive Wahrnehmungserziehung in Deutschland als „gescheitert" (vgl. auch Stroh 2002; Ott 2006; Roszak 2009). Eine „Wiederbelebung" dieses Konzepts als Thema des Musikunterrichts, so Stroh (2002), hat sich in seiner ursprünglichen Konzeption bis heute nicht mehr durchsetzen können. Hingegen trägt die Thematisierung des Hörens und Zuhörens auf breiter gesellschaftlicher Ebene, nicht zuletzt durch die Öffentlichkeitsarbeit von Stiftungen und Initiativen, die durch vielfältige Maßnahmen auf die Bedeutung des Hörens und Zuhörens in der Gesellschaft hinweisen und damit zu einer Etablierung einer „Kultur des Hörens" beitragen wollen, Früchte: So werden mit Beginn der 1990er Jahre bundesweit verstärkt Maßnahmen ergriffen, welche die Förderung des Hörens und Zuhörens, insbesondere in pädagogischen Kontexten, vorantreiben sollen. In z. T mehrjährig angelegten Modellprojekten (beispielhaft genannt seien die Projekte „GanzOhrSein"[195],

---

[195] Als Initialzündung einer „neuen" auditiven Wahrnehmungserziehung oder auch Zuhörförderung im schulischen Bereich mag das breit angelegte Modellprojekt „GanzOhrSein" gelten. Der besondere Charakter dieses Projekts liegt in der Verknüpfung des Einsatzes von alten und neuen Medien und der Förderung des ästhetisch-kritischen Hörvermögens. Im Mittelpunkt steht die Schulung der Sinne, mit dem Ziel, Möglichkeiten zur gezielten Hör- und Zuhörförderung für die Schul- und Unterrichtspraxis zu erschließen. Gefördert wurde es u. a. von der Bund-Länder-

„hörSpiele"[196], „Ohrenspitzer"[197]) wurden vielfältige Bausteine entwickelt, wie das Zuhören, wenngleich schwerpunktmäßig in der Schule, doch nicht mehr nur auf den Musikunterricht begrenzt und auch in den außerschulischen Bereich[198] hineinragend, möglichst frühzeitig, d. h. schon im Kindergarten[199], gefördert werden könne. Dies eröffnet nun ei-

---

Kommission im Rahmen des Programms „Kulturelle Bildung im Medienzeitalter".

[196] „hörSpiele – Förderung einer demokratisch-partizipativen Musikkultur" ist ein Modellversuch des Landes Rheinland-Pfalz der Bund-Länderkommission für Bildungsplanung (BLK), das 23 Einzelprojekte in 13 Bundesländern umfasst. Ziel des Modellversuchsprogramms ist zum einen die Förderung der ästhetischen Erfahrung durch Schulung der sinnlichen Wahrnehmung und Arbeit in interdisziplinären Projekten, zum anderen die Entwicklung und Erprobung innovativer Modelle für den kreativen und kompetenten Umgang mit den neuen Medientechnologien in der kulturellen Bildung. Der Modellversuch „hörSpiele" geht von der Annahme aus, dass in einer Zeit, in der Kinder und Jugendliche ständig mit dem „perfekten Sound" der Medienwelten überflutet werden, eigenes musikalisches Handeln neue Bedeutung und Dringlichkeit gewinnt. So soll dieses Projekt Schülerinnen und Schülern einen innovativen, kreativen Zugang zur musikalischen Praxis eröffnen. Ansätze und Verfahrensweisen der neuen experimentellen Musik sollen es Schülerinnen und Schülern ermöglichen, eine musikalisch-künstlerische Sprache entdecken zu lernen, einen kreativen Umgang mit ihrem Alltag zu erproben und dabei am kulturellen Leben ihrer Zeit teilzunehmen. Der Einsatz von neuen elektronischen Medien im musikalischen Gestaltungsprozess soll die Aufmerksamkeit für die kreativen Potentiale der neuen Medien fördern. Sie dienen dabei als Werkzeuge im Gestaltungsprozess, die der Kommunikation der teilnehmenden Klassen untereinander und der Dokumentation von Arbeitsschritten und Ergebnissen dienen sollen. Als erstes umfassendes Projekt dieser Art regte es eine Vielzahl an Folgeprojekten und Initiativen an und mag daher paradigmatisch für diese Entwicklung stehen (vgl. „GanzOhrSein").

[197] Dieses Projekt wurde von der Stiftung MKFS gemeinsam mit dem Landesmedienzentrum Rheinland-Pfalz sowie dem Ministerium für Bildung, Frauen und Jugend Rheinland-Pfalz, dem SWR und der Stiftung Zuhören für das Schuljahr 2003/2004 entwickelt (vgl. auch „Ohrenspitzer")

[198] Die Internetseite Radio 108,8 für Kinder wurde im Auftrag der Bundeszentrale für gesundheitliche Aufklärung (BZgA) von der Schule des Hörens e. V. entwickelt. (vgl. auch „radio108komma8" und „Auditorix").

[199] Die Entwicklung des Kindergartenmaterials „Olli Ohrwurm und seine Freunde, Schule des Hörens für Kinder" wurde über Mittel des Bayerischen Gesundheits-

nen ganz eigenen wissenschaftlichen Diskurs zum Thema Zuhörförderung (Kahlert 2000; 2001; 2006; Hagen 2003; 2006; 2008). Auf pädagogischer Ebene mehrt sich das Wissen um die Bedeutung des *Hörhandelns* im Kontext *pädagogischer Prozesse* unter der Berücksichtigung gerade auch psychologischer Aspekte des Zuhörens (Imhof 2003; 2004). Ein wachsendes Bewusstsein für das Zusammenspiel von auditiven Wahrnehmungs- und Sprachentwicklungsprozessen sensibilisiert auch für die Störungsmomente dieser Prozesse und daran gekoppelte Krankheitsbilder.[200] Unter der Annahme, dass die *sensiblen Phasen der Hörbahnreifung* auch im Grundschulalter noch nicht ganz abgeschlossen sind, entstehen spezifische Förderprogramme[201] auditiver Wahrnehmung, die sowohl präventiv zur umfassenden Förderung von Grundschülern, aber auch gezielt zur Förderung etwa von Schülern mit Migrationshintergrund, die zusätzlich den besonderen Herausforderungen des Zweitspracherwerbs ausgesetzt sind, konzipiert und eingesetzt werden.[202] Im Wissen darum, dass der Spracherwerb nicht nur den Erwerb komplexer kommunikativer, sondern auch sozialer Kompetenzen verspricht, mehrt sich das Bewusstsein, dass der Besitz kommunikativer Kompetenzen den Erwerb *auditiver Kompetenzen* immer schon voraussetzt. Damit wird das Hörhandeln im Bereich zwischenmenschlicher Kommunikation zunehmend als bedeutsamer Teil der Interaktion und damit als „Qualitätsmerkmal sozialer Beziehungen" wahrgenommen und

---

ministeriums ermöglicht. Das Medienpaket wurde 2002 allen bayerischen Kindergärten und 2003 allen 1. und 2. Grundschulklassen in Bayern zur Verfügung gestellt.

[200] Beispielsweise sogenannte „Auditive Verarbeitungs- und Wahrnehmungsstörungen" (AVWS).

[201] Beispielsweise das Sprachtraining nach Warnke (2006).

[202] Als Beispiel soll hier das Förderprojekt „MitSprache NRW" angeführt werden. Unter dieesm Titel startete 2006 eine gemeinsame Förderinitiative von WestLB AG und WestLB Stiftung Zukunft NRW, die vom Land NRW unterstützt wurde. Ziel war die Sprach- und Integrationsförderung von Kindern mit Migrationshintergrund. Um Grundschulen in ihrer Förderarbeit zu unterstützen, wählte eine Jury, bestehend aus sieben bildungspolitischen Vertretern (u. a. des Bildungsministeriums) die innovativsten Förderideen aus, zu denen u. a. das Förderkonzept „Sprach- und Integrationsförderung durch Zuhörkompetenz" zählte, das von der Autorin dieser Arbeit konzipiert, über die Dauer von drei Jahren in Projektform an einer Bonner Grundschule durchgeführt und abschließend evaluiert wurde.

beschrieben (vgl. Kahlert 2000), das darüber hinaus auch Zugang erschließen kann zu ästhetischem Erleben und kreativem Gestalten (vgl. Hagen 2003). Damit wird das Zuhören nun auch zum Thema ästhetischer Bildung.

- Diese Entwicklungen spiegeln sich darin, dass dem Zuhören mittlerweile ein eigenständiger Stellenwert in den Lehrplänen zugewiesen wird und das Thema *Sprechen und Zuhören* als eigener Kompetenzbereich in die Bildungsstandards aufgenommen wurde (vgl. dazu Günter 2012). Im Zuge dieser Entwicklungen werden die Störvariable *Lärm* im Unterrichtsgeschehen und mit ihr Fragen explizit auch *akustischer* Gestaltung von Bildungsräumen erstmals thematisiert und mit Fragestellungen der Psychoakustik und Lernpsychologie verbunden (vgl. Klatte et al. 2003). Neben einer Vielzahl unterschiedlicher Publikationen zum Thema entsteht eine Publikationsreihe „Edition Zuhören".[203] Im Rahmen dieser sehr unterschiedlichen Projekte, Maßnahmen und Konzepte wird didaktisches Material entwickelt, das die (Zu-)Hörfähigkeit auf breitem Wege fördern, die auditive Wahrnehmung anregen und sensibilisieren soll. Mit der Gründung des Studiengangs „Sound Studies" an der Universität der Künste Berlin wird, neben dem wissenschaftlichen Diskurs zum Thema Zuhören, nun auch der künstlerische Umgang mit dem „Material Sound" in all seinen Spielarten und in Rückbindung an ganz unterschiedliche Wissenschaftsdisziplinen – jenseits der schon bestehenden Diskurse – als eigenständige künstlerische Disziplin „hochschulfähig".

Dass und *wie* eng Menschsein, Sprachlichkeit und damit Auditives miteinander verwoben sind und wie komplex sich der Bereich Zuhören heute darstellt, mag diese Zusammenschau andeuten. Während das Thema *Hören und Zuhören* auf diese Weise immer stärker in den Blickpunkt auch pädagogischer Fragestellungen gerät, lässt dies, wie Schmicking (2003) wiederholt betont, die Konsequenz, gesprochene und damit *gehörte Sprache*, das heißt, *audibles vokales Material* zum ganz eigenen Gegenstand der Reflexion zu machen, den-

---

[203] In der bei Vandenhoeck & Ruprecht erscheinenden Reihe „Edition Zuhören" werden Beiträge auf dem Weg zu einer neuen (Zu-)Hörkultur veröffentlicht, u. a. durch Anregungen und Materialien für die pädagogische Zuhörförderung, psychoakustische Grundlagenforschung, akustisches Design in der Schule, Förderung und Empfehlung von künstlerischen Werken, die sich mit Zuhören beschäftigen.

noch bis heute vermissen. Und auch wenn, wie Welsch herausstellt, der Übergang von der Bewusstseinsphilosophie zu einem „Paradigma der Kommunikation" den Übergang von der traditionellen Favorisierung des Sehens zu einer neuen Betonung des Hörens anzeige (vgl. Welsch 1993b, 94), sei, so Schmicking, mit dem *linguistic turn* letztlich doch kein *auditory turn* verbunden gewesen:

> „Der hohen Wertschätzung des Hörens als des sozial unentbehrlichsten Sinns aufgrund seiner die mündliche Kommunikation ermöglichenden Funktion steht das Desinteresse am Hören als sinnlichen, perzeptiven Leistungen entgegen" (Schmicking 2003, 66).

Denn in der „neuen Aufmerksamkeit für das Hören", wie Haderlein (2003) diesen Wechsel betitelt, sei die Chance nicht genutzt worden, insbesondere gesprochene und damit *gehörte* Sprache, das, wie der Literatur- und Medienwissenschaftler Friedrich Kittler (2003) formuliert, *Unaufschreibbare* der Sprache, zum Gegenstand auch philosophischer Reflexion zu machen. Gehörte Sprache ist bislang nicht Gegenstand eingehender philosophischer Analysen, „wie die Materialität von Sprache überhaupt eine nachgeordnete Rolle spielt, sofern sie überhaupt thematisiert wird", wie Schmicking (2003, 62) beklagt. Der Hörforscher und Philosoph Don Ihde argumentiert, es sei das Unsichtbare, das auch der zeitgenössischen Philosophie noch Probleme bereite. Neben dem Fremdbewusstsein und dem Selbst sei es der Bereich *gesprochener* und *gehörter* Sprache, die nach wie vor unlösbare Rätsel darstellten, „so long as our seeing is not also a listening" (Ihde 1976, zitiert nach Schmicking 2007, 59 f.). Schmicking spricht daher von einem *Primat visuell aufgefasster Sprache* und führt dazu aus:

> „Deutlich wird dies etwa am Fall der Wahrnehmung von Sprache, eines hochkomplexen perzeptiven Vermögens, was in der Philosophie trotz aller Reflexion auf die Sprache durch die Jahrhunderte wahrscheinlich kaum geahnt worden ist und erst spät, etwa seit der Jahrhundertwende, vereinzelt Erwähnung findet und zu philosophischer Reflexion anregt" (Schmicking 2003, 42).

Während innerhalb der sprachanalytischen Philosophie die semantischen, syntaktischen, logischen, sprechakttheoretischen, epistemologischen und ethischen Fragestellungen auf die Sprache als Medium diskursiver Erkenntnis, verbaler Kommunikation und menschlichen Handelns abzielten, spielten, so Schmicking, die *audiblen* Eigenschaften von Sprache keine besondere Rolle (vgl. Schmicking 2003, 62 f.):

„Die Ausblendung der vokalen und auditiven Dimension der Sprache erweist sich aber als eine missliche Verkürzung ihres Gegenstandbereichs und des Verständnisses von sprachlicher Kommunikation, was insbesondere im Bereich der Sprechakttheorie spürbar wird. Die Art und Intensität der illokutionären Kraft einer Äußerung ist in vielen Fällen nur durch Intonation, suprasegmentelle und paralinguistische Merkmale des phonetischen Aktes ausgedrückt und erkennbar. Der ‚Ton' einer Bemerkung wie ‚Das hast du wirklich gut gemacht' lässt erkennen, ob die Äußerung wörtlich (d. h. ehrlich), gönnerhaft, ironisch oder als Drohung etc. gemeint ist." (Schmicking 2003, 65)

So ist es folgerichtig, wenn sich die *akroamatische Dimension der Sprache* als „Leerstelle" auch im Bereich der Didaktik und Pädagogik zeigt, wie beispielsweise von Wermke (1996) beklagt. Diese spricht gar von einem „Desiderat der Hörerziehung" (Wermke 1996, 1 f.). Wermke fordert daher „eine systematische Entfaltung von Wahrnehmungs- und Verstehensprozessen in der akustischen Dimension und ihre sprachliche Vermittlung" im Rahmen einer Deutschdidaktik. Doch ist die akroamatische Ebene von Sprache bzw. die audible Ebene akustischer Kommunikation nicht eingrenzbar allein auf die Fachdidaktik Deutsch, da der weite Bereich *akustischer Kommunikation* auch Ebenen jenseits vokaler Vermittlung umfasst, weshalb auch die nonvokalen Ebenen der auditiven Dimension einbezogen und mitgedacht werden müssen, wie im Folgenden gezeigt werden soll.

5.2.1 Audible Aspekte der Sprache

„Wenn es jedoch um die Zusammenhänge und Entwicklung von Sprache und Wahrnehmung geht, dann scheint der Beweis auf eine einfache, aber oft vernachlässigte Tatsache angezeigt: In dem Moment, wo Menschen die Lautsprache benutzen, ist dies physikalisch primär ein akustisches und (neuro)-psychologisch auditives Geschehen, das heißt, zuallererst in Anspruch genommen sind die Funktionsleistungen des Hörens und die entsprechenden Organe, die Ohren." (Wiedenmann 2007, 167)

Wiedenmann beschreibt den Spracherwerb mit diesen Worten als ein überwiegend akustisches Geschehen, was wiederum bedeutet, dass der störungsfreie Erwerb der Lautsprache eine organisch gesunde Hörfähigkeit zur Voraussetzung hat. Sprechen (lernen) vollzieht sich im zirkulären Wechselspiel mit dem Hören (lernen). Dies impliziert, dass Sprache *gehört* und sinnvoll verarbeitet wird (vgl. Günther 2008, 28). Neurophysiologisch bildet sich dieses Geschehen in dem komplexen Zusammenspiel auditiver Teilleistungen ab, die den auditorischen Cortex im Laufe der Entwicklung in Verbindung mit dem Sprachzentrum und anderen Gehirnarealen, d. h. in einem Gesamtzusammenspiel des neuronalen Netzwerks plastisch ausformen. *Sprache lernen* heißt daher vor allem eins: *Sprache hören*. Das schließt nicht aus, dass auch Menschen mit Hörschäden oder gänzlich gehörlose Menschen Zugang zur Lautsprache finden könnten, doch gestaltet sich dieses Lernen in Abhängigkeit der Schwere der Schäden ungleich komplizierter und langwieriger und ist von besonderen Herausforderungen geprägt. Entsprechend bezeichnet Imhof (2003; 2004; 2010) das Zuhören konsequenterweise als „erste Sprachfertigkeit" (vgl. Imhof 2003, 9; 2004, 1). Mit diesem Wechselspiel von Sprechen und Zuhören ist der Spracherwerb unmittelbar an Prozesse der Interaktion gekoppelt. Günther benutzt den Begriff des „Hörkreislaufs". An anderer Stelle spricht er auch vom „interpersonellen" bzw. „intrapersonellen" Kreislauf (Günther 2008, 41). In solchen überwiegend unterbewusst ablaufenden zirkulären Prozessen gleicht das Kind die eigene Sprachproduktion mit dem Gehörten ab und nimmt ggf. nötige Korrekturen vor. Die audiblen Prozesse stimulieren daher das „Korrektiv auditive Wahrnehmung", sodass das Gehirn ständig neue Integrations- und Anpassungsleistungen vollziehen kann. Es ist die *Rückbezüglichkeit des Hörsinns*, bei dem der Sprechende nicht nur dem Sprechen des Anderen, sondern auch seinem eigenen Sprechen zuhört, die solche Ab- und Angleichungsprozesse ermöglicht. Der Physiologe und Pädaudiologe Manfred Spreng spricht von einer „audio-phonatorischen Rückkopplung" (Spreng 2004), die für ihn die Basis für den Erwerb der Lautsprache ist. Gruhn (2008, 197) bezeichnet diese Form des Lernprozesses als „audio-vokales Lernen", das sprachlichen und musikalischen Lernprozessen gleichermaßen zugrunde liegt:

> „Audio-vokales Lernen liegt dem Spracherwerb wie ebenso der Tonbildung beim Singen zugrunde. […] Dazu ist das Hören der eigenen Stimme unerlässlich, um den phonetischen Input mit dem Output zur Deckung bringen zu können. Hierzu müssen zunächst über das Hören erworbene mentale Repräsentationen gebildet werden, damit eine konkrete Hörwahrnehmung mittels vorhandener Klangvorstellungen eine bestimmte Klangproduktion hervorrufen kann (pitch matching)" (ebd., Hervorhebung im Original).

Bemerkenswert erscheint, dass dieser Hörkreislauf schon vorgeburtlich greift: Untersuchungen belegen, dass das Gehör des Fötus schon im Mutterleib physiologisch aktiv ist. So konnte etwa gezeigt werden, dass Klänge, Melodien, Geräusche, die intrauterin gehört werden, vom Säugling postnatal schneller erkannt werden (vgl. Spreng 2004; Günther 2008, 34). Ebenso ist das Neugeborene bereits in der Lage, menschliche Laute von nicht-menschlichen Lauten zu unterscheiden (vgl. Günther 2008, 34). Indem es auf intrauterine Hörerfahrungen zurückgreifen kann (vgl. Spreng 2004), kann es schon wenige Tage nach der Geburt seine „Muttersprache" von anderen Sprachen unterscheiden (vgl. Imhof 2003, 72). Um solche Unterscheidungen treffen zu können, muss der Säugling den Lautbestand seiner Sprache nicht nur schon gehört haben, sondern auch wissen, welche Lautvariationen in seiner Sprache relevant und bedeutungstragend sind (vgl. Imhof 2003, 72), muss also, wie Schmicking (2003, 140) formuliert, „perzeptive Konstanten" ausgebildet haben. Besonders erstaunlich erscheinen solche sehr frühen Fähigkeiten, wenn bedacht wird, dass Aufnahme und Verarbeitung von Sprache komplizierten Verarbeitungsprozessen unterliegen. Empfängt das Ohr einen akustischen Reiz, muss zunächst differenziert werden, ob es sich um einen Sprachlaut oder um ein Geräusch handelt. Dies ist zusätzlich erschwert, wenn kein visueller Kontakt zum Reizauslöser besteht oder wenn der Sprachschall in ein Konglomerat aus Umwelt- und Störgeräuschen eingewoben ist, welche die Sprachlaute maskieren. McAdams/Bigand (2001) bezeichnen solche komplexen Verarbeitungsprozesse als *Dekomposition* auditiver Szenen:

> „However, we must remember that the only thing received by the ear is a pattern formed by pressure changes over time, and if we look at a graph of the waveform of a mixture of sounds, there is nothing obvious in it that labels the sound as a mixture or tells you how to take it apart" (McAdams/Bigand 2001, 11).

Diese Sätze verdeutlichen, dass Sprache nicht in gleicher Weise in diskrete Einheiten gegliedert ist wie die Schrift, sondern ein „artikulatorisches Kontinuum" (Spreng 2004) darstellt. Wird die auf einem Tonträger aufgezeichnete Sprache in Wellenform oder auch als Spektogramm visualisiert, zeigt sich dieses als *Kontinuum*, d. h. in miteinander verbundenen Schallbildern, die verdeutlichen, dass gesprochene Sprache ein fortlaufender Strom von Lauten ohne erkennbare Wortgrenzen ist („Problem der Unsegmentierbarkeit", Spreng 2004, 3). Anderson (2013) formuliert in diesem Sinn:

> „Zwar scheinen zwischen gesprochenen Wörtern deutlich abgegrenzte Pausen zu liegen, aber oft ist dies lediglich eine Täuschung. Wenn wir das tatsächliche physikalische Schallsignal untersuchen, können wir

an den Wortgrenzen vielfach keinerlei Abfall der Schallenergie feststellen. Vielmehr tritt eine Unterbrechung im Fluß der Schallenergie innerhalb eines Wortes ebenso häufig auf wie zwischen verschiedenen Wörtern" (Anderson 2013).

Das Problem der Unsegmentierbarkeit wird unmittelbar nachvollziehbar, wenn wir Menschen in einer uns fremden Sprache sprechen hören. Noch größere Probleme bestehen laut Anderson (2013, 40) bei der Identifikation von Phonemen innerhalb eines Wortes. Sobald wir jedoch mit der Sprache vertraut sind, erkennen wir wichtige sublexikalische Gliederungseinheiten der Sprache und es entsteht der Anschein hörbarer Wortgrenzen. Eine solche Gliederung des Sprachstroms, d. h. die Erfassung von Wortgrenzen, die Segmentierung von Silben und Lauten, ist wichtige Voraussetzung für die weitere Informationserfassung und -verarbeitung, d. h. für die Vermittlung der sprachlichen Botschaft. Die Fähigkeit, die Lautstruktur der jeweils gesprochenen Sprache bewusst erkennen und reflektieren zu können, um Einsicht in ihre Gesetzmäßigkeiten (Wortgrenzen, Silbenbildung, hörbare Unterscheidung einzelner Phoneme) zu erhalten, wird auch als *Phonologische Bewusstheit*[204] bezeichnet. Als Vorläuferfähigkeit des Schriftspracherwerbs und der Lesefähigkeit ist sie entscheidend für die gesamte weitere Sprachentwicklung des Kindes, denn die Identifikation von Phonemen, das Heraushören von Wortgrenzen aus dem Sprachfluss, die akustischen Erkennungsmerkmale von Wortgrenzen und die Erfassung sublexikalischer Gliederungseinheiten erfolgen anhand sprachspezifischer Merkmale und Lautkombinationen, die den *für jede Sprache spezifischen Gesetzmäßigkeiten* (Segmentierungsregeln) folgen. Dies betrifft nicht nur den Fremdspracherwerb, sondern wird zur besonderen Herausforderung beim Zweitspracherwerb. Hier sind vor allem Kinder mit Migrationshintergrund besonders gefordert, da sich die Gesetzmäßigkeiten der Zweitsprache von denen der Erstsprache oft unterscheiden. So entwickeln Lerner einer Zweitsprache die Segmentierungsverfahren zunächst auf der Basis ihrer Erfahrung mit ihrer Muttersprache, indem sie ihre muttersprachspezifischen Verfahren auf den fremdsprachlichen Input anwenden. Dies gilt auch, wenn diese Sprachen aus völlig unterschiedlichen Sprachfamilien kom-

---

[204] Die Phonologische Bewusstheit beruht darauf, die Gesetzmäßigkeiten der Sprache, nach denen Sätze in Worte und Worte in Silben zerlegt werden, zu kennen. Sie beinhaltet damit die Fähigkeit, Silben, Reime oder einzelne Laute (Phoneme) in Wörtern heraushören zu können und schließlich Phoneme erkennen und voneinander unterscheiden zu können (vgl. Günther 2008).

men, die völlig anderen, der Sprache zugrunde liegenden Prinzipien der Intonation und Lautkombination folgen, wie etwa Arabisch und Deutsch. Die Schwierigkeit besteht nun darin, dass sprachliche Segmentierungsverfahren nicht einfach von einer Sprache auf die andere übertragen werden können, sondern sie müssen in Bezug auf die jeweilige Sprache neu erlernt, und damit zunächst: „er-hört" werden (vgl. Cutler 1999, in Imhof 2003). Für das Erlernen einer fremden Sprache ist daher der Erwerb der jeweils dieser Sprache eigenen Segmentierungsstrategie ein wichtiger, wenngleich auch herausfordernder Schritt (vgl. Imhof 2003). Silben dienen dabei zur Orientierung, da sie eine wichtige Segmentierungseinheit im Sprachfluss darstellen: Als „intuitiv-einleuchtendes Segment aus dem Sprachfluss" (Imhof 2003, 83) sind sie von hoher Relevanz für die *Rhythmisierung* des Sprachflusses, damit auch für die Erfassung der komplexen Segmentierungsgesetze einer Sprache, d. h. letztlich für die Vermittlung sprachlicher Botschaften. „Der inhärente Rhythmus, der durch die Betonung einzelner Silben entsteht, trägt zur Erkennung der Muster bei und erleichtert möglicherweise das Behalten der einzelnen Elemente in der phonologischen Schleife zur weiteren Bearbeitung" (vgl. Imhof 2003, 84). Die Segmentierung des Sprachflusses vermittelt dem Zuhörer sowohl formale, als auch inhaltliche Informationen. Da die Strategien zur Silbensegmentierung an der eigenen Sprache erworben werden, sind sie, wie die übrigen Segmentierungsverfahren, spezifisch für diese (vgl. Imhof 2003, 84). Auch alle weiteren akustischen Merkmale der Sprache, wie Sprachmelodie, Sprachrhythmus, Pausen, Schnelligkeit, Lautstärke, Prosodie und Tonfall sind in jeder Sprache spezifisch und anders (vgl. ebd.). Neben der Rhythmisierung der Sprache durch Silben sind prosodische Hinweisreize entscheidend für weitere Differenzierungsprozesse und die Vermittlung sprachlicher Botschaften. So ist etwa auch die Intonation der Sprache bedeutungstragend. Das bedeutet: Die Informationen gesprochener Sprache reichen über den rein inhaltlichen Input weit hinaus. Sie helfen, diesen sozusagen metakommunikativ zu erschließen. Sogenannte „prosodic-bootstrapping-Theorien" gehen davon aus, dass es während des Spracherwerbs gerade die prosodischen Merkmale sind, die helfen, Sprache zu segmentieren und die Bedeutung des Gehörten zu verarbeiten, denn die melodischen Konturen der Sprache vermitteln schon sehr früh funktionale Bedeutungen (vgl. Jentschke/Koelsch 2010, 38). Daher bieten vor allem die paralinguistischen Informationen gesprochener Sprache, das heißt die sogenannten „musikalischen Merkmale" der Sprache[205], ganz entscheidende Zugänge zum Sprachverständnis (vgl. dazu auch Günther 2008). In der

---

[205] „Suprasegmentielle Merkmale der Sprache – ihre Prosodie – stellen so etwas wie die Musik der Sprache dar" (Jentschke/Koelsch 2010, 45).

Phase des frühen Spracherwerbs, insbesondere in Prozessen des Frühdialogs des Kindes mit der/den primären Bezugsperson(en) hat die prosodische Gestaltung von Sprache eine herausragende Bedeutung. Die sehr melodiöse und modulationsreiche „Motherese", eine in allen Kulturen und Sprachen erscheinende frühe Form der Kommunikation zwischen Kind und primärer Bezugsperson (vgl. Günther 2008, 35), bahnt einen Zugang zur Erwachsenensprache: „Sprachrhythmus, Sprachmelodie und Betonung, auf die das Kind schon in den ersten Wochen reagiert hat, werden jetzt zu einem bedeutungstragenden Gliederungsprinzip der gesprochenen Sprache mit einer enormen Vielfalt von zu erlernenden Variationen" (Spreng 2004, 14). So erstaunt es nicht, dass tonale Deprivation ein Risikofaktor für Sprachentwicklungsstörungen (SES) und Sprechstörungen (SpS) darstellt:

> „In einer Untersuchung von Angelika Kölsch und Walter A. Siebel (2007) wurde gezeigt, dass das Risiko, dass Söhne eine SES oder SpS entwickeln, bei Müttern mit niedriger pitchrange (also bei Müttern, die monotoner sprechen als normal) deutlich erhöht ist" (Koelsch 2008, 205).

Die Bedeutung der Prosodie für den Spracherwerb ist damit herausragend: Nicht nur Babys hören vergleichsweise aufmerksamer und länger auf die modulationsreiche „Motherese", als auf die Erwachsenensprache (vgl. Günther 2008, 35).

> „[A]ffektive Eigenschaften des Sprachregisters sind [...] entscheidend in der Kommunikation mit dem Kind (Trehub, 2003). Prosodische Hinweisreize sind oft ein Indikator für strukturelle Grenzen innerhalb der wahrgenommenen Information (z. B. eine kurze Pause vor einem Nebensatz). Das erlaubt das Erkennen von Satzstruktur" (Jentschke/Koelsch 2010, 46).

Deutlich wurde, dass sich ein großer Teil lautsprachlich gebundener Kommunikation zwischen Menschen über paralinguistische Informationen vermittelt (vgl. Schmicking 2003, 33). Für die Sprachentwicklung des Kindes ist es daher zentral, nicht nur den symbolischen Gehalt der Sprache verstehen, sondern die audible Kontur der Sprache erfassen, das heißt, die feinen Nuancen und Schattierungen der Sprache differenziert erkennen, unterscheiden und entsprechend differenziert verarbeiten zu können. Mittlerweile belegt eine Vielzahl von Studien die große Bedeutung der Verarbeitung solcher auch als „musikalische Parameter" der Sprache bezeichneter Indikatoren für die Sprachentwicklung (vgl. Jentschke/Koelsch 2010). Doch auch nach Abschluss des

Spracherwerbs bleiben die paralinguistischen Merkmale der Sprache wie Tonhöhe, Lautstärke, Timbre, Sprechgeschwindigkeit, Vokalisationen (Räuspern, Schnaufen) wichtige Indikatoren und Regulatoren der Kommunikation.

Das präzise und differenzierte Erfassen prosodischer Informationen kann durch gezieltes (Hör-)Training, wie dem differenzierten Training auditiver Teilleistungen oder auch durch musikalisches Training verbessert werden, was sich auf die Sprach- und Hörverstehensleistungen förderlich auswirken kann. So konnte etwa gezeigt werden, dass die Verarbeitung von Prosodie durch musikalisches Training beeinflussbar ist (vgl. Jentschke/Koelsch 2010, 46). Folgende ausgewählte wissenschaftliche Untersuchungen sollen Zusammenhänge zwischen der Leistungsfähigkeit der auditiven Wahrnehmung und einem systematischen Hörtraining beispielhaft illustrieren und aufzeigen, dass Sprach- und Hörverstehensleistungen systematisch „trainierbar" sind.

- In Untersuchungen der Stanford University unter der Leitung von Nadine Gaab konnte gezeigt werden, dass es Menschen, die schon in jungen Jahren einem kontinuierlichen musikalischen Training ausgesetzt waren, leichter fiel, minimale Klangunterschiede in Silbenfolgen zu erkennen. Weiter zeigte sich, dass Hörtraining, das auch Gehörübungen mit Tönen umfasste, die Gehirnaktivität so anregen konnte, dass die Sprachverarbeitung verbessert und Sprache besser verstanden werden kann: „These results have important potential implications for improving speech processing in children struggling with language and reading skills [...] and even for people learning a second language [...]. The brain becomes more efficient and can process more subtle auditory cues that occur simultaneously" (Gaab, zitiert nach Trei 2005).

- Eine Studie der Kinderklinik Boston unter der Leitung von Nadine Gaab (2007) zeigte, dass die Fähigkeit, schnelle Tonwechsel zu erkennen, nachweisbar den Spracherwerb und das Sprachverständnis unterstützt. Diese Studie erfasste die Gehirnaktivität von neun- bis zwölfjährigen Kindern, während diese zwei verschiedene Tonfolgen hörten, eine mit langsam wechselnden und eine mit schnell wechselnden Tonhöhen. Bei den Tönen handelte es sich nicht um Sprache, aber um Tonmuster, die ähnlich auch in der gesprochenen Sprache vorkommen. Während die Gehirne der Kinder vor dem Training auf schnelle Tonfolgen verzögert reagierten, war die Aktivierung nach dem Training vergleichbar mit der bei

Kindern ohne die Lese-Rechtschreib-Schwäche. Hier zeigte sich einerseits, dass legasthenische Kinder überdurchschnittlich häufig Defizite im akustischen Bereich aufweisen. Die Leistungen dieser Kinder verbesserten sich jedoch durch ein gezieltes Hörtraining, das in diesem Fall auf die Unterscheidung schneller Tonmuster abzielte (vgl. Gaab et al. 2007).

- Eine Studie der Professorin für Neurobiology, Physiology and Communication Sciences der Northwestern University Evanston, Illinois, USA, Nina Kraus, zeigte, dass aktive Musiker auf feine emotionale Komponenten eines Gesprächs weitaus stärker reagierten als Nicht-Musiker. Diese Untersuchung zeigte weiter, dass aktive Musiker „zwischen den Zeilen lesen" und die dort versteckten Gefühle besser erfassen konnten. Die Forscher schlossen daraus: Aktive Musik- (und damit auch intensive) Hörpraxis machen insbesondere hellhörig für Emotionen (vgl. Kraus et al. 2009).

- Eine andere Studie unter der Leitung von Nina Kraus zeigte: „Musical training during early childhood enhances the neural encoding of speech in noise" (Kraus et al. 2012a). Musikalisches Training in der Kindheit schien die mittlerweile erwachsenen Probanden zu unterstützen, Störgeräusche aus einer Unterhaltung effektiv auszublenden, um gesprächsrelevante Töne verstärken zu können. Daraus schlussfolgerte Kraus, dass musikalisches Training in der Kindheit dazu führt, dass diese Personen auch bessere Zuhörer werden (vgl. Kraus et al. 2012a).

- Doch gilt nicht nur gezieltes musikalisches Training als relevanter Förderfaktor, auch Zweisprachigkeit scheint eine positive Stimulanz hinsichtlich der Entwicklung auditiver Kompetenzen zu sein, wie Kraus et al. (2012b) formulieren: „Subcortical encoding of sound is enhanced in bilinguals and relates to executive function advantages" (ebd.). In dieser Studie der Northwestern University Evanston, Illinois, USA (2012) zeigte sich, dass es Kindern aus zweisprachigen Elternhäusern leichter fällt, Regelmäßigkeiten in Lautfolgen zu erkennen. Der Hirnstamm der zweisprachig aufgewachsenen Jugendlichen reagierte deutlicher auf den Schlüsselreiz in Form der Silbe (vgl. Kraus et al. 2012b). Besonders ausgeprägt sei dieser Unterschied während des Stimmengewirrs gewesen. Bilingualität scheint außerdem die Fähigkeit zu fördern, den Klang menschlicher Sprache aus der Umgebung herauszupicken und unwichtige Geräusche zu ignorieren. Die größere Erfahrung mit verschiedenen Klängen macht das Hörsystem der Zweisprachigen effektiver, fokussierter und flexibler, es arbeitet vor allem unter schwierigen Bedingungen besser, schlussfolgert Kraus (ebd.).

- Menschen, die in ihrer frühen Jugend zwei Sprachen gelernt haben, scheinen ein besonders leistungsfähiges Gehirn zu haben, so das Ergebnis wissenschaftlicher Studien der Universität York (Großbritannien) unter der Leitung von Ellen Bialystok (2004). Bialystok et al. führen dies darauf zurück, dass Menschen, die jahrzehntelang zwei Sprachen aktiv sprechen, die unterschiedlichen, gleichzeitig eintreffenden Informationen besser zu verarbeiten gelernt haben, da sie ständig zwei Sprachen im Gehirn trennen müssen und sich dadurch leichter auf komplexe Situationen einstellen können. Diese Fähigkeit, die auch für andere Gedächtnisleistungen hilfreich sei, werde bis ins hohe Alter beibehalten (vgl. Bialystok et al. 2004).

Vergegenwärtigen wir uns, dass die akustischen Merkmale der Sprache, wie Sprachmelodie, Sprachrhythmus, Pausen, Schnelligkeit, Lautstärke, Prosodie und Tonfall, sowie die jeweiligen Segmentierungsstrategien in jeder Sprache spezifisch und anders sind, wird leicht nachvollziehbar, dass die Teilleistungen der auditiven Wahrnehmung bilingual aufwachsender Kinder einerseits zwar stärker gefordert, damit aber auch stärker trainiert werden. Auch wenn die hier erwähnten Studien mehr eine unspezifische Zusammenschau darstellen, deuten sie an, dass

> „herausragende (musikalische) Fertigkeiten gelernt werden und dass sich diese Fertigkeiten auch in einer verbesserten neuronalen Verarbeitung widerspiegeln. Kinder mit musikalischem Training zeigten auch eine ausgeprägtere Reaktion auf eine Verletzung der sprachlichen Syntax. Das heißt, dass sich die durch musikalisches Training erworbenen Fertigkeiten zumindest teilweise auch auf Verarbeitungsprozesse in anderen kognitiven Domänen (wie Sprache) übertragen lassen" (Jentschke/Koelsch 2010, 51).

Aufgrund der Plastizität des Gehirns können differenzierende Hörerfahrungen nicht nur in der (frühen) Kindheit, sondern auch im Verlauf der Lebensspanne die Hörfähigkeit und Sprachverarbeitung entscheidend beeinflussen, ja sogar trainieren. Diese und ähnlich angelegte Studien sind ein Beleg für die herausragende Bedeutung der akustischen Ebene der Sprache für das Hörverständnis, aber auch für Prozesse der Interaktion, worauf im Folgenden näher eingegangen werden soll.

5.2.2. Audible Aspekte von Kommunikation und Interaktion

> „Die Sprache als Grundlage unserer Wirklichkeit ist eine im Wesentlichen auditive Ordnung, weshalb die Welt im Wort wirklich auf tönernen, d. h. zerbrechlichen Füßen steht" (Wimmer 1993, 83).

Ein präzises Erfassen der akustischen Dimension der Sprache ist, wie deutlich wurde, zentrale Gelingensbedingung für Spracherwerbsprozesse. Da sich die melodischen Konturen der Sprache nur in ihrem lautsprachlichen Vollzug vermitteln, wird schnell deutlich, weshalb Konversation „der primäre Kontext für Sprache und sprachliche Entwicklung des Kindes" (Günther 2008, 44) ist. So offenbart die audible Kontur der Sprache immer auch relevante „Metadaten", die Auskunft geben beispielsweise über Geschlecht, Alter oder den physischen und psychischen Zustand eines Sprechers. Auf diesem Weg vermitteln sich auch beziehungsgestaltende Impulse, wie Sympathie, Attraktivität, Dominanz etc., welche die Interaktion stark beeinflussen können. Dies verdeutlicht, dass die Art und Weise des Hörhandelns daher nicht nur höchst bedeutsam für Lern- und Entwicklungsprozesse ist, sondern maßgeblich auch die Beziehung der Akteure zueinander beeinflusst. So wird die audible Ebene der Sprache zur zentralen Schnittstelle der Interaktion, wird das Hörhandeln zum *Katalysator* dynamischer Prozesse, wird die audible, nicht symbolische Ebene der Verständigung zu einer entscheidenden Größe auch von Kommunikation und Interaktion. Eine differenzierte Betrachtung dieser Prozesse soll diese Zusammenhänge nun näher erläutern:

Wie schon beschrieben, etabliert, eng an den eingangs erwähnten interpersonellen Kreislauf gekoppelt, schon die frühe Stimulation durch die „Motherese" eine interaktionale Ebene, die durch das Hörhandeln der Mutter eine entscheidende Bahnung erfährt. In einer Studie der Vanderbilt University konnte gezeigt werden, dass allein schon ein „stummes Zuhören" der Mutter die Selbsttätigkeit des Kindes anregen konnte,[206] was den höchst dynamischen

---

[206] Die Bedeutsamkeit des Zusammenspiels *beider Aspekte* zeigt sich in einer im

Kern dieses spezifischen kommunikativen Modus illustriert. Dies erklärt, weshalb die Art und Weise des Hörhandelns der Mutter oder anderer bedeutsamer Bezugspersonen nicht nur eine entscheidende Größe in der Sprachentwicklung des Kindes ist (vgl. Günther 2008), sondern dass Zuhörkompetenz damit auch als grundlegende *interaktionale Kompetenz* gelten kann.

Die akustischen Impulse der Sprache werden damit zu relevanten Bedeutungsträgern lautsprachlicher Kommunikation, die jedoch erst in der unmittelbaren Wechselseitigkeit interaktionalen Geschehens Zugang zu der großen Vielfalt metakommunikativer Informationen bieten. Ob es sich um ganz frühe Dialoge oder um Kommunikation im weiteren Verlauf der Entwicklungsspanne handelt: Das emotionale Spektrum der Interaktion, wie etwa der Ausdruck von Zärtlichkeit oder Ärger, vermittelt sich zu einem großen Teil auch akustisch, weshalb die zwischenmenschliche Beziehung entscheidend durch wechselseitig initiierte, *audibel-dynamische* Impulse der Kommunikation reguliert wird. Solche akustischen Impulse können daher (in dieser Funktion und in ihrer Tragweite) nur bedingt rein medial, d. h. mittels „Sprachinput" durch Fernsehen, Computer oder CDs etc. ersetzt werden. Hier ist entscheidend, dass medialer Input nicht bzw. eingeschränkt resonanzfähig ist, denn er ist, wie etwa das Fernsehen (überwiegend) monodirektional angelegt. Der Facharzt für Phoniatrie und Pädaudiologie, Andreas Seimer, bezieht sich implizit auf diesen Aspekt, wenn er den negativen Einfluss, insbesondere des Fernsehens, auf Spracherwerbsprozesse gleich aus mehreren Gründen beklagt: „Wir holen die Kinder durch die Kommunikation automatisch an der Stelle ab, wo sie in ihrer Sprachentwicklung sind, wir begeben uns auf dieses Niveau. Das tut kein Fernseher" (Seimer 2007). Vielmehr produziere dieser Störschall, der lebendige Kommunikation *verhindere*.[207] Die Zeit, die ein Kind vor dem Fernseher verbringe, kommuniziere es außerdem nicht und könne somit auch keine eigenen Sprecherfahrungen machen. Seimer formuliert daher: „Sprechen lernt man nur durch Sprechen. Reines Hören genügt nicht" (Seimer 2007). Damit sei das Fernsehen, obwohl es Sprache „produziere", dennoch

---

Journal of Experimental Child Psychology veröffentlichten Studie der Vanderbilt University. Hier konnte gezeigt werden, dass Kinder, die angehalten wurden, eigene Ideen einer wichtigen Bezugsperson zu erklären, mehr lernten, als wenn sie ihre Ideen beispielsweise auf Band sprachen oder gar nicht erklärten. Entscheidend war dabei, dass die Bezugsperson diesen Erklärungen *nur zuhörte* (vgl. Rittle-Johnson 2008).

[207] In synchronisierten Serien stimmten zudem oft Mundbild und Höreindruck nicht überein, in den häufig konsumierten Zeichentrickfilmen gäbe es mehr Geräusch und wenig Sprache.

ein *Sprachbehinderer* – und dies, wie hier deutlich wird, gleich auf mehrfache Weise.

Wimmer (1993) thematisiert die in der Audibilität entstehenden responsiven Aspekte lautsprachlicher Kommunikation, wenn er die *grundlegend auditive Ordnung der Sprache* thematisiert. Diese lässt die Welt im Wortsinn sowohl auf tönenden als auch *tönernen* Füßen stehen, wie bereits im Eingangszitat gezeigt. Hierzu führt Wimmer aus:

> „In der Tat dagegen steht das Wort auf fragilen Füßen. So kommt es darauf an, den Riß zwischen Dingen und Worten nicht zu überhören, die Differenz zwischen dem tönernen Ton und dem tönenden Ton. Diesen Unterschied zwischen Ton und Ton macht das Ohr. Man kann ihn genießen" (Wimmer 1993, 83 f.).

Solche *audibel gegründete Materialität*, die Wimmer der Sprache zuschreibt, ist gleichwohl fragil. Sie zeichnet Kommunikation als *Differenzgeschehen*, in dem sich unvermittelt ein Spannungsfeld, „ein Riss" zwischen den Dingen und den Worten, dem Mensch und der Sprache, auftun kann. Dieser Riss – dies ist dabei entscheidend – zeigt sich jedoch erst im *unmittelbaren Vollzug* kommunikativen Handelns, d. h. im Prozess „tönenden Tuns" der Interaktion. Zwar ist er nicht „aufschreibbar" (Kittler 2003), der Riss ist jedoch durchaus *hörbar*, auch wenn er oftmals überhört oder gänzlich ungehört verklingen mag. Ihn zu erfassen, um Kommunikation funktional bahnen und gestalten zu können, ist das Leitmotiv vieler Kommunikationsmodelle, die menschliche Kommunikation durch genaue Beobachtung erklärbar und nachvollziehbar machen möchten, um ebensolche Vieldeutigkeit erfassen zu können. Entsprechend thematisieren solche Modelle implizit immer auch die audiblen Aspekte von Sprache. Dies soll hier anhand zentral bedeutender Modelle der Kommunikation einmal beispielhaft nachvollzogen werden:

Das „Organon-Modell der Sprache" von Karl Bühler (1965) thematisiert diesen Riss, wenn es Sprache als komplexes Phänomen vieldeutigen Verstehens zeichnet, die Vermittlerfunktion der Sprache auf parallel gestaltbaren Ebenen der Kommunikation beschreibt und damit ihre Vieldeutigkeit thematisiert. Damit bricht dieses Modell das zu dieser Zeit vorherrschende lineare Verständnis von Kommunikation als rein rekonstruktiven Prozess und bloßen Übertragungsvorgang, wie ihn noch Shannon und Weaver (1963) beschreiben, auf. Mit dem Fingerzeig auf die drei funktionalen Ebenen (Symbol, Ausdruck, Signal), die ein Sprechakt nach Bühler anbietet und die unabhängig voneinander erfasst, d. h. „herausgehört" werden können, wird Kommunikation nun auch zu einem Prozess der *Orientierung* und nicht nur der *Übertragung*. Bühler verweist so auf die konstruktive Kraft gesprochener Sprache, die jedoch erst in ihrem Vollzug, d. h. in ihrer klanglichen Materialität solche Orientierungsmöglichkeiten bietet. Dies thematisiert nicht nur eine „auditive Ordnung" der Sprache, sondern thematisiert mit dieser, wenn auch implizit, die Bedeutung der audiblen Dimension kommunikativen Handelns generell. Mit der Ausdrucksfunktion des Zeichens betont Bühlers Modell erstmals auch den interaktionalen Aspekt von Kommunikation, der auf die Beziehungsebene verweist, die durch die Kommunikation zwischen „Sender" und „Empfänger" entsteht. Während in diesem Modell noch eindeutig das Sprachzeichen im Zentrum steht, das Auskunft auf den drei Ebenen Symbol, Ausdruck, Signal[208] gibt, rückt in den Folgemodellen der Fokus immer mehr auf den Aspekt der Beziehung.

Schon George Herbert Meads Kommunikationsmodell schließt einen direkten Zugang eines Selbst zu einem Anderen aus. Jacques Lacan spannt darüber hinaus eine „imaginäre Achse" zwischen den Akteuren auf, welche die Akteure imaginär verbindet, symbolisch jedoch voneinander trennt. Beide Modelle thematisieren, dass sich der kommunikative Austausch zwischen den Akteuren nur teilweise über symbolische Zeichen, wie die der Sprache, vermittelt. Lacan (nach Reich 2009a) verweist auf die Bedeutung der wechselseitigen „imaginären Spiegelungen", in denen das der Interaktion zugrunde liegende „Begehren" der Akteure – Bedürfnisse, Wünsche, Emotionen, Fantasien, Projektionen etc. – frei zirkuliert. Solche imaginären Spiegelungen vollziehen sich außersprachlich, weswegen Lacan die Akteure zwar imaginär verbunden, symbolisch jedoch durch eine „Sprachmauer" getrennt annimmt. Damit haben die Akteure, wie auch in Meads Modell, keinen direkten Zugang zueinander. Und da der Zugang über den symbolischen Austausch nur begrenzt möglich ist, vermitteln sich die bedeutungstragenden Elemente der Kommunikation auf anderem Weg, wozu entscheidend auch die *audible Gestalt* der Sprache, d. h. die akustischen Akzente kommunikativen Handelns zählen. Auf diese Weise können die intentionalen, volitionalen, motivationalen oder emotionalen Impulse der Kommunikation dann *herausgehört* werden.

Watzlawick et al. (1981) schließen an die Ebene der Ausdrucksfunktion im Organon-Modell an und definieren eine „Beziehungsebene" der Kommunikation.

---

[208] Schon hier wird der implizite akustische Bezug dieses Modells deutlich: So spricht Bühler etwa vom „Zeigfeld der Sprache" (Bühler 1965, 79 ff.), vom „Lautstrom der Rede" (ebd., 259 ff.), von der „akustischen Silbenlehre" (ebd., 262 ff.) oder auch vom „Klanggesicht der Worte" (ebd., 271 ff.), um nur einige Beispiele anzuführen.

Mit ihrem zweiten Kommunikationsaxiom sagen sie aus, dass jede sprachliche Äußerung implizit eine Beziehungsdefinition enthält, die – dies ist der zentrale Aspekt dieses Axioms – das Hörverstehen entscheidend prägt. Diese Definition entspringt nicht nur der symbolischen Kraft der Sprache allein, sondern sie gründet auf „Metadaten" kommunikativen Handelns, die, wie hier deutlich wurde, nicht nur von körpersprachlichen Aspekten, sondern gerade auch von den audiblen Anteilen menschlicher Kommunikation beeinflusst wird und damit *herausgehört* werden. So bilden sich Rückkopplungsschleifen nicht nur körpersprachlicher, sondern auch *audibler Resonanz*, die den „Wimmerschen Riss" gleich mehrdimensional zeichnen.

Während Schulz von Thun (1991) mit seinem „Kommunikationsquadrat" modellhaft die drei Ebenen Bühlers (Symbol, Ausdruck, Signal) nun um das sogenannte Beziehungsohr erweitert, und damit die sogenannte „Beziehungsebene" Watzlawicks aufgreift (vgl. dazu auch Reich 2005, 37), ist es das Anliegen des Quantenphysikers und Kommunikationsforschers David Bohm (2008), anhand seines „Dialog-Modells" Strategien anzubieten, die Musterbildungen und einseitige Interpunktionen kommunikativen Handelns unterbrechen, um den Riss auf diese Weise gezielt „überbrücken" zu können. Dafür entwickelt Bohm Handlungsmaximen, die unbewusst ablaufende Hör- und Sprechmuster reorganisieren helfen. Ob nun die durch ritualisierte Praktiken bewusst eingeleitete „Verlangsamung" des kommunikativen Prozesses die Voraussetzung schafft, solche Muster zunächst überhaupt wahrzunehmen. Oder ob der Dialogprozess an die Maßgabe auch der konstanten Selbstbeobachtung gekoppelt ist, der (implizit) den konstruktivistischen „Beobachter" ins Spiel bringt, auffallend ist: Strategien, wie das gezielte „In-der-Schwebehalten" subjektiver Vorannahmen, machen subjektive Perspektiven überhaupt erst erleb- und von anderen unterscheidbar. Hier bestätigt sich, dass die Maßgabe nicht nur der Fremd-, sondern auch der Selbstbeobachtung in Form eines „inneren Hörens" oder auch „inneren Nachklangs" entscheidend dazu beitragen kann, *reaktives* kommunikatives Handeln zu unterbrechen und reflexives Handeln an seine Stelle zu setzen. Die Kommunikationstheorie Otto Scharmers (2009), „Theorie U", knüpft an das Verständnis Bohms an, Kommunikation als gemeinsamen schöpferischen Prozess zu verstehen, der die Infragestellung fester Positionen („unterschiedlicher Denkwelten") ermöglichen soll. Voraussetzung ist, wie schon bei Bohm, die grundlegende Bereitschaft, die eigenen Annahmen in Frage stellen zu wollen. Während Bohm (2008) mit Strategien der „Verlangsamung" Kommunikation in ihrem zeitlichen Verlauf zu regulieren versucht, thematisiert Scharmer Kommunikation in ihrer (möglichen) Tiefe. Er beschreibt sie als Zonen unterschiedlich tief gelagerter Schichten, deren tiefste Schicht, das „Presencing" (Scharmer 2009,

168 ff.), die für Scharmer schöpferischste Ebene der Kommunikation abbildet. Um diese Ebene erreichen zu können, ist für Scharmer wechselseitiges Zuhören unabdingbare Voraussetzung. Hörhandeln, das eine solche kreative Öffnung „denkenden Handelns", wie sie Bohm oder Scharmer beschreiben, ermöglichen möchte, ist durch rekonstruktives Zuhören allein nicht herstellbar. Hier braucht es auch die dekonstruktive Bewegung, die, wie bei Bohm, durch Strategien der Verlangsamung des kommunikativen Prozesses und durch Maßgaben der Achtsamkeit angeregt werden können. Wollen Tiefe, Vielschichtigkeit sowie Musterunterbrechung erreicht werden, erfordert dies eine differenzierte Beobachtung auch der explizit *audiblen Ebene* der Kommunikation. Entstehen doch in der Resonanz „tönenden Tuns" bedeutungstragende kommunikative Figuren, die sich allein durch die audiblen Schattierungen des „Unaufschreibbaren" (Kittler 2003) vermitteln, die *herausgehört* und zueinander in Beziehung gesetzt werden müssen.

Spätestens hier wird deutlich, dass die der Sprache innewohnenden *kommunikativen Ordnungen* eng mit den audiblen Komponenten der Kommunikation verwoben sind, welche eine, wie Wimmer (1993) formuliert, spezifisch „auditive Ordnung" der Sprache etabliert, die auch interaktionale Strukturen/Ordnungen bahnen kann. Erst über die sich außerhalb des „Aufschreibbaren" vermittelnden audiblen Komponenten der Kommunikation erschließt sich die ganze Vielschichtigkeit kommunikativen Geschehens,[209] die so zu bedeutungstragenden und damit performativen Impulsen der Kommunikation werden. Es ist vor allem die „Tiefenwirkung" akustischer Reize (vgl. Kap. 2.3.), die maßgeblich dazu beiträgt, wie sich kommunikative Dynamiken entwickeln. Erst einmal darauf aufmerksam geworden, wird schnell deutlich, dass der „akustische Impact" ein zentraler Faktor und die audible Ebene daher eine zentrale Ebene von Kommunikation und Interaktion ist. Ob im Konzept des „Aktiven Zuhörens" (Tausch/Tausch 1990; Gordon 2012; 2013; 2014) das „tönende Tun" die emotionalen Komponenten der Kommunikation von den inhaltlichen überhaupt erst unterscheidbar und damit auch kommunizierbar machen. Ob die „Gewaltfreie Kommunikation" nach Rosenberg (2013) die funktionalen Ebenen der Sprache (Bühler) erweitert, indem sie auf mögliche, die Kommunikation bestimmende, vielleicht explizit nicht formulierte und nur *heraushörbare* Bedürfnisse fokussiert, um diese kommunizieren und reflektieren zu können. Ob die Technik des „Doppelns" (eine Technik des Psychodramas, entwickelt vom Arzt und Psychiater J. L. Moreno) in ihrer spezifisch

---

[209] Dass sich Inhaltliches im Klanglichen spiegelt, zeigen solche Redewendungen, wie „der Ton macht die Musik".

performativen Inszenierung gezielt die Audibilität der Sprache nutzt, was sie zu einem zentralen „Tool" auch der „Klärungshilfe" (Thomann/Schulz von Thun 2011) und der Konfliktmoderation hat werden lassen. All diese Ansätze zeigen: Oftmals vermittelt sich das nicht Ausgesprochene, das Nicht-Gesagte, das Vermutete und Angedeutete nicht nur körpersprachlich, sondern gerade auch audibel. Nur weil es heraushörbar ist, wird es kommunizierbar. Gerade in herausfordernden kommunikativen Situationen ist ein differenzierter Austausch oftmals nur möglich, wenn *alle* bedeutungstragenden Faktoren der Kommunikation, und damit auch die audiblen Aspekte, wahrgenommen und kommuniziert werden. Auch wenn sie häufig nur unterbewusst wahrgenommen, d. h. „gelesen" (und daher oftmals auch nicht explizit kommuniziert) werden, sind audible Aspekte der Sprache daher nicht nur bedeutungstragende, sondern geradezu *ordnungsbildende Kräfte* der Kommunikation, die sich in ganz eigenen auditiven Ordnungen spiegeln.

Festzuhalten bleibt zunächst: Die Performativität des symbolischen Gehalts der Sprache geht in der Performativität des Wortklangs auf bzw. differenziert sich im Klang weiter aus, sodass man auch von einer „doppelten Performativität" der Sprache sprechen könnte. Damit sind es die nicht-aufschreibbaren, jedoch *hörbaren* Nuancen, sind es die tönenden Färbungen sprachlichen Materials, die bedeutungstragend sind und das *interaktive Tunig* dynamisieren können.[210] Doch obwohl diese Prozesse für Kommunikation und Interaktion sehr zentral zu sein scheinen, werden sie – im Gegensatz etwa zu körpersprachlichen Aspekten der Kommunikation – kaum thematisiert, beobachtet und erschlossen.

Offensichtlich ist, dass solche Performativität untrennbar an körperliche Präsenz, an leibliche Anwesenheit gekoppelt ist. Rein imaginativ sind diese Dynamiken weder herstellbar, noch sind sie antizipierbar. Denn ihre performative Kraft offenbart sich erst in ihrem lautsprachlichen Vollzug, der ihre audible Materialiät offenlegt. Damit liefert sie entscheidende „Metadaten" der Kommunikation, die, neben (körper)sprachlichen Aspekten, Hinweise geben, den „Riss", von dem Wimmer (1993) spricht und der vor allem im kommunikativen Handeln immer wieder aufbricht, vielleicht nicht vermeidbar, so jedoch erkennbar und damit differenziert kommunizierbar zu machen. So sind

---

[210] In Frankreich sagt man „Accorder les violons", wenn Menschen ihre unterschiedlichen Positionen einander annähern wollen. Diese Redewendung macht darauf aufmerksam, dass nicht nur die inhaltliche Dimension des Sprachhandelns von Bedeutung ist, sondern dass sich diese gerade auch in der Klanggestalt der Sprache vermittelt, welche daher besonderer Aufmerksamkeit bedarf.

es die audiblen Aspekte gesprochener Sprache, die den Akteuren wichtige Orientierungsmöglichkeiten in der zwischenmenschlichen Interaktion bieten.

Das bedeutet, dass Sprache in ihrem Vollzug – neben der Ebene „reiner" Information – wichtige, explizit hörbare Hinweise vermittelt, die das „fragile" Gut zwischenmenschlicher Verständigung sowohl „pflegen" als auch „sabotieren" kann. In dieser Doppelfunktion ist Sprache Medium und Regulativ zugleich. In der ganzen Bandbreite ihres Erscheinens vermag sie emotionale Gestimmtheiten hervorzurufen, in ihrem Vollzug auch die zwischenmenschliche Atmosphäre zu färben. So steht das Erleben der inneren Gestimmtheit – der Professor für Philosophie und Hörforscher Leonard Waks (2008) spricht hier explizit auch von einer „inneren Atmosphäre"[211] – daher immer auch in enger Wechselwirkung mit dem herrschenden „Umgangston", der die äußere Atmosphäre entscheidend prägt Dieser beeinflusse das Gesprächsklima insgesamt und verbreite sich wiederum auf die innere Gestimmtheit *aller* Gesprächspartner. Böhme spricht in diesem Zusammenhang von der kommunikativen Atmosphäre (Böhme 2006, 32 ff.), die von einzelnen Personen ausgehend, sich schnell auf ganze Interaktionszirkel übertragen, ja, sich sogar in den Raum hinein verbreiten könne.[212] Umgangssprachlich sprechen wir dann vielleicht von einer „heiteren", „kreativen", „beruhigenden", „gastlichen", „ernsten" oder „freundlichen" Atmosphäre. Vielleicht empfinden wir die kommunikative Atmosphäre auch als „gespannt", „feindlich" oder „bedrückend". Böhme verweist nachdrücklich darauf, wie unmittelbar sich das gesprochene Wort auf das gesamte Gesprächsklima auswirken kann: „Durch eine Äußerung kann das Gesprächsklima entlastet werden oder sich zusammenziehen, es kann ernst werden, bedrohlich, gespannt" (ebd., 35). Durch eine Äußerung oder Verhaltensweise, die aus dem Rahmen fällt oder den Rahmen selbst in Frage stellt. Durch Ironie, durch einen Missgriff in der Tonlage, in der Art der Formulierung, durch den „falschen Ton" generell, kann diese Atmosphäre

---

[211] „Just as the external setting of a conversation constitutes an atmosphere that affects what is said and what it is taken to mean, so the internal atmosphere – the listeners' mental set or pre-organized readiness – also affects what they hear and even subtly influences what speakers say." (Waks 2008, 68)

[212] Es ist sicher ein Verdienst des Philosophen Gernot Böhme, auf die Bedeutung und den Einfluss des alltäglichen Phänomens intermodal erfahrbarer, immer doch recht unspezifisch und schwer fassbarer *Atmosphären* nachdrücklich aufmerksam gemacht zu haben und das Bewusstsein für ihre Gegenwärtigkeit geschärft zu haben.

schnell auch zerbrechen (vgl. ebd., 39 ff.). Oftmals ist es gerade der unerwartete *Ton* einer Äußerung, der die eben noch heitere Atmosphäre ganz plötzlich zerstört. Daher ist die zwischenmenschliche Atmosphäre zugleich ein sehr fragiles, ein störbares und flüchtiges Gut. Zwischenmenschliche Atmosphäre bedürfe daher einer besonderen Aufmerksamkeit und Pflege, was laut Böhme auch durch „den Klön, den Tratsch, den Small Talk" (ebd., 42) geschehe. Entsprechend lautet seine These, dass der allergrößte Teil zwischenmenschlicher Kommunikation zwischen Menschen der „Aktualisierung der Atmosphäre" zwischen ihnen diene. Folgen wir Böhme, können Menschen auch einen spezifischen, identitätsbildenden gruppenspezifischen „Grundton" ausbilden.[213] Kommunikative Atmosphären schaffen damit etwas Verbindendes und können die Gesprächspartner in eine „Hörhülle" einschließen. Waldenfels (2010) spricht sogar ganz explizit von „Höratmosphären".[214] So sind Atmosphären ein „manchmal niederdrückendes, oft aber auch belebendes, immer ergreifendes und die Stimmung affizierendes Medium menschlichen Lebens", wie Böhme (2006, 19) formuliert. Als vage wahrnehmbares *Zwischenphänomen sinnlicher Wahrnehmung* entstehen sie im Zusammenspiel von Akteur und Umgebung (vgl. Böhme 2006).[215] Fischer-Lichte (2012, 208) spricht gar davon,

---

[213] Diese Bezeichnung erinnert an den Begriff der „Keynote" bei Schafer (1988).

[214] „Ein Klang steht nicht vor uns wie ein Baum, ein Haus oder eine Person. Klänge *erklingen* und *ver-klingen*, sie schwellen an und verebben und weisen eine eigentümliche Voluminosität auf. Sie tauchen aus einem Klanghintergrund auf; sie treten gebündelt auf als Klangkomplexe und Klangkontraste; sie bilden Klangmuster und breiten sich aus in einem Klangteppich; sie werden von Wänden verstärkt oder verschluckt; um sie herum bildet sich eine räumliche Aura, eine Höratmosphäre" (Waldenfels 2010, 162 f., Hervorhebung im Original).

[215] Zur Bedeutung der Atmosphäre im kommunikativen Bereich führt Böhme weiter aus: „Es ist oftmals erst das Zusammenspiel innerer und äußerer Faktoren, gerade auch nonvokaler Faktoren, wie Geräusche, Klänge und Musik, die sich in einen atmosphärischen Grundklang einschwingen. Böhme verweist besonders auf die Bedeutung der Musik, mit der Atmosphären regelrecht inszeniert werden können, was den audiblen Aspekt von Atmosphären zusätzlich betont: „Ganz besonders aber ist es die Musik, sei es nun im Konzert oder sei es als akustische Möblierung in Alltagsräumen, die uns mit Atmosphären einhüllt" (Böhme 2006, 50). Mit diesem „Zwischenphänomen sinnlicher Wahrnehmung" zeigt sich die enge Verbindung vokaler und nonvokaler Hörpraktiken innerhalb des Kontinuums akustischer Kommunikation nach Truax (2001) als höchst gegenwärtige, den Alltag bestimmende „Schnittmenge", die jedoch nicht ohne Widerspruch erscheint: Denn einerseits gestaltet das Atmosphärische nachhaltig menschliche Kommunikation und

dass Atmosphären Körpergrenzen durchbrechen und „in den Leib eindringen" und damit zu einer spezifisch „leiblichen Erfahrung" werden.

Die Bedeutung der Atmosphäre als solch eigentümliches, *Stimmung affizierendes Medium* wird im Kontext von Kommunikation jedoch eher nachrangig wahrgenommen und thematisiert, wohl auch, da sie vordergründig weniger offensichtlich mit Fragen der Interaktion zu stehen scheint. Doch entspringen Atmosphären, die zwischen und um Menschen herum wahrnehmbar sind, auch ihren kommunikativen Praktiken, die diese zugleich spiegeln. Schall ist sowohl „Abfallprodukt" und „Medium" dieser Praktiken zugleich. Mit seiner unsichtbaren Materialität durchdringt er die Räume und Körper der Menschen. Damit wird er selbst zum Akteur, der zwischenmenschliche Interaktion zu regulieren und zu gestalten vermag.

Die Bedeutung gerade auch der audiblen Dimension lebensweltlicher Hörräume mit ihren Rückkopplungen auf menschliche Kommunikation, einschließlich der emotionalen Komponenten, die mit diesem interaktionalen Handeln zwangsläufig verbunden sind, kann am Thema *Lärm* leicht nachvollzogen werden, denn dieser kann als – im weitesten Sinne – „Abfallprodukt" bzw. als unerwünschter „Impact" kommunikativer Praktiken bezeichnet werden. Hier erleben wir das Medium Schall als höchst gegenwärtig an einer Schwelle, an der wir der audiblen Dimension der Lebenswelt plötzlich gewahr werden. Waldenfels spricht diesbezüglich von aufmerksamkeitslenkenden „Schwellenereignissen" (Waldenfels 2004, 65). Dann zeigt sich nicht nur die „unsichtbare" Omnipräsenz von Schall (vokalen, wie nonvokalen Ursprungs), den wir in diesem Gewand kaum als stimulierend, vielmehr als bedrängend und einschränkend erleben. Zugleich wird der Gedanke des Architekten und Musikers Olaf Schäfer (2010), Schall grundsätzlich als „gesellschaftliche Konstruktion" zu verstehen, schlüssig und nachvollziehbar: Sagt doch alles Hörbare, sagt die Qualität der Klänge, die Menschen erzeugen, die sie umgeben und oft auch dominieren etwas aus über die Verhältnisse zwischen den Menschen, über ihre kommunikativen und interaktiven Praktiken, über die gesellschaftlichen Formen, in denen sie leben. Schon Murray Schafer hat auf diesen

---

Interaktion, doch nehmen wir ihre Wirkkraft im Alltag oft gar nicht bewusst wahr. Böhme begründet dies gerade mit ihrer selbstverständlichen Gegenwärtigkeit. Gerade weil wir Atmosphären im Alltag eher beiläufig oder hintergründig erleben, weil wir nicht spezifisch auf sie achten, beeinflussen sie uns (vgl. Böhme 2006, 50). Doch vermögen sie uns in eine Grundstimmung zu versetzen, die das innere Erleben nachhaltig beeinflussen und ggf. sogar körperliche Empfindungen auslösen können.

Aspekt und hier insbesondere auf das Herrschaftspotenzial der Lautsphäre hingewiesen (vgl. Schafer 1988, 104).

5.2.3. Audible Aspekte des Wissenserwerbs

„Ethymological speaking, the term ‚cognition' refers to the notation of knowledge. It has been used in a more specific sense to designate the conditions that allow humans to develop knowledge of the world. It almost goes without saying that no knowledge can be acquired in the absence of perceiving: in other words, no theory of knowledge is complete without a theory of it's acquisition, and thus of perception. To emphasize the cognitive aspects of audition is thus primarily to remind us that auditory information participates in a fundamental way in the development of knowledge" (McAdams/Bigand 2001, 1).

Dieses Zitat von McAdams/Bigand fasst die Relevanz vokaler und nonvokaler Hörpraktiken sowohl für die (Sprach-)Entwicklung des Menschen als auch für Kommunikation und Interaktion und damit für Bildungsprozesse generell, pointiert zusammen. Ähnlich kompakt beschreiben Berg/Imhof die Bedeutsamkeit auditiver Wahrnehmung für Bildungsprozesse, wenn sie formulieren: „[D]as spezifisch menschliche Lernen über sprachliche Abstraktionen erfolgt über das Hören" (vgl. Berg/Imhof 1996). Auditive Prozesse sind im Gesamtarrangement der Wissensvermittlung zentral, denn entscheidende Prozesse schulischer Wissensvermittlung geschehen auf auditivem Weg, bzw. werden von akustischen (Rahmen)bedingungen oder Vorerfahrungen im weitesten Sinn geprägt. Der Einfluss von (Zu-)Hörfähigkeit auf Spracherwerbs- und Sprachentwicklungsprozesse ist ebenso augenscheinlich wie vielgestaltig, was als zentrale Begründungsfigur für die Notwendigkeit der Entwicklung von Zuhörkompetenz im pädagogischen Kontext gilt (vgl. Kahlert 2000; Imhof 2003; 2004; 2010; Hagen 2003; Krelle 2010; Hagen/Huber 2010). Neben dem Umstand, dass, wie weiter vorne schon ausgeführt, ein geschultes Gehör besonders günstige Voraussetzungen für den Sprach-, gegebenenfalls auch Zweitspracherwerb, für das Lesen- und Schreibenlernen bietet, sowie den Erfolg des Fremdspracherwerbs beeinflusst, ist auch der mündliche Sprachgebrauch von der Hörfähigkeit und dem Gedächtnis für phonologische Informationen beeinflusst. Dies wirkt sich wiederum auf die Ausbildung der phonologischen Bewusstheit[216] aus, die als Vorläuferfähigkeit des Schriftspracherwerbs untrennbar an Sensibilität und Reifungsgrad der auditiven Wahrnehmung gekoppelt ist. Sprachkompetenz, die als zentraler Faktor für Schulerfolg gilt (vgl. Günther 2008), setzt daher immer eine gewisse Hörkompetenz voraus, da sich Sprache dichotom nur im Sprechen *und* Zuhören entwickeln kann. Sie gründet auf dem differenzierten Erfassen auditiver Gestalten und Strukturen, Fähigkeiten, Fähigkeiten, die in anderen Zusammenhängen auch als „Audio Literacy" (vgl. Blee/Kupetz 2010)[217] bezeichnet werden. Verstehen wir eine differenzierende Hörfähigkeit auch als grundlegende *Sprachfertigkeit*, wie Berg/Imhof (1996) und Imhof (2003; 2004; 2010) dies tun, fußen nicht nur alle darauf aufbauenden kommunikativen Praktiken und Kompetenzen auf dieser, sondern ein differenziertes Hörhandeln wirkt vielfältig in das weite Feld sozialer Interaktion hinein. Zuhörkompetenz bildet daher das Fundament des Spracherwerbsprozesses und der darauf aufbauenden Sprachkompetenzen (Schriftsprach-, Schreib- und Lesekompetenz), einschließlich kommunikativer Kompetenzen.

Dieses Zusammenspiel weist dem Hörhandeln eine zentrale Stellung für Bildungsprozesse zu. Denn trotz multimedialer Lernformen organisieren und gestalten sich Lehr- und Lernprozesse letztlich zum überwiegenden Teil als Verständigungsprozesse im Kontext mündlicher Kommunikation, d. h. sie basieren auf dem „Miteinander Reden" und dem „Einander Zuhören", ob in der Großgruppe, der Kleingruppe oder in der Dyade. Zuhörkompetenz kann hier geradezu als Schlüssel- oder auch „Metakompetenz" gelten. Der Stellenwert der auditiven Wahrnehmung für Prozesse der Wissensvermittlung schlägt sich einerseits in dem Ausmaß *auditiver Aufmerksamkeit* nieder, die im Unterrichtsprozess eingefordert wird und die von den Akteuren ständig geleistet werden muss. Studien sprechen von einem prozentualen Anteil der Höraufmerksamkeit bzw. des Hörverstehens in einer Unterrichtsstunde von bis zu neunzig Prozent (vgl. dazu Berg/Imhof 1996). Höraufmerksamkeit wiederum

---

[216] Mit der „phonologischen Bewusstheit" bezeichnet man die Fähigkeit, die Lautstruktur der gesprochenen Sprache bewusst zu erkennen und Einsicht in deren Gesetzmäßigkeiten zu gewinnen.

[217] In den Bereich der *Audio Literacy* fallen in Anlehnung an Blell/Kupetz (2010) etwa Kenntnisse der Lautkategorien, das Wissen um statistisch relevante Regularien im Bereich der rhythmischen und melodischen Sequenzen. Es impliziert auch, dass tonale Elemente in syntaktische Strukturen integriert werden und dass emotionale Bedeutung aus den akustischen Strukturen erschlossen wird (vgl. ebd., 13).

steht in engem Zusammenspiel mit Prozessen des Hörverstehens. Diese beiden Größen korrelieren stark mit den individuellen Fähigkeiten und Möglichkeiten des Sprachgebrauchs. Die Höraufmerksamkeit wiederum wird stark beeinflusst und gelenkt von kontextuellen Größen, die im Zusammenspiel vokaler Hörpraktiken und situativer Rahmenbedingungen. Hier sind insbesondere rollenspezifische „Teilnahmen" und Zugehörigkeiten (vgl. dazu Kap. 3.1.1.) eine maßgebliche Größe. All diese Aspekte werden durch die raumakustischen Rahmenbedingungen des „Bildungshörraums Schule" „gerahmt". Dieses Gesamtzusammenspiel formt den „Grundton" einer Bildungsinstitution als Ausdruck seiner jeweils spezifischen „Kultur der Kommunikation".

Dies richtet den Blick auch auf die akustischen Rahmenbedingungen einer Bildungsinstitution. Die veränderten Kommunikationsszenarien im Bildungswesen, die Öffnung von Unterricht, gehen mit einer verstärkten Eigenaktivität der Schüler einher. Ein Unterricht, der gemeinschaftliches Lernen voraussetzt, ist auf akustische Rahmenbedingungen angewiesen, die mehrere gleichzeitig sprechende Personen im Klassenraum zulassen, ohne dass die akustische Transparenz darunter leidet. Die Veränderung der Unterrichtsformen hin zur Förderung des selbstbestimmten Lernens brauchen hinreichend gute innere und äußere, auch explizit *raumakustische* Bedingungen, soll Kommunikation gelingen. Neben visuellen Kategorien hat daher auch die auditive Gestaltung von Bildungsräumen einen herausragenden Stellenwert, auch wenn diese im aktuellen Diskurs „Pädagogischer Architektur" nicht in dem Maße wie visuelle Faktoren thematisiert werden. Dies könnte damit zusammenhängen, dass der Einfluss der akustischen Rahmenbedingungen einer Lernumgebung auf das Unterrichtsgeschehen nicht so unmittelbar *ins Auge sticht*, wie visuelle Faktoren (Raumgröße, visuelle Gestaltung, Einrichtung, Farben, Beleuchtung etc.), doch haben Schall und Klang, wie schon thematisiert, als „unsichtbare Akteure" entscheidenden Einfluss gerade auch auf Lehren und Lernen, auf Lernende und Lehrende. Auch wenn vielen Menschen permanent störende Hintergrundgeräusche vielleicht als normale und hinzunehmende Begleiterscheinung von Bildungsprozessen erscheinen mögen, beeinträchtigen sie die Informationsaufnahme (Wahrnehmungs- und Aufmerksamkeitsprozesse) nachweisbar und sind daher ein ernstzunehmender Störfaktor. Zahlreiche Untersuchungen zum Einfluss von Lärm auf Lernprozesse verweisen explizit auf die Störanfälligkeit von Lehr- und Lernprozessen durch Hintergrundschall und thematisieren implizit die Relevanz einer auch *akustischen* Gestaltung von Bildungsräumen. Schnell wird Lärm dann zum „Bildungsrisiko", wie im Folgenden verdeutlicht werden soll.

5.2.4. Bildungsrisiko Lärm

Störender Hintergrundschall „maskiert" Sprachlaute und reduziert so die Sprachverständlichkeit, was die Informationsverarbeitung (Gedächtnis-, Aufmerksamkeits- und Entscheidungsprozesse) negativ beeinträchtigt. Dies wiederum hat Auswirkungen auf die mentale Leistungsfähigkeit, auf Befinden, Gesundheit und Leistungsfähigkeit von Lernenden und Lehrenden. Chronische Lärmbelastung kann durch jede Form unspezifischen Hintergrundschalls bedingt sein. Sie belastet das Aufmerksamkeitsmanagement, was schnell zu einer generellen Unachtsamkeit gegenüber akustischen Reizen (Prinzip der „Desensibilisierung") führen kann. Gerade in den sensiblen Phasen des Spracherwerbs und der Bildung der phonologischen Bewusstheit kann das zu Störungen der laut- und (schrift)sprachlichen Entwicklung und zu einer Unfähigkeit, überhaupt zuhören zu können, führen (vgl. Hellbrück 2008, 23). Lärm, d. h. störender Hintergrundschall, wirkt sich jedoch nicht nur auf die (Zu-)Hörfähigkeit aus, sondern kann den gesamten Organismus in Form von Konzentrationsschwäche, Erhöhung des Blutdrucks, vermehrte Ausschüttung von Stresshormonen belasten, ja, sogar Schlafstörungen verursachen. Dies ist umso alarmierender, da bei etwa jedem achten Kind im Alter von acht bis vierzehn Jahren schon eine Hörminderung besteht, vor allem bei den mittleren und hohen Tönen – wie der Kinder-Umwelt-Survey (KUS) des Umweltbundesamtes (2009) belegt. Aber nicht nur die Schüler und Schülerinnen sind beeinträchtigt: In einer Studie des Bremer Instituts für interdisziplinäre Schulforschung (ISF) im Auftrag des Hessischen Landesamts für Umwelt und Geologie nannten 75 Prozent der über 1000 Befragten den Faktor Lärm als eine wesentliche Belastungsquelle. Die Fähigkeit zum Ertragen von Lärm nimmt mit zunehmendem Dienstalter erheblich ab. Lehrkräfte, die schon länger im Beruf stehen, leiden besonders stark unter dem Lärm (vgl. Klatte/Schick 2007).

Solche Faktoren korrelieren mit raumakustischen Bedingungen: Obwohl die Rolle der Raumakustik für die Gestaltung auditiver Rahmenbedingungen zentral ist, weisen viele Unterrichtsräume erhebliche raumakustische Mängel auf: Der DIN 18041 („Hörsamkeit in kleinen bis mittelgroßen Räumen") zufolge, sollte die Nachhallzeit in einem durchschnittlich großen Unterrichtsraum etwa 0,7 Sekunden betragen. Messungen zeigen jedoch, dass dieser Wert in vielen Schulräumen deutlich überschritten wird. Aufgrund (zu) hoher Nachhallzeiten ist die Sprachverständlichkeit unzureichend, was den Grundgeräuschpegel in die Höhe treibt.[218] Das Unterrichten in schallharten, halligen Räumen heizt die Lärmspirale zusätzlich an (sogenannter „Lombard-Effekt") und zwingt zum Reden mit erhobener Stimme, was auf Dauer übermäßig anstrengt. Zudem unterbricht Lärm den Unterrichtsprozess. Hohe Lärmpegel erschweren die Konzentration. Unlust, Ärger, Erschöpfung sowie Hals- und Stimmprobleme sind die Folge. So zeigte sich etwa in einer schottischen Studie zur Klassenraumakustik bei denjenigen Lehrkräften, die vorwiegend in raumakustisch ungünstigen Klassenräumen unterrichteten, ein höherer Krankenstand, was auf das Zusammenspiel von raumakustischen Faktoren und Lehrergesundheit hinweist (vgl. Klatte/Schick 2007). Hinzu kommt: Ungünstige Hörbedingungen in einem Raum wirken sich auf die Qualität der dort stattfindenden Kommunikation aus: Mitteilungen werden kürzer oder sind einfacher formuliert, es wird langsamer gesprochen, es wird insgesamt weniger mitgeteilt, der Tonfall wird monotoner, sprachliche Informationen werden falsch oder gar nicht verstanden. Insgesamt wird das Zuhören anstrengender. Schüler müssen mehr kognitive Kapazität aufwenden, um Sprache zu dekodieren, dies führt zu schneller Ermüdung und zu einer Verringerung der Ressourcen, die für das kurzzeitige Behalten und mentale Verarbeiten der gehörten Information zur Verfügung stehen (vgl. dazu auch Klatte/Schick 2003). Die Leistungsfähigkeit der Auditiven Teilleistungen (wie Identifikation, Diskrimination, Synthese etc.), die bei der Bildung der phonologischen Bewusstheit eine entscheidende Rolle spielen, ist eingeschränkt. Insbesondere betroffen sind Kinder im Grundschulalter[219], bei denen die Spracherwerbsphase noch

---

[218] In Räumen, in denen es durch die dort stattfindenden Aktivitäten zwangsläufig laut zugeht, wie Sporthallen und anderen Funktionsräumen, können teilweise Werte von bis zu 90 und 100 dB (A) gemessen werden. Bei anderen Arbeitsplätzen, wie beispielsweise in der Industrie, wird ab Werten von 85 dB (A) das Tragen von Gehörschutz vorgeschrieben. In der Arbeitsstättenverordnung werden als Grenzwert für Arbeitsplätze mit vorwiegend geistigen Tätigkeiten ein Mittelungspegel von 55 dB (A) festgelegt. Für Tätigkeiten, bei denen die sprachliche Kommunikation im Vordergrund steht, werden Werte von 40 dB (A) gefordert. Das Wissen um die Bedeutung der Akustik in Unterrichtsräumen und deren bauliche Umsetzung ist zwar bekannt, jedoch werden die akustischen Bedingungen in Klassenräumen von den für den Schulbau verantwortlichen Stellen oft nicht in angemessener Weise berücksichtigt, sodass bei Planung und Sanierung von Schulbauten raumakustische Kriterien häufig untergeordnet sind.

[219] Je jünger die Kinder sind, umso mehr werden sie von Störungen durch Lärm beeinträchtigt, da Spracherwerbsprozesse noch nicht abgeschlossen sind. Auch ist

nicht abgeschlossen ist und Kinder mit nicht-deutscher Muttersprache. Unregelmäßige Hintergrundschalle, wie Sprache oder Musik, führen schon bei geringen bis mittleren Lautstärken zu einer Störung des Kurzzeitgedächtnisses für gelesenes Lernmaterial.[220] Studien zeigen, dass das Lesenlernen in einer „lärmigen" Umwelt erschwert wird. Umgekehrt ist der förderliche Einfluss optimaler Sprachverständlichkeit auf die Leistungen von Grundschulkindern durch Studien belegt (vgl. dazu Klatte/Schick 2007).

Da Wissenserwerb nicht auf die Schule beschränkt ist, wirkt sich Lärm überall dort, wo er zur Störvariable wird, auf menschliche Entwicklungsprozesse einschränkend aus. Lärm hat auf das Kommunikationsverhalten insgesamt großen Einfluss. Höger/Schreckenberg (2003) zitieren eine Reihe von Studien, die den negativen Einfluss von Lärm, insbesondere auf die zwischenmenschliche Kommunikation, die Eltern-Kind-Kommunikation oder auch auf das Sozialverhalten von Kindern belegen. So führt ein hoher Störgeräuschpegel im familiären Kontext zu einem eingeschränkten Kommunikationsverhalten, was sich auf die Eltern-Kind-Kommunikation einschränkend auswirken und die Qualität der Interaktion zwischen Kind und Bezugsperson negativ beeinflussen kann. Bei starkem Hintergrundschall verändern sich nachweisbar Prosodie und Syntax der Sprache. Dies kann zur Veränderung der emotionalen Befindlichkeit führen, Frustration und Ärger zur Folge haben und zu „sozialem Rückzug" führen (vgl. ebd.). Bei Kindern wird prosoziales Verhalten, wie das Hilfeverhalten, eingeschränkt, während sich das Aggressionsverhalten verstärkt. Chronische Lärmbelastung kann durch Maskierungseffekte die sensiblen Sprachentwicklungsprozesse nachhaltig stören, für die zudem nur begrenzte Zeitfenster zur

---

die Reifung der Hörbahn erst im frühen Jugendalter abgeschlossen. Damit sind Kinder und Jugendliche durch ungünstige Hörbedingungen wesentlich stärker beeinträchtigt als Erwachsene. Zusätzlich benachteiligt durch ungünstige raumakustische Verhältnisse in Klassenzimmern sind aber auch Kinder mit nicht-deutscher Muttersprache, sowie Kinder mit Störungen der zentralen auditiven Wahrnehmung (AVWS). Diese Gruppen haben zusätzlich große Schwierigkeiten, in einer lärmbelasteten Umgebung dem Unterricht zu folgen (vgl. Rüsenberg 2007, 226 f.).

[220] Besonders empfindlich für Störungen durch Lärm ist das Kurzzeitgedächtnis, das sprachliche Informationen über einen kurzen Zeitraum zur Verarbeitung bereithält. Störungen durch Lärm in Lernprozessen führen daher zu einer schnelleren Ermüdung und verringern die Kapazitäten, die für Memorierung und Verarbeitung der Information zur Verfügung stehen. Interessanterweise zeigt sich, dass trotz offenkundiger Leistungsverschlechterung bei Hintergrundschall von den Probanden häufig angegeben wurde, der Schall hätte im subjektiven Erleben kaum oder gar nicht gestört.

Verfügung stehen (vgl. ebd.). So konnte etwa gezeigt werden, dass chronische Lärmbelastung im familiären Umfeld nicht nur das Interaktionsverhalten ungünstig beeinflusst, sondern auch zu Defiziten beim Schreib- und Leseerwerb führte (vgl. ebd.). Zum Einfluss chronischen Fluglärms auf Schulkinder konnte eine Studie zeigen, dass die Leseleistung chronisch fluglärmbelasteter Kinder im Vergleich zu Kindern aus einem nicht lärmbelasteten Kontrollgebiet um knapp 20 Prozent reduziert war. Nach einem Bericht des Umweltbundesamts (vgl. KUS 2009) wohnt jedes sechste Kind an stark befahrenen Haupt- oder Durchgangsstraßen. Bei fast zwei Dritteln dieser Kinder ist das Kinderzimmer zur Straße ausgerichtet. Kinder aus Familien mit niedrigem Sozialstatus sind insgesamt stärker betroffen: „Kinder mit niedrigem sozioökonomischen Status wohnen häufiger in Wohnungen an stark befahrenen Haupt- oder Durchgangsstraßen als Kinder mit mittlerem oder hohem Sozialstatus. Kinder mit Migrantenstatus wohnen seltener in Wohnungen an sehr wenig befahrenen Nebenstraßen als Kinder ohne Migrantenstatus" (ebd., 214). Lärm in der Schule belastet und benachteiligt diese Kinder dann zusätzlich. Wenn sich zu dem Störschall der Umgebung, der sich aus der erhöhten Lärmbelästigung des Wohngebiets ergibt, der Störschall addiert, der sich, je nach Intensität (Dauer, Lautstärke) aus dem Medienkonsum ergibt, wirkt dies weiter verschärfend: Untersuchungen belegen zudem einen Zusammenhang zwischen der Intensität der Mediennutzung und dem Bildungshorizont der Eltern:

> „Noch größer werden die Divergenzen, wenn wir nach der ethnischen Zugehörigkeit differenzieren. Kinder aus Familien mit Migrationshintergrund erreichen im Vergleich zu deutschen Kindern pro Schultag 60 Minuten mehr Mediennutzung. Der größte Unterschied ergibt sich erwartungsgemäß beim Vergleich von Kindern aus bildungsfernen und bildungsnahen Familien. Erstere verbringen mit fast drei Stunden pro Schultag um 98 Minuten mehr mit Fernsehen, Videofilmen und Computerspielen als die Kinder aus bildungsnahen Familien. Am Wochenende steigt dieser Unterschied sogar auf 158 Minuten an (263 zu 105 Minuten)" (Pfeiffer 2007).

Dazu kommt: Zeit, die mit Medienkonsum ausgefüllt ist, fehlt nicht nur dem Spracherwerb, sondern verhindert ihn regelrecht (vgl. Seimer 2007). Dies zeigt, dass in vielen Fällen Lärmbelastung nicht nur mit gesundheitlichen Risiken verbunden ist, sondern regelrecht zum Bildungsrisiko werden kann, was eine zusätzliche Benachteiligung bildungsferner Schichten oder Familien mit Migrationshintergrund bedeutet. Da sich Ruhe in Form höherer Mieten oder Grundstückspreise „erkaufen" lässt, ist das Lärmproblem kein isoliertes, sondern zugleich ein soziales und damit auch ein politisches Problem.

5.2.5. Von der Lärmvermeidung zur auditiven Gestaltung von Bildungsprozessen: Plädoyer für eine auditive Kultur (... auch in der Schule)

Damit thematisiert die Lärmdiskussion einen zentralen Aspekt, der jenseits von Grenzwerten und DIN-Normen Geltung hat: Klang formt in seiner Performativität als „unsichtbarer Akteur" eine Vielzahl häufig wechselnder „(auditiver) Szenarien", die sich *dynamisch* und nicht statisch gestalten. Denn aufgrund der Flüchtigkeit akustischer Reize konfrontiert uns die akustische Dimension mit sich stetig ändernden Klangkonstellationen. Es „findet ein Kommen und Gehen statt, so dass Klänge aus einer bestimmten Richtung, aus der Nähe oder aus der Ferne zu uns dringen oder uns in eine Klanghaube einschließen" (Waldenfels 2010, 168). Hörer bewegen sich im Raum, Schallereignisse und akustische Reize wechseln permanent und schaffen immer neue Hörkonstellationen. Damit evozieren sie nicht nur wechselndes Klangerleben, sie öffnen dem Hörer permanent neue „Hörszenarien", die eine Vielzahl sich stetig verändernder individueller Hörperspektiven erschließen. Das heißt: Das Audible ist in seinem Erscheinen grundsätzlich fluide, flüchtig und damit sehr dynamisch. Da Klänge und Geräusche nicht nur Atmosphären prägen, sondern immer auch die individuelle und kollektive Handlungsfreiheit beeinflussen, sind es vor allem dynamische Aspekte, die sich aus der Interaktion aller (am Bildungsprozess) beteiligten Akteure ergeben und so Lernszenarien audibel sowohl *stimulierend* inszenieren, fruchtbare Lernprozesse aber auch *sabotieren* können. Die Regulation des Hörraums anhand statischer Werte mag vielleicht ein wichtiger, sie kann jedoch nur ein *Teilaspekt* auditiver Gestaltungsmöglichkeiten gemeinschaftlich genutzter Hörräume sein. Entsprechend stoßen Maßnahmen der Raumakustik und DIN-Hörsamkeitswerte für Bildungsräume schnell an ihre Grenzen. Aus dieser Perspektive wirft der aktuelle „Lärmdiskurs" eher Fragen auf, als dass er zufriedenstellende Antworten anbietet. Es sind dies vor allem Fragen auch *Akustischer* Ökologie, die thematisieren, wie Ressourcen des öffentlichen Klangraums zum Wohle aller gemeinschaftlich genutzt werden können (vgl. dazu auch Kap. 5.2.8.).

Zugleich thematisiert die „akustische Verengung", wie wir sie im öffentlichen Raum oftmals vorfinden, immer auch Maßgaben und Kategorien auditiver Ästhetik. Sie fordert dazu auf, die Ästhetisierung des Lebens und der Welt (vgl. Böhme 2001), die mehr und mehr auch die auditive Dimension der Lebenswelt durch Schallemissionen unterschiedlichster Art (neben „ungestaltetem Lärm" auch zunehmend die zahlreichen audiblen Gestalten des Akustikdesigns, des Sound Brandings, verschiedenster medialer Praktiken etc.) ergreift, durchaus kritisch zu betrachten und die sie prägenden individuellen und kollektiven

Hörpraktiken und -routinen zu thematisieren. Nicht zuletzt wird aufgrund der besonderen Merkmale des Ohrs, d. h. aufgrund seiner natürlichen Offenheit und der Tiefenwirkung akustischer Reize, die auditive Wahrnehmung schnell zur Zielscheibe manipulativer Prozesse. Doch indem der Diskurs auf die Negativ-Qualität „Lärm" mit statischen Vorgaben „antwortet", scheint er sich selbst zu begrenzen. Eine wirksamere Antwort auf diese Herausforderungen könnte es sein, dynamische Implikationen akustischer Kommunikation mitzubedenken. Die Anregung der Kunst- und Kulturwissenschaftlerin Maria Peters, Raum bewusst zu „kommunizieren", damit dieser letztlich „entstehen" könne, mag in diese Richtung zielen: „Raum entsteht nur, wenn er kommuniziert wird. Wird er nicht kommuniziert, so ist er auch nicht. Je mehr der Raum kommuniziert wird, desto mehr ist er auch" (Peters 1997). Dies setzt zunächst voraus, die dem Raum innewohnende kommunikative Dimension als solche auch wahrzunehmen (vgl. dazu auch Kap. 4.1.).

Doch was mag das konkret heißen, *Raum zu kommunizieren*? Die Voraussetzungen, Raum zu kommunizieren, scheinen auf den ersten Blick dort, wo der Raum selbst zunehmend an Bedeutung gewinnt, d. h. in dem immer breiter werdenden Diskurs „Pädagogischer Architektur", durchaus gut zu sein. Hier fungiert der Raum gewissermaßen als „dritter Pädagoge", der die am Lernen und Lehren Beteiligten befähigen möchte, Formen des Lehrens und Lernens mitzugestalten. Dabei will der Raum seine bauliche Form aus einer pädagogischen Konzeption heraus entwickeln, die sich gerade auch in „augenfälligen" Faktoren wie Raumgröße, Einrichtung, Farben, Beleuchtung, Oberflächenstrukturen etc. vermittelt. Erstaunlicherweise wird auch hier die Bedeutung akustischer Faktoren eher zurückhaltend thematisiert. Dies mag insofern verwundern, als der Faktor „Kommunikation" gerade in solchen Räumen einen in jeder Hinsicht herausragenden Stellenwert hat. Sind doch Bildungsräume erklärtermaßen vor allem „HörRäume", die es vielen Menschen ermöglichen sollen, in einen konstruktiven, in der Regel *vokal* geprägten, kommunikativen Austausch miteinander zu treten. Die dabei entstehenden „Klangfelder" können als „Zusammenklänge" stimulierend wirken, das Lernszenario atmosphärisch „beleben", es ästhetisch „färben" und somit regelrecht erwünscht sein. Sie können aber auch die Kommunikation selbst und damit wichtige Informationen maskieren, Stress erzeugen und so Lern- und Kommunikationsprozesse subvertieren. Gemeinschaftliches Lernen, das mit einer verstärkten Eigenaktivität der Akteure einhergeht und mehrere gleichzeitig sprechende Personen im Raum voraussetzt, stellt ein besonders anspruchsvolles „Kommunikationsszenario" dar, das nicht nur auf besonders dynamische, sondern auch auf besonders „transparente" akustische Strukturen angewiesen ist. Sind doch

Lehr- und Lernprozesse auch heute noch in erster Linie Verständigungsprozesse, die auf dem „Miteinander Reden" und dem „Einander Zuhören", ob nun in der Großgruppe, der Kleingruppe oder in der Dyade basieren. Wollen Schulzimmer zu „Kommunikationsräumen" werden, wie Müller (2004, zitiert nach Watschinger 2007) dies fordert, sollten solche Szenarien daher nicht nur akustisch förderlich, sondern auch ästhetisch und auditiv stimulierend gerahmt werden. Obwohl Schall und Klang unsichtbare, jedoch sehr wirkmächtige Akteure sind, die großen Einfluss auf die Gestaltung von Bildungsprozessen haben, zeigt sich, dass das „Augenmerk" – auch im aktuellen Diskurs pädagogischer Architektur – vor allem noch auf die Gestaltung der visuellen Materialität dieser Räume gelegt wird.

„Raum zu kommunizieren" mag demnach bedeuten, für die Vielfalt kommunikativer Praktiken nicht bloß zu „sensibilisieren", sondern audibel geprägte Kommunikationspraktiken auch gezielt zu „beobachten" und zu thematisieren. Erst so ist es möglich, nicht nur förderliche oder hinderliche kommunikative Praktiken wahrzunehmen, welche die Hörräume und Lebensräume unserer Lebenswelt gestalten, sondern mit ihnen die audible Materialität, die mit diesen Praktiken unmittelbar in Verbindung steht. Kommunikation ist untrennbar gekoppelt an individuelle und kontextuell gebundene Hörpraktiken, die das „hörbare Gut" miterzeugen, welches letztlich immer schon durch sie gespiegelt wird. Dies gilt auch rückbezüglich: „Lesen" wir einen Raum audibel, erfahren wir etwas über die dort herrschenden kommunikativen Praktiken. *Raum zu kommunizieren* fordert dazu auf, das Hören selbst zu thematisieren.

Dies lenkt den Fokus nun nicht nur auf das Hörbare, sondern auch auf die Gesellschaft, die diese Praktiken erzeugt,[221] weswegen beide Bereiche aufeinander bezogen werden müssten: Gerade die akustische Dimension der Lebenswelt ist immer auch eine gemeinsam geteilte Dimension, die uns in ihrem Zusammenspiel vokaler und nonvokaler Hörpraktiken, ob gewollt oder nicht, ob bewusst oder unbewusst, als Teilnehmer einer *akustischen Gemeinschaft* miteinander verbindet, worauf schon Schafer aufmerksam macht. Schulze (2007, 43) verweist dabei auf den besonderen Aspekt akustischen Berührt-werdens:

---

[221] Auf die enge Beziehung zwischen der Gestaltung der akustischen Umwelt durch unsere Hörpraktiken – Behne spricht hier von „Hörgewohnheiten" – und der subjektiv erlebten Lebensqualität verweist auch Behne mehrfach und schreibt: „Andererseits würde sich kulturelle Lebensqualität auch daran bemessen, wie unsere akustischen Umwelten strukturiert sind, ob die Schalllandschaften, in denen wir leben, durch Beliebigkeit oder durch Gedankenlosigkeit oder durch Gestaltetheit oder gar durch ästhetische Qualität geprägt sind" (Behne 1994, 235).

„Wir teilen jeden Raum mit anderen Menschen – fern oder in der Nähe – und deren Leben, deren Lebensäusserungen, sie tangieren uns. Berührung durch ihre Klänge, [...] materiell und ganz. Wir leben miteinander – unweigerlich. Wir teilen den Raum, teilen das Leben". Hier sei noch einmal an das diesem Kapitel vorangestellte Eingangszitat Deweys erinnert.

Doch öffnet sich dieses der akustischen Dimension innewohnende *sozialisierende Potenzial* immer in zwei Richtungen: Es impliziert einerseits die Möglichkeit der Teilhabe, der Begegnung und der Berührung. Doch mag es andererseits die individuelle Freiheit des Einzelnen auch empfindlich beschneiden, wenn sich der Akteur unerwünschten Hörszenarien, die ihm gewisse Dynamiken aufzwingen, in die er aufgrund seiner Teilnahmen fest eingebunden ist, nicht entziehen kann. Nimmt sich der Akteur nicht nur als *Flaneur*, sondern als aktiver *Gestalter* auch der akustischen Dimension wahr, versteht er sich als *Kompositeur* der Lautsphäre (vgl. Schafer 1988), die ihn umgibt, kann er entsprechende Gestaltungsmöglichkeiten – partizipativ – wahrnehmen und nutzen, zeigt sich dieses Potenzial als wertvolle Qualität. Dazu mag auch gehören, musikalische oder klangkünstlerische Praktiken aus ihren (nicht nur pädagogischen) „Schutzräumen" heraus verstärkt in den öffentlichen Raum zu tragen, neue Aufführungsorte und Partizipationsmöglichkeiten zu schaffen, sodass verstärkt ästhetische Impulse und musikalische Praktiken selbstverständlich in den (Bildungs-)Alltag Einzug halten.[222] Die zentrale Bedeutung insbesondere der Raumgestaltung in Bildungseinrichtungen, verdeutlicht Müller (2004) mit folgenden Worten:

> „Der Raum wirkt auf die Menschen, die in ihm tätig sind. Er kann aktivieren oder einschläfern, aggressiv machen oder beruhigen. Er kann die Arbeit unterstützen oder behindern. Räume bewirken Verhaltensweisen, setzen Geschehen oder Vorgänge frei. Räume bringen eine Haltung zum Ausdruck und fordern ein entsprechendes Verhalten. Das

---

[222] Als ebenso innovatives wie partizipatives Projekt der Musikvermittlung kann das deutschlandweit angelegte Projekt „Sounding D" gelten. Das *Netzwerk Neue Musik* präsentierte unter dem Leitgedanken „Neue Musik in Deutschland erfahren" mit diesem Großprojekt in Verbindung der insgesamt 15 regionalen Netze Deutschlands, die das Netzwerk Neue Musik von 2008 bis 2011 förderte, einen Überblick über die Vielfalt der Kunstmusik der Gegenwart in Deutschland. Als weitere Beispiele für partizipative, jedoch explizit schulische Vermittlungsprojekte seien hier genannt das Schulprojekt „Response" („Neue Musik macht Schule". Ein Kompositionsprojekt für Kinder und Jugendliche aller Klassenstufen und Schulformen) und das international angelegte Musikvermittlungsprojekt „Exchange" (vgl. dazu Wimmer 2010).

heißt: Die Gestaltung eines Raums determiniert zu einem hohen Maße das, was sich darin entwickelt" (Müller 2004, zitiert nach Watschinger 2007).

Dies zeigt: Im Akustischen braucht nicht bloß begrenzt und reguliert zu werden. Sind doch die Möglichkeiten, stimulierende auditive Qualitäten in Lernszenarien zu thematisieren und zu inszenieren, äußerst vielfältig.

Letztlich sind Bildungsräume als öffentliche immer auch *gemeinschaftlich genutzte Räume*, deren nicht nur visuelle, sondern auch akustischen „Nutzungsbedingungen" gemeinsam zu diskutieren und auszuhandeln wären. Nur so kann verhindert werden, dass Lehrende und Lernende auch in Schulräumen den Negativfolgen einer (wie auch immer gearteten) „Zwangsbeschallung" ausgesetzt sind. Dies mag deutlich machen: Erst wenn (Schul-)Räume in ihren Nutzungsbedingungen umfassend „kommuniziert" werden, mögen diese tatsächlich zu „Kommunikationsräumen" (vgl. Müller in Watschinger 2007) werden. Legt der Lärmdiskurs den Fokus weg von der *Vermeidung* hin auf die *Gestaltung*, besteht die Chance, neue Impulse hinsichtlich eingrenzender Praktiken zu bekommen. Diese Maßgabe fordert nicht nur auf zur Reduktion und Begrenzung, sondern verweist auf ein großes *Potenzial*, Fragen auditiver Ästhetik auf die Gestaltung (kollektiver) (Klang-)Räume anzuwenden. Um den Diskurs aus der „Negativ-Perspektive Lärm" zu lösen und ihn für die vielfältigen Aspekte auditiver Qualitäten in Bildungsräumen und damit auch im öffentlichen Raum zu sensibilisieren und für neue Impulse zu öffnen, bedarf es dringend einer solchen Erweiterung auch im Denken. Von hier aus mag der Diskurs so umfassend geführt werden, wie dies im Bereich der visuellen Gestaltung von Bildungseinrichtungen längst auf breiter Ebene geschieht.[223] Eine „Verschiebung" der „Lärmdiskussion", die zudem die Notwendigkeit des Austausches zwischen *allen* betroffenen Akteuren aufzeigt, vermag hilfreiche Impulse zu setzen, neue stimulierende Strategien, Hörpraktiken und Hörroutinen zu erschließen, welche sich nicht allein auf statische Maßnahmen der bloßen Lärmvermeidung oder „Lärmbekämpfung" (Lärmampel, Akustikdecken etc.) beschränken, sondern dynamische Prozesse einschließen und mitbedenken.[224]

---

[223] Vgl. dazu ausführlich Montag Stiftungen 2012.

[224] Dass „Lärmbekämpfung" sich nur unbefriedigend in statischer „Lärmbegrenzung" erschöpfen kann, sondern neuer Entwürfe und Konzeptionen bedarf, bemerkt auch Behne: „Es gibt nur wenige Konzeptionen, wie unsere akustische Umwelt zu

Die Überlegungen verdeutlichen zudem, dass vokale und nonvokale Hörpraktiken nicht unverbunden sind, sondern in enger Wechselwirkung stehen und sich dabei auch gegenseitig regulieren. So wird beispielsweise ein Gespräch, das in einer lärmbelasteten Umgebung geführt wird, trotz guter zwischenmenschlicher Voraussetzungen und vorhandener Gesprächsführungskompetenzen nur eingeschränkt zufriedenstellend, ein vertrauliches Gespräch, das auf einem öffentlichen Flur geführt wird und Störungen ausgesetzt ist, wenig erfolgversprechend sein, eine laute Unterhaltung in einer leisen Musikveranstaltung eine irritierende Wirkung entfalten. Deutlich wird:

- Nehmen wir Hörpraktiken unverbunden, d. h. voneinander getrennt in einen vokalen und nonvokalen Bereich in den Blick, entgehen uns nicht nur ihre Wechselwirkungen, sondern wir stoßen schnell auch an die Grenzen sinnvoller Gestaltung.

- Ob vokal oder nonvokal, Hören hat immer auch eine *ästhetische Dimension*, unabhängig davon, ob den Hörpraktiken, die wir täglich nutzen, eine ästhetische Intention implizit sein mag. *Fragen auditiver Ästhetik* in Verbindung mit Routinen vokaler und nonvokaler Hörpraktiken zu denken, verweist auf die Notwendigkeit der Um- und Neugestaltung von Lehr- und Lernsituationen, aber auch von Lehr- und Lerninhalten.[225]

Da, wie schon aufgezeigt, alles Hören in ständiger Wechselwirkung das Hörbare prägt, ist davon auszugehen, dass schon die *erweiterte Diskussion*, die auf breiter Ebene von allen beteiligten Akteuren zu führen wäre, zu Verände-

---

gestalten wäre, man begnügt sich bestenfalls damit, durch Lärmschutzbestimmungen gewissermaßen einen Deckel auf den Kopf zu stülpen, um dieser akustisch enthemmten und aus den Fugen geratenen Zivilisation zumindest die höchsten Lärmspitzen wegzufiltern, wobei nur eine physikalische Gesetzmäßigkeit wirklich trösten kann: Der Schalldruck verringert sich mit dem Quadrat der Entfernung" (Behne 1994).

[225] Als ein Beispiel mag das *Projekt MitSprache NRW* gelten, das (neben anderen Förderkonzepten) mit einem eigens dafür ausgearbeiteten Konzept der *Sprach- und Integrationsförderung durch Zu/Hören* über einen Förderzeitraum von drei Jahren Bausteine einer *konstruktivistischen Pädagogik des Zuhörens* an einer Bonner Grundschule implementierte (vgl. dazu Meier 2006).

rungen der Wahrnehmung und damit auch zu einer Veränderung von Hörweisen und Hörpraktiken führt. Dies wiederum könnte (neue) Praktiken *auditiver Kultur* anregen und etablieren.

Zusammengefasst werden kann hiermit: Die genuine Sprachlichkeit des Menschen ist vor allem ein akustisches, d. h. auditives Geschehen, das vor allem die Funktionsleistungen des *Hörens* in Anspruch nimmt. Die zentrale Stellung der (Laut-)Sprache und ihre zirkuläre Verwobenheit mit den Bereichen Kommunikation, Interaktion und Wissenserwerb verweist auf die große Bedeutung des Akustischen für den Menschen und begründet schon damit den herausragenden pädagogischen Stellenwert des Zuhörens. Die Verwobenheit dieser Bereiche soll hier noch einmal anhand des Grundmotivs der Borromäischen Ringe festgehalten werden:

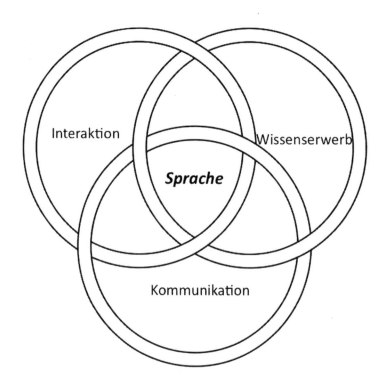

Abbildung 13: Sprache – zentrale Schnittstelle

5.2.6. Akustische Kommunikation: Ein „Kontinuum"

„Nehmen wir Klänge als etwas, was uns zu Gehör kommt, so stoßen wir auf eine Vielzahl von Hörbarem." (Waldenfels 2010, 160)

Diese „Vielfalt des Hörbaren", die Waldenfels hier thematisiert, mag erklären, warum menschliche Hörpraktiken Gegenstand ganz unterschiedlicher wissenschaftlicher Diskurse sind, wie etwa in Sprach- und Kommunikationswissenschaft, Musikwissenschaft, Musikpädagogik, Sound Studies, akustischer Ökologie oder Akustikdesign, um nur einige Bereiche zu nennen, die sich mit dem Gegenstandsbereich auditiver Phänomene befassen. Geht man von der Prämisse aus, dass es *keinen sinnlosen oder informationsfreien Klang gibt*, wie dies beispielsweise Schmicking[226] postuliert, ist all diesen – wenn auch recht unterschiedlich angelegten – Diskursen gemein, dass sie methodisch vielfältig ausgerichtet die *audible Materialität* unserer Lebenswelt auf ihren Funktions- und Informationswert, sowie auf ihre ästhetischen Implikationen hin untersuchen. Mit solchen unterschiedlichen Sparten haben sich eine Vielzahl zum Teil recht divergierender *Hörpraktiken* ausgebildet, die, in einer groben Kategorisierung, entweder dem Bereich *vokaler Kommunikation* (Worte, erkennbare sprachlautliche Äußerungen, damit verbundene sprachliche und parasprachliche Merkmale) und *nonvokaler Kommunikation* (Geräusche und Musik) zugeordnet werden können (vgl. dazu auch Imhof 2004, 43 f.). Doch unabhängig davon, welcher Disziplin oder welchem Diskurs eine spezifische Hörpraktik zugehörig ist und auch unabhängig davon, ob die *Klänge*, die an unser Ohr stoßen, *Sprachlauten* entstammen oder keinen so eindeutigen *Zeichencharakter* wie diese haben, vielleicht auch mit keiner spezifisch *ästhetischen Intention* verbunden sind, wie vielleicht Instrumental- oder Vokalklänge, letztlich werden sie doch von *einem* Organ, dem Ohr, aufgenommen, im Verbund an das Gehirn weitergeleitet und als „Auditory Scene Analysis" verarbeitet (vgl. Bregman 1990; McAdams/Bigand 2001). Damit vollzieht sich die Verarbeitung akustischer Information unabhängig von Quelle oder Kategorie und ungeachtet der dabei genutzten Hörpraktik *synchron in einem Funktionssystem*. Für die Vielfalt des *auditiv Wahrnehmbaren* findet sich im Deutschen jedoch kein dem englischen „sound" exakt vergleichbarer Ausdruck, der gleichermaßen *alles* Hörbare, bzw. Audible fasst, wie Schmicking anmerkt (vgl. dazu auch

---

[226] Klang ist für Schmicking immer auch Information: „Tatsächlich aber gibt es keinen ‚sinnlosen' oder informationsfreien Klang, in dem Sinne, dass er nichts anzeigte über das raumzeitliche Ereignis, das ihn hervorbringt, über die Ereignisträger, etc." (Schmicking 2003, 21).

Schmicking 2003, 20 f.). Brüstle (2009, 113) spricht von „*elementaren Gegebenheiten des Akustischen*" und fasst Klang synonym zu dem englischen Begriff „sound". Sie formuliert: „Klang – engl. *Sound* – bildet zusammen mit Ton, Stimme, Laut, Geräusch, Schall usw. ein Begriffsfeld, das mit ineinander verwobenen Bedeutungsebenen die elementare Gegebenheit des Akustischen bezeichnet" (ebd., Hervorhebung im Original). Schon aus eigener Anschauung wird deutlich: Klang ist elementarer und untrennbarer Bestandteil unseres Seins,[227] der uns in wechselnden Schattierungen, Facetten und Gestalten umgibt. Doch, so schreibt Waldenfels: „[D]ie verschiedenen Klangformen lassen sich jedoch nicht sortieren wie Tiere im Zoo oder wie Pflanzen im Gartenbeet. Das Klangliche durchdringt alles und wandert von einer Klangsorte zur anderen" (Waldenfels 2010, 161). Schmicking (2003, 20 f.) weicht daher auf den Begriff „Klänge"[228] aus, um damit die „Extension aller Klänge dieser Welt" sprachlich zusammenzufassen:

> „Um aber das auditiv Wahrnehmbare mit einem geläufigen, weniger sperrigen Terminus bezeichnen zu können, wird *Klang*, bzw. *Klänge* verwendet […]. Dieser Gebrauch widerspricht zwar zunächst dem standardsprachlichen wie auch fachsprachlichen Verständnis, aber das wäre auch der Fall bei anderen Bezeichnungen wie ‚Geräusch' oder ‚Ton'. Gegenüber letzteren beiden Ausdrücken hat Klang die weitere Extension. Diese umfasst hier konsequent alles Hörbare, ob willkürlich oder unwillkürlich, mechanisch hervorgebracht; ob menschlich, tierisch, natürlich oder maschinell erzeugt; ob es sich um ästhetisches oder anästhetisches Audibles handelt (also auch Krach und Lärm)" (Schmicking 2003, 21, Hervorhebung im Original).

Für Truax (2001) trägt die uns umgebende audible Materialität ein grundsätzlich *kommunikatives Potenzial*, dessen Medium, der *Sound,* spezifische kommunikative Angebote in ganz unterschiedlichen Formaten vermittelt. „Sound" zeigt sich damit als zentrale und verbindende Schnittstelle, die alle Manifestationen von Klang umfasst und so die drei großen Systeme *Sprache*, *Musik* und *Soundscape* zu einem *Gesamtsystem akustischer Kommunikation* miteinander verbindet. Dieses übergreifendes „system of acoustic communication"

---

[227] Hier beziehe ich mich auf Menschen mit einer physiologisch gesunden Hörfähigkeit (vgl. dazu auch Kap. 2.1.2. u. 5.2.1.).
[228] Selbst wähle ich zur Kennzeichnung dieser Kategorie den Begriff „audibel", da mir der Begriff „Klang" zu sehr an kategoriales Denken gekoppelt zu sein scheint.

zeichnet Truax als ineinander verlaufendes Kontinuum der drei Bereiche Sprache, Musik und Soundscape, was ich hier mit einem Schaubild darstellen möchte:

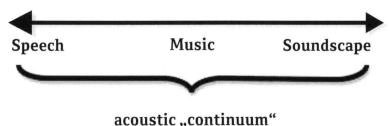

Abbildung 14: Das „acoustic continuum" (in Anlehnung an Truax 2001)

Truax sprengt so die Grenzen verschiedener Wissenschaftsdisziplinen, die sich vor dem Hintergrund ganz eigener Fragestellungen mit dem Gegenstandsbereich auditiver Phänomene befassen und jeweils auf sehr spezifische Forschungstraditionen zurückblicken. Doch indem Truax bisher unverbundene Felder akustischer Kommunikation zusammendenkt und einem vormals kategorialem Denken das Verlaufsmodell eines „continuum of acoustic communication" entgegensetzt, bricht er nicht nur gewohnte, sondern teilweise auch begrenzende Denkgewohnheiten auf. Dazu erkärt er:

> „Our approach [...] is to step back from the conventional, specialized perspectives that categorize acoustic studies, and attempt to understand basic processes by which sounds functions. It is with this end in mind that we use the term ‚acoustic communication' to embrace all manifestations of sound" (Truax 2001, 49).[229]

---

[229] Truax' Modell veranschaulicht die grundlegende Verbundenheit aller Bereiche akustischer Kommunikation mitsamt ihrer fließenden Übergänge. Indem sie zunehende oder abnehmende Verläufe beschreiben, werden drei Kriterien zu zentralen Ordnungskategorien des Kontinuums:

- Ausmaß des Klangrepertoires: „Increasing sound repertoire (ebd. 52)":
  Im Vergleich zur Reichhaltigkeit und Vielfalt des akustischen Repertoires im Bereich Soundscape ist das akustische Repertoire der menschlichen Sprache recht übersichtlich: Während wir etwa in der englischen Sprache vierzig phonetische

Der Gewinn dieser zunächst ungewohnt anmutenden Zusammenschau dreier bislang getrennter Wissenschaftsmodelle scheint vor allem in zwei Aspekten zu liegen, welche einige für diese Untersuchung anregende Perspektiven aufzuschließen versprechen: Die Forderung Truax', bisher eher unverbundene Bereiche als miteinander verbundene Systeme zu denken, um sie in ihrer kommunikativen Dimension zu einen, öffnet das bisherige Verständnis von Kommunikation. So wird das „Phänomen Kommunikation", das bisher in Anlehnung an das jeweilige Medium (Stimme, Klänge, Geräusche) – nach Wissenschaftsdisziplinen – „sortiert" wird, „verflüssigt" und als *ein* miteinander verbundenes akustisches System, als ein ineinanderfließendes Kontinuum konstruiert. Dies regt völlig neue (Denk- und Hör-)Ordnungen an, welche die bisherigen Ordnungen verändern und verdeckte Plätze sichtbar machen können. So weist Truax' Konzept insbesondere solchen Artefakten und kommunikativen Praktiken, die Elemente verschiedener Systeme miteinander verbinden (wie dies beispielsweise im Bereich Neuer Musik, der Klangkunst, der Literatur, des Akustikdesigns oder auch in künstlerisch-medialen Praktiken geschieht), einen *eigenständigen* und keinen „Nischenplatz" zu. Indem dieses Modell den Fokus auf die Audibilität akustischer Kommunikation legt, die als unverbunden erscheinende Bereiche eint, thematisiert Truax, ähnlich wie Schmicking, das *epistemische Potenzial des Hörsinns*, das audibles Material

---

> Einheiten unterscheiden können, existiert ein schier unbegrenzt vielgestaltiges klangliches Material im Bereich Soundscape.
> - Syntaktische Struktur: „Decreasing tightness of syntactic structure (ebd.)":
> Die menschliche Sprache weist eine klare syntaktische Struktur auf, die sprachliches Verständnis erst ermöglicht. So können wir nicht jedes Wort beliebig an ein anderes reihen. Zwar finden sich auch in der Musik gewisse „Satzstrukturen", wie etwa die „Tonsatzregeln" des Kontrapunktes, die in ihrer „Strenge" jedoch sehr variieren und sich im Verlauf der Musikgeschichte verändert haben. So haben sich in der „Neuen Musik" zunehmend offene Kompositionsstrukturen (Zwölftonmusik, Serielle Musik etc.) entwickelt.
> - Dichte der zeitlichen Information: „Density of information (ebd.)".
> Da Wörter referenziell Bedeutung vermitteln, indem sie immer auf etwas verweisen, ist die Sprache auf semantischer Ebene am dichtesten. Innerhalb eines festgelegten Zeitintervalls vermittelt sie die eindeutigsten Informationen, weswegen die semantische Eindeutigkeit in der Sprache am größten ist. Zwar sind auch Klänge Bedeutungsträger, sie vermitteln sich aber situativ und assoziativ gebunden und damit weniger eindeutig. Als komplexer „sound event" sind sie kulturell und biografisch „aufgeladen", doch können sie nicht aus diesem Kontext isoliert werden, ohne ihre Bedeutung zu verlieren.

in Hinblick auf Bedeutung und Wirkung und damit auf sein grundlegendes Erkenntnis- und Entwicklungspotenzial befragt – unabhängig davon, welchem „System" es entstammt. Zudem verweist dieses Modell auf die genuine Performativität des Klanglichen, d. h. auf das, was sich im Hörbaren sowohl zeigt als auch verbirgt, auf ein – wie Wulf formuliert – „Zugleich von Präsenz und Absenz, von Signifikat und Signifikant" (Wulf 2007, 9). Auch Brüstle (2009) spricht von der Performativität des Klangs, wenn sie betont,

> „dass Klang auch Aktion ist, dass Klang spezifische Wirkung hat und Klang gerade im Rahmen eines Beschreibungs- und Interpretationsprozesses verbal oder non-verbal immer in einem Wechselverhältnis von Klingendem und Hörendem steht" (Brüstle 2009, 113 f.).

Allen Manifestationen von Klang daher eine grundsätzlich *kommunikative Dimension* zuzugestehen, d. h. diese gleichwertig horizontal angeordnet und nicht vertikal gegliedert zu denken, bedeutet auch, nicht bloß auf Sprache als Zentrum und „Umschlagplatz" bedeutungstragender, weil semantisch eindeutiger Kommunikation zu fokussieren.

Truax' Modell akustischer Kommunikation reorganisiert, indem es auf die Vielfalt und große Bandbreite audibler Materialität aufmerksam macht, das traditionelle Verständnis von Kommunikation, während es zugleich die Verbundenheit all dieser Bereiche thematisiert. Mit der Maßgabe, die *gesamte* audible Materialität unter kommunikativen Gesichtspunkten zu denken, fordert Truax implizit dazu auf, alle akustisch geprägten Bereiche gesellschaftlichen Handelns in den Kontext von Kommunikation zu stellen und kritisch zu reflektieren. Solcherart akroamatisches Denken sensibilisiert, wie Meyer dies in dem von ihr thematisierten „Acoustic Turn" anregt (vgl. Meyer 2008, 53), sowohl für die Wahrnehmung der großen Bandbreite, aber auch für die Wahrnehmung der vielen Möglichkeiten kommunikativen Handelns – auch jenseits der Sprache – und verweist zugleich auf die Bedeutung und Einflussnahme alles Hörbaren, das uns ständig umgibt. Die Vielzahl auditiver Phänomene und gesellschaftlicher Hörpraktiken, unabhängig davon, ob sich in ihnen soziokulturelle, mediale oder künstlerische Schwerpunkte abbilden, bietet in ihrer audiblen Gestalt eine erstaunliche *Vielfalt* kommunikativer Möglichkeiten. So enthält jedwede audible Gestalt ein ganz eigenes kommunikatives Potenzial, das sich oft erst im Verbund vokaler und nonvokaler Hörpraktiken erschließt. Solche Verschränktheit wird jedoch schnell auch zur Herausforderung, etwa im Kontext auditiver (architektonischer) Raumgestaltung, was Blesser mit folgenden Worten beschreibt:

„We forget that hearing is more than understanding speech and enjoying music. We become aware of an unhappy baby by the sound of crying, an automobile moving at excessive speed by the sound of screeching tires, an approaching storm by the sound of distant thunder, the presence of a predator by the sound of soft footsteps, a dangerous fire by the sound of crackling combustion. In our personal interactions, we sense the internal emotional state of a lover by the intonation in their speech, regardless of linguistic content. Sound connects us to the dynamic events of life, thereby bringing remote events into consciousness" (Blesser 2008, 1).

Ein solches übergreifendes System, wie Truax es konzipiert, spiegelt eine *gesellschaftliche Realität*, die geprägt ist von einer dicht durchartikulierten, zum großen Teil „durchdesignten" Lautsphäre, von einer zunehmenden Omnipräsenz des (nicht nur) musikalisch Tönenden, in der sich verschiedenste Klangschleier in einer teilweise schier undurchdringlich erscheinenden Dichte miteinander verweben. Damit wird die Lautsphäre zu einem hart umkämpften Revier, an der sich die Beobachtung Schafers zu bestätigen scheint: Lautheit reklamiert immer auch Machtansprüche. Die akzelerierende Dichte des Hörbaren macht daher auf die Notwendigkeit nicht nur visueller, sondern auch bewusster akustischer Gestaltung aufmerksam. Doch indem die Performanz dieser Klanggestalten nicht nur die akroamatische Dimension der Lebenswelt prägt, thematisiert sie implizit auch die epistemischen Möglichkeiten des Hörsinns. Dies fordert zu einem interdisziplinären Diskurs und zu einer weitergehenden Erschließung und Nutzung dieses Erkenntnispotenzials auf. Blieb solche Untersuchung vormals auf einzelne Wissenschaftsdisziplinen beschränkt, fordert die Idee eines Kontinuums akustischer Kommunikation dazu auf, diese Felder als eine durch ihre Audibilität verbundene Größe zu denken. Dies wiederum thematisiert eine übergreifende „Ästhetik des Hörbaren", wie im Folgenden weiter ausgeführt werden soll.

5.2.7. Auditive Ästhetik – verbindende Größe akustischer Kommunikation

Um ästhetische Momente der auditiven Dimension bewusst erleben zu können, suchen viele Menschen des westlichen Kulturkreises eigens für diese Zwecke präparierte Orte auf. Dies kann etwa ein Konzertsaal sein, der von seiner Konzeption her die Möglichkeit verdichteter ästhetischer Erfahrung verspricht, auch, da er akustische Störungen und Unterbrechungen weitgehend auszuschließen vermag und dennoch kollektiven Hörgenuss in Aussicht stellt.

Es kann auch ein geschützter Raum der privaten Wohnung sein, der, vielleicht ausgestattet mit „High-End"-Geräten, damit zum „Möglichkeitsraum" auditiven ästhetischen Erlebens wird. Vielleicht ist es aber auch der mobile „Kopfhörerklangraum"[230], der, im Gegensatz zum Konzertraum, den Vorzug hat, als intimer Rückzugsort jederzeit zuverlässig verfügbar zu sein.[231] Oft entwickeln Menschen ganz spezifische individuelle ästhetische Strategien oder Hörrituale, auf die sie bei Bedarf zurückgreifen. Ob es das aktive Musizieren auf einem Instrument, die CD für „besondere Stunden und Momente", ob es das wöchentliche Kriminalhörspiel oder andere Sendeplätze in Radio, Fernsehen und Internet sind, die regelmäßig „aufgesucht" werden: Mit diesen und ähnlichen Praktiken kann durch gezielte, auditive Stimulanz hörästhetisches Erleben herbeigeführt, ja regelrecht „inszeniert" werden. Solche, zum Teil stark ritualisierten Strategien des „Moodmanagements" (Schramm 2005) verheißen ihren Akteuren immer auch spezifische Möglichkeiten ästhetischer Erfahrungen.

Dies scheint in einem gewissen Widerspruch zu der alltäglichen, eher wenig bewussten Nutzung und Gestaltung kollektiv genutzter Hör- und Klangräume zu stehen. Zumindest grenzen sich Alltagspraxen, was die Gestaltung der uns umgebenden Hörräume betrifft, deutlich von den ästhetisch-kritischen Praktiken und Routinen, die wir für die visuelle Dimension unserer Lebenswelt ausgebildet haben, ab. Während Menschen die visuelle Materialität ihrer Räume bewusst und sorgfältig gestalten, Räume einrichten, die Farben der Wände bestimmen, Materialien und Formen des Mobiliars sowie gewisse Accessoires bewusst wählen, oder indem sie die Kleidung und Gegenstände des Alltags nicht nur unter praktischen, sondern auch unter ästhetischen Gesichtspunkten kritisch prüfen und auswählen, erschließen und nutzen sie das spezifisch ästhetische Potenzial der visuellen Dimension. Verglichen damit, scheinen ästhetische Aspekte der *akustischen Dimension* für viele Menschen einen eher untergeordneten Stellenwert zu haben. Solche Rückschlüsse liegen zumindest nahe, vergleicht man ästhetisch-kritische Praxen in beiden Dimensionen. Denn obwohl der kollektive Hörraum oft dicht mit Schall und Klang durchsetzt ist, scheinen die ästhetischen Aspekte der uns umgebenden *Klangräume,* d. h. die Frage nach der Gestaltung der uns umgebenden audiblen Materialität für viele Menschen eine eher untergeordnete Rolle zu spielen. Im Unterschied

---

[230] Vgl. dazu auch Niklas 2014.
[231] Dass der Konzertsaal seine Vorrangstellung aufgeben musste und nicht mehr allein „der Ort der vollen Konzentration auf den Klang" (Motte-Haber 1999, 258) war, wurde durch die technischen Möglichkeiten, „Klang an jedwedem Ort verfügbar zu machen" (ebd.) zwar nicht verursacht, jedoch begünstigt.

zum visuellen Erleben reflektieren wir scheinbar weniger, wie wir die uns umgebende Klangsphäre, wie wir die *auditive Architektur* der Räume, die wir bewohnen und in denen wir uns täglich aufhalten, auch ästhetisch erleben oder gar gestalten wollen. Vielmehr nehmen wir die audible Materialität der uns umgebenden Räume widerspruchslos als „gegeben" hin. Schulze (2007, 42) spricht hier von einer „ökonomistisch legitimierte[n] Missachtung der gegebenen Situation", an anderer Stelle gar von einer „akustisch-räumliche[n] Minderwertigkeit" (ebd.), die interessanterweise jedoch gesellschaftlich weitgehend akzeptiert ist. Dies mag umso mehr erstaunen, führen wir uns nochmals die große Eindringlichkeit akustischer Reize vor Augen, die Plessner mit den Worten beschreibt: „Ton dringt ein, ohne Abstand" (Plessner 1970, 209). Es existiert kein Ohrenlid, mit dem der Akteur solche Eindringlichkeit selbst regulieren und die Hörwelt bei Bedarf auf Abstand halten könnte. Hinzu kommt die „Direktverbindung" zwischen Hörbahn und Amygdala, die uns für das emotionale Erleben der akustischen Dimension unserer Lebenswelt besonders ansprechbar macht (vgl. Rüegg 2007, 122). Der Schweizer Musiker und Klangkünstler Andres Bossard beschreibt recht eindrücklich, wie solch „akustische Besitznahme" erlebt werden kann: „Ein Auto, das vorbeifährt, zerschneidet meinen Hörraum so stark, dass man manchmal nicht mehr miteinander reden kann […] und das ist eigentlich ein Eingriff in die eigene Sphäre. Wenn jemand vorbeikommt und das optisch machen würde, würde das heißen, dass ab und zu einer von hinten uns die Kapuze über den Kopf ziehen würde" (Bossard 2002, o. S.). Dieses Bild illustriert nicht nur die Massivität manch akustischer Intervention, sondern verdeutlicht, wie alltäglich und selbstverständlich solche „Besitznahmen" widerspruchslos „erduldet" werden. Welsch formuliert daher: „Auf akustische Verletzungen reagieren wir erst, wenn sie die Schmerzgrenze überschreiten und Empörung und Wut hervorrufen" (Welsch 1996, 248). Sowohl Bossard als auch Welsch thematisieren einen gesellschaftlich gleichgültigen und scheinbar unbeteiligten Umgang mit dem „Akteur Klang". Schulze spricht vom „Weghören und Wegempfinden" (Schulze 2007b, 42). Der Klangkünstler und Komponist Bill Fontana bemerkt: „Wenn ich beobachte, wie Menschen die Klänge ihrer Umwelt wahrnehmen, dann komme ich zu dem Schluß, daß die meisten Menschen die Klänge ihrer Umwelt überhaupt nicht wahrnehmen. Ich hatte immer das Gefühl, daß dieser Teil ihres Bewußtseins schläft" (Fontana, zitiert nach Mörchen 2003, 65). Doch wie kommt es zu diesen unterschiedlichen ästhetisch-kritischen Wahrnehmungsstrategien – sowohl hinsichtlich des Erlebens von Hör- und Sehwelt, als auch hinsichtlich des Gestaltens der uns umgebenden visuellen und akustischen Räume? Vor dem Hintergrund, dass das Ohr evolutionär als Warnsinn angelegt und permanent „auf Empfang" gestellt ist (vgl. u. a. Hellbrück 2008) liegt es nahe, eine Art „akustische Hornhaut" anzunehmen, die Menschen ausbilden, um die Eindringlichkeit und Ansprechbarkeit akustischer Reize zu dämpfen. Akustiker sprechen vom „Adaptionsphänomen" oder gar von der „Vertäubung" (vgl. Fleischer 2000, 43 ff.). Letztere beschreibt eine physiologische Reaktion, welche die Empfindlichkeit des auditorischen Systems unter massiver Lärmbelastung temporär reduziert und die Hörschwelle verändert. Eine solche „Immunisierung" ist nicht nur eine ernstzunehmende Gefahr für das Gehör (vgl. ebd.), sondern wirkt sich auf eine differenzierende Wahrnehmung höchst einschränkend aus, was unschwer nachvollziehbar ist. Die Idee einer „Hörwegwissenschaft", die der deutsche Soziologe und Kulturphilosoph Eugen Rosenstock-Huessy (1888-1973) zu einer Zeit thematisierte, als die akustischen Emissionen zweier Weltkriege die europäische Klanglandschaft dominierten (vgl. Jütte 2000, 314), mag aufgrund der zunehmenden akustischen Verdichtung auch heutiger Klanglandschaften an Aktualität nichts eingebüßt haben und manchen Menschen auf Anhieb reizvoll erscheinen (auch wenn die Lärmquellen von heute andere als damals sind). Dies liefe jedoch schnell Gefahr, eine *Weghörkultur* zu etablieren, die wohl kaum eine intelligente Lösung für die Herausforderungen unserer Zeit darstellen dürfte. Die These Fontanas, Lärm als „semantisches Problem" zu verstehen, impliziert hingegen durchaus konstruktive Aspekte. Denn sie thematisiert – abseits kulturpessimistischer Haltungen – Bedingtheiten zwischen Mensch und Umwelt, die nicht zum Ausblenden, sondern vielmehr zur differenzierten Beobachtung und Gestaltung der akustischen Dimension unserer Umwelt auffordern:

> „In unserer visuell ausgerichteten Kultur sind unsere Reaktionen auf die alltägliche Welt semantischer Natur. Alltäglichen Klängen wird keine semantische Bedeutung zugeschrieben (Geräusche, Lärm). Lärmbelästigung [...] kann als semantisches Problem aufgefaßt werden. Da Klänge semantisiert werden müssen, um bedeutungsvoll zu sein, gilt in unserer Kultur das Hauptinteresse an akustischen Phänomenen der Sprache und der Musik" (Fontana, zitiert nach Drees 2014, 461).

Fontana geht davon aus, dass die meisten Umweltklänge in einem „semantischen Vakuum" existieren. Solche unspezifischen Klänge werden aufgrund der fehlenden semantischen Eindeutigkeit als „akustischer Abfall" interpretiert. Sie werden daher nicht bewusst wahrgenommen, d. h. „gehört". Damit, so mahnt Fontana, entgehen uns aber auch ihre Vieldeutigkeiten (vgl. dazu auch Drees 2009, 461 f.). Vor dem Hintergrund der Eindringlichkeit und Ansprechbarkeit der auditiven Wahrnehmung, der so mancher Akteur mit bewussten oder unbewussten Strategien „akustischer Immunisierung" oder auch Desensibilisierung zu begegnen scheint, ändert sich möglicherweise der Blick auf die Spezifik und Sinnhaftigkeit eines Konzertraums. Erscheinen aus dieser Perspektive die eingangs beschriebenen „besonderen Orte und Räume" auditiven ästhetischen Erlebens möglicherweise in einem anderen Licht. Dann zeigt sich, dass solche Räume und Orte besondere und teilweise auch notwendige Ressourcen für ästhetisches Erleben der auditiven Dimension bereitzustellen versprechen. Damit wird der Konzertraum nicht nur zum Erlebnisort auditiver Ästhetik, sondern zugleich auch zum „Schutzraum", in dem die alltäglichen „Immunisierungsstrategien" akustischer Rezeption kurzzeitig und gefahrlos aufgehoben werden, was den Akteur unterstützt, die Wahrnehmungsaufmerksamkeit differenzierend(er), als ihm dies vielleicht im Alltag möglich ist, „auf Empfang" zu stellen. So wird der Konzertraum (werden ähnliche Orte, Räume oder auch Praktiken) zur „Möglichkeitsbedingung spezifisch auditiven ästhetischen Erlebens". Im aktuellen Diskurs künstlerischer Vermittlungspraxen (vgl. Eger 2014) wird hervorgehoben, dass Strategien der Gleichgültigkeit das Gegenteil solcher Strategien sind, die ästhetisches Erleben fördern, die Bildung ästhetischer Bewusstheit anregen und die Erlebensmöglichkeiten ästhetischer Erfahrung erweitern können: „Es ist unverkennbar, dass genaue Beobachtungen und Wahrnehmungen ästhetische Bewusstheit herausbilden und u. a. dazu führen, Zusammenhänge besser zu verstehen" (ebd., 220).[232] Vielmehr führt die Sensibilisierung der Wahrnehmung dazu, Vielfalt und Details zu erkennen und der mit solcher Vieldeutigkeit verbundenen Ambiguität standzuhalten. Mit einer veränderten Wahrnehmungsaufmerksamkeit verändern sich auch Wahrnehmungsgewohnheiten, sodass (neue) Muster sichtbar werden können. Dazu führt Fontana aus:

„Die Welt alltäglicher Klänge ist voller semantischer Vieldeutigkeiten. Die meisten Menschen sind dieser Erfahrung ausgesetzt, ohne daß sie

---

[232] Eger veranschaulicht diese Zusammenhänge mit einem Zitat Eisners, einem Professor für Art and Education der Stanford University, der vor seiner akademischen Laufbahn als Schuhverkäufer arbeitete: „I began to notice differences between the shoes and how the heels were stacked, what the quality of the leather was like, the construction, whether it had a steel shank in it, etcetera, etcetera. And what I found was the closer I paid attention to the qualities of the shoes or the shirts or the pants, the more I saw, the more I noticed, and the more satisfaction I received from those that were of very high quality. So this was a learning process that I was in charge of. I learned that you could look in order to see and that was a real revelation to me and something that made it possible for me to do that anytime I wanted to." (Eisner, zitiert nach Eger 2014, 220 f.)

in alltäglichen Klängen Muster erkennen. Die semantische Vieldeutigkeit von Klängen wird sich verändern, wenn die Gesellschaft die Fähigkeit entwickelt, Muster oder Eigenschaften wahrzunehmen, die Teil eines Bedeutungszusammenhangs sind" (Fontanta, zitiert nach Drees 2014, 462).

Das heißt zugleich: Bewusstes beobachten kann zu einer Veränderung von Wahrnehmungsgewohnheiten führen, die das spezifisch ästhetische Potenzial von Klang in seiner *Vielfalt*, nicht nur jenseits von Sprache und Musik, sondern auch in Abwesenheit eines eigens dafür präparierten Raums, erfahrbar machen kann (vgl. dazu auch Drees 2014, 461 f.). Dies verdeutlicht nun ein Weiteres: „Die Fähigkeit, eine ästhetische Qualität wahrzunehmen [...] ist nicht zwingend an einen kulturellen Ort, eine Begebenheit oder ein Kunstwerk gebunden" (Eger 2014, 221). Das Erleben ästhetischer Momente setzt vielmehr einen qualitativen Zustand gesteigerter Wahrnehmungsaufmerksamkeit voraus. Ästhetisches Erleben zeigt sich als eine Wahrnehmungssituation, die sich aus dem Strom der Alltagswahrnehmung abhebt. Solche perturbativen Momente lauern ständig im Prozess alltäglicher Wahrnehmung und zwischenmenschlicher Interaktion. Sie leiten oder fesseln die situative Wahrnehmungsaufmerksamkeit. Sie können sowohl belebend wirken, können aber auch als Moment der Verunsicherung wahrgenommen werden, wenn sie uns (vielleicht auch nur kurzfristig) aus dem Zustand des Gleichgewichts herausfallen lassen, wie dies „Realbegegnungen", wie sie Reich (2009a,b) beschreibt, zu eigen ist (vgl. Kap. 3.2.3.). Das als verdichtet und spannungsgeladen erlebte Moment (hör)ästhetischen Erlebens wird dann nicht nur in seiner Gesamtheit von der Akteurin als persönlich bedeutsam wahrgenommen, sondern wirkt sich auch auf die weiteren Wahrnehmungen verändernd aus (im Beispiel oben beschreibt Eisner etwa eine bessere Differenzierungsfähigkeit, Fontana spricht von neuen Musterbildungen). Ästhetisches Erleben kann damit umfassend Akteure befähigen, „sinnlich wahrzunehmen, qualitativ zu unterscheiden und bewerten zu können, sowie sich aktiv eine eigene ästhetische Umgebung schaffen zu können" (Eger 2014). Verstehen wir ästhetisches Erleben als besondere Qualität, die subjektiv als persönlich bedeutsame Sequenz verdichteter und imaginär aufgeladener Erfahrung wahrgenommen wird, welche sich von der Alltagswahrnehmung abhebt (vgl. dazu auch Kap. 4), bergen grundsätzlich alle Hörerfahrungen, auch die außerhalb des Konzertsaals, d. h. jenseits spezifischer und ritualisierter ästhetischer Praxen, das Potenzial ästhetischen Erlebens gerade auch *auditiver* Ästhetik. Ob dies die kommunikative Atmosphäre eines Gesprächs ist, die wir besonders genießen, oder ob es bestimmte Worte sind, die unmittelbar berühren. Ob es der Klang einer Stimme oder bestimmte Geräusche sind, die aufhorchen lassen. Ob es eine verdichtete Konzerterfahrung oder die (ersten) selbstproduzierten Töne auf einem Instrument sind: Indem audible Materialität imaginär stark aufgeladen und damit auch ästhetisch gefärbt sein kann, ist das Erscheinen auditiver Ästhetik auch an das innere Erleben und an emotionale Prozesse der Akteure gebunden. Auditive Ästhetik zeigt sich damit nicht nur als zentrale, sondern durchaus auch als *alltägliche Größe* akustischer Kommunikation, die in Abhängigkeit des Fokus der Wahrnehmungsaufmerksamkeit Räume akustischer Kommunikation hörästhetisch einfärbt. Doch auch, wenn auditive Ästhetik als implizite und *verbindende* Größe des weiten Spektrums audibler Materialität akustischer Kommunikation in unserer Lebenswelt aufscheint, ist das Erleben auditiver Ästhetik an einen besonderen Zustand der Wahrnehmungsaufmerksamkeit gebunden. D. h. ästhetisches Erleben findet unabhängig von Orten, Objekten oder auch von spezifischen Unterrichtsthemen bzw. -fächern statt, da es nicht zwingend durch ein bestimmtes Wahrnehmungs*objekt* ausgelöst wird. Vielmehr braucht auditives ästhetisches Erleben die Möglichkeit des *Gewahrseins* oder Gewahrwerdens audibler Materialität. Dies steht jedoch deutlich im Widerspruch zu Strategien der Immunisierung, wie sie eingangs beschrieben wurden. Damit wird Erscheinen und Erleben auditiver Ästhetik schnell zu einer besonderen Herausforderung.

Dies zeigt sich in der Schule besonders deutlich: Setzen wir hier voraus, dass ästhetisches Erleben *audibler* Materialität vor dem Hintergrund individueller Desensibilisierungsstrategien und zunehmender gesellschaftlicher „Vertäubung" besonderer Aufmerksamkeit bedarf und setzen wir weiter voraus, dass Schule nicht nur Vermittlungs-, sondern auch Ereignisort ästhetischen Erlebens sein soll,[233] wird diese Maßgabe im Bildungskontext zur doppelten Herausforderung – sowohl, was Rahmung, aber auch, was die Thematisierung von Fragestellungen der Akustik und damit die Thematisierung audibler Materialität in Bildungsräumen generell betrifft. Wird Auditives im Bildungskontext, aber auch im Kontext von Raumgestaltung generell thematisiert, kommt es im gegenwärtigen Diskurs schwerpunktmäßig als „Verhinderer", d. h. im Zusammenhang mit dem Thema „Lärm" ins Gespräch. Weniger wird es mit seinem ästhetischen Potenzial, Hör-Räume gestalten und damit soziale Wirklichkeiten auch ästhetisch stimulierend „beleben" und inszenieren zu können, thematisiert (vgl. Kap. 5.2.5). Schulze fordert daher eine (auditive) Ästhetik,

> „die eine Anthropologie enthält. Eine Wendung gegen die gewohnheitsmässige, ökonomistisch legitimierte Missachtung der gegebenen

---

[233] Otto (1998) fordert ganz explizit: „Wir dürfen der Schule die Herausforderungen des Ästhetischen nicht ersparen" (ebd. 115).

Situation, all der konkreten, physischen und dynamischen, labilen und widersprüchlichen, vielfältigen Gegebenheiten, hier und jetzt. Eine Ästhetik, die Gewöhnungen an akustisch-räumliche Minderwertigkeit umkehren könnte, unser Weghören und Wegempfinden" (Schulze 2007b, 42).

Die Notwendigkeit, Fragen *auditiver* Ästhetik im pädagogischen Kontext verstärkt zu berücksichtigen, scheint zudem angesichts der zunehmenden Ästhetisierung vieler Bereiche unseres Lebens geboten zu sein. Böhme spricht umfassend von einer „Ästhetisierung des Realen" (Böhme 2001, 19 ff.), die, so möchte ich hinzufügen, weitgehend unbemerkt, jedoch zunehmend auch die auditive Dimension der Lebenswelt durch Akustikdesign, Sound oder Audio Branding und explizit auditiv geprägte mediale Praktiken in den Blick nimmt. Die spezifisch auditive Ästhetisierung folgt dem Ziel, ökonomische Interessen ebenso subtil wie nachhaltig durchzusetzen. Böhme prägt für Ästhetisierungstendenzen der Gesellschaft den Begriff der „ästhetischen Ökonomie", in der der Wert (nicht nur) von Gegenständen (sondern auch von Personen) durch die Art und Weise ihrer Inszenierung zusätzlich gesteigert werden kann („Inszenierungswert"[234]). Da, wie schon aufgezeigt, alles Hören in ständiger Wechselwirkung das Hörbare prägt, ist davon auszugehen, dass eine erweiterte Diskussion, die auf breiter Ebene rund um Fragen auditiver Ästhetik von allen beteiligten Akteuren zu führen wäre, zu einer kritischen Reflexion der Wahrnehmung und damit auch zu einer Veränderung kollektiver Hörpraktiken führen kann. Darauf verweist auch Blesser, wenn er schreibt:

> „As a culture we can create architectural opportunities to encourage our fellow citizens, to aquire spatial awareness. When many of us attend to our environment by listening, our culture is more likely to interest in spaces that have a complex and socially desirable aural architexture" (Blesser 2007, 362).

---

[234] Dazu führt Böhme weiter aus: „Als ästhetische Ökonomie sei ein Entwicklungsstadium des Kapitalismus bezeichnet, in dem zu Gebrauchswert und Tauschwert ein dritter hinzutritt, den ich *Inszenierungswert* genannt habe [...]. In der Phase der ästhetischen Ökonomie kann man gesamtgesellschaftlich einen besonderen Sektor ausmachen, in dem Inszenierungswerte hergestellt werden, bzw. einen wachsenden Teil der gesamtgesellschaftlichen Arbeit, der auf Inszenierung verwandt wird" (Böhme 2001, 21 f.), wobei Letzterem u. a. auch der wachsende Bereich des Audio Brandings zugerechnet werden mag. Weiterführend zum Thema Kapitalisierung vgl. auch Reich 2013.

Vor dem Hintergrund dieser Überlegungen zeigt sich auditive Ästhetik als *verbindende Größe* des Kontinuums akustischer Kommunikation. Dies fordert dazu auf, sich den Herausforderungen hörästhetischen Erlebens gerade auch in öffentlichen bzw. instituionalisierten Räumen bewusst zu stellen, um, wie Zender (1997, 14) formuliert, „räumliche Entfernung von Klang [...] auch als ästhetische[n] Reiz, anstatt als Deformation" erleben zu können.

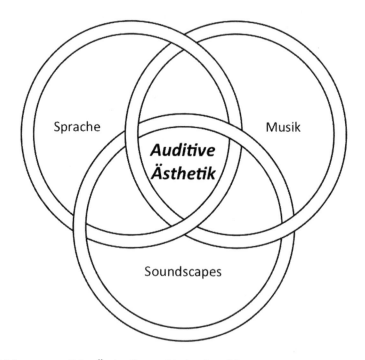

Abbildung 15: Auditive Ästhetik – verbindende Größe

5.2.8. Der Hörraum – Umgang mit einer begrenzten Ressource

Um auditive Gestalten klar voneinander abgrenzen zu können, ist „akustische Transparenz" eine entscheidende Voraussetzung. Mit zunehmender Dichte der Klangereignisse wird jedoch eine flexible und funktionale Raumnutzung erschwert, denn „Klänge lassen von sich aus keine Wahl, als ihre Bewegungen mitzumachen" (Waldenfels 2010, 167 f.). Der Raumklang wird dann schnell als „verlärmt" und damit als störend empfunden. So wie ein mit materiellen Dingen überfüllter Raum die flexible Raumnutzung einschränkt, bietet auch jedweder „Hörraum" nur begrenzte akustische Ressourcen. Will ein Raum jedoch akustische Transparenz gewährleisten und gleichzeitig „Hifi-Qualitäten" (Schafer 2010a) bewahren, gelingt dies zufriedenstellend nur bei einer begrenzten Anzahl akustischer Reizangebote. Dies gilt unabhängig von der individuellen Lärmtoleranz, welche nicht nur in Zusammenhang mit dem Lebensalter und mit individuellen Prägungen steht, sondern neben akustischen auch physiologischen Implikationen unterliegt. Akustische Transparenz ist somit nicht nur Grundlage gelingender Kommunikation, im Bildungskontext ist sie die unverzichtbare Voraussetzung nicht nur fruchtbarer Lehr- und Lernprozesse, sondern auch der mittlerweile vielzitierten „gesunden Schule". Damit zeigt sich: Nicht nur der visuelle, auch der akustische Raum ist begrenzt, da dieser nur eine gewisse Anzahl akustischer Attraktionen zufriedenstellend „kommunizieren" kann.

Blesser (2009, 12) spricht daher vom akustischen Raum als einer „begrenzten Ressource", die bewusst gestaltet werden muss, wollen *alle* beteiligten Akteure Nutznießer dieser Ressource sein: „Without social conventions to ration a scarce resource, that resource will be destroyed for everyone". Doch stellt die hier von Blesser thematisierte Frage der Gestaltung und Regulation akustischen Raums die Akteure auch vor eine große Herausforderung: Ist doch der akustische Raum fast immer auch ein *gemeinsam* geteilter Raum, der nicht immer einvernehmlich gemeinschaftlich „eingerichtet" werden kann. Dies gilt nicht selten gar für den ganz privaten akustischen Raum.[235] *Dass* hier ein Bedürfnis nach Gestaltung und Regulation durchaus vorhanden ist, zeigt sich nicht zuletzt daran, dass zahlreiche Überlegungen und Konzepte zur akustischen Gestaltung öffentlicher Räume schon existieren. Hector Berlioz' Projekt der „akustischen Stadt" *Euphonia* etwa, in der ausschließlich Musik erklingen sollte (vgl. Welsch 1996), die Vision eines klingenden Soundscape der Zukunft in Francis Bacons „New Atlantis" (vgl. Schafer 2010a) oder Brian Enos' Ambient Music-Kompositionen, wie die „Music for airports", existieren schon lange. Solche Vorschläge mögen exemplarisch stehen für eine Vielzahl an Konzepten und Visionen, öffentlichen Raum durch konkrete Maßgaben der Beschallung gezielt zu „regulieren", bzw. ästhetisch stimulierend zu gestalten.

---

[235] So gesehen mag das Phänomen des Kopfhörens nicht bloß als ästhetische Strategie interpretiert werden, sondern auch als Versuch, zumindest über einen kleinen Teil des akustischen Raums selbstbestimmt verfügen und diesen eigenständig gestalten zu können.

Aber auch neuere Konzepte, wie die Strategien des (noch recht jungen) Forschungsgebiets „Auditive Architektur" der Universität der Künste, Berlin, mit denen öffentliche Plätze, wie der Ernst-Reuter-Platz in Berlin, akustisch erforscht und ausbalanciert werden sollen oder der mittlerweile recht bekannte „Garten der Töne" in Hongkong, der Zonen der Stille mitten im Großstadtlärm durch gerichtete Klangprojektionen inszeniert, aber auch die öffentlichen „Ruhepole"[236], die im Rahmen der „Hörstadt Linz" 2009 ein Jahr lang für Bürger und Besucher der Stadt frei zugänglich waren, sind immer auch als *raumakustische Regularien* gedacht. Dazu zählen sicher auch Maßnahmen des „Soundmasking". Ob dies beispielsweise die „Wasserklangschranken" im Hyatt Regency in Köln sind, ob es das „Weiße Rauschen" ist, das durch eine „Vernebelung" der Lautsphäre die Privatsphäre (beispielsweise in Großraumbüros) erhöhen soll (vgl. Wolf 1999). Oder ob es die zunehmend nachgefragten „Noise-Reduction-Kopfhörer" sind, die „mobile Ruheräume" in einer zunehmend verlärmten Umwelt herzustellen versprechen. Auch gezielte Impulse aus dem Bereich der Klangkunst, wie etwa die temporären Klanginstallationen des Klangkünstlers Bill Fontana weltweit, so etwa auch an einer Kölner U-Bahn Station,[237] mögen als richtungsweisende Beispiele der Gestaltung und Regulation akustischen Raums gelten. Als wahrscheinlich erste Metropole der Welt leistet sich die Stadt London seit einigen Jahren einen so genannten „Sound Officer". Als „Referent für Klang" hat er die Aufgabe, eine klangliche Stadtentwicklungs-Strategie für die Metropole London zu entwickeln (vgl. Hartel/Kornmeier 2009). Dahinter steht die Idee, städtische Akustik nicht primär unter dem Negativaspekt der Lärmvermeidung zu thematisieren, sondern die Stadt auch als gestaltbare Klanglandschaft zu verstehen, deren Klangvielfalt und -charakteristik durchaus auch schützenswert sein könnte.[238] Die Idee, Stadt als entwickel- und gestaltbare Klanglandschaft zu begreifen, hat sich auch in anderen Städten verbreitet. So beruft die Stadt Bonn im Rahmen des jährlich stattfindenden Beethoven Festivals seit 2010 einen „Stadtklangkünstler", der über gezielte klangkünstlerische Impulse die akustische Sphäre der

---

[236] Der „Ruhepol" war eine im Rahmen der Hörstadt Linz zur Verfügung gestellte Ruhezone, die allen Ruhesuchenden an sechs Tagen die Woche Stille in einem nichtreligiösen Zusammenhang bot. Er stieß auf großes Interesse und wurde über Nacht zu einer der meistbesuchten Attraktionen der Kulturhauptstadt Europas 2009 (vgl. www.hoerstadt.at).
[237] Die Installation war mehrere Jahre lang in der Kölner U-Bahn-Station Wiener Platz in Köln zu hören, bis sie aufgrund von Vandalismus abgeschaltet wurde.
[238] In einem eigens konzipierten „experimental music course" macht Schafer (1967) auch Vorschläge für schützenswerte Klänge aus der Umwelt des Menschen.

Stadt gestaltet und damit zugleich thematisiert. Die Idee der „Hörstadt Linz" (s. o.) hat sich mittlerweile auch auf andere Städte wie Hannover und Hamburg ausgeweitet. Das Bewusstsein, dass Stadtentwicklung immer auch eine akustische Dimension hat, scheint unter Stadtplanern und Architekten stetig zu wachsen. Schafer, dessen systematische Analyse und Dokumentation von Klangumwelten diese Bewegung und den heutigen, mittlerweile breit aufgestellten Diskurs der *Sound Studies* mitbegründet hat, hat schon früh – zunächst mit eher ungewöhnlichen pädagogischen Konzepten, wie dem „Soundwalk" oder den „Ear Cleaning Exercises" (Schafer 1967) und in seinem später folgenden Hauptwerk von 1977, „The tuning of the world" – einen unmittelbaren und bis dahin sehr ungewöhnlichen Zugang zur Klangumwelt geschaffen und damit die „Rehabilitation des Auditiven" vorangetrieben. Dabei thematisiert Schafer eine Reihe möglicher Prinzipien zur Gestaltung kollektiver Klangwelten, mit denen er vorschlägt, die Lautsphäre akustisch zu „designen", um diese, wie er schreibt, „prototypisch gestalten (und) schönen Soundscapes [...] lauschen" zu können (Schafer 2010a, 384). Ein wesentliches Merkmal insbesondere klanglicher Gestaltung (in Abgrenzung zu räumlicher und visueller Gestaltung) ist die Flüchtigkeit akustischen „Materials", die gleichermaßen Chance als auch Schwierigkeit bedeutet:

> „Durch Musik geschaffene Atmosphäre verflüchtigt sich im Gegensatz zur Farbe des Raums unmittelbar nach ihrem Erklingen. Sie ist nicht wieder ‚auffindbar', allenfalls ist sie erinnerbar oder das Erlebnis an sie ist erinnerbar. Ein weiteres Problem: Musikalisch ‚getönte' Räume sind sprachlich schwer zu erfassen und zu beschreiben. Das ist gewissermaßen paradox, denn die musikalische Atmosphäre ist in unserem Erleben doch ‚konkret' und wirklich. In der Beschreibung von atmosphärischen Qualitäten behelfen wir uns mit Beschreibungen unseres Erlebens oder mit Beschreibungen des musikalischen Materials, wodurch Verweise oder Bezüge hergestellt werden, die dem nachspürenden Erinnern auf die Sprünge helfen" (Hoffmann 2005, 34).

Hier will jedoch bedacht sein: Öffentlichen Raum zu beschallen bedeutet, eine Vielzahl von Akteuren in feste auditive Perspektiven einzubinden. Nicht immer werden diese Perspektiven von allen Akteuren gewollt oder gar genossen. Solange öffentliche Vorgaben Ausdruck subjektiver Vorlieben sind oder aber den Interessen Einzelner folgen, laufen sie – zur kollektiven Maßgabe erhoben, schnell Gefahr, zum – in Anlehnung an Watzlawick (1981) – „Mehr Desselben" zu werden. Ebenso, wie es im interaktionistisch-konstruktivistischen Denken keinen letzten oder besten Beobachter (vgl. Reich 2009a; 2009b) geben kann, ist auch die „letztgültige auditive Perspektive" für alle Akteure eine Illusion.

Dem muss sich auch der Klangökologe Schafer stellen, wenn er etwa diskutiert, öffentliche Lautsprecheransagen musikalisch gestalten zu wollen. Da erscheinen die von Welsch (1996) vorgeschlagenen „Leitlinien", die sich an Prinzipien der Solidarität orientieren, schon praktikabler: Welsch schlägt erstens vor, die Lautmenge durch „sinnvolle Geräuschvermeidung" zu reduzieren, die dem „Prinzip der Nicht-Belästigung" folgt (ebd., 258) und die verbleibende unvermeidliche Lautmenge im Sinne „guter Standardklänge" zu differenzieren. Zweitens regt er an, „Zonen der Stille" einzurichten. Solche Maßnahmen sollen den öffentlichen Hörraum „entrümpeln" und eine, wie Welsch formuliert, „akustische Kultur" bahnen. Sie sollen vor allem Prinzipien der „Sozialverträglichkeit" folgen, die an Kampers (1984) Idee der „Sozio-Akustik" anschließen.

So läuft der Kampf um die „Lauthoheit" schnell Gefahr, in einen Lautimperialismus durch die Luft zu eskalieren, wenn er den Interessen weniger untergeordnet ist oder gar zum Mittel der Kriegsführung wird, wie dies Goodmann (2010) oder Gess (2005) eindrücklich beschreiben.[239] Akustische Szenarien, welche die Akteure in vorgegebene, nicht veränderbare „auditive Perspektiven" einbinden, haben das Potenzial, völlig neuartige, moderne Formen der Hörigkeit und des Gehorsams entstehen zu lassen, indem sie den „internalisierten Imperativ des Zuhörens" (vgl. Kap. 1.2.) bedienen. Deutlich wird dies spätestens daran, dass die Rede vom „visuellen Overkill" mittlerweile dem „akustischen Overkill" – Kamper spricht gar von einem kollektiven „Hörsturz" (Kamper 1984) – in nichts nachzustehen scheint, vielleicht aber auch niemals nachgestanden hat. So mag eine „Regulierung" des akustischen Raums damit beginnen, sich zu vergegenwärtigen, wie dicht dieser überwiegend schon „belegt" ist, gerade, da diese Ebene aus Gründen der Desensibilisierung oftmals ausgeblendet und gar nicht bewusst wahrgenommen wird. Sie unterliegt der Maßgabe, sich der Herausforderung zu stellen, ganz individuell Verantwortung für das „gesellschaftlich Hörbare" mit zu übernehmen, es zu thematisieren, zu diskutieren, um es ggf. dann kollektiv verändern zu können.

Von Richtlinien abgesehen, die physiologische Grenzen beachten und körperliche Schäden abwenden wollen, können Vorschläge zur Regulierung und Gestaltung akustischen Raums nicht mehr als eine Diskussionsgrundlage sein, wollen sie nicht neue, feste (Hör-)Perspektiven setzen. Ist doch die „unvermeidliche Lautmenge", sind doch die „guten Standardklänge" des einen für den anderen vielleicht schon eine Zumutung. Die Abwandlung des kantischen Imperativs, dass die Hörfreiheit des einen der Hörfreiheit des Anderen nicht

---

[239] Weiterführend dazu vgl. Goodman 2014.

beschneiden solle, wie Welsch (1996) anregt, erscheint durchaus als hilfreicher Leitsatz, doch auch Prinzipien der „Sozialverträglichkeit" oder der „Sozio-Akustik" wollen mit konkreten Handlungen gefüllt werden, was zunächst unweigerlich in den Dialog und unweigerlich auch in den Kompromiss führt. Auf diese Weise kann auch eine Bewusstheit dafür geschaffen werden, dass schon die Wahrnehmung von Klangumwelten immer auch als *kreativer und damit konstruktiver Akt der Gestaltung* gelten kann. Dies hat wiederum Auswirkungen auf das Verständnis von Lärm, der aus solcher Perspektive plötzlich zum wertvollen „Informationsträger" wird, denn: „Lärm ist nicht nur Klang, sondern mehr noch eine gesellschaftliche Konstruktion [...]. Lärm ist insofern Auskunft zu einer Qualität des Verhältnisses zwischen den Menschen, Einzelnen und Gruppen, und den Klängen die sie umgeben" (Schäfers 2010). Auditive Qualitäten als im weitesten Sinn aussagekräftige „gesellschaftliche Konstruktionen" wahrzunehmen, hinterfragt nicht nur die Klänge, die wir hören (müssen), dieses Verständnis impliziert auch die Frage nach den Klängen, die wir hören *wollen*, verweist damit auf Möglichkeiten, die kommunikativen Räume, in denen wir miteinander leben, auch konkret gestalten bzw. umgestalten zu können – impliziert die Frage nach einer auditiven Kultur, die schon zu Beginn dieses Kapitels thematisiert wurde. Zusammenfassend kann hier festgehalten werden, dass sich auditive Ästhetik nicht nur als zentrale Kategorie akustischer Kommunikation, sondern auch als *zentrale Größe zeigt, die Teilbereiche akustischer Kommunikation (Sprache, Musik Soundscape) miteinander verbindet*, wie dies das Schaubild weiter unten veranschaulichen soll.

Umso erstaunlicher scheint dabei, dass kollektive oder individuelle Hörpraktiken bisher eher kaum als relevante kulturelle Größe verhandelt werden. Es sind solche Bemerkungen wie die des Gesprächsforschers Martin Hartung (2003), der konstatiert: „Zuhören ist eine kulturelle Kompetenz, es weiß nur keiner", oder die der amerikanischen Radiohistorikerin Michele Hilmes, die fragt: „Is there a field called sound culture studies? And does it matter? [...] perhaps it doesn't matter to enough people" (Hilmes 2005, 249)[240], die auf diese „kulturelle Schwachstelle" verweisen. Dies erscheint umso erstaunlicher, da hier (nicht nur mit Dewey) festgehalten werden kann, *Zuhören bildet*, wie im nächsten Abschnitt weiter ausgeführt werden soll.

---

[240] Das fragte Michele Hilmes im „American Quarterly", um fortzufahren: „I pose the two questions above in the face of mounting evidence that the study of sound, hailed as an ‚emerging field' for he last hundred years, exhibits a strong tendency to remain that way, always emerging, never emerged." (Hilmes ebd.).

5.3. Zwischenfazit: Zuhören bildet

„The greatest wonder of all creation is being made alive. The only thing grander is being made more alive. That requires education. [...] One becomes well educated, regardless of the level of ones formal education, by listening well." (Garrison, 1996, 439)

Es ist die uns umgebende, audible Materialität vokalen sowie nonvokalen Ursprungs, die sich im akustischen Kontinuum der Lebenswelt zu vielfältigen Gestalten unterschiedlicher Sprachen, Musiken und Soundscapes formiert. Als zentrale Gestalt des akustischen Kontinuums kann die Sprache gelten, die sich schon pränatal vermittelt. So erfordert ein erfolgreicher Spracherwerbsprozess, dass Sprache gerichtet *gehört* und zugleich sinnvoll verarbeitet wird. Es ist die Rückbezüglichkeit des Hörsinns, die es dem Kind ermöglicht, aufgrund der, wie Spreng (2004) formuliert, audio-phonatorischen Rückkopplung in einem – schon vorgeburtlich angelegten – Hörkreislauf die eigene Sprachproduktion mit dem Gehörten abzugleichen, nötige Korrekturen vorzunehmen, die auditive Ordnung der jeweiligen Muttersprache zu erfassen und sich hörend in der Lebenswelt zu orientieren. Zuhören kann mit Imhof daher als „erste Sprachfähigkeit" bezeichnet werden (Imhof 2003; 2004). Doch legt Zuhören auch die Grundlage für eine Vielzahl weiterer kognitiver und metakognitiver Kompetenzen, wie etwa der Selbstreflexivität. Darauf aufbauende kommunikative und interaktive Kompetenzen, wie die vielzitierte „Konfliktfähigkeit", korrespondieren wiederum mit der Ausbildung sozialer und emotionaler Kompetenzen, wie etwa der „Empathiefähigkeit". Hier zeigt sich, wie eng die auditive Ordnung der Sprache an die auditive Ordnung von Kommunikation (und Interaktion) gekoppelt ist.

Wie bereits deutlich wurde, bedarf gelingende Kommunikation der unbedingten Fähigkeit, die Audibilität der Sprache in ihren vielen Facetten adäquat *lesen* zu können, um so auch Zwischentöne der Kommunikation differenziert heraushören zu können. Erst auf diese Weise können sich die im klanglichen Vollzug der Sprache offenbarenden prosodischen Aspekte differenziert erfasst, kann der symbolische Gehalt der Sprache umfassend *verstanden* und um wichtige Aspekte ergänzt werden. Denn die klangliche Gestalt der Sprache gibt nicht nur Auskunft über den emotionalen Zustand des Sprechers, über die Einstellung zum Gesprächspartner, sondern auch über Geschlecht, Alter, physischen und psychischen Zustand des Sprechenden, über Identität und Eigenheiten der Aussprache, über dialektale oder soziale Charakteristika, sowie über das, was gesprochen wird (vgl. Schmicking 2003, 32). Sind es doch gerade die audiblen Aspekte der Sprache, die Kommunikation jenseits des Inhalts unterscheidbar machen und die „auditive Ordnung der Sprache", wie Wimmer formuliert, begründen. Denn im „tönenden Tun" kommunikativen Handelns werden die feinen Schattierungen und Nuancen des Stimmklangs, werden Lautstärke und Timbre der Stimme, werden Sprachmelodie, Tonhöhe und Sprechgeschwindigkeit, werden sogar Pausen und Vokalisationen wie Räuspern, Kratzen etc. nicht nur zu hörbaren, sondern auch zu *bedeutungstragenden* Komponenten der Interaktion. Solche paralinguistischen Merkmale sind für den Hörer nicht nur wichtige, sondern oftmals auch entscheidende „metakommunikative" Implikationen. Sie ermöglichen es, neben der symbolischen Ebene der Sprache etwa auch die emotionale Gestimmtheit der Akteure oder die kommunikative Atmosphäre eines Gesprächs erfassen, d. h. heraushören zu können.[241] Doch vermitteln sich hier nicht nur ordnungsbildende Faktoren der Sprache, sondern ihre audible Materialität gibt auch Hinweise auf die „auditive Ordnung" der Interaktion. Reichertz (2010) spricht unter Bezug auf Luckmann (2002) und Goffman (1977b) von *kommunikativen und symbolischen Ordnungen* einer Sprach- und Interaktionsgemeinschaft (vgl. Reichertz 2010, 296): Solche Ordnungen

> „gestalten hinter dem Rücken oder besser: im Schatten des Halbbewußtseins der Beteiligten Interaktion und Kommunikation mit. Sie unterstützen den Prozess der Verständigung, da sie helfen festzustellen, was gerade los ist und was man gemeinsam tut. Meist ohne es (explizit) zu wollen, arbeitet man in Kommunikation und Interaktion neben der Darstellung der Absicht auch an der Aushandlung und Darstellung der Beziehung und der eigenen Identität und der des Anderen. Darüber hinaus stellt man sein Geschlecht dar (doing gender), sein Alter (doing age etc.), seinen Sozial- und Redestatus, zeigt, welcher Sprach-, Kultur- und Dialektgemeinschaft man angehört, welche Stile man bevorzugt, man arbeitet an dem Fortgang der Konversation, kommentiert

---

[241] Böhme (2006) fordert daher auch eine Sensibilisierung der Wahrnehmung sowohl für *kommunikative Atmosphären*, aber auch für *äußere Atmosphären* im Kontext ästhetischen Erlebens, eine Fähigkeit, die er dann als „atmosphärische Kompetenz" kennzeichnet. So plädiert er dafür, das Einüben *atmosphärischer Kompetenzen* gezielt zu *vermitteln* und *auszubilden*, diese bewusst *wahrnehmen zu lernen* und die Ausbildung atmosphärischer Kompetenzen den Fächerkanon ästhetischer Erziehung zu integrieren (vgl. Böhme 2006, 49 ff.).

ständig das eigene Sprechen und das Verhalten des Gegenübers und noch sehr viel mehr" (ebd.).

Dies unterstreicht, dass unsere Hörweisen nicht nur Aufschluss über imaginäre Anteile der Kommunikation, d. h. über Emotionen und Bedürfnisse, sondern auch über die sozialen Aspekte unserer Beziehungen, über Zugehörigkeit, Identität, über soziale und kulturelle Strukturen geben. Es sind zentrale „Metadaten der Kommunikation", die sich immer auch audibel vermitteln und daher *herausgehört* werden können. Wir „lesen" die audible Materialität der Sprache vielleicht als Ausdruck von Zärtlichkeit, Wut, Sympathie, Antipathie, Ironie, Ärger, Angst, Zynismus, Erstaunen, Zweifel, Unsicherheit, Verzweiflung usw. Oder wir deuten die Hörpraktiken in Hinblick auf ihre sozialen Implikationen: Wer wem wie lange und wie gut zuhört, wer (welche) Antworten auf seine Fragen bekommt, d. h. wer angehört wird, aber auch: wer auf welche Art (wie häufig) unterbrochen wird bzw. wem (nicht) zugehört wird (und warum) – all das verweist auf das Eingewobensein kommunikativen Handelns in biografische und kulturelle Kontexte, die gleichzeitig durch diese bestimmt werden, aber auch diese selbst (rekursiv) bestimmen (vgl. dazu auch Kap. 4.2.2.1. u. 4.3.1.1.) Wie schon das Kommunikationsmodell Lacans verdeutlicht: In unseren Interaktionen, also im Sprech- und Hörhandeln, *spiegeln* wir uns. Da Spiegelung und Rekonstruktion nur in Kommunikation und Interaktion erlebbar sind, wirkt die Zirkularität kommunikativen Handelns immer auch stark identitätsbildend. Dies erklärt, warum das Bedürfnis (an)gehört zu werden ein tiefes menschliches Grundbedürfnis darstellt. Über die Frage, auf wen und was gemeinschaftlich gehört wird, bilden sich (akustische) Gemeinschaften, die Menschen verbinden, aber auch voneinander trennen können. Hörpraktiken markieren damit immer auch kulturelle, religiöse oder ideologische Teilnahmen. Sie regulieren Prozesse der Disziplinierung, Diskriminierung, was sich in Begriffen wie „gehorchen", „abhören", „verhören" spiegelt. Unser Sprachgebrauch „weiß" um solche Zusammenhänge, sie spiegeln sich in Worten wie *Zugehörigkeit, gehören, zugehören, anhören* etc. Die auditive Ordnung der Sprache (Wimmer), lässt – indem sie auch Außersprachliches vermittelt – immer auch soziale Ordnungen hörbar werden.

5.3.1. Auditive Ordnungen

Geformt durch die vielfältigen Praktiken menschlichen Hörhandelns bilden sich in der Sprache, im Bereich der Musik und der Soundscapes eine Vielzahl eng ineinander verschränkter *auditiver Ordnungen*, welche Kommunikation und Interaktion organisieren und regulieren. In einem großen Kreislauf auditorischer Rückkopplung weben unsere Hörpraktiken multiple auditive Gestalten, die unmittelbar auf die audible Materialität der Lebenswelt, d. h. auf alles Hörbare zurückwirken und diese stetig (über)formen. Der Prozess der Rückkopplung ist ein immerwährender Veränderungsprozess, der den breiten Bereich akustischer Kommunikation fortwährend neu gestaltet. Auditive Ordnungen markieren, strukturieren und organisieren das menschliche Zusammenleben auf vielfältige Weise. Daher ist die uns umgebende audible Materialität nicht bloß Informationsträger, ihre Materialität hat immer auch eine kulturelle Färbung. Sie vermittelt Signale der Zugehörigkeit, ist identitätsstiftend und bietet in einem steten Prozess der Wandlung, einem „kollektiven Prozess der Weltwahrnehmung", in dem sich menschliche Hörpraktiken und die audible Materialität der Lebenswelt in zirkulären Prozessen immer wieder neu überformen, vielfältige Möglichkeiten der Orientierung. Viele dieser Ordnungen vermitteln und erschließen sich aufgrund der genuinen Sprachlichkeit des Menschen intuitiv, wie der Erwerb der Muttersprache zeigt. Doch haben wir nicht zu allen auditiven Ordnungssystemen einen so unmittelbaren und intuitiven Zugang, was beim Erlernen einer *fremden* Sprache sofort deutlich wird. Vielmehr zeigt gerade der Fremdspracherwerb, wie komplex auditive Ordnungen angelegt sind und wie eng verzahnt sie oftmals ineinandergreifen. Dies gilt gleich für eine Vielzahl recht spezifischer auditiver Ordnungssysteme, zu denen sicher auch die Musik zählt. Hier haben sich regional und historisch eine große Anzahl unterschiedlichster, zum Teil hoch komplexer Ordnungssysteme entwickelt, deren Zugang teilweise an fundiertes Wissen und profunde Kompetenzen geknüpft ist. Aber auch im Bereich Soundscape formen menschliche Hörpraktiken ganz spezifische auditive Ordnungen. Dies wird schnell deutlich, wenn man an explizite oder implizite Regularien denkt, die Schall und Klang im öffentlichen Raum ausbalancieren sollen. Auch daran zeigt sich, dass Klang nicht nur Aufschluss über die Materialität der Dinge, d. h. über die Klangquelle selbst gibt, sondern auch über soziokulturelle Strukturen der Lebenswelt, die sich in unseren kommunikativen Praktiken hörbar spiegeln.

So vermittelt die audible Materialität unserer Lebenswelt nicht nur indexikalische Informationen allein, sondern akustische Kommunikation etabliert eine Vielzahl ineinander verschränkter auditiver Ordnungen und Systeme, die gerade auch über die Sprache tief in die zwischenmenschliche Interaktion hineinreichen und diese regulieren. Solche Ordnungen werden etwa in dem recht neuen Bereich der Audio Literacy schon thematisiert (vgl. Blell/Kupetz 2010). Das Wissen darum und ein bewusster Umgang mit diesen Ordnungen legt die Grundlage nicht nur für die Bewältigung des Alltags, sondern für gelingende Prozesse auch der Kommunikation und Interaktion. Dies umfasst damit immer auch Prozesse von Erziehung und Bildung: Wirken doch die sich mit den Hörpraktiken entwickelnden Sprachprozesse zirkulär auf Interaktions- und damit auch auf Bildungsprozesse ein und wieder zurück. Die enge Verflochtenheit der auditiven Sinneswahrnehmung mit allen Bereichen des menschlichen Lebens verweist unmittelbar auf die Relevanz des Zu/Hörens für den Menschen und veranschaulicht, dass sowohl das „Entschlüsseln" und „Lesen" solcher Ordnungen, in die wir permanent eingebunden sind, sowie ein bewusster und differenzierter Umgang mit ihnen, Teilhabe und Selbstbestimmung ermöglichen. Spätestens hier zeigt sich damit auch der *pädagogische Stellenwert des Hörens*: In der Konsequenz pädagogischen Handelns fordern uns diese Erkenntnisse dazu auf, solche Ordnungen systematisch zu erschließen und zu thematisieren. Doch scheint die eigentliche Herausforderung zunächst einmal darin zu bestehen, auditive Ordnungssysteme überhaupt „sichtbar" zu machen, um sie in ihrer Verschiedenheit und (pädagogischen) Relevanz erfassen zu können. Erst so können sie als solche thematisiert, „gelesen", gezielt untersucht, aber auch (um)gestaltet werden.

Damit wird die Relevanz audibler Materialität mit ihren Ordnungssystemen auch für pädagogisches Handeln deutlich. Dies legt nahe, auditive Konzepte oder Bausteine zu entwickeln die das epistemische Potenzial des Hörsinns gezielt auch aus einer *pädagogischen* Perspektive, d. h. seine spezifischen Kräfte und Potenziale für Ziele, Absichten und Zwecke pädagogischen Handelns erschließen. Dies vermag zugleich auch eine „Leerstelle" der Unterrichtsmethodik und -didaktik zu füllen, wie sie zu Beginn dieses Kapitels schon thematisiert wurde. Mit dem Augenmerk auf die Entwicklung spezifisch auditiver pädagogischer Konzepte kann das Hören nicht nur „lesbar", sondern auch „sichtbar" gemacht und die Dominanz visuell geprägter Lehr- und Lernstrategien zugunsten auditiver Strategien, wenn vielleicht nicht aufgehoben, so doch zumindest verschoben werden. Ein solches „Sichtbarmachen" menschlicher Hörpraktiken mag an die Forderung Schmickings anschließen, das epistemische Potenzial von Klang gezielt zu untersuchen. Damit kann nun der diesem Abschnitt vorangestellte Gedanke Garrisons nachvollzogen werden, der zusammengefasst aussagt: Zuhören *bildet*, nämlich immer auch *relevante auditive Ordnungen* in unserer Lebenswelt.

5.3.2. Hören kommunizieren und „lesen" lernen

Wird ein Bewusstsein für die Wechselwirkung zwischen unseren Hörpraktiken und den auditiver Ordnungen, die (in) unsere(r) Lebenswelt (be)herrschen, etabliert, mag dies dazu beitragen – bezugnehmend auf Pazzini (1993, 19) – Orientierung bewusst und systematisch auch „über das Hören" zu bahnen. Solche Veränderungen könnten weitreichende Auswirkungen haben: So ergibt sich für Schulze aus der Spezifik des Sonischen etwa die Entwicklung gleich einer eigenen Anthropologie, einer „Anthropologie des Sonischen" (Schulze 2007b, 43), aus der unweigerlich der soziale Anspruch einer „Anthropologie des Mit" (ebd.) resultiert. Diese bietet, insbesondere für konzeptionelle Überlegungen bezüglich der pädagogischen Relevanz audibler Materialität, interessante Anhaltspunkte: „Immersion ist hier kein Gedankenspiel mehr, sondern hat täglich Folgen im Handeln, in jeder einzelnen Situation hier und jetzt: im gesamten Ablauf eines Gestaltungs- und Entwurfsprozesses" (ebd.). Schulze regt dafür eine „geänderte Politik der Sinne" an, die den Begriff der „Hörsamkeit", der ehemals statische Vorgaben einer Deutschen Industrienorm (DIN) abbildet, vielleicht mit neuen Aspekten und damit auch mit neuem Leben zu füllen vermag:

> „Hörsamkeit würde in einer Anthropologie des Mit zu einem entschiedenen Anspruch. Wäre es nicht wünschenswert, jedweder Ort unseres Zusammenlebens, jedwede Situation des Handelns zeigte eine Hörsamkeit, eine Durchhörbarkeit auf die auditiv wahrnehmbaren Ereignisströme, die das Handeln des Lebens dort hervorbringt?" (ebd., 44).

Dieses Gedankenspiel zeigt, dass sich veränderte Wahrnehmungsgewohnheiten nicht nur in veränderten Hörpraktiken, sondern auch im *Hörbaren*, d. h. in der Gestaltung des uns umgebenden audiblen Materials spiegeln. Dies wiederum kann dazu führen, auch feste Deutungskonzepte von Oralität und Visualität aufzubrechen: Indem beide Bereiche neu aufeinander bezogen werden, könnte dies mit dazu beitragen, das „semantische Vakuum" von Klang, von dem Fontana spricht, (wieder)zubeleben. Wie weit dies möglich ist, mag auch damit zusammenhängen, ob und wie gut es gelingt, *Hören* gerade auch im *pädagogischen Kontext* zu *thematisieren*, zu *beobachten* und zu *kommunizieren*, um es mit einer visuellen Begrifflichkeit zu fassen: Hören „lesen" zu lernen. Sofort wird deutlich, dass aus dieser Maßgabe eine Vielzahl praktischer Möglichkeiten und Bausteine[242] erwachsen, die auditive Ordnungssysteme

---

[242] Die Möglichkeiten kreativer Bausteine sind sehr breit gefächert: Böhme (2006)

fassbar, kommunizierbar und operationalisierbar machen können. Hier ergibt sich die pädagogische Prämisse, das epistemische Potenzial nicht nur von Klang, sondern auch des gesamten Hörsinns gezielt auch aus einer pädagogischen Perspektive, seine spezifischen Kräfte und Potenziale für Ziele, Absichten und Zwecke für pädagogisches Handeln erschließbar, d. h. das „Phänomen Hören" gerade auch zum Gegenstand pädagogischer Betrachtung zu machen. Abschließend sollen Bedingt- und Verschränktheiten auditiver Ordnungssysteme in Form des schon bekannten Borromäischen Knotens noch einmal grafisch verdeutlicht werden.

---

plädiert etwa für eine systematische Schulung „ambientaler Wahrnehmungsfähigkeit". Ambientales Erleben, ein allgegenwärtiges, jedoch zumeist unterbewusstes Erleben der uns umgebenden, gerade auch audiblen Materialität, begleitet uns ständig, wirkt in der Regel jedoch unterbewusst auf uns ein. Mit einer geschulten Wahrnehmungsfähigkeit für „ambientale Wahrnehmungen" ist es, so Böhme, erst möglich, atmosphärische Stimmungen bewusst aufzugreifen, differenziert auf sie zu reagieren, aber auch bewusst gestalten/umgestalten zu können. Dies ist, so Böhme, Voraussetzung, „atmosphärische Kompetenz" zu erlangen, die in den Kanon ästhetischer Bildung unbedingt aufzunehmen sei. Voraussetzung dafür und für die Erlangung solcher Kompetenzen sei auch die „Wiederentdeckung der Bedeutung leiblicher Anwesenheit", die Böhme als wichtigen Gegenentwurf zur zunehmenden Virtualisierung des Lebens gerade auch Heranwachsender versteht. Hinsichtlich der „Gegenwärtigkeit" und „Tiefenwirkung" atmosphärischer Stimmungen erscheint eine ambientale Wahrnehmungsfähigkeit als durchaus hilfreiche Kompetenz, das große Potenzial auditiver Wahrnehmung gezielt erschließen und nutzen zu lernen. So wird die unsichtbare Omnipräsenz des Schalls den meisten Menschen oftmals erst dann bewusst, wenn sie die Schmerzschwelle überschreitet (d. h. die Schwelle zum bewussten Erleben durchbricht) und als negativ bewerteter „Lärm" wahrgenommen wird. Dies übersieht jedoch einen weiten Bereich kreativer Gestaltungsmöglichkeiten klanglicher Umwelt, lässt weite Felder „unbestellt".
Vielfältige Bausteine einer explizit *konstruktvistischen Pädagogik des Zuhörens* finden sich im Konzeptpapier „Hörräume schaffen in der Schule" (Meier 2006).

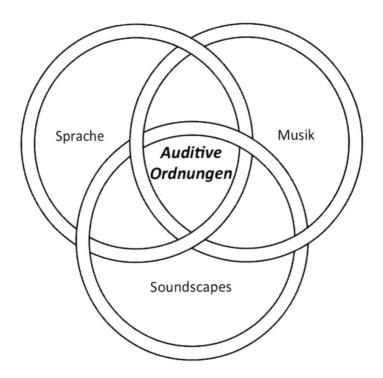

Abbildung 16: Auditive Ordnungssysteme akustischer Kommunikation

5.4. Zuhörkompetenz aus konstruktivistischer Perspektive

5.4.1. Von der Reflexion zur Handlung. Leitprinzipien kompetenten Zuhörens – vier Vorschläge

Nachdem in den vorherigen Kapiteln der Schwerpunkt überwiegend auf der Reflexionsebene des Zuhörgeschehens lag, sollen in diesem Kapitel mögliche Konsequenzen für die Handlungsebene thematisiert werden. Dabei wird vor allem der Frage nachgegangen, welche konkreten Handlungsaspekte *kompetenten Zuhörens* sich aus einer interaktionistisch-konstruktivistischen Perspektive ergeben könnten und wie die bisherigen Überlegungen konkret in kommunikatives Handeln „übersetzt" werden könnten.

Dafür sollen in einem ersten Schritt die bisherigen Überlegungen auf die Handlungsebene übertragen, als „Leitprinzipien kompetenten Zuhörens" reformuliert und abschließend in einem *integrierten Modell des Zuhörens* zusammenfassend dargestellt werden.

5.4.1.1. Inter-aktiv zuhören

Inter-aktives Zuhören verweist auf die Wechselseitigkeit kommunikativen Handelns, erweitert damit das klassische Verständnis „Aktiven Zuhörens". Der Begriff soll mit dieser Schreibweise aussagen, dass Hören und Sprechen zirkulär aufeinander bezogen sind, weshalb die beiden rhetorischen Figuren „Rede" und „Antwort" nicht klar voneinander abgrenzbar sind. Sie binden die Akteure in unendlich verlaufende „Interaktionszirkel" ein, welche die Kommunikation – aus einer Außenperspektive – ohne erkennbaren Anfang und ohne erkennbares Ende erscheinen lassen (vgl. Kap. 4.2.2.1.). Lediglich die Interpunktionen kommunikativer Sequenzen, die sich im Wechselspiel von Frage und Antwort vermitteln, markieren Ordnungspunkte, die allein der subjektiven Beobachterperspektive entspringen. Dies bedeutet einerseits, dass Hören und Sprechen nur ein *bezogenes* Hören und Sprechen sein und daher keines von beiden außerhalb dieser Zirkel stehen kann – auch wenn manche Kommunikationspraktiken dies suggerieren mögen: Ob Kontaktmasken im Internet oder automatisierte Sprachcomputer: Entpersonalisierte Kommunikation, etwa stereotype Bandansagen oder Antwortmasken, setzen anonymisierte und statische Interpunktionen, die solche Rückbezüglichkeit auf den ersten Blick aufzuheben scheinen. Persönliche Gesprächszeiten, die individuelle Fragen und verbindliche Antworten ermöglichen und die nicht zuletzt, auch aufgrund der Performativität des Stimmklangs, wichtige Bezugs- und Orientierungspunkte bieten, weichen zunehmend automatisierten, digitalen Schablonen. Damit wird das Ohr des Anderen, wird das bezogene Hören in unserer Gesellschaft zu einem raren, kostbaren und oftmals teuer bezahlten Gut, das delegiert (wird) „an professionelle Stände, an bezahlte ZuhörerInnen vom Dienst" (Thürmer-Rohr 2006, 271), die solche „HörRäume" auf professioneller Ebene anbieten. Es sei insbesondere der „Therapismus", der vom Nichtvorhandenen profitiere und zur einseitigen „Sprechveranstaltung" für diejenigen werde, die sich als „Ersatz für Mitmenschlichkeit und Freundschaft ein professionelles Ohr kaufen", wie dies Thürmer-Rohr (ebd.) pointiert formuliert. Damit wird das fundamentale Bedürfnis des Menschen nach Bezogenheit und Zugehörigkeit letztlich zur „Ware".

Im Unterschied zu solch automatisierten, digitalen Schablonen gestaltet Zuhören den kommunikativen Raum, lässt ihn anders zurück als vor der Begegnung mit dem Anderen: „Wie ein Raum sich verändert, in den jemand eingetreten ist, läßt die Aufnahme des Anderen die aufnehmende Person nicht als die gleiche zurück, die sie vorher war" (ebd., 267). Dies bringt nun einen feinen, aber entscheidenden Unterschied zwischen Hören und Zuhören auf den Punkt: Hören stiftet Beziehung, Zuhören gestaltet diese. Entscheidend scheint, dass erst der Akt des Zuhörens „die mitmenschliche Bedingung dafür (schafft), zur Sprache zu kommen und sich verändern zu können" (ebd., 269). Aus der umgekehrten Perspektive heraus formuliert Barthes, wenn er schreibt: „Die Aufforderung zum Zuhören ist das vollständige Ansprechen eines Subjekts: Sie stellt den gleichsam körperlichen Kontakt zwischen diesen zwei Subjekten (durch die Stimme und das Ohr) über alles" (Barthes 2006, 81). Dies markiert nicht nur den Aspekt der Verbundenheit, der dem Zuhören innewohnt, es thematisiert auch die Kategorie der Verbindlichkeit, die als zentraler Gelingensfaktor hier sichtbar wird. Thürmer-Rohr bringt diese Zusammenhänge zum Ausdruck, wenn sie formuliert: „Zuhören bedeutet Bejahung der Anderen, Angewiesensein auf ihre Existenz" (Thürmer-Rohr 2006, 267).[243] Für dieses gegenseitige Aufeinanderangewiesensein hat die Sprache der Xhosa in Südafrika ein eigenes Wort: „Ubuntu".[244] Übersetzt bedeutet es

---

[243] An anderer Stelle führt sie weiter aus: „Die unspektakuläre Haltung des Zuhörens kann nicht als Postulat formuliert werden. Das Zuhören und das Nichtzuhören berühren Fragen, die sich den politisch-pragmatischen und den pädagogischen Umsetzungen entziehen. Es sind Fragen der Existenzsuche. Es ist die Frage, wozu Individuen eigentlich da sind, die Frage nach einem erotischen Verhältnis zur Welt. Die Menschen gehen mich etwas an, ich bin auf sie angewiesen, sie können mich aus der Bahn werfen, ich will etwas von ihnen, und ich will, dass sie etwas von mir wollen. Gemeint ist eine Haltung des *inter-esse*, was ‚Leben' im Sinne von ‚unter Menschen weilen' heißt – mit Menschen zu tun haben, zwischen Menschen sein, zwischen Menschen handeln, Leben als politische Existenz verstehen. Und das Handeln, mit dem die Person sich ins Spiel und mit allen Risiken zum Vorschein bringt, ist nicht nur sprechendes Handeln" (Thürmer-Rohr 2006, 274).
[244] Der Name Ubuntu stammt aus dem afrikanischen Sprachgebrauch der Zulu. Der Begriff steht für die „Fähigkeit zum Mitgefühl, sowie Gerechtigkeit, Gleichberechtigung, Würde, Harmonie und Mitmenschlichkeit und steht für die Stärkung und Aufrechterhaltung der Gemeinschaft. ‚Ubuntu' bedeutet die allseitige Verbundenheit und Verantwortlichkeit jedes Einzelnen für das ganze soziale Feld der Gemeinschaft" (Hartkemeyer 2005, 308). Ubuntu ist auch der Name einer kostenlosen Linux-Distribution (sogenannte „shareware"). Dies bezeichnet ein einfach zu installierendes und leicht zu bedienendes Betriebssystem mit aufeinander abgestimmter Software.

so viel, wie: Ich bin, weil wir sind (vgl. Hartkemeyer 2005, 308). Diese sprachliche Wendung vermag das sozialisierende Potenzial inter-aktiven Zuhörens recht treffend zu beschreiben.

Ein Zugang zu den zirkulären Kräften und Dynamiken der Kommunikation öffnet sich in Momenten intersubjektiver Resonanz. Dieser Moment verbindet uns auf einer imaginären Achse mit dem Anderen und etabliert damit eine Beziehungsebene (vgl. Kap. 3.2.1.). Die spezifischen Impulse intersubjektiver Resonanz können als Indikatoren dieser Resonanz „gelesen" werden. Zugleich verweisen sie auf Möglichkeiten, das Hören differenziert zu kommunizieren und das Hörverständnis interaktiv zu erweitern. Der Begriff des „inter-aktiven Zuhörens" thematisiert mit den zirkulären daher immer auch die imaginären Kräfte und Dynamiken der Kommunikation und zeigt, dass das Zuhören (ebenso wie das Sprechen) nicht folgenlos ist, sondern mit Räumen der Beziehung auch Räume des Imaginären sowie Räume der Macht etabliert, weshalb dieses Geschehen alle daran beteiligten Akteure in die „VerAntwortung" nimmt. Hieran zeigt sich, dass Kommunikation niemals herrschaftsfrei sein kann, so lange sich Herrschaft gezielt kommunikativer Strategien bedient – so zwingend diese Vorstellung auch erscheinen mag. Vielmehr hat die menschliche Kommunikation das Potenzial, gleichermaßen „Umschlagplatz der Macht" als auch Regulativ partizipativ-emanzipativen Handelns sein zu können. Dies bedeutet aber auch, dass Kommunikation immer das Potenzial hat, Herrschaftsstrukturen nicht bloß zu etablieren, sondern diese auch *verändern* zu können. Wie sich zeigte, sind es gerade Interventionen des Hörhandelns, die eine höchst gestaltende und machtvolle Dynamik entfalten können. So kann aus den Interpunktionen der jeweiligen Hör- und Sprechzirkel „gelesen" werden, wie partizipativ die Kommunikation angelegt ist. Wir können etwa fragen: Wie gleichberechtigt sind die Anteile von Hör- und Sprechzeiten, die sich die Akteure gegenseitig gewähren? Wie problemlos können diese eingefordert werden? Wer ist mit wem wie gut vernetzt? Wem bleiben welche Hörperspektiven ganz verwehrt und wer ist von kommunikativer Teilhabe teilweise oder ganz ausgeschlossen? Können gleichberechtigt Fragen gestellt und Antworten erwartet werden?

Ob bewusst oder unbewusst: Unsere kommunikativen Strategien sind Ausdruck unserer Zugehörigkeiten und vermitteln, ob offen oder subtil, immer auch Feinheiten und Facetten dieser Teilnahmen. Partizipative und sozialisierende Dynamiken werden vor allem dann initiiert, wenn das Hören kommuniziert wird, d.h. wenn wir das subjektive Hörverständnis und mit ihm das hörbare Gut, das im Gebrauch kommunikativer Praktiken immer auch vielfältige und spezifische auditive Ordnungen erzeugt, thematisieren. Ob das bedeutet, bestehende auditive Ordnungen kritisch zu beleuchten oder diese durch (vokale und nonvokale) Impulse gezielt und bewusst „zu verstören", um neue Ordnungen anregen zu können. Werden solche Ordnungen auf der Metaebene thematisiert, kann Kommunikation „reorganisiert" werden. Erst so kann das breite Feld akustischer Kommunikation, können die auf diese Weise entstehenden „Hörordnungen" emanzipativ-partizipativ gestaltet werden. Wollen wir vom passiven Rezipienten zum aktiven Gestalter der Kommunikation werden, sollten wir unsere Hörweisen – und mit ihnen alles Hörbare – immer wieder kritisch beleuchten.

„Zuhören als Akt der Freiheit, Freiwilligkeit und der sozialen Rückbezüglichkeit, nicht der sozialen Anpassung" (Breitsameter 2007, 236) mag Ziel vor allem bewusst inter-aktiv ausgerichteten (Hör-)Handelns sein. In welchen spezifischen „Hörräumen" wir uns auch aufhalten mögen, es ist die audible Materialität unserer Lebenswelt, welche das bereite Feld (akustischer) Kommunikation in ihrem komplexen Zusammenspiel vokaler und nonvokaler Anteile gestaltet. In der Konsequenz sind wir aufgefordert, für diesen spezifischen Bereich unserer Lebenswelt ganz bewusst „HörverAnwortung" zu übernehmen.

Damit zeigt sich nun, dass Kommunikation sowohl aus der Perspektive des Sprechens wie auch des Zuhörens nicht nur betrachtet, sondern auch bewusst gestaltet werden kann. Auch wenn der Prozess der Verständigung überwiegend mit dem Sprachhandeln assoziiert ist, wie dies bei Habermas (1971) der Fall ist, etwa, wenn dieser die „ideale Sprechsituation" untersucht und dabei fast ausschließlich auf die Sprechakte der Kommunikation fokussiert, vollzieht sich „Verstehen" keinesfalls jenseits des Zuhörens. Vielmehr zeigt sich hier, dass nicht bloß das Sprachhandeln, sondern gerade auch das Hörhandeln maßgeblich an der Konstruktion von Wirklichkeit, aber auch an der Herstellung einer „symmetrischen Kommunikationssituation"[245] beteiligt ist.

---

[245] Grundlage einer „idealen Sprechsituation" ist für Habermas, dass jeder Teilnehmer die gleichen Chancen hat, Sprechakte auszuführen. Dies ist für Habermas Voraussetzung für die herrschaftsfreie Kommunikation. „Ich möchte nun nachweisen, dass die Kommunikationsstruktur selber dann und nur dann keine Zwänge produziert, wenn für alle möglichen Beteiligten eine symmetrische Verteilung der Chancen, Sprechakte zu wählen und auszuüben, gegeben ist." (Habermas 1971, 137)

5.4.1.2. Responsiv zuhören

Die bisherigen Überlegungen konnten zeigen, zeigen, dass sich in der responsiven Dynamik des Zuhörens eine ganz eigene Tiefendimension des kommunikativen Geschehens abzeichnet: Lesen" wir die Dynamik der Kommunikation responsiv, zeigen sich subjektspezifische Wirklichkeitskonstruktionen und kommunikative Muster, welche die interaktive Verständigung und das Verständnis – oftmals verdeckt – jedoch höchst dynamisch steuern können. Doch muss manch kommunikative Gewohnheit verändert werden, soll Entwicklung ermöglicht, wollen Veränderungen angestoßen werden. Dafür ist es Voraussetzung, dass einschränkende Muster und Gewohnheiten zunächst einmal wahrgenommen werden. Hier braucht es eine sensibilisierte Wahrnehmung für die responsive Dynamik interaktiver Choreographie, die eine Bewusstheit für die mit dem kommunikativen Handeln verknüpften Empfindungen, Gefühle, Bedürfnisse, Fantasien entstehen lässt. Kurzum, für die vielen Impulse, die unsere Kommunikation jenseits des Symbolischen begleiten. Dies scheint umso mehr von Bedeutung zu sein, als das subjektive Erleben der Kommunikation niemals abgekoppelt vom „Anderen" ist. Sind wir doch als soziale Wesen in unserer Wahrnehmungsaufmerksamkeit immer doppelt fokussiert: Wir beobachten uns und den Anderen gleichzeitig („Selbst- und Fremdbeobachtung"), ein Prozess, den Fiehler (2002) als „Monitoring" bezeichnet. Dabei reagieren wir sensibel auf interaktive Bewegungen, oftmals, ohne uns dessen bewusst zu sein. Um Veränderungsprozesse bahnen zu können, ist es jedoch notwendig, sich dieser Impulse nicht nur bewusst zu werden, sondern sie auch systematisch und kontinuierlich zu reflektieren.

Die interaktionistisch-konstruktivistische Perspektive auf die Kommunikation macht mit der Unterscheidung der drei Rollen Teilnehmer, Beobachter und Akteur solche Spielräume kommunikativen Handelns nicht nur besser erkenn-, sondern auch gezielt nutzbar. Deutlich wurde schon, dass die Kategorie der Beobachtung genuin im Zuhören verankert ist, sodass Kommunikation aus dieser Position heraus nicht nur beobachtet, sondern auch bewusst „inszeniert" und damit immer auch spezifisch gebahnt werden kann. Auch wenn es durchaus sinnvoll sein mag, in der Alltagskommunikation auf teilnahmegebundene Routinen zurückzugreifen, in denen wir geübt sind, öffnen sich mit dem interaktionistisch-konstruktivistischen Blick auf die Kommunikation Möglichkeiten aktiver und bewusster (Neu)Rahmung kommunikativen Handelns: So wird im Wechsel von Selbst- und Fremdbeobachtung der bewusste Statuswechsel in den aktiven Wahrnehmungszustand „kreativer Aufmerksamkeit" (Waldenfels 2006, 117) immer schon vollzogen, was den Fokus der (Hör-

)Aufmerksamkeit zu flexibilisieren hilft. Hat der Akteur erst die Fähigkeit entwickelt, die Wahrnehmungsaufmerksamkeit flexibel einzustellen, kann er das äußere Hören mit dem inneren Hören leichter verbinden und „doppelte" Wahrnehmungsaufmerksamkeit (Selbst- und Fremdbewusstsein) und damit „Wahrnehmungskompetenz" entwickeln. Auf diese Weise können feine, aber wichtige Facetten und Unterschiede erfasst, „Leerstellen" der Kommunikation wahrgenommen, Hörszenen in ein „anderes Licht" gesetzt, werden. Dies erhöht die Chance auf eine konstruktive Resonanz der Aufmerksamkeitsfelder der Akteure, welche das kommunikative Handeln der Akteure in einem, wie Bateson (1987) formuliert, Muster, das verbindet, auch hörästhetisch zu „synchronisieren" vermag. Es sind solche „imaginär aufgeladenen Räume", die Booth (2012, 192) beschreibt: „Zu wissen, dass andere fair zuhören und antworten, ist wichtig, wenn Probleme ausgesprochen und gelöst werden sollen [...]: Menschen sprechen frei und sagen, was sie denken, wenn sie sich darauf verlassen können, dass andere sich im Gespräch respektvoll verhalten und nicht auf eigene Vorteile aus sind". Schlippe et al. (2013, 84) thematisieren die dynamischen Kräfte imaginärer Färbungen der Kommunikation: „Das Verhalten und das Erleben von Menschen wird oft weniger davon bestimmt, was sie wollen, was sie denken, oder was sie möchten, sondern viel öfter davon, was sie vermuten, was andere von ihnen wünschen", ein Phänomen, das fachwissenschaftlich als „Erwartungserwartung" bezeichnet wird.

Dies zeigt, dass kommunikative Sequenzen nicht im „Außen" der Lebenswelt verbleiben, sondern in den Aufmerksamkeitsräumen der Vorstellung nachklingen. Dort werden sie weitergesponnen oder miteinander verknüpft, wodurch sich lineares Zeitgeschehen in einer räumlichen Dimension „auflöst". Was wir „heraushören", wie viel inneren „Nachklang" eines Gesprächs wir zulassen, welchen Raum wir einer erinnerten oder bevorstehenden, rein imaginierten Unterhaltung geben, gestaltet nicht nur die Aufmerksamkeitsräume der Kommunikation, sondern färbt diese zugleich auch ästhetisch ein. Damit zeigt sich die Kraft des Imaginären als gestaltende Kraft und zentrale Größe in der Kommunikation, die immer auch ästhetische Implikationen hat. Dies gilt für den Kontext vokaler wie nonvokaler Kommunikation gleichermaßen: Ob es sich um eine Konzertsituation, um spezifische Zuhörarrangements im Klassenzimmer, in Konferenzen oder Vorträgen handelt, was die große Bankbreite denkbarer Gesprächssituationen und „kommunikativer Szenarien" hier nur andeuten kann: Möglichkeiten, eine Hörszene durch die Lenkung der Höraufmerksamkeit gezielt zu rahmen, sind wohl ebenso vielfältig, wie Intentionen und Bedürfnisse der beteiligen Akteure. Dabei erscheinen sowohl äußere als auch innere Rahmung gleichermaßen wichtig, wird doch eine Hörszene nicht nur durch die subjektive Gestimmtheit, sondern auch durch das Zusammenspiel äußerer Faktoren maßgeblich beeinflusst. Wie stark aufmerksamkeitssteuernde „Rahmung" immer auch ästhetisch wirkt und so die kommunikative Atmosphäre bestimmt, wird zunehmend auch im Bereich der Unternehmenskommunikation „entdeckt" und thematisiert:

> „Unternehmenskommunikation kann als ästhetische Arbeit nach dem Philosophen Gernot Böhme (1995, S. 36) definiert werden, der einen zeitgemäßen ästhetischen Ansatz benutzt, der über die Welt der Kunst hinaus das soziale und wirtschaftliche Leben erfasst: Ästhetische Arbeit besteht darin, Atmosphären zu erschaffen, Dingen, Umgebungen oder auch den Menschen selbst Eigenschaften zu geben, die von ihnen etwas ausgehen lassen, das nicht rational erkannt wird, sondern spürbar ist und ästhetisch wahrgenommen wird" (Biehl-Missal 2014, 846).

Letztlich entscheiden die „Attraktoren des Zuhörsettings", entscheidet die Art und Weise, wie Hörereignisse präsentiert, welche (inneren und äußeren) Rahmenbedingungen geschaffen werden, wie die Höraufmerksamkeit gelenkt, maßgeblich darüber, wie die Verständigung gebahnt wird und ob sie gelingen kann.

Eine responsive *und* reflexive Wahrnehmung dieser Impulse und Attraktoren führt zum Gewahrsein nicht nur des äußeren, sondern auch des inneren Erlebens. Daher kann die Übung in Wahrnehmungsflexibilität und Wahrnehmungsreflexivität nicht nur von limitierenden Gewohnheiten befreien, sondern auch die personale Authentizität und Souveränität stärken. Dies ermöglicht Ambiguitätstoleranz, schafft günstige Voraussetzungen auch für Konfliktfähigkeit und verhilft zu einem „Mehr" an persönlicher Integrität (vgl. dazu auch Meier 2015, 326). Eine solche Wahrnehmungsaufmerksamkeit – Bohm (2008) spricht von „schwebender Aufmerksamkeit" Fiehler (2002) von „Monitoring" – sensibilisiert nicht nur für die Störungsmomente der Kommunikation. Sie unterstützt den Akteur, herausfordernde Kommunikationsprozesse souverän handhaben, funktional steuern und so auch die ästhetische Dimension der Kommunikation bewusst gestalten zu können. Denn nehmen wir Wahrnehmungsaufmerksamkeit nicht bloß als dynamische, sondern (in Folge dessen) auch als ästhetisierende Kraft wahr, basiert „Zuhörkompetenz" nicht allein auf der Maximierung der (Hör-)Aufmerksamkeit. Zuhörkompetenz erfordert insbesondere eine flexibel-reflexive Handhabung dieser spezifischen Kraft, was ihr Gewahrsein zur Voraussetzung hat. Erst in diesem Zusammenspiel kann sich Wahrnehmungskompetenz, eine Kompetenz, welche die Fähigkeit bewusster Rahmung kommunikativer Szenen impliziert, dann bilden.

Damit erscheint nun ein zentraler Faktor „kompetenten" Hörhandelns, der das Verständnis „guten" Zuhörens zu erweitern vermag: Dem Anderen „gut" zuhören zu können heißt nicht allein, sich auf das Gehörte konzentrieren, die (Hör-)Aufmerksamkeit in Hinblick auf ein deckungsgleiches Verständnis maximal bündeln und fokussieren zu können. Gut Zuhören bedeutet, sich der zahlreichen Impulse der imaginären Dimension der Kommunikation bewusst zu werden und sie als einflussreiche Größe der Kommunikation wahrzunehmen. Dies erweitert Idee von Kommunikation als konsensuelle Verständigung, indem es auf die Bedeutung konstruktiver Resonanz in der Kommunikation verweist, was uns Verständigung dann eher prozess- und weniger ergebnisorientiert denken lässt.

5.4.1.3. Konstruktiv zuhören

Ist Differenz Ausgangspunkt – und nicht Ausnahme – von Kommunikation, beginnt das Verstehen stets mit dem Nichtverstehen, wie Roth (2002, 435 f.) pointiert formuliert. Korte (2003, 144) sieht Differenz gar als konstitutiv für Übereinstimmung an, „ohne dass es [...] je eine vollkommene Übereinstimmung geben kann". Dies bedeutet, dass Differenz, die sich schon durch die Sprache selbst vermittelt, die Interaktion zusätzlich vor eine große Herausforderung stellt. Um ihr begegnen zu können, braucht es ein kommunikatives Instrumentarium, für das allein rekonstruktives Zuhören – obschon wichtiges und kraftvolles „Tool" kommunikativen Handelns – nicht immer ausreichend sein kann. Denn um individuelle Konstruktionen „verstehen", implizite Hintergrundannahmen aufspüren, um Ungehörtes, Unerhörtes oder Überhörtes hörbar werden zu lassen und Inkohärenzen erkunden zu können, bedarf es der Qualität eines Hörhandelns, das nicht nur nachvollzieht, sondern entdeckt, aufdeckt und verstört. Erst so kann ein gewisser „Zauber der Differenz" überhaupt entdeckt, können Erwartungen und Gewohnheiten verändert, kann kommunikativer Raum „aufgeschlossen" und „Differenzbewusstsein" entwickelt werden. Oftmals ist es die gezielte Unterbrechung routinemäßigen Handelns, die neue Dynamiken einleiten, den limitierenden „Faktor Gewohnheit" unterbrechen und so Impulse setzen kann, die verengende Denkgewohnheiten und damit auch den Verlauf der Kommunikation verändern kann. Mit solcher Musterunterbrechung können Unterschiede leichter erfasst, kann Verständnis interaktiv erweitert werden. Welche spezifische Form des Hörhandelns dafür gewählt wird, ist abhängig von kontextuellen Faktoren und Strukturen, so etwa das Eingebundensein in spezifische Rollen, Teilnahmen und personale Faktoren. Auch spielt das kommunikative Handlungsrepertoire eine nicht unerhebliche Rolle. Wie umfangreich und vielseitig ist es? Auf welche

„Hörhandlungsoptionen" kann ein Akteur zurückgreifen? Wie leicht gelingt es ihm, Routinen zu unterbrechen, ein „Mehr Desselben" zu verhindern und neuen Handlungsraum zu schaffen? Wie flexibel und variabel vermag der Akteur kommunikative Herausforderungen mit seinen Hörweisen zu handhaben? Ist er fähig, sein Hörverständnis zu reflektieren, kommunikative Strategien zu überprüfen, um sie verändern zu können? Letztlich kann jede überraschende und kreative Form der Unterbrechung dazu beitragen, kommunikative Dynamiken zu verändern, dies können durchaus auch Momente des Schweigens sein. Möglichkeiten, kommunikatives Handeln funktional zu „verstören" und gezielt andere Impulse zu setzen, sind so zahlreich wie die kommunikativen Strategien, über die ein Akteur verfügt. Auch wenn hier dem dekonstruktiven Hörhandeln wohl ein besonderer Stellenwert zukommen mag, ist es letztlich das variable Zusammenspiel re-, de-, konstruktiver Strategien, durch die ein Dialog entstehen kann, in dem individuelle Positionierungen sichtbar, Differenz fassbar und Dissens handhabbar(er) wird. Wie Thürmer-Rohr (2006, 274) bemerkt, braucht „[e]in Dialog [...] aber Menschen, die den Mut haben, sich zu positionieren, statt nichts oder jedenfalls nicht greifbar zu sein". So beweist sich die vielzitierte „Offenheit" in der Kommunikation am Grad flexibel einsetzbaren re-, de- und konstruktiven Hörhandelns. Doch entscheidet nicht das „richtige" Vorgehen über Gelingen oder Misslingen, über Enge oder Weite der Kommunikation. Vielmehr ist es die Fähigkeit beweglichen Hörhandelns, die kommunikativen Raum schaffen bzw. öffnen kann.

Damit zeigt sich, dass konstruktives Hörhandeln der Kraft der Kreativität entspringt, erst sie vermag genuin aktives Hörhandeln auch in konstruktives Hörhandeln zu verwandeln. Solches Hörhandeln ist, wie Zender (2011, 86) formuliert, ein „Sprung ins Unbekannte". Da es abhängig ist von situativen und personellen Aspekten, kann es keinem schematischen Ablauf folgen. Vielmehr fordert es die aktive Auseinandersetzung mit den eigenen Strukturen, dem individuellen So-geworden-sein und geht damit weit über mechanistisch-strategisches Agieren hinaus. Letztlich können „Kreativität und Produktivität [...] ohne die Kritik des Habitualisierten keine Substanz gewinnen", wie Lehmann-Rommel (2003, 34) recht pointiert formuliert. Daher kann es in Abhängigkeit unserer Hörintention und der Wirklichkeit, die wir erschaffen wollen, kontextuell bloß ein mehr oder weniger *hilfreiches* („funktionales"), jedoch kein absolut *richtiges* Hörhandeln geben. Grundsätzlich, – dies mag hier deutlich geworden sein – wohnt dem Zuhören das Potenzial inne, machtvolle Intervention bezüglich der „Inszenierung" sowohl individueller als auch kollektiver Wirklichkeiten zu sein.

Was das Repertoire konstruktiven Hörhandelns angeht, braucht allerdings nichts neu „erfunden" zu werden. So bietet (u. a.) das breite Inventar systemischer Beratung (vgl. u. a. Schlippe/Schweitzer 2007; 2010) ein großes Repertoire konstruktiver Interventionen, die sich als Manual gerade auch (de-)konstruktiven Hörhandelns anbieten, welche die oftmals begrenzte individuelle kommunikative Expertise hilfreich erweitern kann. Dabei scheint die Herausforderung weniger in einer anzustrebenden Vollständigkeit oder gar „Richtigkeit" zu liegen, sondern vielmehr darin, solche Praktiken, die zur Unterbrechung der eigenen kommunikativen Gewohnheiten führen, kreativ einzusetzen und zu nutzen. Dies hilft, Differenz nicht nur wahrzunehmen, auszuhalten, um sie systematisch erkunden, reflektieren, d. h. Entwicklung und Erweiterung ermöglichen zu können (vgl. weiterführend dazu Meier 2015, 324 f.)

5.4.1.4. Hören und Fragen: Die Frage – Sprachrohr des Zuhörens

So sehr der hier eingeführte Aspekt der Hörverantwortung auf die Bedeutung der Kategorie der Antwort für das Zuhören verweist, so sehr ist auch die Kategorie der Frage ein entscheidender Faktor im Zuhörgeschehen. Ist doch das Entstehen fragender Denkfiguren in der Begegnung mit dem Anderen genuin angelegt: „It is not until a person comes across the differences of another's point of view that she can recognize her own prejudices and question them", wie Garrison (1996, 434 f.) hervorhebt. Ähnlich beschreibt dies die Erziehungswissenschaftlerin und Professorin an der Northwestern University (USA) Sophie Haroutunian-Gordon, die sich vertiefend mit der Bedeutung der Frage im Zuhörprozess auseinandergesetzt hat. Sie fromuliert:

> „[T]he possibility of understandig some object or situation arises when that object or situation adresses us -draws our attention. [...]. It's truth is placed in question. Suspending prejudices or beliefs has, „logically speaking" the structure of a question because by definition, „suspending prejudice" means questioning whether the belief should be acceptetd as true or not" (Haroutunian-Gordon, 2007, 150).

Zuhören kann als steter Prozess der Konfrontation verstanden werden, der das Eigene in Frage zu stellen und damit Fragen aufzuwerfen vermag. Solche „Kränkungsdynamik" (vgl. Reich 2009a) ist wahrnehmbar im Differenzerleben der Hörirritation, die ein „Hören nach innen" (Selbstbeobachtung), d. h. eine geschärfte Wahrnehmungsaufmerksamkeit erfordert. Es ist der kommunikative Impuls der Frage, der Verständigungsprozesse bahnen und Zuhörbereitschaft signalisieren kann. Dewey regt daher für Prozesse der Verständigung das „intelligent" oder auch „shared inquiry" (vgl. Garrison 1996, 444 f.) an.

Mit einer Frage kann eine Unterbrechung begrenzender Muster initiiert, können (neue) Denkprozesse angeregt werden. Auch Gadamer verweist auf die Bedeutung der Frage für Prozesse des Verstehens: „All suspensions of judgments and hence [...] of prejdudices, has the logical structure of a question. The essence of the question is to open up possibilities and keep them open" (Gadamer, zitiert nach Garrison 1996, 435). Garrison betont vor allem das Moment der Unterbrechung unreflektierter Gewohnheiten, die durch eine Frage eingeleitet werden kann:

> „Intelligent inquiry begins in the openness of disrupted habitual functioning. [...] The background system of habits, of operative meanings, of our selves, provides the interpretive fore-structure necessary to inquiry. Indeed, consciousness only occurs when our habitual background of our habits is disrupted, or the environment to which our habits coordinate themselves changes" (Garrison 1996, 444).

Aber auch Kräfte des Scheiterns vermögen ein fragendes Spannungsfeld zu erzeugen, worauf auch Garrison verweist: „It is the tension generated by the failure to understand something or somebody that institutes inquiry into the constitution of historically effected consciousness" (ebd., 435).[246] Doch ob das Motiv der Frage aus dem Erlebnis des Scheiterns, aus dem Wunsch nach Verständigung oder dem nach Erkenntnis entsteht: eine Frage bietet kommunikativ zweifellos eine ganze Reihe von Vorzügen, die Zuhörprozesse unterstützen oder einleiten können:

Fragen können

- kommunikative Beweglichkeit schaffen: Das Stellen einer Frage kann die Akteure wirkungsvoll herauslösen aus der Dynamik der Ein-seitigkeiten und sie in Kontakt bringen mit Multiperspektivität. Mit dem Hinterfragen der eigenen Sichtweise kann solche Beweglichkeit gebahnt werden. Dies kann nicht nur neue „kommunikative Spielräume" erzeugen, sondern

---

[246] Haroutunian-Gordon führt dazu aus: „[T]he possibility of understandig some object or situation arises when that object or situation adresses us – draws our attention. [...] it's truth is placed in question. Suspending prejudices or beliefs has, ‚logically speaking' the structure of a question because by definition, ‚suspending prejudice' means questioning whether the belief should be acceptetd as true or not" (ebd., 2007, 150).

den Diskurs auch auf eine andere und entspanntere Ebene der Kommunikation heben. Es ist solche flexible Beweglichkeit zwischen dem Eigenen und dem Fremden, die zur Basis konstruktiver Verständigung wird.

- Möglichkeitsräume öffnen: Fragende Denkfiguren können – durchaus spielerisch – kommunikativen Raum öffnen und damit die Möglichkeit ins Spiel bringen, die (oft unerkannt) neben der Ausschließlichkeit des Entweder-Oder existiert.[247]

- Unterschiede verdeutlichen: Eine Frage zielt auf Unterschiede, kann komplexe Sachverhalte differenzieren. Dies kann die Aufmerksamkeit der Akteure gezielt lenken und die Kommunikation auf eine lösungsorientiert(er)e Ebene heben.

- eine Suchbewegung anstoßen: Als Fragende sind wir Suchende und nicht Wissende, was der interaktiven Dynamik zuträglich ist. Suchende Dynamik kann Ausschließlichkeitsansprüche (universalistische Behauptungen) entschärfen, die anderen Sichtweisen ihre Existenzberechtigung absprechen.

- Interesse am Anderen ausdrücken: Ihre transformative Kraft besteht nicht zuletzt auch darin, dass sie den Blick und die Aufmerksamkeit weg vom Eigenen hin auf die Perspektive des Anderen lenkt und damit Interesse am Anderen signalisiert. Dies kann metakommunikativ Würdigung und Wertschätzung vermitteln und auch das Gesprächsklima günstig beeinflussen.

- die Kommunikation dialogisch ausrichten: Indem Fragen den Anderen gezielt in die Denkbewegung einbinden, entfalten sich vor allem dialogische Qualitäten der Kommunikation.

- eine Unterbrechung setzen: Das Stellen von Fragen kann die Kommunikation nicht nur verlangsamen, sondern mit diesem Impuls eine Unterbrechung schaffen, die dazu beiträgt, verengte oder verdichtete kommunikative Prozesse zu entzerren.

---

[247] Interessant (und überdies erfreulich) erscheint mir in diesem Zusammenhang, dass das Wort „alternativlos" zum „Unwort des Jahres 2010" erklärt wurde.

Diese (sicherlich unvollständige) Aufzählung zeigt: Mit einem systematischen „inquiry" (Dewey) können gewohnte kommunikative Muster aufgebrochen und die Kommunikation von der Enge des Behauptens (des Entweder-Oder) in die Weite des Möglichen (des Sowohl-als-auch) dynamisch verschoben werden. Dies kann kommunikative Prozesse öffnen und Dissens entschärfen, was wiederum Prozesse der Verständigung befördert. Daher wundert es nicht, dass die Frage in dialogischen Kommunikationsmodellen (vgl. Bohm 2008; Hartkemeyer 2005) eine zentrale Stellung einnimmt.[248] Auch im Kontext von Beratung, Therapie und professioneller Gesprächsführung ist sie zentrales Werkzeug dynamischer Veränderung (vgl. u. a. Tomm 1996). So sind öffnende, fragend-reflexiv angelegte Hörweisen besonderes geeignet, ein günstiges hermeneutisches Spannungsfeld aufzubauen, das den Akteur im Kontext seiner Verständigungen unterstützt, das kommunikative Geschehen auf eine Ebene der Verständigung zu heben, die (neue) Spielräume kommunikativen Handelns schaffen und den kommunikativen *Raum* erweitern kann. Grundsätzlich signalisiert ein „fragendes Zuhören" auf der Metaebene Zuhörbereitschaft und kann schon allein deshalb öffnend auf den Verständigungsprozess ein- und zurückwirken. Damit kann festgestellt werden, dass die drei weiter oben formulierten Prinzipien kompetenten Hörhandelns sich gerade auch als fragende Figur vermitteln, indem sie

- *(Such)prozesse auslösen, Dynamiken verändern* und so zur hilfreichen Unterbrechung der Kommunikation werden. Dabei können sie eine große *kreative Kraft* entfalten, was sie zu einem zentralen Instrument für die Erkundung von Inkohärenz werden lässt;

---

[248] Bedeutsame Elemente des Dialogs, wie „die Verlangsamung", „das Suspendieren" bzw. „das In-der-Schwebe-halten" von Meinungen, „die Erkundung" beruhen auf einer zuhörorientierten fragenden Grundhaltung. Auch die Methode des „Appreciative Inquiry" sowie das Kommunikationsmodell Schulz von Thuns beruhen auf der „transformativen" Kraft der Frage. Denn das variable Zuhören auf den „vier Ohren", das die Dynamik in der Kommunikation situativ verändern kann, entspringt einer konkreten Fragestellung, die im Hörhandeln erst den nötigen Raum findet. Und auch in therapeutischen Schulen hat die Frage einen herausragenden Stellenwert. Insbesondere die systemische Therapie hat ein breites Fragemanual entwickelt. Hier gilt die Frage geradewegs als (beispielsweise lösungsorientierte, ressourcenorientierte oder auch sogenannte „paradoxe") *Intervention*, die neue Denkweisen evozieren, feste Strukturen „verflüssigen", neue Handlungen anregen kann (vgl. Simon/Rech-Simon 1999; Schlippe/Schweitzer 2009).

- *die Wahrnehmungsaufmerksamkeit* flexibilisieren, d. h. Aufmerksamkeitsprozesse flexibel-reflexiv lenken und so die Kommunikation neu rahmen. Da Fragen Interesse an der Wahrnehmung und Meinung des Anderen signalisieren und dialogische Prozesse initiieren können, können sie damit eine *Brücke* zwischen den Aufmerksamkeitsfeldern der Akteure bauen und diese zu einem gemeinsamen *Aufmerksamkeitsfeld konstruktiver Resonanz verbinden*;

- eine neue *metakommunikative Ebene* eröffnen, damit gänzlich neue Hör- und Sprechzirkel schaffen und so auch *neue Interpunktionen* setzen.

Die interaktionistisch-konstruktivistische Perspektive auf das Zuhörgeschehen verdeutlicht, dass dem Zuhören eine „Kränkungsdynamik" (Reich) innewohnt, die unweigerlich in den Fragemodus des „inquiry" (Dewey) hineinführt. Zuhören ist ohne eine fragende Grundhaltung daher kaum vorstellbar. Indem sich die Frage damit in den Dienst des Zuhörens stellt, erscheint sie nicht nur als „Sprachrohr" des Zuhörens, sondern wird gleichzeitig auch zum Gradmesser kompetenten Hörhandelns.

Die Überlegungen in diesem Kapitel bestätigen, dass Reflexionsprozesse auf der Metaebene des Zuhörprozesses nicht folgenlos sind. Vielmehr löst der Moment intersubjektiver Resonanz Dynamiken aus, die in zwei Richtungen zugleich verlaufen. So lässt sich neben der Reflexionsebene des Zuhörens nun auch eine Handlungsebene der Kommunikation ausmachen, die den (Meta-)Reflexionen nun auch *konkrete Handlungsstrategien* des Zuhörens hinzufügen.

5.4.2. Vom Hören zum Zuhören: Kompetenzen, Qualitäten, Potenziale

Bis hierher zeigt sich das Zu/Hören als ein im weitesten Sinne multifaktorielles Geschehen, das von sehr unterschiedlichen Kräften bewegt, beeinflusst und gestaltet wird. Schon in Kapitel 1 zeigte sich, dass das Zu/Hören als auditives Wahrnehmen allein nicht fassbar ist, sondern dass auch Aspekte des Handelns und des Teilnehmens das Zuhörgeschehen dynamisch gestalten und regulieren. Im Zusammenspiel der drei bedeutungstragenden Ebenen Aufmerksamkeit, Interaktion und Kontext formt sich so die Gestalt des Zuhörens stetig wechselnd neu aus. Weiter konnte herausgearbeitet werden, dass das Hören neben dem zeitlichen Verlauf auch raumformende Kraft besitzt: Die aktiven, performativen und zirkulären Kräfte des Hörhandelns „erschaffen" mit jeder

Hörszene zugleich intersubjektiv wahrnehmbare, sich stetig wandelnde (Hör-) Räume der Kommunikation.

Ein solches Verständnis von Kommunikation erweitert bisherige kybernetische, systemische und auch psychologische Modelle der Kommunikation in verschiedenen Aspekten: Indem das informationstheoretisch basierte Encoder-/Decoder-Modell von Shannon und Weaver (1963) Kommunikation noch den Aspekt der *Übertragung* von Information in den Mittelpunkt seiner Überlegungen stellt, begrenzt es das Zuhören auf reine Encodierungsvorgänge. Demgegenüber thematisiert das Organon-Modell der Bühlerschen Sprechakttheorie (1965) mit dem Blick auf die drei funktionalen Ebenen (Ausdruck, Darstellung, Appell), die ein Sprechakt anbietet und die getrennt voneinander erfasst, „herausgehört" und zugeordnet werden können, schon implizit konstruktive Kräfte, die sich in der Kommunikation entfalten, auch wenn Bühler mit dem Begriff des „Organons" Sprache als Werkzeug und damit letztlich noch als „Transportmittel" versteht. Doch zeigt sich, dass schon Bühlers Modell Vorstellungen von einer genuinen Konstruktivität des Zuhörgeschehens, die sich „im Ohr" des Zuhörers vollzieht, inhärent sind.

Während Bühler damit erstmals, wenn auch implizit, die konstruktiven Kräfte der Kommunikation thematisiert, identifiziert die systemtheoretisch fundierte Kommunikationstheorie Watzlawicks et al. (1981) – indem sie vor allem die Zirkularität menschlicher Handlungen hervorhebt und den großen Einfluss der Beziehungsebene auf die Kommunikation verdeutlicht – eine maßgebliche weitere, die Kommunikation beeinflussende Größe. Doch geht ihr Modell (und die an sie anschließenden Modelle) noch von einem direkten Zugang zum Anderen aus. Demgegenüber lösen nun die Kommunikationsmodelle Meads und Lacans (vgl. Mead 1973; Reich 2010; 2009a) die Idee von Kommunikation als direkten Übertragungsprozess ab. Lacan thematisiert mit dem Beobachtungsregister des „Imaginären" die dynamisierenden Kräfte in der Kommunikation die jenseits der symbolischen Ebene wirken. Beide Modelle legen damit den Grundstein, Kommunikation nicht nur als Übertragungsprozess, sondern auch als Orientierungsprozess zu verstehen.

Doch finden sich in diesen Überlegungen auch distinktive Merkmale, die Hören vom Zuhören unterscheiden können? Sowohl Hören, als auch Zuhören erschienen in Kapitel 2 als genuin aktive Handlungen. Bedenken wir, dass wir – in Anlehnung an das Watzlawicksche Axiom – zwar nicht nicht hören, durchaus aber nicht zuhören können, zeigt dies, dass beide Aktivitäten klar voneinander unterscheidbar sein müssten. Doch wann und wodurch wird das Hören zum Zuhören? Die bisherigen Überlegungen verweisen darauf, dass hier drei Momente der Kommunikation entscheidend zu sein scheinen:

(1) Das responsive Moment des Zuhörens bringt uns in unmittelbaren Kontakt mit dem Anderen. Zugleich spannt es eine Ebene der Kommunikation auf, die nur begrenzt symbolisch gegründet ist.[249] Damit geraten wir in das Resonanzfeld zirkulärer Dynamiken und werden empfänglich für seine vielfältigen (responsiven) Impulse. Doch nur wer sich angesprochen fühlt, d. h., wer glaubt, *gemeint* zu sein, wird in dieses Resonanzfeld einbezogen und ist offen für dessen Impulse. Dann hört er nicht bloß, sondern hört auch *zu*. Erst dann kann er „verstehen".

(2) Solche Resonanz ist mit einem inneren Aufmerken, mit einer Veränderung der Wahrnehmungsaufmerksamkeit verbunden. Dies öffnet einen Zugang auch zum ästhetischen Erleben der Kommunikation. Im Innehalten dieses Moments zeigen sich Regulative und Indikatoren, die das kommunikative Geschehen nicht nur reflektier-, sondern auch kommunizierbar und damit beweglich machen.

(3) Zuhören heißt *unterscheiden*: Der spezifische Wahrnehmungsmodus des Zuhörens führt zu einem kontinuierlichen Prozess der Unterschiedsbildung, einem Geschehen, das wir gemeinhin als „Verständigung" fassen. Dieser Prozess wird ausgelöst durch das Erleben der Differenz des Anderen und Unbekannten, was jede Kommunikation in ein grundsätzliches Spannungsfeld einbindet.

Aus interaktionistisch-konstruktivistischer Perspektive zeigt sich das Zuhören als spezifischer Modus auditiver Wahrnehmung, der auf responsiven Dynamiken (intersubjektiver Resonanz) gründet und so ein unspezifisches (jedoch stets aktives) Hören unwillkürlich in ein bezogenes Zuhören zu „verwandeln" vermag. Mit dem Übergang vom Hören zum Zuhören verweben sich vordergründig linear erscheinende Abläufe in die zirkuläre Wechselseitigkeit kommunikativen Geschehens. Die zahlreichen Impulse, die sich im responsiven Erleben vermitteln sind hilfreiche Indikatoren mit Verweischarakter: Sie geben Hinweise, wie das Hörverständnis, hilfreich kommuniziert, tiefer erkundet und die Kommunikation konstruktiv gerahmt werden kann. Damit werden sie zu Regulativen, die unspezifischen Hörraum gestalt- und veränderbar machen

---

[249] Solche Resonanz ist, da sie multisensorisch gewebt ist, immer auch visuell gekoppelt. Bedingt durch die Sprachlichkeit des Menschen bedarf es jedoch gerade der auditiven Wahrnehmung, um diese Prozesse auch symbolisch verfügbar machen zu können.

kann. Zuhören wird so zu einem kompetenten Handeln, Zuhörkompetenz zu einem reflexiven Prozess. Mit der Entwicklung von „Differenzbewusstsein", mit der Übernahme von „Hörverantwortung", mit dem Herstellen konstruktiver Resonanz können nicht nur Potenziale kommunikativen Handelns (Kreativität, ästhetisches Erleben, Partizipation) erschlossen werden, so entstehen auch spezifische Qualitäten der Kommunikation.

Als genuin interaktive Dynamik kann Zuhören jedoch nur bedingt instruktiv erzwungen werden. Viel spricht hingegen dafür, dass instruktives Einwirken solche dynamischen Prozesse – im Gegenteil – stört. Deutlich wird, dass der kommunikative Modus des Zuhörens nicht nur ganz eigene kreative Kräfte birgt, sondern dass er auch eine spezifische Tiefendimension kommunikativen Handelns aufzuschließen vermag.

Dies kann nun abschließend auch den schillernden Begriff der Zuhörkompetenz schärfen. Dieses multifaktorielle Geschehen wird im folgenden Überblick dargestellt:

HÖREN: zirkulär, performativ, aktiv			**ZUHÖREN:** inter-aktiv, responsiv, konstruktiv			
			ZUHÖRKOMPETENZ: Bewusstes Gestalten des kommunikativen Raums			
Ebene u. Kraft	Thema u. Spannungsfelder	Dimension: Raum	Resonanz	Strategie	Qualität	Potenzial
Kontext: teilnehmen	Zugehörigkeit: Macht	Beziehungsraum	angesprochen-werden	Hören kommunizieren	Hörverantwortung	Partizipation
Aufmerksamkeit: wahrnehmen	Stimmung: Ästhetik	Aufmerksamkeitsraum	aufmerken	Hören rahmen	konstruktive Resonanz	ästhetisches Erleben
Interaktion: handeln	Muster: Differenz	Bewegungsraum	unterscheiden	Hören erkunden	Differenzbewusstsein	Kreativität

Abbildung 17: Kompetenzen, Qualitäten und Potenziale des Zu/Hörens

Diese tabellarische Darstellung knüpft an Überlegungen und Begrifflichkeiten aus Kapitel 4 an. Sie illustriert neben der Reflexions- nun auch die Handlungsebene des Zuhörens und verdeutlicht, dass kompetentes Hörhandeln sowohl reflexive als auch handlungsrelevante Anteile enthält, die erst in ihrer Verbindung unspezifisches Hörhandeln zu einem kompetenten Zuhören machen. Dies hebt nicht nur das dynamische Veränderungspotenzial intersubjektiver Resonanz hervor, sondern illustriert zugleich die gestaltende und raumbildende Kraft des Zuhörens. Die Darstellung will verdeutlichen: „Zuhörkompetenz" trägt nicht nur dazu bei, Verständnis zu erweitern und zu vertiefen, sondern sie zeigt auch, dass kompetentes Hörhandeln kommunikativen Raum öffnen, Qualitäten der Kommunikation evozieren und ganz eigene Potenziale zu erschließen vermag.

Abschließend werden die komplexen zirkulären und intersubjektiven Prozesse der Kommunikation mit ihren symbolischen und imaginären Anteilen, die im Moment der Intersubjektiven Resonanz das Hörverständnis dynamisch prägen, in einem, wie ich es hier nennen möchte, „Sender-Sender Modell der Kommunikation" dargestellt werden. Dieses Modell fasst die bisherigen Überlegungen zusammen und integriert die schon dargestellten und relevant erscheinende Positionen und Perspektiven aus Kommunikationstheorie, Sprachwissenschaft und Sozialpsychologie, aus Systemtheorie, und Psychoanalyse.

5.4.2.1. Das „Sender-Sender Modell": Resonanzmodell der Kommunikation

Dem unbeteiligten Beobachter präsentiert sich Kommunikation als scheinbar lineares Nacheinander singulärer Hör- und Sprechakte. Sobald wir jedoch als Teilnehmer in die dynamisierende Zirkularität der Kommunikation eintreten, wird deutlich, dass Hör- und Sprechakte nur aus der subjektiven Akteursperspektive als solche erkennbar sind. Ist doch der Hörakt des Einen zugleich der Sprechakt des Anderen. Indem so „Sender" und „Empfänger" nicht mehr eindeutig fassbar werden, gehen auch Ursache und Wirkung kommunikativen Handelns ineinander auf. Doch erschließen sich solche die Kommunikation dynamisierenden Aspekte erst, wenn wir die Performativität auch des Zuhörens anerkennen und nachvollziehen, dass Zuhören kein einseitig rezeptiv gerichtetes Geschehen ist, sondern dass ihm eine spezifische Handlungsmacht innewohnt. Zuhören bedeutet daher nicht nur „Empfangen", sondern immer auch „Senden". Dies bedeutet zugleich, dass kommunikative Prozesse nicht, wie bisher, als *Übertragungsprozesse,* sondern als genuine Konstruktionsprozesse zu verstehen sind. –Hinzu kommt die imaginäre Ebene der Kommunikation (vgl. Kap. 3.2.1.), die dieses dynamische Geschehen zu befeuern vermag. „Verstehen" ist daher nicht nur an einen mehrperspektivischen Nachvollzug gebunden, sondern muss auch die (imaginäre) Tiefenstruktur der Kommunikation, die durch die Spiegelungsdynamik unweigerlich entsteht, berücksichtigen. Aufgrund dieser mehrperspektivischen Verknüpfung sind Konstruktivität, Tiefenstruktur und Gleichzeitigkeit für kommunikatives Handelns konstitutiv.

Spätestens hier zeigt sich nun, dass Kommunikation mit der linear-kausalen Logik des Nacheinanders von „Ursache" und „Wirkung", von „Senden" und „Empfangen" nicht hinreichend erfasst werden kann. An ihre Stelle tritt vielmehr eine „zirkuläre Logik", deren alleiniger Referenzpunkt der Beobachterstandpunkt des jeweiligen Akteurs ist. Wird das dynamische Geschehen der Kommunikation daher in den Kontext einer konstruktivistischen Beobachtertheorie gestellt, zeigt sich, dass das klassische „Sender-Empfänger Modell" nicht weiter aufrechterhalten werden kann. Die konstruktivistische Perspektive leitet vielmehr einen Paradigmenwechsel der Kommunikation ein, bei dem das Paradigma des *Nacheinanders* durch das Paradigma der *Gleichzeitigkeit* kommunikativen Handelns ersetzt wird. Die im Wechselspiel kommunikativen Handelns entstehenden heterotopen Hör- und Zeiträume (vgl. Kap. 4.2.) verdeutlichen Kommunikation zudem nicht nur als zeitliches, sondern auch als räumliches Geschehen, das unverbunden erscheinende Zeiten und Orte miteinander zu verbinden und so lineares Zeitgeschehen aufzuheben vermag. Die zirkuläre Logik der Kommunikation lässt uns – in Anbindung daran – eher von einem „Sender-Sender Modell" sprechen, was für das Verständnis kommunikativer Prozesse ebenso weitreichend wie entscheidend ist.

Das nachfolgende Modell beleuchtet Kommunikation im Moment *intersubjektiver Resonanz* aus der Perspektive des Zuhörens. Es beschreibt das Zuhören als genuin „inter-aktives" Handeln, das ausdrücklich die ganze Breite und Vielfalt akustischer Kommunikation umfasst. Das Modell integriert zentrale Aspekte und Begriffe bisheriger Kommunikationstheorien und -modelle. Es zeichnet Kommunikation vor allem als Resonanzgeschehen, dem ein „dynamisches Grundmotiv der Begegnung" zugrunde liegt. Es entspringt der „triadischen Grundrelation" (vgl. Kap. 3.2.1.) der Kommunikation, wie die folgende Abbildung verdeutlichen soll:

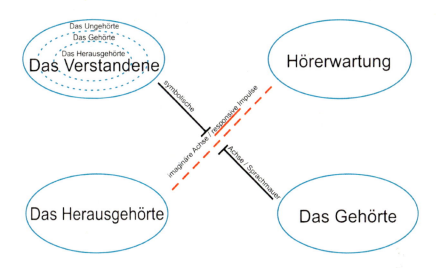

Abbildung 18: Das „Sender-Sender Modell": Resonanzmodell der Kommunikation

Die zentralen Begrifflichkeiten dieses Modells (das „Gehörte", das „Verstandene", das „Herausgehörte", das „Ungehörte" (das auch das „Über-" und „Unerhörte" hier miteinschließt) sowie die „Hörerwartung") knüpfen an die Überlegungen aus Kapitel 4 an. Um das Zuhören nicht nur als konstruktives, sondern um es auch als grundlegend zirkuläres Geschehen abbilden zu können, wird das dynamische Modell Reichs (2010, 86; vgl. Kap. 3.2.1.) für das Zuhören fruchtbar gemacht, da es nicht nur Rückbezüglichkeit, sondern auch Vielschichtigkeit von Kommunikation mit seinen symbolischen und imaginären Anteilen differenziert veranschaulicht. So wird dargestellt, dass weder das *Verstandene*, noch das *Gehörte* monolithische Entitäten sind, sondern Produkte wechselseitiger Spiegelungen und Imaginationen, die im Moment der Begegnung entstehen. Da mit Lacan angenommen wird, dass die Akteure durch eine „Sprachmauer" voneinander getrennt sind (vgl. Kap. 3.2.2.), kann „Verstehen" über den symbolischen Austausch nur bedingt geschärft werden. Entscheidender „Spielball" der Kommunikation ist das *Imaginäre*, das sich im Moment *intersubjektiver Resonanz* als (auch „hörästhetisch" erfahrbares) Spannungsfeld entlang der *imaginären Achse* zirkulär vermittelt. Hier vollziehen sich dynamische Spiegelungsprozesse, hier entstehen wechselhafte und zum Teil recht lebhafte „innere" Bilder. Dieses Spannungsfeld wird genährt durch das Differente, Irritierende oder auch Faszinierende. Es macht durch *responsive Impulse* (vgl. Kap. 4.3.1.2.) auf sich aufmerksam, die sich im Moment *intersubjektiver Resonanz* zu großer Komplexität verdichten können. Solche Impulse sind „Metainformationen". Als „Indikatoren des Verstehens" verweisen sie auf die Tiefenstruktur der Kommunikation, die sich hinter dem Wahrnehmungsfilter verbirgt, ein Bereich, der in Kap. 4.3. als das *Ungehörte* gefasst wurde.

Das Modell veranschaulicht, wie stark der Verstehensprozess gerade auch von intentionalen Dynamiken, von wechselseitigen Projektionen und Introjektionen jenseits der Worte und Symbole beeinflusst wird. Sie erzeugen eine (zumeist unbewusste) *Hörerwartung*, die die kommunikative Szene stark dynamisieren kann. Im Moment der Begegnung entsteht so ein spezifisch *Herausgehörtes*, das damit den Kern des *Verstandenen* entscheidend färbt. Solche Imaginationen und Dynamiken speisen sich nicht unbedingt aus einer einzigen kommunikativen Sequenz allein, sondern sie gründen in der biografischen und soziokulturellen Genese eines (immer schon vielfach gespiegelten) Selbst, um im Moment kommunikativen Handelns konkret Gestalt anzunehmen. Damit weist gerade das *Herausgehörte* immer auch auf den Akteur selbst zurück. Zwar gilt, wie Roth formuliert, grundsätzlich: „Wer über Kommunikation spricht, spricht über den Anderen" (vgl. Roth 2002, 431), jedoch soll mit diesem Modell hier ergänzt und auch verdeutlicht werden: Wer über Kommunikation spricht, spricht immer auch von sich selbst.

Mag schon das *Verstandene* als „Substrat" dynamischer Filterprozesse gelten, hebt sich das *Herausgehörte* von diesem insofern ab, als sich in ihm die spezifischen Dynamiken einer Hörszene, gewissermaßen als „situative Momentaufnahme der Begegnung", manifestieren, von wo sie rekursiv-zirkulär in die Hör- und Sprechzirkel der Interaktion zurückwirken.

Imaginäre Dynamiken können äußerst machtvoll sein, da sie den Kern unserer Selbstidentität berühren. Schnell besteht die Gefahr, in einen „kommunikativen Strudel" zu geraten, der aufgrund biografischer Bahnungen durchaus auch unerfreuliche Dynamiken „triggern", reaktives Handeln begünstigen und zu Verstrickungen führen kann.[250] Setzen wir aufgrund der vielfältigen Spiegelungsvorgänge eine solche „soghafte Dynamik" dem kommunikativen Geschehen als grundgelegt voraus, wird deutlich, wie wichtig es ist, gezielt auch re-

---

[250] Ein solcher „kommunikativer Strudel" kann durchaus auch erfreuliche Verläufe bedingen, etwa in Phasen intensiver Verliebtheit. Dann zeigt sich, dass die „kommunikative Sogwirkung" durchaus auch einen spezifischen Reiz haben kann.

flexive und metakommunikative Momente kommunikativen Handelns zu initiieren. Hier bieten die responsiven Impulse eine Hilfestellung. Als „Indikatoren des Verstehens" helfen sie, „Hören lesen zu lernen". Sie öffnen eine Metaebene, die die Verständigung erweitern kann. Auf dieser Ebene ist es möglich, das Hören tiefer zu „erkunden", konstruktiv zu „rahmen" oder hilfreich zu „kommunizieren" (vgl. Kap. 4.4.1.), was die Reflexionsebene des Zuhörens um konkrete Handlungsaspekte erweitert.

Diese Untersuchung hat nun auch gezeigt, dass sich Rekonstruktion und Spiegelung nicht nur visuell, sondern auch auditiv vollziehen: Nicht nur der Blick, auch der Klang eines Wortes oder der Stimme kann bestätigen oder verwerfen. Nicht nur wie jemand schaut, auch die Art und Weise, wie jemand spricht, wirkt auf die Gestimmtheit des Hörers zurück. Wenn wir uns in den Augen anderer spiegeln, geschieht das daher nicht nur über „Blicke", sondern auch akustisch. So wird neben der visuellen auch die audible Ebene zu einem maßgeblichen Bedeutungsträger imaginärer Dynamik und hat damit auch einen großen Anteil am ästhetischen Erleben der Kommunikation.

Das *Resonanzmodell* veranschaulicht, wie die genuin konstruktive Seite des Zuhörens aktiv auf den Verstehensprozess ein- und zurückwirkt und das situative (Hör)Verständnis prägt. Das Verstandene wird damit zu einer Größe, die nur bedingt an den symbolischen Austausch gebunden ist. Es ist vielmehr ein dynamisches, sich stetig veränderndes, rein subjektives Konstrukt, das mit der zirkulären Verknüpfung kommunikativen Handelns sich formt und eine ganz eigene Tiefenstruktur aufweist.

5.4.2.2. Zusammenfassung der Ergebnisse

Anliegen dieser Arbeit ist es, sich dem „Phänomen Zu/Hören" in Form einer Grundlagenuntersuchung anzunähern, um herauszuarbeiten, welche spezifische Bedeutung dieses Phänomen für die Entwicklung des Menschen in der Kultur unserer Zeit hat. Diese eher allgemeine Fragestellung setzt mit folgenden Forschungsfragen weitere Akzente:

Was unterscheidet den Modus des Hörens von dem des Zuhörens? Wodurch unterscheiden sich Hör- und Sprechakt voneinander, wenn Zuhören immer auch das Sprechen miteinschließt? Worin liegt die Spezifik kompetenten Zuhörens? Wie ist die sprachgeschichtliche Nähe von Hören, Hörigkeit und Gehorsam aus der heutigen Sicht zu bewerten und (wie) ist sie aufzulösen? Welche Bedeutung kommt der Ästhetik im Gesamtkontext akustischer Kommunikation zu? Wie kann das Verhältnis von Hören und Sehen bewertet und kann die Vorrangstellung des visuellen Sinnes behauptet und bestätigt werden?

Die Untersuchung zeigt, dass mit einem interaktionistisch-konstruktivistischen Forschungsparadigma ein erweitertes Verständnis der Kommunikation gewonnen werden kann, das zentrale Aspekte bisheriger Modelle modifiziert, ergänzt und zu einem „integrierten Modell der Kommunikation" verbindet. Die Ergebnisse dieser Untersuchung werden abschließend in ihren zentralen Aspekten zusammengefasst:

- Die Untersuchung des Zuhörgeschehens aus der Perspektive des Interaktionistischen Konstruktivismus erweitert den Blick auf die Kommunikation um entscheidende Aspekte: Da Prozesse des Verstehens und der Verständigung nicht als bloße Übertragungsprozesse, die sich rein linear und selektiv vollziehen, sondern als biografisch und soziokulturell geprägte Konstruktionsprozesse gefasst werden, wird deutlich, dass nicht nur dem Sprechen, sondern auch dem Zuhören wirklichkeitsgestaltende Kraft innewohnt.

- Die Perspektive des interaktionistischen Konstruktivismus kann damit für die genuine Konstruktivität der Kommunikation, die sich im Hörhandeln vollzieht, sensibilisieren und verdeutlichen, dass „Hörverständnis" ein dynamisches Konstrukt ist, das konstruktivistisch als Beobachtungsleistung gefasst werden kann. Als subjektive Größe wird es zur „situativen Momentaufnahme" der Kommunikation. Doch weist dieses immer auch auf die Wirklichkeitskonstrukte des Zuhörers zurück, ist daher relativ und kann nicht universell sein. Daher haben individuelle Hörpraktiken auch eine aufdeckende Komponente. Sie thematisieren Kontexte und Teilnahmen, die auf Erwartungen und Befürchtungen der beteiligten Akteure zurückweisen, weshalb jedes Hörverständnis implizit immer auch ein damit verbundenes subjektspezifisches Selbstverständnis thematisiert.

- Die Konstruktion von Hörverständnis wird jenseits seines symbolischen Gehalts maßgeblich auch durch das zirkuläre Wechselspiel imaginärer Dynamik mitgeformt. Dies verdeutlicht, dass Kommunikation nicht allein der Übertragung von Information, sondern immer auch wechselseitiger Bestätigung und Orientierung dient. Die Kategorie des Imaginären erweitert den Blick von der rein symbolischen Ebene hin auch zur breiten außersprachlichen Ebene der Kommunikation, thematisiert damit auch emotional-ästhetische Implikationen (akustischer) Kommunikation.

- Differenz als zentrale Kategorie von Kommunikation wahrzunehmen, lässt diese zu einem positiven Leitmotiv kommunikativen Handelns werden: Führt doch erst das Wahrnehmen von Unterschieden zur Ausbildung eines Differenzbewusstseins und so zu einer differenzierten Verständigung, die individuelle Begrenztheiten erweitern und Vielfalt wertzuschätzen vermag. Ist diese Intention handlungsleitend, unterbricht sie ein „Mehr Desselben", macht einen Unterschied und kann daher höchst transformativ sein.

- Aus konstruktivistischer Sicht zeigt sich Kommunikation als eine schier endlose Folge ineinander übergreifender Hör- und Sprechzirkel, die, zirkulär verwoben ohne Anfangs- und Endpunkt, erst in Abhängigkeit des Beobachterstandpunktes als Hör- und Sprechakte der Kommunikation erkennbar werden. Deutlich wird, dass es zuvorderst das Zuhören ist, das Ordnungspunkte der Kommunikation markiert und so die Freiheitsgrade menschlichen Handelns zu beeinflussen vermag. Solche kommunikativen Setzungen definieren die auditiven Perspektiven ihrer Akteure. Indem Hörakte kommunikative Sequenzen auch hierarchisieren, wird das Zuhören zur machtvollen Intervention, die große Dynamiken entfalten und kommunikative Szenarien maßgeblich strukturieren kann.

- Indem Räume der Beziehung und Zirkel der Macht aufgrund der performativen Kraft des Zuhörens eng miteinander verbunden sind, zeigt sich, dass Zuhören nicht nur den kommunikativen Raum „gestaltet", sondern auch Fragen der Macht gezielt auszuagieren und zu regulieren vermag. Insgesamt zeigt sich das Zuhörgeschehen als äußerst machtvolles Geschehen, das sich in einem dichotomen Spannungsfeld zwischen Gehorsam und Emanzipation bewegt. Hier ist es die bewusste Übernahme von Hörverantwortung, welche die fatale Nähe, die dem Hören und Gehorchen oft nachgesagt wird, aufzulösen vermag.

- Als zentraler Moment kommunikativen Handelns und genuin interaktiver Kern des Zuhörens zeigt sich der Moment intersubjektiver Resonanz. Es ist ein Moment (unwillkürlichen) inneren Aufmerkens, der im Moment des Angesprochen-Werdens entsteht. Er führt zur Unterscheidung und Differenzierung einer kommunikativen Szene und damit immer auch zu ihrer subjektiven Bewertung. Es ist dieser Moment, der unspezifisches Hören in ein bezogenes Zuhören „verwandelt".

- Dem Moment intersubjektiver Resonanz sind wertvolle Informationen und spezifische Indikatoren entnehmbar, welche das intersubjektive Verständnis dynamisch erweitern und Verstehen beweglich machen können. Damit öffnet dieser Moment auch eine hilfreiche Metaebene der Kommunikation. Eine hieraus resultierende reflexive Schau des kommunikativen Geschehens kann bloßes reaktives Zuhören verhindern, das dazu verleitet, den Anderen nach subjektiven Maßstäben einseitig zu vermessen. Um die gestaltenden Kräfte der Kommunikation sicht-, spür- und handhabbar machen zu können, braucht es daher dieses spezifischen Moments der Begegnung.

- Somit wird auch der Begriff der Zuhörkompetenz geschärft: Zuhörkompetenz beschreibt die Fähigkeit, kommunikative Dynamiken im Geschehen intersubjektiver Resonanz gezielt handhaben und gekonnt lenken zu können, um Kommunikation reflektieren, auf der Handlungsebene verändern und Verständnis intersubjektiv erweitern zu können.

- „Zuhörqualität" kann damit als spezifische Größe gefasst werden, welcher – bewusst oder unbewusst – immer auch ästhetisches Potenzial innewohnt, was die Kategorie auditiver Ästhetik nicht nur zu einer spezifischen, sondern auch zu einer verbindenden Größe aller Bereiche akustischer Kommunikation macht.

- Es ist die uns umgebende audible Materialität, welche sich im Vollzug kommunikativen Handelns dynamisch formt. Menschliches Hörhandeln verbindet audible Materialität zu einem „Kontinuum akustischer Kommunikation", webt und verdichtet sie in zirkulären Prozessen zu ganz unterschiedlichen akustischen Gestalten, so dass menschliche Hörpraktiken eigene auditive Ordnungen, wie sie sich etwa im Bereich der Sprache oder der Musik entwickelt haben, ausbilden.

- Da die gesamte, uns umgebende audible Materialität eine Vielzahl akustischer Gestalten birgt, die über den vokalen Ausdruck hinausgehen, erfasst dieses Modell ausdrücklich auch nonvokale Hörpraktiken. Bedenken wir, dass sich die Verarbeitung akustischer Informationen unabhängig von Quelle und Kategorie synchron in *einem* Funktionssystem, dem auditorischen System, vollzieht, hebt dies eine als künstlich und wenig hilfreich erscheinende Trennung vokalen und nonvokalen Hörhandelns auf. Vielmehr verweist das hier dargestellte integrierte Modell der Kommunikation auf die zirkuläre Verbundenheit aller Hörpraktiken in einem Gesamtzusammenspiel vokaler und nonvokaler Hör-, Klang- und Sprechzirkel, in denen vokales und nonvokales Geschehen nicht als getrennt voneinander, sondern als dicht miteinander verbunden erscheint.

- Kommunikation konsequent aus der Perspektive des Zuhörens zu betrachten, weist das Hörhandeln zudem als *Raum formende Kraft* aus. Hier zeigt sich, dass das Hören – in Abgrenzung zum Sprechen – kommunikativen Raum nicht nur zu behaupten, sondern geradezu zu schaffen vermag. Damit bemisst sich „kompetentes Zuhören" nicht allein daran, ob und inwiefern das Handeln kommunikativen Raum schaffen kann, sondern es fragt auch danach, wie dieser qualitativ beschaffen und damit auch ästhetisch gestaltet ist.

- Deutlich wird, dass die Wahrnehmungsaufmerksamkeit alle Faktoren des Zuhörgeschehens in einem verdichteten „Aufmerksamkeits-Zeit-Raum" miteinander verbindet, wodurch sie den Akteur in einen stetig wechselnden Hörmodus einbindet. Dies kann das subjektive Zeit- und Raumempfinden erheblich verändern. Die im Wechselspiel kommunikativen Handelns entstehenden heterotopen Hör- und Zeiträume lassen uns Kommunikation nicht nur als zeitliches, sondern auch als räumliches Geschehen begreifen, das unverbunden erscheinende Zeiten und Orte miteinander zu verbinden und so lineares Zeitgeschehen aufzuheben vermag.

- Wahrnehmungsaufmerksamkeit zeigt sich daher als bedeutendes Regulativ des Zuhörprozesses. Ein bewusster Umgang mit ihr durch sowohl bewusste Selbst-, als auch Fremdbeobachtung kann „konstruktive Resonanz" ermöglichen, was die Kommunikation gezielt hörästhetisch zu rahmen vermag. Dies erweitert die Idee gelingender Verständigung um die Prämisse, Kommunikation möglichst konstruktiv zu rahmen.

- Die Perspektive des interaktionistischen Konstruktivismus macht darauf aufmerksam, dass audible Materialität zwar Gegenstand und Grundlage vokaler und nonvokaler Kommunikation ist, doch sind es nicht die audiblen Kräfte allein, welche zwischenmenschliche Kommunikation ermöglichen, reicht doch das (Zu-)Hören immer auch in Bereiche hinein, die sich jenseits des Hörbaren vollziehen, wird zwischenmenschliche Kommunikation immer auch von Aspekten und Kategorien menschlichen Lebens gestaltet, die „Zuhören" auch jenseits eines akustisch Hörbaren ermöglichen. Dies zeigt sich nicht zuletzt daran, dass auch gänzlich gehörlose Menschen ganz ausgezeichnete Zuhörer sein können.

5.4.2.3. Fazit

Insgesamt arbeitet diese Untersuchung heraus, wie eng und vielfältig das menschliche Sein mit der akustischen Dimension der Lebenswelt verknüpft ist. Da „Audibles" einem sehr weiten Bereich akustischer Kommunikation (Sprache, Geräusch, Ton) entstammen kann, begegnet uns diese spezifische „Materialität" in wechselnden und unterschiedlichen Gestalten. Diese Arbeit verdeutlicht, dass audible Materialität uns in jedem Moment unseres Seins umgibt und wir uns ihr nicht verschließen können. Ihr Einfluss auf den Menschen ist höchst wirkmächtig und prägend: Sie kann Menschen auf vielfältige Weise miteinander verbinden, kann dynamische „Bänder der Zugehörigkeit" flechten, kann Kontakt, Begegnung und kooperatives Handeln ermöglichen und dem Menschen viele und sehr unterschiedliche Möglichkeiten der Teilhabe bahnen. Aus neurophysiologischer Sicht prägt audible Materialität das Wirklichkeitserleben unmittelbar, sie hat daher großen Einfluss auf das Denken, Fühlen und Handeln der Menschen. Auf diese Weise beeinflusst sie die Wirklichkeitskonstruktion (und damit die „Weltbilder") der Menschen nachhaltig.

Die Funktionen auditiver Wahrnehmung sind aufgrund der materialen Vielfalt akustischer Kommunikation entsprechend weit: Auditive Wahrnehmung ermöglicht Verständigung, Orientierung und Entwicklung. Jenseits dieser Funktionen schafft sie unmittelbares Erleben, welche die Dimension reinen Verstehens übersteigt. Öffnet doch die Möglichkeit gerade auch auditiv geprägten ästhetischen Erlebens das Tor zu einer ganz eigenen Dimension menschlichen Seins. Der große Stellenwert des Auditiven liegt – darauf verweist diese Arbeit deutlich – in der Sprachlichkeit des Menschen begründet, weshalb Auditivität aufgrund dieser Verbindung hier als „anthropologische Grundkategorie" bezeichnet werden soll.

Diese Untersuchung arbeitet in mehreren Schritten die spezifische und facettenreiche Handlungsmacht des Hörhandelns heraus und bestätigt sie aus verschiedenen Perspektiven. Grundlegend zeigt sich das Hörhandeln als äußerst machtvolles Geschehen, das menschliche Interaktion sowohl hierarchisieren als auch kreative, ästhetische und partizipative Kräfte der Kommunikation freizusetzen vermag. Das Hörhandeln wird dabei als ein genuin aktives Geschehen sichtbar, das gleichermaßen Prozesse des Hörens sowie des Zuhörens beschreibt. So wird deutlich, dass sich Hören und Zuhören lediglich durch eine veränderte Qualität des Wahrnehmungsmodus voneinander unterscheiden: In Abgrenzung zum Hören kennzeichnet das „Zuhören" jener spezifische Modus auditiver Wahrnehmung, der in der Responsivität kommunikativen Geschehens zu einer Veränderung der Wahrnehmungsaufmerksamkeit sowie des situativen (Hör-)Erlebens und Verstehens führt und Momente der Begegnung ermöglicht. In diesem „Moment der Wandlung" wird das Hörhandeln dann zu einem hochdynamischen, interaktiven Geschehen, das alle am kommunikativen Prozess beteiligten Akteure nicht nur miteinander verbindet, sondern auch in die „VerAntwortung" nimmt.

Sowohl Hör-, als auch Zuhörfähigkeit gehören zur „Grundausstattung" eines (organisch gesunden) Menschen. Doch können diese Fähigkeiten durchaus geübt, trainiert und ausdifferenziert werden. So wie die Hörfähigkeit etwa durch das Training von Teilleistungen auditiver Wahrnehmung oder durch musikalisches Training geübt und verfeinert werden kann, können auch Zuhörfähigkeiten trainiert werden. Doch bedingt ein Training etwa der Teilleistungen auditiver Wahrnehmung oder der auditiven Aufmerksamkeit nicht zwangsläufig auch die Ausbildung von „Zuhörkompetenz". Erst der bewusste Umgang auch mit den konstruktiven, zirkulären und imaginären Kräften, die im Kontext zwischenmenschlicher Interaktion entstehen, sowie der Einbezug reflexiver Prozesse, vermag spezifische Zuhörqualitäten zu etablieren, Potenziale akustischer Wahrnehmung zu erschließen und kommunikativen Raum bewusst zu gestalten.

Die Untersuchung arbeitet heraus, dass wir primär nicht allein durch den Einfluss des Visuellen unserer Lebenswelt geprägt werden. Vielmehr stehen Dichte, Omnipräsenz und Wirkmächtigkeit der audiblen Materialität unserer Lebenswelt diesem Einfluss in nichts nach, was zugleich die eingangs thematisierte These vom Visualprimat in Frage stellt. Doch ob wir den Einfluss der uns umgebenden audiblen Materialität auch erkennen, ihn in seiner umfänglichen Wirkmächtigkeit wahrnehmen, thematisieren, systematisch beobachten und untersuchen, um solche Materialität mit unseren Hörweisen dann bewusst und differenziert auch zu gestalten, ist allerdings eine ganz andere Frage. Betrachtet man, wie bereits im Eingangskapitel dieser Arbeit thematisiert, die enorme Relevanz des Bildhaften, impliziert dies nicht etwa eine geringere Bedeutung der audiblen, sich allein oral vermittelnden Materialität, sondern es verweist darauf, dass diese Schräglage eine Folge menschlicher *Beobachtungsgewohnheiten* ist, die so unsere Wahrnehmungsgewohnheiten (über-)formen. In Folge dieser Schräglage scheint das Zuhören in einen Sog kultureller Veränderung geraten zu sein, der es eher abzuwerten scheint. Umso wichtiger wird es, mit einer Pädagogik des Zuhörens solchen Dynamiken entgegenzuwirken und die Potenziale auditiver Wahrnehmung gezielt zu nutzen.

Da Visualität und Audibilität ganz unterschiedlichen Wahrnehmungsregistern entstammen und so auch unterschiedliche Welterfahrungen ermöglichen, macht es wenig Sinn, sie gegeneinander auszuspielen. Die Konsequenz aus diesen Erkenntnissen kann daher nicht in einem Wettstreit der Sinne liegen, sondern in einer größeren Bewusstwerdung unserer Wahrnehmungs- und damit Beobachtungsgewohnheiten. Der Versuch einer konsequenten und differenzierten Betrachtung kommunikativen Handelns aus der Perspektive des Zuhörens, wie er in dieser Arbeit unternommen wird, kann, ja sollte ein Schritt in diese Richtung sein. Diese Untersuchung zeigt, dass ein solcher Zugang eine durchaus hilfreiche und weiterführende Perspektive auf das kommunikative Geschehen insgesamt sein kann. Doch sind damit – und dies ist offensichtlich – Beobachtungsmöglichkeiten der uns umgebenden Audibilität, die sich im steten Wechselspiel mit unserem kommunikativen Handeln ausformen, keinesfalls erschöpft.

6. Abbildungsverzeichnis

Abbildung 1: Ebenen des Zu/Hörens 75
Abbildung 2: Phänomene, Funktionen und Dimensionen auditiver Wahrnehmung 149
Abbildung 3: Beobachtungsperspektiven des Zu/Hörens 151
Abbildung 4: Wahrnehmungsregister des Zu/Hörens 168
Abbildung 5: Imaginäre Dynamiken (Reich 2010, 86) 180
Abbildung 6: Spannungsfelder kooperativen Hörhandelns 200
Abbildung 7: Zu/Hören aus interaktionistisch-konstruktivistischer Perspektive 224
Abbildung 8: Dimensionen des Hörhandelns 249
Abbildung 9: Das Johari-Fenster (nach Luft/ Ingham 1955) 251
Abbildung 10: Ein Johari-Fenster der Kommunikation 252
Abbildung 11: Tiefenstruktur des Verstehens 252
Abbildung 12: Verstehen erweitern 273
Abbildung 13: Sprache – zentrale Schnittstelle 370
Abbildung 14: Das „acoustic continuum" (in Anlehnung an Truax 2001) 373
Abbildung 15: Auditive Ästhetik – verbindende Größe 384
Abbildung 16: Auditive Ordnungssysteme akustischer Kommunikation 397
Abbildung 17: Kompetenzen, Qualitäten und Potenziale des Zu/Hörens 414
Abbildung 18: Das „Sender-Sender Modell": Resonanzmodell der Kommunikation 417

7. Literatur- und Quellenverzeichnis

Ackermann, Max (2003): Die Kultur des Hörens. Wahrnehmung und Fiktion. Haßfurt/Nürnberg: Hans Falkenberg-Verlag.

Adorno, Theodor W. (1991): Zur Musikpädagogik. In: Dissonanzen: Musik in der verwalteten Welt 7. Auflage. Göttingen: Vandenhoeck & Ruprecht, S. 102-119.

Adorno, Theodor W. (2003): Typen musikalischen Verhaltens. In: Dissonanzen. Einleitung in die Musiksoziologie. Frankfurt am Main: Suhrkamp, S. 178-198.

Albrecht, Christiane/Perrin, Daniel (2013): Zuhören im Coaching. Wiesbaden: Springer VS.

Allesch, Christian G. (2002): Im Netzwerk der Sinne – Zuhören und Gesamtwahrnehmung. In: Zuhören e. V. (Hg.): Ganz Ohr. Interdisziplinäre Aspekte des Zuhörens. Göttingen: Vandenhoeck & Ruprecht, S. 15-24.

Altenmüller, Eckart/Grewe, Oliver/Nagel, Frederik/Kopiez, Reinhard (2006): Der Gänsehautfaktor. In: Gehirn & Geist (1-2), S. 58-63. Online verfügbar unter: musicweb.hmt-hannover.de/kopiez/Gehirn&Geist01_2007-Chills.pdf.

Anderson, John R. (2007, 2013): Kognitive Psychologie. Berlin: Springer VS.

Androsch, Peter (2014): Gegner, Personen, Wesen. Gedanken zum Parlament als agonistischer Raum. In: UmBau 27. Plenum. Orte der Macht: Sonderausgabe Biennale Venedig 2014. ÖGFA (Österreichische Gesellschaft für Architektur). Basel: Birkhäuser.

Androsch, Peter/Sedmak, Florian (Hg.) (2009): Hörstadt: Ein Reiseführer durch die Welt des Hörens. Wien: Brandstätter.

Antons, Klaus (2000): Praxis der Gruppendynamik. Kapitel 4: Feedback. 8. Auflage. Göttingen: Hogrefe, S. 98-112.

Assmann, Aleida (2006): Soziales und kollektives Gedächtnis. Vortrag. Online verfügbar unter: www.bpb.de/veranstaltungen/dokumentation/128665/panel-2-kollektives-und-soziales-gedaechtnis.

Assmann, Aleida (2009): Geschichte findet statt. In: Csáky, Moritz /Leitgeb, Christoph (Hg): Kommunikation – Gedächtnis – Raum. Kulturwissenschaften nach dem „Spatial turn". Bielefeld: Transcript, S. 13-27.

Assmann, Jan (1988): Kultur und Gedächtnis. Frankfurt am Main: Suhrkamp.

Assmann, Jan (2007): Das kulturelle Gedächtnis: Schrift, Erinnerung und politische Identität in frühen Hochkulturen. 6. Auflage. München: C. H. Beck.

Auditorix, Projekt und digitales Bildungsmedium. Webseite mit weiterführenden Informationen online verfügbar unter: http://www.auditorix.de/kinder/

Auernheimer, Georg (1996): Einführung in die interkulturelle Erziehung. Darmstadt: Primus-Verlag.

Auinger, Sam (2007): A hearing perspective. 2. Theory. Hg. von OK Offenes Kulturhaus Oberösterreich/Seiffarth, Carsten/Sturm, Martin. Wien u. a.: Folio-Verlag.

Auinger, Sam (2009): Die Arbeit von O+A. Auftragslos Hören. Online verfügbar unter: oe1.orf.at/artikel/215257.

Auinger, Sam (2010): stadtklang. Online verfügbar unter: www.bonnhoeren.de/?p=227.

Auinger, Sam (o. J.): Hearing Perspective. Online verfügbar unter: www.o-a.info/background/hearperspec.htm.

Austin, John L. (1972): How to do things with words. Stuttgart: Reclam.

Bachmann-Medick, Doris (2008): Spatial Turn. In: Nünning, Ansgar (Hg.): Spacial turn. Metzler Lexikon Literatur- und Kulturtheorie: Ansätze – Personen – Grundbegriffe. Stuttgart, Weimar: Metzler, S. 664-665.

Baddeley, Alan D. (1997): Human Memory: Theory and Practice. Revised Edition. Hove: Psychology Press.

Baddeley, Alan D. (2007): Working memory, thought, and action. Oxford psychology series 45. Oxford: Oxford University Press.

Bamberger, Günter G. (2001): Lösungsorientierte Beratung. Praxishandbuch. Weinheim u. a.: Beltz PVU.

Barthes, Roland (1991): Zuhören. In: Kuhn, Robert/Kreutz, Bernd (Hg.): Das Buch vom Hören. Freiburg im Breisgau: Herder, S. 55-71.

Barthes, Roland (2006): Zuhören als Haltung. In: Bernius, Volker/Kemper, Peter/Oehler, Regina (Hg.): Der Aufstand des Ohrs – die neue Lust am Hören. Reader neues Funkkolleg. Göttingen: Vandenhoeck & Ruprecht, S. 76-90.

Bateson, Gregory (1987): Geist und Natur. Eine notwendige Einheit. 4. Auflage 1995. Frankfurt am Main: Suhrkamp.

Bauer, Joachim (2006): Warum ich fühle, was du fühlst. Intuitive Kommunikation und das Geheimnis der Spiegelneurone. München: Heyne.

Bayerisches Staatsministerium für Unterricht und Kultur (Hg.) (2006): Reden ist Silber, Zuhören ist Gold. Hören und Zuhören. In: Medienwelten. Kritische Betrachtung zur Medienwirkung auf Kinder und Jugendliche. Online verfügbar unter: berufsschulnetz.de/lehrer/medienwelt/Medienwelten_Vollversion.pdf.

Bechdolf, Ute (2002): Ganz Ohr – Ganz Körper. Zuhörkultur in Bewegung.

In: Zuhören e. V. (Hg.): Ganz Ohr. Interdisziplinäre Aspekte des Zuhörens. Göttingen: Vandenhoeck & Ruprecht, S. 74-84.

Bechdolf, Ute (2006): Ganz Ohr – Ganz Körper. Zuhörkultur in Bewegung. In: Bernius, Volker/Kemper, Peter/Oehler, Regina (Hg.): Der Aufstand des Ohrs – die neue Lust am Hören. Reader neues Funkkolleg. Göttingen: Vandenhoeck & Ruprecht, S. 128-137.

Behne, Klaus-Ernst (1994): Musikalische Hörgewohnheiten. In: Welt auf tönernen Füßen: die Töne und das Hören. Kunst- und Ausstellungshalle der Bundesrepublik Deutschland. Göttingen: Steidl, S. 234-250.

Behne, Klaus-Ernst (2006): Wenn ich Musik höre... – Eine kleine Zuhörtypologie. In: Reader Neues Funkkolleg – die neue Lust am Hören. Göttingen: Vandenhoeck & Ruprecht, S. 298-300.

Benjamin, Walter (2011): Das Kunstwerk im Zeitalter seiner technischen Reproduzierbarkeit (1939). In: Hauser, Susanne/Kamleithner, Christa/Meyer, Roland: Architekturwissen. Grundlagentexte aus den Kulturwissenschaften. Bielefeld: Transcript, S. 100-113.

Bentele, Günter (Hg.) (2002): Kommunikationsmanagement. Strategien. Wissen. Lösungen. Neuwied u. a.: Luchterhand.

Berendt, Joachim-Ernst (1983): Nada Brahma: die Welt ist Klang. Frankfurt am Main: Insel-Verlag.

Berendt, Joachim-Ernst (1985a): Das dritte Ohr: vom Hören der Welt. Reinbek bei Hamburg: Rowohlt.

Berendt, Joachim-Ernst (1985b): Höre, so wird deine Seele leben! Über die spirituellen Dimensionen unseres Hörsinns. In: Neue Zeitschrift für Musik (146/1985, 10), S. 15-21.

Berg, Detlef/Imhof, Margarete (1996): Zuhören lernen – Lernen durch Zuhören. In: Sedlak, Franz (Hg.): Ich – Du – Wir. Persönlichkeitsentwicklung und Gemeinschaftsförderung. Wien: Manz, S. 39-53.

Berg, Insoo Kim/Walter John (1984): Doing is knowing: Training model for systemic therapists. In: Zeitschrift für systemische Therapie.

Bergmann, Katja (2000): Hör-Gänge. Konzeption einer Hörerziehung für den Deutschunterricht. 1. Auflage. Oberhausen: Athena.

Besemer, Christoph (2010): Mediation: die Kunst der Vermittlung in Konflikten. 2. Auflage. Karlsruhe: Werkstatt für Gewaltfreie Aktion, Baden.

Bialystok, Ellen u. a. (2004): Bilingualism, Aging, and Cognitive Control: Evidence From the Simon Task. In: Psychology and Aging (Vol. 19, No. 2), S. 290-303. Online verfügbar unter: https://de.scribd.com/document/332915543/BialystokCraikKleinViswanathan2004.pdf.

Biehl-Missal, Brigitte (2014): Ästhetik und Inszenierung in der Unternehmenskommunikation. In: Zerfaß, Ansgar/Piwinger, Manfred: Handbuch

Unternehmenskommunikation. 2. Auflage. Wiesbaden: Springer Fachmedien, S. 843-859.

Bisgaard, Susanne (2005): Hören – Hörverlust – Hörgerät? In: Parapluie. Elektronische Zeitschrift für Kulturen, Künste, Literaturen (No. 20), o. S. Online verfügbar unter: parapluie.de/archiv/ohr/hoergeraet/.

Blell, Gabriele/Kupetz, Rita (2010): Der Einsatz von Musik und die Entwicklung von audio literacy im Fremdsprachenunterricht. Frankfurt am Main u. a.: Lang.

Blesser, Barry/Salter, Linda-Ruth (2007): Spaces Speak, Are You Listening? Experiencing Aural Architecture. Cambridge, MA: MIT Press.

Blesser, Barry/Salter, Linda-Ruth (2008a): Aural Architecture: The Missing Link. Online verfügbar unter: www.blesser.net/downloads/ASA%20156%20Press%20Room%20Blesser.pdf.

Blesser, Barry/Salter, Linda-Ruth (2008b): Aurale Architektur. In: Kleilein, Doris/Kockelkorn, Anne u. a. (Hg.): Tuned City. Zwischen Klang- und Raumspekulation. Idstein: Kookbooks, S. 13-24.

Blesser, Barry/Salter, Linda-Ruth (2009): The Other Half of the Soundscape: Aural Architecture. Online verfügbar unter: www.blesser.net/downloads/Blesser-Salter%20WFAE%20Mexico.pdf.

Blesser, Barry/Salter, Linda-Ruth (2010): Eventscapes: the aural experience of space. Online verfügbar unter: www.blesser.net/downloads/Amsterdam%20 BlesserSalter.pdf.

Bohm, David (2008): Der Dialog: Das offene Gespräch am Ende der Diskussionen. Stuttgart: Klett-Cotta.

Böhm, Winfried (2000): Wörterbuch der Pädagogik. 15. Auflage. Stuttgart: Kröner.

Böhme, Gernot (2001): Aisthetik: Vorlesungen über Ästhetik als allgemeine Wahrnehmungslehre. München: Fink.

Böhme, Gernot (2004): Der Raum der leiblichen Anwesenheit und der Raum als Medium von Darstellung. In: Krämer, Sybille: Performativität und Medialität. München: Fink, S. 129-140.

Böhme, Gernot (2006): Architektur und Atmosphäre. München u. a.: Fink.

Böhme, Gernot (2007): Die Musik modifiziert mein Gefühl, im Raum zu sein. In: Musiktherapeutische Umschau (Band 26, Heft 3/2005), S. 307-313. Interview Langfassung von 2007. Online verfügbar unter: www.musiktherapie.de/fileadmin/user_upload/medien/pdf/mu_downloads/interview_boehme-mu.pdf.

Booth, Tony (2012): Der aktuelle Index for Inclusion in dritter Auflage. In: Reich, Kersten: Inklusion und Bildungsgerechtigkeit: Standards und Regeln zur Umsetzung einer inklusiven Schule. Weinheim u. a.: Beltz, S. 180-204.

Bossard, Andres (2002): Wortbeitrag in einer Sendung des Bayerischen Rundfunks 2002: Warum vom Hören reden? Wahrnehmung schärfen in einer lauten Welt. Radiofeature von Elke Dillmann. Unveröffentlichtes Sendungsmanuskript.

Bossinger, Wolfgang/Hess, Peter (1993): Musik und außergewöhnliche Bewußtseinszustände. In: Musiktherapeutische Umschau (14/3), S. 239-254.

Brandstätter, Ursula (2014): Bildende Kunst und Musik im Dialog: ästhetische, zeichentheoretische und wahrnehmungspsychologische Überlegungen zu einem kunstspartenübergreifenden Konzept ästhetischer Bildung. 3. Auflage. Augsburg: Wißner.

Bregman, Albert S. (1990): Auditory scene analysis: the perceptual organization of sound. Cambridge, MA u. a.: MIT Press.

Breitsameter, Sabine (2005): Tendenzen in Akusmatik und Soundscapes. Vortrag im Rahmen des trans_canada Festivals. Veranstalter: Zentrum für Kunst und Medientechnologie (ZKM). Online verfügbar unter: on1.zkm. de/zkm/stories/storyReader$6407.

Breitsameter, Sabine (2007): Methoden des Zuhörens. Zur Aneignung audiomedialer Kunstformen. In: Paragrana. Internationale Zeitschrift für Historische Anthropologie (Band 16, Heft 2), S. 223-236.

Breitsameter, Sabine (2010): Hörgestalt und Denkfigur – Zur Geschichte und Perspektive von R. Murray Schafers Die Ordnung der Klänge. Ein einführender Essay von Sabine Breitsameter. In: Schafer, Murray: Die Ordnung der Klänge: eine Kulturgeschichte des Hörens. Übers. und neu hrsg. von Sabine Breitsameter. Mainz: Schott, S. 7-28.

Bruhn, Herbert (2004): Musikpsychologische Grundlagen. In: Hartogh, Theo/Wickel, Hans Herrmann (2004): Handbuch Musik in der sozialen Arbeit. Weinheim u. a.: Juventa, S. 57-70.

Brüstle, Christa (2007): Tönende Zeit-Räume. Aspekte der Inszenierung und Wahrnehmung von Klang. In: Lechtermann, Christina/Wagner, Kirsten/Wenzel, Horst (Hg.): Möglichkeitsräume. Zur Performativität von sensorischer Wahrnehmung. Berlin: Erich Schmidt Verlag, S. 163-169.

Brüstle, Christa (2009): Klang als performative Prägung von Räumlichkeiten. In: Csáky, Moritz/Leitgeb, Christoph (Hg): Kommunikation – Gedächtnis – Raum. Kulturwissenschaften nach dem „Spatial turn". Bielefeld: Transcript, S. 113-129.

Buber, Martin (1962): Werke: Band 1. Schriften zur Philosophie. München: Kösel.

Bühler, Karl (1934): Sprachtheorie: Die Darstellungsfunktion der Sprache. Jena: Fischer.

Bühler, Karl (1965): Sprachtheorie: Die Darstellungsform der Sprache. 2. Auflage. Stuttgart: Fischer.

Bundeszentrale für politische Bildung (2008): Kollektives Gedächtnis. Online verfügbar unter: www.bpb.de/themen/6B59ZU,0,Kollektives_Ged%25E4chtnis.html.

Bürgi, Andreas/Eberhart, Herbert (2006): Beratung als strukturierter und kreativer Prozess: ein Lehrbuch für die ressourcenorientierte Praxis. Göttingen: Vandenhoeck & Ruprecht.

Busche, Mart/Stuve, Olaf (2012): Intersektionalität und Gewaltprävention. Online verfügbar unter: portal-intersektionalitaet.de/theoriebildung/schluesseltexte/buschestuve.

Butler, Judith (2001): Psyche der Macht. Das Subjekt der Unterwerfung. Frankfurt am Main: Suhrkamp.

Butler, Judith (2006): Haß spricht. Zur Politik des Performativen. Frankfurt am Main: Suhrkamp.

Butzkamm, Wolfgang (2008): Wie Kinder sprechen lernen: Kindliche Entwicklung und die Sprachlichkeit des Menschen. Tübingen/Basel: Francke.

Castro Varela, María do Mar/Dhawan, Nikita (2003): Postkolonialer Feminismus und die Kunst der Selbstkritik. In: Steyerl, Hito/ Gutiérrez Rodríguez, Encarnación (Hrsg.): Spricht die Subalterne deutsch? Migration und postkoloniale Kritik. Münster: Unrast-Verlag, S. 270-290

Castro Varela, María do Mar (2007): Bildung und Postkoloniale Kritik. Online verfügbar unter: www.linksnet.de/de/artikel/20768.

Chion, Michael (1994): Audio-Vision: Sound on Screen. New York, NY: Columbia Univ. Press.

Chion, Michael (2012): Audio-Vision: Ton und Bild im Kino. Berlin: Schiele & Schön.

Christ, Hans (2005): Dissoziation als Leistung und Störung. In: Systeme (2/2005, Jg. 19), S. 234-266. Online verfügbar unter: www.systemagazin.de/bibliothek/texte/christ_dissoziation.pdf.

Corbin, Alain (1995): Die Sprache der Glocken. Ländliche Gefühlskultur und symbolische Ordnung im Frankreich des 19. Jahrhunderts. Frankfurt am Main: S. Fischer.

Csikszentmihalyi, Mihaly (1999): Kreativität. Wie Sie das Unmögliche schaffen und Ihre Grenzen überwinden. 4. Auflage. Stuttgart: Klett-Cotta.

Csikszentmihalyi, Mihaly (2007): Flow. Übers. von Annette Charpentier. 13. Auflage. Stuttgart: Klett-Cotta.

Damasio, Antonio R. (2011): Ich fühle, also bin ich. Die Entschlüsselung des Bewusstseins. 9. Auflage. München: List.

Deutschlandfunk (2004): Das Ende einer Amtszeit. Bundespräsident Johannes Rau räumt seinen Schreibtisch (Meldung vom 30.06.2004). Online verfügbar unter: www.deutschlandfunk.de/das-ende-einer-amtszeit.724.de.html?dram:article_id=97915.

Dewey, John (1927): The Public and Its Problems. In: Boydston, Jo A.: The Later Works, vol. 2. Ed. 1985. Carbondale: Southern Illinois University Press, S. 218-219.

Dewey, John (1980): Art as experience. New York, NY: Perigee.

Diepresse (2009): Obama zu G20-Gipfel: „Zuhören, nicht belehren" (Meldung vom 01. 04. 2009). Online verfügbar unter: diepresse.com/home/wirtschaft/finanzkrise/466470/print.do.

Dietrich, Cornelie/Krinninger, Dominik/Schubert, Volker (2012): Einführung in die Ästhetische Bildung. Weinheim u. a.: Beltz Juventa.

Dobeneck, Holger von (2006): Das Sloterdijk Alphabet. Eine lexikalische Einführung in Sloterdijks Gedankenkosmos. 2. Auflage. Würzburg: Königshausen & Neumann.

Dobiasch, Stefan (2014): Ethikmanagement und Kommunikationskultur: Implementierungsproblematik und Bedeutung einer dialogischen Kommunikationskultur für das moralische Entscheiden und Handeln. München u. a.: Hampp.

Drees, Stefan (2009): Bill Fontanas „urban sound sculptures" und die Idee der Relokalisierung von Klängen. In: Drees, Stefan/Jacob, Andreas/Orgass, Stefan: Musik – Transfer – Kultur. Festschrift für Horst Weber. Hildesheim: Olms, S. 459-474.

Duderstadt, Matthias (2003): Improvisation und ästhetische Bildung. Ein Beitrag zur ästhetischen Forschung. Köln: Salon Verlag.

Eberle, Wolfgang/Klatte, Maria/Schick, August (2007): Lärm in Bildungsstätten. Studie des Bremer Instituts für interdisziplinäre Schulforschung (ISF) im Auftrag des Hessischen Landesamts für Umwelt und Geologie. Umwelt und Geologie. Lärmschutz in Hessen (Heft 4). Online verfügbar unter:www.hlnug.de/fileadmin/dokumente/laerm/laermschutz-heft4-II_575.pdf.

Eckert, Hartwig (2001): „Her voice is full of money". Wie man Stimmen liest, sieht, hört und macht. In: Kahlert, Joachim/Schröder, Michael/Schwanebek, Axel (Hg.): Hören. Ein Abenteuer. München: Verlag Reinhard Fischer, S. 19-32.

Eckert, Hartwig (2012): Sprechen Sie noch oder werden Sie schon verstanden? Persönlichkeitsentwicklung durch Kommunikation. 3. Auflage. München u. a.: Reinhardt.

Eckmann, Theo (2005): Sozialästhetik. Lernen im Begegnungsfeld von Nähe und Freiheit. Beiträge zur Sozialästhetik 5. Bochum/Freiburg im Breisgau: Projekt Verlag.

Eckmann, Theo (o. J.): Einführung in eine sozialästhetische Praxis. Online verfügbar unter: www.montag-stiftungen.de/jugend-und-gesellschaft/stiftung-jugend-gesellschaft/philosophie-jugend-gesellschaft/sozialaesthetische-praxis.html.

Eger, Nana (2014): Arts education. Zur Qualität künstlerischer Angebote an Schulen – ein internationaler Vergleich. Bochum/Freiburg im Breisgau: Projekt Verlag.

Eggert, Dietrich/Reichenbach, Christina (2005): DIAS – Diagnostisches Inventar auditiver Alltagshandlungen. 2. Auflage. Dortmund: Borgmann.

Eitner, Johannes (1990): Zur Psychologie und Soziologie Hörbehinderter. Heidelberg: median-Verlag.

Entman, Robert M. (1993): Framing: Toward Clarification of a Fractured Paradigm. In: Journal of Communication (43/4), S. 51-58.

Espinet, David (2009): Phänomenologie des Hörens: Eine Untersuchung im Ausgang von Martin Heidegger. Philosophische Untersuchungen (23). Tübingen: Mohr Siebeck.

Fiehler, Reinhard (1990a): Kommunikation und Emotion: theoretische und empirische Untersuchungen zur Rolle von Emotionen in der verbalen Interaktion. Berlin u. a.: de Gruyter.

Fiehler, Reinhard (1990b): Kommunikation, Information und Sprache. Alltagsweltliche und wissenschaftliche Konzeptualisierungen und der Kampf um die Begriffe. In: Weingarten, Rüdiger (Hg.): Information ohne Kommunikation? Die Loslösung der Sprache vom Sprecher. Frankfurt am Main: Fischer, S. 99-128.

Fiehler, Reinhard (2002): Verständigungsprobleme und gestörte Kommunikation. Einführung in die Thematik. Radolfzell: Verlag für Gesprächsforschung, S. 7-15. Online verfügbar unter: www.verlag-gespraechsforschung.de/2002/probleme/probleme.pdf.

Fischer-Lichte, Erika (2004): Ästhetik des Performativen. Frankfurt am Main: Suhrkamp.

Fischer-Lichte, Erika (2012): Performativität: eine Einführung. Bielefeld: Transcript.

Fleischer, Gerald (2000): Gut hören – heute und morgen. Heidelberg: Median-Verlag.

Föllmer, Golo (o. J.): Bernhard Leitner, „TON-RAUM TU BERLIN", 1984. Online verfügbar unter: www.mediaartnet.org/werke/ton-raum-tu-berlin/.

Fontana, Bill (o. J.): The environment as a musical ressource. Online verfügbar unter: resoundings.org/Pages/musical%20resource.

Fontana, Bill (2014): Klang als virtuelles Bild. Eine Ausstellung im OK Center for Contemporary Art. OK Offenes Kulturhaus Oberösterreich vom 4.9.-19.10.14: Acoustic Visions/Akustische Visionen. Online verfügbar unter: resoundings.org/PDF/OKBooks_Fontana_24s_22.pdf.

Foucault, Michel (1977): Die Ordnung des Diskurses. Inauguralvorlesung am Collège de France, 2. Dezember 1970. Frankfurt am Main u. a.: Ullstein.

Foucault, Michel (1992): Andere Räume. In: Barck, Karlheinz u. a. (Hg.): Aisthesis. Wahrnehmung heute oder Perspektiven einer anderen Ästhetik. Leipzig: Reclam, S. 34-46.

Foucault, Michel (2008): Überwachen und Strafen: die Geburt des Gefängnisses. Übers. von Walter Seitter. 11. Auflage. Frankfurt am Main: Suhrkamp.

Friedmann, Jan (2013): Jeff Bezos bei der „Washington Post": „Ich lerne, ich höre zu". In: Spiegel Online (05.09.2013). Online verfügbar unter: www.spiegel.de/wirtschaft/unternehmen/jeff-bezos-kommt-zum-antrittsbesuch-zur-washington-post-a-920487-druck.html.

Frindte, Wolfgang (2001): Einführung in die Kommunikationspsychologie. Weinheim u. a.: Beltz.

Frisius, Rudolf (1973): Musikunterricht als auditive Wahrnehmungserziehung. In: MuB (1/1973), S. 1-5.

Frisius, Rudolf/Fuchs, Peter/Günther, Ulrich/Gundlach, Willi/Küntzel, Gottfried (1971): Sequenzen. Musik Sekundarstufe I. Stuttgart: Klett.

Fromm, Erich (1991): Von der Kunst des Zuhörens. Therapeutische Aspekte der Psychoanalyse. Schriften aus dem Nachlass. Band. 5. Weinheim: Beltz.

Fuchs, Max (2002): Stellungnahme anlässlich der Vorstellung der Initiative Hören am 12.12.02 im ARD Hauptstadtstudio Berlin. Online verfügbar unter: www.initiative-hoeren.de/?q=content/prof-dr-max-fuchs.

Gaab, Nadine u. a. (2007): Neural correlates of rapid auditory processing are disrupted in children with developmental dyslexia and ameliorated with training: An fMRI study. In: Restorative Neurology and Neuroscience (25), S. 295-310. Online verfügbar unter: news.stanford.edu/news/2005/november16/music-111605.html.

Gabrielsson, Alf (2001): Emotions in strong experiences with music. In: Juslin, Patrick/Sloboda, John A. (Hg.): Music and emotion: Theory and research. London: Oxford University Press, S. 431-462.

Gadamer, Hans-Georg (1998): Über das Hören. In: Vogel, Thomas (Hg.): Über das Hören. 2. Auflage. Tübingen: Attempo Verlag, S. 197-205.

Gadamer, Hans-Georg (2005): „Im Dialog die unbeweisbaren Dinge des Lebens umkreisen". Gespräch mit Hans-Georg Gadamer. In: Hartkemeyer, Johannes F./Hartkemeyer Martina (2005): Die Kunst des Dialogs – Kreative Kommunikation entdecken: Erfahrungen, Anregungen, Übungen. Stuttgart: Klett-Cotta. S. 21-28.

Gagel, Reinhard (2010): Improvisation als soziale Kunst. Überlegungen zum künstlerischen und didaktischen Umgang mit improvisatorischer Kreativität. Mainz: Schott-Verlag.

GanzOhrSein. Ein modulares Handlungsmodell zur Förderung des gekonnten Hörens und Zuhörens der LMU München (Ludwig-Maximilians-Universität Münschen). Webseite mit weiterführenden Informationen unter: http://www.ganzohrsein.de

Garrison, Jim (1996): A Deweyan Theory of Democratic Listening. In: Educational Theory (Vol. 46, No. 4), S. 429-451.

Garrison, Jim/Neubert, Stefan (2005): Bausteine für eine Theorie des kreativen Zuhörens. In: Voß, Reinhard (Hg.): LernLust und EigenSinn. Systemisch-konstruktivistische Lernwelten. Heidelberg: Auer, S. 109-120.

Geiger, Edith (2204): The Bonny Method of Guided Imagery and Music. Imgainative Psychotherapie mit Musik nach Helen Bonny. In: Frohne-Hagemann, Isabelle (Hg.): Rezeptive Musiktherapie. Theorie und Praxis. Wiesbaden: Reichert, S. 89-110.

Geißler, Karlheinz, A. (2002): Zapping und Zeiterlebnis. Zuhören im Zeitnotstand. In: Zuhören e. V. (Hg.): Ganz Ohr. Interdisziplinäre Aspekte des Zuhörens. Göttingen: Vandenhoeck & Ruprecht, S. 39-52.

Geißner, Helmut (1984): Über Hörmuster. Gerold Ungeheuer zum Gedenken. In: Gutenberg, Norbert (Hg.): Hören und Beurteilen. Gegenstand und Methode in Sprechwissenschaft, Sprecherziehung, Phonetik, Linguistik und Literaturwissenschaft. Sprache und Sprechen. Band 12. Frankfurt am Main: Scriptor, S. 13-56.

Gembris, Heiner (1987): Forschungsprobleme der Musiktherapie am Beispiel des Themas „Musik und Entspannung". In: Musiktherapeutische Umschau (Band 8, Heft 4), S. 300-309.

Gendlin, Eugene T./Wiltschko, Johannes (2007): Focussing in der Praxis. Eine schulenübergreifende Methode für Psychotherapie und Alltag (Leben Lernen). 3. Auflage. Stuttgart: Klett-Cotta.

Gess, Nicola (Hg.) (2005): Hörstürze. Akustik und Gewalt im 20. Jahrhundert. Würzburg: Königshausen & Neumann.

Giering, Kerstin (2010): Lärmwirkungen. Dosis-Wirkungsrelationen. Im Auftrag des Umweltbundesamtes. Bundesministerium für Umwelt, Naturschutz und Reaktorsicherheit. Dessau-Roßlau. Online verfügbar unter: www.umweltbundesamt.de/sites/default/files/medien/461/publikationen/3917_0.pdf.

Glaserfeld, Ernst von (1996): Radikaler Konstruktivismus: Ideen, Ergebnisse, Probleme. Frankfurt am Main: Suhrkamp.

Goebel, Johannes (1994): Zuhören – Ziel der Medientechnologie. In: Brandes, Uta: Welt auf tönernen Füssen: die Töne und das Hören. Göttingen: Steidl, S. 347-361.

Goldstein, Bruce, E./Ritter, Manfred (2002): Wahrnehmungspsychologie. Heidelberg, Berlin, Oxford: Spektrum Akad. Verlag.

Goodman, Steve (2010): Sonic warfare: Sound, Affect, and the Ecology of Fear. Cambridge, MA: MIT Press.

Gopnik, Alison/Kuhl, Patricia/Meltzoff, Andrew (2000): Forschergeist in Windeln: wie Ihr Kind die Welt begreift. München u. a.: Ariston.

Gordon, Thomas (2012): Familienkonferenz in der Praxis. Wie Konflikte mit Kindern gelöst werden. Aus dem Amerikanischen von Hainer Kober. München: Heyne.

Gordon, Thomas (2013): Familienkonferenz: Die Lösung von Konflikten zwischen Eltern und Kind. Aus dem Amerikanischen von Maren Organ. München: Heyne.

Gordon, Thomas (2014): Die Neue Familienkonferenz: Kinder erziehen ohne zu strafen. München: Heyne.

Grewe, Oliver (2010): Musik und Emotion. Warum kreatives Handeln glücklich macht. In: Blell, Gabriele/Kupetz, Rita (Hg.) (2010): Der Einsatz von Musik und die Entwicklung von Audio Literacy im Fremdsprachenunterricht. Frankfurt am Main u. a.: Lang, S. 29-36.

Grimm, Jacob (1865): Rede über das Alter. Online verfügbar unter: babel.hathitrust.org/cgi/pt?id=nyp.33433082409628;view=1up;seq=60.

Gross, Peter (1994): Die Multioptionsgesellschaft. Frankfurt am Main: Suhrkamp.

Gruhn, Wilfried (2008): Der Musikverstand: Neurobiologische Grundlagen des musikalischen Denkens, Hörens und Lernens. Hildesheim: Georg Olms Verlag.

Günther, Herbert (2008): Sprache hören – Sprache verstehen: Sprachentwicklung und auditive Wahrnehmung (Reihe Pädagogik). Weinheim u. a.: Beltz.

Günther, Herbert (2012): Sprechen und Zuhören: wie Lehrerinnen und Lehrer Sprachunterricht ökonomisch und effektiv planen und durchführen.

Baltmannsweiler: Schneider Verlag Hohengehren.

Gygi, Brian (2005): Wie wir mit der Welt hören. In: Parapluie. Elektronische Zeitschrift für Kulturen, Künste, Literaturen (Nr. 20). Online verfügbar unter: parapluie.de/archiv/ohr/zen/.

Habermas, Jürgen (1971): Vorbereitende Bemerkungen zu einer Theorie der kommunikativen Kompetenz. In: Habermas, Jürgen/Luhmann, Niklas: Theorie der Gesellschaft oder Sozialtechnologie. Frankfurt am Main: Suhrkamp, S. 101-141.

Habermas, Jürgen (1983): Diskursethik. Notizen zu einem Begründungsprogramm. In: Habermas, Jürgen: Moralbewusstsein und kommunikatives Handeln. Frankfurt am Main: Suhrkamp, S. 53-125.

Haderlein, Andreas (2003): Hör-Kulturen. Online verfügbar unter: publikationen.ub.uni-frankfurt.de/frontdoor/index/index/docId/3018.

Hagen, Mechthild (2003): Förderung des Hörens und des Zuhörens in der Schule. Begründung, Entwicklung und Evaluation eines Handlungsmodells. Inaugural Dissertation zur Erlangung des Doktorgrades der Philosophie an der Ludwig-Maximilians-Universität München. Online verfügbar unter: edoc.ub.uni-muenchen.de/2239/1/Hagen_Mechthild.pdf.

Hagen, Mechthild (2006): Förderung des Hörens und Zuhörens in der Schule. Göttingen: Vandenhoeck & Ruprecht.

Hagen, Mechthild (2008): Förderung des Zuhörens in der Schule - Ansatz und Ergebnisse des Projektes „GanzOhrSein". In: Ide - Informationen zur Deutschdidaktik. Zeitschrift für den Deutschunterricht in Wissenschaft und Schule (32. Jg., Nr. 1), S. 26-37.

Hagen, Mechthild/Huber, Ludowika (2002): GanzOhrSein - ein Projekt zum Hörenfördern und Hörenmachen in der Schule. In: Kubim Wahrnehmung - Wahrnehmungsveränderung durch die neuen Medien? Tagungsdokumentation und Materialsammlung im Rahmen des BLK-Programms „Kulturelle Bildung im Medienzeitalter (kubim)" vom 25. bis 27.09.2002 im Wannsee-Forum in Berlin.

Hagen, Mechthild/Huber, Ludowika (2010): Wie kann Zuhören gefördert werden? Ansatz und Erfahrungen aus Schulen und Kindergärten. In: Bernius, Volker/Imhof, Margarete: Zuhörkompetenz in Unterricht und Schule: Beiträge aus Wissenschaft und Praxis. Göttingen: Vandenhoeck & Ruprecht, S. 183-203.

Halbwachs, Maurice (2006): Das Gedächtnis und seine sozialen Bedingungen. Frankfurt am Main: Suhrkamp.

Hall, Stuart (2008): Ideologie, Identität, Repräsentation. Ausgewählte Schriften. Band 4. Hamburg: Argument-Verlag.

Harnoncourt, Nikolaus (2009): Musik als Klangrede: Wege zu einem neuen

Musikverständnis. Salzburg: Residenz.

Haroutunian-Gordon, Sophie (2007): Listening and Questioning. In: Learning Inquiry (Volume 1, Issue 2), S. 143-152.

Harrer, Gerhart (1975): Grundlagen der Musiktherapie und Musikpsychologie. Jena: Gustav Fischer Verlag.

Hartel, Gaby/Kornmeier, Uta (2009): London Calling. Im Geräuschnetz einer Stadt. Radio-Feature. Gemeinschaftsproduktion des Westdeutschen Rundfunks (WDR), des Deutschlandfunks (DLF) und des Norddeutschen Rundfunks (NDR). Sendetermin 29.11.2009, 11.05-12.05 Uhr im NDR.

Hartkemeyer, Johannes F./Hartkemeyer Martina (2005): Die Kunst des Dialogs – Kreative Kommunikation entdecken: Erfahrungen, Anregungen, Übungen. Stuttgart: Klett-Cotta.

Hartung, Martin (2003): Wirtschaftsfaktor Zuhören. Dokumentation eines Werkstattgesprächs. In: Stiftung Zuhören (Hg.): Unveröffentlichtes Manuskript.

Hattie, John/Yates, Gregory C. R. (2015): Lernen sichtbar machen aus psychologischer Perspektive. Baltmannsweiler: Schneider Verlag Hohengehren.

Häußling, Roger (1999): Zur Rolle von Kreativität heute: Versuch eines Diskurses zwischen Gegenwartsphilosophie, Nietzsches Denken und aktueller Musik. Würzburg: Königshausen & Neumann.

Hellbrück, Jürgen (2008): Das Hören in der Umwelt des Menschen. In: Bruhn, Herbert/Kopiez, Reinhard/Lehmann, Andreas C.: Musikpsychologie. Das neue Handbuch. Reinbek bei Hamburg: Rowohlt-Taschenbuch-Verlag, S. 17-36.

Hellbrück, Jürgen/Ellermeier, Wolfgang (2004): Hören: Physiologie, Psychologie und Pathologie. 2. Auflage. Göttingen u. a.: Hogrefe.

Hennes, Volker (2006): Heterophone Aspekte auditiver Aufmerksamkeit. Oder: „Nur die süßen Kirschen, bitte!" Unveröffentlichte Diplomarbeit. Online verfügbar unter: www.earesistible.de/texte/sweetcherries.pdf 09.12.2008.

Hentig, Hartmut von (1975): Das Leben mit der Aisthesis. In: Otto, Gunter: Texte zur ästhetischen Erziehung. Braunschweig: Westermann, S. 25 ff.

Herder, Johann Gottfried (2015, Erstdruck 1772): Abhandlung über den Ursprung der Sprache. Berlin: elv.

Herpell, Gabriela (2008): Bla Bla Bla. Wir hören nicht zu: Jeder will nur reden, reden, reden – und stellt sich taub, sobald andere das Wort ergreifen. Warum? In: Süddeutsche Zeitung Magazin (Heft 9, Februar 2008).

Online verfügbar unter: sz-magazin.sueddeutsche.de/texte/anzeigen/ 4571/1/1.

Hesse, Horst-Peter (2003): Musik und Emotion. Wien u. a.: Springer.

Hickman, Larry A./Neubert, Stefan/Reich, Kersten (Hg.) (2004): John Dewey: Zwischen Pragmatismus und Konstruktivismus. Münster u. a.: Waxmann.

Hilmes, Michelle (2005): Is There a Field Called Sound Culture Studies? And Does It Matter? In: American Quarterley (57, no. 1), S. 249-259.

Hofinger, Gesine (2005): Kommunikation in kritischen Situationen. Frankfurt am Main: Verlag für Polizeiwissenschaft.

Hoffmann, Peter (2005): Musikalische Atmosphäre(n) – Möglichkeiten gegenseitiger Wahrnehmung. In: Musiktherapeutische Umschau (Bd 26, Heft 3, 2005), S. 34-41.

Höger, Rainer/Schreckenberg, Dirk (2003): Lärm und soziale Lebensqualität. Modellvorstellungen über soziale Wirkungszusammenhänge. Vortrag auf dem 2. Neufahrner Workshop zur Lärmwirkung. Online verfügbar unter: www.staedtebauliche-laermfibel.de/pdf/Lebensqualitaet.pdf.

Hörstadt Linz (o. J.): Webseite mit weiterführenden Informationen. Online verfügbar unter: hoerstadt.at/.

Hörstadt Symposium „Hören und Gehorchen" (2011): Weiterführende Informationen zum Symposium am 20./21. Juni 2011. Online verfügbar unter: www.hoerstadt.at/leistung/hoerstadt_symposion_2011.html und archive-at.com/at/h/hoerstadt.at/2012-11-16_677576_10/Chronik_Acoustic_City/.

Hug, Daniel (2009): Ton ab, und Action! Narrative Klanggestaltung interaktiver Objekte. In: Spehr, Georg (Hg.): Funktionale Klänge. Hörbare Daten, klingende Geräte und gestaltete Hörerfahrungen. Bielefeld: transcript Verlag, S. 143-170.

Ihde, Don (1976): Listening and Voice. A Phenomenology of Sound. Athens, Ohio: Ohio Univ. Pr.

Imhof, Margarete (1995): Mit Bewegung zu Konzentration? Zu den Funktionen motorischer Nebentätigkeiten beim Zuhören. Münster u. a.: Waxmann.

Imhof, Margarete (2003): Zuhören: Psychologische Aspekte auditiver Informationsverarbeitung. Göttingen: Vandenhoeck & Ruprecht.

Imhof, Margarete (2004): Zuhören und Instruktion. Empirische Ansätze zu psychologischen Aspekten auditiver Informationsverarbeitung. Münster, München u. a.: Waxmann.

Imhof, Margarete (2010): Zuhören lernen und lehren: Psychologische Grundlagen zur Beschreibung und Förderung von Zuhörkompetenzen in

Schule und Unterricht. In: Bernius, Volker/Imhof, Margarete: Zuhörkompetenz in Unterricht und Schule: Beiträge aus Wissenschaft und Praxis. Göttingen: Vandenhoeck & Ruprecht, S. 15-30.

Initiative Hören e. V. (o. J.): Weiterführende Informationen über den Bundesverband. Online verfügbar unter: www.initiative-hoeren.de.

International Listening Association (o. J.): Weiterführende Informationen über die Organisation. Online verfügbar unter: www.listen.org.

Isaacs, William (1999): Dialogue: The Art Of Thinking Together. New York, NY u. a.: Currency.

Isaacs, William (2011): Dialog als Kunst gemeinsam zu denken: Die neue Kommunikationskultur in Organisationen. Aus dem Amerikanischen von Irmgard Hölscher. 2. Auflage. Bergisch Gladbach: EHP.

Jäckle, Monika (2009): Schule M(m)acht Geschlechter. Eine Auseinandersetzung mit Schule und Geschlecht unter diskurstheoretischer Perspektive. Wiesbaden: VS Verlag für Sozialwissenschaften.

Jacobs, Arthur/Schrott, Raoul (2011): Wie wir Musik verstehen. In: Bernius, Volker (Hg): Sinfonie des Lebens: Funkkolleg Musik. Ort: Verlag, S. 89-95.

Jacobsen, Jörn-Henrik u. a. (2015): Why musical memory can be preserved in advanced Alzheimer's disease. In: Brain: A Journal of Neurology. Online verfügbar unter: brain.oxfordjournals.org/content/early/2015/06/03/brain.awv135.

Jäger, Stefan (2008): Experimentelle Musik in der Hauptschule: Ausgewählte Ansätze für das Klassenmusizieren. Augsburg: Wißner.

Janich, Peter (2001): Logisch-pragmatische Propädeutik. Ein Grundkurs im philosophischen Reflektieren. Weilerswist: Velbrück Wiss.

Jensen, Stefan (1999): Erkenntnis, Konstruktivismus, Systemtheorie: Einführung in die Philosophie der konstruktivistischen Wissenschaft. Opladen u. a.: Westdt. Verlag.

Jentschke, Sebastian/Koelsch, Stefan (2010): Sprach- und Musikverarbeitung bei Kindern: Einflüsse musikalischen Trainings. In: Blell, Gabriele/Kupetz, Rita (Hg.): Der Einsatz von Musik und die Entwicklung von Audio Literacy im Fremdsprachenunterricht. Frankfurt am Main u. a.: Lang. Online verfügbar unter: www.stefan-koelsch.de/papers/Jentschke_Koelsch_Kinderstudien_final.pdf.

Jörg, Sabine (2004): Der erste Sinn? Von der Bedeutung des Hörens in der Entwicklung des Kindes. In: Huber, Ludowika/Qdersky, Eva (Hg.): Zuhören – Lernen – Verstehen. Braunschweig: Westermann, S. 72-80.

Jourdain, Robert (1998): Das wohltemperierte Gehirn. Wie Musik im Kopf entsteht und wirkt. Heidelberg/Berlin: Spektrum.

Jütte, Robert (2000): Geschichte der Sinne: Von der Antike bis zum Cyberspace. München: Beck.

Kahlert, Joachim (2000): Die akustisch gestaltete Schule. Überlegungen zum pädagogischen Stellenwert des Zuhörens in der akustisch gestalteten Schule. In: Huber, Ludowika/Odersky, Eva (Hg.): Zuhören – Lernen – Verstehen. Braunschweig: Westermann, S. 7-25.

Kahlert, Joachim (2002): Die akustisch gestaltete Schule: Auf der Suche nach dem guten Ton. Göttingen: Vandenhoeck & Ruprecht.

Kahlert, Joachim (2006): Hören, Denken, Sprechen – Die Rolle der Akustik in der Schule. In: Bernius, Volker/Kemper, Peter/Oehler, Regina (Hg.): Der Aufstand des Ohrs – die neue Lust am Hören. Reader neues Funkkolleg. Göttingen: Vandenhoeck & Ruprecht, S. 319-335.

Kahlert, Joachim/Schröder, Michael/Schwanebeck, Axel (Hg.) (2001): Hören – Ein Abenteuer. München: Fischer.

Kamper, Dietmar (1984): Vom Hörensagen. Kleines Plädoyer für eine Sozioakustik. In: Kamper, Dietmar/Wulf, Christoph (Hg): Das Schwinden der Sinne. Frankfurt am Main: Suhrkamp, S. 112-114.

Karmasin, Helene (2004): Wirtschaftsfaktor Stimme. Unveröffentlichte Studie.

Karst, Karl (1994): Geschichte des Ohrs. Eine Chronologie. In: Brandes, Uta: Welt auf tönernen Füßen. Die Töne und das Hören. Schriftenreihe Forum. Band 2. Göttingen: Steidl, S. 45-57.

Karst, Karl (1998): Sinneskompetenz – Medienkompetenz: Kommunikationsfähigkeit als Voraussetzung und Ziel einer Pädagogik des (Zu-)Hörens. In: medien praktisch. Zeitschrift für Medienpädagogik (Heft 1), S. 4-7.

Karst, Karl (2010): Medium Ohr. Eine kurze Geschichte des Hörens. In: Buck, Matthias/Hartling, Florian/Pfau, Sebastian: Randgänge der Mediengeschichte. Wiesbaden: VS Verlag für Sozialwissenschaften/GWV Fachverlage, S. 181-190.

Kern, Hermann (1983): ZEIT-RÄUME. Hinweise auf die Arbeit Bernhard Leitners. In: Leitner, Bernhard: Ton-Raum TU Berlin. Technische Universität Berlin. Der Präsident der TU Berlin (Hg.). Online verfügbar unter www.bernhardleitner.at/texts/indexLoadItem/19

Kiel, Hildegard (1993): Guided Imagery and Music – ein Konzept der rezeptiven Musiktherapie. In: Musiktherapeutische Umschau (Bd. 14, Heft 4), S. 327-339.

Kittler, Friedrich A. (2003): Aufschreibsysteme. 4 Auflage. München: Fink.

Klatte, Maria/Meis, Markus/Nocke, Christian/Schick, Anton (2003): Könnt ihr denn nicht zuhören?! Akustische Bedingungen in Schulen und ihre Auswirkungen auf Lernende und Lehrende. In: Schick, Anton/Klatte, Maria/Meis, Markus/Nocke, Christian (Hg.): Hören in Schulen. Beiträge zur Psychologischen Akustik. Ergebnisse des neunten Oldenburger Symposiums zur Psychologischen Akustik. Oldenburg: Bibliotheks- und Informationssystem der Universität Oldenburg, S. 233-252.

Klatte, Maria/Schick, August (2007): Lärm in Schulen und Kindertagestätten. In: Lärm in Bildungsstätten. Studie des Bremer Instituts für interdisziplinäre Schulforschung (ISF) im Auftrag des Hessischen Landesamts für Umwelt und Geologie. Umwelt und Geologie. Lärmschutz in Hessen (Heft 4). 2. Auflage. Online verfügbar unter: www.hlug.de/fileadmin/dokumente/laerm/laermschutz-heft4-II_575.pdf

Kleist, Heinrich von (1805): Ueber die allmähliche Verfertigung der Gedanken beim Reden. In: Nord und Süd. Eine deutsche Monatsschrift (H. 10, Bd. 4). Hrsg. von Paul Lindau. Berlin: Stilke 1878, S. 3-7.

Kloock Daniela/Spahr, Angela (2007): Medientheorien: Eine Einführung. 3. Auflage. Paderborn: UTB/BRO.

Klußmann, Jörg (2005): Musik im öffentlichen Raum: Eine Untersuchung zur Musikbeschallung des Hamburger Hauptbahnhofs. Osnabrück: Electronic Publ.

Koelsch, Stefan (2005): Ein neurokognitives Modell der Musikperzeption. Online verfügbar unter: www.stefan-koelsch.de/papers/MU_koelsch_04_05_30.11.2005.pdf.

Koelsch, Stefan (2008): Die emotionale Stimme. In: Musiktherapeutische Umschau (Bd. 29, Heft 3). Online verfügbar unter: www.stefan-koelsch.de/papers/03_koelsch_MU_03-1_proofs.pdf.

Koelsch, Stefan (2014): Musik, Emotion und Gehirn. In: Gebauer, Gunter/Edler, Markus (2014): Sprachen der Emotionen. Kunst, Kultur, Gesellschaft. Frankfurt am Main u. a.: Campus Verlag, S. 155-171.

Koelsch, Stefan/Fritz, Tom (2007): Musik verstehen – Eine neurowissenschaftliche Perspektive. In: Becker, Alexander (Hg.)/Matthias Vogel: Musikalischer Sinn. Beiträge zu einer Philosophie der Musik. Frankfurt am Main: Suhrkamp. Online verfügbar unter: www.stefan-koelsch.de/papers/PhMusik-Koelsch.pdf.

Koelsch, Stefan/Schröger, Erich (2009): Neurowissenschaftliche Grundlagen der Musikwahrnehmung. In: Bruhn, Herbert/Kopiez, Reinhard/Lehmann, Andreas C.: Musikpsychologie. Das neue Handbuch. Reinbek bei Hamburg: Rowohlt-Taschenbuch-Verlag, S. 393-413.

Köppchen, Ulrike (2007): Die Töne der Welt. Archive des Hörens. In: Bernius, Volker u. a. (Hg.): Erlebnis Zuhören. Eine Schlüsselkompetenz wiederentdecken. Göttingen: Vandenhoeck & Ruprecht, S. 105-112.

Korte, Petra (2003): Pädagogische Kommunikation oder Ein Plädoyer für alltägliche pädagogische Differenz- und Dissenskultur. In: Girmes Renate/ Korte, Petra (Hg.): Bildung und Bedingtheit. Pädagogische Kommunikation im Kontext individueller, institutioneller und gesellschaftlicher Muster. Opladen: Leske und Budrich, S. 141-152.

Kottkamp, Ingo (2007): Umschalten beim Hören. Über das Wechseln der auditiven Perspektive. In: Paragrana. Internationale Zeitschrift für Historische Anthropologie (Band 16, Heft 2), S. 223-236.

Krämer, Sybille (2007): Sprache als Gewalt oder: Warum verletzen Worte? In: Herrmann, Steffen K./Krämer, Sybille/Kuch, Hannes (Hg.): Verletzende Worte. Die Grammatik sprachlicher Missachtung. Bielefeld: Transcript, S. 31-48.

Kraus, Nina u. a. (2009): Musical experience and neural efficiency – effects of training on subcortical processing of vocal expressions of emotion. In: European Journal of Neuroscience (Vol. 29), S. 661-668. Online verfügbar unter: www.brainvolts.northwestern. edu/documents/Strait_EJN.pdf.

Kraus, Nina u. a. (2012a): Musical training during early childhood enhances the neural encoding of speech in noise. Brain & Language (123), S. 191-201. Online verfügbar unter: www.brainvolts.northwestern.edu/documents/ Strait_etal_BL_2012.pdf.

Kraus, Nina u. a. (2012b): Subcortical encoding of sound is enhanced in bilinguals and relates to executive function advantages. In: PNAS (Vol. 109, No. 20), S. 7877-7881. Online verfügbar unter: www.pnas.org/content/ 109/20/7877.full.pdf.

Krelle, Michael (2010): Zuhördidaktik. Anmerkungen zur Förderung rezeptiver Fähigkeiten des mündlichen Sprachgebrauchs im Deutschunterreicht. In: Bernius, Volker/Imhof, Margarete: Zuhörkompetenz in Unterricht und Schule: Beiträge aus Wissenschaft und Praxis. Göttingen: Vandenhoeck & Ruprecht, S. 51-68.

Kreuziger, Andreas (2010): Die humanistischen Wurzeln und die Einflüsse auf Rogers. Online verfügbar unter: www.carlrogers.de/humanistische-wurzeln-einfluesse.html.

Krippendorff, Klaus (1993): Schritte zu einer konstruktivistischen Erkenntnistheorie der Massenkommunikation. In: University of Pennsylvania (Hg.): ScholarlyCommons. Online verfügbar unter: repository.upenn. edu/asc_papers/293/.

Krippendorff, Klaus (1994): Der verschwundene Bote. Metaphern und Modelle der Kommunikation. In: Merten, Klaus/Schmidt, Siegfried J./Weischenberg, Siegfried: Die Wirklichkeit der Medien: Eine Einführung in die Kommunikationswissenschaft. Opladen: Westdeutscher Verlag, S. 79-113.

Kriz, Jürgen (2014): Grundkonzepte der Psychotherapie. 7. Auflage. Weinheim u. a.: Beltz.

Kumbruck, Christel/Derboven, Wibke (2016): Interkulturelles Training. Trainingsmanual zur Förderung interkultureller Kompetenzen in der Arbeit. 3. Auflage. Berlin, Heidelberg: Springer Berlin Heidelberg.

Langenbruch, Bettina (2001): Man hört nicht mit dem Ohr allein – Auditive Wahrnehmungsschwächen als Lernhindernis im Grundschulalltag. In: Schule und Recht in Niedersachsen. Gesetze, Verordnungen, Erlasse und Kommentare (SVBL.6), S. 224. Online verfügbar unter: www.schure.de/comment/svblo601.

Lauer, Norina (2006): Zentral-auditive Verarbeitungsstörungen im Kindesalter: Grundlagen, Klinik, Diagnostik, Therapie. 22 Tabellen. 3. Auflage. Stuttgart u. a.: Thieme.

Lay, Conrad (2007): Machtlose Ohren. Zuhören in Politik und Wirtschaft. In: Bernius, Volker u. a.: Erlebnis Zuhören. Eine Schlüsselkompetenz wieder entdecken. Göttingen: Vandenhoeck & Ruprecht, S. 249-260.

Lee, Kyeong-Bae (2009): Anerkennung durch Dialog: Zur ethischen Grundlage des Verstehens in Gadamers Hermeneutik. 1. Auflage. Kassel: University Press.

Lehmann-Rommel, Roswitha (2003): Dekonstruktion habitueller Muster als Voraussetzung für Bildung und für Dialoge in Organisationen. In: Girmes Renate/Korte, Petra (Hg.): Bildung und Bedingtheit. Pädagogische Kommunikation im Kontext individueller, institutioneller und gesellschaftlicher Muster. Opladen: Leske und Budrich, S. 23-40.

Leitner, Bernhard (2011): Sound Spaces. Vortrag. Online verfügbar unter: www.bernhardleitner.at/pdf/Vortrag_SOUND_SPACES_D_2011.pdf.

Leitner, Bernhard/Fricke, Stefan (2010): Mit dem Knie höre ich besser als mit der Wade. Über Ton-Raum-Architekturen im Kopf, im Körper und anderswo. In: Kiefer, Peter (Hg.): Klangräume der Kunst. Heidelberg: Kehrer, S. 219-236.

Lendenmann, Jürg (2001): Zen in der Kunst des Zuhörens. In: VGS-Gesundheitsmagazin (Juli/August), S. 34-37.

Lenzen, Dieter (1989): Pädagogische Grundbegriffe. Band 1. Reinbek bei Hamburg: Rowohlt-Taschenbuch-Verlag.

Levinas, Emmanuel (1998): Die Spur des Anderen: Untersuchungen zur Phänomenologie und Sozialphilosophie. 3. Auflage. Alber-Studienausgabe. Freiburg u. a.: Alber.

Lewis, R. D. (2000): Handbuch internationale Kompetenz. Frankfurt am Main u. a.: Campus-Verlag.

Liedtke, Rüdiger (1996): Die Vertreibung der Stille. Wie uns das Leben unter der akustischen Glocke um unsere Sinne bringt. München u. a.: Dt. Taschenbuch-Verlag.

Löw, Martina (2012): Raumsoziologie. 7. Auflage. Frankfurt am Main: Suhrkamp.

Luft, Joseph (1977): Einführung in die Gruppendynamik. Texte zur Gruppendynamik. Stuttgart: Klett

Marks, Stephan (2006): Der Lärm und die Seele. In: Bernius, Volker/Kemper, Peter/Oehler, Regina (Hg.): Der Aufstand des Ohrs – die neue Lust am Hören. Reader neues Funkkolleg. Göttingen: Vandenhoeck & Ruprecht, S. 196-209.

Martinez Rojas, Juan Antonio u. a. (2009): Physical Analysis of Several Organic Signals for Human Echolocation: oral vacuum pulses. In: Acta Acustica united with Acustica (Band 2, Nr. 95), S. 325-330.

Matoba, Kazuma/Scheible, Daniel (2007): Interkulturelle und transkulturelle Kommunikation. Working Paper of International Society for Diversity Management e. V. No. 3. Online verfügbar unter: www.idm-diversity.org/ files/Working_paper3-Matoba-Scheible.pdf.

Max-Planck-Gesellschaft (Hg.) (2015): Alzheimer verschont Langzeitgedächtnis für Musik. Max-Planck-Forscher decken anatomische Gründe für Erhalt des Musikgedächtnisses bei Alzheimer-Patienten auf. Meldung vom 4.6.2015. Online verfügbar unter: www.mpg.de/9259430/musikgedaechtnis-alzheimer.

McAdams, Stephen/Bigand, Emmanuel (2001): Thinking in Sound: The Cognitive Psychology of Human Audition. Oxford: Oxford University Press.

Mead, George H. (1973): Geist, Identität und Gesellschaft. Hg. von Ch. W. Morris. Frankfurt am Main: Suhrkamp.

Meier, Ulrike (2006): Hörräume schaffen in der Schule. Förder- und Preisträgerkonzept im Rahmen der Förderinitiative „MitSprache NRW" (WestLB AG und WestLB Stiftung Zukunft NRW). Unveröffentlichtes Konzeptpapier der Montag Stiftung Jugend und Gesellschaft.

Meier, Ulrike (2015): Inklusion und Kommunikation. In: Reich, Kersten/Asselhoven, Dieter/Kargl, Silke (Hg.): Eine inklusive Schule für alle: Das Modell der Inklusiven Universitätsschule Köln. Weinheim u. a.: Beltz, S. 320-329.

Meier, Ulrike/Weber, Martin (2014): Mit Musik(-unterricht) geht alles besser ... auch Inklusion? In: Amrhein, Bettina/Dziak-Mahler, Myrle (Hg.): Fachdidaktik inklusiv: Auf der Suche nach didaktischen Leitlinien für den Umgang mit Vielfalt in der Schule. Münster u. a.: Waxmann, S. 133-152.

Menz, Florian (2002): Verständigungsprobleme in Wirtschaftsunternehmen: Zum Einfluss von unterschiedlichen Konzeptionalisierungen auf die betriebsinterne Kommunikation. In: Fiehler, Reinhard: Verständigungsprobleme und gestörte Kommunikation. Opladen: Westdeutscher Verlag, S. 134-155. Online verfügbar unter: www.verlag-gespraechsforschung.de/2002/probleme/probleme.pdf.

Merten, Klaus (1994): Die Wirklichkeit der Medien: Eine Einführung in die Kommunikationswissenschaft. Durchges. Nachdr. der 1. Auflage. Opladen: Westdt. Verlag, S. 79-113.

Merkur Nachrichtenmagazin (2009): Obama will „zuhören und führen" (Meldung vom 29.03.09). Online verfügbar unter: www.merkur.de/politik/obama-will-zuhoeren-fuehren-119072.html.

Meyer, Petra (2008): Acoustic turn. München u. a.: Fink.

Meyer, Torsten (2009): Randgänge des Symbolischen. In: Kunst und aktuelle Medienkultur in der Schule: fünf Unterrichtseinheiten zu den Künstlern: Com & Com, Dellbrügge & de Moll, Bjørn Melhus, Peter Piller, Robin Rhode. Kiss – Kultur in Schule und Studium. Hannover: BDK u. a., S. 6-15.

Mixner, Manfred (1997): Der Aufstand des Ohrs. Phänomenologische Notizen zum Hören und Anmerkungen zur Entwicklung der akustischen Kunstformen in den Medien. In: Blomann, Karl-Heinz/Sielecki, Frank (Hg.): Hören. Eine vernachlässigte Kunst? Hofheim/Ts.: Wolke, S. 113-120.

Montag Stiftungen (2012): Schulen planen und bauen – Grundlagen und Prozesse. Hg. von der Montag Stiftung Jugend und Gesellschaft und der Montag Stiftung Urbane Räume. Berlin/Seelze: Jovis/Klett-Kallmeyer.

Morat, Daniel (2013): Zur Historizität des Hörens. Ansätze für eine Geschichte auditiver Kulturen. In: Volmar, Axel/Schröter, Jens: Auditive Medienkulturen. Bielefeld: Transcript, S. 131-144.

Morat, Daniel (2014): Sounds of modern history: auditory cultures in 19thand 20th-century Europe. New York, NY u. a.: Berghahn.

Morat, Daniel (2016): Großmachttöne. Akustische Mobilisierung und politische Kommunikation im imperialen Berlin 1890-1918. Freie Universität Berlin: Forschernetzwerk „Hör-Wissen im Wandel". Ein laufendes Forschungsprojekt der DFG (Deutsche Forschungsgemeinschaft). Online verfügbar unter: www.hoer-wissen-imwandel.de/projekte/grossmachttoene.html.

Mörchen, Raoul (2003): Ein anderer Sinn für Zeit und Raum. In: MusikTexte (96), S. 65-70.

Motte-Haber, Helga de la (1995): Der einkomponierte Hörer. In: Motte-Haber, Helga de la/Kopiez, Reinhard (Hg.): Der Hörer als Interpret. Schriften zur Musikpsychologie und Musikästhetik. Frankfurt am Main u. a.: Lang, S. 35-42.

Motte-Haber, Helga de la (Hg.) (1999): Zwischen Performance und Installation. In: Klangkunst: tönende Objekte und klingende Räume. Handbuch der Musik im 20. Jahrhundert. Laaber: Laaber-Verlag, S. 229-280.

Motte-Haber, Helga de la (2010): Wahrnehmung im Rahmen der Kunst. In: Kiefer, Peter (Hg.): Klangräume der Kunst. Heidelberg: Kehrer, S. 41-52.

Müller, Jörn/Nießeler, Andreas/Rauh, Andreas (2016): Aufmerksamkeit. Neue humanwissenschaftliche Perspektiven. Bielefeld: Transcript.

Müller, Rebekka (2010a): Ein klassischer Zug. In: Süddeutsche Zeitung (17.05.2010). Online verfügbar unter: www.sueddeutsche.de/muenchen/musik-im-u-bahnhof-ein-klassischer-zug-1.741352.

Müller, Rebekka (2010b): Klassik macht U-Bahn sicherer. In: Süddeutsche Zeitung (17.05.2010). Online verfügbar unter: www.sueddeutsche.de/muenchen/glosse-glosse-klassik-macht-u-bahn-sicherer-1.741774.

Muth, Cornelia (2013): Transkulturelles Lernen als (wissenschaftlicher) Erkenntnisprozess der Andersheit. In: Muth, Cornelia: Von der interkulturellen Erfahrung zur transkulturellen Begegnung – und zurück. Stuttgart: Ibidem-Verl.

Neubert, Stefan (1998): Erkenntnis, Verhalten und Kommunikation: John Deweys Philosophie des „experience" in interaktionistisch-konstruktivistischer Interpretation. Münster u. a.: Waxmann.

Neubert, Stefan (2004): Pragmatismus, Konstruktivismus und Kulturtheorie. In: Hickman, Larry A.: John Dewey: Zwischen Pragmatismus und Konstruktivismus. Münster u. a.: Waxmann, S. 114-132.

Neubert, Stefan (2012): Studien zu Kultur und Erziehung im Pragmatismus und Konstruktivismus. Beiträge zur Kölner Dewey-Forschung und zum interaktionistischen Konstruktivismus. Münster u. a.: Waxmann.

Neubert, Stefan (2015): Vom Subjekt zur Interaktion. Kersten Reichs Die Ordnung der Blicke. In: Pörksen, Bernhard: Schlüsselwerke des Konstruktivismus. 2. Auflage. Wiesbaden: VS Verlag für Sozialwissenschaften, S. 387-400.

Neubert, Stefan/Garrison, Jim (2012): Bausteine für eine kreative Theorie des Zuhörens. In: Studien zu Kultur und Erziehung im Pragmatismus und Konstruktivismus. Beiträge zur Kölner Dewey-Forschung und zum interaktionistischen Konstruktivismus. Münster u. a.: Waxmann.

Niklas, Stefan (2014): Die Kopfhörerin: Mobiles Musikhören als ästhetische Erfahrung. Paderborn: Fink.

Nöcker-Ribaupierre, Monika (1995): Auditive Stimulation nach Frühgeburt. Stuttgart, Jena, New York: G. Fischer.

Nöcker-Ribaupierre, Monika (2003): Hören – Brücke ins Leben. Musiktherapie mit früh- und neugeborenen Kindern. Göttingen: Vandenhoeck & Ruprecht.

Nübold, Daniel (2012): Wie durch Klang ein Raum entsteht – Teil 2: Narrativ? Online verfügbar unter: klangschreiber.de/2012/10/15/wie-durch-klang-ein-raum-entsteht-teil-2-narrativ/.

Obermeier, Birgit (2004): Karrieresprung: Die Kunst des Zuhörens. In: FAZ (09.01.2004). Online verfügbar unter: www.institut-gespraechsforschung.de/fachliteratur/presse-090104.pdf.

Obermeier, Birgit (2006): Zuhören ist Gold. In: Focus-money (Nr. 26/2006). Online verfügbar unter: http://www.focus.de/finanzen/news/kommunikation-zuhoeren-ist-gold_aid_267238.html

Oehler, Regina (2007a): Vom Schall zum Sinn. Die Neurobiologie des Hörens. In: Bernius, Volker u. a. (Hg.): Erlebnis Zuhören. Eine Schlüsselkompetenz wiederentdecken. Göttingen: Vandenhoeck & Ruprecht, S. 146-154.

Oehler, Regina (2007b): Ohr heilt mit. Zuhören in Medizin und Psychotherapie. In: Bernius, Volker u. a. (Hg.): Erlebnis Zuhören. Eine Schlüsselkompetenz wiederentdecken. Göttingen: Vandenhoeck & Ruprecht, S. 202-210.

Oehmichen, Ekkehardt (2002): Aufmerksamkeit und Zuwendung beim Radiohören. Ergebnisse einer Repräsentativbefragung in Hessen. In: Zuhören e. V. (Hg.): Ganz Ohr. Interdisziplinäre Aspekte des Zuhörens. Göttingen: Vandenhoeck & Ruprecht, S. 85-108.

Ohrenspitzer Projekt. Ein Förderprojekt gekonnten Zuhörens der Landesanstalt für Kommunikation Baden-Württemberg (LFK), des Landesmedienzentrums Baden-Württemberg (LMZ), der Landeszentrale für Medien und Kommunikation Rheinland-Pfalz (LMK) und des Südwestrundfunks (SWR), gefördert von der Stiftung MedienKompetenz Forum Südwest (MKFS). Webseite mit weiterführenden Informationen unter: http://www.ohrenspitzer.de/home/.

Ott, Thomas (2006): Auditive Wahrnehmungserziehung. In: Diskussion Musikpädagogik (30). Online verfügbar unter: www.thomasottpages.de/wp-content/uploads/Auditive-Wahrnehmungserziehung.pdf.

Otto, Gunter (1998): Wie viel Ästhetik hält die Schule aus? Lernen zwischen Ekstase und Unterricht. In: Otto, Gunter: Lehren und Lernen zwischen Didaktik und Ästhetik. Band 2. Wolfenbüttel: Kallmeyer, S. 115-124.

Pabst, Manfred (2004): Bild – Sprache – Subjekt. Würzburg: Königshausen und Neumann.

Panksepp, Jaak (1995): The emotional sources of „chills" induced by music. In: Music Perception (13), S. 171-207.

Pawek, Karl (1963): Das optische Zeitalter. Grundzüge einer neuen Epoche. Olten u. a.: Walter-Verlag.

Pazzini, Karl Josef (1993): Wer nicht hören will, muß fühlen. Einige Diskussionsbeiträge zum Hören in der Psychoanalyse und der Pädagogik. In: Paragrana. Internationale Zeitschrift für Historische Anthropologie (Band 2, Heft 1-2), S. 15-28.

Peez, Georg (2003): Ästhetische Erfahrung. Strukturelemente und Forschungsaufgaben im erwachsenenpädagogischen Kontext. In: Nittel, Dieter/Seitter, Wolfgang (Hg.): Die Bildung des Erwachsenen. Bielefeld: Bertelsmann, S. 249-260. Online verfügbar unter: www.georgpeez.de/texte/kade.htm.

Peez, Georg (2008): Einführung in die Kunstpädagogik. 3. Auflage. Stuttgart: Kohlhammer.

Peters, Maria (1997): Erschriebene Grenz-Gänge. Raumwahrnehmung und ihre sprachliche Umsetzung. In: Internationale Zeitschrift zur Theorie der Architektur (2. Jg., Heft 2). Online verfügbar unter: www.cloudcuckoo.net/openarchive/wolke/deu/Themen/972/Peters/peters_t.html.

Pfeiffer, Christian u. a. (2007): Die PISA-Verlierer – Opfer ihres Medienkonsums. Eine Analyse auf der Basis verschiedener empirischer Untersuchungen. Kriminologisches Forschungsinstitut Niedersachsen e. V. (KFN). Online verfügbar unter: kfn.de/versions/kfn/assets/pisaverlierer.pdf.

Pfeiffer, Zara (2013): Warum wir schwerhörig sind. Online verfügbar unter: frequenzen.wordpress.com/2013/08/27/warum-wir-schwerhoerig-sind/.

Plessner, Helmuth/Dux, Günther (Hg.) (1970): Philosophische Anthropologie: Lachen und Weinen, das Lächeln, Anthropologie der Sinne. Frankfurt am Main: Fischer.

Poelchau, Susanne (2007): Mit den Ohren sehen? Hören im Ensemble der Sinne. In: Bernius, Volker u. a. (Hg.): Erlebnis Zuhören. Eine Schlüsselkompetenz wiederentdecken. Göttingen: Vandenhoeck & Ruprecht, S. 127-134.

Pöppel, Ernst (1997): Grenzen des Bewusstseins. Wie kommen wir zur Zeit, und wie entsteht Wirklichkeit? Frankfurt am Main u. a.: Insel.

Pörksen, Bernhard (2015): Schlüsselwerke des Konstruktivismus. 2. Auflage. Wiesbaden: VS Verlag für Sozialwissenschaften.

Pöttinger, Ida (2005): Can't you hear my heart beat – Wer fühlen will, muss hören. In: Bloech, Michael/Fiedler, Fabian/Lutz, Klaus (Hg.): Junges Radio. Kinder und Jugendliche machen Radio. München: kopaed, S. 20-29.

Priddat, Birger P. (2010): Organisation als Kooperation. Wiesbaden: VS Verlag für Sozialwissenschaften/GWV Fachverlage.

Radio108komma8. Internetseiten für Kinder im Auftrag der Bundeszentrale für gesundheitliche Aufklärung (BZgA). Webseite mit weiterführenden Informationen online verfügbar unter: http://www.radio108komma8.de.

Raffaseder, Hannes (2010): Audiodesign. 2. Auflage. München: Hanser.

Rapp, Tobias (2010): Der Krieg der iPods. Amnesty Journal Dezember 2010. Online verfügbar unter: www.amnesty.de/journal/2010/dezember/der-krieg-der-ipods.

Rebstock, Matthias (2009): Erlebnis Musikhören. In: Neue Zeitschrift für Musik (Nr. 4), S. 14-17.

Reddemann, Luise (2013): Ärztliches Handeln und die Kultur des Mitgefühls (1). Universität Freiburg/Breisgau. Vortrag. Online verfügbar unter: www.luise-reddemann.de/fileadmin/content/downloads/aufsaetze-vortraege/Ärztliches%20Handeln%20und%20die%20Kultur%20des%20 Mitgefühls%20.pdf.

Reich, Kersten (2004a): Beobachter, Teilnehmer und Akteure in Diskursen – zur Beobachtertheorie im Pragmatismus und Konstruktivismus. In: Hickman, Larry A.: John Dewey: Zwischen Pragmatismus und Konstruktivismus. Münster u. a.: Waxmann, S. 76-98.

Reich, Kersten (2004b): Konstruktivistische Didaktik im Blick auf Aufgaben der Fachdidaktik Pädagogik. In: Beyer, Klaus (Hg.): Planungshilfen für den Fachunterricht. Die Praxisbedeutung der wichtigsten allgemein-didaktischen Konzeptionen. Baltmannsweiler: Schneider Verlag Hohengehren, S. 103-121.

Reich, Kersten (2006a): Konstruktivistische Didaktik – ein Lehr- und Studienbuch inklusive Methodenpool auf CD. Weinheim u. a.: Beltz.

Reich, Kersten (2006b): Das Reale und das Religiöse in Pragmatismus und Konstruktivismus. In: Ziebertz, Hans-Georg/Schmidt, Günter R. (Hg.): Religion in der Allgemeinen Pädagogik. Gütersloh: Herder, S. 163-190.

Reich, Kersten (Hg.) (2008): Methodenpool. Online verfügbar unter: methodenpool.uni-koeln.de.

Reich, Kersten (2009a): Die Ordnung der Blicke. Band. 1. Perspektiven des interaktionistischen Konstruktivismus. Online verfügbar unter: www.uni-koeln.de/hf/konstrukt/reich_works/buecher/ordnung/band1/reich_ordnung_band_1.pdf.

Reich, Kersten. (2009b): Die Ordnung der Blicke. Band 2. Perspektiven des interaktionistischen Konstruktivismus. Online verfügbar unter: www.uni-koeln.de/hf/konstrukt/reich_works/buecher/ordnung/band2/PDF/reich_ ordnung_band_2_komplett.pdf.

Reich, Kersten (2010): Systemisch-konstruktivistische Pädagogik: Einführung in die Grundlagen einer interaktionistisch-konstruktivistischen Pädagogik. 6. Auflage. Weinheim u. a.: Beltz.

Reich, Kersten (2012): Konstruktivistische Didaktik. Lehr- und Studienbuch. Weinheim u. a: Beltz.

Reich, Kersten (2013): Chancengerechtigkeit und Kapitalformen: Gesellschaftliche und individuelle Chancen in Zeiten zunehmender Kapitalisierung. Wiesbaden: Springer VS.

Reich, Kersten (2014): Inklusive Didaktik: Bausteine für eine inklusive Schule. Weinheim u. a.: Beltz.

Reich, Kersten/Sehnbruch, Lucia/Wild, Rüdiger (2005): Medien und Konstruktivismus: eine Einführung in die Simulation als Kommunikation. Münster u. a.: Waxmann.

Reichertz, Jo (2010): Die Macht der Worte und der Medien. 3. Auflage. Wiesbaden: VS Verlag für Sozialwissenschaften.

Reinartz, Burkhard (2008): Erlauschbare Welt. Vom Hören zum Horchen. Eine Sendung des WDR Lebenszeichen vom 07.09.2008. Unveröffentlichtes Sendungsmanuskript.

Reinecke, Han-Peter (2002): Wer hört zu, wer nicht – und warum? Über Motive, Medieninteressen und Medieninteressenten. In: Zuhören e. V. (Hg.): Ganz Ohr. Interdisziplinäre Aspekte des Zuhörens. Göttingen: Vandenhoeck & Ruprecht, S. 85-98.

Response (o. J.): Weiterführende Informationen über das Schulprojekt. Online verfügbar unter: www.hfmdk-frankfurt.info/aktivitaeten/projekte-der-fachbereiche/schulprojekt-response/.

Rittle-Johnson, Bethany/Saylor, Megan/Swygert, Kathryn (2008): Learning from explaining: Does it matter if Mom is listening? In: Journal of Experimental Child Psychology (100), S. 215-224. Online verfügbar unter: peabody.vanderbilt.edu/docs/pdf/PRO/ATME_Rittle-Johnsonetal_2007.pdf.

Rizolatti, Giacomo/Sinigaglia, Corrado (2008): Empathie und Spiegelneurone, die biologische Basis des Mitgefühls. Frankfurt am Main: Suhrkamp.

Robert Koch-Institut (2006): Themenheft 29: Hörstörungen und Tinnitus. Aus der Reihe Gesundheitsberichterstattung des Bundes. Online verfügbar unter: edoc.rki.de/documents/rki_fv/ren4T3cctjHcA/PDF/20V04C XYDBpeQ_41.pdf.

Rosa, Hartmut (2016): Resonanz: eine Soziologie der Weltbeziehung. Berlin: Suhrkamp.

Rosenberg, Marshall (2013): Gewaltfreie Kommunikation: eine Sprache des Lebens. 11. Auflage. Paderborn: Junfermann.

Rosenberg, Sabine Patzer (2001): Musik und Imagination. Die Anwendung von „Guided Imagery and Music" im Unterricht. In: Schulmagazin (5 bis 10, 69), S. 17-22.

Rosenkötter, Henning (2003): Auditive Wahrnehmungsstörungen: Kinder mit Lern- und Sprachschwierigkeiten behandeln. Stuttgart: Klett-Cotta.

Rösing, Helmut/Oerter, Ralf (2002): Kultur- und Musikpsychologie. In: Bruhn, Herbert: Musikpsychologie: ein Handbuch. 4. Auflage. Reinbek bei Hamburg: Rohwolt, S. 43-56.

Roszak, Stefan (2009): Am Anfang war das Ohr. Auditive Sensibilisierung im städtischen Klangraum. Zeitschrift ästhetische Bildung (zaeb) (Jg. 1, Nr. 2): Die Stadt als ästhetischer Erfahrungsraum. Online verfügbar unter: zaeb.net/index.php/zaeb/article/viewFile/25/21.

Roth, Hans-Joachim (2002): Kultur und Kommunikation. Opladen: Leske + Budrich.

Roth, Hans Joachim (2004): Innerer Karneval – Pragmatismus, Konstruktivismus und eine Theorie der dialogischen Imagination. In: Hickman, Larry A.: John Dewey: Zwischen Pragmatismus und Konstruktivismus. Münster u. a.: Waxmann Verlag, S. 132-145.

Rudolph, Axel (1993): Akustik Design. Gestaltung der akustischen Umwelt. Frankfurt am Main u. a.: Lang.

Rüegg, Johann Caspar (2007): Gehirn, Psyche und Körper. Neurobiologie von Psychosomatik und Psychotherapie. Stuttgart: Schattauer.

Rüsenberg, Michael (2003): Musikhören nach Adorno. Ein Gespräch mit Tobias Plebuch, Stanford/CA. Eine Sendung des HR2 vom 20.09.2003. Manuskript online verfügbar unter: www.michael-ruesenberg.de/index.php/texte/56-musikhoeren-nach-adorno.

Rüsenberg, Michael (2007): Stadt, Land, Fluss. Zur akustischen Gestaltung von Räumen. In: Bernius, Volker u. a. (Hg.): Erlebnis Zuhören. Eine Schlüsselkompetenz wiederentdecken. Göttingen: Vandenhoeck & Ruprecht, S. 221-232.

Rüsenberg, Michael (2012): Ist Musik eine Sprache? Das Vokabular der Töne. In: Bernius, Volker (Hg): Sinfonie des Lebens: Funkkolleg Musik. Mainz: Schott, S. 11-21.

Sanio, Sabine (2010): Aspekte einer Theorie der auditiven Kultur. In: kunsttexte.de (4/2010). Online verfügbar unter: edoc.hu-berlin.de/kunsttexte/2010-4/sanio-sabine-2/PDF/sanio.pdf?.

Satie, Erik/Bärtschi, Werner (Hg.) (1980): Schriften. Zürich: Regenbogen-Verlag.

Schafer, Murray, R. (1967): Ear Cleaning. Notes for an Experimental Music Course. Don Mills. Ontario: BMI Canada. Online verfügbar unter: monoskop.org/images/2/2d/Schafer_R_Murray_Ear_Cleaning_Notes_for_an_Experimental_Music_Course.pdf.

Schafer, Murray, R. (1972): Schule des Hörens. Wien: Universal-Edition.

Schafer, Murray, R. (1988): Klang und Krach. Eine Kulturgeschichte des Hörens. Frankfurt am Main: Athenäum.

Schafer, Murray, R. (2002). Anstiftung zum Hören. Hundert Übungen zum Hören und Klänge machen. Aargau: HBS Nepomuk.

Schafer, Murray, R. (2006): Soundscape – Design für Ästhetik und Umwelt. In: Bernius, Volker/Kemper, Peter/Oehler, Regina (Hg.): Der Aufstand des Ohrs – die neue Lust am Hören. Reader neues Funkkolleg. Göttingen: Vandenhoeck & Ruprecht, S. 141-152.

Schafer, Murray, R. (2010a): Die Ordnung der Klänge. Eine Kulturgeschichte des Hörens. Übers. und neu hrsg. von Sabine Breitsameter. Mainz: Schott.

Schafer, Murray, R. (2010b): Interview im Rahmen der französischen „La Semaine du Sol". Online verfügbar unter: www.lasemaineduson.org/-videos-des-parrains-de-la-semaine-du-son-pierre-boulez-r-murray-schafer-maxime-le-forestier-.

Schäfer, Olaf (2010): Zum Schutz, zur Freiheit. Preisträger des Hörstadt-Essaywettbewerbs 2010: Viel Lärm(schutz) um nichts. Online verfügbar unter: www.hoerstadt.at/files/downloads/103/olafschaeferschutzfreiheit.pdf.

Scharmer, Claus Otto (2009): Theorie U: Von der Zukunft her führen. 1. Auflage. Heidelberg: Carl-Auer Verlag.

Schatt, Peter W. (2007): Einführung in die Musikpädagogik. Darmstadt: WBG.

Scheich, Henning (2007): Das Entstehen von Sprachbegriffen aus der Natur des Hörens. In: A hearing perspective. 2. Theory. Hg. von OK Offenes Kulturhaus Oberösterreich/Seiffarth, Carsten/Sturm, Martin. Wien u. a.: Folio-Verlag, S. 17-24.

Schering, Arnold (1990): Symbol in der Musik. In: Karbusicky, Vladimir (Hg.): Sinn und Bedeutung in der Musik. Darmstadt: Wiss. Buchges., S. 37-46.

Schick, August (1997): Entwicklung und Stand der psychoakustischen Forschung. In: Blomann, Karl-Heinz/Sielecke, Frank: Hören – eine vernachlässigte Kunst? Hofheim/Ts.: Wolke Verlag, S. 47-73.

Schlippe, Arist von/El Hachimi, Mohammed/Jürgens, Gesa (2013): Multikulturelle systemische Praxis: Ein Reiseführer für Beratung, Therapie und Supervision. 4. Auflage. Heidelberg: Carl-Auer Verlag.

Schlippe, Arist von/Schweitzer, Jochen (2007): Lehrbuch der systemischen Therapie und Beratung I: Das Grundlagenwissen. 10. Auflage. Göttingen: Vandenhoeck & Ruprecht.

Schlippe, Arist von/Schweitzer, Jochen (2010): Systemische Interventionen. 2. Auflage. Göttingen: Vandenhoeck & Ruprecht.

Schmicking, Daniel (2003): Hören und Klang: empirisch phänomenologische Untersuchungen. Würzburg: Königshausen & Neumann.

Schmidt, Gunter (2013): Liebesaffären zwischen Problem und Lösung. Hypnosystemisches Arbeiten in schwierigen Kontexten. Heidelberg: Carl-Auer Verlag.

Schmölders, Claudia (2002): Wer nicht hören will ... Zuhörzwang im „Dritten Reich". In: Zuhören e. V. (Hg.): Ganz Ohr. Interdisziplinäre Aspekte des Zuhörens. Göttingen: Vandenhoeck & Ruprecht, S. 64-73.

Schmucker, Andrea (2004): Die Klanggeleitete Trance nach Wolfgang Strobel. Rezeptive Musiktherapie mit Klangarchetypen – eine tiefenpsychologische Methode. In: Frohne-Hagemann, Isabelle (Hg.): Rezeptive Musiktherapie. Theorie und Praxis. Wiesbaden: Reichert, S. 65-87.

Schönberger, Jörg (2006): Musik und Emotionen: Grundlagen, Forschung, Diskussion. Saarbrücken: VDM-Verl. Müller.

Schramm, Holger (2005): Mood Management durch Musik: Die alltägliche Nutzung von Musik zur Regulierung von Stimmungen. Köln: von Halem.

Schramm, Holger/Kopiez, Reinhard (2008): Die alltägliche Nutzung von Musik. In: Musikpsychologie. Das neue Handbuch. Reinbek bei Hamburg: Rowohlt-Taschenbuch-Verlag, S. 253-265.

Schramm, Martin (2010): Hirngerechte Kunst? Sinn und Unsinn der Neuroästhetik. Eine Sendung des Bayerischen Rundfunks (Bayern 2) vom 2. März 2010, 18.05 Uhr. Unveröffentlichtes Sendungsmanuskript.

Schröder, Michael/Schwanebeck, Axel (2001): Hören im multimedialen Zeitalter. Eine Problemskizze. In: Kahlert, Joachim/Schröder, Michael/Schwanebeck, Axel: Hören – ein Abenteuer. München: Fischer. S.9-18.

Schroer, Markus (2007): Defizitäre Reziprozität. Der Raum der Überflüssigen und ihr Kampf um Aufmerksamkeit. In: Klinger, Cornelia/Knapp, Gudrun Axeli/Sauer, Birgit (Hg.): Achsen der Ungleichheit. Zum Verhältnis von Klasse, Geschlecht und Ethnizität. Frankfurt am Main/New York: Campus, S. 257-270.

Schulz von Thun, Friedemann (1991): Miteinander Reden. Störungen und Klärungen. Band 1-3. Reinbek bei Hamburg: Rowohlt-Taschenbuch-Verlag.

Schulze, Holger (2007a): Hören des Hörens. Aporien und Utopien einer historischen Anthropologie des Klangs. In: Paragrana. Internationale Zeitschrift für Historische Anthropologie (Band 16, Ausgabe 2), S. 240-244.

Schulze, Holger (2007b): Der Raumkörperklang. Eine Anthropologie des Mit. In: Auinger, Sam: A hearing perspective. 2. Theory. Hg. von OK Offenes Kulturhaus Oberösterreich/Seiffarth, Carsten/Sturm, Martin. Wien u. a.: Folio-Verlag, S. 33-46.

Schulze, Holger (2008): Bewegung Berührung Übertragung. Einführung in eine historische Anthropologie des Klangs. In: Schulze, Holger: Sound Studies: Traditionen – Methoden – Desiderate. Eine Einführung. Bielefeld: Transcript, S. 143-166.

Schulze, Holger (Hg.) (2012): Gespür, Empfindung, kleine Wahrnehmungen: klanganthropologische Studien. Bielefeld: Transcript.

Sehnbruch, Lucia (2018): Eine Mediengeschichte des Bildschirms. Analyse der Dispositive visueller Wahrnehmungskonstruktion. Wiesbaden: Springer VS.

Seimer, Andreas (2007): Vortrag auf der Tagung „Ganz Ohr. Neue Wege der Hörbildung" (25.9.2007, Stuttgart).

Shafir, Rebecca (2001): Zen in der Kunst des Zuhörens. Verstehen und verstanden werden. München u. a.: Hugendubel.

Shannon, Claude E./Weaver, Warren (1963): The mathematical theory of communication. Urbana, Ill. u. a.: Univ. of Illinois Pr.

Shazer, Steve de (1988): Der Dreh. Überraschende Wendungen und Lösungen in der Kurzzeittherapie. 7. Auflage 2002. Heidelberg: Carl-Auer-Systeme-Verlag.

Siebert, Julia M. (2009): Hört – aber fair! Elektronische Ressource: ZuHör-Kompetenzen zur Vermeidung von Beziehungsstörungen. Eine Studie zum Erlernen und Lehren auditiver Kompetenzen. Köln: Univ. Diss.

Sloboda, John A. (1992): Empirical studies of emotional response to music. In: Riess-Jones, Mari/Holleran, Susan (Eds.): Cognitive bases of musical communication. Washington DC: American Psychological Association, S. 33-46.

Sloterdijk, Peter (2010). Sphären. Plurale Sphärologie. Frankfurt am Main: Suhrkamp.

Smith, Mark M. (2001): Listening to nineteenth-century America. Chapel Hill, London: University of North Carolina Press.

Smith, Mark M. (2007): Sensing the past: seeing, hearing, smelling, tasting, and touching in history. Berkeley, CA u. a.: Univ. of California Press.

Sounding D (2010): Informationen über das Projekt. Online verfügbar unter: www.kulturstiftung-des-bundes.de/cms/de/programme/kunst_der_ver mittlung/archiv/sounding_d.html.

Spinner, Kaspar H. (Hg.) (1988): Zuhören – ein Alltagsproblem in der Schule. In: Praxis Deutsch (88), S. 16 f.

Spintge, Ralph/Droh, Roland (1992): Musik-Medizin: physiologische Grundlagen und praktische Anwendungen. Stuttgart u. a.: G. Fischer.

Spitzer, Manfred (2006): Mozarts Geistesblitze. CD: Wie unser Gehirn Musik verarbeitet. 5. Auflage. Etsdorf am Kamp: Galila Hörbuchverlag.

Spivak, Gayatri Chakravorty (1996): Subaltern Talk. Interview with the Editors. In: The Spivak Reader. Selected Works of Gayatri Chakravorty Spivak. Ed. by Donna Landry and Gerald MacLean. London/New York u. a.: Routledge, S. 287-308.

Spivak, Gayatri Chakravorty (2008): Can the Subaltern Speak? Postkolonialität und subalterne Artikulation. Wien: Turia + Kant.

Spreng, Manfred (2000): Lärm und seine Auswirkungen auf Wahrnehmung und Sprachentwicklung. Vortrag auf der Arbeitstagung im Jahr 2000 am Klinikum Ludwigsburg. Online verfügbar unter: www.audiva.de/fileadmin/downloads/ATA/K8_spreng_laerm_ata3.pdf.

Spreng, Manfred (2002): Die Wirkung von Lärm auf die Sprachentwicklung des Kindes. In: Huber, Ludowika/Kahlert, Joachim/Klatte, Maria (Hg.): Die akustisch gestaltete Schule: auf der Suche nach dem guten Ton. Göttingen: Vandenhoeck & Ruprecht, S. 43-61.

Spreng, Manfred (2004): Physiologische Grundlagen der kindlichen Hörentwicklung und Hörerziehung. Vortrag auf der Fachtagung „Ganz Ohr? Neue Wege der Hörerziehung" (12.11.2004) an der HdM in Stuttgart. Online verfügbar unter: www.schulinfos.de/ifdt/anla/Horen_beim_Kind_Spreng_Universitat_Erlangen.pdf.

Steffensky, Fulbert (2002): Hören und Gehorchen. In: Zuhören e. V. (Hg.): Ganz Ohr. Interdisziplinäre Aspekte des Zuhörens. Göttingen: Vandenhoeck & Ruprecht, S. 140-149.

Stern, Jonathan (2005): The audible past: cultural origins of sound reproduction. Durham, NC u. a.: Duke Univ. Press.

Steyerl, Hito (2005): Das Schweigen der Ausgeschlossenen. Ist „Subalternität" eine postkoloniale Alternative zum Klassenbegriff? In: iz3w (282), S. 24-28.

Steyerl, Hito (2008): Die Gegenwart der Subalternen (Einleitung). In: Spivak, Gayatri Chakravorty: Can the subaltern speak? Postkolonialität und subalterne Artikulation. Wien: Turia + Kant, S. 7-16. Online verfügbar unter: translate.eipcp.net/strands/03/steyerl-strands02en?lid=steyerl-strands02de.

Stiftung Zuhören (Hg.) (2003): Wirtschaftsfaktor Zuhören. Dokumentation eines Werkstattgesprächs. Frankfurt am Main u. a.: Konzeptpapier.

Stiftung Zuhören. Weiterführende Informationen über das Projekt. Online verfügbar unter: www.zuhoeren.de.

Storch, Maja (2011): Embodiment. Die Wechselwirkung von Körper und Psyche verstehen und nutzen. 2. Auflage. Bern: Huber.

Storch, Maja/Tschacher, Wolfgang (2014): Embodied Communication. Bern: Verlag Hans Huber.

Streppel, Michael/Walger, Martin/von Wedel, Hasso/Gaber, Elisabeth (2006): Hörstörungen und Tinnitus. In: Gesundheitsberichterstattung des Bundes (Heft 29). Robert Koch Institut (Hg.). Online verfügbar unter: www.gbe-bund.de/gbe10/abrechnung.prc_abr_test_logon?p_uid=gast &p_aid=0&p_knoten=FID&p_sprache=D&p_suchstring=9750::Tinnitus.

Stroh, Wolfgang M. (2002): Die kritische ästhetische Erziehung – am Beispiel Musik. In: Kritische Erziehungswissenschaft und Bildungsreform. Programmatik – Brüche – Neuansätze. Band 2: Reformimpulse in Pädagogik, Didaktik und Curriculum-entwicklung. Hg. von Armin Bernhard u. a. Baltmannsweiler: Schneider Verlag Hohengehren, S. 342-358.

Sturm, Walter (1989): Aufmerksamkeitsstörungen. In: Poeck, Klaus: Klinische Neuropsychologie. 2. Auflage. Stuttgart: Thieme.

Tausch Reinhard/Tausch, Anne-Marie (1990): Gesprächspsychotherapie. 9. Auflage. Göttingen: Verl. für Psychologie Hogrefe.

Thomann, Christoph/Prior, Christian /Schulz von Thun, Friedemann (2011): Klärungshilfe: Handbuch für Therapeuten, Gesprächshelfer und Moderatoren in schwierigen Gesprächen. 6.Auflage. Reinbek: Rowohlt.

Thürmer-Rohr, Claudia (2006): Achtlose Ohren – Zur Politisierung des Zuhörens. In: Bernius, Volker/Kemper, Peter/Oehler, Regina (Hg.): Der Aufstand des Ohrs – die neue Lust am Hören. Reader neues Funkkolleg. Göttingen: Vandenhoeck & Ruprecht, S. 267-274.

Tieck, Ludwig/Schlegel, Friedrich von (Hg.) (1837): Novalis Schriften. Erster und Zweiter Theil. 5. Auflage. Berlin: Reimer.

Tittel, Claudia (2004): Klang/Zeit/Licht/Raum. Klang als plastisches Material im Spannungsfeld zwischen Bildender Kunst und Musik. Untersuchungen zum künstlerischen Werk von Christina Kubisch. Berlin: Weidler Buchverl.

Tomm, Karl (1996): Die Fragen des Beobachters: Schritte zu einer Kybernetik zweiter Ordnung in der systemischen Therapie. Heidelberg: Carl-Auer Verlag.

Torralba, Francesc (2006): Die Kunst des Zuhörens. München: Beck.

Trei, Lisa (2005): Musical training helps language processing, studies show. In: Stanford Report (November 15). Online verfügbar unter: news.stanford.edu/news/2005/november16/music-111605.html?view=print.

Truax, Barry (2001): Acoustic communication. 2nd ed. Westport, Conn.: Ablex.

Tuuri, Kai/Mustonen, Manne-Sakari/Pirhonen, Antti (2007): Hearing Gestures. Vocalisations as Embodied Projections of Intentionality in Designing Non-Speech Sounds for Communicative Functions. Online verfügbar unter: jyx.jyu.fi/dspace/bitstream/handle/123456789/27256/9789513943677.PDF?sequence=3.

Unglaub, Rainer (1998): Sprich, damit ich dich seh. In: Vogel, Thomas (Hg.): Über das Hören. Einem Phänomen auf der Spur. Tübingen: Attempto, S. 91-112.

Vogt, Jürgen (2001): Der schwankende Boden der Lebenswelt: phänomenologische Musikpädagogik zwischen Handlungstheorie und Ästhetik. Würzburg: Königshausen & Neumann.

Voit, Johannes (2005): Persönliche Zugänge durch Kreative Rezeption. Ein Schulprojekt zu Wolfgang Rihms Départ. In: kiss – Kultur in Schule und Studium: Neue Musik in der Schule. Hg. v. Siemens Arts Program. München, S. 96-109.

Wägenbaur, Thomas (2005): Kognitives Hörversagen. In: Parapluie. Elektronische Zeitschrift für Kulturen, Künste, Literaturen (Nr. 20). Online verfügbar unter: parapluie.de/archiv/ohr/aufmerksamkeit/.

Wagner, Wolfgang (2006): Hören im Mittelalter. Versuch einer Annäherung. In: Bernius, Volker/Kemper, Peter/Oehler, Regina (Hg.): Der Aufstand des Ohrs – die neue Lust am Hören. Reader neues Funkkolleg. Göttingen: Vandenhoeck & Ruprecht, S. 93-105.

Waks, Leonard J. (2008): Listening from Silence: Inner Composure and Engagement. In: Paideusis (Volume 17, No. 2), S. 65-74.

Waks, Leonard J. (2011): John Dewey on listening in school and society. Online verfügbar unter: www.philosophy-of-education.org/uploads/papers2010/Waks.pdf.

Waldenfels, Bernhard (2004): Phänomenologie der Aufmerksamkeit. Frankfurt am Main: Suhrkamp.

Waldenfels, Bernhard (2005): Klangereignisse. In: Kilger, Gerhard (Hg.): Macht Musik: Eine Publikation anlässlich der DASA-Ausstellung Macht Musik. Köln: Wienand, S. 20-29.

Waldenfels, Bernhard (2007): Antwortregister. Frankfurt am Main: Suhrkamp.

Waldenfels, Bernhard (2010): Sinne und Künste im Wechselspiel: Modi ästhetischer Erfahrung. Frankfurt am Main: Suhrkamp.

Warnke, Fred (2006): Der Takt des Gehirns. 3. Auflage. Göttingen: Vandenhoeck & Ruprecht.

Watschinger, Josef (2007): Neues Lernen braucht neue Räume. In: Watschinger, Josef/Kühebacher, Josef (2007): Schularchitektur und neue Lernkultur. Bern: hep, S. 31-34.

Watzlawick, Paul (1991): Anleitung zum Unglücklichsein. München: Piper.

Watzlawick, Paul/Beavin, Janet H./Jackson Don D. (1981): Menschliche Kommunikation: Formen, Störungen, Paradoxien. 6. Auflage. Stuttgart u. a.: Huber.

Weber, Max (1963): Die protestantische Ethik und der Geist des Kapitalismus. In: Weber, Max: Gesammelte Aufsätze zur Religionssoziologie I. Tübingen: J. C. B. Mohr.

Weeg, Hilde (2007): Im Haus der Sprache. Zum Verhältnis von Hören und Sprechen. In: Bernius, Volker u. a. (Hg.): Erlebnis Zuhören. Eine Schlüsselkompetenz wiederentdecken. Göttingen: Vandenhoeck & Ruprecht, S. 155-167.

Weinberger, Sabine (2005): Klientenzentrierte Gesprächsführung: Lern- und Praxisanleitung für psychosoziale Berufe. Weinheim u. a.: Juventa.

Weisbach, Christian-Rainer (2006): Vier Arten des Zuhörens. In: Bernius, Volker/Kemper, Peter/Oehler, Regina (Hg.): Der Aufstand des Ohrs – die neue Lust am Hören. Reader neues Funkkolleg. Göttingen: Vandenhoeck & Ruprecht, S. 243-262.

Weisbach, Christian-Rainer/Sonne-Neubacher, Petra (2008): Professionelle Gesprächsführung. Ein praxisnahes Lese-und Übungsbuch. München: Dt. Taschenbuch-Verlag.

Weisbach, Christian-Rainer (2014): Andere zum Sprechen bringen. Erfolgreich führen – durch frage-freie Gespräche. Hamburg: quayou GmbH.

Welsch, Wolfgang (1996): Grenzgänge der Ästhetik. Stuttgart: Reclam.

Welzer, Harald (2002): Das kommunikative Gedächtnis: Eine Theorie der Erinnerung. München: Beck.

Wenzel, Horst (1995): Hören und Sehen, Schrift und Bild: Kultur und Gedächtnis im Mittelalter. München: Beck.

Wenzel, Horst (1998): Die Empfängnis durch das Ohr. Zur multisensorischen Wahrnehmung im Mittelalter. In: Vogel, Thomas (Hg.): Über das Hören. 2. Auflage. Tübingen: Attempo Verlag, S. 197-205.

Wermke, Jutta (1995): Hören – Horchen – Lauschen. Zur Hörästhetik als Aufgabenbereich des Deutschunterrichts unter besonderer Berücksichtigung der Umweltwahrnehmung. In: Kaspar H. Spinner (Hg.): Imaginative und emotionale Lernprozesse im Deutschunterricht. Frankfurt am Main u. a.: Lang, S.193-216. Online verfügbar unter: www.hoerbareumwelten.de/fileadmin/user_upload/sheilmann/WERMKE-Hoeren-Horchen-Lauschen.pdf.

Wermke, Jutta (1996): Die Kunst des Hörens – ein Desiderat der Deutsch-Didaktik. In: Josting, Petra/Wirrer, Jan (Hg.): Bücher haben ihre Geschichte. Festschrift für Norbert Hopster zum 60. Geburtstag. Hildesheim: Georg Olms Verlag, S. 111-131. Online verfügbar unter: www.lmz-bw.de/fileadmin/user_upload/Medienbildung_MCO/fileadmin/bibliothek/wermke_desiderat/wermke_desiderat.pdf.

Werner, Hans-Ulrich (1991): Sound is the Body Language of the Ear – Annäherung an den Sound-Designer und Medientheoretiker Tony Schwartz. In: Studienkreis Rundfunk und Geschichte Mitteilungen (17. Jahrgang, Nr. 1). Online verfügbar unter: rundfunkundgeschichte.de/assets/RuG_1991_1.pdf.

Werner, Hans-Ulrich (2001): Umwelt als Klang. Gedanken zu einer Ökologie des Ohres, der Klänge und der musikalischen Kultur. In: Evangelische Akademie Baden (Hg.): Verlust der Stille. Ansätze zu einer akustischen Ökologie. Herrenalber Forum Band 13. Karlsruhe: Evangelische Akademie Baden, S. 27-55.

Wessels, Holger (2008): Zuhören. Eine pädagogische Herausforderung. Videodokumentation des Landesinstituts für Schule, LIS, Bremen.

Westerkamp, Hildegard (1999): Das Komponierende Ohr. Ein Workshop am 18./19. Juni 1999 in Wiesbaden. Online verfügbar unter: www.sfu.ca/~westerka/workshops/Stadt%20Stimmen/stadtstimmen.html.

Wickel, Hans Hermann/Hartogh, Theo (2006): Musik und Hörschäden. Grundlagen für Prävention und Intervention in sozialen Berufsfeldern. Weinheim u. a.: Juventa.

Wiedenmann, Marianne (2004): Förderung des Zuhörens durch Lärmprävention. In: Frühes Deutsch (3), S. 14-18.

Wiedenmann, Marianne (2007): Handbuch Sprachförderung: Basiswissen, integrative Ansätze, Praxishilfen, Spiel- und Übungsblätter für den Unterricht. 3. Auflage. Weinheim u. a.: Beltz.

Wimmer, Constanze (2010): Exchange, die Kunst, Musik zu vermitteln. Qualitäten in der Musikvermittlung und Konzertpädagogik. Im Auftrag der Stiftung Mozarteum Salzburg und der Robert-Bosch-Stiftung. Weiterführende Informationen. Online verfügbar unter: www.miz.org/dokumente/2010_November_Mozarteum_Studie%20Musikvermittlung.pdf

Wimmer, Michael (1993): Zur Anatomie des dritten Ohrs. In: Paragrana. Internationale Zeitschrift für Historische Anthropologie (Band 2, Heft 1-2), S. 72-86.

Wirth, Uwe (Hg.) (2001): Performanz. zwischen Sprachphilosophie und Kulturwissenschaften. 5. Auflage. Frankfurt am Main: Suhrkamp.

Wittig, Klaus (2001): Mit offenen Ohren und verbundenen Augen. Erinnerungen an einen Hörspaziergang. In: Evangelische Akademie Baden (Hg.): Verlust der Stille. Ansätze zu einer akustischen Ökologie. Herrenalber Forum Band 13. Karlsruhe: Evangelische Akademie Baden, S. 88-92.

Wolf, Michael (1999): Sound braucht Design. Das Hörbare am Produkt. Online verfügbar unter: formlust.de/text/sbd.pdf.

Wolvin, Andrew D./Coakley, Carolyn G. (1992): Listening. 4. Auflage. Dubuque, IA: WCB, Brown.

Wulf, Christian (Hg.) (1993): Das mimetische Ohr. In: Paragrana. Internationale Zeitschrift für Historische Anthropologie (Band 2, Heft 1-2), S. 9-14.

Zender, Hans (1997): Happy New Ears: Das Abenteuer, Musik zu hören. Freiburg/Basel/Wien: Herder.

Zender, Hans (2011): Musik verstehen – was heißt das? In: Bernius, Volker (Hg.): Sinfonie des Lebens: Funkkolleg Musik. Mainz: Schott, S. 69-88.

Zender, Hans (2014): Waches Hören: über Musik. Herausgegeben von Jörn Peter Hieke. München: C. Hanser Verlag.

Zender, Hans/Hiekel, Jörn Peter (Hg.) (2004): Die Sinne denken: Texte zur Musik. 1975-2003. Wiesbaden u. a.: Breitkopf und Härtel.

Zimbardo, Phillip G. (1978): Lehrbuch der Psychologie. Eine Einführung für Studenten der Psychologie, Medizin und Pädagogik [Elektronische Ressource]. Berlin/Heidelberg: Springer-Verlag.

Zimbardo, Phillip G. (2008): Lehrbuch der Psychologie [Elektronische Ressource]. 18. aktualisierte Auflage. München u. a.: Pearson Studium.

Zimmermann, Michael (2013): Achtsamkeit. Ein buddhistisches Konzept erobert die Wissenschaft. 2. Auflage. Bern: Huber.

Beiträge zur Sozialästhetik
ISSN 1611-1893

Band 1: Theo Eckmann | Marcella Knipschild: Chaos – Bewegung – Form.
Zwei Variationen aus der pädagogischen Praxis zu Joseph Beuys.
2003; 72 S.; 9,50 EUR [D]; ISBN 978-3-89733-085-6

Band 2: Theo Eckmann | Christiane Drouven | Doreen Fitzke: Eindruck findet Ausdruck.
LandArt: ein Erlebnis- und Handlungskonzept sozialpädagogischer Praxis.
208 S.; 19,50 EUR [D]; ISBN 978-3-89733-086-3 (vergriffen)

Band 3: Franziska Lehne: Verbesserung der Lebensqualität von Menschen mit Behinderungen durch die Interaktion mit Tieren.
2003; 77 S.; ISBN 978-3-89733-087-0 (vergriffen)

Band 4: Theo Eckmann: Die Arbeit an der sozialen Skulptur.
Sozialästhetische Praxis mit Franz Bößer.
2004; 78 S.; (in GER und ENG) 9,50 EUR [D]; ISBN 978-3-89733-105-1

Band 5: Theo Eckmann: Sozialästhetik – Lernen im Begegnungsfeld von Nähe und Freiheit.
2014^4; 192 S.; 15 EUR [D]; ISBN 978-3-89733-122-8

Band 6: Armin Kaster: Masken – Die Verwandlung der Wirklichkeit.
2005; 65 S.; mit mehr. 4-fbg. Abb.; 14 EUR [D]; ISBN 978-3-89733-132-7

Band 7: Stephanie Richarts | Philip Müller-Holtz | Jessica Wittbrock | Barbara Heller: Respekt und Achtsamkeit. Vier Beiträge zu einer sozialästhetischen Praxis.
2006; 277 S.; 17 EUR [D]; ISBN 978-3-89733-144-0

Band 8: Karl-Heinz Imhäuser: Erlebtes Leben – gelebtes Erleben.
Ein Beitrag zu einer Pädagogik der Selbstorganisation.
2008; 280 S.; 17 EUR [D]; ISBN 978-3-89733-182-2

Band 9: Gerhard Stiens: Gegen den Verfall lebensweltlicher Landschaften.
2009; 425 S.; 24,90 EUR [D]; ISBN 978-3-89733-193-8

Band 10: Theo Eckmann | Christine Demmer (Hrsg.): „Jenseits des Alltags" – Anleitung zum sozialästhetischen Handeln in der pädagogischen Praxis.
2009; 428 S.; 21 EUR [D]; ISBN 978-3-89733-194-5

Band 11: Christine Demmer: Biografien bilden. Lern- und Bildungsprozesse von Frauen mit Behinderung im Spannungsfeld von Teilhabe und Ausschluss.
2013; 397 S.; 19,80 EUR [D]; ISBN 978-3-89733-276-8

Band 12: Ines Boban | Theo Eckmann | Andreas Hinz (Hg.): Lernen durch Vielfalt.
Variationen aus der sozialästhetischen und inklusiven Praxis.
2014; 329 S.; 19 EUR [D]; ISBN 978-3-89733-341-3

Band 13: Nana Adriane Eger: Arts Education. Zur Qualität künstlerischer Angebote an Schulen – ein internationaler Vergleich.
2014; 456 S.; ISBN 978-3-89733-342-0

Band 14: Franz Kasper Krönig | Thorsten Neubert (Hg.): Musikalisch-kulturelle Bildung an Ganztagsgrundschulen. Konzept und Praxis eines forschenden Projekts
2017; 207 S.; ISBN 978-3-89733-417-5